आज की कविता

[समकालीन कविता की अर्थवत्ता का एक विवेचन]

विनय विश्वास

राजकमल प्रकाशन

ISBN : 978-81-267-1671-5

मूल्य : ₹995

पहला संस्करण : 2009
दूसरा संस्करण : 2019

प्रकाशक : राजकमल प्रकाशन प्रा. लि.
1-बी, नेताजी सुभाष मार्ग, दरियागंज
नई दिल्ली-110 002

शाखाएँ : अशोक राजपथ, साइंस कॉलेज के सामने, पटना-800 006
पहली मंजिल, दरबारी बिल्डिंग, महात्मा गांधी मार्ग, इलाहाबाद-211 001
36 ए, शेक्सपियर सरणी, कोलकाता-700 017

वेबसाइट : www.rajkamalprakashan.com
ई-मेल : info@rajkamalprakashan.com

मुद्रक : बी.के. ऑफसेट
नवीन शाहदरा, दिल्ली-110 032

AAJ KI KAVITA
Contemporary Poetry : A Criticism
by Vinay Vishwas

प्राक्कथन

आज ऐसा मानने वालों की कमी नहीं कि कविता की अर्थी उठ चुकी। यह मान्यता जाँच-परख की माँग करती है। इसके लिए *आज* का विवेचन भी अपेक्षित है, *कविता* का भी और *दोनों के रिश्तों* का भी। मनुष्य के बाहर बाज़ार और भीतर लालसा का अभूतपूर्व वर्चस्व-प्रसार आज का सच है। भीतर क्रूरता है और बाहर हिंसा। भीतर साजिशें हैं और बाहर संबंधों का इस्तेमाल। भीतर संकीर्णता है और बाहर अकेलापन। भीतर उत्तेजना है और बाहर हड़बड़ी।

दुनिया मनुष्य के भीतर भी छोटी हुई है। कविता मनुष्यता की संवेदन-लय है। हृदय-प्रसार उसका आधार है। जीवन पर वर्चस्व क़ायम करती संकीर्णताधर्मी शक्तियाँ कविता के विरुद्ध होंगी ही। कविता की अर्थी अगर सचमुच उठ जाए तो ख़ुश होंगी ही। अपने विरोधी को कमज़ोर पड़ते या मरते देख कौन ख़ुश नहीं होता! हालात कविता को मारने वाले हैं। ख़ुद कविता की दुनिया में ऐसा बहुत-कुछ हो रहा है, जो इन हालात की मदद करे।

कविता का समकालीन संकट मात्र एक साहित्य-विधा का संकट नहीं। मूलतः और वस्तुतः मनुष्यता का संकट है। संकट में अपने ख़ास तौर से याद आते हैं। पुरखों की स्थापनाओं को पुनः प्रस्तुत करना और उन पर विचार करना जीवन में कविता के योगदान को याद करना है। इस याद से बल पाना है। वर्तमान संकट का सामना करने की कोशिश करने लायक़ होना है। इन सवालों पर फिर से विचार करते हुए कि कविता आख़िर करती क्या है, होती क्यों है, वह क्या है और क्या नहीं है।

कविता की समकालीन चुनौतियों का सामना इन बुनियादी सवालों पर विमर्श के बिना नहीं हो सकता। यह देखे बिना नहीं हो सकता कि कविता के मर जाने में मनुष्य का क्या-क्या खो जाना शामिल है। अगर यह साफ़-साफ़ दिख जाए तो कविता की ज़रूरत के बारे में आश्वस्त हुआ जा सकता है। कविता-विरोधी हवा में भी काव्यात्मक मनुष्य साँस ले सकता है। सकर्मकता के द्वारा जीवंत हो सकता है। वह जीवंत हो, इस नीयत और तड़प ने प्रस्तुत लेखन को संभव किया है।

मक़सद इसका यह है कि समकालीन मनुष्य अपने संकटग्रस्त सार-तत्व का सच देखे। अनुभव करे कि संकट से आँखें मूँद लेना संकट का बढ़ना ही है। उसे इससे उबारने में साहित्य, अतः कविता की भी अपनी अर्थवत्ता है। इसका मक़सद यह भी है कि कविता की तथाकथित मृत्यु जिनके लिए कवियों और कविता-कर्म की खिल्ली उड़ाने का सुनहरा मौक़ा है, वे देखें कि अपने विपरीत हालात में भी कविता किस तरह जीवित है और अपनी भूमिका का निर्वाह कर रही है। इस भूमिका को जीते रहना न आसान है, न अर्थहीन। यह कठिन

सार्थकता अर्जित कर कविता *वस्तुतः* हुई है और *आज* की हुई है।

यह संभव हो सका मूलतः और अंततः जनजीवन के प्रति उसकी प्रतिबद्धता के कारण। इस काव्यात्मक प्रतिबद्धता में सर्जनात्मक स्वतंत्रता शामिल है। स्वतंत्रता वह सर्जनात्मक होती है, जो अराजक न हो। व्यक्तिहित से नहीं, जनहित से संचालित हो। विलास-वृत्ति को तृप्त करने की बजाय जनहित में भावों को जगाए, उनका इस्तेमाल करे। बेलगाम बढ़ती विलास-लीलाओं के दौर में यह और ज़रूरी है। समय-समय पर कविता ने यह ज़रूरी काम बिना कोई दावा या घोषणा किए किया है और आज भी कर रही है। बावजूद इसके कि समकालीन जीवन में इसकी जगह कम होती गई। कारण है—हर हाल में जीवंत रहने की तड़प। वही तड़प, जो लोभी के मन में लाभ के लिए होती है। मनुष्यता का संरक्षण-संवर्द्धन कविता का लाभ है। इस लाभ को उसने ऐसे दौर में भी हाथ से जाने नहीं दिया, जो सुविधा-लोभ के अधिनायकत्व से त्रस्त रहा।

यह मुश्किल काम करते हुए उसने धन-प्रभुत्व के प्रहार न केवल धैर्यपूर्वक सहे, उनका अपने ढंग से प्रतिकार भी किया। सांप्रदायिकता को घृणित बनाए रखा। वास्तविक सुंदरता उभारकर सुंदरता के व्यावसायिक रूप का एकछत्र राज नहीं होने दिया। समकालीन विकास पर बराबर सवाल उठाए। संपर्कों के ढेर में संबंध खोजे। दमितों और स्त्रियों की आवाज़ ख़ास तौर से बुलंद की। बाज़ारू होना दृढ़ता से अस्वीकार किया। मनुष्य और जीवन के वस्तुकरण को शक्ति-भर रोका।

मीडिया के वाचाल दौर में कविता के वाक्यधर्मी शब्द की सच्चाई को बचाए रखा। मनुष्य के भावलोक को दमन के ख़िलाफ़ और मनुष्यता के पक्ष में गतिशील बनाए रखने की लगातार कोशिश की। मनुष्य के मनुष्य की तरह जीने में वह सहचर हुई। तरह-तरह के शोरगुल में उसने मनुष्यता की संवेदन-लय को साधे रखा। जीवन के लगभग हर संदर्भ में समय को जनहित में फिर से रचने की अपनी आदत क़ायम रखी। बोलचाल के साधारण रूपों की विविधता का उनके स्वभाव के साथ जमकर इस्तेमाल किया।

बोलचाल के साधारण रूपों का, कविता की अन्य अनेक युक्तियों का, जमकर इस्तेमाल विज्ञापनों ने भी किया लेकिन ये रूप अपनी स्वाभाविक गति और प्रकृति के साथ कविता में ही आए। यही कारण है कि भरपूर ताक़त के आधार पर खड़े होने के बावजूद विज्ञापन उतने भरोसेमंद नहीं बन सके। आकर्षक से आकर्षक विज्ञापन के बारे में यह नहीं कहा जा सकता कि वह जो कुछ कहता है, सब उसपर पूरा-पूरा भरोसा करते हैं। कविता की भाषा आज भी विज्ञापनों की भाषा से ज़्यादा सच्ची, अतः भरोसेमंद है।

यह बात और है कि इस भरोसे पर से भरोसा उठता भी रहा। **राजेंद्र यादव** ने कहा—"...आज एक बौद्धिक स्टेटस के नाम पर हर लघु पत्रिका साठ प्रतिशत कविताओं से भरी होती है। जिसे शायद कुछ मित्र कवियों के सिवा कोई नहीं पढ़ता। अगर पुरस्कारों और लोकार्पणों का फ़ैशन न हो तो हो सकता है—यह साहित्य में दिखाई देना ही बंद हो जाए। मुझे लगता है कि नवें और दसवें दशक की कविता का इतिहास इक्कीसवीं सदी में जब लिखा जाएगा तो ये दो दशक बिल्कुल खाली छोड़ देने पड़ेंगे। हो सकता है, वहाँ यह टिप्पणी हो कि 'इस युग के एलीट साहित्य-वर्ग में कवियों का वर्चस्व था लेकिन कविता नहीं लिखी गई'।"[1]

विचारणीय यह है कि ये दो दशक, कविता से शून्य हैं या इन्हें ऐसा मानने वालों का मानस, संवेदन-सजग आँखों से।

ग़नीमत यह कि सभी को ऐसा नहीं लगता। **लीलाधर मंडलोई** से बातचीत करते हुए **कुँवरनारायण** ने समकालीन कविता की सबसे बड़ी उपलब्धि इन शब्दों में बताई–"...मैं समझता हूँ, जिस तरह कई संदर्भों में सरोकार विकसित हुए हैं, वे सबसे बड़ी उपलब्धि हैं। दुनिया की सभी कविताओं को देखता हूँ और अपनी कविता को सामने रखकर यह पाता हूँ कि जितने विविध इतिहास, समस्याओं और प्रभावों को यह आत्मसात करती है, वह सचमुच आश्चर्य की बात है। एक और बात जोडूंगा कि समकालीन कविता ने हमारा ध्यान जिस तरह से उपेक्षित वर्ग की तरफ़ मोड़ा है, यह बहुत बड़ी बात है।"[2] ऐसा उस कविता ने किया, जो राजेंद्र यादव के अनुसार लिखी ही नहीं गई। उन्होंने जिन दो दशकों को कविता से रहित कहा, उन्हीं के बारे में **शम्भुनाथ** ने लिखा–"...बीसवीं सदी के अंतिम दो दशकों की कविता यथार्थ के आतंक और कलावाद के मोह से ही नहीं, साहित्यिक अराजकतावाद से भी मुक्त हुई है।"[3]

इतिहास में पहली बार ऐसा हुआ होगा कि जो थी ही नहीं, उस कविता ने उपेक्षित वर्ग की तरफ़ विशेष ध्यान खींचा और यथार्थ के आतंक, कलावाद के मोह व साहित्यिक अराजकतावाद से मुक्ति पा ली! यह मुक्ति कविता ने पाई या नहीं, इससे सहमति-असहमति हो सकती है लेकिन तथ्य है कि बीसवीं सदी के अंतिम दशक कविताओं से सूने नहीं रहे। अनेक महत्त्वपूर्ण कविताएँ इस दौर में रची गईं। सामने आईं।

भले उनका होना उपभोक्तावादी सोच के शिकार लोगों की तरह कुछ लब्ध-प्रतिष्ठ साहित्यकारों को दिखाई न दिया हो। राम द्वारा शिव-धनुष तोड़ने पर क्रोधित परशुराम ने जब कहा कि लक्ष्मण को जल्दी मेरी आँखों से दूर क्यों नहीं करते तब **तुलसी** ने लक्ष्मण से मन ही मन कहलवाया–"*मूँदें आँखि कतहुँ कोउ नाहीं।*" आप आँखें मूँद लीजिए! अपने आप कहीं कोई नहीं रहेगा! परशुराम ने तो आँखें नहीं मूँदी थीं पर राजेंद्र यादव ने...!

आँखें मुंदी हों तो उन्हें कोई सच नहीं दिखता। राजेंद्र यादव यह तो देखते हैं कि *हर लघु पत्रिका साठ प्रतिशत कविताओं से भरी होती है* पर यह नहीं कि कविताएँ किन मुश्किलों से टकराते-जूझते हुए अपनी ऐतिहासिक भूमिका का निर्वाह करती हैं। वे जिस एलीट साहित्य-वर्ग को कवियों के वर्चस्व से परिपूर्ण देखते हैं, वह इतना *एलीट* है कि *लघु* पत्रिकाएँ ही छाप पाता है। इस पर विचार होना चाहिए कि इसे आँखें मूँद लेने वाला भोलापन समझा जाए या सच को मनमुताबिक़ मरोड़ने वाला शातिर अंदाज़।

सच तो यह है कि निरे व्यक्तिहित पोसते इस दौर में कवियों के बीच भले आपसदारी कम हुई हो, कविताओं के बीच बढ़ी है। अनेक कविताओं को मिलाकर देखें तो पूरे युग की महाकाव्यात्मक अभिव्यक्ति संभव होती दिखती है। जैसे बहुत सारी कविताएँ विपरीत हालात के ख़िलाफ़ एक-दूसरे का हाथ पकड़कर आगे बढ़ रही हों! कविताओं में अर्थ-संवेदन की आपसदारी बढ़ रही है। एक कविता के अर्थ का दूसरी से जुड़कर और खुलना, और पूरा होना, और सक्षम होना इसकी सूचना है।

यह उपलब्धि कवियों की कम, कविताओं की ज़्यादा है। दिलचस्प है कि कवि और

क़वि-समूह एक-दूसरे से जितना दूर हुए, कविताएँ परस्पर उससे ज़्यादा क़रीब आईं। आज की कविता में समकाल उनके मेलजोल से ज़्यादा उपस्थित हुआ। आज कोई पाठक अगर कविता के माध्यम से जीवन के समकाल को पहचानने की कोशिश करे तो उसका काम कुछ विशिष्ट, विख्यात और प्रतिष्ठित कवियों के सृजन से ही नहीं चलने वाला। उसे वस्तुतः समकालीन कविताओं से जुड़ना होगा, भले वे अल्पज्ञात कवियों की हों।

यह कविता की दुनिया में कविताओं का निर्णायक महत्त्व पाना है। इसका मतलब है—*समकालीन कविता* की चौहद्दी का फैलना। उसमें हिंदी के साथ-साथ अन्य भारतीय भाषाओं, ख़ासकर उर्दू, की कविताओं का शामिल होना। किसी अंतर्वस्तु का निषिद्ध न होना। छंदों से लेकर गद्य तक, लय के सभी संभव रूपों के लिए सम्मानपूर्ण जगह का होना। सच्ची कविता वहाँ से भी आ सकती है, जहाँ से उसके आने की उम्मीद कम हो, इस मान्यता के लिए भी तिरस्कार-रहित जगह का होना। बुनियादी तौर पर कविता जो काम करती है, उसी से प्रतिबद्धता का निर्णायक होना। ऐसा होना बदलते जीवन में कविता की विश्वसनीयता और जगह के बने रहने/बढ़ने के लिए ज़रूरी भी है।

यह सच आलोचनाओं ने कम, कविताओं ने ज़्यादा बताया। ऐसी कविताओं की प्रस्तुति और विवेचना की कोशिश है यह लेखन। इसके लिए आधार-कविताएँ अधिक से अधिक स्रोतों से इकट्ठी करने की कोशिश की गई। कविता-संग्रहों से, पत्र-पत्रिकाओं से, कवि-सम्मेलनों से, गोष्ठियों से और यहाँ तक कि बातचीत से भी। ध्यान, स्रोत की प्रतिष्ठा-अप्रतिष्ठा पर नहीं, अपनी सीमित समझ के अनुसार महत्त्वपूर्ण सृजन पर रहा, भले वह कहीं भी हो। इस नीयत से कि *समकालीन कविता* की परिचित परिधि थोड़ी टूटे, थोड़ी फैले, थोड़ी और कविताओं पर उसकी समीक्षा का ध्यान जाए। यह पद जितना हो सके, उतना समावेशी, उतना जीवनधर्मी और उतना पूरा हो।

यह कहना ग़लत होगा कि जो कविताएँ/कवितांश यहाँ उद्धृत किए जा सके, उनके अलावा समकालीन कविता में और कहीं कुछ भी महत्त्वपूर्ण नहीं। यहाँ उद्धृत सृजन के अलावा और भी बहुत कुछ हो सकता है, है, जिस पर ध्यान दिया जाना चाहिए। मैं सब पर ध्यान नहीं दे सका, यह मेरी सीमा है। इसके प्रति मित्र-दृष्टि का प्रयोग करते हुए उद्धृत सृजन का अर्थ इतना ज़रूर समझा जाए कि यह भी समकालीन कविता का महत्त्वपूर्ण हिस्सा है और वर्तमान में इसकी अर्थवत्ता समझने की ज़रूरत है!

यह मेरे स्वभाव का दोष है कि वही कविताएँ और कवितांश विवेचना के आधार बना सका, जो वर्तमान के लिए मुझे किसी भी रूप और अर्थ में मूल्यवान् लगे। कूड़े को छानकर नहीं बता सका कि देखो! यह इस तरह से कूड़ा है! आलोचना की उठापटक और मारधाड़ मेरे बस की नहीं। इसलिए कविता के नाम पर जो कविताहीनताएँ और कविता-विपरीतताएँ प्रचलित हैं, उनमें या उनके विरोध में रस लेने की नज़र से इसे पढ़ने पर कुछ हाथ नहीं लगने वाला।

मेरी एक और सीमा यह भी रही कि वस्तु और रूप या संवेदना और शिल्प के अकादमिक और प्रोफ़ैशनल खाँचों में बाँटकर कविताओं को नहीं देख सका। हर कविता अपने समय से जुड़कर सार्थकता अर्जित करने वाली अपने-आप में एक पूर्ण इकाई है, यही मानकर

कविताओं से जुड़ सका। उनके आशय और प्रभाव के विवेचन की कोशिश कर सका। वस्तु और रूप के विश्लेषण ने इस कोशिश में मदद की तो उससे भी परहेज़ नहीं किया। अर्थ और प्रभाव का यथासंभव विवेचन करते हुए इकाई के रूप में किसी कविता के अपने समय में होने का मतलब समझने की कोशिश की। इसके चलते अनेक कविताओं को पूरी की पूरी उद्धृत किया। अनेक के एक हिस्से का गद्य में परिचय दिया और दूसरा उद्धृत किया। पूरी कविता का काव्यत्व सामने आए, यह कोशिश इस तरह भी की।

समकालीन का अर्थ *वर्तमान में* सृजित कविताओं से कम, और *वर्तमान के लिए* सृजित कविताओं से ज़्यादा लिया। इस समझ के तहत कि कविता अपने रचनाकाल का अतिक्रमण करती है। अतीत को नई निगाह से देखना सिखाती है। जीवन में नए जीवन की गुंजाइश पैदा करती है। इस तरह भविष्य का रूप गढ़ती है। त्रिकालव्यापी होता है उसका प्रभाव। वर्तमान के लिए अगर कबीर-तुलसी की कविता भी प्रासंगिक है तो समकालीन है और नहीं है तो कोई आज लिखी जा रही कविता भी नहीं।

हिंदी की समकालीन कविता का मानस केवल हिंदी की कविताओं में प्रतिबिंबित नहीं होता। अन्य भारतीय भाषाओं में हुआ सृजन भी उसे प्रतिबिंबित करता है। ख़ास तौर से उर्दू और हिंदी का सृजन, लिपि के ही कारण एक-दूसरे से अलग है। पाठक की चेतना में ये दोनों उतने अलग नहीं हैं, जितने जताए जाते हैं। इसे देखते हुए दोनों ने अपने समय में जिस सांझी भूमिका का निर्वाह किया, वह सामने आए, यह कोशिश भी की।

यह काम हिंदी विभाग, दिल्ली विश्वविद्यालय द्वारा संस्तुत अनुसंधान-योजना और दक्षिण परिसर, दिल्ली विश्वविद्यालय के निर्देशानुसार कॉलेज ऑफ़ वोकेशनल स्टडीज़, दिल्ली विश्वविद्यालय द्वारा स्वीकृत अध्ययन-अवकाश के दौरान और उसके कारण ही संभव हो सका। अतः हिंदी विभाग, दक्षिण परिसर एवं कॉलेज का हार्दिक धन्यवाद और आभार! आभार इसलिए भी कि किसी उपाधि के लिए न होना इसके रास्ते की रुकावट नहीं बनने दिया गया। गुरुवर डॉक्टर विश्वनाथ त्रिपाठी और डॉक्टर नित्यानंद तिवारी की सतत प्रेरणा के लिए सतत कृतज्ञता अनुभव करता हूँ। मित्रों ने हमेशा की तरह इस बार भी निरंतर सहायता की। साथ दिया। परिवार इस दौरान भी मुझे धैर्यपूर्वक सहता रहा। यह काम अगर कुछ महत्त्व का है तो इन सभी के कारण, और नहीं है तो मेरे। समकालीन जीवन को कविता की जितनी ज़रूरत है, उसे जीवन में जगह भी उतनी मिल सके, इसी कामना के साथ!

—विनय विश्वास

संदर्भ

1. वर्तमान साहित्यः शताब्दी कविता विशेषांकः मई-जून, 2000, पृष्ठ 582
2. वही, पृष्ठ 564
3. वही, पृष्ठ 615
4. रामचरितमानस, गोस्वामी तुलसीदास, पृष्ठ 252

दूसरे संस्करण की भूमिका

संतोष होना स्वाभाविक है। इसलिए कि हिंदी-जगत् ने 'आज की कविता' को पढ़ने और विचार करने योग्य माना। प्रतिक्रियाएँ दीं। समीक्षाएँ कीं। इसे 'आज की कविता का नया सौंदर्यशास्त्र' कहा गया, 'अपने समय और समाज का क्रिटीक' भी और 'कविता के पक्ष में खड़ी' किताब भी। 'मौजूदा कविता का पर्यावरण रचने वाली आलोचना' भी माना गया तथा 'एक लंबा आलोचनात्मक प्रगीत' भी। सभी का बहुत-बहुत आभार। कुछ प्रतिक्रियाओं पर, ख़ास तौर से उनमें उठाए गए सवालों पर, विचार अपेक्षित है। दूसरा संस्करण इसके लिए एक अवसर भी है।

बहुतों को किताब मोटी ज़्यादा लगी। इसे समीक्षा की 'जम्बो जेट' किताब तक कहा गया। मोटी यह है भी। प्रत्यक्ष कारण यह कि इसमें समकालीन कविता के उद्धरण बहुत हैं। इसका एक कारण यह कि आलोचना का दायित्व आलोच्य-काल के महत्त्वपूर्ण सृजन की पहचान, उसका रेखांकन भी है और उद्धरणबहुलता इस दायित्व-निर्वाह की कोशिश। कोशिश यह भी कि 'समकालीन कविता' मूर्त रूप में सामने आए। उस पर चर्चा कोरी सैद्धांतिक न हो। सबसे महत्त्वपूर्ण यह कि वह अपनी अधिकतम शक्तियों के साथ उभरे; इस तरह वैश्वीकरण के बाद बदलते दौर में अपने को उपेक्षणीय मानने का सर्जनात्मक प्रतिवाद करती हुई दिखलाई भी दे।

ध्यान दिया जाना चाहिए कि यह वैश्वीकरण (लगभग सन् उन्नीस सौ अस्सी) के बाद तक़रीबन पच्चीस वर्षों (लगभग सन् 2005 तक) की हिंदी-कविता पर आधारित किताब है। यह जीवन को तेज़ी से बदलता समय था। इस दौर में निजीकरण का महत्त्व-विस्तार हुआ। टी. वी. की ताक़त अभूतपूर्व ढंग से बढ़ी। चैनलों के सैकड़ों हाथों ने जीवन पर पकड़ मज़बूत की। विज्ञापन बढ़े। ग़ैरज़रूरी चीज़ों का स्थान और सम्मान बढ़ा। विलास को बल देती तकनीक बढ़ी। ज़रूरी का अवमूल्यन हुआ; साहित्य का भी और उसी का एक रूप होने के नाते कविता का भी। 'आज की कविता' का ऐतिहासिक संदर्भ यह था। कविता की ज़रूरत, शक्ति, जगह, महत्त्व और रूपों की विस्तृत चर्चा हो, यह ज़रूरी था।

इस चर्चा की गम्भीर कोशिश हवा में नहीं, ठोस रचनाधर्मिता का ज़िक्र करते हुए ही हो सकती थी। हिन्दी कविता की रचनाधर्मिता इस दौर में कुँवर नारायण, केदारनाथ सिंह, अरुण कमल, उदय प्रकाश, कुमार विकल, चंद्रकांत देवताले, ज्ञानेन्द्रपति, मंगलेश

डबराल, मनमोहन, राजेश जोशी, लीलाधर जगूड़ी और विष्णु खरे जैसे लब्धप्रतिष्ठ कवियों के रचना-कर्म से बन रही थी तो अनामिका, अष्टभुजा शुक्ल, एकांत श्रीवास्तव, ओम् प्रकाश वाल्मीकि, कात्यायनी, कुमार अम्बुज, गगन गिल, गोबिंद प्रसाद, चंद्रभान, तेजी ग्रोवर, नरेश सक्सेना, पवन करण, प्रेमरंजन अनिमेष, बद्रीनारायण, बली सिंह, बोधिसत्व, मुकेश मानस, रमेश आज़ाद, रविकान्त, विमल कुमार, वीरेन डंगवाल, संजय कुन्दन, संजय चतुर्वेदी, हरजेन्द्र चौधरी और हेमंत कुकरेती जैसे अपेक्षाकृत बाद में उभरे कवियों के रचना-कर्म से भी। 'आज की कविता' प्रकारांतर से इन कवियों की उस दौर में सामने आई रचनाधर्मिता के विवेचन की कोशिश है।

मुख्यत: यह कोशिश अपने समय में 'समकालीन कवियों' की बजाय 'समकालीन कविता' की अर्थवत्ता के विवेचन की है। इस विवेचन को कृष्ण बिहारी नूर, प्रमोद तिवारी, राजगोपाल सिंह, सुरेंद्र श्लेष, रामकुमार कृषक, पुरुषोत्तम प्रतीक, ज्ञानप्रकाश विवेक आदि की रचनाओं द्वारा, समकालीन कविता के गेय-रूपों की रचनात्मकता शामिल करते हुए, पूरा करने की कोशिश की गई। ग़ौरतलब है कि निदा फ़ाज़ली, परवीन शाकिर, फ़हमीदा रियाज़, नूरजहाँ सर्वत, शहरयार, मंसूरा अहमद, सारा शगुफ़्ता, शकेब जलाली आदि उर्दू रचनाकारों की रचनाधर्मिता के विश्लेषण का प्रयास भी इसमें किया गया। इसलिए कि हिंदी और उर्दू कविता मूलत: अलग नहीं हैं। इसे या तो जनता ने समझा है या उसकी सच्ची कविता ने। आधुनिक हिंदी साहित्य का अध्ययन करते हुए उर्दू का संदर्भ उसे पूर्णता देता है।

वैश्वीकरण के बाद की स्थितियों में कविता की अर्थवत्ता पर ज़ोर देने के लिए संदर्भ-रूप में तुलसी, रहीम, मीर, ग़ालिब, गेटे, ब्रेख़्त, पाब्लो नेरुदा, रवींद्रनाथ ठाकुर, हीरा डोम, निराला, भवानीप्रसाद मिश्र, केदारनाथ अग्रवाल, नागार्जुन, त्रिलोचन, मुक्तिबोध, फणीश्वरनाथ रेणु, क़ैफ़ी आज़मी, शमशेर बहादुर सिंह, रघुवीर सहाय, सर्वेश्वर आदि की रचनाओं का उल्लेख किया गया। ए. जयप्रभा, नवकांत बरुआ, सुरजीत पातर और निर्मला पुतुल के उद्धरण अन्य भारतीय भाषाओं से ऊर्जा लेनेवाली नीयत और कोशिश के सूचक हैं।

बावजूद इस कोशिश के एक समीक्षा में शिकायत हुई कि इसमें बहुत-से मान्य कवि शामिल नहीं; उनका मूल्यांकन न करना वस्तुत: मूल्यांकनकर्ता का मूल्यांकन है। 'मान्य कवियों का मूल्यांकन' इस कोशिश का मक़सद था भी नहीं। (होता तो किताब शायद और मोटी होती!) मक़सद था उस कविता का परिचय देना, जो अमानवीय बनाते और कविता का अवमूल्यन करते हालात के बीच मनुष्यता और कविता को ताक़त देती रही। कहना अप्रासंगिक न होगा कि 'प्राक्कथन' में सारी महत्त्वपूर्ण कविताएँ शामिल न कर पाने को अपनी सीमा मानते हुए अनुरोध किया गया था कि समकालीन कविता की अर्थवत्ता के विवेचन में उद्धृत कविताएँ 'भी' ('ही' नहीं) महत्त्वपूर्ण मानी जाएँ। प्रसंगवश एक तथ्य यह भी कि किसी दौर के संपूर्ण सृजन का संपूर्ण विवेचन शायद ही किसी एक आलोचना-पुस्तक के लिए संभव हुआ हो।

एक सवाल मंचीय कविता को इसमें शामिल करने पर भी उठा। कहा गया कि इससे विवेचन की गंभीरता खंडित हुई। बाज़ार का विरोध संदिग्ध हुआ। निस्संदेह मंच कविता का बाज़ार है। उसकी मुख्यधारा उसी तरह मनोरंजन-प्रधान है, जिस तरह हिंदी सिनेमा की। बावजूद इसके न तो सिनेमा की दुनिया से सार्थक फ़िल्में पूरी तरह अनुपस्थित हैं, न कवि सम्मेलन की दुनिया से सच्ची कविताएँ। वे हाशिये पर हैं लेकिन हैं। समकालीन कविता की अर्थवत्ता के विवेचन से उनको पूरी तरह बाहर रखना अनुचित भी है, अवांछनीय भी।

बाज़ार का विरोध वस्तुतः व्यावसायिकता का विरोध है। यह विरोध मंच पर प्रस्तुत कविताओं में भी है। इसीलिए वे वहाँ मुख्यधारा से अलग हैं, हाशिये पर हैं। बहुत सारे कवि सम्मेलनों में वे हाशिये पर भी नहीं होतीं लेकिन यह नहीं कहा जा सकता कि मंच पर वे होती ही नहीं। उनका विवेचन व्यावसायिकता का समर्थन न होकर आलोचना में इस स्वीकृति की गुंजाइश है कि सच्ची कविता का हमेशा छपे हुए रूप में होना ज़रूरी नहीं। कविता जब अपने अस्तित्व के संकट का सामना कर रही हो तो उसकी पक्षधर आलोचना का दायित्व उसकी अधिकाधिक शक्तियों की चर्चा करना है, भले वे शक्तियाँ कहीं भी और किसी भी रूप में हों। यही कोशिश इस किताब में है। इस मक़सद से कि 'समकालीन कविता' की परिधि का यथासंभव विस्तार हो।

यह मक़सद कितना पूरा हुआ, यह कहना मेरे लिए मुश्किल है। इतना ज़रूर कहा जा सकता है कि समकालीन कविता के इस अध्ययन द्वारा प्रकारांतर से कविता और समकालीनता के प्रतिमानों की भी चर्चा का प्रयत्न हुआ। समकालीन हिंदी और उर्दू कविता के सहज साहचर्य को सामने लाने की भी कोशिश हुई। समकालीन कविता की मुख्यधारा के विवेचन में छंद से गद्यात्मकता तक कविता के सभी रूपों की चर्चा होनी चाहिए, इसका ध्यान रखने की भी कोशिश हुई। यह भी कोशिश हुई कि 'समकालीन कविता' की शक्ति बनी रहे और हो सके तो बढ़े।

'समकालीन कविता' नाम हिंदी-आलोचना में इस दौर की कविता के लिए भी (संभवतः अन्य किसी उपयुक्त नाम के अभाव में) प्रचलित है। वस्तुतः सन् उन्नीस सौ सत्तर के बाद की पूरी हिंदी-कविता के लिए यह नाम सर्वाधिक स्वीकृत है। नामकरण का इतिहास बताता है कि जन-स्वीकृति और प्रचलन के सामने अन्य सभी तर्क, युक्तियुक्त होने के बावजूद, धरे रह जाते हैं। (अकादमिक सरलीकरण के आरोप का ख़तरा होते हुए भी कहा जा सकता है कि) दमित और स्त्री-हितों से प्रतिबद्धता, अव्यावसायिकता, जीवन और सम्बन्धों के वस्तुकरण का विरोध, लगभग प्रत्येक संदर्भ में साधारणता का महत्त्व, विविधरूपा अभिव्यक्ति आदि इसकी प्रमुख प्रवृत्तियाँ हैं। कहना न होगा कि इसका और (गंभीर एवं विधिवत्) अध्ययन अपेक्षित है।

समकालीन कविता पर विमर्श की परंपरा में 'आज की कविता' भी एक कोशिश है। इस कामना का एक रूप कि यह परंपरा और आगे बढ़े।

—विनय विश्वास

अनुक्रम

कविता क्या है और क्यों

कविता मनुष्यता की संवेदन-लय है। अमानुषीकरण की प्रक्रिया में सर्जनात्मक हस्तक्षेप है। वह मनुष्य का विवेक जगाती है। जगाए रखती है। जाग्रत विवेक के कारण ही मनुष्य परिस्थितियों का खिलौना बनने से बच पाता है। हर हाल में मनुष्यता को सर्वोच्च रख पाता है। वही मनुष्यता, जिसकी पहचान है—दूसरों के दुःख में दुःख अनुभव करना। जितना हो सके, उसे दूर करना। दूसरों को इस्तेमाल करने की जगह उनके काम आना। लोभ की जगह प्रेम को चुनना। छल के नहीं, सच के साथ रहना। भोग का ग़ुलाम होना नहीं, भोग पर अधिकार प्राप्त करना।

अधिकांश मनुष्य या तो सौदागर हैं या उपभोक्ता। उनके लिए वही कविता काम की है, जो जी बहलाए।...जी कविता से बहलता है, इसमें संदेह नहीं लेकिन क्या सिर्फ़ जी बहलता है? क्या कविता के बिना काम सचमुच ज़्यादा अच्छी तरह चल सकता है? अगर हाँ तो ज़िंदगी के रास्तों पर ऐसे लोग भी कबीर, तुलसी या रहीम की किसी पंक्ति का ज़िक्र करते क्यों मिल जाते हैं, जिनका यह ज़िक्र किए बिना कुछ नहीं बिगड़ता और जिनका कविता से कोई सीधा लेना-देना नहीं है? ज़िंदगी और बातचीत से कविता पूरी तरह निष्कासित क्यों नहीं हो जाती? लाभ-लोभ में पारंगत होना आज मनुष्य की सबसे बड़ी योग्यता है। फिर भी जीवन से वह कविता लुप्त नहीं होती, जिसका आधार हृदय-विस्तार है। विवेक है। मनुष्यता है।

अगर भौतिक सफलता और आर्थिक संपन्नता ही अपने आप में पूर्ण है तो उस कविता की ज़रूरत ही क्या है, जो मनुष्य को व्यक्तिगत जीवन से मुक्त कर व्यापक जीवन की तरफ़ ले जाने की प्रक्रिया में जन्म लेती और सार्थक होती है? उसे जल्दी से जल्दी जीवन से निष्कासित हो जाना चाहिए। फिर भी वह है कि है। अपनी ठसक के साथ। क्या उस बेशर्म भिखारी की तरह, जो बार-बार दुत्कारे जाने पर भी सामने से नहीं हटता?

नहीं। बेशर्म से बेशर्म भिखारी भी भाँप लेता है कि कौन से तिलों में तेल बिल्कुल नहीं है। कविता उस संत की तरह है, जो न जीवन-भर मरता है और न मरने के बाद। भविष्य में बहुत दूर तक जाने वाली उसकी गूँज का कोई कुछ नहीं बिगाड़ सकता। सारे साइलेंसर उसके सामने व्यर्थ हो जाते हैं। इसका कारण संत की ताक़तवर बोली-बानी तो है ही, वह मनुष्य भी है, जो हर हाल में थोड़ा-बहुत मनुष्य रहता ही है।

इस पर ध्यान दिया जाना चाहिए कि समकालीन मनुष्य को वस्तुएँ भरपूर सक्रिय होने के बावजूद निरा उपभोक्ता नहीं बना सकीं। चैनल उसे केवल दर्शक नहीं बना सके।

धनतंत्र का यंत्र वह शत-प्रतिशत अब भी नहीं बन सका। सोचने-समझने-महसूस करने वाला और व्यक्तिगत हितों की क़ैद से बाहर झाँकने वाला हृदय अब भी उसमें धड़कता है। इसी हृदय के धड़कने से मनुष्यता तक भी जीवित रहने के लिए रक्त पहुँचता है और उसकी संवेदन-लय अर्थात् कविता तक भी।

आचार्य रामचंद्र शुक्ल ने बतलाया है कि कविता हृदय की मुक्ति-साधना के लिए शब्द-विधान करती है। हृदय तब मुक्तावस्था तक पहुँचता है, जब मनुष्य अपने अस्तित्व को भूलकर विशुद्ध अनुभूति-मात्र रह जाए। अनुभूति-मात्र रहकर वह लोकसामान्य की भावभूमि पर पहुँचता है। यह 'मनुष्यता की उच्च भूमि' पर पहुँचना है। "भावयोग की सबसे उच्च कक्षा पर पहुँचे हुए मनुष्य का जगत् के साथ पूर्ण तादात्म्य हो जाता है, उसकी अलग भावसत्ता नहीं रह जाती, उसका हृदय विश्व-हृदय हो जाता है।"[1] ऐसे में उसे वैसा ही आनंद अनुभव होता है, जैसा किसी विशाल और भव्य दृश्य को देखने पर होता है। ऐसा दृश्य जिस तरह उसकी दृष्टि का प्रसार करता है, उसी तरह कविता उसके हृदय का। हृदय का प्रसार होना ही जीवन में मनुष्यता के संचार का प्रारंभ है।

मनुष्यता का संचार सबसे सशक्त सौंदर्य का संचार है। **शुक्ल जी** के याद रखने योग्य शब्द हैं—"यदि सुंदर रूप सामने पाकर अपनी भीतरी कुरूपता का उसने विसर्जन न किया, यदि दीन-दुखी का आर्त्तनाद सुनकर वह न पसीजा, यदि अनाथों और अबलाओं पर अत्याचार होते देख क्रोध से न तिलमिलाया, यदि किसी बेढब और विनोदपूर्ण दृश्य या उक्ति पर न हँसा तो उसके जीवन में रह क्या गया? इस विश्व-काव्य की रसधारा में जो थोड़ी देर के लिए निमग्न न हुआ, उसके जीवन को मरुस्थल की यात्रा ही समझना चाहिए।"[2]

मरुस्थल की यात्रा अर्थात् सूखापन। प्यास। नीरसता। अर्थ और सार से रहित जीवन। ऐसा जीवन ढोने वाले चलती-फिरती लाशों की तरह हैं। जीवन का सौंदर्य दिखाकर कविता मनुष्य को अपने भीतर से कुरूपता का विसर्जन करने लायक़ बनाती है। दीन-दुखी का आर्त्तनाद सुनाकर उसके हृदय को पसीजने लायक़ बनाती है। अत्याचार दिखाकर उसके प्रति क्रोध पैदा करती है। विनोदपूर्ण स्थितियों पर उसे हँसने योग्य बनाती है। जीवन में जीवंतता का संचार करती है।

वर्तमान में कविता की स्थिति पर विचार करते हुए **विनोद दास** कहते हैं कि "आज कमज़ोर पर अत्याचार होते देख क्रोध से कोई नहीं तिलमिलाता। सुंदर चीज़ को देखकर अपनी भीतर की कुरूपता का विसर्जन नहीं करता। अब असभ्यता पर कोई आवरण चढ़ाने की ज़रूरत नहीं महसूस करता। आज असभ्यता ही मूल्य है, बशर्ते आपके पास धन है।"[3] कविता का महत्त्व और जीवन में उसकी जगह न रहे तो यही होता है। धन शक्तिशाली है। असभ्यता को भी सभ्यता के रूप में मनवा सकता है।

मनवा ही सकता है। बना नहीं सकता। सभ्यता मान लिए जाने पर भी वह रहती है असभ्यता ही, बल्कि और बढ़ती है। कमज़ोर पर अत्याचार होते देख किसी का न तिलमिलाना और सौंदर्य को देखकर भीतरी कुरूपता का विसर्जन न करना बढ़ती असभ्यता या घटती मनुष्यता के ही उदाहरण हैं। असभ्यता के बढ़ने का मतलब उसी तरह सभ्यता की ज़रूरत का बढ़ना है, जिस तरह घटती मनुष्यता का मतलब है—मनुष्यता की ज़रूरत का बढ़ना।

क्या इस ज़रूरत को पूरा करने में कविता की कोई भूमिका नहीं? अगर हालात को ही सब कुछ तय करना है और मनुष्य की भूमिका सिर्फ़ उस तय किए हुए को भोगना है तो जीवन में न कविता की कोई भूमिका है, न ज़रूरत। **डॉ. नित्यानंद तिवारी** ने कहा—"आख़िर इस विसंगति में जीने की कोशिश की जाए या नहीं? अगर नहीं तो हम जी लिए जाएँगे और एक पुर्ज़े या कि पत्थर के टुकड़े से अलग जीवन की कल्पना असंभव होगी।"[4]

कविता की ज़रूरत इसलिए है कि मनुष्य मूलतः और अंततः न एक पुर्ज़ा है, न पत्थर का टुकड़ा। ज़रूरत इसलिए भी है कि पुर्ज़ा या पत्थर वह अंशतः बन भी जाए तो कविता उसे इस पतन की संवेदनात्मक सूचना दे सकती है। उसके जीवन में इस पतन से उबरने की संभावना का बीजारोपण कर सकती है।

कविता का आधार है—जीवन। उसी तरह जैसे कल्पना का आधार होता है—यथार्थ। यथार्थ मनुष्य के लिए पूरी तरह संतोषजनक हो तो कल्पना की ज़रूरत न पड़े। कविता की ज़रूरत भी इसलिए पड़ती है कि बाह्य जीवन मनुष्य के लिए पर्याप्त नहीं होता। उसकी अपेक्षाओं का प्रतिरूप नहीं होता। अतः अपेक्षाओं को संतुष्ट भी नहीं कर पाता। असंतुष्ट होकर अपेक्षाएँ निष्क्रिय नहीं हो जातीं। मर नहीं जातीं। बाहर से असंतुष्ट होकर वे अंतर्मुखी होती हैं। अंतर्मुखी होकर सपनों को जन्म देती हैं। बाह्य संसार की आलोचनाएँ करती हैं। उसके विविध प्रतिरूपों के साथ इच्छित व्यवहार करती हैं। वांछनीय संसार रचती हैं। यही सृजन की भावभूमि है।

सृजन को जीवन की लय के साथ केवल कविता संभव करती है। वह मनुष्य के अंतर्जगत् का टूटता-बनता संगीत है। साहित्य की अन्य विधाओं में भी यह संगीत आ सकता है, आता है पर उनके लिए यह अनिवार्य नहीं है। विधाओं में परस्पर ईर्ष्याग्रस्त कवियों जैसा रिश्ता नहीं होता। इसीलिए कविता में कहानी और कहानी में कविता संभव है लेकिन कहानी में जहाँ भी कविता आएगी, वहीं उसे कविता के नाम से जाना जाएगा। कविता में जहाँ कहानी आएगी, वहीं उसे कहानी के नाम से पहचाना जाएगा। **पॉल वैलरी** ने 'एक कवि की नोटबुक' में लिखा है कि "जो विचार गद्य में नहीं रखे जा सकते, पद्य में अभिव्यक्त होते हैं। यदि कोई उन्हें गद्य में पाए तो वे पद्य की माँग करते हैं और उनमें एक ऐसे पद्य की भनक मिलती है, जिसने अभी रूप नहीं लिया है।"[5] गद्य और पद्य केवल अभिव्यक्ति के दो प्रकार नहीं हैं। वे अलग-अलग स्वभाव की अंतर्वस्तुओं की अलग-अलग धड़कनें हैं। अलग-अलग अनुभवों की अलग-अलग भाषाएँ हैं।

रचना की भाषा कौन-सी हो, यह रचनाकार की मर्ज़ी पर उतना निर्भर नहीं, जितना अंतर्वस्तु के स्वभाव पर। यही कारण है कि कविता में कहानी और कहानी में कविता के भरपूर प्रयोगों के बावजूद कविता मूलतः और अंततः कविता ही रही है और कहानी, कहानी। न प्रेमचंद की 'क़फ़न' को कविता के रूप में कहानी से ज़्यादा स्वाभाविकता के साथ व्यक्त किया जा सकता है और न निराला की 'राम की शक्तिपूजा' को कहानी के रूप में। हालाँकि 'क़फ़न' में अनुभूतियाँ और बिंब भी हैं और 'राम की शक्तिपूजा' में परिस्थितियाँ और वर्णन भी। अंतर यह है कि 'क़फ़न' में निर्णायक हैं—घीसू-माधव की परिस्थितियाँ और 'राम की शक्तिपूजा' में निर्णायक हैं—राम की मनःस्थितियाँ। परिस्थितियाँ

गद्यात्मक हैं और मनःस्थितियाँ लयात्मक। राम के मन में आते-जाते संवेदनों की अपनी लय है। उन्हें लय में ही ज़्यादा स्वाभाविकता और शक्ति के साथ पकड़ा जा सकता है। दूसरी तरफ़ 'क़फ़न' का काव्य-रूपांतर करने की कोशिश की जाए तो उसकी शक्ति चली जाएगी।

घटना या होना जिस तरह कहानी की विशेषता है, उसी तरह लय कविता की विशेषता है। **डॉ. नित्यानंद तिवारी** के शब्दों में "लय अनुभूति के सारतत्व को धारण करती है।"[6] अनुभूति का सारतत्व जीवन से आता है। जीवन बदलता है। अनुभूति का सारतत्व भी बदलता है और उसे धारण करने वाली लय का स्वरूप भी। छंद, मुक्तछंद और छंदमुक्त जैसे कविता के रूप जीवन की लय में हुए परिवर्तनों के परिणाम हैं। खंडित मन की अनुभूतियों के बिखराव में जो दरकती-टूटती लय है, उसे उसकी दरकन-टूटन के साथ पकड़ना और कहना है तो कविता को सभी साधनों का उपयोग करना होगा। गद्यात्मकता का भी।

कविता की ज़रूरत इसलिए है कि मनुष्य को समकालीन जीवन की अनुभूतियों तक पहुँचना है। उन्हें उनकी लय के साथ अनुभव करना है। उन अनुभूतियों को भी अनुभव करना है, जो व्यक्ति-रूप में सीधे-सीधे उसकी नहीं हैं। सामूहिक अनुभूतियों को जीकर उसे अपनी संवेदन-क्षमता का विस्तार करना है। उस भावनात्मक आवेग को पाना है, जो अपने समय के मर्म से उसे जोड़े। इस तरह एक तरफ़ उसे व्यक्ति-रूप में ऐतिहासिक होना है और दूसरी तरफ़ सामूहिकता की अपनी वह प्यास बुझानी है, जिसकी बाबत **रवीन्द्र नाथ ठाकुर** ने कहा—"हमारे भावों की यह स्वाभाविक प्रवृत्ति है कि वे अपने-आप को अनेक हृदयों में अनुभव कराना चाहते हैं।...हमारे मानसिक भाव अनंत काल तक अनंत हृदयों को प्रभावित करना चाहते हैं।"[7] आत्म-विस्तार के द्वारा ही *'अनंत हृदयों को अनंत काल तक प्रभावित करना'* संभव है।

लय मनुष्य—हृदय का अविभाज्य अंग है। उसकी ओर आकर्षित होना, उससे प्रभावित होना सहज है। इसलिए न लय के बिना जीवन का काम चलने वाला है और न कविता के बिना। कविता की ज़रूरत इसलिए भी है कि वह मनुष्यता की मातृभाषा है। **शहरयार** ने कविता को "मादरी ज़ुबान...की सबसे अच्छी शक्ल" कहा है। [8] मादरी ज़ुबान यानी सबसे स्वाभाविक अभिव्यक्ति। इसी का सबसे स्वाभाविक रूप है—कविता। इस रूप से वंचित हो जाने का मतलब है—संस्कृति के एक विकसित रूप से वंचित हो जाना। मनुष्य जो हो सकता है, उसका वह न हो पाना। मनुष्यता को अपनी सबसे स्वाभाविक अभिव्यक्ति और उज्ज्वल संभावना नहीं चाहिए, यह किसी अमानुष के अलावा और कौन कह सकता है!

मनुष्य-जीवन का एक प्रमुख अर्थ मनुष्य की सबसे सही, सबसे सुंदर और सबसे सार्थक भाषा की निरंतर तलाश भी है। जीवन के कैनवस पर अनेक रंगों में यह तलाश उभरती है। ऐसा ही एक रंग है—एक बच्चे को अनेक नामों से पुकारना। काम तो एक ही नाम से भी चल सकता है। फिर क्यों कई-कई नाम रखे जाते हैं?

काम तो बेटे से भी चलता है तो क्यों उसे बेटू, बेटुआ, बिटवा आदि कहा जाता है? क्या यह मनुष्य के द्वारा अपने हृदय की सबसे सही, सबसे सुंदर और सबसे सार्थक भाषा

की ज्ञात-अज्ञात तलाश नहीं? क्या यही तलाश किसी शब्द को कविता का शब्द नहीं बनाती? क्या इसी से उसमें वह शक्ति और असर नहीं आता, जिसके बारे में **अरुण कमल** ने लिखा कि "जब कविता कहे ठंढ तो हाथी जल में डलती अपनी सूँड सिकोड़ ले"?[9] सूँड के सिकुड़ने की अपनी लयात्मक अनुभूति है। कविता के अलावा इसे साहित्य का और कौन-सा रूप सीधे-सीधे अनुभव करा सकता है? शब्द अगर कविता का हो सके तो हाथी की अनुभूति भी कर सकता है।

कवि या श्रोता-पाठक, दोनों भूमिकाओं में मनुष्य, जीवन की प्रत्यक्ष परिस्थितियों से अलग होता है। ऊपर उठता है। मानसिक दूरी अनुभव करता है। वही दूरी, जो परिस्थितियों और उनके प्रभाव को देखने के लिए, पूरी तरह देखने के लिए ज़रूरी है। आँखों के बहुत पास जो कुछ होता है, वह साफ़-साफ़ दिखलाई नहीं देता। उसे साफ़-साफ़ देखने के लिए एक दूरी भी चाहिए। कविता मनुष्य को यह दूरी उपलब्ध कराती है। परिस्थितियों की वास्तविकता को स्पष्ट देखने का अवसर देती है।

देखने का अर्थ है—अंतर्नेत्रों से देखना। बोध-क्षमता से देखना। इस देखने में देखे हुए की जाँच-परख शामिल है। सही-ग़लत के निष्कर्ष शामिल हैं। इनके अनुसार वांछनीयता-अवांछनीयता शामिल है। प्रेम-घृणा भी शामिल है। इस तरह देख पाने पर बाह्य परिस्थितियों में किस तरह रहा जाए, यह तय होता है। यह तय होने से ही परिस्थितियों को स्वयं पर हावी न होने देना संभव होता है। उनमें हस्तक्षेप की मानवीय योग्यता संभव होती है। यह वही योग्यता है, जिसके बल पर प्राकृतिक गतिविधियों में मनुष्य का हस्तक्षेप संभव हुआ। मनुष्यकृत सौंदर्य संभव हुआ। संस्कृति संभव हुई। केवल भोक्ता के स्तर से उठकर मनुष्य का सर्जक होना संभव हुआ। मनुष्यता की समृद्धि संभव हुई।

समृद्ध मनुष्यता का अधिकतम लाभ हृदय-प्रसार द्वारा ही पाया जा सकता है। हृदय-प्रसार का अर्थ है—अपने जीवन को केवल अपने हित से मुक्त करना। इस सोच से मुक्त करना कि सारी दुनिया सिर्फ़ मेरे लिए है। इस मुक्ति से विनयशीलता आती है। ज्ञान का दायरा बढ़ता है। अतः भावों का दायरा भी बढ़ता है। दुःख केवल अपने चाहे हुए के न मिलने या अनचाहे के मिल जाने का परिणाम-भर नहीं रह जाता। सुख केवल अपनी उपलब्धियों तक सीमित नहीं रह जाता। सुख और दुःख व्यक्तिगत न रहकर सामूहिक हो जाते हैं। सामूहिक हो जाने पर दुःखों में दुःख देने की शक्ति कम हो जाती है। सुखों में सुख देने की शक्ति बढ़ जाती है। अस्पताल में दूसरों के दुःख देखकर बीमार के धैर्य का बढ़ना और दूसरों की आँखों में अपने सुख का सम्मान देखकर सुख का बढ़ना इसी सच के उदाहरण हैं। समाज से पूरी तरह कटे हुए आदमी का सुख भी वस्तुतः दुःख है।

आचार्य हजारीप्रसाद द्विवेदी ने 'साहित्य' शब्द का अर्थ बतलाया है—साथ-साथ रहने का भाव।[10] यह साथ, हृदय का विस्तार हुए बिना संभव नहीं होता। हृदय संकीर्ण हो तो बड़ी से बड़ी जगह दूसरों के लिए छोटी पड़ती है। हृदय विस्तृत हो तो छोटी से छोटी जगह में भी दूसरों के लिए भरपूर गुंजाइश निकल आती है। विस्तृत हृदय से संबंध सार्थक होते हैं। मनुष्यों के आपसी संबंध भी और बदलते ज़ीवन से मनुष्य के संबंध भी।

विस्तृत या लोक-प्रसारित हृदय ही मनुष्य-हृदय का स्वाभाविक रूप है। इसे उपलब्ध होकर हृदय की आँखें खुलती हैं। तथ्यों के ढेर तले दबे सत्य को देखना आता है। विवेक

से काम लेना आता है। चुनना आता है। सबके लिए सुखद रवैये को जीना आता है। केवल अपने लिए जो सुखद है, वही उचित भी है, समकालीन जीवन में यही कसौटी लोकप्रिय है लेकिन पशुता के निकट है। मनुष्य अंततः उससे संतुष्ट नहीं हो सकता। उसे जीवन की मानवीय कसौटी चाहिए। समकालीन कसौटी उसे केवल शरीर-सुख पहचानने वाला पशु बनाने पर तुली है। माना कि पशु बनने में मज़ा आता है पर कब तक? अंततः मनुष्यता की तरफ़ लौटना ही होता है। इसलिए कि स्वभाव वही है। सहज वही है।

मनुष्यता की इस माँग का अर्थ है—उचित-अनुचित में अंतर करने वाले विवेक की माँग। उचित से प्रेम और अनुचित से घृणा करने वाले मानस की माँग। इस मानस को प्रकट और पुष्ट करने वाले आवेग की माँग। यह आवेग ही व्यवहार में रूपांतरित होता है। कार्य-क्षमता बनता है। यही मनुष्य का विकसित होना है। सम्पूर्ण होना है। सक्षम होना है। कविता से मनुष्य में जीवन को प्रभावित करने की क्षमता आती है। विकसित होती है। इसीलिए **अरुण कमल** ने कहा—"कविता मनुष्य की आत्मा का सर्वाधिक प्रतिरोधी, सर्वाधिक सशक्त टीका है—मृत्यु के विरुद्ध कविता एक टीका है।"[11] यह टीका मनुष्य के भीतर-बाहर उसकी मनुष्यता को बीमार नहीं होने देता, मरने नहीं देता। मनुष्यता, अर्थात् अमानवीय हालात के प्रतिरोध को स्वस्थ रखता है। जीवित रखता है। सक्रिय रखता है।

रोग, जीवन के द्वार पर मृत्यु की दस्तक है। दस्तकें बढ़ रही हैं। इस टीके की ज़रूरत बढ़ रही है। मुश्किल यह है कि शरीर के रोग प्रत्यक्ष दिखलाई देते हैं। मन के रोग चर्म-चक्षुओं से दिखलाई नहीं देते। इसका अर्थ यह नहीं कि वे होते भी नहीं। होते हैं। शरीर के रोगों से ज़्यादा ख़तरनाक।

आज ऐसे रोगों का बोलबाला है। इसीलिए टीके की ज़रूरत मनुष्य को जितनी आज है, उतनी पहले शायद ही कभी रही हो।

संदर्भ

1. चिन्तामणि, पहला भाग, आचार्य रामचन्द्र शुक्ल, पृष्ठ 128
2. वही, पृष्ठ 117
3. अन्यथाः अंकः 6 मार्च, 2006, पृष्ठ 98
4. आधुनिक साहित्य और इतिहास बोध—डॉ. नित्यानंद तिवारी, पृष्ठ 11
5. वर्तमान साहित्य, वर्षः 9, अंकः 7-8, अप्रैल-मई, 1992, कविता विशेषांक, पृष्ठ 305
6. बाणभट्ट का मन—संपादकः किरनचंद्र शर्मा, अंगद तिवारी, पृष्ठ 277
7. साहित्य विधाओं की प्रकृति—संपादकः देवीशंकर अवस्थी, पृष्ठ 12
8. वसुधा 53 (समकालीन उर्दू साहित्य पर केंद्रित), जनवरी-मार्च, 2002, पृष्ठ 1
9. आलोचनाः जनवरी-मार्च, 2003, पृष्ठ 19
10. साहित्य सहचर—आचार्य हजारी प्रसाद द्विवेदी, पृष्ठ 2
11. आलोचनाः जनवरी-मार्च, 2003, पृष्ठ 23

कविता क्या नहीं है

कविता के नाम पर ढेरों शब्द-संयोजन इन दिनों प्रचलित हैं। शायद कवियों को 'कविता क्या है', यह जानने से ज़्यादा यह जानने की ज़रूरत है कि *'कविता क्या नहीं है'।* इसके लिए कुछ बुनियादी सवाल ज़रूरी हैं। क्या कविता चमत्कृत करने के लिए ही होती है? कोई जानवरों की बोलियाँ बोलकर भी चमत्कृत कर सकता है पर क्या उसे कवि और उसकी कलाबाज़ी को कविता कहा जा सकता है? क्या लोकप्रिय होना कविता का अपने धर्म से विचलित होना है? क्या अलोकप्रिय होना ही किसी शब्द-संयोजन को सच्ची कविता मान लेने के लिए पर्याप्त है?

कविता कोई उत्पाद नहीं होती। अतः उसे बनाया नहीं जा सकता। बनाने की कोशिश की जाए तो जो कुछ बनेगा, उसका शरीर-भर कविता का होगा। कलाबाज़ी का एक नमूना होगा वह। हो सकता है, बेस्ट सेलर भी हो, पूजित-प्रतिष्ठित भी हो पर उसका कविता होना असंभव है। कविता के लिए मनुष्य-मात्र का हित और उसकी जीवंतता सर्वोपरि है। इसे लाभ-लोभ पर न्यौछावर कर देने वाले सफल दुकानदार या बाज़ार के उतार-चढ़ाव की लय पर मुनाफ़े के हाथों में खेलने वाले खिलौने-भर हैं। कवि नहीं।

कवि का लक्ष्य कविता अर्थात् मनुष्यता की संवेदन-लय को साधना है। कविता से लाभ हो जाए, यह और बात है पर लाभ लक्ष्य नहीं हो सकता। लक्षित लाभ और कविता परस्पर उलट हैं। लक्षित लाभ, लोभ का नतीजा है और लोभ हृदय की संकीर्णता का। इसके विपरीत कविता हृदय के विश्वात्मक या लोकधर्मी होने का फल है। हृदय की लोकधर्मिता न केवल निजी सुख से प्रतिबद्ध होती है और न केवल सुंदरता से।

प्रतिबद्ध वह होती है उस उद्देश्य से, जो सबको सुंदर और सुखी जीवन की ओर ले जाए। वह कवि के हृदय से भी 'कुरूपता का विसर्जन' करती है और पाठक-श्रोता के हृदय से भी। मिले हुए जीवन के आधार पर वह उससे भिन्न एक और जीवन बनाती है। ऐसा जीवन, जो विषमता, लोभ, मोह, छल, अज्ञान, अनैतिकता, क्रूरता, अवसरवाद, शारीरिकता आदि कुरूपताओं पर प्रहार करता हो, उन्हें अपने भीतर से खदेड़ता हो, उनसे मुक्ति के लिए संघर्ष करता हो। मुक्ति की यह प्रक्रिया ही कविता है और मूलतः कवि की प्रतिबद्धता इसी के प्रति है।

जीवन में कुरूपताएँ बढ़ रही हैं। अर्थात् उनके विसर्जन की ज़रूरत बढ़ रही है। इस ज़रूरत को पूरा करने के लिए ज़रूरी है कि स्वयं को कुरूपताओं का शिकार होने से बचाया जाए। इतना समर्थ बनाया जाए कि कुरूपताओं का शिकार होने की बजाय उनका शिकार किया जा सके। **अर्न्स्ट फ़िशर** के शब्दों में मनुष्य 'पशु-शक्ति द्वारा रौंद नहीं दिया'

जाए बल्कि 'उसे पालतू' बनाए।[1] कुरूपताएँ संपन्न हैं। शातिर हैं। ताक़तवर हैं। उन्हें पालतू बनाना आसान नहीं। उन्हें साफ़-साफ़ देखना और पहचानना मुश्किल है। उनका विरोध मुश्किल है। शिकार मुश्किल है। कविता का रास्ता इन मुश्किलों से गुज़रने का रास्ता है। इस पर चलने की जगह जो आसानियाँ चुनते हैं, वे सफल ही हो सकते हैं। कवि नहीं।

ज़रूरत यह ध्यान रखने की भी है कि न तो हर लोकप्रिय होने वाली शब्द-रचना को कविता के दर्जे से वंचित किया जा सकता है और न अलोकप्रिय होने वाली हर शब्द-रचना को कविता कहा जा सकता है। 'रामचरितमानस' एक साथ लोकप्रिय भी है और महान् कविता भी। यह सही है कि उसका पाठ एक धार्मिक कर्मकांड बनकर रह गया है लेकिन यही उसकी लोकप्रियता का पूरा सच नहीं है। उसे पढ़ने वाले सांप्रदायिक दंगों में शामिल ही नहीं होते। दंगों का विरोध भी करते हैं। कबीर, सूर, मीराँ और रहीम की कविताएँ भी यह बताती हैं कि उत्कृष्ट और लोकप्रिय कविताई एक साथ संभव है।

सफलता और सार्थकता, दोनों का साथ-साथ घटित होना असंभव नहीं है। ये घटित हो ही सकती हैं। की नहीं जा सकतीं। इसलिए कि ये दोनों समय और समाज में कविता के घटित होने वाले परिणाम हैं। कविता की रचना-प्रक्रिया के हिस्से नहीं। इन्हें रचना-प्रक्रिया का हिस्सा बनाने की कोशिश उतनी ही बनावटी होगी, जितनी इस कोशिश से उपजी तथाकथित कविता। ऐसी कविता का असर भी बनावटी या प्रायोजित ही हो सकता है। सहज और वास्तविक नहीं। देर तक और दूर तक जाने वाला नहीं। सृजन से प्रभाव तक, बनावट जिसके लिए अनिवार्य हो, वह कविता नहीं हो सकती। प्रभाव कैसे बनावटी होता है, यह **आचार्य रामचंद्र शुक्ल** ने बताया है—"ऐसी उक्ति, जिसे सुनते ही मन किसी भाव या मार्मिक भावना (जैसे प्रस्तुत वस्तु का सौंदर्य आदि) में लीन न होकर एकबारगी कथन के अनूठे ढंग, वर्ण-विन्यास या पद-प्रयोग की विशेषता, दूर की सूझ, कवि की चातुरी या निपुणता आदि का विचार करने लगे, वह काव्य नहीं...।"[2]

कविता का सहज और वास्तविक प्रभाव है—कविता में प्रस्तुत 'भाव या मार्मिक भावना' में लीन होना। कविता में कथन का अनूठा ढंग भी होता है। वर्ण-विन्यास भी होता है। विशेष पद-प्रयोग भी होता है। दूर की सूझ भी होती है। कवि की चातुरी या निपुणता भी होती है लेकिन ये सब कविता के साधन ही हैं। इनकी ख़ासियत यह कि ये अलग से उभरे हुए नज़र नहीं आते। अगर आते हैं तो समझना चाहिए कि साधन भाव के काम नहीं आए, भाव साधनों के काम आ गए।

केवल तकनीकी निपुणता किसी शब्द-रचना को कविता नहीं बना सकती। मनुष्य के भाव, विचार और भावना के संश्लिष्ट रूप होते हैं वे। मनुष्य और संसार के द्वंद्वात्मक संबंधों से जन्म लेते हैं। तरह-तरह के अनुभवों से जन्म लेते हैं। अनुभवों के अभाव को तकनीकी निपुणता नहीं भर सकती। चाहे वह निपुणता छंद-रचना की हो, चाहे गद्यात्मक कलाकारी की। हिंदी कविता ने छंदों में शब्द जड़ने की कुशलता को ही कवि-कर्म मान लेने वाला कलावादी आग्रह भी देखा है और छंदों को हर हाल में तोड़ने वाली खोखली गद्यात्मकता का अनियंत्रित प्रसार भी। ऐतिहासिक दृष्टि से वह अब इस स्थिति में है कि हर तरह के आग्रह से मुक्त हो सके। अपने अनुभवों का लाभ उठा सके। अपनी जीवनधर्मिता को भाषा के स्तर पर भी चरितार्थ कर सके।

यह बात और है कि अनेक समझदार आज भी कविता के छंदों से मुक्त होने का कारण नहीं समझ पाते। अतः किसी के लिए कविता बिहारी के दोहों तक पहुँचकर ख़त्म हो जाती है तो किसी के लिए प्रसाद की 'कामायनी' तक। जगज़ाहिर है कि कविता में गद्य का प्रवेश उस समय हुआ, जब देश आज़ादी की लड़ाई लड़ रहा था। पराधीनता के बंधनों से मुक्त होना जनता का जीवन-संचालक स्वप्न बन चुका था। कविता की दुनिया में यह स्वप्न छंदों के बंधन से मुक्ति के रूप में सामने आया। इसे समझने के लिए यह समझना ज़रूरी है कि छंद बंधन उस समय बनते हैं, जब कविता में अंतर्वस्तु व भाव उजागर करने की बजाय शब्द केवल किसी ख़ास छंद का निर्वाह करने के लिए भर्ती कर लिए जाएँ। ऐसे छंद बहुत मिल जाएँगे, जिनमें से कुछ शब्दों को अगर हटा दिया जाए तो उनके अर्थ पर कोई असर नहीं पड़ेगा। ऐसे में छंद कविता के बंधन ही हो सकते हैं।

कविता गद्यात्मक इसलिए हुई कि उसे भर्ती के शब्दों से बचना था। जीवन के प्रति होने वाली प्रतिक्रियाओं को उनका अधिक से अधिक स्वाभाविक रूप देना था। **मुक्तिबोध** ने लिखा है कि ये प्रतिक्रियाएँ मन में किसी काव्य-भाषा के वस्त्र पहनकर नहीं आतीं।[3] छंद अगर संवेदनात्मक प्रतिक्रियाओं के वस्त्रों की तरह कविता में आते हैं तो वे कविता के बंधन हैं। उन्हें टूटना ही चाहिए। अगर वे प्रतिक्रियाओं की त्वचा की तरह आते हैं तो बंधन नहीं, मर्यादाएँ हैं। उनका निर्वाह होना चाहिए। सवाल संवेदनाओं और अनुभूतियों की लय के सबसे स्वाभाविक रूप का है। छंद तयशुदा साँचे हैं। ज़रूरी नहीं कि तमाम संवेदनाएँ और अनुभूतियाँ उनकी काट के हिसाब से ही आएँ।

जीवन किसी भी सीमा में नहीं रहता। वह इतना विस्तृत और विविध है कि उसका एक रूप यदि एक रूप में प्रकट होता है तो दूसरा, दूसरे रूप में और तीसरा, तीसरे में, चौथा चौथे में। इस सिलसिले का कहीं अंत नहीं। जीवन, कविता का आधार है। उसे जीवन के रूपों का इस्तेमाल करते हुए नया जीवन गढ़ना है। जीवन को समृद्ध करना है। जीवन एकरूप नहीं है तो उससे मूलतः संबद्ध कविता कैसे एकरूप हो सकती है! कैसे अपने को केवल छंदों तक या केवल गद्यात्मकता तक सीमित रख सकती है!

छंदों से ज़्यादा वैविध्यपूर्ण लय जीवन में है। कविता जीवन को उसी की लय के साथ पकड़ना और व्यक्त करना चाहती है। उसे ज़्यादा से ज़्यादा और ज़्यादा से ज़्यादा विविध साधन चाहिए। छंदधर्मिता से लेकर गद्यात्मकता तक उसके रूपों का जो प्रसार दिखलाई देता है, वह उसके द्वारा इन साधनों की निरंतर तलाश का सूचक है। जीवन ऐसा है कि छंदों में अपनी पूरी शक्ति के साथ आ सके तो ऐसा भी है कि गद्यात्मकता में ही पूरी ऊर्जा के साथ उभर सके। सवाल यह भी पूछा जाता है कि जो कवि इस ऊर्जा को ही उभारना चाहते हैं, वे सीधे-सीधे गद्य क्यों नहीं लिखते। इस सवाल में ही यह भ्रम शामिल है कि गद्य और गद्यात्मक कविता में कोई फ़र्क़ नहीं होता।

गद्य काव्यात्मक भी हो सकता है और कविता गद्यात्मक भी। इसके बावजूद गद्य मूलतः गद्य ही होता है और कविता मूलतः कविता। अगर कविता जीवन के उसी रूप को व्यक्त करने-भर से संतुष्ट हो जाती, जो छंदों में ही सबसे स्वाभाविकता और पूर्णता के साथ समाता है तो न उसे छंदों के बंधन तोड़ने की ज़रूरत पड़ती, न गद्यात्मक होने की। ज़्यादा से ज़्यादा जीवन ज़्यादा से ज़्यादा स्वाभाविक रूप में समेटने की वह ललक, जो साहित्य की हर विधा

में होती है, कविता में भी रही।

अपनी प्रक्रिया और परिणति में ज़्यादा से ज़्यादा स्वाभाविक और जीवंत रहने की कोशिश ने कविता को गद्यात्मक बनाया। इससे संवेदनाओं और अनुभूतियों के लिए अभिव्यक्ति के एक और रूप की जगह बनी। कविता के पास श्रोता तो पहले से थे, उसे पाठक भी मिले। पहले कविता की भूमिका श्रोताओं को प्रभावित करने तक सीमित थी। गद्यात्मक होकर कविता ने पाठक को कवि-अनुभूतियों और विचारों के हिस्सेदार के रूप में भी पाया। **डॉ. नित्यानंद तिवारी** के शब्दों में उसके लिए 'संवेग के स्थान पर समझ अधिक अभिप्रेरक और प्रतीतिपरक उपादान बना।' कविता का 'फलन प्रभाव-स्तर से खिसककर बोध-स्तर की ओर सक्रिय हुआ।'[4]

परिणामतः कविता से जुड़कर सहृदय मुग्ध ही नहीं, व्याकुल भी होने लगा। लय को उसने केवल शब्दों में नहीं, संवेदनाओं, अनुभूतियों और काव्य-स्थितियों में भी अनुभव किया। देखा कि संवेदनाओं, अनुभूतियों और काव्य-स्थितियों में लय बनती ही नहीं, टूटती भी है। इस टूटन की भी अपनी लय होती है। टूटन की लय में होकर कविता जीवन की टूटन से खुद को सीधे-सीधे जोड़ सकती है। उससे रस्मी प्रशंसा पाकर ही नहीं, उसे सोच के स्तर पर गतिशील बनाकर भी सार्थक हो सकती है।

इसमें कोई संदेह नहीं कि भर्ती के शब्दों द्वारा जिस प्रकार छंद-कौशल की धाक जमाई गई, उसी तरह कविता की गद्यात्मकता को भी कवि बनने का सुनहरा मौक़ा मान लिया गया। इसे जमकर भुनाया गया। बहुत-से तथाकथित कवियों ने कविता के नाम पर अनुभूतिशून्य वाक्यों के ढेर पर ढेर लगा दिए। भले ही पढ़े न जा सकें पर एक के बाद एक उनके कविता-संग्रह छपने लगे। कविताओं की तरह ऐसे कवियों की भी बाढ़ आ गई। सत्ता से जुड़ जाने पर इन्होंने एक-दूसरे की चर्चाएँ खुलकर कीं और करवाईं। एक-दूसरे को पूरी बेशर्मी से पुरस्कार दिए और दिलवाए। यश और प्रतिष्ठा के आदान-प्रदान की बदबू पूरे माहौल में फैलाई। कवियों के गिरोह बन गए। अपने-अपने गिरोहों से प्रतिबद्धता को ही ईमानदारी का पर्याय मान लिया गया। इस हद तक कि परस्पर स्वस्थ संवाद तक कल्पनातीत हो गया।

श्रोता जब पाठक बना तो केवल पढ़ी जाने वाली कविताओं का कवि तात्कालिक फ़ीडबैक से वंचित हो गया। सहृदय की प्रतिक्रिया उस तक पहुँचे ही, यह भी ज़रूरी नहीं रह गया। इस स्थिति को बहुतों ने मनमानी के अवसर की तरह लिया। ग़ैरजवाबदेही ग़ैरज़िम्मेदारी बन गई। मनमाने वाक्य इकट्ठे करती रही और उन्हें गंभीर और असली कविताओं की तरह प्रचारित करती रही।

कविता के प्रति जो अरुचि आज देखने को मिलती है, वह साहित्य को ऐसी तथाकथित कविताओं का भी योगदान है! इससे यह तय नहीं होता कि कविता के लिए गद्यात्मकता व्यर्थ है। उसी तरह जैसे छंद के अक्षम कवियों की विपुल सक्रियता से छंद व्यर्थ नहीं हो जाते। छंद हों या गद्यात्मकता, व्यर्थ है उनका अनावश्यक या बनावटी इस्तेमाल करने की हर कोशिश। ऐसी बनावटी कोशिशों की कविता ने भरपूर क़ीमत चुकाई। उपहास और उपेक्षा सही।

आज वह एक ऐसे मुक़ाम पर है, जहाँ से सच को सच के ही रूप में सच कहा जा सकता है और झूठ को झूठ के ही रूप में झूठ। कोई रूप उसके लिए वर्जित नहीं है। कोई

रूप उपेक्षित नहीं है। लक्ष्य है—वैविध्यपूर्ण जीवन को वैविध्यपूर्ण ढंग से पुनः रचना। यह ढंग पुराने से पुराने छंद से लेकर बोलचाल की नई से नई शक्ल तक, कुछ भी हो सकता है। केवल ढंग पर किसी कविता का समकालीन और महत्त्वपूर्ण होना या न होना निर्भर नहीं है।

अभिप्राय यह कि केवल ढंग या तकनीक को आत्यंतिक महत्त्व देने वाला शब्द-संयोजन कविता नहीं है। निरा छंद-कौशल कविता नहीं है। गद्यात्मकता की प्रतिष्ठा की आड़ में मनमाने और निष्प्राण वाक्य लिखते चले जाना कविता नहीं है। चुटकुलों और लघुकथाओं को तुक्कड़ वाक्यों में पुनः प्रस्तुत कर देना कविता नहीं है। अपना राजनैतिक पक्ष तय करके सही किन्तु निष्प्राण प्रतिक्रियाएँ व्यक्त करते चले जाना कविता नहीं है। सौ-दो सौ बुद्धिवादियों की आपसी ले-दे कविता नहीं है।

भावनाएँ भड़का/भुनाकर तालियाँ बजवाते रहना कवि-कर्म नहीं है। पुरस्कारों पर हाथ साफ़ करते रहना कवि-कर्म नहीं है। चर्चाओं और प्रशंसाओं के आदान-प्रदान में रस लेते रहना कवि-कर्म नहीं है। कवि का अभिनय करते हुए अपनी कुंठाओं का प्रदर्शन करते रहना कवि-कर्म नहीं है। कविताओं से ज़्यादा टोटकों पर भरोसा करते रहना कवि-कर्म नहीं है। एक-दूसरे को नीचा दिखाकर मनोरंजन करते रहना कवि-कर्म नहीं है।

एक के बाद एक किताबें छपवाते चले जाना और साहित्य की छाती पर लद जाना कवि-कर्म नहीं है। दूसरों का थूका हुआ चाटकर और यथासमय उगलकर स्वयं को बड़ा भारी विद्वान साबित करते रहना कवि-कर्म नहीं है। दूसरों के शे'र या कविताओं के हिस्सों को थोड़ा-बहुत हेरफेर करते हुए शब्द-चातुर्य या तकनीकी निपुणता के बल पर अपना बताना और संवेदनशीलता के अभिनय व सशक्तों को साधने वाले मैनेजमेंट के बल पर इसकी मान्यता हासिल करना कवि-कर्म नहीं है।

कवि-कर्म के नाम पर यह धन की अनंत भूख और यश की अनंत प्यास का प्रदर्शन है। जगह-जगह यह प्रदर्शन हो रहा है। ऐसे कवि-कर्म ने कविता के प्रति समाज में तिरस्कार, उपेक्षा और उपहास का भाव पैदा किया है। बढ़ाया है। कविता-विरोधी तर्कों को पुष्ट करने वाले उदाहरण सुलभ कराए हैं। हवाओं में ऐसी गैस घोली है कि कविता का साँस लेना मुश्किल हो जाए।

स्पष्ट है कि ऐसे कवि-कर्म की क़ीमत इसके कर्त्ताओं ने नहीं, कविता ने चुकाई है। उस कविता ने, जो मनुष्य द्वारा मनुष्यता पर अधिकार-प्राप्ति के संघर्ष में हमेशा उसके साथ रही है, जिसने संवेदनाओं का इतिहास रचा है, संस्कृति और संस्कारों की पीढ़ियों हृदयांतरित होती पूँजी प्रदान की है और इस तरह जीवन में जीवंतता का संचार किया है। इसमें शायद ही किसी को संदेह हो कि इस जीवंतता की वर्तमान को सबसे ज़्यादा ज़रूरत है।

संदर्भ

1. साहित्य विधाओं की प्रकृति –संपादकः देवीशंकर अवस्थी, पृष्ठ 3
2. चिन्तामणिः पहला भाग –आचार्य रामचन्द्र शुक्ल, पृष्ठ 133
3. मुक्तिबोध रचनावलीः 5, –संपादकः नेमिचंद्र जैन, पृष्ठ 335
4. आधुनिक साहित्य और इतिहास बोध –डॉ. नित्यानंद तिवारी, पृष्ठ 67-68

धन-प्रभुत्व, मनुष्य और कविता

धन समकालीन जीवन का प्रमुख नियामक है। अपने होने-बढ़ने के रूप में भी और न होने-घटने के रूप में भी। संपन्नता और अभाव, दोनों का स्वरूप वैश्विक है। **सच्चिदानंद सिन्हा** के शब्दों में 'दुनिया की लगभग साठ हज़ार बहुराष्ट्रीय कंपनियों' में से 'कई कंपनियों की आय...दुनिया के अधिकांश देशों की राष्ट्रीय आय से...अधिक है।'[1] साथ ही उल्लेखनीय यह भी कि 'भूमंडलीकरण के दौर में दरिद्रतम देशों की संख्या 25 से बढ़कर 49 हो गई है।'[2] बहुराष्ट्रीय कंपनियाँ देशों से भी ज़्यादा संपन्न हैं। उनकी पहुँच से बाहर न राजनीति की शक्ति है, न समाज की। यह विश्व में धन के बढ़ते वर्चस्व का सूचक है। दुनिया में ये कंपनियाँ बढ़ रही हैं और जीवन में वस्तुएँ। वस्तुओं की बढ़ती मात्रा और विविधता उन्हें ज़्यादा से ज़्यादा हासिल करने और बनाए रखने की इच्छाओं में ढल रही है। इच्छाएँ धन की अनंत लिप्सा का औचित्य गढ़ रही हैं। सुख के ज़्यादा से ज़्यादा साधनों पर अपना स्वामित्व कौन नहीं चाहता?

धन जिनके पास है, वे वस्तु-स्वामित्व की इस दौड़ में सीधे-सीधे शामिल हैं और जिनके पास नहीं है, उनके पास वस्तु-स्वामित्व का अभाव है। धनलिप्सा अधिकांशतः दोनों का सच है। अभावग्रस्तों की धनलिप्सा तीव्र होकर लुटेरी न बन जाए, इसके लिए लॉटरियों की पॉलिटिक्स है। अनेक रूपों में लॉटरी नई मार्केटिंग का लोकप्रिय होता दाँव है। लॉटरी सबकी नहीं निकलती पर निकलने की उम्मीद सबमें पैदा हो जाती है। लॉटरी का प्रयोजन परोपकार नहीं।

प्रयोजन है—अभावग्रस्तों में इस उम्मीद का प्रसार। न लॉटरियों के सिलसिले का कोई अंत है, न इस उम्मीद का। लॉटरियों की यह उपलब्धि बताई जा सकती है कि वे इने-गिनों का सही, कुछ तो अभाव दूर कर ही रही हैं! किसी का कुछ ले तो नहीं रही! सच इस भोले-से सच के पीछे छुपा है। यह कि अभावग्रस्त अपने अभाव दूर करने के लिए सौभाग्य-दुर्भाग्य पर ज़्यादा भरोसा करें, अपनी मेहनत पर कम। मेहनत का फल निश्चित भी होता है और सीमित भी। सुख के महँगे साधन ख़रीदने में असमर्थ। ऐसे में वंचितों को लगता है कि सुख के आधुनिक साधन मेहनत से कभी नहीं आने वाले। लॉटरी से कभी आ भी सकते हैं। लॉटरी मेहनत और तर्कबुद्धि से मनुष्य का संबंध क्षीण करती है। यही उसका प्रयोजन है। अभाव की स्थिति में भी धन जीवन को इस तरह नियमित कर रहा है।

धन वस्तुओं का स्रोत है। जितना हो जाए, उतना ही कम। तकनीक का ज़्यादा से ज़्यादा विकास विलासी वस्तुओं के निर्माण और परिष्कार की दिशा में हो रहा है। टी.वी. चलाना है तो उसका स्विच ऑन करने के लिए उठने की ज़रूरत रिमोट ने ख़त्म कर दी।

अब कोशिश जारी है कि रिमोट हाथ में लेने और उसके बटन दबाने की ज़रूरत भी ख़त्म हो जाए। सिर्फ़ बोलकर ही टी.वी. को ऑन-ऑफ़ किया जा सके और चैनल बदले जा सकें। तकनीक का लक्ष्य है—ज़्यादा से ज़्यादा सुविधाएँ उपलब्ध कराना। कम से कम शारीरिक सक्रियता द्वारा उनका उपयोग और उपभोग संभव बनाना। तकनीक को इसी दिशा में इसलिए बढ़ाया जा रहा है कि इसी में ज़्यादा से ज़्यादा मुनाफ़ा है। लगातार और अनंत मुनाफ़ा है। सब जानते हैं कि सीमा ज़रूरतों की ही हुआ करती है। इच्छाओं की नहीं। इसी सच का दोहन कर रहा है—विश्व में पसरता धनतंत्र। तकनीक इसका प्रमुख हथियार है।

सवाल यह है कि तकनीक की उन्नति मनुष्य की जिस शारीरिक क्षमता को ख़र्च होने से बचाती है, उसका वह कुछ और इस्तेमाल भी करता है या नहीं? करता है तो क्या? अक्सर वह इसका सदुपयोग नहीं करता। तकनीक के बढ़ते क़दम मनुष्य के बढ़ते सुविधा-लोभ और आलस्य तक ही पहुँचकर रह जाते हैं। यातायात के आधुनिक साधन कम से कम समय में मनुष्य को एक से दूसरी जगह पहुँचा ही सकते हैं। उसे चलना कहाँ से है और पहुँचना कहाँ है, यह तो मनुष्य को ही तय करना पड़ेगा। अगर नहीं करता तो यातायात की आधुनिक तकनीक उसे तेज़ी से भटका ही सकती है। तकनीक का विकास ही अपने-आप में काफ़ी नहीं है। उस विकास से अपने संबंध तय करने की योग्यता का विकास भी उतना ही ज़रूरी है। तकनीक के साथ-साथ उसका इस्तेमाल करने वाले मनुष्य का सक्षम होना भी ज़रूरी है।

सेर की हाँडी में सवा सेर नहीं डाला जा सकता। मनुष्य को भोग के लिए कितना चाहिए, कितने का भोग वह कर सकता है, इससे धनतंत्र को कोई मतलब नहीं। मतलब है तो उस तकनीक से, जो इच्छाओं का अनंत प्रसार कर सके। तकनीक टेलीविज़न के ढेरों चैनल परोस सकती है। त्वरित संचार संभव कर सकती है। वस्तुओं, स्थितियों और घटनाओं को उनके स्थान से मुक्त कर तत्काल विश्वव्यापी बना सकती है लेकिन मनुष्य को अपना सदुपयोग करने के योग्य नहीं बना सकती। इस योग्य नहीं बना सकती कि बड़ी मात्रा और विविधता में उपलब्ध वस्तुओं से वह उत्तम चयन कर सके। उसका विवेक भी विकसित और ऊर्जस्वी हो सके।

विवेक मनुष्य की अपनी शक्ति है। अच्छे-बुरे, उचित-अनुचित के बीच अंतर करती है। बाह्य जगत् से मनुष्य के द्वंद्वात्मक संबंधों द्वारा परिवर्तित-विकसित होने वाली शक्ति है यह। आज का बाह्य जगत् दस्तुओं से भरा है। वस्तुओं के साथ-साथ मनुष्य-विवेक का विकास न होने पर वस्तुओं से मनुष्य के संबंध द्वंद्वात्मक नहीं हो सकते। उनमें कोई टकराव नहीं हो सकता। वे स्वीकारात्मक और एकायामी ही हो सकते हैं।

ऐसे संबंध विवेक का विकास नहीं कर सकते। वे पूर्वार्जित विवेक को भी चलन से बाहर करते हुए कुंद करते हैं। यही वह परिस्थिति है, जिसमें वस्तुएँ मनुष्य पर हावी होती हैं। उसका इस्तेमाल करने लगती हैं। मनुष्य को निष्क्रिय और निस्तेज बनाने वाली परिस्थिति है यह। ऐसा मनुष्य अपनी स्वतंत्रता को बढ़ाना तो दूर, प्राप्त स्वतंत्रता को बनाए रखने योग्य भी नहीं रहता। समकालीन मनुष्य की स्वतंत्रता ख़तरे में है। वस्तुओं के पंजे में छटपटा रही है वह।

विवेक वस्तु-आधिपत्य को अस्वीकार करने की संभावना है। अतः धनतंत्र का शत्रु है। यह निष्क्रिय और निस्तेज हो, इसके लिए जो कुछ भी संभव हो, धनतंत्र करता है। उसकी पॉलिटिक्स यह है कि वस्तुएँ सक्रिय हों और विवेक निष्क्रिय। विज्ञापन इसका हथकंडा है। विज्ञापन मुनाफ़े के लिए बनते हैं। कैंसर की तरह मुनाफ़े का लगातार बढ़ाव तभी हो सकता है, जब ज़्यादा से ज़्यादा मनुष्यों को ग्राहक बना दिया जाए और मनुष्य को ज़्यादा से ज़्यादा ग्राहक। इस हद तक कि कोई मनुष्य है या नहीं, यह उसका ग्राहक होना या न होना ही तय करे। जो जितना बड़ा ग्राहक, वह उतना बड़ा मनुष्य। जो ग्राहक नहीं, वह मनुष्य भी नहीं।

विज्ञापनी दुनिया को इससे कोई सरोकार नहीं कि मनुष्य, मनुष्य रहे या न रहे। सरोकार है—मुनाफ़े से। ज़रूरी और विलासी वस्तुओं के बीच अंतर जितना धुंधला होता है, मुनाफ़ा उतना ही बढ़ता है। स्पष्ट है कि वस्तुधर्मी प्रगति का जन्म विवेक के विरोध में हुआ है। विज्ञापनी अनैतिकता इसी का एक अंग है। स्वयं को ज़रूरी वस्तुओं का सूचना-माध्यम साबित करते हुए विज्ञापनों ने समाज में जगह बनाई थी। यह जगह जैसे-जैसे बढ़ती गई, वैसे-वैसे ज़रूरी और विलासी वस्तुओं में अंतर कम होता गया। विज्ञापन की दुनिया में विलासी वस्तुओं की जगह उसी तरह बढ़ती गई जैसे संचार-माध्यमों में विज्ञापन की। **अल्बर्ट आइंस्टाइन** ने कहा था कि ऐसे दौर में "उत्पादन मुनाफ़ा कमाने के लिए जारी रखा जाता है न कि उपयोग की दृष्टि से।"[3] मुनाफ़े के संरक्षण-संवर्द्धन के लिए ग़ैरज़रूरी ही नहीं, नुक़सानदायक चीज़ों का उत्पादन भी जारी रहता है। इसलिए कि बाज़ार में विज्ञापन द्वारा हर चीज़ की बनावटी माँग पैदा की जा सकती है और उसे बेचा जा सकता है।

ग़ैरज़रूरी चीज़ों में इस माँग की भी अनंत संभावना है और मुनाफ़े की भी। उनके विस्तार का संबंध विलासिता के साथ-साथ उस प्रतिष्ठा से भी है, जो घर को आधुनिक सामान का भंडार बना देने से मिलती है। बहुत सारी वस्तुएँ हैं, जो स्टेटस-सिम्बल की तरह इस्तेमाल की जाती हैं। अपना स्टेटस या अपनी हैसियत बढ़ाने के लिए सामान ख़रीदने वाली "उपभोक्ताओं की इस जमात को अर्थशास्त्रियों ने *'सिंथेटिक उपभोक्ता'* कहा है।"[4] इसका मतलब यह है कि वस्तुओं का स्टेटस मनुष्य से नहीं बनता। मनुष्य का स्टेटस वस्तुओं से बनता है। मनुष्य वस्तुओं के लिए है। यही वस्तुओं के हाथों मनुष्य का बिक जाना है। इस्तेमाल होना है।

ब्रह्मदेव शर्मा की यह बात विचारणीय है कि "देश की अर्थव्यवस्था में जिन वस्तुओं के उत्पादन की वास्तव में ज़रूरत है, उनका प्रचार करने की ज़रूरत नहीं है और जिन वस्तुओं का विज्ञापन किया जाता है, उनके उत्पादन की आवश्यकता नहीं है।"[5] इसका एक उदाहरण सब्ज़ियाँ हैं। वे जितनी ज़रूरी हैं, अभी तक उनका विज्ञापन उतना नहीं होता। विज्ञापन के बिना भी वे रोज़ बिकती हैं। उन्हें भी ब्रांड में क़ैद कर बेचने की कोशिशें हुई हैं, हो रही हैं पर बहुत कम सफलता उनके हाथ लगी है। आदमी अभी ज़्यादा से ज़्यादा प्राकृतिक रूप से ताज़ा सब्ज़ियाँ ही खाना चाहता है। खा पा रहा है लेकिन ऐसा लग रहा है कि उनके अस्वस्थकर या अनहाइजेनिक होने की बात का विज्ञापन उससे देर-सबेर यह सुविधा भी छीन ही लेगा। उसी तरह जैसे गाय-भैंसों की डेयरियाँ बंद कर शहरी आदमी से ताज़ा दूध पीने का हक़ छीन लिया गया है।

जेरेमी रिफ़्किन द्वारा अपनी पुस्तक 'इंट्रॉपी' में प्रस्तुत इस तथ्य पर विशेष ध्यान दिया जाना चाहिए कि "अमेरिका में खाद्य पदार्थों के पूरे ख़र्च में मात्र 20 प्रतिशत खाद्य पदार्थों को उपजाने पर ख़र्च होता है और 80 प्रतिशत इसे तैयार करने, डिब्बाबंद करने एवं वितरण पर ख़र्च होता है।"[6] उत्पादन से ज़्यादा महत्त्व पैकेजिंग और मार्केटिंग का है। इस महत्त्व का वैश्वीकरण वर्तमान विकास का सार-तत्व है। यह मनुष्य से ज़्यादा उसके कपड़ों के महत्त्व का वैश्वीकरण है। अंतःकरण से ज़्यादा शरीर के महत्त्व का वैश्वीकरण है। **शकेब जलाली** के शब्दों में फलों से ज़्यादा छिलकों के महत्त्व का वैश्वीकरण है यह–

"मलबूस (कपड़े) ख़ुशनुमा हैं मगर खोखले हैं जिस्म
छिलके सजे हों जैसे फलों की दुकान पर।"[7]

कविता की ज़रूरत इसलिए है कि यह वर्तमान विकास के कपड़े उतारती है। इसके भीतर क्या है, यह देखती-दिखाती है। बताती है कि विकास दिखावे का ज़्यादा हो रहा है। मानवीय स्वतंत्रता पर मंडराते ख़तरों का ज़्यादा हो रहा है। मनुष्यता और विवेक को मिलने वाली चुनौतियों का ज़्यादा हो रहा है। ये चुनौतियाँ अभूतपूर्व हैं। ताक़तवर हैं। जंगल में शेरों की तरह हैं। मनुष्यता और विवेक अपनी जान बचाते फिरने वाले मेमने हैं। जंगल में क्या हो, यह शेर ही तय कर रहे हैं।

यह शिकार इस तरह खेला जा रहा है कि शिकार नहीं, ऐसा खेल लगे, जिसमें जीतने के अवसर सभी के लिए समान रूप से उपलब्ध हैं। 'लगान' फ़िल्म की टीमों की तरह। एक तरफ़ वह टीम है, जिसने खेल बनाया है और दूसरी तरफ़ वह, जिसके खेल-साधनों और उनके इस्तेमाल के ज्ञान तक पहुँचने के अवसर कम और ख़त्म हो रहे हैं। समता के सुंदर कपड़ों में सजी विषमता का ऐसा तांडव पहले शायद ही कभी हुआ हो! शायद ही पहले कभी विषमता-विष समता-अमृत की इतनी आकर्षक लहरों के रूप में सामने आया हो! खबरिया चैनलों की सक्रियता अभूतपूर्व है लेकिन इस ख़बर के लिए उनमें जगह नहीं। उसी तरह जैसे कविता के लिए कोई जगह नहीं। यहाँ तक कि लोकप्रिय होने वाली हास्य-व्यंग्य कविताओं के लिए भी नहीं।

अश्लील और हास्यास्पद चुटकुलों के लिए, भंड़ैती के लिए चैनलों में भरपूर जगह का होना और किसी भी तरह की कविता के लिए ब्राह्मण समाज में अछूत जितनी जगह का भी न होना क्या बताता है? बताता है कि हर तरह की कविता में ऐसा कुछ है, जो चैनलों को रास नहीं आता। एक अच्छी हास्य-व्यंग्य की कविता भी मनुष्य को किसी विचार तक पहुँचा सकती है। यह संभावना उसमें हो सकती है कि वह विवेक को जगाए। उसी विवेक को, जो वस्तु-आधिपत्य के विरोध की संभावना है। इस विवेक का जागना धनतंत्र के भोंपू चैनलों के लिए असह्य है। इसलिए कि यह उनके उद्‌देश्य के भी ख़िलाफ़ है, उनकी नीयत के भी और फ़ितरत के भी।

चैनलों को कोई जागरूक या विवेक-संपन्न मनुष्य नहीं बनाना। ऐसा मनुष्य बनाना है, जिसका शिकार विलासी वस्तुएँ आसानी से कर सकें। ऐसा मनुष्य, जो निरा दर्शक हो। कोरा उपभोक्ता। वासना और विलास का ग़ुलाम। ऐसा मनुष्य स्वस्थ हास्य से नहीं बनता। दूसरों का मज़ाक़ उड़ाने, उन्हें नीचा दिखाने वाले कुंठित हास्य से बनता है। हँसाने और हँसाने की होड़ में आगे निकलने के लिए हर नैतिकता को ताक़ पर रख देने से बनता है।

द्विअर्थी या एकार्थी अश्लील हास्य से बनता है। चैनल ऐसा करने वालों को ही नए सेलिब्रिटी बना रहे हैं। इसलिए कि उन्हें कभी भी, कहीं भी और कैसे भी इस्तेमाल किया जा सकता है। विचारहीनता की तरह नैतिकताहीनता और व्यक्तित्वहीनता भी ऐसों की विशेषता है। अतः उनके इस्तेमाल में कोई मुश्किल नहीं। धनतंत्र उन्हें मुनाफ़े की शराब में सोडे की तरह मिलाकर आराम से पी सकता है।

समकालीन जीवन का केंद्र है—धन। राजनीति, समाज, विज्ञान, संस्कृति, क़ानून आदि सब इसी की परिधि में कहीं न कहीं स्थित हैं। लोकतंत्र में यों तो हर नागरिक को वोट देने का अधिकार है लेकिन व्यवहार में इस अधिकार का स्वतंत्र उपयोग अक्सर नहीं हो पाता। जनसाधारण की तो बात ही क्या, जनप्रतिनिधि तक अपने वोट को ख़रीद-फ़रोख़्त से हमेशा नहीं बचा पाते। हर मामले में निर्णय करने वाली समितियाँ भी यों तो लोकतांत्रिक होती हैं पर उनके सदस्य अपने-अपने स्वार्थ साधने के लिए बार्गेनिंग करते हैं। लेन-देन करते हैं। लेन-देन लोकतंत्र की प्रक्रिया कम, व्यापार की ज़्यादा है। व्यापार धन का, धन के द्वारा और धन के लिए होता है। आज धन के सामने वोट की हैसियत न के बराबर है। एक के पास सौ जितना ख़रीदने की ताक़त है तो वह सौ जितना ताक़तवर है। एक के पास एक जितना ख़रीदने की ताक़त भी नहीं तो उसकी शक्ति इकाई जितनी भी नहीं।

शक्ति का प्रतिमान है—ख़रीदने की ताक़त। यह सांसदों द्वारा पूछे जाने वाले सवाल तक ख़रीद लेती है। वोट और स्वतंत्र विवेक की ताक़त को विस्थापित करने वाली यह ताक़त वास्तविक न्याय को भी विस्थापित कर रही है। न्याय-प्रक्रिया में धन की बढ़ती भूमिका और ताक़त ने इस कहावत को जन्म दिया है कि हर मुक़दमे में वादी-प्रतिवादी की जगह "अंत में वकील ही जीतता है।"[8] सामाजिक सम्मान तक इस ताक़त का शिकार है। विज्ञान किस दिशा में आगे बढ़े, यह वैज्ञानिक नहीं, उन्हें नियुक्त करने (वस्तुतः ख़रीदने) वाले संपन्न तय करते हैं। संस्कृति का स्वरूप क्या हो, यह भी क्या संस्कृतिकर्मी तय कर पाते हैं? नहीं। धनतंत्र जो मनुष्य बना रहा है, वह धन पर आधारित है। जर्मन कवि **गेटे** ने कहा था—

> *"मैं वही हूँ, जो मैं ख़रीद सकता हूँ। मैं बदसूरत हूँ लेकिन अपने लिए सबसे ख़ूबसूरत औरत ख़रीद सकता हूँ, इसलिए बदसूरत नहीं हूँ। मैं लँगड़ा हूँ लेकिन चौबीस पैर ख़रीद सकता हूँ, इसलिए लंगड़ा नहीं हूँ। मैं मूर्ख हूँ पर...समझदारों को ख़रीद सकता हूँ, और समझदार जिसकी सेवा में रहते हों, क्या वह समझदारों से ज़्यादा समझदार नहीं है?...क्या मेरा धन मेरी तमाम कमियों को मेरी ख़ूबियाँ नहीं बना देता?"*[9]

धन शक्तियों की शक्ति है। स्वभाव के अनुसार यह किसी की सगी नहीं होती। हमेशा धनी के साथ ऐसे नहीं रहती जैसे सूरज के साथ धूप। **रहीम** ने इसका परिचय देते हुए कहा था—*'पुरुष पुरातन की वधू, क्यों न चंचला होय!'*'[10] बूढ़े की जोरू है लक्ष्मी। कभी यहाँ, कभी वहाँ। एक जगह टिक ही नहीं सकती। इस रूपक को आज के दौर पर लागू किया जाए तो लक्ष्मी-लोलुप उन बूढ़ों की तरह दिखलाई देंगे जो चंचला को अपने पास स्थिर रखने के लिए तरह-तरह की वेशभूषाएँ धारण कर रहे हों, तरह-तरह के नृत्य कर रहे

हों, गाने गा रहे हों, तरह-तरह से उसे रिझा रहे हों! गिड़गिड़ाने और रिरियाने से लेकर साजिशें और हत्याएँ करने-कराने तक ऐसा कुछ भी नहीं, जो अपनी चंचला के लिए वे न करते हों! 'यथालाभ संतोष' उनका आदर्श नहीं। आदर्श है—लाभलोभ ललक।

लोभ संकीर्ण हृदय की संतान है। हृदय को और संकीर्ण बनाती है। मनुष्य को उसी की मूल प्रवृत्ति के विरुद्ध ले जाती है। सतत असंतुष्ट और तनावग्रस्त रखती है। तरह-तरह के मनोरोगों का शिकार बनाती है। प्रकृति से संबंध ऐसे मनुष्य का भी होता है पर वह प्रिय को समृद्ध नहीं करता, अतः प्रेम नहीं होता। उसका सार होता है—हर क़ीमत पर अपना उल्लू सीधा करना। प्राकृतिक संसाधनों का अंध दोहन इसी का परिणाम है। संसार-भर की विलासी वस्तुएँ जिस अंतर्जगत् में इच्छाओं का रूप धारणकर समा गई हों और बढ़ती जा रही हों, वह अंतर्जगत् प्रेम को समझने की जगह निकाले भी तो कहाँ से! समृद्ध अंतर्जगत् के कारण ही मनुष्य अन्य प्राणियों से अलग भी हुआ था और उत्कृष्ट भी। वस्तुओं के निशाने पर यही अंतर्जगत् है। यह पूरी तरह शिकार हो गया तो मनुष्य का पूरी तरह वस्तुकरण होने में कोई मुश्किल नहीं होगी। धन उसे आसानी से ख़र्च कर सकेगा।

ऊपर-ऊपर से लगता है कि धन का बढ़ता वर्चस्व सभी को धनी बनने के अवसर समान रूप से उपलब्ध कराता है। थोड़ा भी ध्यान से देखने पर स्पष्ट हो जाता है कि यह सच केवल सैद्धांतिक है। मान लें कि छोटी और बड़ी पूँजी एक ही व्यवसाय करती हैं। दोनों के लाभ का अनुपात भी एक है। लाभ की मात्रा बड़ी पूँजी की ज़्यादा होगी, छोटी की कम। ऐसे में बड़ी पूँजी को यह सुविधा होगी कि वह विज्ञापन पर ज़्यादा से ज़्यादा ख़र्च कर सके। अपने ब्रांड के बेहतर होने का विश्वास ज़्यादा दिला सके। क़ीमत कुछ कम रखकर अपना काम ज़्यादा चला सके। प्रतियोगिता के सभी रूपों में छोटी पूँजी से आगे रह सके। इतनी आगे कि एक दिन छोटी पूँजी और उसके व्यवसाय को सिमटने पर बाध्य कर दे। यही बड़ी मछली द्वारा छोटी को निगल जाना है। व्यवहार में समानता कहाँ रही? धन के साथ भी समानता न बरतने वाला धनतंत्र किसी और के साथ समानता बरतेगा, यह उम्मीद करना ख़ुद को धोखा देना है।

समानता की तरह धनतंत्र में योग्यता पर भी बड़ा ज़ोर दिया जाता है। इसे प्रतियोगिता का आधार बताया जाता है। उस प्रतियोगिता का, जिसका प्रयोजन है पीछे छोड़ना और आगे निकलना। साधन चाहे जैसे हों, इस प्रयोजन को साध लेना ही सफलता है। जो जितना साध सकता है, वह उतना सफल है। सफल होने का मतलब है—महत्त्व प्राप्त करना। जो जितना कम सफल है, वह उतना ही कम महत्त्वपूर्ण है। उतना ही कम सम्मानित है। उतना ही कम मनुष्य है। उतना ही कम जीवित है। जीवित, संपन्न और सम्मानित होना है तो सफलता की कोई भी क़ीमत चुकाओ! वह क़ीमत चाहे नैतिकता की हो, चाहे संबंधों की। एक-दूसरे के काम आने को संबंध मत समझो! संबंध समझो एक-दूसरे का इस्तेमाल करने को! अपना उसी को मानो, जो अपनी सफलता के लिए इस्तेमाल हो! जो इस्तेमाल न हो, वह परिचित हो या अपरिचित, शत्रु है।

योग्य वह, जो हर क़ीमत पर प्रोफ़ैशनल हो सके। प्रोफ़ैशनल भी दूसरों के काम आता है लेकिन उतना ही, जितना दूसरों का इस्तेमाल करने के लिए ज़रूरी हो। यह नए मनुष्य

के नए संबंधों का आधार है। नई संबंध-व्यवस्था में एक-दूसरे के हाथ पकड़कर नहीं, टाँग खींचकर आगे बढ़ा जाता है। इसके लिए चरण भी छुए जाते हैं और गिरेबान भी पकड़ी जाती है। ऐसे संबंध तात्कालिक हैं। किसी के बारे में निर्णय इस आधार पर नहीं होता कि वह क्या करता रहा है। इस आधार पर होता है कि इस समय वह कितना काम आ सकता है।

काम आ सके तो अजनबी से भी आत्मीयता और न आ सके तो अपना भी अजनबी। आपसदारी से अगर कोई मतलब पूरा न हो तो कितने लोग आपस में मिलते-जुलते रह सकेंगे, कहना मुश्किल है। मतलब के आधार पर संबंध बनते-बिगड़ते हैं। बाक़ी सब संपर्क-भर हैं। आशय यह कि योग्यता का अर्थ केवल अपने विषय-क्षेत्र में पारंगत होना नहीं, दूसरों को कमतर साबित करना भी है और इसके लिए उपयोगी संबंध बनाना भी है।

संबंध उसके हैं, जो या तो इस्तेमाल कर रहा है और या फिर इस्तेमाल हो रहा है। इस्तेमाल का केंद्र में आ जाना संबंधों का वस्तुकरण है। इस्तेमाल के तक़रीबन सारे तरीक़े नैतिक माने जाते हैं। छल एक प्रमुख और लोकप्रिय तरीक़ा है। मनुष्य जो वस्तुतः नहीं है, स्वयं को वही दिखाना छल है। दूसरा जो वस्तुतः नहीं है, चापलूसी द्वारा उसे वही बताना छल है। अपने साथ भी छल। दूसरों के साथ भी। छल एक शहद-सनी तलवार है। चाटते हुए मिठास देती है। मिठास-मोह व्यक्ति से विश्व तक, सर्वत्र बढ़ रहा है। वोट ख़रीदा-बेचा जाता है। अतः लोकतंत्र वास्तविक कम, छल ज़्यादा है। वस्तुएँ मनुष्य के विवेक पर स्वामित्व क़ायम करती जा रही हैं। अतः मनुष्य की स्वतंत्रता वास्तविक कम, छल ज़्यादा है। मीडिया बहुत सारी सूचनाएँ बताते हुए छुपाता भी है। अतः सूचना-संपन्नता वास्तविक कम, छल ज़्यादा है। छल को अब कला का दर्जा हासिल है।

छल मन की कालिख है। काले धन से इसका गहरा संबंध है। भारत के तीन प्रतिशत सबसे ज़्यादा आय वाले हिस्से के हाथों में केंद्रित काले धन की अर्थव्यवस्था बढ़ी है। इतनी कि एक अनुमान के अनुसार 'यह क़रीब 9 लाख करोड़ रुपया सालाना' तक पहुँच गई। कृषि-प्रधान देश भारत के कृषि-क्षेत्र से भी बड़ी हो गई।[11] बताया गया कि यह 'सकल घरेलू उत्पाद (जी. डी. पी.) का 40 प्रतिशत है। इसके रहते 3.5 लाख करोड़ रुपये के करों की वसूली नहीं हो पा रही। यह हमारे बजट के कुल वित्तीय घाटे का तीन गुना है।[12] टैक्स-चोरी से आए या व्यापार से, मनुष्य को अधिक से अधिक धन चाहिए। इसलिए कि अधिक से अधिक धन का मतलब है—अधिक से अधिक सुविधाएँ। अधिक से अधिक सफलता। अधिक से अधिक शक्ति। अधिक से अधिक सम्मान। अधिक से अधिक सुख।

सुविधाएँ, सफलता, शक्ति, सम्मान और सुख अपने-आप में अवांछनीय नहीं हैं। अवांछनीय है इन्हें पाने के लिए विवेक को खो देना। इनका मानवीय इस्तेमाल करने वाली मनुष्य की शक्ति को खो देना। इन्हें हासिल करने, बनाए रखने और बढ़ाने के लिए अमानवीय से अमानवीय तौर-तरीक़े निःसंकोच अपनाते रहना। इन पर अपना आधिपत्य क़ायम करने की जगह इनके हाथों खिलौना-भर बनकर रह जाना। ग़ौरतलब है कि धन अब साधन-भर नहीं रहा। धन, धन के लिए भी है। सर्वाधिक धनी होने की दौड़ का

नियामक भी है। सी. बी. आई. के पूर्व संयुक्त निदेशक **बी.आर. लाल** ने अपनी पुस्तक 'हू ओंस सी. बी. आई., ए नैकेड ट्रूथ' में बताया है कि "स्विस बैंकों में इस समय भारतीयों का 200 लाख करोड़ रुपया काले धन के रूप में जमा है।...इतनी राशि देश के 35 वर्षों के बजट के लिए काफ़ी होगी।"[13]

इतना धन, धन के लक्ष्य बन जाने का परिणाम है। अधिक से अधिक धनी होने की दौड़ में आगे निकलने के लिए धन की कोई अधिकतम सीमा नहीं। अतः इस दौड़ का कोई अंत भी नहीं। यही धन के हाथों मनुष्य का बिक जाना है। चेतना द्वारा जड़ता की ग़ुलामी स्वीकार कर लेना है। यह ग़ुलामी इतनी बढ़ गई है कि अब ग़ुलामी नहीं, उपलब्धि लगती है। इसे विकास का ख़िताब दिया जाता है। इसका जश्न मनाया जाता है।

धन का वर्चस्व इतना बढ़ गया है कि प्रतिमान उसी के आधार पर बनाए जाते हैं। **लीलाधर जगूड़ी** के शब्दों में–"*युद्ध माने दस करोड़ डॉलर प्रतिदिन का बोझ/आर्थिक समुदाय की संस्कृति में युद्ध माने जनहानि नहीं/पशु पक्षी वनस्पति और सन्नाटे की हानि नहीं।*"[14] मानो दस करोड़ डॉलर प्रतिदिन अगर फूँकने के लिए हों तो युद्ध चलता रहे, कोई फ़र्क़ नहीं पड़ता। महत्त्व की दौड़ में डॉलर मनुष्य से आगे हैं। कहा जाता है–विनिमय को आसान बनाकर मुद्रा ने मनुष्य के लिए बहुत-कुछ सुलभ बनाया। यही मुद्रा अब मनुष्य के लिए बहुत-कुछ दुर्लभ बना रही है। यहाँ तक कि उसका मनुष्य की तरह जीवित रहना भी।

रुपया अब हाथ का मैल नहीं, सर का ताज है। मनुष्य और जीवन पर राज कर रहा है। वह मनुष्य और जीवन के लिए नहीं, उसके लिए हैं–मनुष्य और जीवन। ये क्रीतदास हैं उसके। नए ज़माने का भगवान् है वह। मनुष्य को धनपशु होने का सबसे आकर्षक वरदान देता हुआ। इस धनपशुता को उजागर करने वाली *'नोट देव की आरती'* उतारते हुए **ओम् प्रकाश आदित्य** ने कहा–

"*ॐ जै श्री नोट हरे, स्वामी जै श्री नोट हरे*
दुष्ट जनों के संकट, कुटिल जनों के संकट
पल में दूर करे
ॐ जै श्री नोट हरे!
...मात-पिता तुम मेरे, तुम मेरे दादा
स्वामी दादा के दादा
प्रभो, उनके परदादा
तुम बिन और न दूजा, तुम पंडित हम पूजा
तुम कुल-मर्यादा
ॐ जै श्री नोट हरे!

...नोट देव की आरती, जो कोई नर गावे
प्रभो, प्रेमरहित गावे
स्वामी, स्वार्थसहित गावे
कहत खलानंद स्वामी, भनत छलानंद स्वामी

लखपति हो जावे
ॐ जै श्री नोट हरे!"[15]

'हरे' भगवान् का संबोधन है। इस कविता में वह नोट का हरापन भी है। उसका प्रभुत्व भी है। यह प्रभुत्व कुटिलों और दुष्टों के संकट दूर करता है। नोट देवता की कृपा मिलती हो तो दुष्टता और कुटिलता से संपन्न होने को कौन उत्सुक नहीं होगा! इस कृपा से संबंध तय होते हैं। नैतिकता तय होती है। विद्वता तय होती है। जीवन तय होता है। नोट देव की यह महिमा वस्तुतः नोट-राक्षस की करतूतें व्यंजित करती है।

मनुष्य को दुष्ट-कुटिल बनने को प्रोत्साहित करने वाले नोट में बड़ी शक्ति है तो कविता में भी शक्ति कम नहीं है। व्यंग्य उसकी शक्ति का ही एक रूप है। यह स्तुतिपरक शब्दों का उपयोग भी गालियों की तरह कर सकता है। हर उस आदमी को झकझोर सकता है, जिसने धन को ही सर्वस्व मान लिया है। झकझोरकर यह जता सकता है कि आप अर्थ से संपन्न हो गए पर मनुष्यता की दृष्टि से दरिद्र हो गए! एकदम दयनीय!

कविता समृद्धों की दरिद्रता पर भी उँगली रखती है। वह सच भी देखने योग्य मनुष्य को बनाती है, जो तरह-तरह के रंगों के पीछे रहता है और चर्म-चक्षुओं की पकड़ में नहीं आता। इस तरह धनतंत्र की प्रभुताई से भरे वातावरण में भी मानवीय विवेक के लिए जगह बनाती है। विवेक से जन्म लेती स्वतंत्रता के लिए गुंजाइश पैदा करती है। इस तरह यह निश्चित करती है कि धन चाहे जितना ताक़तवर हो जाए, इंसान का मालिक नहीं बनने वाला। बेचारा धन!

हर हाल में मनुष्य की तरह जीने का एक रास्ता है कविता। कवि के लिए भी और पाठक-श्रोता के लिए भी। यह रास्ता आकर्षक भले न हो पर मंज़िल तक पहुँचता है। मंज़िल, जो सच है। विवेक है। मनुष्यता है। उसका संगीत है। माधुर्य है। जीवन है। धनतंत्र के राजमार्गों की भीड़ में इस रास्ते की जगह कम है पर अपनी है। विशिष्ट है। समकालीन जीवन में इसकी जगह सिकुड़ती जा रही है पर ज़रूरत बढ़ती जा रही है। वर्तमान और कविता के संश्लिष्ट संबंधों को इस रूप में लिया जाना चाहिए।

संदर्भ

1. भूमंडलीकरण की चुनौतियाँ–सच्चिदानंद सिन्हा, पृष्ठ 111
2. वही, पृष्ठ 152
3. आलेख संवाद, मासिक, वर्ष-4, अंक-2, जनवरी, 2006, पृष्ठ 10
4. आलोचना, अक्तूबर-दिसंबर, 2000 में मुद्राराक्षस का लेखः बाज़ार और सांस्कृतिक बाज़ार पृष्ठ 106
5. ग़रीबी का मकड़जाल –ब्रह्मदेव शर्मा, पृष्ठ 48
6. भूमंडलीकरण की चुनौतियाँ–सच्चिदानंद सिन्हा, पृष्ठ 57
7. पानियों पे नाम –शकेब जलाली, पृष्ठ 40
8. ग़रीबी का मकड़जाल –ब्रह्मदेव शर्मा, पृष्ठ 100
9. Quoted and analysed by Marx in "Economic and Philosophic Manuscripts of 1844", P. 128-130

10. रहीम ग्रंथावली, पृष्ठ 71
11. भारतीय अर्थव्यवस्था का वैश्वीकरण –प्रो. अरुण कुमार, पृष्ठ 25
12. भूमंडलीकरण और हम –प्रो. अरुण कुमार, पृष्ठ 20
13. दैनिक हिंदुस्तान में दिनांक 1 दिसंबर, 2006 को प्रकाशित सुशील शर्मा की एक रिपोर्ट
14. भय भी शक्ति देता है –लीलाधर जगूड़ी, पृष्ठ 122
15. अस्पताल की टाँग –ओम् प्रकाश आदित्य, पृष्ठ 155-156

सुंदरता और कविता की सुंदरता

कविता की ज़रूरत का एक कारण यह भी है कि जीवन के आधार-शब्दों को वह अर्थरहित होने से बचाती है। ग़लत अर्थ देने से बचाती है। उनके अर्थ में होने वाले परिवर्तनों को दर्ज करती है। इस तरह भाषिक संवेदना-परिवर्तनों का इतिहास रचती है। '*सुंदरता*' जीवन का एक ऐसा आधार-शब्द है, जिसके अर्थ बदलते रहे हैं। पहले सुंदरता आकर्षित किया करती थी। मुग्ध किया करती थी। ईर्ष्या का कारण भी हुआ करती थी लेकिन भय पैदा नहीं किया करती थी।

अरुण कमल ने जब लिखा कि "*जिस तलवार ने सैंकड़ों क़त्ल किए/उस पर भी कितनी सुंदर नक़्क़ाशी थी*" तो सुंदरता के समकालीन अर्थ-परिवर्तन पर उँगली रखी और चेताया कि वह बर्बरता का रूप भी हो सकती है।[1] यह बर्बरता के सम्मानित होने का समय है। **उदय प्रकाश** के शब्दों में "*सम्मानित होंगे वही कवि/जिनकी कविता में होंगे/ मरे हुए आदमी के सबसे सुंदर बिंब!*"[2] आदमी मर जाए पर उसके बिंबों की सुंदरता सुरक्षित रहे!

वास्तव में यह सुंदरता नहीं है। कुरूपता का आवरण है। समकालीन सुंदरता अधिकांशतः वास्तविक नहीं, आवरण-मात्र है। कविता इस आवरण को हटाकर अपना धर्म-निर्वाह करती है। बताती है कि इस सुंदरता के पीछे क़त्ल है। मृत्यु है। '*न्यूयार्क में एक क़ब्रिस्तान को देखकर*' **केदारनाथ सिंह** ने लिखा–

"*...फूलों से घिरा*
और कविताओं से ढँका
और बड़े-बड़े क़ीमती पत्थरों से मढ़ा हुआ
एक भव्य क़ब्रिस्तान था
जिसे देखकर
पानी भर आता था
जीवितों के मुँह में।"[3]

सुंदरता अब मृत्यु के महिमा-मंडन से भी पैदा की जाती है। न तो वह जीवन से पैदा होती है और न ही जीवन के लिए होती है। जीवन को सुंदर बनाने से उसे कोई सरोकार नहीं। इसीलिए यह एक शब्द-भर है। अर्थ से रहित खोखला शब्द। खोखलेपन तक पहुँचकर ही इसका पतन पूरा नहीं होता। यह विपरीत अर्थ समेटने की हद तक गिरता है। सुंदरता शब्द में भर जाती है–कुरूपता। वर्तमान विकास ने शैतानी सुंदरता को जन्म दिया है। इस सुंदरता की कुरूपता **शलभ श्रीराम सिंह** ने इन शब्दों में देखी है–

"...पापियों के गले में
कण्ठहार की तरह शोभित रहा पाप
शाप, अभिशप्तों के शीश पर चढ़ा रहा सादर
अंधकार, बाहर-भीतर फैला अपने विस्तार में
नग्नता, दरिद्रता, विरूपता को देता रहा शरण
अपने-अपने स्व में सौंदर्यवान् रहा सब कुछ।"[4]

अलग-अलग अपने-आप में सब कुछ सुंदर है। नग्नता भी, दरिद्रता भी और विरूपता भी। पाप भी और शाप भी। कुरूपता सबकी तब उजागर होती है, जब इन्हें परस्पर जोड़कर देखा जाए। अलग से देखा जाए तो हत्यारी तलवार पर हुई नक़्क़ाशी भी सुंदर लगेगी। मुग्ध करेगी। समकालीन सुंदरता वस्तुओं और व्यक्तियों की स्वायत्तता में ही है। सापेक्षता में दिखलाई देते ही वह नंगी हो जाती है। अपने वास्तविक रूप में प्रकट हो जाती है। कुरूप दिखने लगती है। कविता की ज़रूरत इसलिए है कि वह सच को सामने लाती है। सुंदर कुरूपता के सच को भी और कुरूप सुंदरता के सच को भी। **नागार्जुन** का यह प्रसिद्ध काव्य-चित्र कुरूप कही जाने वाली सुंदरता का उदाहरण है—

"धूप में पसरकर लेटी है
मोटी-तगड़ी, अधेड़, मादा सुअर...
जमना किनारे
मख़मली दूबों पर
पूस की गुनगुनी धूप में
पसरकर लेटी है
यह भी तो मादरेहिंद की बेटी है
भरे-पूरे बारह थनों वाली!"[5]

धूप में लेटी यह मादा सुअर सुंदरता को ही देखने की आदी सौंदर्याभिरुचि को कुरूप लग सकती है। उसे लग सकता है कि कविता जैसे पवित्र स्थान में यह कहाँ से घुस आई। जड़ीभूत सौंदर्याभिरुचि को तोड़ने में इसकी सुंदरता है। यह बताने में इसकी सुंदरता है कि नगण्य से नगण्य पशु और उपेक्षित से उपेक्षित मनुष्य भी भरपूर जीवन से भरपूर होता है। देखने वाली नज़र हो तो जीवंतता कहीं भी देख सकती है। ऐसी नज़र की ज़रूरत पर ज़ोर देती है यह। बताती है कि सुंदरता वस्तुतः एक घटना है। तभी घटित होती है, जब जीवन की सुंदरता का नज़रों की सुंदरता से तालमेल बैठ जाए।

कविता की सुंदरता प्रचलित सुंदरता से अलग होती है। सुंदरता का एक रूप विश्व-सुंदरियाँ सामने रखती हैं और दूसरा रूप कविता। सौंदर्य प्रतियोगिताओं में कुछ सवाल प्रतिभागियों की आंतरिक सुंदरता परखने के लिए भी किए जाते हैं। यह प्रभाव छोड़ने की कोशिश की जाती है कि सौंदर्य प्रतियोगिताएँ केवल दैहिक सुंदरता को महत्त्व नहीं देतीं। जिसे महत्त्व देती हैं, वह बुद्धि और मन की सुंदरता भी होती है वह। अपने आप में संपूर्ण सुंदरता होती है। उसके जो प्रतिमान वे अपनाती हैं, उनके दायरे से बाहर सुंदरता का कोई प्रतिमान नहीं। विश्वसुंदरी बनने के बाद लगभग हर सुंदरी दुनिया का भला करने के संकल्प चिकने-चुपड़े अंदाज़ में करती हुई अक्सर देखी जाती है। कोई

एड्स-पीड़ितों की सेवा के लिए प्रतिबद्ध नज़र आती है, कोई ग़रीबों के कल्याण के लिए तो कोई अनाथों का भला करने के लिए। लगता है कि इन सुंदरियों से ज़्यादा संवेदनशील, सजग और मानवीय भला और कौन हो सकता है! निःस्वार्थ सेवा के ऐसे संकल्प और भला कौन कर सकता है!

बाद में ऐसे संकल्पों का हश्र क्या होता है, यह ख़बर कोई चैनल नहीं देता। पता यह लगता है कि कोई सुंदरी फ़िल्मों में अपने जलवे दिखा रही है तो कोई विज्ञापनों में। कभी-कभार कोई सुंदरी एड्स-पीड़ितों या अनाथों के साथ फ़ोटो भी खिंचवा लेती है। बस! हो गया दुनिया के भले का संकल्प पूरा! रस्मी तौर पर जो संकल्प लिए जाते हैं, उनका हश्र भी रस्मी ही होता है।

स्पष्ट है कि विश्वसुंदरियों की दैहिक सुंदरता ही वास्तविक है। सुंदरता का जो प्रतिमान उनके सामने रखा जाता है, उसका सार दैहिकता ही है। मन और बुद्धि की सुंदरता निरी सैद्धांतिक है। केवल औपचारिक। सुंदरता को संपूर्ण साबित करने वाला दिखावा। किशोरियों को आकर्षित और इस्तेमाल करने वाला छल। इस छल का जीवन में क्या योगदान है, **विश्वनाथ त्रिपाठी** ने यह स्पष्ट करने वाली एक कविता लिखी–*'विश्वसुंदरी'*–

"विश्वसुंदरी पद्मा नदी की हिलसा नहीं खाती
वह मक्के की रोटी और सरसों का साग नहीं खाती
अंकल चिप्स, गोल्डस्टार चॉकलेट खाती है
गंजे जोकर सूरज के साथ
टी.वी. के परदे में कोका कोला पीती है

खाने-पीने की चीज़ों के स्वाद की पहचान
उसके अंगों से होती है।

वह ग्लोब पर इतनी तेज़ी से उड़ती है कि
सत्यजीत रॉय का कैमरा उसे पकड़ नहीं सकता।
होठों से एक लाख डॉलर
उरोजों से सौ लाख डॉलर
खनककर बरसते हैं।

मेरी बेटी से छोटी
और बेटी की बेटी से बड़ी वो किशोरी
अपने अंगों का
योगफल बन गई है।

तुम्हें आज़ादी बहुत अच्छी लगती थी देशवासियो
अब सोचो

तिलक, गांधी, भगतसिंह ने तुम्हें आज़ादी दी
और आज़ादी ने
तुम्हें भंडुआ बना दिया!"[6]

विश्वसुंदरी असाधारण है। उसका खान-पान, रहन-सहन, तन-मन, सब कुछ असाधारण है। उसका शरीर महज़ शरीर नहीं। खाने-पीने की चीज़ों के स्वाद की पहचान है। स्वाद की पहचान कराना ही उस शरीर का परम धर्म है। इसलिए कि इस पहचान से डॉलरों की बरसात होती है। स्वाद की पहचान और डॉलरों की बरसात के लिए ही है उसका एक-एक अंग। इन अंगों का योगफल ही उसका स्त्रीत्व है। यह स्वाद और धन के अलावा कुछ भी नहीं।

स्वाद इसलिए कि धन का कारोबार चलता रहे और धन इसलिए कि नित नए स्वाद ख़रीदता रहे। दोनों एक-दूसरे के लिए हैं। नए संदर्भ में कबीर के दो पाट हैं ये, जिनके बीच मनुष्य है। वह किशोरी भी, जिसके कैशोर्य को डॉलर निर्धारित कर रहे हैं। स्वाधीनता सेनानियों ने आज़ादी के लिए जान दी थी। आज़ादी इतनी फली-फूली कि उसने आज़ादों को डॉलर-निर्धारित सुंदरता का ग़ुलाम बना दिया। इसी को विडंबना कहते हैं।

यह नई तरह की ग़ुलामी है। घोषित रूप से सब पर नहीं लादी जाती। औपचारिक रूप से सब आज़ाद रहते हैं और भीतर ही भीतर ग़ुलाम होते रहते हैं। इस तरह कि सब अपनी ग़ुलामी को जान भी नहीं पाते। विज्ञापन का सशक्त तंत्र चेतना को आच्छादित करने के लिए दिन-रात सक्रिय है। विवेक इससे सुरक्षित रख सकता है परंतु सब उससे लैस नहीं होते। अतः चेतना वस्तुवाद से आक्रांत होती है। जीवन वस्तुओं या उनकी इच्छाओं का भंडार बन जाता है। मनुष्य को उपभोक्ता-मात्र बनाने में, स्वाद व धन का भंडुआ बनाने में किशोरी और उसकी सुंदरता का प्रायः सफल इस्तेमाल किया जाता है।

सबसे ज़्यादा प्रमाणित सुंदरता स्वाद और धन का माध्यम बनने में सार्थक होती है। लाखों-करोड़ों में कोई एक सुंदरता के शिखर पर पहुँचती है और वह भंडुएपन अर्थात् स्वाद-सुख की दलाली का प्रसार करने के काम आती है। बाक़ी सब इस हश्र तक पहुँचने के लिए सूखती रहती हैं। सफल हो गईं तो भंडुएपन का प्रसार करने के योग्य समझी जाएँगीं। असफल हो गईं तो सूखते-सूखते मर जाएँगीं। सुंदरता के उद्योग में कॅरियर का वास्तविक अर्थ यह है। भले ही इस उद्योग ने अनेक का कॅरियर बनाया हो लेकिन यह उसका मक़सद नहीं है। मक़सद उसका है—धनतंत्र का वर्चस्व-प्रसार। सुंदरता इसमें काम आती है, इसलिए मूल्यवान् है। जितनी काम आती है, उतनी ही मूल्यवान् है। जब तक काम आती है, तभी तक मूल्यवान् है। इसलिए इसे कोई स्त्री-मुक्ति का अग्रदूत न समझे!

कविता की सुंदरता यह है कि उसके लिए सुंदरता उद्योग नहीं है। कॅरियर नहीं है। दिखावा नहीं है। शरीर-मात्र नहीं है। स्वाद-भर नहीं है। कविता की सुंदरता का अर्थ है—जीवन की मानवीय और वास्तविक सुंदरता। केवल शरीर पर आधारित न होने के कारण यह सुंदरता चार दिन की चाँदनी नहीं होती। स्वाद-भर न होने के कारण केवल जीभ की खाज मिटाकर ही मिट नहीं जाती। दिखावा न होने के कारण सच्ची होती है। कॅरियर न होने के कारण सहज होती है। उद्योग न होने के कारण लाभ-लोभ की संकीर्णता से मुक्त होती है।

जीवन में न तो सब कुछ अच्छा-अच्छा ही होता है और न सब कुछ सुंदर ही सुंदर। इसलिए कविता जीवन की कुरूपता भी दिखाती है। फिर भी अंततः सुंदरता ही होती है। क्यों? **डॉ. रामविलास शर्मा** के अनुसार—"वीभत्स का चित्रण देखकर हम उससे प्रेम नहीं करने लगते, हम उस कला से प्रेम करते हैं, जो हमें वीभत्स से घृणा करना सिखाती है। वीभत्स से घृणा करना सुंदर कार्य है या असुंदर?...दुखांत नाटकों में हम दूसरों का दुख देखकर द्रवित होते हैं। हमारी सहानुभूति अपने तक, अथवा परिवार और मित्रों तक सीमित न रहकर एक व्यापक रूप ले लेती है। मानव-करुणा के इस प्रसार को हम सुंदर कहेंगे या असुंदर?"[7] कविता की नज़र जीवन की कुरूपताओं पर भी जाती है तो मनुष्य के अंतर्लोक और उसके माध्यम से पूरे जीवन को सुंदर बनाने के लिए ही। लक्ष्य उसका रहता है—जीवन की वास्तविक सुंदरता का संरक्षण-संवर्द्धन। इसीलिए विवेक-सम्मत भाव उसके अस्तित्व, उसकी सुंदरता का आधार है।

कविता की सुंदरता अपनी सफलता बिकने में ही नहीं देखती-पाती। ज़्यादा से ज़्यादा कमाऊ बनना ही उसका सार्थक होना नहीं है। उसकी सार्थकता जीवन की वास्तविक सुंदरता को उजागर करने में है। जीवन की वास्तविक सुंदरता मन और बुद्धि की भी होती है। भावनाओं और विचारों की भी होती है। उन स्थितियों और प्रवृत्तियों की भी होती है, जो निरपेक्ष रूप में सुंदर नहीं होतीं। घृणा अपने निरपेक्ष रूप में सुंदर नहीं लेकिन अगर किसी बुराई के प्रति हो तो सुंदर हो जाती है। यह वस्तुतः भले-बुरे में अंतर करने वाले विवेक की सुंदरता है। मनुष्यता की सुंदरता है। इसीलिए कविता की सुंदरता है। इसकी सफलता है—अधिक से अधिक मनुष्यों का अधिक से अधिक हृदय-विस्तार कर पाना। उनके हृदय में अधिक से अधिक जीवन के लिए जगह बना पाना। इस तरह उन्हें अधिक से अधिक मनुष्य बना पाना। इस सफलता को आंकड़ों में प्रस्तुत नहीं किया जा सकता।

कबीर, तुलसी, मीराँ, रहीम, निराला, मुक्तिबोध आदि की कविताओं द्वारा कब कितने मनुष्यों का हृदय विस्तृत हुआ, कब कितने अधिक मनुष्य बने, क्या इसे आंकड़ों की भाषा बता सकती है? कभी नहीं। तो क्या यह मान लिया जाए इनका होना व्यर्थ था? समाज को इनकी कभी कोई ज़रूरत नहीं रही? कोई सफलता का यंत्र बनने में सफल हो चुका तथाकथित मनुष्य ही साहित्य को समाज और मनुष्य के लिए व्यर्थ मान सकता है, सच्चा मनुष्य नहीं।

आंकड़ों की भाषा में ही अगर देखना हो तो यह देखा जा सकता है कि साहित्य जिस दौर में समाज का अभिन्न अंग नहीं रहा, उस दौर में अपराध कम हुए हैं या बढ़े हैं। बर्बरता कम हुई है या बढ़ी है। आज का दौर साहित्य के सिकुड़ते महत्त्व का दौर है। अतः अपराध भी बढ़ रहे हैं और बर्बरता भी। आज एक की कार को दूसरे की कार अगर पीछे से छू भर जाए तो एक इसी अपराध के कारण दो को गोली मार सकता है। तेज़ी से बढ़ती यह असहिष्णुता जीवन की कुरूपता है। क्या यह उस मनुष्य का लक्षण नहीं, जिसके जीवन में साहित्य की जगह लगभग ख़त्म हो चुकी है?

यह नया मनुष्य पहले से ज़्यादा सफल है, इसमें कोई संदेह नहीं लेकिन यह पहले से ज़्यादा मनुष्य है, पहले से ज़्यादा सुंदर है, इसमें संदेह ही संदेह है। साहित्य और जीवन-मूल्य प्रदान करने वाली अन्य सभी गतिविधियों की महत्त्वहीनता ने इसे ज़्यादा अधीर,

ज़्यादा अहंकारी, ज़्यादा लालची, ज़्यादा बनावटी और ज़्यादा क्रूर बनाया है। ये सब इसके अंतर्जीवन की कुरूपताएँ हैं।

इसके पास धूप का स्पर्श-सुख लेने का समय नहीं है। किसी लाचार को देखने का समय नहीं है। व्यापक जीवन से इसका जीवन कटता जा रहा है। यह अपने ही जैसे दूसरों के आगे-पीछे तेज़ी से भागा जा रहा है। सफलता पाने के लिए। उसे बनाए रखने और बढ़ाने के लिए। सफलता इसलिए नहीं कि जीवन को आनंदकर बनाना है। इसलिए कि दौड़ में हमेशा आगे निकलना और रहना है। यह सफलता जीवन के लिए नहीं है। जीवन इस सफलता के लिए है। इसके लिए सर्वस्व लुटाया जा सकता है।

क्या यह सफलता वस्तुतः सुंदर है? सबके लिए सुंदर है? मानवीय है? नहीं। यह मनुष्यता-विरोधी सफलता है। कविता-विरोधी सफलता है। जीवन-विरोधी सफलता है। इस सफलता की असफलता ही वस्तुतः मनुष्यता, कविता और जीवन की सुंदरता है। सुंदर मनोलोक से संपन्न किसी तथाकथित कुरूप को भी सुंदर मानने, कहने और साबित करने का साहस कोई सौंदर्य प्रतियोगिता नहीं कर सकती। कविता की दुनिया मनुष्यता का सौंदर्य-लोक है। उसमें जीवित रहने, पहचान पाने और सम्मानित होने का अधिकार उसे भी है, जो सबसे ज़्यादा तेज़ी से दौड़ नहीं पाता। उसे भी है, जिसे सशक्त दुनिया ने अयोग्य कहकर मरने के लिए छोड़ दिया है। उसे भी है, जो इतना विपन्न है कि अपनी विपन्नता कह भी नहीं सकता। कविता की दुनिया में उसका होने की भरपूर जगह है, जिसका कोई नहीं। इसलिए सहज सुंदर है वह। वस्तुतः सुंदर।

राजेश जोशी ने लिखा है–"यह दस्तक की आवाज़ है, जो बिना दरवाज़ा खोले ही अंदर आ जाती है। कविता भी ऐसी ही आवाज़ है।"[8] उसका वजूद दरवाज़े के खुलने या न खुलने पर निर्भर नहीं है। उम्मीद और सक्रियता मिलकर उसे जन्म देते हैं। बंद हृदयों को अपने दरवाज़े खोलने की ज़रूरत वह बराबर बताती रहती है। यह बताना संस्कृति की सुंदरता है। जीवन की सुंदरता है। सच्ची सुंदरता है। अपने होने के लिए इसका दिखलाई देना भी ज़रूरी नहीं है।

अतः इसकी मृत्यु असंभव है।

संदर्भ

1. नये इलाके में -अरुण कमल, पृष्ठ 23
2. रात में हारमोनियम -उदय प्रकाश, पृष्ठ 72
3. उत्तर कबीर और अन्य कविताएँ -केदारनाथ सिंह, पृष्ठ 50
4. उन हाथों से परिचित हूँ मैं -शलभ श्रीराम सिंह, पृष्ठ 125
5. प्रतिनिधि कविताएँ -नागार्जुन, पृष्ठ 77
6. सर्वनामः वर्ष-9, अंकः 42, अप्रैल-मई-जून, 1996, पृष्ठ 6-7
7. आस्था और सौंदर्य -डॉ. रामविलास शर्मा, पृष्ठ 27
8. एक कवि की नोटबुक -राजेश जोशी, पृष्ठ 109

कविता की ज़रूरत और जगह

कविता क्यों? यह सवाल इस मान्यता की उपज है कि कविता न हो तो काम ज़्यादा अच्छी तरह चले। समय कामचलाऊप्रवृत्ति का है। इसके बढ़ते वर्चस्व की सूचना ही है कि ज़्यादातर को कविता की कोई ज़रूरत नहीं। स्पष्ट है कि मनुष्य, समाज और जीवन में पशुता बढ़ रही है। बढ़ रही है, ऐसा नहीं कि पूरी तरह बढ़ चुकी हो। पूरी तरह बढ़ चुकी होती तो जवाब या टिप्पणी को सवाल की शक्ल ओढ़ने की ज़रूरत न पड़ती। ज़रूरत इसलिए पड़ी कि पशुता की प्रवृत्ति तो तानाशाह की है पर वह तानाशाह की तरह सामने नहीं आना चाहती। लोकतांत्रिक और उदार दिखना चाहती है। शक्ल-भर सवाल की है। ग़नीमत यह कि कम से कम शक्ल तो है!

शक्ल है तो कई जवाबों की गुंजाइश भी है। यह कहने की जगह भी है कि बढ़ती पशुता के बावजूद कविता मनुष्यता की संवेदन-लय है। आधार-भूमि है—मनुष्यता। वह है तो कविता भी है। जितनी है, जिस हाल में है, कविता भी कमोबेश उतनी ही और उसी हाल में है। इसलिए कि जीने का मतलब मनुष्यता को जीना ही नहीं रह गया। सिर्फ़ पैसे कमाना भी हो गया और ऐश करना भी। इसी को विनम्रता दिखाते हुए *'काम चलाना'* कहा जाता है। जीवित रहने का अर्थ जिनके लिए काम चलाना ही है, उन्हें सचमुच कविता की कोई ज़रूरत नहीं। कई मामलों में तो जानवर मनुष्य से ज़्यादा अच्छी तरह काम चलाते हैं और इसके लिए उन्हें कविता की कोई ज़रूरत नहीं पड़ती। अतः 'कविता क्यों' का आशय हुआ—'मनुष्यता क्यों'।

मनुष्यता को अक्सर शाश्वत गुणों का समूह या स्थायी सदिच्छाओं का पुंज माना जाता है। इस पर ध्यान कम दिया जाता है कि बड़ों के प्रति सम्मान व्यक्त करने के लिए जो पाँव छूना गुण है, चापलूसी करने या काम निकालने के लिए वही दोष। न कोई गुण या दोष शाश्वत है, न कोई सदिच्छा स्थिर। मनुष्यता भी हमेशा एकरूप रहने वाली स्थिर सदाशयता नहीं। बदलते दौर में उचित-अनुचित का भेद करने वाली विवेक-क्षमता है। उचित से प्रेम और अनुचित से घृणा करने वाली भाव-क्षमता है। अनुचित का त्याग और उचित को अंगीकार करने वाली कार्य-क्षमता है। जीवन इसी से मानवीय बनता है। इसी मनुष्यता की संवेदन-लय है—कविता।

केवल शरीर से जो मनुष्य हैं, उनके जीवन का एक सिरा खानपान-भोग है और दूसरा मल-मूत्र विसर्जन। ऐसों को ही **भर्तृहरि** ने *सींग-पूँछ से रहित साक्षात् पशु* कहा था। पशु-जीवन भी मनुष्य ने जीया है लेकिन सभ्यता-संस्कृति की अविकसित अवस्था में। उसी तक वह सीमित रहता तो न उसका जीवन विस्तृत होता, न मनुष्यता की

बहुमुखी ऊर्जा से संपन्न। ऐसा इसलिए हुआ कि वह पशु-जीवन के पार भी देख सका। पशुता उसे पालतू नहीं बना सकी। उसने पशुता को पालतू बनाया। खेती की। प्रकृति को समझा। उसके विविध तत्वों के रूप अपनी ज़रूरतों के अनुसार बदले। पत्थरों से आग निकालते हुए आग पर अधिकार अर्जित किया। प्राकृतिक शक्तियों के इस अनुकूलन से सभ्यता और संस्कृति का जन्म हुआ।

जीवन प्रकृति और मनुष्य के साहचर्य से बना। अतः प्रकृति मनुष्य की अंतःप्रकृति का हिस्सा बनी। इसका स्वभाव सिकुड़ना नहीं। होता तो मिट्टी, हवा, पानी, पेड़-पौधे, सूरज आदि सिकुड़कर सिर्फ़ अपने तक सीमित रहते। सभी के लिए उपलब्ध न होते। इस उपलब्धि का अर्थ यह कि मनुष्य की मूल प्रकृति का स्वभाव भी सिकुड़ना-सिमटना नहीं। सिकुड़ना-सिमटना मनुष्य की मूल प्रकृति के विरुद्ध जाना है। अमानुष होना है। कोई भी पैदाइशी मनुष्य नहीं होता। अपनी बोध-क्षमता और आसपास के वायुमंडल की क्रिया-प्रतिक्रिया द्वारा मनुष्यता को अर्जित करता है। इसी को बड़ा होना कहते हैं। बड़ा होने का अभिप्राय है—अपने 'मैं' से बाहर आना। बड़े होने पर भी जो 'मैं' से बाहर नहीं आ पाते, वे सिर्फ़ शरीर से बड़े होते हैं। मनुष्यता अर्थात् मनुष्योचित भावना-विचार-कार्य से नहीं। उन्हीं का बाहरी या ऊपरी रूपाकार-भर मनुष्य का होता है। वस्तुतः वे मनुष्य नहीं होते।

मनुष्य वह, जो 'मैं' से बाहर आए। जो प्रकृति व समाज से जुड़े। उनसे प्रभावित हो। उन्हें प्रभावित करे। यही मनुष्य-जीवन है। इसका प्रयोजन अपना पेट और घर भरना ही नहीं। प्रयोजन है—ज़्यादा से ज़्यादा मनुष्य होते रहना। हृदय-विस्तार इसी का माध्यम है। हृदय का विस्तार अपने या अपनों के लिए ही जीते चले जाने से नहीं होता। लोभ और उसके अनुचर छल की ग़ुलामी करते रहने से नहीं होता। अपनी मुस्कान के लिए दूसरों की हँसी छीनने को उचित मानते रहने से नहीं होता।

ये सब तो संकीर्ण हृदय की गतिविधियाँ हैं। हृदय को और संकीर्ण बनाती गतिविधियाँ। नदी-झरने-पेड़-पहाड़-बादल मतलबीपन के सींखचों में क़ैद नहीं हो सकते। फिर भी किसी के लिए बेकार नहीं होते। दिखाते हैं कि जीवन कितना गहरा, ऊँचा, ठोस, गतिशील और सरस है। मनुष्य का हृदय इन से भी गहरा, ऊँचा, ठोस, गतिशील और सरस हो, इसके लिए कविता की ज़रूरत पड़ती है। संकीर्णता के टूटे बिना कविता पैदा नहीं होती और हृदय-विस्तार की अवस्थाओं से गुज़रे बिना बड़ी नहीं होती।

हृदय-विस्तार का सीधा-सा मतलब है—औरों के दुःख में दुःख अनुभव करने की क्षमता। यह क्षमता जिसमें जितनी है, उसका हृदय उतना ही विस्तृत है। मनुष्यता का वह उतना ही सुपात्र है। कविता मनुष्य को ज़्यादा मनुष्य बनाने वाली प्रक्रिया है। मनुष्यता को उत्तरोत्तर समृद्ध करने वाली गतिविधि। यह गतिविधि न सपाट है, न सरल। जारी रहने के लिए सहधर्मी परिस्थितियों और भावों का उपयोग करती है तो विरोधी परिस्थितियों-भावों से टकराती भी है। परिस्थितियाँ बदलकर इस गतिविधि का स्वरूप बदलती हैं। इतना और इस तरह कि इसका वास्तविक प्रयोजन न बदले। रास्ता आसान हो या मुश्किल, पहुँचे मनुष्यता के ऐतिहासिक संरक्षण-संवर्द्धन तक।

इतिहास मनुष्यता का स्वरूप बदलता रहा है। भारत की आज़ादी से पहले राजनीति

में हिस्सा लेने का मतलब था—देश के लिए मैं। बाद में हो गया—मेरे लिए देश। पहले मतलब था—त्याग और सेवा। बाद में हो गया—लूट और भोग। पहले जो मनुष्यता का प्रतिमान था, बाद में वही अमानवीयता की पहचान बन गया। संदर्भ ने बदलकर मनुष्यता का स्वरूप बदल दिया। इसकी संवेदन-लय भी बदली और इसीलिए बदले हालात में मनुष्य की ज़रूरत बनी रही।

कविता का जन्म जीवन से और जीवन के लिए होता है। समकालीन जीवन में मनुष्यता के लिए तरह-तरह की चुनौतियाँ बढ़ रही हैं। कविता मनुष्यता की संवेदन-लय है, इसलिए ये चुनौतियाँ उसके सामने भी हैं। सृजन के स्तर पर भी और पहुँच के स्तर पर भी। सृजन के स्तर पर चुनौती है बहुरंगी आवरणों से ढँके सच तक पहुँचना और उसकी धड़कनों को महसूस करना। पहुँच के स्तर पर चुनौती है इन धड़कनों का ताप पाठक-श्रोता तक पहुँचाना। अमानवीय बनने से उसके मानस की रक्षा करना, उसे संस्कारित करना। समकालीन धनतंत्र जिस विवेक को चलन से बाहर करने पर तुला है, उसे इतना समर्थ बनाना कि खदेड़े जाने पर भी वह अपना खेत न छोड़े।

समकालीन कविता ने इन चुनौतियों को महसूस भी किया है और अपने ढंग से इनका यथासंभव सामना भी। एक चुनौती है—समकालीन विकास। समकालीन विकास के बारे में जो कुछ बतलाया और प्रचारित किया गया, उसे कविता ने आज्ञाकारी बच्चे की तरह ज्यों का त्यों नहीं मान लिया। जाँच-परख करते हुए विकास के सच तक पहुँचने की कोशिश की। उसे पकड़ने और सबके सामने लाने की कोशिश की। विकास की नीयत पर सवाल उठाते हुए **अरुण कमल** के शब्दों में पूछा—

"आज भी सबसे बड़ी इच्छा है भरपेट अन्न
पृथ्वी किसलिए घूमती रही तब इतने दिन?"[1]

विकास बड़ा शक्तिशाली है, समर्थ है पर कविता के इस सवाल के सामने निस्तेज भी है और असमर्थ भी। भरपेट अन्न जिसकी सबसे बड़ी इच्छा है, उसके सामने यह विकास बग़लें ही झाँक सकता है। अन्न पृथ्वी का प्राणियों के लिए दिया फल है। वही फल अगर प्राणियों तक नहीं पहुँच पाता तो पृथ्वी का घूमते रहना एक भौगोलिक क्रिया-भर है। दिन को रात और रात को दिन बनाते रहना-भर है। यह विकास नहीं है। हृदय और जीवन का प्रसार नहीं है।

भूखे किसी को क्या दे सकते हैं कि कोई उनकी तरफ़ से बोले! कुछ नहीं दे सकते इसलिए उनकी तरफ़ से बोलने का समय नहीं किसी के पास। कविता के पास यह समय भरपूर है। एक सीधा-सादा निरीह-सा दिखलाई देने वाला सवाल कैसे शक्ति-संपन्न विकास के सामने विराट प्रश्नचिह्न बनकर खड़ा हो जाता है, यह इसका एक उदाहरण है। समकालीन कविता में ऐसे उदाहरण अनेक हैं। ये उदाहरण उस गद्यात्मक क्षमता के परिचय भी हैं, जिसे कविता ने तरह-तरह के रास्तों से गुज़रती अनुभव-यात्रा द्वारा अर्जित किया है। ये सवाल केवल लय-निर्वाह के लिए आ जाने वाले अनावश्यक शब्दों को अपनी धार कुंद करने की मोहलत नहीं देते। लय के मखमली कपड़े भी नहीं पहनते। अपने खुरदुरेपन के साथ सामने आते हैं। इस खुरदुरेपन की अपनी लय है। मुग्ध नहीं, व्याकुल करती हुई। ऐसी ही लय में **वीरेन डंगवाल** ने पूछा—

"ज़रा सोचो, अक्सर वहीं क्यों जलाई गईं बत्तियाँ ख़ूब
जहाँ उनकी सबसे कम ज़रूरत थी
जिन पर चलते सबसे कम मनुष्य
आख़िर क्यों वही सड़कें बनीं चौड़ी-चकली?"[2]

कविता क्यों, जिस तरह यह एक सवाल-भर नहीं, उसी तरह कविता का यह सवाल भी कोरा सवाल नहीं है। शक्ल ही सवाल की है। जवाब इसमें निहित है। यह कि पूर्ति को ज़रूरत ने नहीं, शक्ति ने तय किया। शक्ति जहाँ थी, रौशनी वहीं हुई। सड़कें वहीं राजमार्ग बनीं। विकास ने वहीं नृत्य के मोहक रंग बिखेरे। सवाल की शक्ल इसलिए कि इसका कोई और जवाब हो तो सामने आ सके। इसलिए भी कि अँधेरे में तंग रास्तों पर स्वयं को ढोते मनुष्यों की चिंता समकालीन विमर्श के केंद्र में हो। यहाँ *'ज़रा सोचो'* पद पर ध्यान दिया जाए! यह कह रहा है कि जिसे विमर्श के केंद्र में होना चाहिए था, उसी को अनुरोध करना पड़ रहा है अपने पर थोड़ा-सा ध्यान देने के लिए। यह अनुरोध बहुत कुछ व्यंजित करता है। विद्वानों के बुद्धि-विलास से शक्ति-केंद्रों की दृष्टिहीनता तक। मनुष्यता की पीड़ा से विकास के खोखलेपन तक।

रौशनी की जगर-मगर अँधेरा नहीं मिटाती। शायद इसके लिए वह है भी नहीं। वह उन जगहों को और ज़्यादा रौशन करने के लिए है, जो पहले से रौशन हैं। रौशनी बहुत ज़्यादा हो जाए तो चौंधियाती है। साफ़-साफ़ देखने नहीं देती। अँधेरा भी साफ़-साफ़ न देखने देने के लिए जाना जाता है। मक़सद अत्यधिक रौशनी और अँधेरे, दोनों का एक है। अर्थात् दोनों में साँठ-गाँठ है। दोनों एक होकर मनुष्य की आँखों में धूल झोंक रहे हैं। जीवन को साफ़-साफ़ जो देख ही नहीं पाएगा, वह आगे क्या बढ़ेगा! जीवन के रास्तों पर मनुष्यता की लड़खड़ाहट को समकालीन कविता ने देखा है। अनुभव किया है। कहा है। **शहरयार** ने पूछा है–

"इस शहर में हर शख़्स परेशान-सा क्यूँ है?"[3]

शहरों का निर्माण समकालीन विकास की एक उपलब्धि कही जाती है। विकास मनुष्य के सुख के लिए होता है। शहर में आदमी को अमन-चैन के साथ सुख भोगते हुए रहना था। हुआ यह कि हर शख़्स परेशान-सा रहने लगा। जो होना चाहिए था, वही नहीं हुआ। सुख देने की जगह विकास ने परेशान किया आदमी को। दिल तो है पर पथरा गया है। धड़कने का बहाना तक नहीं ढूँढ़ता। कविता इसके पथराने से परेशान है। इसीलिए पूछती है–

"पेड़ को पत्थर बनने में लगा है हज़ार वर्ष
आदमी देखते-देखते पत्थर बन रहा है
ऐसा क्यों, आख़िर क्यों हो रहा है
ऐसा क्यों हो रहा है?"[4] (अरुण कमल)

पत्थर की तरह जीना आसान हो रहा है और आदमी की तरह मुश्किल। आदमी, जीवन का पेड़ से ज़्यादा विकसित रूप है। पेड़ की संवेदनशीलता और जीवंतता को आदमी की संवेदनशीलता और जीवंतता का छोटा-सा हिस्सा होना चाहिए था। ऐसा होता तो जीवन सचमुच विकसित होता। हुआ यह कि पेड़ों ने अपनी जीवंतता

हज़ार सालों तक बनाए रखी। आदमी के देखते-देखते पथराने पर व्यंग्य हो गई यह जीवंतता। आशय यह कि आदमी की जीवंतता सिर्फ़ शरीर के मामले में बढ़ी। न हृदय-प्रसार के मामले में बढ़ी, न संवेदन-क्षमता के, न मनुष्यता के। यह इस विकास की उपलब्धि है!

भूमंडलीकरण इसी विकास की प्रक्रिया है। दुनिया छोटी हो गई है। सारा भूमंडल एक गाँव बन गया है। इस तरह कि '*सारे गाँव बाहर रहें*' उससे।[5] भूमंडल के संदर्भ में 'गाँव' शब्द भी 'सुंदरता' की तरह सच का आवरण-भर है। इसका अर्थ ऐसी जगह नहीं, जहाँ एक की बेटी तमाम बड़ी उम्र वालों की बेटी हो। ऐसी जगह है, जहाँ बच्चों से खेलते हुए उन्हें हड्डियों में बदल डालने वाले निठारी कांड होते हैं। कितनी क्रूर है यह उपलब्धि!

छोटी सिर्फ़ दुनिया नहीं हुई। संवेदनशीलता और मनुष्यता भी हुई है। **अरुण कमल** के शब्दों में—

> *"इतनी छोटी हो गई है दुनिया एक नक़्शे-भर*
> *जब आप आराम से खाना खा रहे हैं*
> *तो बिल्कुल पास में कोई भूख से दम तोड़ रहा है...।"*[6]

भूख से दम तोड़ता आदमी आराम से खाना खाने में कोई खलल नहीं डालता। समकालीन विकास गगनचुंबी इमारतों का ही नहीं, संवेदनशून्यता और क्रूरता का भी है। इस 'विकास' का भी वास्तविक अर्थ कुछ और है। यह भी सच या अर्थ का आवरण है। कविता सीधे-सीधे एक जीवन-स्थिति को सामने रख देती है और यह आवरण दरकने लगता है। तार-तार होकर सच दिखाने लगता है। विकास की आड़ में पतन है यह। ज़्यादातर लोग ऐसा विकास नहीं चाहते। **चंद्रकांत देवताले** ने लिखा है कि गाँव में पुल बनेगा, यह जानकर दो बूढ़े परेशान हो गए। इस हद तक कि गोगा देव से प्रार्थना करने लगे—पुल न बनने पाए! पुल बन गया तो पंजाब-मद्रास के ट्रक बस्ती में घुसने लगेंगे, लड़कियों को *पोटकर* ले जाएँगे और *वेश्या* बना देंगे![7] **ज्ञानेंद्र पति** ने एक आदिवासी गाँव की छाती से गुज़रती सड़क को राजधानी की एक *लुटेरी बाँह* के रूप में देखा है।[8]

पुल और सड़क जैसे विकास के सूचक डराने लगे। अतः बहुतों के लिए अवांछनीय भी हो गए। भूमंडलीकृत विकास का एक परिणाम **नरेश सक्सेना** ने इन शब्दों में अंकित किया—

> *"नक़्शे में जंगल हैं पेड़ नहीं*
> *नक़्शे में नदियाँ हैं पानी नहीं*
> *नक़्शे में पहाड़ हैं पत्थर नहीं*
> *नक़्शे में देश हैं लोग नहीं*
> *समझ ही गए होंगे आप कि हम सब*
> *एक नक़्शे में रहते हैं..."*[9]

नक़्शे में सब कुछ है और कुछ नहीं है। विकास ऐसा हुआ कि लिफ़ाफ़े बढ़ गए और मज़मून ग़ायब होते चले गए। जीवन ग़ायब होता चला गया और नक़्शे सुंदर। नक़्शे में

मनुष्य की तरह नहीं रहा जा सकता। यंत्र की तरह ही रहा जा सकता है। यह रहना वास्तव में रहना नहीं है। क्या है, यह बताती हैं **मनमोहन** की ये पंक्तियाँ–

"न कहना आसान है
और कहना मुश्किल
लेकिन कहते चले जाना
न कहने जैसा है
और काफ़ी आसान है

इसी तरह न रहना आसान है
और रहना मुश्किल
लेकिन रहते चले जाना
न रहने जैसा है
और काफ़ी आसान है... ।"[10]

आदतन कहने और चुप रहने, दोनों का अर्थ एक ही है–निरर्थकता। सन्नाटा। आदतन रहने और मर जाने का अर्थ भी एक ही है–जीवनशून्यता। वर्तमान विकास का कहना है कि कहते चले जाओ और मौज करो! रहते चले जाओ और मौत को जीते रहो! आदत यांत्रिकता होती है और यांत्रिकता सर्जनात्मक नहीं होती। हाथ से बुने कपड़े में यह संभावना हो सकती है कि हर कपड़े की बनक अलग हो। विशिष्टता रचने वाली सर्जनात्मकता की जगह समकालीन विकास में हाशिये पर है।

ज़ोर मात्रा पर जितना है, उतना गुण पर नहीं। उपज अधिक होनी चाहिए, भले उसका स्वाद मरता चला जाए। आदमी को लंबे से लंबे समय तक ज़िंदा रहना चाहिए, भले वह साँस लेने वाले यंत्र की तरह जीये। मुनाफ़ा इसी तरह अनंत हो सकता है। रहते चले जाने की जगह अगर आदमी ने रहना शुरू कर दिया, जो कुछ हो रहा है, उस पर सवाल उठाने शुरू कर दिए, ग्राहक और उपभोक्ता बनने से इन्कार करना शुरू कर दिया तो मुनाफ़ा कैसे अनंत होगा!

मनुष्य औपचारिक तौर पर मनुष्य हो और वास्तव में वस्तुवत्। धनतंत्र की पॉलिटिक्स यह है। **कात्यायनी** की एक कविता है–*'सौ साल कैसे जियें'*। उसकी ये पंक्तियाँ ध्यान देने योग्य हैं–

"...रौशनी से बचें
अँधेरे कमरे में बैठें काली कमरिया ओढ़कर
दूजा रंग न चढ़े कोई
न व्यापे जगत्-गति।
ऐसी सिल बनें जिस पर
लगातार रस्सी आने-जाने से भी
न पड़े कोई निशान।
...योगासन करें।
रोज़ कमरे में उकडूँ बैठ

मेंढक की तरह उछलें
थोड़ा टर्राएँ भी।
जब पूरा हो जाए यह अभ्यास
तो रहने के लिए खुदवा लें एक कुआँ।
वहाँ आपकी ज़रूरत-भर ही होगा
दुनिया का विस्तार
और सुविधा-भर ही होगा आसमान।
तैरते रहें
गोते लगाते रहें वहाँ
यूँ जियें सौ साल
या
उससे भी ज़्यादा।"[11]

आदमी सौ साल जीयें, भले सौ सालों में सौ घंटों जितना भी न जी सके। यह जीना नहीं है। जीते चले जाना है। दुनिया को एक नक़्शा बनाते चले जाना है। वैश्वीकरण का मंत्र जपते-जपते कुएँ का मेंढक बनते चले जाना है। केवल अपनी ज़रूरतों से सुविधाओं तक आते-जाते रहना है। साँस-दर-साँस निरा शरीर होते रहना है। अमानुष बनते रहना है। धनतंत्र का शिकार होने की योग्यता हासिल करते रहना है। शिकार केवल ग़रीब नहीं होते। केवल असफल नहीं होते। वे भी होते हैं, जो सफल और अमीर हैं। कैसे? बताती हैं **केदारनाथ सिंह** की ये पंक्तियाँ–

"मैं वहाँ पहुँचा
और डर गया

मेरे शहर के लोगो
यह कितना भयानक है
कि शहर की सारी सीढ़ियाँ मिलकर
जिस महान् ऊँचाई तक जाती हैं
वहाँ कोई नहीं रहता!"[12]

समकालीन उन्नति मनुष्य को उपलब्धियों के जिस शिखर तक पहुँचाती है, वहाँ कोई नहीं रहता। वह जितना सफल होता जाता है, उतना ही अपने समाज, अपनी जड़ों से कटता जाता है। इस हद तक कि सफलता की ख़ुशी से प्रभावित होने वाला और इस तरह उसकी सफलता के सुख को बढ़ाने वाला भी उसके आसपास कोई नहीं बचता। ऐसे में उसका सुख भी दुःख बन जाता है। सवाल यह कि अंततः दुःख तक पहुँचाने वाला विकास क्या वास्तव में विकास है? विकास का हश्र अर्थात् सुख-साधनों की भीड़ के बीच अकेला मनुष्य विकास की शक्ल में पतन की पहचान है। समृद्धि के रूप में दरिद्रता है। प्रगति के आवरण में पिछड़ापन है। कविता का सभ्यता के आवरण भेदकर सच तक पहुँचना और पहुँचाना यही है।

समकालीन विकास सफलता को सभी नैतिकताओं का स्रोत मानता है। इससे

संचालित मनुष्य किसी भी क़ीमत पर सफलता पाना चाहता है। जल्दी से जल्दी सफलता पाना चाहता है। हर सफलता का शॉर्ट-कट ढूँढ़ना ही आधुनिक अनुसंधान है। ऐसे में **नरेश सक्सेना** का यह कहना ज़रूरी है कि

"पुल पार करने से
पुल पार होता है
नदी पार नहीं होती

नदी पार नहीं होती नदी में धँसे बिना...।"[13]

पुल पार करने को नदी पार करना समझ लिया गया है। सारा ध्यान नतीजे पर है। उसे पाने की प्रक्रिया पर नहीं। अनुभव पर नहीं। तैराकी की लय से परिचित हुए बिना भी नदी पार की जा सकती है। ऐसे में नदी पार करना कोई अनुभव नहीं बनता। एक तथ्य-भर बनकर रह जाता है। अभिप्राय यह कि भविष्य में ऐसे बूढ़े हुआ करेंगे, जो सफल तो होंगे पर अनुभवी नहीं। बच्चों को बताने के लिए उनके पास तथ्यों के अलावा कुछ नहीं होगा। यह अनुभवों के तथ्य बनने का दौर है। सरसता के सपाट बनने का दौर है। धैर्य के गति में डूब जाने का दौर है। **लीलाधर जगूड़ी** के अनुसार इस दौर के विकास को ऐसे ही बच्चों की ज़रूरत है, जिनके बड़े होने का इंतज़ार न करना पड़े, जो *सीधे* आदमी हो जाएँ, जो कभी बीमार न पड़ते हों, कभी छुट्टी न लेते हों, सोचते न हों, सिर्फ़ करते हों, जो पैदा हों और मर जाएँ।[14]

प्रक्रिया नहीं, केवल परिणाम। एक के बाद दूसरा, दूसरे के बाद तीसरा, तीसरे के बाद...। विकास के पास रुकने का समय नहीं। उसे केवल नतीजों की निरंतरता चाहिए। केवल गति चाहिए। **प्रेमरंजन अनिमेष** की *'नाख़ून'* शीर्षक कविता का वाचक कहता है कि जागते बच्चे के नाख़ून अगर काटे जाएँ तो वह अपना चेहरा ख़राश लेता है। इसलिए–

"नींद में
काट रहा हूँ एक बच्चे के नाख़ून

इस दुनिया के नाख़ून भी
बहुत बढ़ गए हैं
लेकिन इसे नींद कहाँ!"[15]

दुनिया को जल्दी से जल्दी आगे बढ़ना है। विकास करना है। सफल होना है। उसके पास न सोने का समय है, न नाख़ून काटने-कटवाने का। यह जागते रहना सिर्फ़ शरीर से जागते रहना है। बंद अंतर्नेत्रों को बढ़ते नाख़ून नज़र नहीं आते। उन्हें काटने-कटवाने की ज़रूरत महसूस नहीं होती। सफलता की चूहा-दौड़ में शामिल आदमी के लिए नाख़ून व्यर्थ नहीं हैं। अतः उसके जीवन से दूर भी नहीं होते। चौबीसों घंटे जागती दुनिया के अंतर्नेत्र बंद हैं।

यह एक ऐसा अंधापन है, जिसे आदमी न्यौता देकर अपने पास बुलाता है। उसकी सेवा-टहल करता है। उसे पालता-पोसता है। अंधापन जब पूरी तरह बड़ा हो जाता है तो आदमी को कहीं कुछ भी ग़लत नज़र नहीं आता। न साजिशें, न हत्याएँ। अमानुषीकरण की

प्रक्रिया उसे पूरी तरह अनुकूलित कर लेती है। हज़्म कर लेती है। यही मनुष्यता का पथरा जाना है। आतंकवादियों के हाथों हुई पाश की हत्या पर **सुरजीत पातर** ने यह कविता लिखी–

"इक लरज़ता नीर था
वह मरके पत्थर हो गया

दूसरा इस हादसे से
डरके पत्थर हो गया

तीसरा इस हादसे को
था लगा करने बयान
घूरने से वह किसी पत्थर के, पत्थर हो गया

एक शायर बच रहा
संवेदना से लरज़ता
इतने पत्थर
वह तो गिनते-गिनते पत्थर हो गया।"[16]

लोग पथरा रहे हैं। कोई मरकर पथरा रहा है, कोई डरकर। कोई पथराने के बारे में ज़बान खोलकर और कोई क्रूरता को जीकर। सबके पथराने को देखते-देखते शायर भी पथरा जाता है। पत्थर होता तो न भी पथराता। पथराना सर्वग्रासी है। जैसे पथराने के लिए ही शिशुओं का जन्म होता हो! कविता यह पता देती है कि संवेदनशून्य बनाने वाले हालात का आतंक कितना ताक़तवर और ख़तरनाक हो सकता है। जीवन का वास्तविक न रहकर औपचारिक बन जाना मौत का किस क़दर ज़िंदा हो उठना है! ज़िंदगी के दरवाज़े मौत अलग-अलग ध्वनियों, अलग-अलग लयों में दस्तक दे रही है। एक लय है– बढ़ते अपराध। अपराध अब अपने होने के लिए अँधेरे का इंतज़ार नहीं करते। दिनदहाड़े होते हैं। रौशनी से अब उन्हें न कोई संकोच है, न भय। वे गर्व के साथ किए जाते हैं। **निदा फ़ाज़ली** ने कहा–

"रात के बाद नये दिन की सहर आएगी
तीरगी छोड़ भी दे रौशनी खा जाएगी।"[17]

सुबह उल्लसित नहीं करती। डराती है। डर जैसे घना होकर सारे समय पर जम गया हो! अँधेरा तो अँधेरा है ही, रौशनी भी अँधेरे का काम करने लगी है। चकाचौंध करने लगी है। इसके साम्राज्य में मनुष्य दीपक की तरह है। उसकी ज्योति को चीज़ों का, सफलता का, विकास का, गति का और संकीर्णता का चकाचौंध प्रकाश निगल रहा है। इस प्रकाश के रहते उसकी हैसियत कुछ भी नहीं। वह हो या न हो, कोई फ़र्क़ नहीं पड़ता। **परवीन शाकिर** का कहना सही है–

"मसअला जब भी चिराग़ों का उठा,
फ़ैसला सिर्फ़ हवा करती है।"[18]

अपने बारे में फ़ैसला करने की आज़ादी अब जनसाधारण को नहीं। शक्तिशालियों के पास अपने बारे में तो फ़ैसले करने की आज़ादी है ही, दूसरों की ज़िंदगी तय करने की भी है। यह अधिकार-सुख उन्हें तानाशाह बना देता है। हर मौसम उनके शक्ति-प्रदर्शन का मौसम है। समय के गुज़रने का मतलब है—उनकी शक्ति और मनमानी का बढ़ना। इसलिए **जगूड़ी** को लगता है कि अगले वसंत में दुर्घटनाएँ *कुछ और आसान* हो जाएँगीं।[19]

विमल कुमार लिखते हैं—लोकतंत्र में इस बात पर भी चर्चा हो सकती है कि मानवता की रक्षा के लिए *हत्या बहुत ज़रूरी* है। बलात्कार से महिलाएँ अपने अधिकारों के प्रति *जागरूक* होती हैं। उनकी आज़ादी *सुंदरता* में ही छिपी हुई है। *भूखी जनता* को अपने राष्ट्र-प्रेम का परिचय देना चाहिए। *लुटेरों* में अद्भुत नेतृत्व-क्षमता है और *वही* देश का निर्माण करेंगे।[20] प्रभु-वर्ग का यह खेल ही तथाकथित सच्ची देशभक्ति है। स्वयंसिद्ध और सार्वकालिक है यह देशभक्ति।

देश इसी का है। इसी के हाथों लुटने के लिए है। इसी को समस्त सुविधाएँ उपलब्ध कराने के लिए है। इसी के विकास के लिए है। इसी की समृद्धि के लिए है। एक तरफ़ समृद्धि की अनंत लिप्सा है, दूसरी तरफ़ न्यूनतम ज़रूरतें पूरी करने के लिए माँ अपने बच्चे को बेच रही है। विषमता के विष से हवाएँ दंशित हैं। पानी दंशित है। जीवन दंशित है। जनसाधारण को इतनी आज़ादी भी नहीं कि अजनबियों से अपने रिश्ते ख़ुद तय कर सके। ये रिश्ते भी सशक्तों की मुट्ठी से निकले हालात तय करते हैं। **संजय कुंदन** ने साक्षात्कार के लिए गए हुए बेरोज़गारों के बीच हालात से बनने वाले रिश्ते के बारे में एक कविता में लिखा है—

"...वे पाँचों जो अजनबी थे एक-दूसरे के लिए
एक-दूसरे को प्रतिद्वंद्वी की तरह देख रहे थे

अब से थोड़ी ही देर बाद
एक छोटे कमरे में बैठे कुछ लोग
उनमें से एक को सफल घोषित करने वाले थे
अब से थोड़ी ही देर बाद
यह तय हो जाना था
कि उनमें से कोई एक ऐसा है
जो थोड़ा अलग है
थोड़ा बेहतर है

वे पाँचों जो बिल्कुल
एक-दूसरे की तरह लगते थे
एक-दूसरे को देखते हुए सोच रहे थे
कि साक्षात्कार में ऐसा क्या कहें या क्या करें

या ऐसा क्या न कहें या ऐसा क्या न करें
कि चारों से अलग नज़र आएँ"[21]

अलग हैं नहीं। अलग होना भी नहीं। अलग नज़र आना। मनुष्य के संदर्भ में यह बनावट है और समाज के संदर्भ में अलगाव। बनावट और अलगाव मूल्यों की तरह दरपेश हैं। बेरोज़गारों को इन्हें स्वीकार करना ही है। वे स्वतंत्र नहीं हैं। मनुष्य नहीं हैं। मौजूदा लोकतंत्र की अघोषित तानाशाही में जकड़ी बेबसियाँ हैं। एक ज़िंदा आदमी एक बेबसी बनने पर मजबूर हो जाए, आज़ादी की इससे हृदयहीन विडंबना और भला क्या होगी! यह स्थिति सभी की हो, ऐसा भी नहीं है। प्रभु वर्ग दूसरे ढंग से अमानुष बनता है। व्यंग्य के द्वारा उसकी स्थिति को **चंद्रभान** ने इन पंक्तियों में उजागर किया है–

"बच्चों को खरपतवार
नौजवानों को बियाबान
महिलाओं को बाज़ार
ख़ुद को सदाबहार समझो
संवेदनहीन होने के लिए
सिर्फ़ इतना ज़रूरी है।"[22]

संवेदनहीनता जैसे योग्यता हो! धनतंत्र के बढ़ते वर्चस्व ने यही किया है। एक तरफ़ मनुष्य को विवशता में सीमित किया है तो दूसरी तरफ़ संवेदनशून्य उस शरीर में, जिसका लक्ष्य और सार अबाध व निरंतर भोग के अलावा कुछ नहीं। परिणाम दोनों का एक है– मनुष्य का मनुष्यता से वंचित होना। चकाचौंध रौशनी और घने अँधेरे में रहते चले जाना। रौशनी ऐसी है कि **कुमार अम्बुज** के शब्दों में कोई भी चेहरा पहचान में नहीं आता। हर चेहरा एक *परछाईं* की तरह दिखाई देता है।[23] **विमल कुमार** ने इस रौशनी का नतीजा बताते हुए लिखा है–

"...इतनी धुंध कभी न थी
कि अगर लिखें आप किसी को ख़त
तो वह पढ़ा न जा सके
कि अगर कोई आवाज़ दे किसी को
तो सुनाई न दे
कि ज़िंदगी के अनुभव हों इतने तल्ख़
कि दुनिया पर से जैसे भरोसा ही उठ जाए
कि अख़बार को भी कुछ नज़र न आए अलग से
कि वह सच बोलने से कतराने लगे
कि अपना ही चेहरा बदलने के लिए
आइने को बार-बार बदलना पड़े...।"[24]

समकालीन संबंध औपचारिक हो गए हैं। हालत यह है कि न एक, दूसरे की हालत जानना चाहता है, न दूसरा, एक की। संचार-सुविधाएँ जितनी बढ़ी हैं, सच और भरोसे पर आवरण भी उससे कम नहीं बढ़े। आईना जो चेहरा दिखाता है, वह सच्चा है। सुविधाजनक नहीं। सूट नहीं करता। आदमी यथासंभव अपना वही चेहरा देखता है, जो देखना चाहता है।

इसलिए आइने को बार-बार बदलने की ज़रूरत पड़ती है। यह ज़रूरत इसलिए भी पड़ती है कि हर मौक़े के लिए आदमी को अलग चेहरा चाहिए। अलग चेहरा न भी मिल सके तो ऐसा चेहरा ज़रूर मिल जाए, जो अलग होने का भ्रम दे सके। आइने बदल-बदलकर मनुष्य आइनों को अपने जैसा बनाना चाहता है। बनाने की कला पा जाए तो बना डालता है। यही कारण है कि **शहरयार** को लगता है–

"क्या कोई नई बात नज़र आती है हम में,
आईना हमें देख के हैरान सा क्यूँ है?"[25]

आईना हैरान है। जिस आदमी को वह देखता आया है, वह बदल गया है। उसे हालात ने भी बदला है और मौक़ापरस्ती ने भी। बदलाव उसकी मजबूरी भी है, उसका चुनाव भी। कारण चाहे जो हो, आदमी बदल गया है। आइने की हैरानी अस्ल में आदमी के इस बदलाव का विरोध है। आदमी से ग़लत का विरोध करने की उम्मीद की जाती है। यह विरोध या तो वह कर नहीं सकता, या करना नहीं चाहता। नतीजा यह कि ग़लत का विरोध होता नहीं। आईना जड़ है। फिर भी हैरान होता है। ग़लत का विरोध करता है। यह केवल मानवीकरण अलंकार नहीं। कविता का शरीर सजाकर ही इसकी भूमिका ख़त्म नहीं हो जाती। यह आदमी की जड़ता को सामने लाती है। हैरान होकर उसे उसका सच्चा चेहरा दिखाती है। बताती है कि आदमी में आदमीयत बची हो या न बची हो, आइने में आईनापन बचा हुआ है।

मनुष्य के वस्तुवत् व्यवहार का दूसरा पहलू है–वस्तुओं की मनुष्यवत् सक्रियता। सक्रियता अब वस्तुओं में बची है। जो नहीं होना चाहिए, वही हो रहा है। जीवन में क्या-क्या बदल रहा है, इसे **हरजेन्द्र चौधरी** ने *'डाकू-चाकू और कविता'* में इस तरह स्पष्ट किया है–

"...मैं चाहता हूँ जीवन में
संघर्ष आए सुख आए हरियाली आए
पर वहाँ आ रही हैं
अपराधी उत्तेजनाएँ, फटाफट अमीरी
आश्वस्ति की जगह आता है भय
सहजता की जगह उखड़ी-उखड़ी थरथर
लड़के की जगह घर से उसके भागने का समाचार
धीमी लिखाई वाली चिट्ठी की जगह हड़बड़ाया फ़ोन
डाकिए की जगह सेल्समैन
किताबों की जगह टी.वी.
पढ़ूँगा-सोचूँगा की जगह देखूँगा
बातचीत की जगह ही-ही हू-हू
चाँद की जगह जगमगाते विज्ञापनों की निओन-लाइटें..."[26]

अंधाधुंध विकास की सड़क पर बेतहाशा दौड़ते आदमी को कविता यह याद दिलाती है कि जीवन में डाकिए की, किताबों की, पढ़ने-सोचने की, बातचीत की और चाँद की भी अपनी एक जगह रही है। विचित्र है कि इस जगह का पता उन वस्तुस्थितियों से लगता

है, जिन्होंने यह जगह जीवन से छीनी है। कविता यह बताने में नहीं चूकती कि जीवन में जगह-जगह पसरे ग़लत का उपयोग भी सही के लिए किया जा सकता है। **केदारनाथ सिंह** के शब्दों में–

"हमारे समय में सही का पता
सिर्फ़ ग़लत से चलता है
सिर्फ़ चीख़ने पर मालूम होता है–
ध्रुपद में आज भी कितनी जान है!"[27]

विवेक हो और समर्थ हो तो ग़लत का भी सही उपयोग किया जा सकता है। यह ग़लत का पालतू बनने से उलट है। ग़लत को पालतू बनाना है। ऐसा ही है जैसे सांप्रदायिकता उदारता को, हत्या जीवनदान को, भय बहादुरी को, भ्रम सच को और शोर संगीत को जन्म दे। **कात्यायनी** ने *'जानने-सीखने-पढ़ने-लिखने के बारे में कुछ बातें'* कही हैं। बताया है कि लीचड़ों से उदारता, लद्धड़ों से स्फूर्तिमान होने का अर्थ, ऊबे हुओं से प्यार की ज़रूरत, ढोंगियों से साफ़गोई, नकलचियों से मौलिकता, कूपमंडूकों से दिमाग़ी खुलापन, मनहूसों से ख़ुश रहना, चापलूसों से साहस और अकेलों से अपनों के बीच रहना सीखा जा सकता है।[28] यह बताकर कविता एक तरफ़ जीवन में बढ़ती नकारात्मकता को संवेदनात्मक दृष्टि से उजागर करती है और दूसरी तरफ़ इसके बीच सकारात्मकता के लिए साँस लेने की गुंजाइश पैदा करती है। वर्तमान देशकाल की हालत यह है कि आदमी के लिए अपनी माँ का मामूली सबक़ तक जीना मुश्किल हो गया है। **चंद्रकांत देवताले** की *'यमराज की दिशा'* का वाचक बताता है–

"माँ ने एक बार मुझसे कहा था–
दक्षिण की तरफ़ पैर करके मत सोना
वह मृत्यु की दिशा है
और यमराज को क्रुद्ध करना
बुद्धिमानी की बात नहीं
...पर आज जिधर भी पैर करके सोओ
वही दक्षिण दिशा हो जाती है
सभी दिशाओं में यमराज के आलीशान महल हैं
और वे सभी में एक साथ
अपनी दहकती आँखों सहित विराजते हैं

माँ अब नहीं है
और यमराज की दिशा भी वह नहीं रही
जो माँ जानती थी।"[29]

मृत्यु के वाहक सर्वत्र हैं। दिन-रात हैं। ऐसे में माँ के सबक़ काम नहीं आते। समकालीन चुनौतियाँ नई हैं। सबक़ पुराने पड़ गए हैं। ज़िंदगी और ख़ुशी के लिए तरसते मनुष्य को वास्तु के टोटके भटकाने की प्रविधियाँ बनकर रह गए हैं। जितना ध्यान वह वास्तु पर देता है, उतना अपने रास्ते पर देता, अपने चलने पर देता तो ज़िंदगी और ख़ुशी

तक पहुँच भी सकता था। उसका जीवन इतना बड़ा नहीं है कि भटकते रहना भी एफ़ोर्ड कर सके।

सभी दिशाओं में यमराज का विराजना सर्वत्र मृत्यु का रहना और सम्मानित होना है। मनुष्य को यह आज़ादी देना है कि वह या तो मृत्युवाहकों की इच्छा से जीवित रहे या मर जाए। मृत्युवाहकों की इच्छा से जीवित रहना जीवन-भर मृत्यु को जीते रहना है। मृत्यु अब केवल अंत में नहीं आती। अनेक रूपों में जीवन-भर मौजूद रहती है। यह बताने का अर्थ है– मनुष्य को झिंझोड़कर जगाना और दिखाना कि उसके घर में आग लगी है।

यह जगाना और दिखाना वस्तुतः बचाना ही है। मनुष्य को बचाने के लिए कविता आग को संबोधित भी करती है। उसके हौसले पस्त भी करती है। कमज़ोर के पक्ष में खड़ी होती है। उसका यह दृढ़ विश्वास है कि मनुष्य को कोई भी यंत्र, यंत्र नहीं बना सकता। कोई भी अमानुष मनुष्यता से वंचित नहीं कर सकता। किसी तानाशाही के बस की बात नहीं है उसे पूरी तरह लील जाना। **ब्रेख़्त** की एक मशहूर कविता है–

"जनरल, तुम्हारा टैंक एक मज़बूत वाहन है
वह मटियामेट कर डालता है जंगल को
और रौंद डालता है सैंकड़ों आदमियों को
लेकिन उसमें एक नुक्स है–
उसे एक ड्राइवर चाहिए।

जनरल, तुम्हारा बमवर्षक मज़बूत है
वह तूफ़ान से तेज़ उड़ता है और ढोता है
हाथी से भी अधिक
लेकिन उसमें एक नुक्स है–
उसे एक मिस्त्री चाहिए।

जनरल, आदमी कितना उपयोगी है
वह उड़ सकता है और मार सकता है
लेकिन उसमें एक नुक्स है–
वह सोच सकता है।"[30]

अब मनुष्यरहित टैंक और बमवर्षक विमान बनाए जा रहे हैं। इसलिए कि उनमें यह नुक्स न हो। तानाशाहों को भी विवेकरहित दास चाहिएँ और धनतंत्र को भी। मनुष्य यह भूमिका बिना किसी नुक्स के पूरी नहीं कर सकता। इसलिए रोबोट चाहिए। समकालीन तकनीक विवेक के विरुद्ध है। कविता भाषा का इस्तेमाल इस तरह कर सकती है कि तानाशाह की भाषा ख़ुद तानाशाह के कपड़े उतार दे। सवाल खड़ा कर दे कि जो मनुष्यता के विरुद्ध है, वह मनुष्य भी है या नहीं। साथ-साथ यह भी स्पष्ट कर दे कि यंत्रों के लिए जो महत्त्व उन्हें चलाने और सुधारने वालों का है, मनुष्य के लिए वही महत्त्व सोच सकने का है। उसके विवेक का है।

विवेक मनुष्य के साथ-साथ कविता के लिए भी महत्त्वपूर्ण है। निर्णायक है। समकालीन शक्ति इसके विरोध में है। इस शक्ति का एक प्रमुख प्रतिनिधि है—अमरीका। चाहता है कि दुनिया का अमरीकीकरण हो। समकालीन कविता ने इस प्रक्रिया को, इसकी नीयत को, बार-बार पहचाना है। उजागर किया है। **विनय दुबे** ने लिखा कि अमरीका के बारे में जानना ही यू. एन. ओ. के बारे में जानना है। ईराक और यूगोस्लाविया के बारे में जानना है। *सिफ़लिस* के बारे में जानना है।[31] अमरीका इतना उदार है कि सारी उदारता उसकी मुट्ठी में क़ैद है। इतना लोकतांत्रिक है कि चाहता है—तमाम लोकतंत्र साँस लेने के लिए उसके पाद की बाट देखते रहें।

दुनिया में उसका फैलना *सिफ़लिस* का फैलना है। उसने **ज्ञानेंद्र पति** के शब्दों में ख़ुद को ही इस दुनिया की *पहली और आख़िरी* दुनिया बना डाला है। खुले आकाश में उसी के *बमवर्षक* मंडराते हैं और खुले बाज़ार पर उसी की *चीज़ों की बारिश* टूटती है।[32] लोकतांत्रिक कही जाने वाली वैश्विक संस्थाएँ उसकी ग़ुलाम हैं। इस हद तक कि अमरीका संयुक्त राष्ट्र संघ के *सींगों* का नाम है और संयुक्त राष्ट्र संघ अमरीका का उफनता *अंडकोश-भर* है।[33] **लीलाधर जगूड़ी** ने लिखा कि कोई कहीं भी पैदा हो, बिकना तो उसे *अमरीका में ही* है।[34] मनुष्यता-विरोधी व्यापार अब वैश्विक है। इसकी आरती **निदा फ़ाज़ली** ने इस तरह उतारी—

"सात समंदर पार से, कोई करे व्यापार
पहले भेजे सरहदें, फिर भेजे हथियार।"[35]

वैश्वीकरण सरहदों और हथियारों का है। महाशक्ति के महामुनाफ़े का है। इसे पोषित करने वाली अस्थिरता और अशांति का है। जगह-जगह रक्तवृष्टि करती क्रूरता का है। मनुष्य और उसके श्रम को लगातार ग़ैरज़रूरी बनाती तकनीक के विकास का है। सांप्रदायिकता का है। प्रायोजित संकीर्णता का है। **फ़हमीदा रियाज़** की एक कविता है—*नया भारत।* उन्होंने भारत और पाकिस्तान में समान रूप से बढ़ने वाली संकीर्णता की चर्चा इसमें की है।

भारतवासियों की संकीर्णता को संबोधित करते हुए कहा है कि बधाई हो, बिल्कुल वही मूर्खता, वही घामड़पन, जो हमारे यहाँ थे, अब तुम्हारे द्वार भी पहुँच गए हैं! तुम भी धर्म पर आधारित राज बनाने के सपने देख रहे हो! इस संकीर्णता ने हमारी जो दुर्दशा की है, वह तुम्हें नज़र ही नहीं आई! यह देखकर लगता है कि हम दो क़ौम नहीं थे। एक ही थे। हमारे जैसी संकीर्णता का ही जाप अगर तुम बार-बार करते रहे तो तुम्हारा भी परलोक पहुँचना तय है!

"हम तो हैं पहले से वहाँ पर
तुम भी समय निकालते रहना
अब जिस नर्क में जाओ, वहाँ से
चिट्ठी-विट्ठी डालते रहना!"[36]

संकीर्णता नरक है। वहाँ जाने और वहीं जीने के उल्लास पर इस कविता के हल्के-फ़ुल्के अंदाज़ में बड़ा गंभीर व्यंग्य किया गया है। बताया गया है कि संकीर्णता की कोई सरहद नहीं। उसी तरह जैसे महाशक्ति के हथियार-व्यापार की कोई सरहद नहीं। इस

वैश्वीकरण की सूचना इतनी शिद्दत के साथ संचार के आधुनिक साधनों ने नहीं, कविता ने दी। साबित किया कि काव्य-विवेक को न कोई भावुकता का अतिरेक बहा ले जा सकता है, न कोई लालच बरगला सकता है।

समकालीन कविता की यह राजनैतिक जागरूकता ज़रूरत पड़ने पर कविता के निर्मम हो सकने की क्षमता का परिचय भी है। यहाँ तक कि वह अपने प्रति भी निर्मम हुई है। कविता में होने वाले छल को भी सामने लाई है। **निर्मला गर्ग** ने लिखा है कि कविता को अन्न और रोज़गार की चर्चा अब अच्छी नहीं लगती। समता और न्याय के बारे में उसे कुछ कहना नहीं भाता। आजकल वह *नई-नई पोशाकें* छाँटने में व्यस्त है।[37] यह कविता के अवसरवाद को कविता में सामने लाना है। कविता द्वारा स्वयं अपने को देखना है। अपनी जाँच-परख करना है। यह अवसरवाद **हेमंत कुकरेती** की इन पंक्तियों में इस तरह प्रकट हुआ–

"...अगर माँ सहसा सामने आ गई
तो कैसे पहचानूँगा?
सोचकर मैं काँप गया
...मेरी कविताओं में कई चेहरे थे
मुझे दुख हुआ कि
उनमें से कोई भी
माँ से नहीं मिलता था।"[38]

यह कविता का बनावटीपन है। मनुष्यता की सबसे सहज संवेदन-लय का बनावटीपन। इसे उजागर करने के मामले में वह अपने प्रति भी कोई रियायत नहीं करती। इसलिए उसकी आवाज़ अभी भरोसे के लायक़ बनी हुई है। शब्दों और वाक्यों के विविध गठनों के द्वारा उसने समकालीन जीवन के अनेक चेहरों को उभारा है। जीवन को कुरूप बनाने वाली शक्तियों को अस्वीकार करने का नैतिक विवेक और साहस दिखाया है। **निलय उपाध्याय** के शब्दों में कहा है कि उसे किसी कुबेर के ख़ज़ाने की *ज़रूरत नहीं*। उसे दूध की वह शातिर नदी *नहीं चाहिए,* जो मगरमच्छों से भरी हो।[39] अनंत धन और सुविधा-लोभ के स्पष्ट अस्वीकार को उसने बतौर मूल्य स्थापित किया है।

इस अस्वीकार के साथ-साथ विवेकसम्मत व्यवहार के स्वीकार को भी रेखांकित किया है। **कुमार अम्बुज** की पंक्तियाँ हैं–

"...वह क्षण दुर्लभ था जब हम मित्र से
सचमुच मित्र की तरह पेश आए
और शत्रु से शत्रु की तरह
उसी एक क्षण ने
थोड़ा-बहुत ठीक किया इस दुनिया को।"[40]

आशय यह कि मित्र से मित्र और शत्रु से शत्रु की तरह पेश आना भी मुश्किल हो गया है। सहज नैतिकता को जीने में, पारदर्शिता को जीने में, मनुष्य की तरह जीने में संभव है लालच आड़े आता हो, कॅरियर आड़े आता हो या कोई भय आड़े आता हो। यह भी संभव है कि मित्र और शत्रु की साफ़-साफ़ पहचान ही न हो पाती हो। बनावटीपन कहीं

विवशता है तो कहीं विलास। कारण चाहे जो हो पर दुनिया इससे बिगड़ती है। वह ठीक हो सकती है, होती है विवेकसम्मत मामूली व्यवहार से ही। पहले जो स्वयं को ठीक नहीं करते और दुनिया को ठीक करने निकल पड़ते हैं, वे दूसरों के साथ भी छल करते हैं और अपने साथ भी। बनावट के रूप में छल चारों तरफ़ है। इसका प्रतिकार छल से नहीं किया जा सकता। सादगी या पारदर्शी व्यवहार से किया जा सकता है। इसलिए कि छल से भरी दुनिया के पास सच्ची सादगी का कोई तोड़ नहीं।

विकास छल का हुआ है। छल के विकास ने विकास का छल संभव बनाया है। मनुष्य का प्रकृति से दूर हो जाना विकास के छल का परिणाम है। प्रकृति से यह दूरी प्राकृतिक स्वभाव से दूरी भी बनती जाती है। महानगरों में सिकुड़ा-सिमटा आदमी इसी का सूचक है। ऐसे में कविता गाँव की याद उसे दिलाती है। गाँव की याद दिलाना प्रकृति के निकट ले जाना है। **एकांत श्रीवास्तव** ने यह काम इन शब्दों के द्वारा किया है–

"...वैसी ही महीन और मुलायम है रास्ते की धूल
पाँव पड़ते ही उठती है
जैसे चौंककर पूछती हो–भैया!
कहाँ रहे इतने दिन?"[41]

बिना किसी मतलब के जहाँ आदमी, आदमी से बात नहीं करता, उसे देखता तक नहीं, वहाँ रास्ते की धूल बताती है कि जितने दिन नहीं मिला, वह उसे मिस करती रही। धूल प्रकृति का सबसे उपेक्षित हिस्सा है। आत्मीयता उसमें भी है। महानगरों की अट्टालिकाओं में भी परायापन है और गाँव की धूल में भी अपनापन। धूल का स्नेहिल सवाल पूछना वस्तुतः प्रकृति का मनुष्य से पूछना है। एक ऐसा सवाल, जिसमें उलाहना भी है और पीड़ा भी। **रमेश शर्मा** ने एक गीत में कहा–

"प्रिये! गाँव मेरे तू चल, तेरे शहर में क्या धरा है!
...वहाँ बोली में है शहद, यहाँ बोतलों में भरा है!
...जहाँ बँधती है मेरी गाय, वो ठूँठ तक भी हरा है!"[42]

गाँव में गाँव अभी बचा है। अकारण स्नेह बचा है। जीवंतता बची है। यह गाँव के प्रति नॉस्टैल्जिया नहीं। शहरी बनावट के प्रति घृणा है। सूखेपन के प्रति, नीरसता के प्रति ऊब है। अकेलेपन के प्रति वितृष्णा है। समकालीन विकास की नकारात्मकता पर भरपूर टिप्पणी है। मनुष्यता की उस पूँजी को सँभाले रखने, बचाने का संघर्ष है, जिसे विकास लूट रहा है। यह बची रही तो कविता की जगह भी बची रहेगी। प्रकारांतर से इसी भूमिका का निर्वाह करती हैं **मंगलेश डबराल** की ये पंक्तियाँ–

"सड़कों पर बसों में बैठकघरों में इतनी बड़ी भीड़ में कोई नहीं कहता आज मुझे निराला की कुछ पंक्तियाँ याद आईं। कोई नहीं कहता मैंने नागार्जुन को पढ़ा है। कोई नहीं कहता किस तरह मरे मुक्तिबोध।

एक कहता है मैंने कर ली है ख़ूब तरक़्क़ी। एक ख़ुश है कि उसे बस में मिल गई है सीट। एक कहता है यह समाज क्यों नहीं मानता मेरा हुक्म। एक देख चुका है अपना पूरा भविष्य। एक कहता है देखिए किस तरह बनाता हूँ अपना रास्ता।"[43]

मनुष्यता-निरपेक्ष विकास करते समय और समाज में यह है कविता की जगह। जितनी कम है, उतनी ही औपचारिक। मनुष्य के सार-तत्व की संवेदन-लय उसी के जीवन से निष्कासित है। जो जगह कविता की थी, उसे सुविधा-मोह ने हथिया लिया है। अहंकारप्रियता ने, अंधविश्वासों ने, तिकड़मों ने और तात्कालिक सफलताओं ने हथिया लिया है। ये सब प्रवृत्तियाँ कविता की जगह पसर गई हैं। समकालीन विकास ने इन्हें बल दिया है। ये बलशाली हैं। फिर भी कविता को ख़त्म नहीं कर सकीं। ऐसे विषैले हालात में भी वह साँस ले रही है। इसलिए कि उसे अपने औचित्य के बारे में कोई दुविधा नहीं। उसके सामने **मंगलेश** के ही शब्दों में यह पूरी तरह स्पष्ट है कि

"चुंबन एक दिन
तुम्हारे सामने काग़ज़ पर
एक कविता बनेंगे

कविता एक दिन
चुंबन बन जाएगी
काग़ज़ से उठकर।"[44]

कविता की सार्थकता जीवंत गतिविधि बनने में है। ऐसा वह करती है जीवन से ऊर्जा लेकर जीवन को लौटाते हुए। इस प्रक्रिया में ऊर्जा को और सघन, और प्रभावक, और जीवंत रूप देते हुए। उसे लोक-हृदय का सक्षम एहसास बनाते हुए। यही मनुष्यता को विकसित करना है। अपना उद्देश्य साधना है। अपनी भूमिका का निर्वाह करना है। **जगूड़ी** ने लिखा है कि मनुष्य को कविता तक पहुँचना है। इसलिए कि उसे वहाँ तक पहुँचना है, जहाँ तक कविता *पहुँचाना चाहती* है।[45] यह कविता की ज़रूरत का एक कारण है। दूसरा कारण **सुरजीत पातर** के शब्दों में यह है–

"हज़ारों परिंदे
मेरे मन में क़ैदी
सुनूँ रात-दिन मैं
ये देते दुहाईः
रिहाई
रिहाई... ।"[46]

क़ैद रहना परिंदों का स्वभाव नहीं। भाव परिंदे हैं। जीवंत हैं। अतः मन की दीवारों तक सीमित नहीं रह सकते। उन्हें आज़ाद होकर जीवन के आसमान में उड़ना है। व्यापकता में शामिल होना है। उसका हिस्सा बनना है। हालात चाहे जैसे हों, अपना आसमान वे देरसबेर हासिल करके ही रहते हैं। मनुष्यता और कविता-विरोधी माहौल उन्हें बहुत देर तक रोक नहीं पाता। सृजन चाहे बाह्य प्रकृति में हो या अंतःप्रकृति में, होता है। होकर ही रहता है। **हेमंत कुकरेती** के शब्द विस्मय प्रकट करते हैं कि

"...पहाड़ की उस तलहटी में
जहाँ ढलान इतनी थी कि
हवा भी फिसलकर झरने में जा गिरे

वहाँ कैसे अटका होगा बीज
जिसमें यह पेड़ था''[47]

हवा भी जहाँ फिसल जाए, बीज वहाँ अटक जाता है। पेड़ बनता है। फिसलन उसे रोक नहीं पाती। इसका मतलब यह नहीं है कि किसी भी बीज को रोक नहीं पाती। अटकने की चाह और कोशिश में बहुत सारे बीज फिसलकर बह भी जाते हैं। फिर भी उनकी यह चाह और कोशिश जारी रहती है। एक हठ की तरह। इसी का फल है—बीज का अटक जाना। समकालीन वातावरण में सृजन भी एक ज़िद्दी और लगातार कोशिश है। बीज पेड़ के लिए है और कवि सृजन के लिए। असफल होने के ही नहीं, उसे वे ख़तरे भी उठाने हैं, जिन्हें जान की बाज़ी लगा देना कहा जाता है। **हेमंत** की ही एक और कविता में सृजन का विचार इस तरह आता है—

''...इन दिनों भ्रूण हत्याएँ आम हो चली हैं मैं
प्रयोग के तौर पर
फिर जन्म लेने की सोच रहा हूँ...''[48]

सृजनशील मानस को ख़तरे डराते नहीं। सक्रिय होने के लिए आमंत्रित करते हैं। भ्रूण हत्याओं के दौर में पुनः गर्भस्थ होने का विचार हत्यारे वातावरण को चुपचाप चुनौती देने का विचार है। क्रूरता और संवेदनशून्यता को अपदस्थ करने का विचार है। संवेदनशून्यता इतनी ताक़तवर है कि आसानी से अपदस्थ नहीं होने वाली। उसकी क़ीमत चुकानी पड़ती है। यह क़ीमत चाहे जान की हो, कम से कम कविता में तो कवि चुकाने को तैयार है ही। जान सबके पास होती है। वे चाहें तो यह क़ीमत चुका सकते हैं। सृजनशील हो सकते हैं।

सृजन उनके बस की बात नहीं, जो हवाओं का रुख़ देखकर अपना रवैया तय किया करते हैं। सृजन का अर्थ ज़रूरत पड़ने पर प्रवाह के विपरीत तैरना है। अपने सच के साथ तेज़ हवाओं का सामना करना है। इसी तरह सृजन समय में हस्तक्षेप बनता है। उसका प्रवाह मोड़ न भी सके तो उसके सामने सवाल ज़रूर खड़े करता है। जातिवाद से ग्रस्त समाज और उसके संस्कारों को चाहे जितनी तिलमिलाहट हो, **ओम् प्रकाश वाल्मीकि** के शब्दों में पूरी ताक़त से पूछता है—

''तुमने कहा—
ब्रह्मा के पाँव से जन्मे शूद्र
और सिर से ब्राह्मण
उन्होंने पलटकर नहीं पूछा—
ब्रह्मा कहाँ से जन्मा?''[49]

समकालीन कविता की उपलब्धि है कि उसने ऐसे बुनियादी सवाल उठाए हैं। दलितों और स्त्रियों के वे होंठ, जो एक अरसे से सिले हुए थे, खुले हैं। उन्होंने अपनी ख़ामोशी तोड़ी है। दलितों का एक हिस्सा निम्न से मध्य वर्ग में स्थानांतरित हुआ है। उसने थोड़ा-बहुत बोलने की स्थिति और शक्ति अर्जित की है। संतप्त अनुभवों और उनके विद्रोह का कविता में आना इसका परिणाम है। दलित कविता के रूप में समकालीन कविता उसकी तरफ़ से खुलकर बोल रही है, जो बोल नहीं सका।

स्त्रियों को दलित घरों में भी खुलकर बोलना मयस्सर नहीं हुआ। सर्वत्र दलित रहीं वे। समकालीन कविता का एक बड़ा हिस्सा उनकी बोली-बानी से गुँजित है। कारण इसका भी अपने पैरों पर खड़े होने की जगह पाना है। धनतंत्र ने जब मुनाफ़े को अनंत बनाने के लिए स्त्रियों का इस्तेमाल किया तो अर्थव्यवस्था में उनकी भी थोड़ी-बहुत जगह बनी। इस जगह अपने पैरों पर खड़े होकर स्त्री ने अपने लिए संभावनाओं के नए द्वार खोले। घरेलू स्त्री के समानांतर कामकाजी स्त्री की छवि स्थापित की। पुरुष के वर्चस्व-कवच को जगह-जगह दरकाया। लाज, संकोच, विवाह, भय, प्रलोभन आदि ग़ुलामी के अनेक रूपों के सामने चुनौतियाँ खड़ी कीं। केवल त्याग की देवी बनने से इन्कार किया। घर के साथ कार को भी चलाया। अपनी तरह जीने के रास्ते खोजे। नहीं मिले तो बनाए। अपनी स्वतंत्रता को धीरे-धीरे अर्जित करना शुरू किया।

समाज में स्त्री की स्थिति और भूमिका में होने वाला यह परिवर्तन कविता ने देखा। कहा। स्त्री का पूरा जीवन नष्ट कर देने के लिए पहले उसके साथ एक बलात्कार ही काफ़ी होता था। अब ऐसा नहीं है। **अनामिका** ने *'केरल की लोकधुन पर आधारित'* एक कविता लिखी। उन छोटी-छोटी लड़कियों के एहसास जीते हुए, जो बलात्कार को झेल-पचाकर भी सीधी खड़ी हो जाती हैं। यह यातना उन्हें तोड़कर बिखेर नहीं पाती। इस कविता का एक हिस्सा है—

"आरारी अरारिआरोउ...
...उफ़, अम्मा, मैंने भी
लेकिन हथियार नहीं डाले
कि जो बाजरा कूटकर
रोटियाँ खिलाई थीं तुमने—
मैंने उनकी
सैरियत तो दी—
मानो न, अम्मा, दी, बिल्कुल दी...जल्दी तो हार नहीं मानी।
थोड़ा-सा ख़ून बहा, उसके छपाके से बांबी के फूल रंग गए,
ओ अम्मा, ओ अम्मा—
मत रोओ लेकिन कि
एक छपाका ख़ून ही तो था,
वो फिर से बन जाएगा।
...आरारी अरारिआरो..."[50]

हिंदी कविता की दुनिया में यह छोटी लड़की नई है। बलात्कार की सारी स्त्री-विरोधी ताक़त को इसने *'एक छपाका ख़ून'* कहकर निर्वीर्य कर दिया। रोटियाँ लड़की पहले भी खाती रही लेकिन इस बार वे रोम-रोम तक संचरित होने वाला हिम्मत का रक्त बनीं। स्त्री की चुपचाप पराजित होती रहने वाली आदत में सेंध लगी। उसने यातनाओं की आँखों में आँखें डालकर देखा। शरीर, मन और चेतना की पूरी मज़बूती से लैस होकर उनसे लोहा लेने की तैयारी की। बलात्कार के अपराध-बोध को अपने मन से निकाला। इस तरह बलात्कारी के उद्देश्य को व्यर्थ किया। अपने माथे से अबला का कलंक सार्वजनिक नल

पर धोया। अपने बल का बोध पाया। साबित किया कि यह बलात्कारी के बल से ज़्यादा कारगर हो सकता है। इसलिए कि शरीर ही इस बल का स्रोत नहीं। यह चेतना भी है कि यौन-शुचिता के केवल स्त्री के लिए बने प्रतिमान अब उसे और ग़ुलाम नहीं रख सकते।

समय आ गया है कि पुरुष द्वारा स्त्री पर दमन का कारोबार सिमटना शुरू हो जाए। पुरुष अब यह देखकर भी न देखना अफ़ोर्ड नहीं कर सकता कि स्त्री का दमन किन-किन मामलों में कितने-कितने तरीक़ों से किया गया है। या तो वह इसे स्वयं देख लेता है, अन्यथा उसकी आँख में उँगली डालकर उसे दिखाया जाता है। इस देखने ने उसकी सोच को भी बदला है। इस बदलाव की शुरुआत हो चुकी है, यह **पवन करण** की अनेक कविताओं ने घोषित किया है। उनमें ऐसे कई पुरुष आए हैं, जो इस बदली हुई सोच के परिणाम हैं। एक पुरुष अपनी नपुंसकता को इस हद तक स्वीकार करता है कि चाहता है—किसी और पुरुष के समागम से उसकी पत्नी संतान पा ले और वह इसमें सहयोग करे।[51] एक पुरुष अपनी बहिन के प्रेमी को देखता है और उसका पौरुष हिंसक नहीं होता। उसके भीतर का भाई गलने लगता है।[52] एक लड़की अपनी विधवा माँ को प्रेम करते देखती है और अपने भीतर उल्लास का हरा-भरापन महसूस करती है।[53] यह एक पुत्री का अपनी माँ को देखना उतना नहीं है, जितना एक स्त्री का एक स्त्री को देखना है। स्त्री के रूप में उसे स्वीकार करना है। प्रोत्साहित करना है।

संबंधों के ये रूप नए हैं। लोकतांत्रिक मानस की उपज हैं। अपने दौर की नई चेतना से पैदा हुए हैं। नई चेतना को प्रस्तुत-प्रस्तावित-प्रसारित करने वाले हैं। यह चेतना सभी को आसानी से हज़्म नहीं होने वाली। किसी को लग सकता है कि संबंधों में अराजकता आ गई। किसी को लग सकता है कि स्त्री लज्जा के वस्त्र उतारकर नंगी हो गई। न परंपरा की इज़्ज़त करती है, न समाज की, न परिवार की, न मूल्यों की। कोई मुँह को हथेली से ढाँपते हुए कह सकता है—कलियुग! घोर कलियुग!!

अंतर दृष्टि का है। रूढ़ियों की दृष्टि से देखने पर नई संबंध-सोच और नई स्त्री निर्लज्ज, अराजक और विध्वंसक लगेगी ही। स्त्री की दृष्टि से देखने पर एहसास होगा कि पुरुष-प्रधान रूढ़ियों के कारण असंख्य स्त्रियाँ कुँओं में कूद चुकी हैं। फाँसी लगा चुकी हैं। ज़हर खा चुकी हैं। वही स्त्रियाँ अब जीवन में अपनी जगह खोज रही हैं। बना रही हैं। जीने का अधिकार अर्जित कर रही हैं। किसी मनुष्य के लिए तो इसका विरोध असंभव है।

कविता नए मनुष्य का स्वागत करती है। उसे देखने के लिए अंतर्नेत्र खोलती है। मानस का संस्कार करती है। वातावरण बनाती है। देखे हुए में भी कुछ नया देखने का अवसर देती है। **अरुण कमल** की एक कविता है—'*धरती और भार*'। उसकी पंक्तियाँ हैं—

"भौजी, डोल हाथ में टांगे
मत जाओ नल पर पानी भरने
तुम्हारा डोलता है पेट
झूलता है अंदर बँधा हुआ बच्चा
गली बहुत रुखड़ी है
गड़े हैं कंकड़-पत्थर
दोनों हाथों से लटके हुए डोल

अब और तुम्हें खींचेंगे धरती पर
झोर देंगे देह की नसें
उकस जाएँगी हड्डियाँ
ऊपर-नीचे दोलेगा पेट
और थक जाएगा बउआ...''[54]

कविता की निगाह गर्भस्थ शिशु की थकान देखने से भी नहीं चूकती। आज भी जहाँ सूरज नहीं पहुँच पाता, वहाँ कवि पहुँचता है। संवेदना को और गहरा, और विस्तृत, और समर्थ बनाता है। **उदय प्रकाश** ने लिखा है कि दिन के समय चंद्रमा अपना भेष बदल लेता है। गलियों में बच्चों का *कंचा* बनकर लुढ़कता है।[55] यह कविता की ही निगाह है, जो दिन में भी चाँद देख लेती है। ये कविता के ही हाथ हैं, जो चाँद को धरती पर उतार लेते हैं। यह कविता की ही आवाज़ है, जो लोक-प्रसारित हृदय की संवेदन-लय को आकार देती है। तरह-तरह की संकीर्णताओं के उभार वाले दौर में वह **संजय कुंदन** के शब्दों में कहना ज़रूरी समझती है कि

''बच्चे हर देश में एक ही तरह खिलखिलाते हैं
हर देश में सुंदर दिखता है चाँद
हर देश में मीठे होते हैं फल
हर देश में माँ जैसी दिखती है एक नदी

जिनके हाथ खाली होते हैं
वे हर देश में अपने दुख को ओढ़ते-बिछाते हैं
फिर कोई क्यों कहता है
कि यह मेरा देश है
वह तुम्हारा देश है...''[56]

संकीर्णता ने धरती को ही नहीं, सारी प्रकृति को अपने-पराये में बाँट दिया है। इसलिए कि इसी से वर्चस्वधर्मी धनतंत्र का हित सधता है। सरहदों को वह सिर्फ़ मुनाफ़े के लिए धुंधली करता है। संकीर्ण हृदय के स्वार्थ के लिए धुंधली करता है। यही कारण है कि एक तरफ़ भूमंडलीकरण होता है और दूसरी तरफ़ संकीर्णता का प्रसार। कविता इस वैश्वीकरण के विरुद्ध है। वह हर देश में दुखियों की एक जैसी ज़िंदगी देखती है। दिखाती है। यह उसका अपना वैश्वीकरण है। लोक-प्रसारित हृदय की सबसे सहज भाषा का वैश्वीकरण। व्यक्ति की तक़लीफ़ों का हल भी वह उसके आत्म-प्रसार में पाती है। **शलभ श्रीराम सिंह** के एक शे'र में कहती है–

''मुश्किलें थम गईं, दर्द कम हो गया,
अब ज़माने का ग़म अपना ग़म हो गया।''[57]

मुश्किलों और दर्द से घिरे आदमी को लगता ही है कि वह अकेला है। अकेला वह होता नहीं। इसलिए कि उस जैसे, उससे ज़्यादा घिरे हुए बहुत हैं। दूसरों की तक़लीफ़ देखकर अपने दर्द का एहसास कम हो जाता है। कारण यह कि मनुष्य का हृदय मूलतः आत्मग्रस्त नहीं। आत्मप्रसार उसका स्वभाव है। यही कविता के वैश्वीकरण का आधार है।

मनुष्य के अस्तित्व में मूलबद्ध आधार। वह मनुष्य की जड़ से जुड़कर वैश्वीकृत होती है। **पुरुषोत्तम प्रतीक** के शब्दों में बताती है कि घर न अपने होते हैं, न पराये। घर, घर होते हैं।

"अपना घर रौशन करने को उसके घर में आग लगा दी,
लेकिन जब भीतर झाँका तो वह भी अपना ही घर निकला।"[58]

कविता भीतर झाँक सकने वाली नज़र है। आत्म-प्रसार है। सीमाओं में न बँधना जानती है, न बाँधना। संकीर्णता का जमकर वैश्वीकरण जिस दौर में हो रहा हो, उसमें कविता की ज़रूरत पहले के हर दौर से ज़्यादा है। इस ज़रूरत को समझने वाले कम हैं। कम होते जा रहे हैं। जो नहीं समझते, उन्हीं के बारे में **शहरयार** ने कहा–

"जमा करते रहे जो अपने को ज़र्रा-ज़र्रा,
वो ये क्या जानें बिखरने में सुकूँ कितना है"[59]

कविता इस सुकून का रास्ता है। रास्तों की भीड़भाड़ में इस रास्ते को आदमी भूल जाए तो इसकी तरफ़ ध्यान दिलाती याद है। सुकून सिमटने में नहीं, बिखरने में है। आत्म-प्रसार में है। कविता का स्वभाव रौशनी जैसा है। रौशनी अपने आप नहीं सिमटती। उसे दीवारों के द्वारा समेटा जाता है। मनुष्य वस्तुतः वैश्वीकृत हो, मनुष्यता से संपन्न हो, यह आज की ज़रूरत है। इसीलिए आज को भी कविता की ज़रूरत है। **शमशेर बहादुर सिंह** ने मनुष्यता की क्षमता को काल के समान कहा है। काल अपराजित है। वह मनुष्यता भी अपराजित है, जिसकी पूँजी है–सामूहिकता और परिवर्तन। यह उसका जीवंत वैभव है, जिसे उजागर करती हैं ये पंक्तियाँ–

"जीवंत वैभव से समन्वित
व्यक्ति मैं।
मैं, जो वह हरेक हूँ
जो, तुझ से, ओ काल, परे है।"[60]

मनुष्य काल का चबैना होगा, मनुष्यता नहीं है। अतः उस पर आधारित कविता भी नहीं है। **त्रिलोचन** ने बहुत पहले एक कविता लिखी थी–*'चंपा काले-काले अच्छर नहीं चीह्नती'*। आज का इसका पाठ पहले से कम अर्थ नहीं देता। यह अर्थ अपने रचनाकाल का अतिक्रमण करता है। पढ़ाई-लिखाई अब बहुत बढ़ गई है। छल बहुत बढ़ गया है। ऐसे में चम्पा का कहना–*हाय राम, तुम पढ़-लिखकर इतने झूठे हो* समकालीन छल को पूरी मासूमियत के साथ उजागर कर देना है।

कविता की अंतिम पंक्ति–*कलकत्ते पर बजर गिरे*[61] अपनी सहजता और तीखेपन में पहले से ज़्यादा प्रभावक है। कलकत्ता अब एक महानगर-भर नहीं रहा। दुनिया-भर में फैल गया है। कहना चाहिए–पसर गया है। उसके साथ-साथ उसपर गिरने वाले *बजर* की मार भी विस्तृत हुई है। उसका भी वैश्वीकरण हुआ है। यही कविता का पूरी तरह अपने देशकाल की होकर अपने देशकाल का अतिक्रमण करना है। काल को उलटकर कला बनाना है।

मनुष्य कविता का देश है और मनुष्यता उसका काल। **कुमार विकल** ने कहा है कि कवि अपनी ज़िंदगी की ऊन से एक *ऐसा पुलओवर* बनाता है, जिसे दुनिया का हर

बच्चा पहन सके।[62] कविता ऐसा पुलओवर बुनने वाली कला है। **धूमिल** के अनुसार हर जगह *भाषा में आदमी होने की तमीज़* है।[63] **कुँवरनारायण** कहते हैं कि भ्रष्टाचार के विरुद्ध अकेले लड़ते हुए सम्मेदीन मारा जाएगा और इसके बाद *उसका उजाला लड़ेगा।*[64] इस उजाले की किरणों से कविता का निर्माण होता है। **प्रेमरंजन अनिमेष** के शब्दों में वह जीवन के पन्ने पर *पेंसिल की तरह* सही नोंक रखते हुए चलना और *रबर की तरह* ख़ुद मिटकर भी ग़लत को मिटाना सिखाती है।[65] **निदा फ़ाज़ली** ने ज़रूरी सवाल उठाया है–

"मुँह की बात सुने हर कोई
दिल के दर्द को जाने कौन
आवाज़ों के बाज़ारों में
ख़ामोशी पहचाने कौन"[66]

ख़ामोशी को कविता ने पहले भी ज़ुबान दी है लेकिन आवाज़ों के बाज़ारों में ख़ामोशी को पहचानने और उसे ज़ुबान देने का मतलब अलग है। पहले से ज़्यादा मुश्किल है। ज़्यादा ख़तरनाक। ज़्यादा निष्ठा और कौशल की माँग करने वाला। ज़्यादा चुनौतीपूर्ण। ज़्यादा ज़रूरी। कविता एक तरफ़ ख़ामोशी को सुनने लायक़ बनाती है और दूसरी तरफ़ चाहती है कि उसके शब्द नगाड़े की तरह बजें। **निर्मला पुतुल** की पंक्तियाँ हैं–

"...मैं चाहती हूँ
मेरे शब्दों की ज़मीन से
उगें कई-कई बिरसा मुंडा...
...मैं चाहती हूँ
आँख रहते अंधे आदमी की
आँखें बनें मेरे शब्द उनकी ज़ुबान बनें
जो ज़ुबान रहते गूँगे बने
देख रहे हैं तमाशा

चाहती हूँ मैं
नगाड़े की तरह बजें मेरे शब्द
और निकल पड़ें लोग
अपने-अपने घरों से सड़क पर।"[67]

कविता के शब्द न पुस्तकालयों तक सीमित रहना चाहते हैं, न बुद्धिवादियों के बुद्धि-विलास तक। नगाड़े की तरह बजने की उनकी इच्छा अनुचित के विरोध को अभियान बनाने की इच्छा है। संवेदना को सक्रियता तक लाने की इच्छा है। उँगलियों को मुट्ठी बनाने की इच्छा है। मनुष्यता को जगाने की इच्छा है। इसे पूरा करने के लिए कविता सक्रिय है। ख़ामोशी को ज़ुबान देना और नगाड़े की तरह बजना इस सक्रियता के ही रूप हैं।

कविता के सक्रिय होने का अर्थ जीवन की साधारण स्थितियों को असाधारण अर्थ से दीप्त कर देना है। समकालीन कविता ने इसे साधारण व्यक्ति, साधारण बोलचाल, साधारण

शब्द और साधारण स्थितियाँ जीते हुए बार-बार साबित किया है। यह मीडिया की बहुरंगी और असाधारण होने के लिए मरी जा रही दुनिया का प्रतिपक्ष है। सड़क पार करने जैसी साधारण क्रिया को असाधारण अर्थ का सूचक बना देने वाली **राजेश जोशी** की एक कविता है—*'रुको बच्चो'*। उसमें बच्चों को सड़क पार करने से पहले रुकने के लिए कहा गया है। सड़क से जो गाड़ियाँ तेज़ी से गुज़र रही हैं, उनमें एक अफ़सर की है, एक न्यायाधीश की और एक पुलिस अधिकारी की। अफ़सर की मेज़ से फ़ाइलों को खिसकने में बरसों लगते हैं। न्यायाधीश से न्याय की प्रतीक्षा करते-करते आदमी ऊपर पहुँच जाता है। पुलिस हमेशा घटना के घट जाने के बाद, सबके बाद पहुँचती है। इन सभी को जल्दी है। इसलिए कविता का वाचक कहता है कि इन्हें पहले निकल जाने दो, बच्चो, तुम रुक जाओ! कविता का अंतिम हिस्सा है—

"रुको बच्चो रुको
साइरन बजाती इस गाड़ी के पीछे पीछे
बहुत तेज़ गति से आ रही होगी किसी मंत्री की कार
नहीं नहीं उसे कहीं पहुँचने की कोई जल्दी नहीं
उसे तो अपनी तोंद के साथ कुर्सी से उठने में लग जाते हैं कई मिनिट
उसकी गाड़ी तो एक भय में भागी जाती है इतनी तेज़
सुरक्षा को एक अंधी रफ़्तार की दरकार है
रुको बच्चो
इन्हें गुज़र जाने दो

इन्हें जल्दी जाना है
क्योंकि इन्हें कहीं नहीं पहुँचना है।"[68]

शहर की व्यस्त सड़क को पार करने के लिए बच्चे उसके किनारे खड़े हैं। तेज़ रफ़्तार गाड़ियों में प्रभु-वर्ग गुज़र रहा है। उसके पास बहुत काम हैं। इसलिए हैं कि कामों को पूरा करने में उसकी कोई दिलचस्पी नहीं। दिलचस्पी इसमें है कि उसके पास हमेशा बहुत काम रहे। ढेर का ढेर। यह काम व्यस्तता का रौब गाँठने के काम आता रहे। उसकी प्रभुता का वर्चस्व बनाए रखे। देश के लिए अनिवार्य सिद्ध करता रहे उसे। यह वर्ग कार्यपालिका, न्यायपालिका, विधायिका, मीडिया, सर्वत्र मौजूद है। इसकी प्रभुता के कारण लोकतंत्र के सारे स्तंभ भुरभुरा रहे हैं। भविष्य रुका हुआ है। उम्मीदें ठहरी हुई हैं। जो भाग रहे हैं, उनसे काम नहीं होता। काम जिनसे होता है या हो सकता है, वे ठहरे हुए हैं। प्रभुता बाधा है। वह तेज़ी से भाग रही है पर उससे बड़ी रुकावट और कोई नहीं।

बच्चे रुके हुए हैं। सलाह और हुक्म के बीच का संबोधन आत्मीय है। आत्मीयता पैदा करता है। बताता है कि बच्चों से ज़्यादा गति और कहीं नहीं। इस गति की प्रगति रोकने वाली रफ़्तार अंधी है। दिशाहीन है। दिशा जिनके पास है, उनके लिए रफ़्तार तो दूर, आराम से चलने तक की गुंजाइश नहीं। जहाँ जो होना चाहिए, वहाँ वह नहीं है। इस विडंबना को व्यंग्य अनेक आयामों के साथ उभारता है। रफ़्तार एक तरफ़ दिशाहीनता को उद्‌घाटित करती है, दूसरी तरफ़ भय को। नेतृत्व उनसे ही डरने लगा है, जिनका वह है। कारण यह

कि जन अब उसकी शक्ति नहीं रहा। शक्ति तो तब बनता, जब वह काम करता! वही काम, जिसके लिए वह है। काम वह अपने लिए करता है। अतः अपने अलावा और सबसे डरता है।

डर लोभ से पैदा होता है। लोभ अंततः अपने तक ही पहुँचा सकता है। क़ैद ही कर सकता है। नेतृत्व लोभ के बंधनों में जकड़ा है। संकीर्ण है। इसीलिए मनुष्यता और कविता का विरोधी है। उसे कहीं पहुँचना नहीं है। कुछ करना नहीं है। बच्चे लोभग्रस्त नहीं हैं। मनुष्यता की संभावना हैं। कविता के आधार हैं। सबसे सुकुमार होते हुए भी उन्हें कोई भय नहीं। यह कविता जहाँ पूरी होती है, वहीं समाप्त नहीं होती। विडंबनाग्रस्त स्थितियों पर सशक्त व्यंग्य के द्वारा पाठक के मन में एक स्वप्न भी बोती है। स्वप्न यह कि एक दिन आएगा, जब ऐसी विडंबनाओं से छुटकारा मिलेगा। एक दिन आएगा, जब प्रभुता की गाड़ियाँ रुकी होंगी और संभावनाएँ सीना तानकर चल रही होंगी।

इससे स्पष्ट होता है कि कविता जब वर्तमान के महत्त्व-केंद्र को उजागर करती है तो उसकी प्रकाश-किरणें भविष्य तक भी पहुँचती हैं। भविष्य-स्वप्न को साकार करने के लिए वर्तमान सक्रियता अपेक्षित है। सक्रियता उचित से प्रेम और अनुचित से घृणा के भावों में आवेग द्वारा जन्म लेती है। इस आवेग से परिपूर्ण मानसिकता तैयार करते हुए कविता अपनी भूमिका का निर्वाह करती है। कुरूप का चित्रण वह कुरूपता के विसर्जन के लिए करती है। एक ऐसा भावजगत् रचती है, जो और अधिक मानवीय हो। यही मनुष्य-भाव की रक्षा है। उसका संवर्द्धन है। कविता का उद्देश्य।

अपने उद्देश्य को इस दौर में कविता ने तरह-तरह से पूरा किया है। एक तरह है— कोसना। जीवन में बढ़ती बनावट को **बद्रीनारायण** की भाषा में कविता ने यों कोसा है—

> *"धत् तेरी दिल्ली की*
> ...
> ...
> *शराब सिगरेट से गंधाई तेरी संगोष्ठी की*
> *शब्दकोष, व्याकरण*
> *धत् तेरे जॉरगन की।*
> *तेरी बुद्धि की, वाणी की*
> *रोटी के अभाव में मरते आदमी के*
> *इंटैलेक्चुअल एक्सप्लॉइटेशन की*
> ...
> *धत् तेरी गुणा-भाग की शक्ति की*
> *बड़ा नाज़ है तुझे*
> *यह ले*
> *धत् तेरी संसद की।"*[69]

संसद को हर आदमी के लिए रोटी की तरह गोल होना चाहिए था पर वह हुई उस भाषा की तरह, जिसका सिरा कभी-कभार पकड़ में आ जाए तो ग़नीमत। इस भाषा ने उन्हें भी प्रभावित किया, जो इसका विरोध करने के लिए विख्यात हैं। इस भाषा का मक़सद

उचित अर्थ देना होता तो कविता को इसे कोसने की ज़रूरत न पड़ती। इस भाषा का मक़सद है—अपना विस्तार। जैसे कला के लिए कला, वैसे भाषा के लिए भाषा। हरियाणवी में इसी को थूक बिलोना कहा जाता है।

थूक को थूक कहने के कारण कविता की भाषा आज भी विश्वसनीय है। संप्रेषण के अन्य माध्यमों की तुलना में वह आज भी घृणित को प्रेम के वस्त्र कम पहनाती है। आज भी उचित को पूरी तरह आँखों से ओझल नहीं होने देती। बहुत-कुछ ऐसा देखती-दिखाती है, जो मानवीय जीवन के लिए महत्त्वपूर्ण है। टूट-टूटकर भी वह अंतिम रूप से टूटना नहीं जानती। मृत्यु के मुख में भी जीवन की हलचल देख पाती है। **ज्ञानेन्द्र पति** द्वारा *'अस्पताल के लाशघर में'* देखा गया यह दृश्य ध्यान देने योग्य है—

"यह मत सोचो कि मुर्दा बोला नहीं करते
उसे देखो
वह जो है उस शव का खुला हुआ मुँह
एक चीख़ में खुला हुआ मुँह है—
फ्रीज मोशन में शिलीभूत—
एक नई मकड़ी तान रही है जिसमें अपने जीवन का पहला जाला।"[70]

जीवन चाहे जहाँ, चाहे जिस रूप में हो, कविता की निगाह को नज़र आ ही जाता है। इसलिए कि जीवन में उसकी आस्था अटूट है। **उदय प्रकाश** की एक महत्त्वपूर्ण कविता है—*'हत्यारे ने सीटी बजाई'*। इस कविता में हुआ यह कि हत्यारों ने एक आदमी की हत्या कर दी। उसके झोले में से उसका एक पाजामा ही निकला। ज़ाहिर है—आदमी साधारण था। अतः हत्या के लिए आसानी से प्रस्तुत भी। मरने के बाद उसे काटा गया तो उसके गले में से टिन की एक सीटी निकली। ख़ून से सनी। कवि ने याद दिलाया कि ऐसी सीटियाँ मेलों में बिकती हैं। बचपन में एक बार हर आदमी ख़रीदता है। हत्यारों के मना करने पर भी एक हत्यारे ने उस सीटी को बजाया।

"सीटी बज रही थी और निकल रही थी
उसमें से किसी छोटे से बच्चे के रोने की आवाज़

उसमें दर्द था कि क्या था कुछ अजब तरह का
कि रोने लगी पूरी पृथ्वी
चिड़ियाँ भी रोईं और मछलियाँ तक
जिनके आँसू कोई देख नहीं पाता
बादल भी रोए और पेड़ भी
सारा जगत रोया
और सारी किताबें रोने लगीं
वे हत्यारे भी रो रहे थे आख़िरकार
और जो सीटी बजा रहा था
वह भी रोता जा रहा था

उसे याद आ गई थी अपने बचपन
में खोई हुई सीटी।"[71]

कविता की निगाह थोड़े-से शब्दों में हत्यारे की बचपन में खोई हुई सीटी ढूँढ़ लेती है। देख लेती है कि हत्यारे पैदाइशी नहीं होते। मूलतः और अंततः मनुष्य होते हैं। उसी की तरह, जिसकी हत्या करते हैं। हत्यारे को बचपन में खोई सीटी मिल गई। उसने उसे बजाया। वह आवाज़ सुनकर सारी दुनिया रोने लगी। हत्यारों समेत। इसके बाद जब वे अगली हत्या करेंगे तो क्या यह सीटी उनके कानों में बिना बजाए बजने नहीं लगेगी? सीटी की आवाज़ सुनकर भी क्या उनके लिए हत्यारे बने रहना संभव हो सकेगा? सीटी पकड़ने वाली उँगलियाँ क्या हत्या करते हुए हथियार पर जमी रह सकेंगीं? क्या सीटी की आवाज़ उन्हें अपने बचपन तक खींचकर नहीं ले जाएगी? उसी बचपन तक, जो कभी हत्यारा नहीं होता?

कविता यही सीटी है। भीड़-भड़क्के में खोई हुई। बाज़ार के लिए इसकी कोई क़ीमत नहीं। मनुष्य के लिए इससे क़ीमती कहीं कुछ नहीं। कवि इसीलिए होते हैं कि सारे शोर में इस सीटी की आवाज़ बचाकर रखें। **निदा फ़ाज़ली** के अंदाज़ में कहते-सुनते हुए–

"शायद कभी उजालों के ऊँचे दरख़्त हों
सदियों से आँसुओं की चमक बो रहे हैं हम।"[72]

आँसू नहीं, आँसुओं की चमक। ऐसी चमक, जो एक निश्छल हँसी में भी हो सकती है।

संदर्भ

1. अपनी केवल धार -अरुण कमल, पृष्ठ 29
2. दुष्चक्र में स्रष्टा -वीरेन डंगवाल, पृष्ठ 41
3. कहीं कुछ कम है -शहरयार, पृष्ठ 109
4. सबूत -अरुण कमल, पृष्ठ 59
5. दस बरसः हिंदी कविता अयोध्या के बादः दूसरी जिल्द, -संपादकः असद ज़ैदी पृष्ठ 166
6. सबूत -अरुण कमल, पृष्ठ 80
7. उजाड़ में संग्रहालय -चंद्रकांत देवताले, पृष्ठ 39
8. संशयात्मा -ज्ञानेंद्र पति, पृष्ठ 21
9. समुद्र पर हो रही है बारिश -नरेश सक्सेना, पृष्ठ 92
10. अन्यथा, अंकः 1, पृष्ठ 62
11. जादू नहीं कविता -कात्यायनी, पृष्ठ 22-24
12. यहाँ से देखो -केदारनाथ सिंह, पृष्ठ 59
13. समुद्र पर हो रही है बारिश -नरेश सक्सेना, पृष्ठ 28
14. भय भी शक्ति देता है -लीलाधर जगूड़ी, पृष्ठ 111
15. कोई नया समाचार -प्रेमरंजन अनिमेष, पृष्ठ 53
16. कभी नहीं सोचा था -सुरजीत पातर, पृष्ठ 21
17. सफ़र में धूप तो होगी -निदा फ़ाज़ली, पृष्ठ 37
18. प्रतिनिधि कविताएँ -परवीन शाकिर, पृष्ठ 77

19. इस यात्रा में -लीलाधर जगूड़ी, पृष्ठ 38
20. यह मुखौटा किस का है -विमल कुमार, पृष्ठ 115, 116
21. चुप्पी का शोर -संजय कुंदन, पृष्ठ 46
22. इरादे तभी करवट लेते हैं -चंद्रभान, पृष्ठ 54
23. क्रूरता -कुमार अम्बुज, पृष्ठ 71
24. यह मुखौटा किस का है -विमल कुमार, पृष्ठ 15
25. कहीं कुछ कम है -शहरयार, पृष्ठ 109
26. फ़सलें अब भी हरी हैं -हरजेन्द्र चौधरी, पृष्ठ 12
27. तालस्ताय और साइकिल -केदारनाथ सिंह, पृष्ठ 88-89
28. जादू नहीं कविता -कात्यायनी, पृष्ठ 68
29. उसके सपने -चंद्रकांत देवताले, -चयन-संपादनः विष्णु खरे, चंद्रकांत पाटील, पृष्ठ 208, 209
30. बर्तोल्त ब्रेख़्तः इकहत्तर कविताएँ और तीस छोटी कहानियाँ, मूल जर्मन से अनुवादः मोहन थपलियाल, पृष्ठ 50
31. दस बरसः हिंदी कविता अयोध्या के बादः दूसरी जिल्द -संपादकः असद ज़ैदी, पृष्ठ 135
32. संशयात्मा -ज्ञानेंद्र पति, पृष्ठ 96,97
33. वही, पृष्ठ 105
34. भय भी शक्ति देता है -लीलाधर जगूड़ी, पृष्ठ 112
35. खोया हुआ सा कुछ -निदा फ़ाज़ली, पृष्ठ 111
36. क़तरा क़तरा -फ़हमीदा रियाज़, पृष्ठ 75-77
37. कबाड़ी का तराजू -निर्मला गर्ग, पृष्ठ 47
38. नया बस्ता -हेमंत कुकरेती, पृष्ठ 79, 80
39. कटौती -निलय उपाध्याय, पृष्ठ 35
40. अनंतिम -कुमार अम्बुज, पृष्ठ 16
41. अन्न हैं मेरे शब्द -एकांत श्रीवास्तव, पृष्ठ 91
42. गणतंत्र दिवस कवि सम्मेलन, तालकटोरा स्टेडियम, दिल्ली में 22 जनवरी, सन् 2006 को सुनाया गया एक गीत
43. हम जो देखते हैं -मंगलेश डबराल, पृष्ठ 46
44. वही, पृष्ठ 90
45. भय भी शक्ति देता है -लीलाधर जगूड़ी, पृष्ठ 70
46. कभी नहीं सोचा था -सुरजीत पातर, -चयन-संपादन-अनुवादः चमनलाल, पृष्ठ 168
47. नया बस्ता -हेमंत कुकरेती, पृष्ठ 38
48. वही, पृष्ठ 93
49. बस्स! बहुत हो चुका -ओम् प्रकाश वाल्मीकि, पृष्ठ 99
50. कविता में औरत -अनामिका, पृष्ठ 101
51. स्त्री मेरे भीतर -पवन करण, पृष्ठ 100-103
52. वही, पृष्ठ 26-32
53. वही, पृष्ठ 91-92
54. अपनी केवल धार -अरुण कमल, पृष्ठ 20
55. रात में हारमोनियम -उदय प्रकाश, पृष्ठ 23
56. चुप्पी का शोर -संजय कुंदन, पृष्ठ 95
57. ग़ज़ल सप्तक -संपादकः गोपाल कृष्ण कौल, पृष्ठ 81
58. पेड़ नहीं तो साया होता -पुरुषोत्तम प्रतीक, पृष्ठ 76

59. कहीं कुछ कम है -शहरयार, पृष्ठ 113
60. काल तुझसे होड़ है मेरी -शमशेर बहादुर सिंह, पृष्ठ 40
61. समकालीन हिंदी कविता -संपादकः परमानंद श्रीवास्तव, पृष्ठ 57-58
62. निरुपमा दत्त मैं बहुत उदास हूँ -कुमार विकल, पृष्ठ 43
63. संसद से सड़क तक -धूमिल, पृष्ठ 85
64. कोई दूसरा नहीं -कुँवरनारायण, पृष्ठ 18-19
65. कोई नया समाचार -प्रेमरंजन अनिमेष, पृष्ठ 41
66. खोया हुआ-सा कुछ -निदा फ़ाज़ली, पृष्ठ 57
67. अपने घर की तलाश में -निर्मला पुतुल -संथाली से अनुवादः अशोक सिंह, पृष्ठ 101, 102
68. दो पंक्तियों के बीच -राजेश जोशी, पृष्ठ 24
69. शब्दपदीयम् -बद्रीनारायण, पृष्ठ 53, 54
70. संशयात्मा -ज्ञानेंद्र पति, पृष्ठ 74
71. रात में हारमोनियम -उदय प्रकाश, पृष्ठ 81-82
72. सफ़र में धूप तो होगी -निदा फ़ाज़ली, पृष्ठ 40

सांप्रदायिकता के ख़िलाफ़ कविता-धर्म

संकीर्णता का परिणाम है सांप्रदायिकता और सांप्रदायिकता का विध्वंस। कविता और सांप्रदायिकता के बीच विरोध बुनियादी है। कोई सांप्रदायिक शब्द-संयोजन कभी मनुष्य का हृदय-प्रसार नहीं कर सकता, उसकी हृदय-दृष्टि नहीं बन सकता, अतः कविता भी नहीं हो सकता। ज़्यादा से ज़्यादा शब्दों से खिलवाड़ करने वाला कौशल ही बन सकता है। उत्तेजित और चमत्कृत ही कर सकता है। किसी संकीर्ण राजनीति का अंध समर्थन या विरोध ही कर सकता है।

सांप्रदायिकता का संबंध धर्म से नहीं है। किसी भी धर्म से नहीं। संबंध है लाभ-लोभ से। राजनीति से। क्रूरता से। सत्ता और वर्चस्व हासिल करने का एक प्रबल माध्यम है वह। धार्मिक भावनाएँ भड़काना, लोगों को संप्रदाय-विशेष के आधार पर गोलबंद करना और दंगे करवाना इस माध्यम के प्रमुख रूप हैं। अधार्मिक उद्देश्य पूरे करने के लिए धर्म का इस्तेमाल इसका स्वभाव है। संकीर्ण हितों को पूरा करने के लिए व्यापक विनाश का आयोजन है यह।

सत्ता-प्राप्ति, वर्चस्व-स्थापना और आर्थिक दौड़ में आगे निकलने जैसे अधार्मिक उद्देश्यों का स्थान और महत्त्व जीवन में बढ़ा है। इन्हें हासिल करने के लिए अमानवीय तौर-तरीक़ों का इस्तेमाल भी जीवन में बढ़ा है। सांप्रदायिकता का बढ़ाव इसी का एक अंग है। इस बढ़ाव का एक प्रमुख कारण उस मानसिकता का बढ़ाव है, जिसके लिए अपना काम निकालना ही महत्त्वपूर्ण है, चाहे जैसे निकले। दूसरों की मौत भी अपनी ज़िंदगी के काम आ सकती हो तो ज़रूर आए।

धार्मिक व्यक्ति के उद्देश्य कभी अधार्मिक नहीं होते। इसलिए कोई धार्मिक कभी सांप्रदायिक भी नहीं होता। जिन्ना धार्मिक नहीं थे तो सांप्रदायिकता का राजनैतिक प्रयोजन के लिए इस्तेमाल कर सके। महात्मा गांधी की तरह मौलाना आज़ाद, धार्मिक थे तो सांप्रदायिकता से हमेशा बेचैन रहे।[1] सांप्रदायिकता का इस्तेमाल करने वाले ताक़तवर थे और इससे बेचैन होने वाले कमज़ोर। अतः देश का बँटवारा हुआ। अंधशक्ति जीती और मानवीय मूल्य-दृष्टि आँसुओं में डूबी। देश को आज़ादी के साथ वह ताक़तवर सांप्रदायिकता भी मिली, जिसके मुँह सफलता का ख़ून लग चुका था। अंग्रेज़ चले गए पर जिसके बल पर वे फूट डालते, राज करते रहे, वह सांप्रदायिकता यहीं रह गई। आज़ादी के बाद यदा-कदा मौक़े पाकर और ज़्यादातर मौक़े निकालकर प्रकट होती रही।

यह धर्म के नाम पर अधर्म का प्रदर्शन था। इसकी उपस्थिति के बिना भारत में कोई चुनाव कभी पूरा हुआ, यह कहना लगभग असंभव है। टिकट बँटने से लेकर वोट

पड़ने तक चुनाव के प्रायः सभी चरणों में सांप्रदायिकता ने अपनी भूमिका का निर्वाह किया। हर संप्रदाय के कुलीन हितों का संरक्षण-संवर्द्धन किया। कभी जनसाधारण का ध्यान बुनियादी समस्याओं और उनके समाधान के लिए संघर्ष से हटाते हुए तो कभी दंगों के रूप में समुदायों की अमानवीय शक्ति के पुख़्ता प्रमाण देते हुए। दंगे सांप्रदायिकता के परिणाम तो थे ही, सांप्रदायिकता बढ़े, इसके लिए कराए भी गए।

आज़ादी से पहले और बाद की सांप्रदायिकता में थोड़ा अंतर है। आज़ादी के बाद सत्ता में ज़्यादा से ज़्यादा हिस्सेदारी ही इसका अकेला उद्देश्य नहीं रह गया। ज़्यादा से ज़्यादा मुनाफ़े पर क़ब्ज़ा करना भी उद्देश्य बना। सन् 1962 में जबलपुर में हुआ दंगा "हिंदू और मुस्लिम बीड़ी-निर्माताओं के बीच आर्थिक प्रतिस्पर्द्धा का परिणाम था।"[2] साथ ही "अलीगढ़ में ताला-उद्योग और मुरादाबाद में तांबा-उद्योग की प्रतिस्पर्द्धा के कारण सांप्रदायिक तनाव पैदा हुआ।"[3] अलग-अलग संप्रदायों के आर्थिक-राजनीतिक हितों में हुए घोषित या अघोषित टकरावों और अवसरानुकूल गठजोड़ों में स्वातंत्र्योत्तर सांप्रदायिकता के वास्तविक प्रयोजन निहित हैं। ये प्रयोजन हर संप्रदाय के कुलीन वर्ग के हैं।

जनसाधारण आज़ादी से पहले भी इसका शिकार हुआ और बाद में भी। हर संप्रदाय के कुलीनों ने ही इसे पाला-पोसा। इसका फ़ायदा उठाया। इस तथ्य पर ध्यान दिया जाना चाहिए कि "देश के विभाजन का फ़ैसला भारत के लोगों का नहीं था, वह सिर्फ़ कांग्रेस व मुस्लिम लीग का था...हिंदू व मुस्लिम अभिजात वर्ग ने देश के भाग्य का फ़ैसला लिया और हिंदू व मुस्लिम जनता को उसकी नियति पर छोड़ दिया।"[4] नियति पर छोड़ दिया अर्थात् सांप्रदायिकता के हाथों लुटने-पिटने और कटने-मरने के लिए छोड़ दिया।

सांप्रदायिकता के न प्रयोजन धार्मिक होते हैं, न साधन। सत्य, न्याय और प्रेम जैसे धार्मिक मूल्यों में उसकी आस्था मूलतः नहीं होती। वह तो झूठ, अन्याय और नफ़रत के सौदागरों का व्यवहार है। नकारात्मकता की नित्य आराधना करने वाला व्यवहार। चिंतन की संकीर्णता से दंगों की बर्बरता तक इसे तरह-तरह के रूपों में पहचाना जा सकता है। अफ़वाहों को जन्म और बल देना ऐसा ही एक रूप है। उद्देश्य इसका होता है—झूठ के धुएँ को फैलाना ताकि सच का दम अपने आप घुट जाए।

सच की हत्या के तहत यह तो बताया जाता है कि अनेक मुसलमान शासकों ने हिंदू धर्मस्थलों को नष्ट किया लेकिन यह नहीं बताया जाता कि उसके कारण धार्मिक नहीं, आर्थिक और राजनीतिक थे। यह भी छुपा लिया जाता है कि "औरंगज़ेब ने बनारस, उज्जैन आदि मंदिरों को 'जागीरें' दी थीं।"[5] यह तो बताया जाता है कि मुसलमानों की वजह से ही बँटवारा हुआ लेकिन यह नहीं बताया जाता कि "जब 23 मार्च, 1940 को लाहौर में पाकिस्तान प्रस्ताव पास हुआ तो मुसलमानों ने कोई जोश नहीं दिखाया। दूसरी ओर हज़ारों अंसारी (जुलाहा) मुसलमानों ने दिल्ली में दो-तीन महीने बाद इसके विरुद्ध प्रदर्शन किया।"[6]

मुसलमान चार-चार शादियाँ करते हैं, इसका लगातार प्रचार करना और यह न बताना कि मुसलमानों में भी पुरुषों की बजाय स्त्रियों की कम संख्या सभी को एकाधिक शादियों की तथ्यात्मक इजाज़त भी नहीं देती, सच के साथ खिलवाड़ करना ही है। हिंदुस्तान टाइम्स में 27 जून, 1998 को छपे भारतीय सांख्यिकी संस्थान के द्वारा इकट्ठे किए गए

तथ्यों के अनुसार 1000 में से 72 ग़ैर-मुस्लिम एक से अधिक शादियाँ करते हैं जबकि 1000 में से 15 मुस्लिम एक से अधिक शादियाँ करते हैं।[7]

सांप्रदायिकता की पॉलिटिक्स ऐसे तथ्यों पर ध्यान देने लगे तो ख़ुद कहाँ रहे! एक हाथ से यह अपने अनुकूल तथ्यों को उजागर करती है और दूसरे हाथ से प्रतिकूल तथ्यों को छुपाती है। यही इसकी कलाकारी है। यह सिर्फ़ दूसरे संप्रदाय में ही स्त्रियों की दुर्दशा पर प्रकाश डाला करती है। यह नहीं बताती कि भारत के लगभग सभी समुदायों में स्त्रियों के हालात ख़राब हैं। वास्तव में सांप्रदायिकता तथ्यों के साथ भी उसी क्रूरता से खिलवाड़ करती है, जिस क्रूरता से दंगों में बेबसों के जानमाल के साथ।

बीसवीं सदी की शुरुआत चिंतन के क्षेत्र में ईश्वर की मृत्यु से जन्मी आधुनिकता से हुई थी, जिसके केंद्र में इहलौकिक मनुष्य था। सदी पूरी होते-होते सांप्रदायिकता का इस्तेमाल करनेवाले अभिजात वर्ग ने इस मनुष्य की भी हत्या कर डाली और इस आधुनिकता की भी। यह एहसास पैदा करने की कोशिश की कि मनुष्य, मनुष्य नहीं, कोल्हू का बैल था, जिसने सौ साल बाद भी स्वयं को वहीं पाया, जहाँ से वह चला था। अंतर केवल यह था कि पहले सांप्रदायिकता का हथियार स्वदेशी प्रभुओं की साँठगाँठ द्वारा विदेशियों ने चलाया था और अब इसके लिए विदेशियों की कोई ज़रूरत नहीं रही। देश आत्मनिर्भर हो गया। इतना कि विध्वंसक भी स्वदेशी और विध्वंस भी।

बीसवीं सदी के अंतिम दशक में भी विध्वंस के इस हथियार ने प्रभु-वर्ग के लिए अपनी उपयोगिता और जनसाधारण के लिए अपनी बर्बरता साबित की। दशक का आरंभ अयोध्या में विवादित ढांचे को धराशायी करने के कारण उपजे सांप्रदायिक तनाव से हुआ और समापन गुजरात के भयावह नरसंहार पर पाँव धर सत्ता-सुंदरी तक पहुँचने वाली नृशंस पौरुष-यात्रा से। अपने समय के इस विराट भय ने कविता को गहरे तक आंदोलित किया। अनेक कविताओं ने इसे नेस्तनाबूद करने की नीयत से आकार ग्रहण किया।

नेकनीयत सृजन का आधार ज़रूर है लेकिन सिर्फ़ इसी से कोई शब्द-संयोजन कविता का काम करने लायक़ नहीं होता। अपने समय के मनुष्य से उचित संबंध नहीं बना पाता। प्रासंगिक काव्यानुभूति का निर्माण नहीं कर पाता। अपने समय की कविता नहीं हो पाता। ऐसा तब होता है, जब शब्द-संयोजनों से कविता का नहीं, कोई और प्रयोजन साधने की कोशिश की जाए। मसलन जब कवि यह तय करके क़लम उठाए कि उसे सांप्रदायिकता के विरोध में कविता लिखनी ही है। स्वयं को आधुनिक, लोकतांत्रिक और प्रगतिशील साबित करना ही है। ऐसे में वह कविता के लिए नहीं होता पर उम्मीद यह करता है कि कविता उसके लिए हो। यह बनावटीपन है। कविता विरोधी व्यवहार।

सांप्रदायिकता-विरोधी कवि-कर्म अगर फ़ैशन की तरह अपनाया जाए तो निरा निपुण और साफ़-सुथरा शब्द-संयोजन ही गढ़ा जा सकता है। कविता के नाम पर ऐसे निष्प्राण शब्द-संयोजन भी ख़ूब छपे। कई बार तो उनकी चर्चा भी ख़ूब हुई। उनके उद्धरण देकर उन पर विचार करना ऐसा ही है जैसे कूड़ा छानकर साबित किया जाए कि यह कूड़ा ही था। व्यर्थता या बनावट को पहचानना ज़रूरी है पर इसके लिए यह कतई ज़रूरी नहीं है कि उसके साथ एक अरसा बिताया जाए। सार्थकता के कोण से उसे ज़्यादा अच्छी तरह पहचाना जा सकता है। ढंग के आदमी को पहचानना आ जाए तो बेढंगे की पहचान अपने आप हो जाती है।

इस दौर में ऐसी कविताएँ भी हुईं, जिनके लिए सांप्रदायिकता एक विषय या कच्चा माल-भर नहीं था। इनकविताओं ने अपने समय के मनुष्य की धड़कनें सचमुच महसूस कीं और उन्हें उनका सर्वाधिक संभव सहज रूप देने की कोशिश की। अपने समय की असहजता को सहजता से व्यक्त करने की कोशिश की। इस तरह सांप्रदायिकता से काव्यात्मक लोहा लिया। **बोधिसत्व** की *'पागलदास'* इसका एक उदाहरण है। पागलदास अयोध्यावासी एक पखावज-वादक थे, जिनका 20 जनवरी, सन् 1997 को निधन हो गया। इस कविता ने एक सीधा-सा सवाल उठाया कि पागलदास उदास क्यों थे। राम की नगरी में रहने के कारण तो उन्हें ख़ुश रहना चाहिए था पर वे उदास रहे। यह कविता के वाचक को उस मल्लाह ने बताया, जिसने पागलदास को सरयू में प्रवाहित किया था। सूचना-युग की प्रगति का एक परिणाम यह था कि वह पागलदास की उदासी का कारण नहीं जानता था। इतना ज़रूर जानता था कि वे पखावज की थापों में अपना रुदन अक्सर छुपाया करते थे।

वाचक उनकी उदासी का कारण जानने उनके शिष्यों के पास पहुँचा पर उन्होंने कुछ नहीं बताया। वाचक ने पागलदास के जानकारों से जानने की कोशिश की पर उनका नाम सुनते ही वे चुप्पी साधकर आगे बढ़ जाते। फिर पागलदास के संगी मिले। उन्होंने बताने की बजाय पूछा कि दुनिया में इतनी सारी जगहों पर इतने सारे लोग और इतना सारा जीवन उदास है, फिर भी आप पागलदास की उदासी को ही क्यों जानना चाहते हैं। वाचक ने कहा कि सिर्फ़ पागलदास की उदासी का कारण जानना और बताना ही इसका कारण है, और कुछ नहीं। तब संगियों ने बताया कि पागलदास की उदासी का कारण थे–पागलदास। बात यह थी कि पागलदास में दूसरे पागलदास रहा करते थे। दोनों अलग-अलग। दूसरे पागलदास न्याय, सच और अयोध्या की मर्यादा बचाए रखना चाहते थे। फिर हुआ यह कि

"जो पागलदास
सच की रक्षा चाहते थे
चाहते थे न्याय
वध किया गया उनका
मार दिया गया उनको घेरकर उनके ही आँगन में
एकांत में नहीं
उनके लोगों की मौजूदगी में
और पहले पागलदास को छोड़ दिया गया
बजाने के लिए वाद्य
कला के संवर्द्धन के लिए।

दूसरे पागलदास की हत्या से
उसको न बचा पाने के संताप से
उदास रहने लगे थे पागलदास
दूसरे पागलदास के न रहने पर

उनको संगत देने वाला बचा न कोई
उन्होंने छोड़ दिया बजाना–
-बहुत ज़ोर देने पर कभी बजाने बैठते थे तो
लगता था पखावज नहीं
अपनी छाती पीट रहे हैं।

इतना कहकर वे चुप हो गए
मुझे सरजू पार कराया और बोले–
जितना जाना मैंने
पागलदास की उदासी का कारण
कह सुनाया
अब जाने सरजू कि उसके दक्षिण तरफ़
बसकर भी क्यों उदास रहे पागलदास।"[8]

पागलदास की उदासी कविता के केंद्र में है। यह उदासी इतनी गहरी है कि जीवन के संगीत को मृत्यु के सन्नाटे तक पहुँचा देती है। इसे कविता की कथा-शैली कहने से अधिक उपयुक्त है–आपबीती और जगबीती कहना। क़िस्सागोई का इस्तेमाल कहना। अयोध्या में जो कुछ हुआ, उसका ज़िंदगी पर असर इसमें उजागर हुआ है। उजागर होने का माध्यम भी ज़िंदगी का वह रूप है, जिसकी हालत पागलदास जैसी हो गई है।

पागलदास यहाँ एक व्यक्ति हैं। उनका अपना जीवन है, अपनी मृत्यु है। यह जितना सच है, उतना ही सच यह भी है कि वे एक व्यक्ति-भर बनकर नहीं रह जाते। प्रतिनिधि बनते हैं। उनके, जिनके भीतर रहने वाले मनुष्य की हत्या कर डाली गई। इसलिए कर डाली गई कि सांप्रदायिकता को मनुष्य तो चाहिए पर मनुष्यता से रहित। पागलदास ऐसे मनुष्य नहीं बन पाए। सांप्रदायिकता के विषाक्त वातावरण में समायोजित नहीं हो पाए। अतः उनसे उनका जीवन-संगीत छिन गया। फिर जब कभी संगीत के लिए मज़बूर किए गए तो पखावज की हर थाप पर दम तोड़ते रहे। अंततः पूरी तरह मर गए। नहीं मरी तो उनकी वह उदासी, जो उन्हें बार-बार मारती रही। उदासी का रहस्य आज भी सरयू के पास है।

इस कविता की विशेषता यह है कि सांप्रदायिकता जैसे विषय के बावजूद कविता कहीं वाचाल नहीं होती। अतिरिक्त शब्द इसमें न के बराबर हैं। कम और अनिवार्य शब्द प्रायः विस्तृत आशय उजागर करते हैं। कविता में गद्य भाषा के प्रयोग की एक उपलब्धि यह भी है। वह अधिक से अधिक जीवन जैसी है। अतः अधिक से अधिक भरोसेमंद। कवि और पाठक, दोनों के लिए। अधिकांश पर से आदमी का भरोसा जब उठता जा रहा हो तो इस भरोसे का महत्त्व विशेष हो जाता है।

सांप्रदायिकता के मज़बूत और मनुष्यता के कमज़ोर होने पर भी कविता का ख़ुद पर भरोसा बरक़रार रहा। इसलिए कि विपरीत से जूझते हुए भी उसने अपने कवित्व का त्याग नहीं किया। मनुष्यता की संवेदन-लय बने रहना नहीं छोड़ा। अतः वह बदलते संदर्भ में मनुष्यता पर भरोसा बचाए रख सकी। पागलदास के भीतर रहते पागलदास को उसने मरने

नहीं दिया। जीवित ही नहीं, जीवंत रहने का वातावरण भी उपलब्ध कराया। वह स्वयं उसकी अर्थात् मनुष्यता की ज़बान बनी।

समकालीन कविता ने ईश्वर और मनुष्य के संबंधों की जाँच-परख बार-बार की। क्यों की, इसका कारण ऐतिहासिक था। संकीर्णता के सौदागरों ने ईश्वर को इच्छानुसार इस्तेमाल किया। उसे गाय की तरह अपने खूँटे से बाँधे रखा। उसका दूध ही नहीं, ख़ून भी दुहा और बेचा। **वेद प्रकाश वेद** ने साफ़-साफ़ लिखा कि त्रेता युग में राम को सताने पर मातमपुर्सी होती होगी पर कलियुग में *राम को सताने पर कुर्सी* मिलती है।[9] **कुँवरनारायण** को त्रेता युग के मर्यादा पुरुषोत्तम की नेता-युग में होने वाली दुर्गति पर दया आई और उन्होंने सुझाव दिया कि वे किसी धर्मग्रंथ में *सुरक्षित* वापिस लौट जाएँ। इसलिए कि अयोध्या तो योद्धाओं की लंका बन ही चुकी है, आज के जंगल भी वे जंगल नहीं रहे, जिनमें वाल्मीकि हुआ करते थे।[10] आज के जंगलों में कैसे-कैसे भक्त और ऋषि मिला करते हैं, यह कवि ने उचित ही पाठकों के मन में गूँजती व्यंजना पर छोड़ दिया। अभिधात्मक सच है कि ईश्वर के कथित भक्तों ने ईश्वर को जमकर लूटा।

मूल्यांध भक्ति का यह कारोबार जिस दौर में धड़ल्ले से किया गया, उसमें कविता ईश्वर को अनुपस्थित नहीं मान सकती थी। उसने ईश्वर की उपस्थिति को न केवल स्वीकार किया बल्कि पहचाना भी और उसके अलग-अलग रंगों को खुलकर व्यक्त भी किया। **मनमोहन** ने *'ईश वंदना'* इस तरह की–

"धन्य हो परमपिता!
सबसे ऊँचा अकेला आसन
ललाट पर विधान का लेखा
ओंठ तिरछे
नेत्र निर्विकार अनासक्त
भृकुटि में शाप और वरदान
रात और दिन कंधों पर
स्वर्ग इधर नरक उधर
वाणी में छिपा है निर्णय
एक हाथ में न्याय की तुला
दूसरे में संस्कृति की चाबुक
दूर-दूर तक फैली है
प्रकृति
साक्षात पाप की तरह।"[11]

दिखाने को न्याय की तुला और चलाने को संस्कृति की चाबुक हाथों में थमाकर भक्तों ने ईश्वर को एक बर्बर तानाशाह बना दिया। उसे प्रकृति के साथ वही व्यवहार करने वाले के रूप में स्थापित किया, जो पाप के साथ होता है। इस तरह प्रकृति के रूप में जीवन को पाप मानने वाले ईश्वर से मृत्युवाहक का काम लिया गया। मृत्यु के उपकरणों द्वारा उसका निर्माण और प्रचार करते हुए। ऐसे ईश्वर की ज़रूरत भी होती है पर सबको नहीं। **मनमोहन** के ही शब्दों में शैतानोपासकों को उस

"अपरिचित अनासक्त उद्धारक की तलाश है
जिसकी स्वच्छता इतनी संपूर्ण हो
कि इतनी ही संपूर्ण नृशंसता को
ठीक-ठीक ओट में ले सके..."[12]

कविता बताती है कि जीवन में जैसे-जैसे नृशंसता बढ़ रही है, वैसे-वैसे पवित्रता और स्वच्छता के दृश्य भी क्यों बढ़ रहे हैं। संपूर्ण नृशंसता को छुपाने के लिए पवित्रता और स्वच्छता भी संपूर्ण ही चाहिए। हुए होंगे कभी सत्य-असत्य और न्याय-अन्याय के बीच युद्ध। यह दोनों के गठजोड़ का युग है। हर नृशंस चाहता है कि उसे नृशंस न माना जाए, न कहा जाए। ईश्वरत्व नृशंसता को छुपाने वाला दिखावा बन गया है। दिखावा करनेवालों के लिए यह कला है और जिनके सामने दिखावा किया जाता है, उनके लिए छल। ऐसा छल, जिसकी क्रूरता की कोई सीमा नहीं। सचमुच! आधुनिक युग में भी ईश्वर असीम है। कविता ने इस ईश्वर की असलियत बार-बार उघाड़ी है। इसे अपराधियों के कठघरे में खड़ा किया है। इससे जुड़ी कहावतों को भी सांप्रदायिकता कैसे उलट देती है, यह बताते हुए **रघुवीर सहाय** ने लिखा–

"पहले ख़ुदा के यहाँ देर थी अँधेर न था
अब ख़ुदा के यहाँ अँधेर है और उसमें देर नहीं।"[13]

यह ख़ुदा अँधेरदाता है। इसकी कृपा से अन्याय में देर नहीं होती। अन्याय को बल अपराधी ही दिया करता है। सांप्रदायिकता से पीड़ित दौर में ईश्वर अपने ही भक्तों की कृपा से अपराधी हो गया। अँधेरे का प्रहरी हो गया। ऐसे में *'ईश कृपा'* का सच **वीरेन डंगवाल** ने इन शब्दों में बताया–

"कितने स्वप्न नहीं देखे मैंने
कितनी इच्छाएँ नहीं कीं
भाँति भाँति की।
हे ईश्वर, पापों से लिथड़ा हुआ था जीवन
हालाँकि तू गवाह है, पर्याप्त नहीं कर पाया मैं।
ज़्यादातर थे मेरी पकड़ से बाहर।
कच्ची नींद में जब अपनी ही बजती हुई
नाक तक सुनाई देती है
मैंने साकार होते देखीं
कितनी ही दुर्लभ मनोकामनाएँ
हाँ, उनमें कुछ बहुत निर्मल सपने भी थे
जो जाते थे
तेरी दया और मेरे भय से बाहर।

उन्होंने ही बचाकर रखा है मुझे
तेरी कृपा के बावजूद।"[14]

ईश्वर की दया और मनुष्य का भय, दोनों में गहरा संबंध है। भयभीत को ईश्वर की दया की सबसे ज़्यादा ज़रूरत होती है। भय न हो तो दया की ज़रूरत भी न पड़े। इसलिए भय पैदा किया जाए ताकि ईश्वर का प्रताप फैल सके! कविता ने संकीर्णता की इस राजनीति को निरावृत्त किया। बताया कि जो सार्थक है, वह भय और दया के चक्र से बाहर है। सवाल उठाया कि यह कैसा ईश्वर है, जिसे ज़िंदा रहने के लिए भय की ज़रूरत पड़ती है? सांप्रदायिकता के द्वारा स्वनिर्मित ईश्वर की आड़ में हत्यारे भी भय पैदा करते हैं। इस तरह अपने को ईश्वर के वे सच्चे भक्त सिद्ध करते हैं। इतनी हत्याएँ और इतनी पवित्रता! राम राम राम राम! या अल्लाह!

अब्दुल्लाह कलाम निगहबाँ को क़ातिलों की चौखट पर साँस रोके, सर झुकाए खड़ा देखते हैं, जो *"घड़ी-भर साँस लेने की इजाज़त चाहता है।"*[15] असमिया कवि **नवकांत बरुआ** ईश्वर को *"एक जीवित कुसंस्कार"* और *"मानव के बर्बर दिनों की दुखद स्मृति"* कहते हैं।[16] **राजेन्द्र नागदेव** बताते हैं कि अल्लाह या ईश्वर को अब चढ़ावे में *इंसान की आँखें और टांगें* चढ़ाई जाती हैं। कोई बताए कि आख़िर वह इनका करेगा क्या![17]

कविता ने सांप्रदायिकता द्वारा रचा गया ईश्वर-अल्लाह का यह घृणित रूप तो दिखाया ही, इसके मुक़ाबले उसका सकारात्मक और उपयोगी रूप भी वह सामने लाई। **निदा फ़ाज़ली** ने इस कविता में उसी रूप को जगाने की कोशिश की–

"नील गगन पर बैठे
कब तक
चाँद सितारों से झाँकोगे

पर्वत की ऊँची चोटी से
कब तक
दुनिया को देखोगे

आदर्शों के बंद ग्रंथों में
कब तक
आराम करोगे

मेरा छप्पर
टपक रहा है
बनकर सूरज
इसे सुखाओ

खाली है
आटे का कनस्तर
बनकर गेहूँ
इसमें आओ

माँ का चश्मा
टूट गया है
बनकर शीशा
इसे बनाओ

चुप-चुप हैं आँगन में बच्चे
बनकर गेंद
इन्हें बहलाओ

शाम हुई है चाँद उगाओ
पेड़ हिलाओ/हवा चलाओ

काम बहुत है
हाथ बटाओ अल्ला मियाँ
मेरे घर भी आ ही जाओ
अल्ला मियाँ!"[18]

*साथ ही **संजय चतुर्वेदी** की इन पंक्तियों को भी पढ़ा जाना चाहिए—*

"भगवान्!
आओ, रहो इन बच्चों के साथ
हवा भरो स्कूटर के पहियों में
चाय की दुकान पर धोओ जूठे बर्तन...!"[19]

जीवन को मानवीय बनाना सर्वशक्तिमान ईश्वर-अल्लाह के लिए वास्तविक चुनौती है। निमंत्रण के स्वर में यह चुनौती उसे कविता ही देती है। बिना कहे यह कहती है कि अगर वह ऐसे काम नहीं कर सकता तो काहे का ईश्वर-अल्लाह! कविता की एकदम साफ़ नीयत यह है कि ईश्वर-अल्लाह को मनुष्यों के काम आकर ही उनके साथ और उनके बीच रहना चाहिए, वरना नहीं। जो संघर्षरत मनुष्य के काम आता है, वही सच्चा ईश्वर-अल्लाह है। कविता इस सच्चाई को भी सामने लाती है।

सांप्रदायिक वातावरण में यह कविता का ज़रूरी हस्तक्षेप है। यह हस्तक्षेप संबोधन के रूप में सबसे ज़्यादा कारगर हो सकता है। इसलिए कि ईश्वर-अल्लाह को दिए जाने वाले सुझाव उसे संबोधित करते हुए ही दिए जा सकते हैं। सूचना क्रांति और दूरसंचार के मौजूदा दौर में भी आमने-सामने कहना-सुनना बातचीत का सबसे विश्वसनीय तरीक़ा है। कविता और ईश्वर आमने-सामने हैं। ईश्वर को सर्वदर्शी कहा जाता है पर जो कुछ उसे देखना चाहिए और दिखलाई नहीं देता, कविता वह सब उसे दिखाती है। इस तरह उसकी नज़र बनती है। **मीर तक़ी मीर** का एक शे'र है—

"दुई कहाँ है तू जादूगरी से बाहर आ
ये देख आँखें हैं दो और निगाह एक ही है!"[20]

यह निगाह जनसाधारण की है। दो आँखों से अलग-अलग निगाह का काम लेना इसे नहीं आता। ईश्वर और अल्लाह को अलग-अलग देखना इसके लिए मुश्किल पड़ता है।

हिंदू और मुसलमान, दोनों इंसान हैं इसके लिए। उसी तरह जैसे आँखें दो, निगाह एक। सुशिक्षित कुलीनों की तरह हिंदी और उर्दू में फ़र्क़ करना, उस फ़र्क़ पर अड़े रहना और उसे बनाए रखना भी इसे नहीं आता। इस फ़र्क़ से इसे कोई फ़र्क़ भी नहीं पड़ता। जनसाधारण जिस अकुंठ भाव से भाषा को बरता करता है, उसी भाव से समकालीन कविता ने भी बरता है। **निदा फ़ाज़ली** के अल्लाह और **संजय चतुर्वेदी** के भगवान का बस नाम ही अलग है। उम्मीद दोनों से एक ही तरह की है। इसलिए कि दोनों अगर हैं तो हैं एक ही।

इस सच का भाषाई पक्ष यह है कि निदा की कविता में *नील गगन* जैसे संस्कृतनिष्ठ शब्दों को आने में कोई संकोच नहीं होता और संजय चतुर्वेदी की नज़्म में *दुकान* जैसे मूलतः फ़ारसी शब्द को। **डॉ. नामवर सिंह** सही कहते हैं कि "महात्मा गांधी भी हिंदुस्तानी ज़ुबान क़ायम करना चाहते थे, जो चली नहीं।...दोनों भाषाओं के रचनाकारों ने ख़ुद को आम बोलचाल की ज़बान से जोड़ा। जो काम राजनीतिज्ञ नहीं कर सके, वह रचनाकारों ने कर दिखाया।"[21]

यह दर्पोक्ति नहीं, ऐतिहासिक तथ्य है। राजनीतिज्ञों की बजाय रचनाकार ज़्यादा जुड़े रहे हैं आम ज़िंदगी से। बोलचाल से। इसलिए रचनाओं की बोली ज़्यादा खरी रही है। उसे न राजनीतिज्ञों की कुटिलताओं से कुछ लेना-देना है, न सुशिक्षित कुलीनों के मताग्रहों से। उर्दू और हिंदी उसके लिए दो आँखें हैं, जिनसे एक ही निगाह बनती है। इस निगाह का अपना इतिहास है, जिसमें रचनाओं ने ज़रूरी भूमिका का निर्वाह किया है।

रचनाकार का प्रयोजन तोड़ना नहीं, जोड़ना होता है। संकीर्णता नहीं, हृदय-प्रसार होता है। यह प्रयोजन उसके स्वभाव में शामिल होकर ही रचनात्मक होता है। ऐसा स्वभाव ही किसी को रचनाकार बनाता है। इसी के कारण रचनाओं द्वारा संकीर्णता और सांप्रदायिकता के वर्चस्व में ज़रूरी हस्तक्षेप संभव हुआ। समय के बर्बर पृष्ठ पर मनुष्यता के हस्ताक्षर बनना संभव हुआ। न यह हस्तक्षेप एकरूप था, न इसे संभव करने वाली रचनाएँ। जीवन की तरह अनेक और विविधरूपी कविताओं ने इसे निर्मित किया। इनमें से एक रूप है– धुंधली कर दी गई जीवन के आधारभूत घटकों की एकता पर जमी धूल साफ़ करना। **सुरेंद्र शर्मा** ने यह धूल इस तरह साफ़ की–

"मंदिरो-मस्जिद की
या किसी इमारत की
माटी तो लगी उसमें भाई मेरे भारत की

लहू था हिंदू का
अल्लाह शर्मिंदा रहा
मरा मुसलमाँ तो
राम कब ज़िंदा रहा

बिखरे-बिखरे हैं सभी
आओ एक घर में रहें

क्या पता तुम न रहो
क्या पता हम न रहें..."[22]

कविता का अल्लाह, हिंदू की मौत से शर्मिंदा होता है और राम, मुसलमान के मरने पर ज़िंदा नहीं रहता। हिंदू को मारने वाले लोग अल्लाह को शर्मिंदा करते हैं तो मुसलमान को मारने वाले ईश्वर को ज़िंदा नहीं छोड़ते। ये लोग धार्मिक नहीं। हत्यारे और लुटेरे हैं। अल्लाह या राम से इन्हें क्या सरोकार? सरोकार है लूट से। लूट के *धार्मिक* तरीक़े से। सांप्रदायिकता से। मंदिर या मस्जिद के बहाने सद्भावों के बीच दीवारें खड़ी करने से। कविता का यह बताना कि दोनों में मिट्टी तो भारत की ही लगी है, वस्तुतः इन दीवारों को धराशायी कर देना है। हिंदुओं और मुसलमानों को यह एहसास दिलाकर कि वे मूलतः भारतीय हैं। जिस मिट्टी के हैं, उसी से मंदिर-मस्जिद का निर्माण हुआ। आशय यह कि मंदिर-मस्जिद भारत में हो सकते हैं, मंदिर-मस्जिद में भारत नहीं। मंदिर-मस्जिद में जो भारत को बनाना चाहते हैं, वे भारतीय नहीं। भारतद्रोही हैं। भारत उनके इशारों पर नहीं नाचने वाला।

पल-पल तरह-तरह की दीवारें उठाकर ज़िंदगी को टुकड़ों में बाँटने की साजिश करने वाली सांप्रदायिकता के मुक़ाबले कविता ने ईश्वर-अल्लाह की एकता सहज भाषा में प्रस्तुत की। एक तरफ़ कविता की यह एकता थी तो दूसरी तरफ़ उस विध्वंस की अपनी अलग एकता थी, जो इस एकता को तोड़ने वाले फैलाते रहे। **घनश्याम अग्रवाल** ने लिखा–

"था मेरी दुकान का
या कि धुआँ
तेरे मकान का
मुँह तो काला
हो ही गया है
आसमान का!"[23]

आसमान का मुँह काला करने वाले धुएँ के बारे में यह कौन बता सकता है कि यह धुआँ हिंदू का घर जलने से निकला है और यह मुसलमान का घर जलने से? घर किसी का भी जले, धुआँ एक है। इंसान के लहू और आँसुओं की तरह। यह इंसानियत का आसमान है, इसलिए कविता का आसमान है और इसीलिए विध्वंसकों के निशाने पर है। मुश्किल विध्वंसकों की यह है कि इस आसमान में आते ही धुआँ तक एकरूप हो जाता है। उनकी इच्छाओं के विरुद्ध जाने लगता है। वे उसे पैदा तो कर सकते हैं पर एक होने से नहीं रोक सकते। सच को नहीं रोक सकते। उनका सच यह है कि वे पशु-पक्षियों तक से कुछ नहीं सीखते। उनसे भी गए बीते हैं। जीवन पर जिस *दुश्मनी* को थोपना ज़रूरी समझते हैं, उसकी जाँच **अंशुल त्रिपाठी** की इन पंक्तियों में है–

"मेरे रोशनदान पर
रहने वाली चिड़िया
तुम्हारे आँगन से
दाने लेकर आती है

तुम्हारी छत पर
टहलने वाली बिल्ली
मेरे घर का
सारा दूध पी जाती है

बोलो
क्या कर सकते हैं हम?"[24]

विध्वंसक ताक़तवर हैं। अगर सचमुच ताक़तवर हैं, इतने ताक़तवर कि कविता से भी ज़्यादा तो वे इस चिड़िया और बिल्ली को सांप्रदायिक बनाकर दिखाएँ! **कुमार विकल** के शब्दों में बताएँ कि

"टिफ़िन कैरियर से
जो रोटी की गंध आ रही है
वह किस जाति की है
...स्कूल से कभी न लौटने वाली
बच्ची की प्रतीक्षा में खड़ी
माँ के आँसुओं का धर्म क्या है"![25]

यह कविता का सवाल है। ऐसा सवाल, जिसका जवाब देने की इच्छा करते ही कट्टरता हाथों से फिसलने लगे। ऐसे सवालों का सृजन करने के लिए समकालीन कविता कोई दूर की कौड़ी नहीं लाती। चिड़िया, बिल्ली, रोटी और आँसू जैसे रोज़मर्रा के दृश्य लाती है। ऐसे दृश्य, जो पलक झपकते बदल जाने वाले हैं। अस्थायी हैं। इन्हीं से वह मनुष्यता जैसी स्थायी निधि का सृजन करती है। **डॉक्टर विश्वनाथ त्रिपाठी** कहा करते हैं कि जो अपने समय का ही न हुआ, वह अनंत काल का क्या होगा! निर्णायक है अपने समय का होना।

अपने समय का होकर ही अनंत काल का भी होना संभव है। **केदारनाथ अग्रवाल** की कविता में बालक ने वर्तमान के ताल को कंकड़ से न कँपाया होता तो अनंत काल को भी वह नहीं कँपा सकता था। अपने समय के अस्थायी दृश्यों की पुनर्रचना द्वारा स्थायित्व का सृजन करना वस्तुतः अपने समय को पकड़ते हुए अनंत काल को पकड़ना है। इस पकड़ का आधार जीवन है। जीवन के ताने में एकता का बाना गुँथा हुआ है। एकमेक है। अविच्छिन्न। कविता इस अविच्छिन्नता को तरह-तरह से सामने लाई है। इसे छिन्न-भिन्न करने वाले जाति-धर्म पर उसने **शंकर प्रलामी** की भाषा में इस तरह विचार किया है—

"हम जाति के होते हैं
हम धर्म के होते हैं
जाति पाती है...
धर्म पाता है...
हम केवल खोते हैं।

...गढ़े थे कभी हम ने...जाति-धर्म
अब तो सदियों से ये हमें गढ़ते हैं।

जो कभी एक व्यवस्था थी
जीने की ख़ातिर
अब उसी की ख़ातिर रोज़ हम मरते हैं!

उल्टी यह धारा देख
लगता नहीं आपको,
संतान पैदा कर रही है
अपने ही माँ-बाप को?"[26]

माँ-बाप को पैदा करने वाला चमत्कार संकीर्णता का है। सवाल यह है कि अगर वह इसी तरह मनुष्य को पीछे ले जाती रही तो बंदर बनाने में उसे कितना समय लगेगा? आप की क्या राय है? यह इम्तिहान का नहीं, बातचीत का सवाल है। कविता का सवाल है। अपने स्वर और नीयत में लोकतांत्रिक। असहमति की पूरी गुंजाइश और उसके पूरे आदर के साथ। यही सवाल सांप्रदायिकता का होता तो जवाब को तानाशाह के तयशुदा नतीजे की तरह थोप दिया जाता। केवल वही सही हो सकता था। उसी को सही साबित करने के लिए किसी भी सीमा तक जाया जा सकता था। **मुकेश मानस** के अनुसार–

"मैंने कहा
श्रीराम दिल्ली में रिक्शा चलाते हैं
उसे अपने धरम पर ख़तरा लगा
उसने मुझे मार दिया...।"[27]

किसी को *श्रीराम* नाम रखना हो और फिर भी जीवित रहना हो तो उसे श्रीराम के ठेकेदारों से इजाज़त ले लेनी चाहिए! वे इतने उदार, इतने लोकतांत्रिक हैं कि जो कहने देना चाहते हैं, वही और केवल वही कहने देते हैं! जो मानने देना चाहते हैं, वही और केवल वही मानने देते हैं! जो करने देना चाहते हैं, वही और केवल वही करने देते हैं। जिस तरह जीने देना चाहते हैं, उसी और केवल उसी तरह जीने देते हैं! यह मनमानी भी लुटेरों के प्रभु की माया जैसी अनंत है। लक्ष्य इसका है—लूट। लूट एक प्रक्रिया है। जब वास्तव में नहीं होती तो मन में चल रही होती है। लूटने के बाद लुटेरा कहीं चला नहीं जाता। ग़ायब नहीं हो जाता। मन में संकीर्णता का रूप धरे मौजूद रहता है। मौक़ा पाते ही धावा मारने की तैयारी करता हुआ। **नरेश सक्सेना** ने लिखा–

"इतिहास के बहुत-से भ्रमों में से
एक यह भी है
महमूद ग़ज़नवी लौट गया था

लौटा नहीं था वह
यहीं था

सैंकड़ों बरसों के बाद अचानक
वह प्रकट हुआ अयोध्या में

सोमनाथ में उसने किया था
अल्लाह का काम तमाम
इस बार उसका नारा था
जय श्रीराम।"[28]

संकीर्णता के रहते यह लूट और हत्या कभी ख़त्म नहीं हो सकती। कविता यह समझती है। अतः संकीर्णता और नफ़रत के ख़िलाफ़ अपनी तमाम शक्तियों के साथ खड़ी होती है। स्मृति कविता की ऐसी ही एक शक्ति है। इतिहास को तोड़ते-मरोड़ते हुए सांप्रदायिक शक्तियाँ इस शक्ति को भी जीर्ण-शीर्ण बनाने की साजिशें किया करती हैं। इसके मुक़ाबले कविता इस शक्ति का और अधिक इस्तेमाल करती है। स्मृति की यह शक्ति **कुँवरनारायण** की *एक अजीब-सी मुश्किल* में इस तरह उजागर होती है—

"एक अजीब-सी मुश्किल में हूँ इन दिनों—
मेरी भरपूर नफ़रत कर सकने की ताक़त
दिनोंदिन क्षीण पड़ती जा रही!

अंग्रेज़ों से नफ़रत करना चाहता
(जिन्होंने दो सदी हम पर राज किया)
तो शेक्सपीयर आड़े आ जाते
जिनके मुझपर न जाने कितने एहसान हैं।

मुसलमानों से नफ़रत करने चलता
तो सामने ग़ालिब आकर खड़े हो जाते।
अब आप ही बताइए किसी की कुछ चलती है
उनके सामने?

सिखों से नफ़रत करना चाहता
तो गुरु नानक आँखों में छा जाते
और सिर अपने आप झुक जाता

...हर समय
पागलों की तरह भटकता रहता
कि कहीं कोई ऐसा मिल जाए
जिससे भरपूर नफ़रत करके
अपना जी हलका कर लूँ

पर होता इसका ठीक उल्टा
कोई न कोई, कहीं न कहीं, कभी न कभी

ऐसा मिल जाता
जिससे प्यार किए बिना रह ही नहीं पाता।

दिनोंदिन मेरा यह प्रेम रोग बढ़ता ही जा रहा
और इस वहम ने पक्की जड़ पकड़ ली है
कि यह प्रेम किसी दिन मुझे
स्वर्ग दिखाकर ही रहेगा।"[29]

शेक्सपीयर, ग़ालिब और नानक संसार को कविता के योगदान हैं। काव्य के परंपरा-पुरुषोत्तम हैं। उसकी अक्षय शक्ति हैं। लुटेरे इतिहास में अलग-अलग नामों से प्रकट होते हैं तो कविता भी अलग-अलग रूपों में उजागर होती है। उस नफ़रत की जड़ों में मट्ठा डालती है, जो लूट का आधार है। बच्चा मूलतः नफ़रत नहीं करता। नफ़रत उसे सिखाई जाती है। प्रेम सिखाने की ज़रूरत नहीं पड़ती। इसलिए कि प्रेम किया नहीं जाता। होता है। हृदय को विस्तृत करता है। इससे भी स्पष्ट है कि कविता की जड़ें जीवन में कहीं गहरी हैं। इसलिए कविता के विपरीत नफ़रत का कारोबार न ठीक से खड़ा हो पाता है, न दूर तक चल पाता है। हाँ! कुछ समय के लिए भ्रमित ज़रूर कर देता है।

भ्रम, प्रेम को रोग मानता और कहता है। प्रेम करनेवाले उसके दुश्मन हैं। अपनी चलते वह उन्हें सुरक्षित नहीं रहने देता। आदेश देता है कि जीवित रहना है तो नफ़रत करो! इसलिए वाचक बार-बार नफ़रत करने की कोशिश करता है। कविता इस कोशिश में आड़े आती है। आशय यह कि कोई संवेदनशील-सजग आदमी कोशिश करने पर भी सांप्रदायिक नहीं हो सकता। ग़ालिब-नानक बहिर्जगत् के सत्य हैं, जो उसके अंतर्जगत् के हिस्से बन जाते हैं। उसे नफ़रत के अयोग्य बना देते हैं। ऐसे में शक्तिशाली भ्रम उसे जबरन स्वर्गीय बना सकता है। कविता पढ़ते हुए लगता है जैसे वाचक किसी दोस्त को अपनी मुश्किल बता रहा हो। उसी भाषा और लहज़े में, जिसमें अक्सर बताई जाती है। कहने के लिए कुछ हो तो भाषा भी अपने आप चली आती है और लहज़ा भी।

कविता जीवन से और जीवन के लिए होती है। अनुभव जीवन की ही मानस पर पड़ी छाप है। कवि इसका सजग उपयोग करता है। इस उपयोग से कला और उसकी प्रभाव-क्षमता जन्म लेती है। समकालीन कविता में बहुचर्चित सम्प्रेषण और भाषा का संकट वस्तुतः अनुभव का संकट है। उन्हीं कवियों को सताता है, जो जीवन से और जीवन के लिए कविता को नहीं जीते। कविता के लिए कविता तैयार करने में ही खटते-खपते रहते हैं। वे रणनीतियाँ बनाते हैं, प्रायोजित ढंग से चर्चित होते हैं, पुरस्कृत होते हैं, पाठ्यक्रमों में शामिल होते हैं, मंच पर वाहवाही लूटते हैं, सफल होते हैं पर सच्चे कवि नहीं होते। उनकी कविताएँ भी प्रायः निरी कलाबाज़ी या सुंदरता तक ही सीमित होकर रह जाती हैं।

कविता की सुंदरता किसी नायिका की सुंदरता नहीं होती। मेकअप के सामान और उसको इस्तेमाल करने के तरीक़े थोड़े-बहुत बदलकर अलग या ताज़ा नहीं हो सकती। कविता की सुंदरता जीवन के प्रति उसकी सच्चाई में है। सहज प्रतिबद्धता में है। ग़नीमत है कि विज्ञापनी सौंदर्य के इस युग में भी यह समकालीन कविता से लुप्त नहीं हुई। **नागार्जुन** की एक कविता है—*तेरी खोपड़ी के अंदर*। मेरठ में दंगों का दौर है। कवि अपने

एक साथी के साथ मेरठ कॉलेज के हॉस्टल जाने को रिक्शा कर रहा है। रिक्शेवाला मुसलमान है। आकर नमस्ते करता है। कवि के कानों में एक युवक फुसफुसा जाता है कि इसका रिक्शा मत लेना। कवि का साथी कहता है कि हम इसी का रिक्शा लेंगे। दोनों बैठ जाते हैं। सफ़र के साथ-साथ कविता का भी समापन होता है। हॉस्टल के गेट पर पहुँचाकर रिक्शेवाला कहता है–

"बाबा जी, हम अब चुटैया भी रखेंगे
आठ-दस रोज़ की
भुखमरी के बाद
हमारे अंदर
'य' अक्किल फूटी है!"[30]

यह मामूली रिक्शेवाले की ग़ैरमामूली बात है। लहज़ा ऐसा कि यह बात उसी की हो सकती है। कवि इसका लिपिक-भर है। बात क्या, उत्कृष्ट काव्य-कला का जीवंत उदाहरण है। देखने में सीधी-सी लगने वाली यह बात सांप्रदायिकता का समूचा अर्थशास्त्र खोलकर रख देती है। उसके मुखारविंद पर तमाचे की तरह पड़ती है। साबित करती है कि व्यंग्य-शक्ति एक साथ दोहरा काम करती है। शिकार करने वालों की पूरी निमर्मता के साथ ख़बर भी लेती है और शिकार होने वालों की हालत पूरे ममत्व के साथ उजागर भी करती है। पूछती है कि आठ-दस दिन की भुखमरी क्या होती है, नफ़रत के सौदागर इसका अनुमान भी कभी लगा सकते हैं? बताती है कि ऐसी भुखमरी में भी सवारी का इंतज़ार किया जाता है। भूख से ऐंठतीं अंतड़ियों द्वारा रिक्शा खींचा जाता है। कल की रोटी के जुगाड़ में चुटिया रखने की तरकीब सोची जाती है।

जीने को इस क़दर मुहाल कर डालने वाले दंगे होते नहीं, कराए जाते हैं। उनके लिए ज़रूरी हालात पैदा करते हुए। यह प्रक्रिया **महेन्द्र अजनबी** की *एक से लेकर दस तक* कविता में इस तरह सामने आती है–

"भरे-भरे शहर के
सुनसान चौराहे पर
खड़े थे आदमी तीन
एक, दो और तीन
एक ने दो से कहा–'देख लूँगा'
दो ने एक से कहा–
'देख लियो'
तीन उन दोनों को देख रहा था

उसने तुरंत चार से जाकर कहा–
'चार! मेरे दोस्त मेरे यार
एक था बेचारा
दो ने बेचारे के थप्पड़ मारा'
चार ने पाँच से जाकर कहा–

'एक और दो में हो गई कहासुनी
दोनों ने एक-दूसरे की कमर
बड़ी तबियत से धुनी'
पाँच ने छह से जाकर कहा–
'एक ने दो के चाकू मारा'
छह ने सात से जाकर कहा–
'एक ने दो के गोली मारी'
सात ने आठ से जाकर कहा–
'एक ने दो के गोली मारी
दो ने एक के गोली मारी
वहाँ खड़े तीन-चार-पाँच-छह
घायल हो गए
मैं वहीं से भागा-भागा आ रहा हूँ
सबके हालात
अपनी आँखों से देखकर आ रहा हूँ'

और दोस्तो! आठ की आँखों में
एक विशेष चमक आई
उसने नौ से सिर्फ़ इतना कहा–
'एक हिंदू था
दो मुसलमान'

इस बात पर शहर का एक-एक मकान
मकान न रहा
बस बन गया था कान

नौ ने दस को देखा
देखते ही देखते आदमी नंगा हो गया
शहर-भर में सांप्रदायिक दंगा हो गया!''[31]

कविता शुरू से ही विस्मय द्वारा आकर्षित कर लेती है। शहर भरा-भरा और उसका चौराहा सुनसान! क्या सचमुच यह हो सकता है? जवाब देती हैं अगली पंक्तियाँ, जिनमें तीन आदमी खड़े हैं–एक, दो और तीन। शहर में हर आदमी का अपना नाम खो गया है। नाम संख्याओं में बदल गए हैं। किसी की कोई पहचान नहीं, इसी से स्पष्ट है कि किसी का कोई व्यक्तित्व नहीं। व्यक्तित्वहीन व्यक्तियों से भरा है शहर। ऐसे मनुष्यों से, जो केवल नाम के मनुष्य हैं। अतः शहर भरा-भरा भी है और सुनसान भी।

नामों का संख्याओं में बदल जाना बताता है कि शहर में रहने वाले आंकड़े बनने के काम आते हैं। चुपचाप दंगों का माध्यम बनने के काम आते हैं। जीवित हैं पर मृतक की तरह

व्यवहार करते हैं। *एक* और *दो* में मामूली-सा कहना-सुनना होता है। *तीन* तक पहुँचकर यही ग़ैरमामूली कहासुनी बन जाता है। फिर कहासुनी थप्पड़ में, थप्पड़ घूँसों में, घूँसे चाकू में और चाकू गोली में बदल जाते हैं। कहना चाहिए—बदल दिए जाते हैं। एक गोली से कई गोलियाँ पैदा होती हैं और मरने वालों की संख्या में बढ़ोतरी होने लगती है। अभी तक सब ज़बानी जमाख़र्च रहता है। फिर इसका इस्तेमाल किया जाता है। *नौ* के द्वारा *हिंदू-मुसलमान* शब्दों का प्रयोग इस शब्दजाल को बारूद बना देता है। फिर *नौ* का *दस* को देखना ही इस बारूद में चिंगारी बनने के लिए काफ़ी होता है। आदमी अपने ऊपर से आदमी की खाल उतार फेंकता है। जानवरों की तरह शिकार पर निकल पड़ता है। इस तरह मामूली बातचीत को सांप्रदायिक दंगों में बदल दिया जाता है।

अफ़वाहें झूठ पर आधारित होती हैं पर जिस काम के लिए पैदा और प्रचलित की जाती हैं, उसे पूरी सच्चाई के साथ पूरा करती हैं। तिल का ताड़ या बात का बतंगड़ यों ही नहीं बनता। दंगे कराने के काम आता है। *तीन* से लेकर *नौ* तक के लोगों का मानस सांप्रदायिकता का शिकार है। अतः जाने-अनजाने दंगों की भूमिका बनाता है। *दसवाँ* आदमी इस भूमिका को रक्तरंजित वास्तविकता में बदलता है। कविता में हर शब्द के होने का अपना तर्क है। किसी को उसकी जगह से हिलाया नहीं जा सकता। कम से कम शब्द सांप्रदायिक दंगों के प्रारंभ का ज़्यादा से ज़्यादा समेटते हैं। उजागर करते हैं। वह भी पूरी सहजता के साथ।

दंगे, दंगों के लिए कभी नहीं होते। उन उद्देश्यों को पूरा करते हैं, जिनके लिए कराए जाते हैं। इन उद्देश्यों का मिज़ाज होता है—अधर्म। अधर्म की अपनी प्रक्रिया होती है। दंगों में कर्फ़्यू लगता है। कर्फ़्यू में सामान महँगा बिकता है। बेचने वालों का मुनाफ़ा बढ़ता है। सांप्रदायिकता-ग्रस्त मानस सामान बेचने वालों को रास आता है। इसलिए **सुरजीत गांधी** के अनुसार-"*जब भी कर्फ़्यू में/ढील दी जाती है/कोई एक व्यक्ति/नियोजित ढंग से/हवा में उछालता है/एक पत्थर/और शहर में/फिर से/कर्फ़्यू लग जाता है।*"[32]

पत्थर उछालने वाला यह व्यक्ति महेन्द्र की कविता का *नौवाँ* या *दसवाँ* व्यक्ति है। दंगों और कर्फ़्यू से अपना मतलब साधने वाला धूर्त और शातिर। जाल बिछाने वाला शिकारी। साधनहीन को उसमें फंसना ही है। **घनश्याम अग्रवाल** ने सही कहा है कि—

"भूख कुछ समय के लिए
टाली तो जा सकती है
भगाई नहीं जा सकती

और दो घंटों की छूट में
रोटी ख़रीदी तो जा सकती है
कमाई नहीं जा सकती।"[33]

दंगों के दौरान कर्फ़्यू में दी जाने वाली छूट भी उसे ही रास आ सकती है, जिसे रोटी बेचनी या ख़रीदनी हो। रोज़ कमाकर खाने वाले तो इस छूट के भी शिकार ही होते हैं। उसी तरह जैसे लूट के। भूखे का धर्म रोटी के अलावा और क्या हो सकता है! सांप्रदायिकता इस धर्म पर भी प्रहार करती है। दो जून की रोटी कमाने के संघर्ष में जुटे

वंचितों से इसके अवसर छीनती है। उनकी ज़िंदगी को मौत से बदतर बनाती है। इस तरह बताती है कि वह भरे पेटों का ही खेल है। ऐसा खेल, जिसमें चाहे जो टीम जीते, हारता आदमी ही है। कविता ने महँगाई की तरह सांप्रदायिकता का भी सबसे ज़्यादा शिकार वंचितों को ही होते देखा है। **मंगलेश डबराल** ने *'गुजरात के एक मृतक का बयान'* लिखते हुए उसके जीवन के बारे में बताया–

"मैं तो रंगता था कपड़े तानेबाने रेशेरेशे
चौराहों पर सजे आदमक़द से भी ऊँचे फ़िल्मी क़द
मरम्मत करता था टूटी फूटी चीज़ों की
गढ़ता था लकड़ी के हिंडोले और गरबा के रंगीन डांडिए
अल्युमिनियम के तारों से छोटी छोटी साइकिलें बनाता बच्चों के लिए
इसके बदले मुझे मिल जाती थी एक जोड़ी चप्पल एक तहमद
दिन भर उसे पहनता रात को ओढ़ लेता
आधा अपनी औरत को देता हुआ

...मेरे जीवित होने का कोई बड़ा मक़सद नहीं था
और मुझे मारा गया इस तरह जैसे मुझे मारना कोई बड़ा मक़सद हो...।"[34]

इस कविता के वाक्य छोटे नहीं हैं। कोई आपबीती कहे तो वे अक्सर लंबे हो ही जाया करते हैं। रुक-रुककर आगे बढ़ते ये वाक्य मृतक के जीवन-प्रसंगों की तरह एक-दूसरे के हाथ बड़ी मुस्तैदी से पकड़कर चलते हैं। उस प्रक्रिया को सामने लाते हैं, जिसमें मृतक जीता-मरता रहा। उसे सांप्रदायिकता से कोई सरोकार न था। चुपचाप अपने कामकाज में लगे रहकर वह किसी तरह गुज़ारा किया करता था। मामूली काम के मामूली फल से भी असंतुष्ट नहीं था। उसकी फलाकांक्षा कुलीनों की तरह कोई ऐसी चादर नहीं थी, जिससे पाँव बाहर निकलते ही रहते हों। वह एक तहमद-भर थी। तहमद दिन-रात काम आता। आधा अपनी अर्द्धांगिनी को दे वह सोता। थककर। आराम से।

अपराध उसका यही था कि वह अपराधी नहीं था। इसकी सज़ा उसे मिली। सांप्रदायिकता ऐसा ही न्याय किया करती है। **राजेश जोशी** के शब्दों में उसकी खुली घोषणा है–

"सबसे बड़ा अपराध है इस समय
निहत्थे और निरपराध होना
जो अपराधी नहीं होंगे
मारे जाएँगे!"[35]

समझना मुश्किल नहीं है कि यह कैसा धर्म है, जिसे अपराध की इस क़दर ज़रूरत पड़ती है। यह अपराधियों का धर्म है। अपराधियों के द्वारा। अपराधियों के लिए। धर्म इस अपराध-तंत्र का रूप मात्र है। इसके वर्चस्व में अपराधी न होना तो अपराध है ही, गुणवान् होना और भी बड़ा अपराध है। **अरुण कमल** ने कहा–

"मैं मारा गया
इसलिए कि मेरी नाभि में कस्तूरी थी

और रोओं से झर रही थी सुगंध लगातार
जानता था एक दिन नष्ट ही करेगी पवित्रता
इसी जीवन के कारण मरूँगा तै था..."[36]

सुगंध मार डालती है। आशय यह कि दुर्गंध जीवित रहने देती है। जीवित रहना हो तो सुगंध को मारो! दुर्गंध पैदा करो! गंध का यही रूप है, जो अपराधियों को अपना लगता है। इसी की उन्हें आदत है। इसी को वे पालते-पोसते हैं। ऐसे दुर्गंधजीवी **निदा फ़ाज़ली** की एक कविता में हैं, जिसका शीर्षक है—*पहचान*। यह कविता *हाजरा बेगम की नज़र है, जिनके चार बच्चों को फ़सादियों ने ज़िंदा जला दिया था।* कविता यह है—

"*नहीं ये भी नहीं*
ये भी नहीं
ये भी नहीं, वो तो
न जाने कौन थे
ये सबके सब तो मेरे जैसे हैं
सभी की धड़कनों में नन्हे-नन्हे चाँद रौशन हैं
सभी मेरी तरह से वक़्त की भट्ठी के ईंधन हैं
जिन्होंने मेरी कुटिया में अँधेरी रात में घुसकर
मेरी आँखों के आगे
मेरे बच्चों को जलाया था
वो कोई और थे
वो चेहरे तो कहाँ अब ज़हन में महफ़ूज़ जज साहब
मगर हाँ पास हों तो सूँघकर पहचान सकती हूँ
वो उस जंगल से आए थे
जहाँ की औरतों की गोद में
बच्चे नहीं हँसते।"[37]

यह एक दंगा-पीड़ित औरत का अदालत में हत्यारों की शिनाख़्त करते हुए दिया गया बयान है। ज्यों का त्यों। कवि के हस्तक्षेप से पूर्णतः मुक्त। बयान में घटना है। घटना में वे, जो मनुष्य दिखाई-भर देते हैं। हैं नहीं। उनका उद्गम है वह जंगल, जहाँ के बाशिंदों को देखकर नहीं, सूँघकर ही पहचाना जा सकता है। सूँघने का अर्थ है—ताड़ लेना। सारे आवरण चीरते हुए सच तक पहुँच जाना। जहाँ न औरतें हों, न उनकी गोद में हँसते बच्चे, वहाँ से आए लोग इंसान नहीं हो सकते।

सूँघना, देखने-सुनने की तुलना में पुराना इंद्रिय-बोध है। उन प्राणियों के पास भी होता है, जिनके आँख-कान नहीं होते। वे तीन इंद्रियों से ही काम चलाते हैं। मनुष्य के विकास की दृष्टि से बहुत पुराने समय में ही जीते रहते हैं। बर्बर जंगलीपन पुराना है। उसे पुराने इंद्रिय-बोध के द्वारा ही पूरी तरह पहचाना जा सकता है। इस अंतर्वस्तु को पूरी तरह उजागर होने के लिए ऐसा ही इंद्रिय-बोध चाहिए था, जिसका इस्तेमाल कवि ने किया है। अंतर्वस्तु यह कि सांप्रदायिकता के नृशंस सौदागर न सुनने लायक़ हैं, न देखने लायक़। दुर्गंध ही उनकी पहचान है। उनके साथ ही गोद में हँसते हुए बच्चों को रखा गया है।

अत्यंत दुर्गंध के एकदम साथ कोई प्रतिरोध न कर सकने वाली परम सुगंध। दुर्गंध की लपटों में झुलसाना सबसे आसान है जिसे।

विरुद्धों के इस तनाव की निकटता से कितनी घृणा पैदा होती है दुर्गंध से बने लोगों के प्रति! ऐसे ही एक दुर्गंधजीवी *ईश्वरभक्त* के बारे में **कैलाश वाजपेयी** ने लिखा–

"चुका हुआ
नंगे पत्थर के आगे झुका हुआ
औरों के वास्ते विपदाएँ माँगता
नाली में पानी रुका हुआ!"[38]

रुके हुए पानी में बदबू नहीं, सड़ांध होती है। वह स्वयं भी सड़ता है और सड़ांध का प्रसार भी करता है। दुर्गंधजीवी शक्तिशाली होकर सड़ांधजीवी बनते हैं। सड़ांधजीवियों ने अपनी सड़ांध का शिकार ईश्वर को भी बनाया है! ईश्वर-अल्लाह को मंदिरों-मस्जिदों से बाहर निकालकर उनपर ख़ुद कब्ज़ा कर लिया है। **निदा फ़ाज़ली** ने *एक लुटी हुई बस्ती की कहानी* में बताया है कि पुलिस ने ख़ुदा की सुरक्षा के लिए, ईश्वर की हिफ़ाज़त के लिए मंदिर और मस्जिद में पहरा लगाया लेकिन इनमें वह था ही नहीं। फिर वह था कहाँ?

"सुलगते मुहल्ले के दीवारो-दर में
वही जल रहा था
जहाँ तक धुआँ था
वही जल रहा था।"[39]

कविता के अनुसार ख़ुदा आम आदमी है। हर समुदाय का आम आदमी। वही है, जो मानवीय जीवन जीने की कोशिश में मारा जाता है। उसी को जलाया जाता है। **स्वप्निल श्रीवास्तव** के *ईश्वर बाबू* ने गुंडों से एक अजनबी को बचाने के अपराधस्वरूप मृत्यु पाई। उन्होंने एक अच्छे नागरिक का फ़र्ज़ पूरा किया। सरकार ने भी उनके परिवार को उचित मुआवज़ा देकर अपना फ़र्ज़ पूरा कर डाला। इस प्रसंग का अभिप्राय यह निकला–

"ईश्वर नहीं मरा था
मर गए ईश्वर बाबू
इसलिए कोई हंगामा नहीं हुआ।"[40]

ईश्वर बाबुओं का क्या है! मरते ही रहते हैं! *ईश्वर नहीं मरा था* का अर्थ यह है कि मरना उस बनावटी ईश्वर को चाहिए था, जिसने जीवित रहकर मनुष्यों की मृत्यु को, हत्या को, औपचारिकता-भर बनाकर रख डाला। यह अमानवीयता है। लुटेरे भक्तों के ग़ुलाम ईश्वर की भी और उसके क्रिया-व्यापार अर्थात् सांप्रदायिकता की भी। जो मनुष्य तक नहीं हो सका, वह भगवान क्या होगा! ईश्वर का नाम ले-लेकर ईश्वर बाबुओं को रौंदने वाले शैतानों की भी कविता ने अच्छी-ख़ासी ख़बर ली। **आर. चेतनक्रांति** ने उन्हें संबोधित करते हुए कहा–

"...धर्माचार्यो
अभी तो तुम हो बस पशुबल का अट्टहास
नरभक्षी अहंकार का विलास
(यह देखो यह लाश

सुलग रही है, भुना हुआ है मांस
इसका भोग लगाओ
संतो, हम भूखे-नंगों की दुनिया
बस यही तुम्हें दे सकती है, खाओ)...''[41]

सांप्रदायिकता नरभक्षी अहंकार से पैदा होती है और उसी को पालती-पोसती है। यह नरभक्षी अहंकार मरता नहीं। इंसान को मारता है और ईश्वर-अल्लाह के नाम पर उसके अभिनय को ज़िंदा रखता है। उसे नीलाम कर अपने स्वार्थ साधता है। इंसान के भीतर रहने वाले नरभक्षी को भोजन कराता है। अच्छे-भले आदमी को नरभक्षी अहंकार में सीमित कर देने की साजिश करता है। **विष्णु खरे** की एक कविता *न हन्यते* की पंक्तियाँ हैं–

''धरम की बात तो यह है बाबूजी कि उन दिनों हमने भी कुछ मारे
...बिलानागा पहुँचते थे सब पूरी पिलैनिंग अखाड़े में होती थी
रोज़ सुनते थे आज इतने हिंदू कतल कर दिए
इतनी बहू-बेटियों को बिगाड़ा भगा लिया चंडालों ने
जाने कितनों को जबर्दस्ती गऊमांस खिलाकर अपने में मिला लिया
निचली जातों को भड़काया फुसलाया
फिर मालूम पड़ा कि दिल्ली स्टेशन पर
हिंदुओं की लाशों से भरी गाड़ियाँ आ रही हैं
तो हमारी कुमेटी ने भी अपना काम शुरू किया...
...छुरा-चाकू लेकर चलने में गिरफ़्तारी का डर था
...अपन ठहरे दोनों टाइम पूजापाठ वाले घर से सो
एक पतला अंगोछा और एक मजबूत रस्सी का टुकड़ा रखते थे थैली में
झपटकर किसी अँधेरे कोने में घसीट लेना
बस मुँह पर बाँधना और गठान लगा के अल्ला के पास पहुँचा देना
...क्रिशन भगवान ने गीता में कहा है कि पापियों को मारने से पाप नहीं लगता
फिर भी छीना-झपटी से इतनी घिन हो जाती थी
कि जमना जी में असनान कर निगमबोध के हनुमान जी को सिर नवा
कौड़िया पुल के पास गरम दूध पीकर ही लौटते थे
...ये तो आखिरी बखत है
अब जितना भला कमा लोगे वही साथ जाएगा–
सो हम भी बाबू जी अब परमात्मा से लौ लगाए हुए हैं।''[42]

हत्या और पूजा-पाठ साथ-साथ करते हुए और उसे बड़ी सादगी के साथ बताते हुए इस आदमी के मन में कहीं कोई अपराध-बोध नहीं है। वह आराम से योजनाबद्ध हत्याएँ करता है। स्नान करने के बाद ईश्वर के सामने सर झुकाकर पाप धोता है। गरम दूध पीकर शरीर बनाता है। परमात्मा से लौ लगाता है। सब कुछ कर्त्तव्य-भाव से करता है। ऐसे भाव से, जिसके अनुसार आदमी कौन होता है कुछ करने वाला! वह तो निमित्त-मात्र होता है। करनेवाला तो सब कुछ परमपिता परमेश्वर ही है।

इस तरह यह आदमी उस मनुष्य का उदाहरण बनता है, जो सांप्रदायिकता-निर्मित है। मनुष्यता से वंचित है। इस हद तक कि परमात्मा से लौ लगाने वाले दिनों में भी अगर फिर से अफ़वाहें सुन ले तो थैली में अंगोछा और रस्सी का टुकड़ा लेकर निकल पड़े। उसी कर्त्तव्य-भाव से पाप करे, जिस भाव से पुराने दिनों में किया करता था। पाप धोने को जमना जी और हनुमान जी कहीं चले थोड़े ही गए हैं! बातचीत करते हुए एक आदमी अपने अतीत और वर्तमान के बारे में बता रहा है। उसके बताने की भाषा में ही यह कविता है। कवि अपनी तरफ़ से कोई प्रत्यक्ष हस्तक्षेप नहीं करता। जो बताना है, बताने वाले को बताने देता है। यह कविता को तो भरोसेमंद बनाता ही है, पाठकीय चेतना पर कवि के पूरे भरोसे का परिणाम भी है।

यही भरोसा है, जो कवि को अनेक प्रयोग करने का साहस देता है। इस कारण इस दौर की कविता ने भी कई लहज़ों में बात कही है। संकीर्णता अपनी प्रकृति में तानाशाह होती है। कोई फ़ैसला करने के लिए मुक़दमा चलाने तक की ज़रूरत नहीं समझती। उसी के लहजे में **बद्रीनारायण** ने लिखा कि सप्तर्षियों में से एक को निकाल फेंका जाएगा। उसका अपराध यह है कि

"उसने कहा है
हवा को आँधी नहीं बनना चाहिए
पानी को नहीं बनना चाहिए बाढ़
आग को हारिल का बच्चा नहीं भूनना चाहिए
...उसने कहा है
भगवान को भगवान की तरह व्यवहार नहीं करना चाहिए..."[43]

यहाँ दूसरी बार आए *भगवान* का अर्थ है—शैतान। हवा जैसे आँधी की तरह बरताव करती है और पानी बाढ़ की तरह, वैसे ही दुष्टों का बनाया हुआ भगवान शैतान की तरह पेश आता है। इसे कहना अपराध है। सांप्रदायिकों की आचार-संहिता में अपराध होगा यह पर बच्चे ऐसे अपराध करने से न डरते हैं, न चूकते हैं। अतः सांप्रदायिकता के शत्रुओं में शामिल होते हैं वे। उसके सबसे आसान शिकार। बच्चों का लहू वह बड़े स्वाद के साथ पीती है। बच्चों को ख़रीदा नहीं जा सकता। झूठ बोलने में निपुण नहीं होते वे। उनसे मनचाहा बुलवाया नहीं जा सकता। कुछ बोलने से उन्हें रोका भी नहीं जा सकता।

उन्हें तो हमेशा के लिए ख़ामोश करके ही ख़ामोश किया जा सकता है।

संदर्भ

1. भारत में सांप्रदायिकताः इतिहास और अनुभव -असगर अली इंजीनियर, पृष्ठ 122
2. वही, पृष्ठ 17
3. वही, पृष्ठ 133
4. वही, पृष्ठ 103-104
5. वही, पृष्ठ 11
6. वही, पृष्ठ 96
7. कुसुम लता द्वारा 'सांप्रदायिकता का कसता शिकंजा' नामक लेख में उद्धृत -कृति संस्कृति संधान -अंकः 2, संयुक्तांक, अप्रैल-दिसंबर, 2003, पृष्ठ 123

8. हम जो नदियों का संगम हैं -बोधिसत्व, पृष्ठ 11-14
9. हँस लिया फँस लिया -वेद प्रकाश, पृष्ठ 43-44
10. कोई दूसरा नहीं -कुँवरनारायण, पृष्ठ 71
11. अन्यथा -अंकः 1, जून, 2004, पृष्ठ 62
12. ज़िल्लत की रोटी -मनमोहन, पृष्ठ 123
13. एक समय था -रघुवीर सहाय, पृष्ठ 72
14. दुष्चक्र में स्रष्टा -वीरेन डंगवाल, पृष्ठ 72
15. वसुधा 53, समकालीन उर्दू साहित्य पर केंद्रित, अंकः जनवरी-मार्च, 2002, पृष्ठ 212
16. विजयराघव रेड्डी द्वारा उद्धृत -समकालीन भारतीय साहित्य, सितंबर-अक्तूबर, 2005, -पृष्ठ 141
17. डॉ. एच. बालासुब्रह्मण्यम द्वारा राजेन्द्र नागदेव के कविता संग्रह की समीक्षा करते हुए उद्धृत - समकालीन भारतीय साहित्य -नवंबर-दिसंबर, 2006, पृष्ठ 171
18. सफ़र में धूप तो होगी -निदा फ़ाज़ली, पृष्ठ 117-118
19. प्रकाशवर्ष -संजय चतुर्वेदी, पृष्ठ 12
20. ज़िक्रे-मीर -अजमल अजमली द्वारा भाषांतरीकृत महाकवि मीर की आत्मकथा, पृष्ठ 49
21. वसुधा 53, समकालीन उर्दू साहित्य पर केंद्रित -अंकः जनवरी-मार्च, 2002, पृष्ठ 375
22. अशोक विहार, दिल्ली में 23 अप्रैल, सन् 2006 को हुए कवि सम्मेलन में सुनाई गई पंक्तियाँ
23. आज़ादी की दुम -घनश्याम अग्रवाल, पृष्ठ 53
24. दस बरसः हिंदी कविता अयोध्या के बादः पहली जिल्द -संपादकः असद ज़ैदी, पृष्ठ 19
25. निरुपमा दत्त मैं बहुत उदास हूँ -कुमार विकल, पृष्ठ 28
26. मुझे कुलहीन रहने दो -शंकर प्रलामी, पृष्ठ 95-96
27. पतंग और चरखड़ी -मुकेश मानस, पृष्ठ 60
28. समुद्र पर हो रही है बारिश -नरेश सक्सेना, पृष्ठ 61
29. दस बरसः हिंदी कविता अयोध्या के बादः पहली जिल्द -संपादकः असद ज़ैदी, पृष्ठ 84
30. संकल्पः कविता दशकः नवें दशक की प्रतिनिधि कविताएँ -संपादकः केदारनाथ सिंह, पृष्ठ 11
31. हँसा हँसा के मारूँगा -महेन्द्र अजनबी, पृष्ठ 17-18
32. अलाव, अंकः 4, जून, 1992, पृष्ठ 132
33. आज़ादी की दुम -घनश्याम अग्रवाल, पृष्ठ 45
34. दस बरसः हिंदी कविता अयोध्या के बादः दूसरी जिल्द -संपादकः असद ज़ैदी, पृष्ठ 45-46
35. नेपथ्य में हँसी -राजेश जोशी, पृष्ठ 35
36. नये इलाके में -अरुण कमल, पृष्ठ 69-72
37. वसुधाः 53, समकालीन उर्दू साहित्य पर केंद्रित -अंकः जनवरी-मार्च, 2002, पृष्ठ 121
38. प्रतिनिधि कविताएँ -कैलाश वाजपेयी, पृष्ठ 51
39. खोया हुआ-सा कुछ -निदा फ़ाज़ली, पृष्ठ 50
40. उर्वर प्रदेश -संपादनः बिंदु अग्रवाल, पृष्ठ 50-51
41. शोकनाच -आर. चेतनक्रांति, पृष्ठ 87
42. काल और अवधि के दरमियान -विष्णु खरे, पृष्ठ 47-49
43. सच सुने कई दिन हुए -बद्रीनारायण, पृष्ठ 71

सांप्रदायिकता और बच्चे

"बच्चा बोला देखकर, मस्जिद आलीशान
अल्लाह तेरे एक को, इतना बड़ा मकान!"[1]

निदा फ़ाज़ली के इस दोहे में बच्चा अल्लाह की नीयत पर भी मज़े-मज़े में सवाल उठा देता है। उसका विस्मय यहाँ पूरे का पूरा जीवंत हो उठा है। अल्लाह को अन्यायी बताते हुए उसे शर्मसार कर सका है। मासूमियत की शक्ति का परिचय दे सका है। साबित कर सका है कि सांप्रदायिकता को निर्वस्त्र करने के लिए बच्चों जैसी सच्चाई और सहजता की ज़रूरत होती है। इस सच्चाई और सहजता की समकालीन कविता में ख़ास जगह है।

रविकांत द्वारा लिखी गई एक और बच्चे की कविता है–*संजीव हुसैन*। असलियत को एक प्रसंग के ज़रिये कम से कम शब्दों में कह देने वाली यह कविता है–

"मैं पंजाबी हूँ
मेरा नाम संजीव है।
कुछ ही दिन पहले की बात है
मुझे एक अपरिचित घर में जाना पड़ा।
उस घर के सब बड़े सदस्य
काम पर गए थे,
मुझे वहाँ
केवल दो बच्चे मिले। दो भाई।
मैंने उनसे उनका नाम पूछा, तो
बड़े ने बताया–तदबीरुल हुसैन
छोटे ने बताया–तनवीरुल हुसैन

छोटा बहुत नटखट था
उसने झट से पूछा–
और आपका नाम?

मेरा नाम सुनकर शायद
उसे कुछ अधूरा-सा लगा हो
उसने बहुत ख़ुश होते हुए
इसे पूरा किया–संजीव हुसैन!"[2]

इस संजीव हुसैन का धर्म इंसानियत के अलावा और क्या हो सकता है? दंगों में मरने वाले अक्सर अपना नाम खोकर एक संख्या-भर रह जाते हैं। प्राणों के साथ उनकी पहचान भी छीन ली जाती है। एक तरफ़ ऐसी बर्बर करतूतों को अंजाम देने वाले बड़े हैं और दूसरी तरफ़ यह बच्चा, जो एक अपरिचित की अधूरी पहचान को ख़ुश होते हुए पूरा करता है। बड़ों की शारीरिक या पाशविक शक्ति ही बड़ी हो सकती है। मानवीय, काव्यात्मक और वास्तविक शक्ति तो इस बच्चे की ही बड़ी है, जो एक मोहल्ले के एक घर से सीधा कविता में चला आया है। यह कविता की शक्ति है कि वह विध्वंसकों के मुक़ाबले एक बच्चे को खड़ा कर देती है और उसे हारने नहीं देती। यों भी विद्युत् शक्ति के सामने भैंसाज़ोर कहाँ ठहरता है! सांप्रदायिकता के विरुद्ध कविताओं का अम्बार है समकालीन कविता में लेकिन ऐसी मुँहबोलती कविताएँ कम हैं। बच्चों की-सी सादगी से बड़ी बात कह देना सच्चा सृजन है। वाह!

बच्चे, संजीव और हुसैन को अलग करने की, उन्हें लड़ाने की साजिश न करते हैं, न उससे भ्रमित होते हैं। वे उस ईश्वर-अल्लाह को पहचानते हैं, जो दोनों में धड़क रहा है। यही वास्तविक ईश्वर-अल्लाह है। किसी सूरत में सांप्रदायिकता को जन्म नहीं दे सकता। कविता का बच्चा-बच्चा सांप्रदायिक ईश्वर-अल्लाह का अपने-अपने ढंग से मुक़ाबला करता है। पढ़ने वालों के मन में उसे चारों ख़ाने चित्त कर देता है। **प्रेमरंजन अनिमेष** के शब्दों में यह *ईश्वर की घंटी* बजा देना है। मंदिर का यह दृश्य देखिए–

"ऊँची है मंदिर की घंटी

ऊँचा ऊँचा और ऊँचा
उछल रहा बच्चा
उस तक पहुँचने के लिए
सोचता काश थोड़ा बड़ा होता
बड़ा होता तो वह
ईश्वर की घंटी बजा देता!"[3]

बड़े होने का मतलब है–ईश्वर की घंटी बजा देना। जो नहीं बजाते, वे झूठमूठ के बड़े होते हैं। यहाँ ध्यान देने योग्य यह भी है कि कैसे एक मुहावरा एक गतिशील चित्र बन जाता है! हालाँकि यह सवाल भी अपनी जगह है कि एक बच्चा क्या सचमुच ईश्वर की घंटी बजाने के बारे में सोच सकता है? वह घंटी तो बजा सकता है पर ईश्वर की घंटी? ख़ासकर वह बच्चा, जो घंटी बजाने के लिए उछलने वाली उम्र का हो? कविता में बच्चे का इस्तेमाल बच्चों का खेल नहीं। संजीव हुसैन नाम देने वाला बच्चा ज़्यादा सहज भी है और ईश्वर की घंटी बजाने के बारे में बिना सोचे उसकी घंटी बजा भी देता है। बच्चों की कविता अगर सध जाए तो बड़ी कविता होती है। *संजीव हुसैन* जैसी। अविस्मरणीय।

विष्णु खरे की एक प्रशंसित कविता है–*शिविर में शिशु*। दृश्य की रिपोर्टिंग करने के अंदाज़ में खरे लिखते हैं–

"चूँकि ये एक मुस्लिम राहत शिविर में पैदा हुए हैं
इसीलिए इन्हें मुसलमान शिशु कहा जा सकता है

...28 फरवरी को ऐसा फ़ोटो यदि गोधरा स्टेशन पर लिया जा सकता
तो ये हिंदू माने जाते
...लेकिन फ़िलहाल तुम्हारे सामने ये पंद्रह मुस्कराते बच्चे हैं
जिनका एक भी दाँत अभी आया नहीं है...।"[4]

ये शिशु हैं। किसी को कोई नुक़सान नहीं पहुँचा सकते। इनका होना-मात्र सांप्रदायिकता को सवालों और अपराधियों के कठघरे में ले आता है। यह बेचैनी पैदा कर देता है कि इनको कैसे बचाया जाए। मरने से भी और हिंदू-मुसलमान बनकर जीने से भी। **एकांत श्रीवास्तव** के शब्दों में–

"...किस कोख से जनम लूँ
कि हिंदू न मुस्लिम कहलाऊँ..."[5]

कविता हिंदू या मुस्लिम को नहीं, बच्चों को बचाना चाहती है। इसलिए कि बच्चों का होना ही सांप्रदायिकता के लिए ख़तरा है। एक ऐसी चुनौती, जिसका उसके पास कोई जवाब नहीं। वह असहाय है इन असहायों के सामने। फिर भी अंधशक्ति की उपासना तो वह है ही। अपनी असहायता दूर करने के लिए कुछ भी कर सकती है। इसीलिए दंगों में बच्चों को वह गर्भ तक में ज़िंदा नहीं छोड़ती। पंडित-मुल्ला उन्हें इसलिए नहीं मारते कि अपना पराक्रम साबित करना है या अपनी निर्ममता का सबूत देना है। इसलिए मारते हैं कि जीवन की गली में या तो बचपन की मासूमियत ज़िंदा रह सकती है या सांप्रदायिकता का वहशीपन।

बच्चों को मारना सांप्रदायिकता को जीवित रखने के लिए ज़रूरी है। बच्चे सांप्रदायिकता के मूलतः शत्रु हैं। शत्रुओं को मारा ही जाता है। तरह-तरह से। संकीर्णता के अपने क़ायदे-क़ानून होते हैं। उनके हिसाब से बच्चों को पालना भी उन्हें मारने का ही एक तरीक़ा है। आधुनिक और सभ्य तरीक़ा। इस संदर्भ में **कुँवरनारायण** की *कूपमंडूक* कविता के अंश पढ़ें–

"एक बार
एक मेंढक अपने कुएँ से बाहर निकला
तो देखकर दंग रह गया
कि बहुत बड़ी दुनिया थी बाहर
बेहद बड़ी!
घबराया नहीं,
आदत के मुताबिक़
इतनी बड़ी दुनिया में भी
खोजने लगा अपने लिए
एक दूसरा कुआँ

देखा चारों ओर कुएँ ही कुएँ थे
छोटे-बड़े
और सभी मेंढक रह रहे थे
किसी न किसी कुएँ में

घर बनाकर
...अचानक एक नन्हा-सा मेंढक दिखा
जो दूसरे नन्हे-नन्हे मेंढकों के साथ
खेल रहा था बड़ा होने का खेल

उससे पूछा, तुम किस कुएँ में रहते हो?

वह बोला, अभी तो मैं बच्चा हूँ
माँ-बाप के कुएँ में रहता हूँ
बड़ा होकर अपना कुआँ ख़ुद बनाऊँगा...।"[6]

मुहावरे और कल्पना से खेलते हुए कवि जीवन में संकीर्णता के फलने-फूलने को थोड़ी-सी पंक्तियों में देखने लायक़ बना देता है। कुआँ संकीर्णता का दृश्य रूप है। जहाँ देखो, तरह-तरह के कुआँवासी नज़र आते हैं। कुएँ से बाहर निकलकर भी कुआँ ही खोजते हैं। अपना कुआँ ख़ुद बनाने को ही बड़े या आत्मनिर्भर होना समझते हैं। कितनी तरक़्क़ी कर गया है कुआँ! वर्तमान से लेकर भविष्य तक और बचपन के खेलों से लेकर माँ-बाप के सपनों तक फैल गया है। रास्ते कई हैं पर ज़्यादातर कुएँ तक पहुँचते-पहुँचाते हैं। कुएँ में सुरक्षा का भ्रम है। सुख-सुविधाओं का ठंडा पानी है। विश्वव्यापी होने का संतोष है। और क्या चाहिए! चारों तरफ़ लोग तल्लीन होकर टर्रा रहे हैं!

ऐसे में कविता की आवाज़ कभी-कभार सुनाई देती है। फिर भी रहती है कविता की आवाज़ ही। सुखी टर्राहट को गूँजते देख ख़ुद भी टर्राने नहीं लगती। **विष्णु खरे** की एक कविता है–*गुंगमहल*। कविता में यथार्थ के लिए कल्पना का इस्तेमाल करने वाला क़िस्सा है। क़िस्से में ऐतिहासिक-वैज्ञानिक प्रकृति का एक प्रसंग है। प्रसंग में एक बुनियादी सवाल। प्रसंग यह है कि एक बार अकबर के दीवानेख़ास में चर्चा हुई। विषय था–ख़ुदा की पैदाइशी पवित्र भाषा कौन-सी है। उलेमाओं ने कहा–अरबी और ब्राह्मणों ने कहा–संस्कृत। फ़ैसला करने के लिए अकबर ने एक ही समय में माँ बनने वाली बीस गर्भवती हिंदू और मुसलमान औरतों को चुना। उनकी संतानों को पैदा होते ही बियाबान में स्थित एक सूने महल में भेज दिया। वहाँ धायों ने मुँह पर पट्टी बाँधकर उन्हें पाला-पोसा। योजना यह थी कि ये बच्चे बड़े होकर कौन-सी भाषा बोलेंगे, यह देखा जाए। जो भाषा वे बोलते पाए जाएँ, उसी को अल्लाह-ईश्वर की भाषा भी मान लिया जाए।

बच्चे बड़े हुए। उन्हें उलेमाओं व ब्राह्मणों की मौजूदगी में पेश किया गया। वे सहमे थे। एकदम चुप। अकबर ने उन्हें अरबी और संस्कृत में हुक्म दिया–बोलो! उलेमा और ब्राह्मण उनका अपनी-अपनी भाषाओं में हौसला बढ़ाने लगे। बच्चे बेहद घबरा गए। "*गुंगियाने लगे पीछे हटते हुए*"। रोने लगे।

"कुछ ने दहशत में पेशाब और पाखाना कर दिया
फिर वे दीवार के सहारे दुबक गए एक कोने में पिल्लों की तरह
और उनके मुँह से ऐसी आवाज़ें निकलने लगीं
जो इंसानों ने कभी इंसानों की औलाद से सुनी न थीं...।"[7]

यह देख-सुनकर अकबर सहम गया। उसने चीख़कर बच्चों को मनचाहा बोलने का हुक्म दिया। यह भी हुक्म दिया कि इन बच्चों को इनके माँ-बाप को सौंप दिया जाए। बाद में उन बच्चों का क्या हुआ, यह तो पता नहीं पर

"चुन दिए गए गुंगमहल के सभी रोशनदान खिड़की दरवाज़े
आसपास के गाँवों में अफ़वाह फैल गई
कि उसके भीतर से अब भी गूँगों की
जानवरों जैसी आवाज़ें आती हैं
...अकबरनामा में उस रात जिल्लेइलाही की
तहज्जुद की नमाज़ की यह दुआ भी दर्ज नहीं है
कि कभी-कभार मैं तेरे नबी को लेकर हँस लेता था
लेकिन मेरे अल्लाह मेरा यह आजमूदा कुफ़्र भी माफ़ कर
कि ख़ुदाई ज़ुबान जैसी कोई चीज़ नहीं है।"[8]

विज्ञान के युग में कविता ने प्रयोग द्वारा साबित किया कि ईश्वर के मुँह में आदमी अपने शब्द, अपनी भाषा ठूँसता है। मूलतः ईश्वर की कोई भाषा नहीं। वह *गुंगियाता* है। उसकी भाषा बरतने का ढोंग करना तो दूर, उसे खोजने की कोशिश भी बच्चों पर ज़ुल्म है। भाषा मनुष्य को मनुष्य से जोड़ने का काम करती है। उससे तोड़ने का काम लेना सांप्रदायिक होना है। अमानवीय होना है।

समकालीन कविता अमानवीय बनाती सांप्रदायिकता के पैरों तले से ज़मीन खिसकाने की विश्वसनीय कोशिश है।

संदर्भ

1. खोया हुआ-सा कुछ -निदा फ़ाज़ली, पृष्ठ 107
2. दस बरसः हिंदी कविता अयोध्या के बादः दूसरी जिल्द -संपादकः असद ज़ैदी, पृष्ठ 98
3. कोई नया समाचार -प्रेमरंजन अनिमेष, पृष्ठ 36
4. काल और अवधि के दरमियान -विष्णु खरे, पृष्ठ 9-12
5. वर्तमान साहित्यः कविता विशेषांकः अप्रैल-मई, 1992, पृष्ठ 270
6. इन दिनों -कुँवरनारायण, पृष्ठ 116-117
7. काल और अवधि के दरमियान -विष्णु खरे, पृष्ठ 51-53
8. वही, पृष्ठ 51-53

भय, फ़ासिज़्म और समकालीन कविता

धर्म के बर्बर सौदागर ईश्वर-अल्लाह को अपनी उँगलियों पर नचाते हैं। बस्तियों की हवाओं में संकीर्णता की विषैली गैसें छोड़ते हैं। कोशिश करते हैं कि बस्तियाँ हिटलर के गैस चैम्बरों में तब्दील हो जाएँ। एक सीमा तक वे होती भी हैं। ऐसे में उपजे भय का ही परिणाम है कि अल्पसंख्यकों को अपनी देशभक्ति बार-बार साबित करनी पड़ती है। **अनिल गंगल** के अनुसार बार-बार बताना पड़ता है *"कि सिजदे में झुके"* उनके

"सिर किसी भी तरह
प्रार्थना में झुके उनके आपादमस्तकों के विरुद्ध नहीं हैं।"[1]

अनिल गंगल *एक विधर्मी दोस्त के लिए कविता* लिखते हैं। उसकी तकलीफ़ महसूस करते हैं। जानकर संतोष होता है कि अल्पसंख्यकों जैसे विषय अल्पसंख्यकों के लिखने के लिए ही आरक्षित नहीं हुए। आरक्षित हो गए होते तो **कुमार अम्बुज** मुसलमानों के अंतर्बाह्य जगत् की स्थितियों में निःसंकोच गहरे उतरते हुए यह नहीं लिख सकते थे–

"जब सज़ा दी जा रही होती है
उन्हें तभी मालूम होता है कि वे अपराधी हैं

इतनी निर्दोष इतनी परावलंबी होती हैं उनकी ग़लतियाँ
कि जीवन-भर नहीं समझ पाते वे अपने अपराध
मसलन उनकी दाढ़ी कुछ अलग तरह की है
कि एक ख़ास तरह का रंग नहीं आता उन्हें पसंद
कि उनके हँसने का तरीक़ा
अच्छा नहीं लगा न्यायाधीश को
या यह कि उन्होंने एक चिट्ठी लिखी अपने दुखों के बारे में
कि उनके विचार असहमति के हैं
और जीवित हैं उनके कुछ रिश्तेदार पड़ोस के देश में

उन्हें नहीं पता
किस तरह बचा जाए इन अपराधों से

वे रोज़ सुबह उठते हैं
और अपने आप को हर रोज़
एक नए अपराध में शामिल पाते हैं।"[2]

अपराध, अपराधी करता है। इसलिए वह अपराध के बारे में पूरी तरह जानता भी है। सांप्रदायिकता-ग्रस्त दौर में यह सच भी विकृत होता है। अपराधी अपने ही अपराधों के बारे में नहीं जानता। कारण यह कि उसके अपराधों को जन्म कोई और देता है। कोई और ही उन्हें पालता-पोसता है। उस पर तो वे थोप दिए जाते हैं, जिनकी सज़ा उसे भुगतनी है। किसी भी समुदाय का हो, ऐसा अपराधी आम आदमी ही होता है। बिना अपराध किए उसे आसानी से अपराधी ठहराया जा सकता है।

यह सच है कि समकालीन हिंदी कविता में जड़ और सांप्रदायिक हिंदुत्व पर जितने प्रहार हुए हैं, उतने कठमुल्लेपन पर नहीं। संभवतः इसलिए कि अल्पसंख्यक सांप्रदायिकता की क़ीमत विशेष रूप से चुकाते हैं लेकिन यहाँ इस तथ्य पर भी ध्यान दिया जाना चाहिए कि दंगों के दौर में जिस जगह जिस समुदाय का प्रभुत्व है, वहाँ दूसरे समुदाय का व्यक्ति अल्पसंख्यक ही होता है। ज़ुल्म का शिकार ही होता है। वह हिंदू भी हो सकता है, मुसलमान भी।

दूसरे को अपराधी ठहराना और स्वयं को मासूम, सांप्रदायिकताग्रस्त मानस की विशेषता है। अपनी तरफ़ कोई नहीं देखना चाहता। अपने दोष कोई स्वीकार नहीं करना चाहता। इसलिए मन से सांप्रदायिकता और संकीर्णता की गंदगी धुलती नहीं। वह बाहर प्रकट होती ही है। असुरक्षा के वातावरण और भय की मनःस्थिति को जन्म देती ही है। गहरा करती ही है। **असद ज़ैदी** के शब्दों में इस कारण अल्पसंख्यकों को यह *हलफ़नामा* देना पड़ता है कि "*नहीं तुम्हारी आँखों में/कभी कोई फ़रेब न था।*"[3]

भय से बनी मानसिकता का नतीजा है कि **असद** की *जो देखा नहीं जाता* कविता का वाचक हिंदी के अख़बार को भी उल्टी तरफ़ से पढ़ना शुरू करता है, "*जैसे यह हिंदी का नहीं, उर्दू का अख़बार हो!*" दिन-भर में वह खेल समाचार, वर्ग पहेलियाँ, व्यापार और फ़ैशन वगैरह पढ़ लेता है, संपादकीय भी पढ़ लेता है पर अक्सर शाम हो जाती है पढ़ते हुए और वह पहले पन्ने तक नहीं पहुँच पाता।[4] घनीभूत भय के अलावा और कोई नहीं, जो उसे रोकता हो। क्या पता क्या देखना पड़े!

इस तरह की आशंकाएँ और भय बने रहें, उनकी चाँदी कटती रहे, संकीर्णता के सौदागर यही चाहते हैं। वे जीवन के नहीं, मृत्यु के पूजक हैं। **मंसूरा अहमद** की एक कविता है-- *मुझे रास्ता नहीं मिलता*। इसमें एक शहर है। शहर में ईमान के मलबे से बनी ऊँची दीवारें हैं। नफ़रत बाँटने वाले कबीले हैं। वे माएँ हैं, जो पालने में ही बच्चों को सिखाती हैं कि उनके कबीले के अलावा सब कुछ नफ़रत के लायक़ है। कबीले के बारे में यह सब बताती हुई स्त्री अपने प्रेमी से कहती है कि तुम मेरे कबीले से नहीं हो और इस गुनाह को मेरे शहर के संविधान में बख़्शा नहीं जाता। फिर किया क्या जाए? स्त्री का कहना है--

"तो फिर आओ कि हम अपने न होने के
किसी नाबूद (जो मौजूद नहीं) लम्हे में उतर जाएँ
मेरे इस शहर के सब लोग
लाशों की बहुत तकरीम (इज़्ज़त) करते हैं!"[5]

शहर के लोग ज़िंदा हैं और पूजा करते हैं मौत की। शहर को ऐसे लोग ही मरघट बना देते हैं। कोई प्रेम करे और जीए, यह उन्हें बर्दाश्त नहीं। इसलिए प्रेम करने वालों को नाबूद

लम्हे में उतर जाने का फ़ैसला करना पड़ता है। अगर प्रेम करते हुए भी इज़्ज़त के साथ जीना है तो लाशें बन जाओ! लाशों पर इतना रहम किया जाता है कि उनकी इज़्ज़त उतारी नहीं जाती। सांप्रदायिकता से ग्रस्त वातावरण मृत्यु का हर तरह स्वागत करता है। **राजेश जोशी** ने *सलीम और मैं और उनसठ का सालः एक* शीर्षक कविता में लिखा है– *"अपने आप में सिमटकर बैठ गए थे सारे मकान/मानो वे मक़बरे हों!"*[6] यह सांप्रदायिकता द्वारा घरों की हत्या है। मृत्युपूजक इंसानों को लाशें बनाते हैं और घरों को मक़बरे। ऐसा हो, इसके लिए वातावरण तैयार करते हैं। कभी मिथ्या प्रचार के द्वारा तो कभी प्रत्यक्ष-परोक्ष चुनौतियों के द्वारा।

विष्णु खरे सुबह-सुबह घूमने जाने वाले मध्यवर्गीय सवर्ण पुरुषों में *हरिओम्* ज़ोर से बोलने की प्रथा में एक *चुनौती* देखते हैं। *हरिओम्* इस तरह बोला जाता है कि *"उसका उसी तरह उत्तर नहीं दोगे/तो विरोधी अश्रद्धालु नास्तिक और राष्ट्रद्रोही तक समझे जाओगे... ।"* भय पैदा करने वाली इस पुकार के माध्यम से

"शायद यह सिद्ध करने का अभ्यास हो रहा है
कि मुसलमान से कहीं पहले उठता है हिंदू ब्राह्म मुहूर्त के आसपास
फिर वह जो हरिओम् पुकारता है उसी के स्वर अज़ान में छिपे हुए हैं
जैसे मस्जिद के नीचे मंदिर
जैसे काबे के नीचे शिवलिंग
...कहीं वे हरिओम् कहने को अनिवार्य न बनवा डालें इस सड़क पर
और फिर इस शहर में
और अंत में इस मुल्क में!"[7]

आस्था मनुष्य की हो तो अंधी नहीं हो सकती। आस्था को अंधी बताना वास्तव में उसके नाम पर की जाने वाली हत्याओं को स्वीकार्य और हत्यारों को निर्दोष साबित करने वाली मानसिकता का परिचय देना है। हत्यारों को सज़ा से बचाने के लिए उनके वकील उन्हें विक्षिप्त साबित करने की युक्ति का इस्तेमाल करते ही रहे हैं। आस्था को अंधी बताने वालों का सच यह है कि वे सच को न देखना चाहते हैं, न दिखाना। खोट नीयत में है। आँखों पर उसी रंग का चश्मा उन्होंने चढ़ा रखा है, जिस रंग में वे सब कुछ देखना चाहते और देखते हैं। मानते हैं कि सत्य उनके संप्रदाय के अलावा कहीं और हो, इतनी हिम्मत उसमें नहीं। अमानवीय शक्ति की आराधक यह आस्था आशंकाओं के बीज बिखेरती चलती है। उन्हें सींचती है ताकि वे जल्दी से जल्दी भय के वृक्ष बन सकें।

कविता ने अफ़वाहों, भ्रमों और दंगों के खाद-पानी से इन आतंक-वृक्षों को पनपते देखा है। भय के विषफल बारूद के गोलों की तरह बस्तियों पर बरसाते देखा है। इनका असर **अरुण कमल** की इस पंक्ति में है– *"...टिकट पर जीभ फिराते डर लगा/क्या पता गोंद में ज़हर हो!"*[8]. सांप्रदायिकता के साये में साँस लेने की मज़बूरी हो तो भय मामूली से मामूली क्रिया में भी पैठ जाता है। **मुहम्मद अलवी** का शे'र है–"*डर है कहीं कमरे में ना घुस आए, ये मंज़र/खिड़की को कहीं और हटा देना चाहिए।*"[9] खिड़की से रौशनी भी आया करती है, अँधेरा भी। अँधेरा तो अँधेरा है ही, हत्यारी संकीर्णता की रौशनी भी भय पैदा करती है। **शकेब जलाली** के शब्दों में–"*वहाँ की रौशनियों ने भी ज़ुल्म ढाए बहुत/मैं*

उस गली में अकेला था और साए बहुत।"[10] सांप्रदायिकता जो मनुष्य बनाती है, वह *साया* है। उसकी शिनाख़्त संभव नहीं। इसका एक कारण यह भी है कि वह मनुष्य है ही नहीं। या तो हत्यारी भीड़ का हिस्सा है या भयभीत समूह का। **श्याम सुशील** की पंक्तियाँ हैं–

"अल्ला से नहीं
ईश्वर से नहीं
मंदिर से नहीं
मस्जिद से नहीं

डरे हुए लोगों से
बहुत डर लगता है।"[11]

डर सांप्रदायिकता का सहचर है। उसे बल देता है। मनुष्यता का शत्रु है। कविता का अनकहा है कि उसे पालने-पोसने की जगह उसके साथ शत्रु जैसा ही व्यवहार किया जाए। उससे अपनी उस मनुष्यता की हर क़ीमत पर रक्षा की जाए, जिसे नेस्तनाबूद करते हुए ही सांप्रदायिकता जीवित रह सकती है। वह शक्तिशाली होगी तो मनुष्यता दुर्बल होगी। वह जीवित रहेगी तो मनुष्यता की हत्या तय है। इस हत्या के बारे में **महाराज कृष्ण संतोषी** ने लिखा–

"...इस बार बर्बरों ने
रंग और उन्माद की ऐसी छड़ियाँ घुमाईं
कि उतर आए कंधों से लोगों के सिर
और उनकी जगह फहराने लगे
अनगिनत ध्वज कंधों पर।"[12]

सर तमाम सोच-विचार भूल गए। ध्वज-मात्र बनकर रह गए। हवा जिस दिशा में चल रही हो, उसी की ओर फड़फड़ाते रहना ही उनका जीवन बन गया। क्या इसे जीवन कहना चाहिए? संकीर्णता, शरीर ही नहीं, चेतना और विवेक को भी मारती है। ये हत्याएँ आंकड़ों में नहीं बताई जा सकती। एक मानस संकीर्ण होकर हज़ारों-लाखों हत्याएँ कर या करा सकता है। हत्याओं के किसी भी आँकड़े से ज़्यादा ख़तरनाक हो सकता है।

कविता संकीर्ण होते मानस की ख़बर देती है। सांप्रदायिकता के पत्ते-भर नहीं गिनती। जड़ तक पहुँचती है। पहुँचकर खाद-पानी को उस तक पहुँचने से रोकती है। उसका समूल नाश करने में जुटती है। दिनोंदिन सशक्त होते आधुनिक समाचार माध्यम यह काम अक्सर नहीं करते। डरे हुए लोग डर के रूप में सांप्रदायिकता को ही बल देते हैं। यह डर क्या उन्हें सचमुच दंगों में मरने से बचाता है? **ओम भारती** ने *इस बार दंगों में* बताया है कि मरे

"...वो नहीं जो हँसते रहे खिड़कियाँ बंद कर
जो फैलाकर पर्दों को बेपर्दा हो गए ख़ुद..."[13]

वे बच तो गए पर क्या पूरी तरह बच सके? क्या सचमुच बच सके? यह सवाल कविता ने उठाया है। सीधे-सादे व्यंग्य के द्वारा पर्दों के पीछे सुरक्षित रहने वालों को बेपर्दा

करते हुए। बताया है कि वे ख़ुद को ज़िंदा समझते हैं। लोग भी उन्हें ज़िंदा समझते हैं। आंकड़ों की भाषा को भरोसेमंद मानें तो वे ज़िंदा ही हैं पर कविता की भाषा को भरोसेमंद मानें तो? कविता की भाषा आंकड़ों के सूचना-जाल में नहीं फँसती। उसे भी तार-तार करती सच तक पहुँचती है वह। यह सच आंकड़ों की तरह अधूरा और भ्रामक नहीं। उक्त कविता का अगला हिस्सा है—

"...मर गए हज़ारों ज़िंदा मगर नहीं ख़बरों में
कविताएँ फिर भी उनका ज़िक्र तो करेंगी ही
उन हज़ारों जीवितों का मर गए जो दंगों में
मरे क्योंकि मरने के डर से चुप रहे आए

मरे वो जो पड़ोसियों को बचाने नहीं दौड़े
मरे क्योंकि उन ने यों जीने का सौदा किया
मानवीय रक्त के जो पात से विरक्त रहे
रमे रहे ऊँची-ऊँची बहसों में, मरे वो

कवि मरे जो लिखते रहे प्रार्थना या प्रेम गीत
मज़हब के नाम पे जो चल निकले, वो मरे
मरे वो जिन्होंने इतनी मौतों को संभव किया
मरा वो भी मारे गए जिसके लिए आदमी

सच बताना लोगो अब कितने-कितने मरे हैं
और कितने ज़िंदा हैं दंगों के बाद से"[14]

यह कविता द्वारा आंकड़ों की भाषा का छल सामने लाना है। सूचनाओं का अधूरापन बताना है। संवेदना-दृष्टि के उपयोग द्वारा यह अधूरापन पूरा करने की कोशिश करना है। पूरे सच को सामने लाना है। मृत्यु के विविध अर्थों और रूपों को उजागर करना है। सांप्रदायिकता किस-किस तरह से कितनों-कितनों को मार डालती है, यह बताना है। अलग-अलग संदर्भों में मरने का मतलब क्या-क्या है, यह बताना है। मनुष्य द्वारा मनुष्य की ही तरह जीने पर ज़ोर देना है। जीवित रह गयों से अपने जीवन की जाँच फिर से करने का आग्रह करना है। इस प्रकार प्रत्येक मृत्यु को मनुष्य के बाहर-भीतर से खदेड़ना है। सांप्रदायिकता की जड़ें उखाड़ना है। जीवन के कंधे से कंधा मिलाना है।

सुधीश पचौरी की शिकायत है कि "...यहाँ बाबरी मस्जिद को लेकर कुछ कविताएँ हुईं लेकिन इस हिंदुत्व को लेकर एक भी ऐसी कविता नज़र नहीं आती, जो इस नए फ़ासिज़्म के बारे में पाठकों को नई रौशनी और लड़ने का नया जज़्बा दे। यदि यह नहीं तो एक टीका ही दे। कितना अद्भुत है कि फ़ासिस्ट हिंदुत्व हिंदी कविता का कोई अनिवार्य विषय तो है नहीं, संदर्भ भी नहीं है।"[15] विद्यार्थियों की तरह कवियों के लिए विषयों का कोई पाठ्यक्रम तय नहीं किया जा सकता। किसी विषय को अनिवार्य, ऐच्छिक या वैकल्पिक नहीं बनाया जा सकता। ऐसा कर भी दिया जाए तो जो बने-बनाए उत्तरों

जैसे शब्द-संयोजन हासिल होंगे, उन्हें कविता कहना असंभव नहीं तो मुश्किल ज़रूर होगा। *कविता* नाम से उन्हें विभूषित कर भी दिया जाए तो काम वे कविता का नहीं ही कर सकेंगे।

एजेंडे के हिसाब से होने वाली कविताई की क़ीमत हिंदी कविता प्रगतिवाद के दौर में चुका चुकी है। क़ीमत चुकाकर उसने सीखा है कि जीवन से बाहर खड़े होकर जीवन की सही कविता तो हो सकती है पर सच्ची कविता नहीं हो सकती। कविता में विचार के सही होने के साथ-साथ जीवन का ताप भी ज़रूरी है। यही कारण है कि समकालीन कविता ने जीवन की समस्याओं को जीवन के बाहर से कम, भीतर से ज़्यादा उठाया है।

तथ्य है कि **निदा फ़ाज़ली** की *पहचान* हो या **कुँवरनारायण** की *एक अजीब सी मुश्किल*, **अरुण कमल** की *चार दिन* हो या **विष्णु खरे** की न *हन्यते*, **मंगलेश डबराल** की *गुजरात के मृतक का बयान* हो या **रविकांत** की *संजीव हुसैन*, **वीरेन डंगवाल** की *ईश कृपा* हो या **असद ज़ैदी** की *जो देखा नहीं जाता*, तमाम कविताएँ प्रथम पुरुष में लिखी गई हैं और यह इनका रूप ही नहीं है। इनकी *मैं* शैली मात्र नहीं है।

अंतर्वस्तु और रूप, भोक्ता और द्रष्टा, विचार और अनुभव तथा जीवन और कविता के बीच की मिटती हुई दूरी है यह। ये सभी कविताएँ अपने-अपने तरीक़ों से फ़ासिज़्म की *टीका* नहीं करतीं, उसकी बखिया उधेड़ती हैं। *पाठकों को नई रौशनी* या फ़ासिज़्म से *लड़ने का नया जज़्बा* देती हों या नहीं, *फ़ासिस्ट हिंदुत्व* के प्रति घृणा ज़रूर पैदा करती हैं। क्या इस घृणा का नई रौशनी या लड़ने के जज़्बे से कोई संबंध नहीं? कहना ज़रूरी है कि ये सब कविताएँ *हिंदी कविता* में शामिल हैं।

वह संभवतः *फ़ासिस्ट हिंदुत्व* ही था, जिसने आस्था का सवाल उठाकर अयोध्या के विवादित ढांचे के बारे में न्यायालय के निर्णय को होने से पहले ही मानने से इन्कार किया। **कात्यायनी** ने एक कविता में *आस्था का प्रश्न* इस तरह उठाया है–

"...आँखें नहीं होतीं आस्था की
कुछ भी कर सकती है–
सड़कों पर
नाच सकती है डायनों-सी
खप्पर में पीती हुई बच्चों का ख़ून,
विकट रूप धर, बस्तियों को
राख करती
दिल्ली तक जा सकती है,
मच्छर बन मतपेटियों में
समा सकती है,
भीम रूप धर संसद में
प्रवेश पा सकती है।..."[16]

आस्था के पास बुद्धि की आँखें नहीं हैं। वह रूप है। अंतर्वस्तु है–क्रूरता, स्वार्थांधता और अवसरवाद। यह रूप को भेदकर वस्तुसत्य उजागर करना है। अंतर्दृष्टि से दृष्टिहीनता को सामने लाना है। इस कविता में हिंदुत्व ही नहीं, सड़क पर डायनों की तरह नाचने

वाली, खप्पर में बच्चों का ख़ून पीने वाली और बस्तियों को राख करने वाली उसकी *आस्था* नामक पुत्री तक फ़ासिस्ट है। वे फ़ासिस्ट ही हैं, जो **बोधिसत्व** के शब्दों में *"...कह रहे हैं/मैं प्यार न करूँ और/अपने घर को दिये की तरह जलाकर/उनकी आरती उतारूँ...।"*[17] वे भी फ़ासिस्ट ही हैं, जो **सुल्तान अहमद** के अनुसार *हत्याकांड भी प्रार्थना* की तरह करते हैं।[18] वे भी फ़ासिस्ट ही हैं, जिनके बारे में **अष्टभुजा शुक्ल** ने एक कविता में कहा कि

"...भगवा वाली भगई पहनो, राम रसायन चूसो
स्वर्ण-शलाका से खाते में, लक्ष्मी जी को ठूँसो...।"[19]

भगवा पहनने और राम रसायन चूसने से खाते में लक्ष्मी ठूँसने के मौक़े मिलते हैं। इन मौक़ों को हर बार भुनाने के लिए फ़ासिस्ट होना धनपशुओं का कर्त्तव्य है। यह भी फ़ासिस्टों का एक प्रतिनिधि ही है, जिसे **मनमोहन** ने इन पंक्तियों में उजागर किया–

"...कितना महान सांस्कृतिक दृश्य है कि
हत्याकांड संपन्न करने के बाद हत्यारा भीड़-भरे
घाट पर आता है
और संस्कृत में धारावाहिक स्तोत्र बोलता हुआ
रुकी हुई यमुना के रासायनिक ज़हर में
सौ मन दूध गिराता है"[20]

पहले यमुना में रासायनिक ज़हर बहाओ या बहने दो, फिर उसमें सौ मन दूध गिराओ! पहले इंसान का लहू बहाओ या बहने दो, फिर देववाणी में डुबकियाँ लगाओ! पवित्रता का ऐसा पाखंड फ़ासिस्ट नहीं तो और कौन किया करते हैं? **नरेन्द्र गौड़** एक कविता में फ़ासिस्टों से ही यह कहते हैं–

"...मुझसे वापस ले लो
मेरा नाम
वापस ले लो मेरा चेहरा
आँख नाक कान वापस
वापस ले लो मेरा शरीर
मुझे वापस करो
रात के सन्नाटे में
गली गुलशेर खां से
बेधड़क घर लौटने वाला
मेरे बचपन का
विश्वास मुझे वापस करो..."[21]

यह विश्वास फ़ासिस्टों ने ही छीना है इसलिए उन्हीं से इसे वापस करने की माँग भी कविता करती है। व्यंजना यह कि यदि वे इसे चाहकर भी वापस नहीं कर सकते तो इसे छीनने का भी कोई अधिकार उनका नहीं बनता। फिर भी वे इसे छीनते हैं। अतः अनैतिक हैं। मनुष्यता के अपराधी हैं। ये सब कविताएँ बताती हैं कि *फ़ासिस्ट हिंदुत्व हिंदी कविता का विषय* भी रहा है और *संदर्भ* भी। **कुँवरनारायण** की एक कविता में मंदिर-मस्जिद-

गुरुद्वारों की क़ैद से उनकी *नींव के पत्थर* भी मुक्त होना चाहते हैं। यह चाह व्यक्त करने के लिए इंसानों के सिर फोड़ते हैं।[22]

इस तरह बताते हैं कि जब मनुष्य पत्थर की तरह व्यवहार करने लगे तो पत्थरों को मनुष्य की तरह व्यवहार करना पड़ता है। पत्थरों का नींव में रहने से इन्कार सांप्रदायिकता की बुनियाद बनने से इन्कार है। कविता में आकर पत्थर भी मनुष्य की तरह उचित को स्वीकार और अनुचित से इन्कार करते हैं। यह इन्कार और स्वीकार कविता में जगह-जगह है। **नागार्जुन** ने लिखा–

"पिछली रात
ठीक 3.22 पर एक हादसा हुआ...
मई-जून की वो भरी-पूरी झेलम
नील-निर्मल प्रवाहों वाली वो वितस्ता
मेरे ऊपर से होकर गुज़री–पिछली रात!
...जी हाँ, झेलम को हड़बड़ी थी–
वो सिंध से मिलने जा रही थी
मुझे झेलम पिछली रात निहाल कर गई!"[23]

झेलम अगर सिंध से मिलने जा रही हो तो उसका कवि के ऊपर से होकर गुज़र जाना भी कवि को निहाल कर जाना है। इसलिए कि कवि की अंतःप्रकृति उस मिलन में साकार होने वाली है, जिसे झेलम संभव करने जा रही है। प्रकृति किसी के लिए कोई सीमारेखा नहीं खींचती। किसी मनुष्य की अंतःप्रकृति इस प्रकृति के जितनी ज़्यादा अनुरूप है, उतना ही ज़्यादा वह मनुष्य है। कविता मनुष्यता की संवेदन-लय है। प्रकृति की तरह वह भी सीमाओं में बँटना नहीं जानती। चाहती है कि सब एक-दूसरे की टांगें खींचकर नहीं, हाथ पकड़कर आगे बढ़ें। यही सच्ची प्रगति है। इस प्रगति का कोई दृश्य दिखाई दे जाए तो अंकित करते हुए उसे जीने से, उसका आनंद लेने से वह नहीं चूकती। आनंद से खिल उठती है वह। **सविता सिंह** ने *एक दृश्य स्वप्न-सा* इस तरह अंकित किया है–

"एक डाल पर सोई थी दूसरी डाल
एक टहनी से सटी लगी थी दूसरी
एक पत्ता ढँके था दूसरे को
सब बचाए हुए थे इस तरह ख़ुद को
बचाकर दूसरों को
...यह एक दृश्य है जो अब सुरक्षित है प्रकृति में

बस उसके एक स्वप्न-सा।"[24]

यह मनुष्यता, अतः कविता का स्वप्न है। इसी के लिए वह है। जीती-मरती है। लोग ख़ुद को जाने क्या-क्या समझते हैं। कविता उन्हें बताती है कि मूलतः हैं वे प्रकृति के हिस्से ही। प्रकृति ने पेड़-पौधों की तरह मनुष्यों को भी अपने भीतर जगह दी है। उनका पालन-पोषण किया है। पत्ते दूसरों को बचाकर ख़ुद को बचाते हैं। इसमें उनकी सुरक्षा ही नहीं, ख़ुशी भी है। यह दृश्य पूछता है कि आज के मनुष्य की ख़ुशी कहाँ है।

कविता उसके विकास की विरोधी नहीं है। इतना ज़रूर चाहती है कि विकास के आसमान में उपलब्धियों के शिखर छूते हुए उसके पाँव धरती पर टिके रहें। टिके रहेंगे तो उसकी उपलब्धियाँ धरती की उपलब्धियाँ भी होंगीं। अन्यथा न वह धरती पर रहेगा, न उसकी उपलब्धियाँ।

कविता चाहती है कि मनुष्य रहे। उसने एक अरसे से बड़ी मेहनत करते हुए जिस मनुष्यता को गढ़ा है, वह सांप्रदायिकता की शिकार न हो। इसीलिए **ब्रजमोहन** के शब्दों में वह अनुरोध करती है–

"मंदिर भी ले लो मस्जिद भी ले लो
मगर आदमी के लहू से न खेलो!"[25]

आदमी के लहू से खेलते हुए जिस फूट का कारोबार सांप्रदायिकता करती है, वह आरोपित है। नकली है। फिर भी इसने असली फूट को जन्म दे डाला है। इस असली फूट का चेहरा पहचानते हुए **रघुवीर सहाय** ने लिखा–

"हिंदू और सिख में
बंगाली और असमिया में
पिछड़े और अगड़े में,
पर इनसे बड़ी फूट
जो मारा जा रहा और जो बचा हुआ

उन दोनों में है।"[26]

जो मारे जा रहे हैं, वे जनसाधारण हैं या साहसी। जो बचे हुए हैं, वे कुलीन और कायर हैं। साहस की ज़रूरत जीने के लिए होनी चाहिए थी और कायरता की मरने के लिए। सांप्रदायिकता ने इस मानवीय सच को भी उलट दिया है। कायरता में जीवित रहने की गुंजाइश पैदा कर दी है। साहस में मरने की। कविता इसे पलटकर फिर से सच बनाना चाहती है। मारे जाने वाले और बचे हुए के बीच फूट का उल्लेख करती है। इसलिए कि यही फूट वास्तविक है और मनुष्यता की पुनर्स्थापना के लिए इसी को ख़त्म होना है। फूट को कहने का अर्थ ही है इसे ख़त्म करने की ज़रूरत बताना। इस ज़रूरत के पूरे होने में उस *रामदास* के बचने की संभावना है, जिसे सबके सामने घोषित करके मार डाला गया। **सुरेन्द्र श्लेष** ने एक शे'र में सही सूचना देते हुए कहा है–

"मज़हब के आगे अब इन्सां
चाकू के आगे पसली है।"[27]

मज़हब चाकू बन गया है और इंसान पसली। यह एक प्रमुख कारण है रामदासों की हत्या के वर्तमान सिलसिले का। यह सिलसिला निरंतर पीड़ादायक है। पीड़ा की यह निरंतरता **राजेश जोशी** की सन् 1987 में मेरठ में हुए सांप्रदायिक दंगों पर लिखी गई कविता *मेरठ-87* में इस तरह उजागर हुई है–

"जब-जब किसी स्टेशन पर रुकती है रेलगाड़ी
खिड़कियों से झरती हैं आवाज़ें और
कौंधती हैं बत्तियाँ

खिड़की से दूर बैठा बूढ़ा पूछता है
खिड़की के पास बैठे लड़के से
"कौन सा टेशन है भैया?"

खिड़की से बाहर झाँकता है लड़का
पढ़ता है स्टेशन का बोर्ड
कहता है–
मेरठ।

हर स्टेशन पर पूछता है बूढ़ा
"कौन सा टेशन है भैया?"
हर स्टेशन पर बाहर झाँकता है लड़का
पढ़ता है बोर्ड और कहता है
मेरठ।

मेरठ!
मेरठ!
मेरठ!
पीली बत्तियों वाली बोगी में
ठसाठस भरे लोग बुदबुदाते हैं

मेरठ से कब बाहर निकलेगी
यह रेलगाड़ी?"[28]

बयान और मामूली से सवाल-जवाब द्वारा बना यह दृश्य एक सवाल उठाता है। सवाल के ज़रिये संकीर्णता के पंजों में खुली हवा की बेबस और आतुर प्रतीक्षा को आकार देता है। प्रतीक्षा गाड़ी के चलने की नहीं है। गाड़ी तो चल रही है। मुश्किल यह है कि चलने पर भी मेरठ से बाहर नहीं निकल पा रही। उसका चलना वास्तविक नहीं, चलने का झूठ है। इसलिए चलने पर भी वह कहीं पहुँच नहीं रही। सांप्रदायिकता की गाड़ी हर स्टेशन का नाम मेरठ कर देती है। यह ऐसी जड़ता है, जो चलने को चलना नहीं रहने देती। इस गतिभ्रमित जड़ता के शिकार होते हैं वही *रामदास* या *पीली बत्तियों वाली बोगी में ठसाठस भरे लोग*। मेरठ से बाहर निकलना इन लोगों के जीने की शर्त है। दंगों में यही हैं, जिनको मारा जाना है।

क्या यह गाड़ी कभी मेरठ से बाहर निकल पाएगी? कविता का कहना है–हाँ। इसलिए कि हर स्टेशन पर वही जवाब मिलने के बावजूद बूढ़ा स्टेशन का नाम पूछना नहीं छोड़ता। लड़का बताना नहीं छोड़ता। वह भी हर स्टेशन का एक ही नाम बताते-बताते बूढ़ा नहीं होना चाहता। स्टेशन वही है तो यह पूछना और बताना भी वही है। इसलिए कि उम्मीद बाक़ी है। कभी कोई स्टेशन ऐसा ज़रूर आएगा, जिसका नाम मेरठ नहीं होगा। फ़िलहाल

सच यह है कि हर स्टेशन का नाम मेरठ है। रामदासों की हत्याएँ जारी हैं। इसके साथ-साथ एक प्रक्रिया और भी जारी है, जिसके बारे में **जावेद अख़्तर** ने कहा–

"मैं क़त्ल तो हो गया तुम्हारी गली में लेकिन
मेरे लहू से तुम्हारी दीवार गल रही है।"[29]

यह दीवार सांप्रदायिकता की है। इसे देर-सबेर गलना और गिरना ही है। न रामदासों का लहू बेकार जाने वाला है, न कविता का पसीना।

संदर्भ

1. दस बरसः हिंदी कविता अयोध्या के बादः पहली जिल्द -संपादकः असद ज़ैदी, पृष्ठ 27-28
2. क्रूरता -कुमार अम्बुज, पृष्ठ 64
3. दस बरसः हिंदी कविता अयोध्या के बादः पहली जिल्द -संपादकः असद ज़ैदी, पृष्ठ 51-52
4. वही, पृष्ठ 53
5. हम गुनहगार औरतें (पाकिस्तान की मुमताज़ औरतों की शायरी), -संपादन एवं लिप्यंतरणः भूपेन्द्र परिहार, पृष्ठ 77-78
6. एक दिन बोलेंगे पेड़ -राजेश जोशी, पृष्ठ 52-53
7. काल और अवधि के दरमियान -विष्णु खरे, पृष्ठ 40-42
8. नये इलाके में -अरुण कमल, पृष्ठ 69-72
9. वसुधाः 53 -समकालीन उर्दू साहित्य पर केंद्रित अंकः जनवरी-मार्च, 2002, पृष्ठ 300
10. वही, पृष्ठ 291
11. अलाव, अंकः 8, मार्च, 2000, पृष्ठ 125
12. पहल-47, नवंबर, दिसंबर, जनवरी से जून, जुलाई, अगस्त, 1992-93, पृष्ठ 185
13. वर्तमान साहित्यः कविता विशेषांकः अप्रैल-मई, 1992, पृष्ठ 194-195
14. वही, पृष्ठ 194-195
15. वर्तमान साहित्यः शताब्दी कविता विशेषांकः मई-जून, 2000, पृष्ठ 404
16. इस पौरुषपूर्ण समय में -कात्यायनी, पृष्ठ 112
17. दस बरसः हिंदी कविता अयोध्या के बादः दूसरी जिल्द -संपादकः असद ज़ैदी, पृष्ठ 39
18. आलोचनाः जनवरी-मार्च, 2004, पृष्ठ 9
19. वही अप्रैल-जून, 2000, पृष्ठ 190
20. ज़िल्लत की रोटी -मनमोहन, पृष्ठ 107
21. वर्तमान साहित्यः कविता विशेषांकः अप्रैल-मई, 1992, पृष्ठ 199
22. इन दिनों -कुँवरनारायण, पृष्ठ 22
23. संकल्पः कविता दशक (नवें दशक की प्रतिनिधि कविताएँ) -संपादकः केदारनाथ सिंह, पृष्ठ 14
24. दस बरसः हिंदी कविता अयोध्या के बादः दूसरी जिल्द -संपादकः असद ज़ैदी, पृष्ठ 185
25. किसने चाहा था -ब्रजमोहन, पृष्ठ 6
26. कुछ पते कुछ चिट्ठियाँ -रघुवीर सहाय, पृष्ठ 47
27. वेदनाएँ -सुरेन्द्र श्लेष, पृष्ठ 164
28. नेपथ्य में हँसी -राजेश जोशी, पृष्ठ 41-42
29. वसुधाः 53 -समकालीन उर्दू साहित्य पर केंद्रित, अंकः जनवरी-मार्च, 2002, पृष्ठ 353

दुख ही जीवन की कथा रही

अपने को पूरी तरह पहचानना पूरी तरह जीने के लिए तैयार होना है। अधिकांश स्त्री-जीवन में न यह पहचान है, न तैयारी। मूलतः इसका कारण स्त्री नहीं। कारण है—स्त्रीत्व-विरोधी ऐतिहासिक-सामाजिक वायुमंडल। स्त्री-पुरुष, सभी को इसी में साँसें लेनी हैं। इससे बाहर ही ताज़ादम जीवन हो सकता है। यह संवेदन अभी बन रहा है। ज़्यादातर स्त्रीत्व-विरोधी हालात से टकराते हुए। टकराने के जोखिम उठाते और उसकी तकलीफ़ सहते हुए।

यह सिर्फ़ एक आंकड़ा नहीं कि सन् 2001 में हुई भारत की जनगणना के अनुसार प्रति 1000 पुरुषों पर महिलाओं का अनुपात 933 है।[1] इस सच की सूचना है कि *यत्र नार्यस्तु पूज्यंते*...का उद्घोष करने वाले देश में आज भी स्त्रियों को जीवित रहने का पुरुषों जितना अधिकार नहीं है। जीवित रह लेने और जीवन को पूरी तरह जीने में अंतर है। यह ध्यान रखा जाए तो स्त्री-पुरुष विषमता का विष और गाढ़ा, और भयावह, और सर्वग्रासी नज़र आता है। स्त्री इस विष की प्रत्यक्ष शिकार है।

इतिहास और समाज में इस धीमे विष की जड़ें गहरी हैं। **सीमोन द बोउवार** ने लिखा—"हव्वा का जन्म आदम का मन बहलाने के लिए हुआ, वह भी उसी की पसलियों की हड्डी से।"[2] शिव को पाने के लिए तप पार्वती ही करती है। अर्द्धनारीश्वर रूप मूलतः है शिव का ही। **अरविंद जैन** ने उचित ही ध्यान दिलाया है कि अर्द्धनारीश्वर का अर्थ आधी नारी और आधा नर नहीं, बल्कि आधी नारी और आधा ईश्वर है—नर यानी आधी नारी का ईश्वर।[3]

पति देव होता है, यह मान्यता ऐसे ही मिथकों के आधार पर विकसित हुई है। स्पष्ट है कि ये मिथक पुरुष-प्रधानता के हाथों बने हैं। स्त्री का कठपुतली-जीवन निश्चित करते हुए। यह अन्याय है। अनुचित है। अनुचित के प्रति घृणा उचित के प्रति राग का ही दूसरा पक्ष है। साहित्य और कविता यह काम समय-समय पर करते आए हैं। समकालीन कविता ने भी बदलते हालात में अनुचित का तरह-तरह से विरोध किया है। उसके प्रति घृणा पैदा की है।

अनुचित से घृणा के लिए ज़रूरी है कि अनुचित को पहचाना जाए। स्त्री-जीवन में जहाँ-जहाँ जो-जो अनुचित हो रहा है, उस पर उँगली रखी जाए। उस दुख को जान, समझ और अनुभव कर उजागर किया जाए, जिसने स्त्रियों के जीवन में ज़्यादा से ज़्यादा जगह घेर रखी है। इतनी ज़्यादा कि उसके बिना उनका जीवन सूना लगता है। वह उन्हें दिखलाई दे, इसके लिए ज़रूरी है कि वह जीवन से अलग हो। पर वह बहुत है। बहुत सघन। बहुत गहरा। बहुत रमा हुआ। **गगन गिल** ने इसीलिए कहा—

"कभी दिख कभी दिख कभी दिख
दुख साँस से निकल कभी दिख..."[4]

साँसों से एकमेक हो गया है दुख। जैसे उसे साँसों के साथ ही जाना हो! **चंद्रकांत देवताले** बताते हैं कि नींद में स्त्री को हँसते हुए देखना एक सपना है, पर वह हँसना तो दूर, गहरी नींद में भी अपने माथे की सलवटें तक नहीं मिटा पाती।[5] अमिट सलवटों से भरा माथा स्त्री की दुनिया में दुख का स्थायी हो गया चेहरा है। **तेजी ग्रोवर** ने लिखा कि *"उनकी आँखें आँसुओं का घर हैं।"*[6] आते होंगे लोग दूर-दूर से उसकी ख़ूबसूरती निहारने लेकिन **नूरजहाँ सर्वत** रेगिस्तान को स्त्री के दुख से बना हुआ पाती हैं–

"ये पहाड़-सा दिन
मुझे तोड़ता है
और बिखेर देता है अनगिनत टुकड़ों में
ये ही टुकड़े रेत बनकर
जन्म देते हैं सहरा को..."[7]

स्त्री के दिन पहाड़ जैसे हैं और रातें रेगिस्तान जैसी। **प्रेमरंजन अनिमेष** ने स्त्री-जीवन के चार आर्य सत्य बताए हैं–*दुख है, दुख का कारण है, कारण को ढूँढ़ना बेकार है और दुख के साथ जिया जा सकता है।*[8] यह स्त्रियों के दुख का दार्शनिकीकरण है। आदत बन जाने के बाद भी दुख रहता है दुखद ही। बहुत ज़्यादा हो जाए तो उसके साथ जीना कठिन, यहाँ तक कि असंभव भी हो जाता है। **तेजी ग्रोवर** का एक वाक्य है–*"हमें समझ नहीं आ रहा था हमारा रोना हमारे कहे में क्यों नहीं था।"*[9]

रोना कहे में नहीं था अर्थात् चाहने और रोकने पर भी रुक नहीं पाता था। दुख बहुत ज़्यादा और सघन हो तो उससे उपजी वेदना कभी भी फूट पड़ती है। अनियंत्रित। अक्सर माना जाता है कि सजना-सँवरना स्त्री का सुख है लेकिन यह दुख को नियंत्रित करने की, उसे छिपाने की कोशिश भी हो सकती है। सँवरने का सुख कैसा होता है? क्या ऐसा नहीं जैसे दुख ही सुख के कपड़े पहनकर आ गया हो? **परवीन शाकिर** ने इस स्थिति को एक शेर में कहा–

"लड़कियों के दुख अजब होते हैं, सुख उनसे अजीब
हँस रही हैं और काजल भीगता है साथ-साथ।"[10]

हँसना और काजल लगाना सुखी होने का दिखावा करना है। दिखावा इसलिए कि लड़कियों से ऐसी ही उम्मीद की जाती है। अपने घर की स्त्रियों को दारुण दुख देने वाला भी नहीं चाहता कि वे दुखी दिखलाई दें। दिखावा बहुत कम किया जाता है। अक्सर करना पड़ता है। लगातार। फिर वह ख़ुद को ख़ुद से छिपाने की कोशिश बन जाता है। यह दिलासा देने की कोशिश कि देखो! हँसने के लिए होंठ भी हैं और लगाने के लिए काजल भी! फिर कैसा दुख! पर दुख है कि काजल भिगो ही देता है। **सर्वेश्वर दयाल सक्सेना** ने लिखा था–

"उँगलियों में चुभे काँटे
गोद में सितार
भीतर तार-तार हाहाकार।"[11]

हाहाकार को संगीत की तरह प्रस्तुत करना स्त्री-जीवन का विशेष दुख है। इसी दुख की ख़बर देती **प्रगति सक्सेना** के शब्दों में *फूलों की सुगंध के साथ आती है/उनके तकियों से आँसुओं की गंध।*[12] दमन के बाद फूलों की सुगंध और तीव्र होती है। उनका रस आँसुओं के साथ मिलकर जो नया रसायन बनाता है, उसकी गंध के रूप में स्त्री के दुख को सूँघा जा सकता है। इस गंध और इस दुख, दोनों का कहना है कि स्त्री-जीवन स्वयं पिसकर भी सुगंध देने वाला जीवन है। विशिष्ट है। विशेष रूप से शिष्ट।

बोधिसत्व ने *प्लेटफॉर्म नं. चार* पर एक स्त्री को देखा, जो बच्चे को दूध पिलाती है। सनातन काल से भीख माँगती है। वह लगातार गाती है। कभी नहीं रोती।[13] उसका गायन उसके रुदन का ही एक रूप है। बोधिसत्व की ही एक और कविता है–*माँ का नाच*। इसमें माँ के पैरों में बिवाइयाँ फटी हुई हैं। उसके घुटने कई बार टूट चुके हैं। कमर झुक चली है। फिर भी वह नाच रही है। नाचती चली जा रही है। कविता की अंतिम पंक्तियाँ हैं–

"वह नाचती रही बिलखते हुए
धरती के इस छोर से उस छोर तक
समुद्र की लहरों से जुते हुए खेत तक
सब भरे थे उसके नाच की धमक से
सबमें समाया था उसका बिलखता हुआ गाना।"[14]

कूल्हे मटकाऊ और वासना भड़काऊ रीमिक्स गानों की भरमार वाले इस दौर में कविता ही है, जो बिलखते हुए गाने को भी सुनने-सुनाने का, गायन में रुदन की बढ़ती मिक्सिंग भी देखने-दिखाने का दम रखती है। यह जीवन और समकालीनता के प्रति उसकी प्रतिबद्धता और ईमानदारी तो है ही, निरी सफलता को परम मूल्य मानने से सुदृढ़ इन्कार भी है। सच और नैतिकता के दो पाँवों को जीवन की धरती पर अच्छी तरह जमाकर खड़े होना भी है।

राजेश जोशी की *मुलाक़ात* में औरत एक ऐसी हँसी हँसती है, *जिसमें दूर तक एक उदासी फैली थी।*[15] कविता की सामर्थ्य से लैस निगाह हो तो उसके सामने हर आवरण गिर जाता है। भले ही उसे बतौर आवरण जाना-पहचाना न जाता हो। हँसी एक ऐसा ही आवरण है। यह आवरण हमेशा ओढ़ने वाले का चुनाव नहीं होता। इस आवरण के पीछे छुपा स्त्री का अंतर्लोक कैसा है, यह **गगन गिल** की इन पंक्तियों में उजागर होता है–

"साँस की नली से
उतरती हैं सीढ़ियाँ–
दर-सीढ़ियाँ
उसकी हँसी की गूँजें,
थामकर एक-दूसरी का हाथ
डरते-डरते
एक चीज़ अँधेरे खड्ड में
गिरती है थप्प से

बहुत सारा रुदन पथराया पड़ा है
वहाँ पर।"[16]

बाहर हँसी की गूँजें। भीतर पथराया रुदन। यह है स्त्री। उसकी हँसी को मीडिया ने-बाज़ार ने व्यावसायिक, अतः अतिरिक्त महत्त्वपूर्ण बना दिया है। इसलिए इस आवरण का इस्तेमाल समकालीन जीवन में बढ़ता जा रहा है। **अनामिका** ने हँसी को उचित ही *नये ज़माने का घूँघट* कहा है।[17] रूपक को थोड़ा आगे बढ़ाया जाए तो बड़े आधुनिक दिखाई देने वाले हँसी के कारोबारी स्त्री पर घूँघट-बुरक़े को नए सिरे से लादने वाले पंडित-मौलवी नज़र आएँगे। एकदम पिछड़े।

यही हर आवरण हटाकर सत्य उजागर करना है। हर दौर की कविता इस ऐतिहासिक-सामाजिक ज़िम्मेदारी का निर्वाह करती आई है। समकालीन कविता भी। उसने स्त्रियों की ख़ामोशी को सुना है। कहा है। अक्सर माना जाता है कि स्त्रियाँ बोलती बहुत हैं। कई बार चुप्पी बहुत-कुछ बता देती है। उसी तरह जैसे बोलना बहुत-कुछ छिपा लेता है। ऐसे में कुछ भी सहज नहीं रहता। न बोलना, न चुप रहना। चुप्पी चुप नहीं रहती और बोलना कुछ प्रकट नहीं होने देता। **राजेश जोशी** ने बताया–

"*वह जाने क्या-क्या कुछ बोले जाती थी लगातार*
बहुत जल्दी-जल्दी

डरती थी कि बोले जाने के बीच चुप की ज़रा-सी संध बनी नहीं
कि उछककर वह सब कुछ आ जाएगा बाहर
इतने जतन से जिसे छिपाने की कोशिश करती थी वह
जाने कब से।"[18]

इसलिए ज़रूरत पड़ती है *जाने क्या-क्या कुछ* बोलते रहने की। सूरदास की यशोदा हरि को पालने झुलाते हुए *जोई-सोई कछु* गाती है। समानता यह कि दोनों स्थितियों में कहना कुछ नहीं है। अंतर है *गाने* और *बोलने* में। सूर के यहाँ गायन आनंद है और राजेश के यहाँ बोलना वेदना। यह अपनी वेदना को छिपाने की वेदना है। दुधारी तलवार पर चलना। आधुनिक स्त्री इतना बोलती है कि कुछ नहीं कहती। उसकी ज़ुबान पर लगे पहरे अदृश्य हो गए हैं। अदृश्य होकर उनकी शक्ति बढ़ गई है। इतनी कि लड़की के मुँह में जीभ ही न रहने दे। **गगन गिल** की पंक्तियाँ हैं–

"*एक दिन लौटेगी लड़की*
हथेली पर जीभ लेकर
हाथ होगा उसका लहू से लथपथ
मुँह से टपका लहू कपड़ों में सूखा हुआ..."[19]

लड़की का हथेली पर जीभ लेकर लौटना यह दिखाना है कि अब वह तकनीकी तौर पर भी अपना सच कहने के अयोग्य हो गई। दिखाना इसलिए कि पुरुष की बनाई दुनिया आश्वस्त रहे। उसने जो गूँगापन उसे पुरस्कार में दिया, अब वह शाश्वत हो गया है। भगवान के नाटक की तरह। पुरुष-सत्ता की तरह। अब उसकी बर्बरता जारी रहेगी। बेरोकटोक। जारी रहेगा स्त्री का यातना सहते रहना। स्त्री-जीवन के लिए यातना अनिवार्य है। जैसे उसके

बिना जीवन संभव ही न हो! इसीलिए स्त्रियों में *गालियाँ सुन लेने का शील* विकसित हो रहा है। यातना की तीव्रता इतनी है कि हर यातना स्वाभाविक लगने लगती है। आदत बनने लगती है। **अनामिका** के शब्दों में–

"...वैसे तो रहती हैं शाश्वत डायटिंग पर स्त्रियाँ
पर गालियाँ खाने में उनका नहीं जवाब!

गोलगप्पों की तरह गपागप
गाल फुलाकर, सिर झुकाकर,
घोंटती हुई थूक,
नाक-आँख से पानी
इमली का छलकाती
खाए ही जाती हैं
शाम से सुबह तक वे
ख़ूब मिर्चीदार गालियाँ–
ऊपर से थप्पड़, घूँसे, डाँट, ताने–
बोनस में

...क्या फ़र्क़ पड़ता है जी!
बचपन से यही सीखते आए हैं–
...दुधारू गाय की लताड़ भली–
रोटी जो देता है
गोलगप्पे भी खिला देगा कभी-कभी
तो क्या–है न जी,
है न जी?"[20]

गोलगप्पों की जगह स्त्री-जीवन में मस्ती या हँसी-ख़ुशी के कभीकभार मिल जाने वाले अवसरों की तरह रही है। अब ये अवसर पहले से ज़्यादा हैं। अंतर यह है कि मस्ती या हँसी-ख़ुशी की जगह गालियों या मारपीट ने ले ली है। स्त्रियाँ उन्हें गोलगप्पे मानती हैं। इससे सुनना-सहना आसान हो जाता है। कविता की भाषा में एक तरह का खिलंदड़ापन है। हल्के-फ़ुल्के अंदाज़ में कारुणिक यातना सामने आए तो लगता है कि उसे सामने लाया नहीं जा रहा। वह अपने आप सामने आ रही है। बढ़ती विडंबना को उजागर करती हुई। विडंबना अर्थात् सब कुछ वांछनीय हो रहा हो और एकाएक सब कुछ अवांछनीय हो जाए। राम का राजतिलक होने जा रहा हो और वनवास हो जाए। यह विडंबना है। उक्त कविता में इसका उपयोग कथन के स्तर पर किया गया है। कथन में खिलंदड़ापन और जो कहा गया, उसमें गंभीरता। कथन में हँसी-ख़ुशी और जो कहा गया उसमें पथराती हुई यातना।

यातना अभाव और दमन से जन्म लेती है। अभाव और दमन स्त्री-जीवन के अंग हैं। अतः यातना भी साँसों के साथ-साथ चलती है। यह स्त्री की भूखी-प्यासी इच्छाओं से भी

ज्ञात होता है। **अष्टभुजा शुक्ल** इन इच्छाओं का ज़िक्र करते हैं कि सारा जीवन नरक में बिताने की क़ीमत चुकाकर भी वे *एक बार दिल खोलकर खिलखिलाना चाहती थीं* और सारा जीवन बिलखने को भी तैयार थीं पर *एक बार फफककर रोना चाहती थीं*।[21] एक बार खिलखिलाकर हँसना और फफककर रोना जिस जीवन की सबसे बड़ी इच्छाएँ हों, उसमें कितना दमन और कितनी यातना भरी होगी, इसका अनुमान ही लगाया जा सकता है। **कात्यायनी** ने *एक भूतपूर्व नगरवधू की दुर्गपति से प्रार्थना* में ऐसी ही तड़पती इच्छाओं के बारे में बताया है–

"...एक वृक्ष के तने से पीठ टिकाकर
कम से कम एक बार,
भले ही वह ज़िंदगी में आख़िरी बार हो,
अपने मन से एक गीत गाना है मुझे
जिसकी कभी किसी ने फ़रमाइश न की हो।
जलते रेगिस्तान में ही सही,
कम से कम एक बार मैं
अपने लिए नृत्य करना चाहती हूँ।"[22]

दूसरों के लिए गाना और नाचना स्त्री-जीवन के श्वासोच्छ्वास हैं। **पवन करण** की एक कविता है–*स्तन*। यह कविता *संगीता रंजन के लिए* है, जिसे छाती के कैंसर की वजह से अपना एक स्तन गँवाना पड़ा। उसे यह अफ़सोस नहीं है कि उसके शरीर से एक अंग हमेशा के लिए चला गया। अफ़सोस यह है कि अपने पुरुष के लिए वह इसके बाद कुछ कम उपयोगी हो गई। अब वह दोनों स्तनों के बीच अपना मुँह छिपाकर उन्हें आँसुओं से तर नहीं कर सकेगा। एक स्तन के हटने पर उन दोनों के बीच से बहुत-कुछ हट गया।[23]

दूसरों के लिए ही जीना किसी को अपनी ज़रूरतें, अपने अभाव और यहाँ तक कि अपना अस्तित्व भी देखने लायक़ नहीं छोड़ता। स्त्रीत्व का बहुमंडित अर्थ है–दूसरों के लिए जीना। इस कोशिश में किसी तरह जीवित रह लेना। ऐसी स्त्री का मन दूसरों की सेवा में समर्पित रहते-रहते अपने लिए पथरा जाता है। स्त्रीत्व के तथाकथित आदर्श का अंतर्विरोध है कि जिसे दूसरों के लिए फूल से भी कोमल हृदय रखना है, उसी को अपने लिए पत्थर से भी कठोर होना है! हृदय एक है। हमेशा अंतर्विरोधी उम्मीदें पूरी नहीं कर पाता। ऐसे में उसका जायज़ा **गगन गिल** ने *जोगी जी ये जियड़ा* में इस तरह लिया है–

"जोगी जी
ये जियड़ा हर पल
भटके

...इस जियड़े
मैंने शूल चुभोया
भोंकी एक
कटारां

ये जियड़ा मैंने
थप-थप थापा
सोख लीं ठंडी साँसाँ

बीती बात
आस नहीं बीती

जोगी जी
क्यों
जियड़ा तप-तप
झुलसे''[24]

यातना से भरा हृदय, हृदय नहीं रहता। *जियड़ा* हो जाता है। दुख ही देते रहने के कारण अवांछनीय। स्त्री की चले तो पल-भर में इसे अपने से हमेशा के लिए अलग कर डाले। अलग तो वह नहीं कर पाती लेकिन उसे शूल (बड़ा और तीखा काँटा) चुभोती है। उसमें कटार भोंकती है। फिर भी वह धड़कने अर्थात् इच्छाएँ करने से बाज नहीं आता। वह उसे थपकती यानी प्यार से समझाती है। ठंडी साँसों, अतृप्त इच्छाओं, को सोख लेती है, ज़ाहिर नहीं होने देती। साँसें ठंडी हैं। हृदय तक पहुँचती भी होंगी पर ठंडक क्यों नहीं पड़ती? कोई जोगी हो तो बताए! संसार ने तो यह हालत की ही है। उससे कैसी उम्मीद! इसलिए जोगी। इसलिए भी कि संसार की असलियत पहचानने वाला *जियड़े* की असलियत क्यों नहीं पहचानेगा! पहचानता है पर संसार-भर से विरक्त जोगी का राग जियड़े में भी नहीं। क्यों बताए वह? इसलिए आग्रह। बताओ जोगी! क्यों है ऐसा? वेदना ज़्यादा हो तो शब्द थोड़े पड़ते हैं। थोड़े सही पर हैं खरे। अनिवार्य। थोड़े लिखे को बहुत समझाने वाले। अपनी क्षमता के उचित परिचय।

यही परिचय तब भी मिलता है, जब दो सखियों की बातचीत के लहज़े में पूछा जाता है-" *कनपटी री कनपटी/बता भी क्या गुज़री..." ।*[25] बहुमान्य झूठ है कि यातना सहना स्त्रीत्व का उत्थान है और कहना पतन। इसलिए बताना मुश्किल है। मुश्किल इसलिए भी है कि कहने में वह नहीं अँटने वाली। इसलिए भी कि आख़िर कहने से होगा क्या! यातना के अनेक रंग परत-दर-परत उघाड़ता एक ही पद–*बता भी!* बताने से और कुछ हो, न हो, दुखन तो कुछ कम होगी! इसलिए आग्रह से सराबोर पूछना।

जवाब अपने हाथ न सही, पूछना अपने हाथ है। पूछने पर जवाब कभी मिलते ही न हों, ऐसा भी नहीं है। ख़ामोशी भी अपने आप में एक जवाब हो सकती है पर ज़माना कोई स्त्री नहीं, जो ऐसे जवाब दे। वह जिस तरह के जवाब देता है, उनका परिचय **नूरजहाँ सर्वत** के इस शे'र में है–

"सवाल सादा-सा ज़िंदगी से किया था हमने भी एक सर्वत,
वो पत्थरों की हुई है बारिश, कि मिल गए हैं जवाब सारे।"[26]

सवाल एक और जवाब ढेरों। सवाल सादा-सा और जवाब नुकीले। ऐसे जवाब भी सवालों से ज़्यादा तक़लीफ़ देते हैं। स्त्री तो पूछकर ज़माने को अपनी बात कहने का

अवसर देती भी है, ज़माना उसे यह भी नहीं देता। **पवन करण** की एक कविता है–*यह आवाज़ मुझे सच्ची नहीं लगती*। इसमें स्त्री बताती है कि दंगों में पुरुष की तरह उससे उसका नाम नहीं पूछा गया। कपड़े उतरवाकर उसका धर्म नहीं जाना गया। उसने मौत माँगी तो उसके आँसुओं को वीर्य-तले रौंदा गया। ऐसे में आवाज़ सुनाई दी कि दंगा ख़त्म हो गया है। यह उसे सच्ची नहीं लगी। इसलिए कि उसकी *देह के ख़िलाफ़ दंगा भी सदियों से जारी* है और उसका बचकर भागना भी। उसी तरह जैसे वह इन दिनों गुजरात की सड़कों पर भाग रही है।[27]

अमानवीय राजनीति हो या अर्थव्यवस्था, भ्रष्टाचार हो या धर्म, सज़ा इसकी स्त्री को ही सबसे ज़्यादा भोगनी पड़ती है। अपराध ज़्यादातर पुरुष के हिस्से और सज़ाएँ ज़्यादातर औरत के। आख़िर वह धरती है! कुछ भी सह सकती है! अंधकारा में जीते रहने का उसे ख़ासा अभ्यास है! यह अभ्यास इसीलिए है कि जब कभी कुछ सहने का मौक़ा आ पड़े तो उसे आगे कर दिया जाए। अंधकारा में जीते रहना क्या है और इससे स्त्री को क्या हासिल हुआ, यह **परवीन शाकिर** ने इन शे'रों में कहा है–

"बैठी है बाल खोले हुए मेरे पास शब
आई है कौन शह्र से इतनी उदास शब

सूरज को देखने का सलीक़ा कहाँ हमें
जब भी नज़र उठाई रही आसपास शब"[28]

यह रात दुखों की अंधकारा से बनी है। इससे बाहर निकलने का जिसे अवसर ही न मिला हो, उससे इसके अलावा और कुछ पहचानने तक की उम्मीद नहीं की जा सकती। सुख को देखने-भोगने का सलीक़ा तो दूर की बात है। सूरज को देखने का सलीक़ा औरतों को नहीं। बात से ही ज़ाहिर है कि यह किसी पुरुष द्वारा कसा हुआ ताना है। स्त्री इसका कारण बताकर इसे बेअसर कर देती है। पुरुष का छोड़ा तीर पलटकर उसी को जा लगता है। हर कवच तोड़ते हुए। नंगापन प्रकट होता है। यह उसकी नंगई ही है कि स्त्री को ग़ुलामी की अंधकारा में क़ैद उसी ने कर रखा है और वही उसे आज़ादी देखने-जीने के सलीक़े से रहित कहता है! पुरुष के लिए किए गए स्त्री के तप का यह फल है! स्त्री के जीवन को हमेशा घेरे रहने वाली रात बड़ी मुश्किल से गुज़रती है। किसी तरह गुज़ारी जाती है। कैसे, यह बताती हैं **फ़हमीदा रियाज़** की ये पंक्तियाँ–

"लम्हा-लम्हा रात गुज़रती जाती है
क़तरा-क़तरा दिल में आँसू गिरते हैं।"[29]

लम्हा-लम्हा। एक गया, तब कहीं जाकर दूसरा आया। एक ने अपने हिस्से आया आँसू का एक क़तरा पूरी तरह वसूल किया, तब दूसरे को आने दिया। इस तरह टुकड़ा-टुकड़ा रात गुज़री। आँसू, यातना के परिणाम हैं। वे गालों पर नहीं बहते। दिल में गिरते हैं। चुपचाप। दिल में आँसू गिरते हों तो कोई देख नहीं सकता। अदृश्य आँसुओं में एक अटूट सिलसिला है यातनाओं को सहने का। छुपाने का। सहते-छुपाते जो रात किसी तरह गुज़ारी जा रही है, क्या उसका मतलब स्त्री की पूरी ज़िंदगी नहीं?

यातना सहने की आदत यातना देने की आदत का परिणाम है। **बली सिंह** ने लिखा–

"इस गाँव में
औरतों को पीटना तो जैसे नहाना है
जैसे रोज़ खाना खाना है।"[30]

खाना खाए बिना जैसे पेट खाली रहता है, वैसे मर्द का वह दिन भी खाली रहता है, जिस दिन वह औरत को न पीटे। पीटना मानो उसके ज़िंदा रहने का आधार है। यह तानाशाही की भूख है। पेट की भूख से अलग। पेट की भूख खाकर शांत हो जाती है। यह भूख उस आग से मिलती-जुलती है, जो जितनी शांत की जाए, उतनी भड़के। इस भूख को शांत करना नहाने जैसा है। निर्मलता और पवित्रतादायक। पुजारी जैसे नियमित स्नान द्वारा स्वयं को पूजा के योग्य बनाया करते हैं, उसी तरह मर्द, औरतों को पीटकर स्वयं को मर्दानगी के योग्य बनाते हैं। पीटना अपनी मर्दानगी का परिचय देना है। रौब गाँठना है। साबित करना है उसे। पिटती स्त्री का हाहाकार इन्हें अपना जय-जयकार लगता होगा! ऐसे लोग मर्द हैं, मनुष्य नहीं।

मनुष्यता से वे स्वयं भी वंचित होते हैं, स्त्री को भी वंचित करते हैं। दोनों में शिकारी और शिकार का रिश्ता बनाते हुए। यह रिश्ता सर्वत्र है। **विष्णु खरे** ने इसे वृंदावन जैसे स्थान पर भी पाया है। वह बेघर विधवाओं का आश्रय है। कृष्ण वहीं हैं, यह विश्वास उन्हें वृंदावन में रमाता है। इसी मनोहारी कल्पना से वे कभी गोपी तो कभी यशोदा-देवकी बनते हुए अपना सूनापन भरती हैं। यह कल्पना भी ज़्यादा दूर तक साथ नहीं देती। कृष्ण की जगह कीचक मिल जाते हैं। सभा की जगह सड़कें हैं, जहाँ सब जांघ दिखाते हैं। सड़कों पर उन्हें एकवस्त्रा आना पड़ता है। ये कीचक अब *"केवल विराट नगर के अँधेरे में ही प्रतीक्षा नहीं करते।"* वृंदावन में *"अब दस्यु देते हैं दो जून की रोटी और आसरा।"*[31] शरीर चलाने-भर की ज़रूरतें पूरी करने के लिए स्त्री को बुढ़ापे में भी क़ीमत चुकानी पड़ती है। पति से मुक्त होकर भी वह पुरुष से मुक्त नहीं हो पाती। मुक्ति की तलाश करते हुए एक अलग तरह की अंधकारा में पहुँचती है।

अंधकारा यातना-गृह है। हर स्त्री किसी न किसी रूप में यातना भोगती है। अकेले। फिर भी यातना स्त्रियों का सामूहिक सच है। इसलिए कि इसकी यात्रा स्त्री-दर-स्त्री जारी रहती है। **मोहन कुमार डहेरिया** ने उनके पूरे जीवन को एक *रिले रेस* की तरह देखा– *"ढहने ही वाली होती जैसे एक/दौड़ पड़ती दूसरी ले उसका संताप।"*[32] स्त्रियाँ आती-जाती रहती हैं। संताप नहीं जाता। इसका परिणाम **हेमंत कुकरेती** ने इन शब्दों में कहा है– *"अग्नि तो नहीं दे सकीं पर जाने क्यों लगता रहा उन्हें कि/किसी औरत को नहीं/ख़ुद को ही थोड़ा-थोड़ा फूँककर आई हैं..."*[33]

स्त्रियों का अंतिम संस्कार अंत में ही नहीं होता। कोई दूसरा ही नहीं करता। मृत्यु जैसी यातना उनके पूरे जीवन पर पसरी रहती है। इसीलिए किसी भी औरत की मृत्यु में उन्हें अपनी क्रमशः होती मृत्यु का एहसास होता है। सामाजिक स्तर पर अंतिम संस्कार करने का हक़ जिन्हें नहीं है, वैयक्तिक जीवन में उन्हीं को अग्नि नित्य जलाती है। यह अग्नि अनेकरूपा है। मारपीट, धोखाधड़ी, हत्या, बलात्कार, ग़ुलामी आदि इसके विविध रूप हैं। तरह-तरह से इनमें झुलसती है स्त्री।

वही स्त्री, जिससे जीवन को सारवान् लम्हे मिले हैं। वही, जिसके बिना मनुष्य-जीवन की कल्पना तक असंभव है। वही, जिसके बारे में **चन्द्रकांत देवताले** ने कहा–*"सिर्फ़ बेटियों का पिता होने से/कितनी हया भर जाती है शब्दों में..."*।[34] बेटियाँ भाषा को संस्कारित करती हैं। भाषा अभिव्यक्ति का माध्यम-भर नहीं होती। जीवन और व्यक्तित्व का विकास-परिष्कार करने वाली शक्ति भी होती है। बेटियों का भाषा में हया भरना भाषा को शालीन तो बनाता ही है, दूसरों की दृष्टि से भी जीवन को जीया जा सके, यह विवेक और कला भी पैदा करता है। **मदन कश्यप** जब कहते हैं कि स्त्रियों ने *"रची हैं दुनिया की सभी लोककथाएँ। उन्हीं के कंठ से फूटे हैं सारे लोकगीत/गुमनाम स्त्रियों ने ही दिए हैं/सितारों को उनके नाम!"*[35] तो स्त्रियों की दूसरों के लिए जीने की क्षमता को उजागर करते हैं। स्त्री-जीवन में यह क्षमता एक लोकगीत की तरह गूँजती रहती है। निरंतर उठती-गिरती स्वर-लहरियों में ध्वनि-प्रतिध्वनित होती हुई।

राजेश जोशी की एक कविता में *बेटी की बिदाई* के बाद का घर अकारण ही भाँय-भाँय करते सूनेपन को जगह नहीं दे देता। अकारण ही घर ऐसा नहीं हो जाता–*"जैसे बिना चिड़ियों की सुबह/जैसे बिना तारों का आकाश"*।[36] तारे आकाश के प्रकाश हैं। ऐसा प्रकाश, जो सूरज की तरह आकाश पर वर्चस्व स्थापित करते हुए नहीं आता। आकाश को मुखरित करते, भरते हुए आता है। सुबह चिड़ियों के बिना भी हो सकती है पर मूक। सुबह का उजाला एक संगीत भी है, यह उनके चहचहाने से पता लगता है।

बेटियाँ घर का संगीत हैं। जीवन का जगर-मगर संगीत। उनसे घर में उजाला भी है और ख़ुशियों की ध्वनि-प्रतिध्वनियाँ भी। ये आँखों और कानों के रास्ते लगातार हृदय तक पहुँचती रहती हैं। भरे रखती हैं हृदय के आकाश को। घर और हृदय का स्वर हैं वे। इसीलिए जितना भरती हैं हृदय और घर को, उनके चले जाने से वे उतने ही सूने हो जाते हैं। महत्त्वपूर्ण यह है कि जीवन का यह संगीत हमेशा गूँजता रहे, यह गुंजाइश जीवन में बहुत कम होती है। इसीलिए **अनीता वर्मा** ने लिखा–

"अभी मैं प्रेम से भरी हुई हूँ
पूरी दुनिया शिशु-सी लगती है
मैं दे सकती हूँ किसी को कुछ भी
रात-दिन वर्ष-पल अनंत
अभी तारे मेरी आँखों में चमकते हैं
मर्म से उठते हैं कपास के फूल

अंधकार अभी सिर्फ़ मेरे केशों में है।"[37]

तारे अभी चमकते हैं अर्थात् बाद में बुझ भी सकते हैं। अंधकार अभी सिर्फ़ केशों में है अर्थात् बाद में केशों से उतरकर पूरी स्त्री को लील भी सकता है। अभी जीवन का सहज उल्लास है, कल का भरोसा नहीं। आशंका के ग्रहण से त्रस्त चंद्रमा है यह। स्त्री-जीवन के उजाले को सीमित करता हुआ। स्त्री अंधकार को अपने केशों में बाँधे रखती है। दुख को प्रसारित होने से रोके रखती है। रोके न रख सके तो स्वयं को उसका आहार बनने के लिए प्रस्तुत कर देती है। जीवन में प्रसारित फिर भी नहीं होने देती।

वह स्वयं मूक रहकर लोक को ज़ुबान देती है। उसे गूँगेपन से उसी तरह बचाती है, जिस तरह **राजेश जोशी** के अनुसार लू लगने से यह बताकर बचाती है कि *"प्याज/एक तैयार घूँसा है/जिस से/लू डरती है।"*[38] स्त्रियों द्वारा जीवन के बचाव का एक उदाहरण यह भी है कि वे किसी उपेक्षित को उपेक्षित नहीं रहने देतीं। **मंगलेश डबराल** ने लिखा–*"एक स्त्री के कारण तुम्हें मिल गया एक कोना/तुम्हारा भी हुआ इंतज़ार/...एक स्त्री के कारण तुम बार-बार चकित हुए/तुम्हारी देह नहीं गई बेकार/...एक स्त्री के कारण एक स्त्री/बची रही तुम्हारे भीतर।"*[39] पुरुष के भीतर बची इस स्त्री ने उसे मर्द के साथ मनुष्य भी बनाए रखा।

जीवन को, मनुष्य को जिसने बचाए/बनाए रखा, उसी को पैदा होने से पहले मार दिया जाता है। न मारा जा सके तो तरह-तरह से उम्र-भर मारा जाता है। जीवन के लिए मरना और मरते रहना ही जैसे जीवन देने वाली स्त्री का जीवन हो! उसे ऐसे जीवन से बचाना उसपर एहसान करना नहीं, पूरे जीवन को मृत्यु से बचाना है।

ज़रूरी है सबके लिए, वरना जीवन बचा भी तो *बिना तारों के आकाश* या *बिना चिड़ियों की सुबह* जैसा ही होगा।

संदर्भ

1. वसुधाः 59-60 -अक्तूबर, 2003 से मार्च, 2004, *कन्या-भ्रूण की हत्याः कारक और कानून लेख* में श्री निवास गुप्तः पृष्ठ 222
2. स्त्रीः उपेक्षिता -सीमोन द बोउवार -प्रस्तुतिः डॉ. प्रभा खेतान, पृष्ठ 139
3. वसुधाः 59-60 -अक्तूबर, 2003 से मार्च, 2004, पृष्ठ 541
4. थपक थपक दिल थपक थपक -गगन गिल, पृष्ठ 59
5. लकड़बग्घा हँस रहा है -चंद्रकांत देवताले, पृष्ठ 17
6. अंत की कुछ और कविताएँ -तेजी ग्रोवर, पृष्ठ 39
7. बेनाम शजर -नूरजहाँ सर्वत, पृष्ठ 89
8. आलोचनाः अक्तूबर-दिसंबर, 2000, पृष्ठ 33
9. अंत की कुछ और कविताएँ -तेजी ग्रोवर, पृष्ठ 69
10. प्रतिनिधि कविताएँ -परवीन शाकिर, पृष्ठ 54
11. खूँटियों पर टँगे लोग -सर्वेश्वर दयाल सक्सेना, पृष्ठ 49
12. पल प्रतिपलः जुलाई-दिसंबर, 1980, पृष्ठ 47
13. हम जो नदियों का संगम हैं -बोधिसत्व, पृष्ठ 46
14. वही, पृष्ठ 86-87
15. चाँद की वर्तनी -राजेश जोशी, पृष्ठ 55
16. समकालीन हिंदी कविता -ए. अरविंदाक्षन द्वारा उद्धृत, पृष्ठ 131
17. कविता में औरत -अनामिका, पृष्ठ 122
18. चाँद की वर्तनी -राजेश जोशी, पृष्ठ 48
19. उर्वर प्रदेश -संयोजकः बिंदु अग्रवाल, पृष्ठ 42
20. कविता में औरत -अनामिका, पृष्ठ 127-128
21. दुःस्वप्न भी आते हैं -अष्टभुजा शुक्ल, पृष्ठ 113
22. इस पौरुषपूर्ण समय में -कात्यायनी, पृष्ठ 65

23. स्त्री मेरे भीतर -पवन करण, पृष्ठ 68-69
24. थपक थपक दिल थपक थपक -गगन गिल, पृष्ठ 60-61
25. वही, पृष्ठ 106
26. बेनाम शजर -नूरजहाँ सर्वत, पृष्ठ 19
27. स्त्री मेरे भीतर -पवन करणः पृष्ठ 57-58
28. प्रतिनिधि कविताएँ -परवीन शाकिर, पृष्ठ 79
29. क़तरा-क़तरा -फ़हमीदा रियाज़, पृष्ठ 11
30. आँखों की हदों से -बली सिंह, पृष्ठ 33
31. काल और अवधि के दरमियान -विष्णु खरे, पृष्ठ 82-83
32. उनका बोलना -मोहन कुमार डहेरिया, पृष्ठ 103
33. नया बस्ता -हेमंत कुकरेती, पृष्ठ 105
34. लकड़बग्घा हँस रहा है -चन्द्रकांत देवताले, पृष्ठ 57
35. वसुधाः 59-60 -स्त्री मुक्ति का सपना, अक्तूबर, 2003 से मार्च, 2004, पृष्ठ 427
36. चाँद की वर्तनी -राजेश जोशी, पृष्ठ 40
37. वसुधाः 59-60 -स्त्री मुक्ति का सपना, अक्तूबर, 2003 से मार्च, 2004, पृष्ठ 161
38. एक दिन बोलेंगे पेड़ -राजेश जोशी, पृष्ठ 47
39. आवाज़ भी एक जगह है -मंगलेश डबराल, पृष्ठ 71

ग़ुलाम का चुनाव नहीं ग़ुलामी

जीवन ज़रूरतों से तय नहीं होता। स्त्री की जैविक स्थिति का भी पुरुष ने अपना आधिपत्य स्थापित करने के लिए पर्याप्त लाभ उठाया है। इसीलिए मासिक-प्रवाह अपवित्र माना गया और वीर्यवान् होने को पुरुष का गुण। स्त्री के लिए लज्जा स्वाभाविक ठहरी और पुरुष के लिए गर्व। लज्जा का स्वभाव संकोच था और गर्व का विस्तार। एक को शासित होना था, दूसरे को शासक। पराधीनता और आधिपत्य का यह रिश्ता कमोबेश आज भी जारी है। स्त्री-मुक्ति के तमाम आंदोलनों और आधुनिकता-स्वतंत्रता की तमाम बहसों के बावजूद।

स्त्री के अस्तित्व पर पुरुष आद्योपांत पसरा है। पिता-भाई-पति-पुत्र, सभी रूपों में। **निर्मला पुतुल** ने एक कविता में स्त्रीत्व की तरफ़ से पूछा है–*क्या हूँ मैं तुम्हारे लिए? मात्र एक तकिया, थके-माँदे आओ और जिस पर सिर टिका दो? एक खूँटी, जिस पर ऊब, उदासी और थकान से भरी कमीज़ टांग दो? एक डायरी, जिस पर जब चाहे, जो चाहे लिखा जा सके? एक गेंद, जिसे इच्छानुसार उछाला जा सके? एक चादर, जिसे जब चाहे, जहाँ चाहे, बिछा दिया जाए?*[1]

इन सभी सवालों में इन्कार शामिल है। रूप ही सवालों का है। आशय यह कि स्त्री पुरुष के लिए तरह-तरह की वस्तुएँ बहुत बन चुकी। बस! अब और नहीं। वह कोई भी वस्तु बनने से इन्कार करती है। स्त्रीत्व के बारे में ज़रूरी सवाल उठाती है। यह स्त्री आधुनिक है। कपड़ों में परिवर्तन-भर के कारण चमकने वाली आधुनिक नहीं। आधुनिक है–संवेदनशील जागरूकता और पुरानापन छोड़ने वाले साहस के कारण। अपनी स्थिति को पहचानकर उसमें अपेक्षित परिवर्तन करने की तड़प के कारण। असुविधाजनक सवाल उठाने वाली दृढ़ता के कारण।

चुपचाप सब कुछ सहते चले जाना स्त्रीत्व का आदर्श अब भी माना जाता है। अंतर इतना है कि अब यह सर्वमान्य नहीं रहा। अब इस पर सवाल उठते हैं। इसकी अमानवीयता पर विचार होता है। इसके प्रति घृणा का जन्म भी होता है। प्रसार भी होता है। इस दौर की कविताओं ने इस वांछनीय घृणा के लिए भी अपनी शक्ति के अनुसार जीवन में लगातार जगह बनाई है। अपने तरीक़ों से। एक तरीक़ा है–पुरुष का स्त्री-विरोधी बहुरूपी व्यवहार बताना। **अमृता प्रीतम** की पंक्तियाँ हैं–

"उगी हूँ, पिसी हूँ, बेलन से बिली हूँ
आज गर्म तवे पर जैसे चाहो उलट लो!
...अन्नदाता!

मेरी ज़बान और इन्कार
यह कैसे हो सकता है!"[2]

पुरुष की भूख के लिए रोटी जैसा जीवन ज़ीने पर भी अन्नदाता है पुरुष ही। स्त्री को केवल सिंकना है। पुरुष की इच्छानुसार। पुरुष अन्नदाता अर्थात् भगवान है। सब कुछ तय करने वाला। ऐसा भगवान, जो वास्तव में शैतान से कम नहीं। कविता उसके प्रति भक्ति नहीं, घृणा पैदा करती है। **देवी प्रसाद मिश्र** ने एक कविता में लिखा—"*मर्द काफ़ी शेर थे सहलाते थे/स्त्रियों को अपनी अयाल से।*"[3] शेर से तुलना अक्सर बहादुरी की प्रशंसा करने के लिए की जाती रही है। यहाँ क्रूरता की भर्त्सना करने के लिए की गई है। अमानवीय होने पर बहादुरी ही क्रूरता बन जाती है। पुरुषों का पाशविक होना अमानवीय होना है। उनकी पशुता स्त्री को सहलाती है। ऊपर-ऊपर से देखें तो प्यार करती है। वस्तुतः सवाल उठाती है कि वह कैसा प्यार है, जो भय पैदा करे। क्या उसमें मनुष्य-हृदय की कोमलता रत्ती-भर भी झाँकती है? क्या वह जीवन से, जीवन का और जीवन के लिए होने वाला प्यार है?

अगर नहीं तो उसे अपनी सर्वोत्कृष्टता साबित करने वाला जंगल के राजा का खेल क्यों न माना जाए? राजा के लिए शिकार खेल ही होता है। वह किसी के लिए जानलेवा हो, इससे क्या! पुरुष को स्त्री से खेलना पसंद है। स्त्री इसमें शामिल-भर है। उसकी पसंद-नापसंद का कोई मतलब नहीं। लाड़-लाड़ में अपने प्रिय का छोटा नाम रख दिया जाता है। उसे उसी नाम से पुकारकर अपना प्यार ज़ाहिर किया जाता है। ऐसे नाम की ही तरह **परवीन शाकिर** की एक छोटी-सी नज़्म है—*निक नेम*। उसमें स्त्री कहती है—

"*तुम मुझको गुड़िया कहते हो*
ठीक ही कहते हो
खेलने वाले सब हाथों को
मैं गुड़िया ही लगती हूँ।"[4]

यह शब्द *निक नेम* है। प्यार में रखा हुआ नाम। लाड़ और भय की आशंका से भरा हुआ। मन भर जाए तो गुड़िया से खेलने वाले हाथ उसे फेंक भी सकते हैं। तोड़ भी सकते हैं। स्त्री के लिए *गुड़िया* शब्द में यह आशंका शामिल है। यह कविता इस आशंका से सचेत करती है। कहीं किसी स्मृतिलोक में रह जाए तो उसे प्रेम के नाम पर खिलवाड़ से सावधान कर सकती है। खिलवाड़रहित निर्मल प्रेम के योग्य बना सकती है। स्त्री और पुरुष, दोनों को। इस संभावित मानस-परिवर्तन के लिए ही है कविता।

इस परिवर्तन से लाभ स्त्री को ज़्यादा होने वाला है। इसलिए कि परिवर्तन न होने पर नुक़सान वही ज़्यादा उठाती है। फ़िलहाल हालात अधिकांशतः परिवर्तनहीनता से ग्रस्त हैं। इनके चलते पुरुष, वर्चस्व का अधिकारी है। अपने हित में कुछ भी इस्तेमाल कर सकता है। बच्चे मनुष्यता के सपने होते हैं। स्त्री-पुरुष मिलन के जीवंत फल। वर्तमान के उल्लास। भविष्य के आधार। पुरुष उनका इस्तेमाल करने से भी बाज नहीं आता। **मलयज** ने बताया है—"*जैसे पशु पर गर्म लोहे की मुहर दाग़ दी जाती है/उस कमसिन लड़की की गोद में एक बच्चा आ गया।*"[5] पशु पर मुहर दाग़ना उस पर अपना अधिकार घोषित करना है। स्त्री माँ न बनी हो तो पुरुष का साम्राज्य ज़्यादा आसानी से छोड़ सकती है। इसलिए बच्चे को

स्त्री पर अपने अधिकार का प्रमाण-पत्र बना डालता है मर्द। वह रस्सी, जो स्त्री को हमेशा बाँधे रखे। पूरी तरह पालतू बना दे। कहा जा सकता है कि वह यह सब स्त्री का प्रेम पाने के लिए करता है। कविता दिखाती है कि पुरुष का प्रेम आख़िर है कैसा।

"ख़ुशबू कहीं न जाए ये इसरार है बहुत
और ये भी आरज़ू कि ज़रा ज़ुल्फ़ खोलिए"[6]

परवीन शाकिर के शब्दों में ऐसा है पुरुष का प्रेम। एक खेल। स्त्री के सामने इस तरह की अंतर्विरोधी चुनौतियाँ रखना इस खेल का हिस्सा है। पूरी करने को असंभव उम्मीद सामने रखकर मुस्कराना और मन ही मन कहना–देखें, क्या तोड़ है इसके पास इस चाल का! इस खेल में स्त्री को कोई चाल नहीं चलनी। उसे चाल में फंसना-भर है। मछली और जाल का रिश्ता है यह। मछुआरा ही तय करता है कि वह मछली को खाए, दिखाए या बेच दे। हर हाल में खाई मछली ही जाएगी।

लीलाधर जगूड़ी एक *सुबह का फोटू* दिखाते हैं, जिसमें जामा मस्जिद के पास एक मर्द की ग़द्दारी पर एक औरत चीख़ रही है। मर्द के कुछ भी बोलते ही वह चीख़ पड़ती है। यह जानते हुए भी कि औरतें अज़ान नहीं देतीं, मस्जिद उसकी चीख़ को दूर से आती अज़ान की तरह सुनती है। निर्लिप्त भाव से। तभी मस्जिद से अज़ान का पुरुष-स्वर उठता है और उसे सुनकर भी वह चीख़ पड़ती है। हालत उसकी यह है कि *"आँसू पीकर तोड़ती है रोज़ा।"*[7]

धर्म के नाम पर जो कुछ होता है, वह सारे का सारा धर्म नहीं होता। जो धर्म नहीं, फिर भी है, उसके ख़िलाफ़ है औरत की चीख़। मर्द की चुप्पी के ठीक सामने। कोई देखे तो समझे कि औरत सुबह-सुबह शांति-भंग कर रही है! मर्द को इबादत भी नहीं करने देती! औरत-मर्द के रिश्तों का मिज़ाज ही कुछ ऐसा बना दिया गया है कि पीड़ित अपराधी साबित होता है और अपराधी मासूम। अपराधी स्वयं न्यायाधीश हो तो इसके अलावा और हो भी क्या सकता है!

त्याग, समर्पण और सहनशीलता जैसे मूल्यों के ही कारण स्त्री को महान् बनाने-कहने वालों को, ऐसे मूल्यों को ही जीने वाली स्त्री को अत्यंत सुखी समझने वालों को **सीमोन** की इस बात पर ध्यान देना चाहिए कि *"ग़ुलामी, ग़ुलाम का पेशा नहीं होती।"*[8] शौक नहीं होती। चुनाव नहीं होती। विवशता ही होती है। पुरुष ने स्वयं को स्त्री-जीवन के लिए लगभग साँसों की तरह अनिवार्य बना डाला है। अक्सर वह पुरुष के बिना जीवन की कल्पना तक नहीं कर पाती। **अनामिका** ने एक *पतिव्रता* का जीवन इस तरह लिखा–

"स्वामी जहाँ नहीं भी होते थे
होते थे उनके वहाँ पंजे
मुहर, तौलिए, डंडे,
स्टैम्प पेपर, चप्पल-जूते,
हिचकियाँ, डकारें, खर्राटे
और त्यौरियाँ-धमकियाँ-गालियाँ खचाखच।"[9]

इन सभी को अगर स्त्री के जीवन से निकाल दिया जाए तो भाँय-भाँय करता सूनापन बचेगा। पुरुष से ही जुड़ी वस्तुस्थितियों में वह हमेशा घिरी रहे, यह स्त्री का चुनाव नहीं।

पुरुष द्वारा उस पर पूरी तरह आधिपत्य क़ायम करने की सतत परंपरा का परिणाम है। वह जहाँ नहीं भी होता, वहाँ भी स्त्री की छाती पर उसका पौरुष विराजमान रहता है। **हेमंत कुकरेती** की एक कविता में *स्वेटर* बुनने से पहले स्त्री सोचती है कि उसपर फूल बनाए या किताब। पेड़ बनाए या नदी। चिड़ियाँ बनाए या कुछ और।

कुछ पुरुष को नहीं रुचता और कुछ उसके लिए त्रासद है। अंततः तय करती है कि सीधे-सीधे बुन देगी। डिज़ाइनकी समस्या हल होती है तो रंगों की घेर लेती है। उसे पता नहीं कि पुरुष को कौन-सा रंग पसंद है। पुरुष से *"कई बार पूछा भी था उसने/लेकिन पुरुष हमेशा छुपाता रहा अपना रंग।"*[10] यह पुरुष की रंगदारी है कि उसका अपना रंग पकड़ में न आ पाए। ऊपर-ऊपर उजला। भीतर-भीतर काला। कविता इस उजले को चीरकर कालिख सामने लाती है।

इस कालिख को स्त्री तरह-तरह से सहती है। पुरुष शहर का हो या गाँव का, स्त्री के हिस्से दुखद रंग ही चुनकर रखता है। **निर्मला पुतुल** ने एक आदिवासी गाँव में स्त्री की पुरुष-अधीनता के रंग *ढेपचा के बाबू* में इस तरह उकेरे–

"...गाँव-घर का हाल तो जानते ही हो
जिसका मरद साथ नहीं होता
उसे कैसे-कैसे सताते हैं
गोतिया-भाय आस-पड़ोस के लोग
...और एक दिन तो ग़ज़ब ही हो गया
लखना के बेटे को साँप ने काटा
तो सबके सब आ धमके हमारे पास
कहने लगे डायन हैं हम
कुछ कर दिए हैं उसके बच्चे को
वह तो अच्छा हुआ शरबतिया ने साँप
देख लिया
नहीं तो पकलू बुढ़िया की तरह
मुझे भी घसीटकर ले जाते लोग कुलि में
और भरी पंचायत में सर मुंडवा
नचा देते नंगा
कर देते मुँह पर पेशाब
ठूँस देते मैला..."[11]

पुरुष अपनी जिन स्त्रियों को गाँव में छोड़ आते हैं, वे आजकल के भरे-पूरे गाँव में भी अकेली हो जाती हैं। उन्हें डायन साबित करना और फिर उनके साथ मनमाना सुलूक करना आसान हो जाता है। ध्यान इस पर भी दिया जाना चाहिए कि डायनें ही क्यों ज़्यादा होती हैं। भूत-पिशाच-राक्षस उतने क्यों नहीं होते? कमज़ोर हो तो पुरुष भी ज़ुल्म का शिकार होता है, इसमें कोई संदेह नहीं लेकिन स्त्री शिकार ज़्यादा होती है। इसलिए भी कि शिकार होने की तरह शिकार खेलना औरतों के जीवन का अभिन्न अंग अभी नहीं बना है।

स्त्री अगर उसकी हो तो कमज़ोर पुरुष भी उसपर अपना आधिपत्य क़ायम करने से नहीं चूकता। **चंद्रकांत देवताले** के शब्दों में, *"भयभीत आदमी के/साहसी क़िस्सों का सबसे बड़ा ख़ज़ाना/उसकी बीवी के पास होता है।"*[12] यह तिजोरी की तरह बीवी का इस्तेमाल है। भयभीत आदमी की बहादुरी के क़िस्से! स्त्री का इस्तेमाल पुरुष के लिए असंभव को भी संभव बना देता है। फिर क्यों न पुरुष हर मामले में खुलकर स्त्री का इस्तेमाल करे! ऐसा वह करता है। वह भी सर उठाकर!

इस्तेमाल होना स्त्री का फ़र्ज़ है। इसलिए इस्तेमाल करने के बाद पुरुष उसका कृतज्ञ होने की कोई ज़रूरत नहीं समझता। वह इसे अपना एहसान ही ज़्यादा मानता है कि उसने एक साधारण स्त्री को इस्तेमाल करने योग्य समझा। स्त्रियों में स्वतंत्रता की चेतना बढ़ रही है लेकिन व्यभिचार की अनंत प्यास और छूट के कारण आज भी पुरुष स्त्रियों को ज़्यादा छोड़ते हैं। छोड़ दी गई स्त्री के साथ ही उससे पैदा हुए बच्चे अपने आप छूट जाते हैं। उनकी ज़िम्मेदारियों से भी मुक्ति मिल जाती है पुरुष को। छुट्टा हो जाता है–सांड।

बच्चों को स्त्री पालती-पोसती है। उन्हें अपनी छाती से चिपकाए वही सारे आँधी-तूफ़ान सहती, अपनी जवानी-अपनी ज़िंदगी गलाती रहती है। **पवन करण** की एक कविता है–*जिसे तुम मेरा पिता कहती हो*। यह अपने पिता के पास जाकर लौटे बेटे की तरफ़ से लिखी गई है। पिता ने उसकी माँ को छोड़कर दूसरी स्त्री के साथ रहना तब शुरू कर दिया था, जब वह माँ की गोदी में खेला करता था। पुरुष-निर्भरता इतनी थी कि बड़ा होने पर उसकी माँ उसे अपने पिता के पास गाहे-बगाहे भेजने लगी। वहाँ से लौटते हुए एक बार वास्तविकता उसे बुरी तरह चुभी। वास्तविकता यह कि *"दिन-भर काम में जुटी रहने वाली अपढ़/मगर अच्छी-ख़ासी इस औरत में"* कोई कमी नहीं थी। यह कि सारे ज़ुल्म सहकर भी माँ जिसे उसका पिता कहती है, वह कायर है। इतना कि अकेले में भी कभी अपनी पहली पत्नी को याद नहीं करता। उससे जन्मे अपने पुत्र को भी पुत्र कहने की हिम्मत नहीं कर पाता।[13]

यह पुरुष ही है, मनुष्य नहीं। कामुकता, उच्च जीवन-स्तर आदि लिप्साएँ इसके लिए अपनी ज़िम्मेदारियों से ज़्यादा महत्त्वपूर्ण हैं। अपने पुत्र के सर से अपना साया उठा लेने वाला यह पुरुष जितना अवसरवादी है, उतना ही क्रूर। जितना लंपट है, उतना ही बेईमान। यह कविता उसे उसकी अधिकांश अमानवीयताओं के साथ सामने लाती है। एक पुरुष के द्वारा लिखी जाने पर भी यह कविता पुरुष की नहीं, स्त्री की दृष्टि से लिखी गई है। इसलिए पुरुष के कपड़े इसमें उतर सके हैं। यही **पवन** की इन पंक्तियों में भी होता है–

"मैं उसकी देह को अपना घाव चाटते
कुत्ते की तरह चाटना चाहता था
मैं उसकी देह को गंडेरी की तरह चाहता था चूसना
मैं उसे अपने मुँह में भरकर
शक्कर के दानों की तरह चबाना चाहता था।"[14]

यह पुरुष द्वारा अपनी विलास-लोलुपता को खुलकर स्वीकार करना है। उल्लेखनीय इसलिए कि अधिकांश पुरुष यही चाहते हैं पर स्वीकार नहीं करते। वे पुरुष होते हैं पर अपनी ही इच्छाओं का सामना करने योग्य पौरुष उनमें नहीं होता। वे भीतर-बाहर एकरूप

नहीं होते। बाहर से मर्यादित, भीतर से जंगली। बाहर से सुसंस्कृत, भीतर से आदिम। बाहर से मनुष्य, भीतर से पशु। स्त्री उनके लिए एक शरीर-भर होती है और वह शरीर भी क्या होता है? **पवन करण** के ही अनुसार–

"उसकी लहलहाती देह
जिसे बुरी तरह रौंदकर
मैं अभी-अभी लौटा हूँ
मेरी टापों के नीचे
पकी फ़सल जैसी है"[15]

स्त्री का शरीर *पकी फ़सल* है। फ़सल को काटना नहीं, रौंदना है। भले ही इसके लिए पुरुष को मनुष्य की जगह घोड़ा होना पड़े। यह इस अंधविश्वास का असर है कि औरत ज़ुल्म सहने के लिए ही है और मर्द ज़ुल्म करने के लिए। **शुभा** के शब्दों में–*"वह पौरुष ही क्या/जो बलात्कार न कर सके/और वह स्त्रीत्व ही क्या/जो बलात्कार को सहन न कर सके।"*[16] बलात्कार अर्थात् ज़ुल्म। स्त्री-पुरुष संबंधों में अपनी उपस्थिति को अनिवार्य बनाता हुआ।

स्त्री तो इसकी क़ीमत चुकाती ही है, पुरुष भी मनुष्यता से वंचित होता है। अतः स्त्री-मुक्ति की समस्या जितनी स्त्री की है, उतनी ही पुरुष की भी है। स्त्री-विरोधी मान्यताओं और आदतों के बंधनों में वह कम नहीं जकड़ा है। उसी ने भीतर-बाहर स्त्री-पीड़क वायुमंडल रचा है। उसमें क़ैद वह भी है। मुक्त उसे भी होना है। **अनामिका** ने सही लिखा है कि" पितृसत्तात्मक समाज के शिकार पुरुष भी हैं, क्योंकि दरअसल यह स्त्री और पुरुष, दोनों का विकास अवरुद्ध करता है, दोनों का जीवन विषाक्त करता है, एक को भेड़ और दूसरे को भेड़िया बना डालता है तो दोनों ही मानवीय गरिमा से नीचे गिरते हैं।"[17] दोनों के इस पतन का संवेदन **नूरजहाँ सर्वत** के इस शे'र में है–

"फिर उसके बाद उसे अपनी कोई सुध न रही
जो मुतमइन था बहुत बदहवास करके मुझे"[18]

बदहवास करना बदहवास होना भी है। इसलिए कि पुरुष चाहे जितना बर्बर हो, बूचड़ख़ाने का यंत्र वह नहीं हो सकता। स्मृति, कल्पना, विचार और अनुभूति थोड़ी-बहुत उसमें रहती ही है। इसलिए बदहवास करके वह सहज नहीं रह पाता। लगातार बदहवास करते रहना उसे मुश्किल पड़ता है। एक बार भी बदहवास करना मनुष्यता से उसका पतन है। इस पतन का स्वाभाविक दुष्परिणाम है–वास्तविक स्त्री-पुरुष संबंधों की हत्या। इन संबंधों के स्वाभाविक रूप–प्रेम और संभोग की हत्या। हत्या हो जाने पर प्रेम एक-दूसरे के अवसरवादी इस्तेमाल या छल में बदल जाता है और संभोग एक निरी शारीरिक क्रिया की यांत्रिकता या बलात्कार में। प्रेम और संभोग की हत्या से एक ऐसा सामाजिक वातावरण बनता है, जो पौरुष के भी ख़िलाफ़ है और स्त्रीत्व के भी। दोनों के भीतर से मनुष्यत्व की आत्मा खींच लेने वाला वातावरण है यह। क़ीमत इसकी स्त्री को ज़्यादा चुकानी पड़ती है।

किसी से प्रेम हो जाए तो उसे अक्सर प्रकट नहीं कर पाती वह। इसके लिए उसे बेशर्म कहलाने की क़ीमत चुकानी पड़ती है। एक अरसे से यह सिलसिला चला आ रहा

है। उसके मन को ग़ुलामी की लगभग आदत पड़ गई है। **अशोक वाजपेयी** ने *नर्तकी* के बारे में लिखा है कि *"वह दूसरों की कथा कहती है अपने शरीर से।"*[19] यह उसकी महानता भी हो सकती है लेकिन तभी जब वह अपनी मर्ज़ी से अपने शरीर का इस्तेमाल दूसरों के लिए करती हो। अक्सर ऐसा नहीं होता। उसके सामने इस चुनाव की स्थिति ही नहीं होती कि अपने शरीर से वह दूसरों की कथा कहे या अपनी। स्पष्ट है कि स्त्री को चारदीवारियों से बाहर निकालने का दावा करने वाले इस दौर में भी उसका शरीर बिकाऊ चाहे जितना हो गया हो, अपना नहीं हो सका।

अपने शरीर पर अपना अधिकार न रहे तो यह ग़ुलामी ही है। ज़्यादा से ज़्यादा इसे ग़ुलामी का नया चेहरा कहा जा सकता है। स्त्री द्वारा सहे जाते ग़ुलामी के भिन्न-भिन्न चेहरों की संख्या में बढ़ोतरी करने वाला। यौन-पवित्रता-पिशाच-की ग़ुलामी का एक चेहरा **उदय प्रकाश** ने दिखाया है–

"एक औरत नाक से बहता ख़ून पोंछती हुई बोलती है
क़सम खाती हूँ, मेरे अतीत में कहीं नहीं था प्यार
वहाँ था एक पवित्र, शताब्दियों लंबा, आग जैसा धधकता सन्नाटा
जिसमें सिंक रही थी सिर्फ़ आपकी ख़ातिर मेरी देह..."[20]

ग़ुलामी विवाह के बाद ही शुरू नहीं होती। पहले भी जारी रहती है। स्त्री की यौन-पवित्रता भी उसके जीवन की तरह स्वयं उसके लिए नहीं है। पुरुष की इज़्ज़त बनाए रखने या बढ़ाने के लिए है। पराधीनता असहाय बनाती है। स्त्री की असहायता का हाल यह है कि उसे कहना पड़ता है–*"तुम जो जी आए, कर लो मेरे साथ/बस मुझे किसी तरह जी लेने दो।"*[21] पुरुष उसे किसी तरह जीने नहीं देता। देता भी है तो अपनी इजाज़त की भरपूर क़ीमत वसूल करता है।

जन्म लेते ही स्त्री जिस वायुमंडल में साँस लेती है, वह उसके अनुकूल नहीं होता। पहली-पहली बार उसे जो कुछ देखने-सुनने को मिलता है, उसमें उसके होने का विरोध शामिल होता है। इस विरोध को वह उस समय समझने योग्य नहीं होती, इससे विरोध पर कोई असर नहीं पड़ता। वह अपनी जगह रहता ही है। इसकी साखी होती हैं ये पंक्तियाँ–

"इतनी अफ़सुर्दा (बुझी-बुझी) आवाज़ मेरे ख़ुदा
मेरी पहली समायत (सुनने की शक्ति) पे लिखी गई
मेरी पहली ही साँसों में घोला गया
उन शिकस्ता (कमज़ोर) से लहज़ों का ज़हरीलापन
आह लड़की है
लड़की है
लड़की है यह! ! !"[22]

इश्रत आफ़रीं की इस कविता में स्त्री के जन्म का घर और समाज में होने वाला स्वागत दर्ज है। जन्म का अर्थ ही है स्त्रीत्व-विरोधी वायुमंडल में आ जाना। पराधीनता और दमन के सिलसिले का शुरू हो जाना। यह सिलसिला स्त्री के साथ ही क्यों जन्म लेता है? इसलिए कि जिस वायुमंडल में उसे साँसें लेनी हैं, वह स्त्री की ग़ुलामी के पक्षधर

(अंध)विश्वासों से बना है। **बली सिंह** की एक कविता है–*तुम लौट आओ प्रिय!* उसमें कहा गया है–

"माँ भी वैसी ही है
जहाँ कहीं सुनती है कि फ़लां को लड़की हुई है
उसके गोडे-से टूट जाते हैं
और कहने लगती है–
लड़के के बिना चाँदना-सा नहीं होता घर में।"[23]

माँ जब पैदा हुई थी, तब भी घर अँधेरे से भर गया था। माँ ने हमेशा यही देखा है कि लड़कीं के पैदा होने पर घर अँधेरे से भर जाता है। लड़की का पैदा होना और घर का अँधेरे से भर जाना परस्पर संबद्ध क्रियाएँ हैं। एक होगी तो दूसरी होगी ही। वैसे ही जैसे बोलना और आवाज़ का होना। लड़का पैदा होता तो गोडे-से नहीं टूटते बल्कि टूटे हुए गोडे भी उत्साह की ऊर्जा पाकर थोड़ी देर को ठीक हो जाते। यह आलम तो तब है, जब लड़के बड़े होकर माँ-बाप के गोडे तोड़ने में लड़कियों से कहीं आगे रहते हैं।

लड़की माँ के घर में नहीं, किसी और के घर में पैदा हुई है। अँधेरा किसी और के घर में भरा है लेकिन माँ सरल है। तेर-मेर नहीं जानती। उसके लिए अँधेरा, अँधेरा है। अपने घर में हो या किसी और के घर में। *गोडे-से टूट जाना* ठेठ हरियाणवी मुहावरा है। निराशा से पैदा होती निष्क्रियता को रूप देता हुआ। चाँदनी हरियाणवी ठसक के साथ जुड़कर *चाँदना* हो जाती है। ये स्थानीय प्रयोग, प्रयोग के लिए नहीं हैं। माँ बोलती ही ऐसे है। वस्तु अपना रूप स्वयं लेकर आई है यहाँ। जो रूप लाई है, उसके साथ कवि ने कोई छेड़छाड़ नहीं की। इसलिए रूप इतना स्वाभाविक है कि अलग से दिखलाई नहीं देता।

माँ का महिमा-मंडन हिंदी कविता में बहुत हुआ है। यहाँ ध्यान देने की बात यह है कि माँ जड़ हो चुकी सामाजिक मान्यताओं की प्रतिनिधि है। यहाँ उसकी आलोचना है। सधी हुई। माँ की आलोचना भी सध जाए, यह विरल है। माँ को खुली आँखों देखना है। उसे देवी से मनुष्य बनाना है। वह जैसी है, उसे वैसी ही कविता में ले आना है। जड़ प्राचीनता की समर्थक दिखाई देती माँ वास्तव में है उसकी शिकार। उसी तरह जैसे कोई भी स्त्री स्त्रीत्व-विरोधी वातावरण की शिकार होती है।

यह वातावरण गर्भ तक में स्त्री को शिकार बनाता है। वह पैदा हो ही जाए तो उसे ढंग से जीने नहीं देता। कभी झटके से मार डालता है, कभी हलाल करता रहता है। स्त्री मरते-मरते जीती है और जीते-जीते मरती है। दूसरों के हिसाब से ही जीते रहना जैसे उसके ज़िंदा रहने की शर्त हो! उसे जो प्रशंसा या सम्मान मिल पाता है, वह दूसरों के हिसाब से ज़िंदा रहने के कारण। **पवन करण** जो *स्त्री सुबोधिनी* लिखते हैं, उसका केवल रचनाकाल इस ज़माने का है। स्त्री से की जाने वाली अपेक्षाओं से बर्बर सड़ांध आती है–

"हमें अपने इकलौते लड़के के लिए एक ऐसी बहू चाहिए
जो दुनिया की सबसे अच्छी बहू हो और उसे ये बात
कि वह दुनिया की सबसे अच्छी बहू है पता न हो

जिसे बोलना भले ही आता हो पर हो वह गूँगी
'न' इस शब्द को वह पहचानती ही न हो
और 'हाँ' उसकी ज़ुबान पर दरवाज़े के बाहर
हाथ बाँधे खड़े नौकर की तरह रहता हो खड़ा
...जिसे रोना बिल्कुल न आता हो
चीख़ना तो वह जानती ही न हो
और उसकी पीठ ऐसी हो कि उसपर उभरते ही न हों नीले निशान
उसके गालों पर छपती ही न हों उँगलियाँ
और वह पिटते समय बिलखती नहीं, हँसती हो...''[24]

यह कविता का वैवाहिक विज्ञापन है। पर्दे के पीछे से सच्ची आवश्यकताओं को खींचता/सामने लाता हुआ। बहू क्या, कठपुतली की तरह जीने की कला जानने वाली हाड़-मांस की युवती चाहिए। वह ऐसी नहीं निकली तो उसे छोड़ या मार दिया जाएगा। फिर एक ऐसा ही विज्ञापन दिया जाएगा। यह सब तब तक चलता रहेगा, जब तक दुनिया की सबसे अच्छी बहू मिल नहीं जाती। अंततः ऐसी बहू मिल भी जाएगी। कारण यह कि लड़कियों को ऐसी बहू बनने के मक़सद से ही पाला-पोसा जाता है।

प्यार करना स्त्री-मन की सहज इच्छा है। वह पुरुष से प्यार करना चाहती है। पुरुष भी उसका प्यार पाना चाहता है। मुश्किल यह है कि पुरुष स्त्री-इच्छा पूरी करने के लिए माध्यम नहीं बनता। माध्यम अक्सर स्त्री ही बनती है। उसे या तो कोई इच्छा ही नहीं करनी और या फिर पुरुष-इच्छा की तृप्ति में ही अपनी तृप्ति भी ढूँढ़नी-पानी है। यही रास्ता है, जो उसके लिए बंद नहीं है। इस रास्ते पर न चलकर जो दूसरे बंद रास्ते खोलने की कोशिश करती है, उसका हाल **नूरजहाँ सर्वत** के शब्दों में यह होता है–

''मैं दश्ते-तमन्ना में बस इक बार गई थी
उस वक़्त से रिसते हैं मिरे पाँव के छाले।''[25]

दूसरों के लिए तमाम उम्र दौड़ते रहना स्त्री का कर्त्तव्य है, अपने लिए दो क़दम भी चलना गुनाह। गुनाह की सज़ा मिलती है। पाँवों में ऐसे छाले पड़ते हैं, जो कभी ठीक होने में ही न आएँ। फिर उसे इन्हीं छालों-भरे पाँवों से दूसरों के रास्ते पर सारी ज़िंदगी तय करनी पड़ती है। न करनी पड़े, इसके लिए बेटी को बचपन से ही माँ तैयार करना चाहती है। चाहती ही है, पूरी तरह कर नहीं पाती। **वीरा** ने *बेटी के लिए* कविता में लिखा है–

''मेरी बच्ची
मैं तेरे पाँवों के लिए
ख़ूबसूरत सैंडिल लाई आज

देख मेरी बेटी/मैं तेरे पाँवों में
हवा, फूल और चिड़ियों के
पंखों की उड़ान नहीं पहना सकती
मैं तेरे पाँवों में/आसमान छूने की
ताक़त भी नहीं भर सकती

मेरी बेटी, तू देख
मेरी मज़बूरी कि
मैं तेरे पाँवों में
अपने आपको सुरक्षित रखने की
चालाक तमीज़ पहना रही हूँ।"[26]

पहनाना चाहती है उड़ान और पहनानी पड़ती है ख़ुद को बचाए रखने की चालाक तमीज़। कारण यह कि चलना उसे स्त्री-असुरक्षा की सड़कों पर ही है। इस तरह कि सड़कें उसे छूने न पाएँ। सैंडिल इन सड़कों और पाँवों के बीच सुरक्षित दूरी बनाए रखने के उपाय हैं। सही-सलामत रहेगी तो बेटी आने-जाने लायक़ भी बनी रहेगी। पहली बात है–सही-सलामत रहना। इसी के लिए संघर्ष इतना हो जाता है कि आसमान छू सकने वाली उड़ान मन में सिकुड़ी बैठी रहती है। पंख फैलाने की जगह ही नहीं मिल पाती। उसे भूल जाना पड़ता है उड़ान की शक्ति को। इस सीमा तक कि चलने में भी वह पुरुष पर निर्भर हो जाए। **लीलाधर जगूड़ी** की इन पंक्तियों में ऐसी ही स्त्री है–

"अकेली औरत पार करना चाहती है सूनी सड़क
आगे बढ़ चुके पति को पीछे बुलाती है
जो कि लौट आता है गुस्से और कोफ़्त में

अकेली औरत शादी के तीस वर्ष बाद भी
पूछती है सड़क पार कर लूँ

वह मर्द को अगुआ करती है
डग भरती है
जैसे एक ज़माना पार कर रही हो
वह दिखती है एक खोए हुए साहस की तरह।"[27]

आज भी स्त्री का आदर्श यह *खोया हुआ साहस* होना है। क़दम-क़दम पर पराधीनता की आदत होना है। संभव है–पुरुष स्त्री की इस पराधीनता को उसका प्रेम समझता हो और मुग्ध होता हो ऐसी पत्नी पाने पर लेकिन उसके प्रेम समझने पर भी पराधीनता रहती है पराधीनता ही। प्रारंभ से ही इस पराधीनता को नियति की तरह स्वीकार करना स्त्री को सिखाया जाता है। इसलिए कि ज़िंदगी के हर मोड़, हर मुक़ाम पर वह अलग-अलग ढंग से उसका स्वागत करने को तैयार खड़ी रहती है। **कात्यायनी** के शब्दों में–

"बाबुल ने काट दिए पंख,
उड़ न जाऊँ कहीं साँझ-सकारे
रैन-अंधियारे
इस ख़तरनाक बियाबान में।
...अभिव्यक्ति का वर देने को
तैयार हुए गुरु
हृदय की गुरु-दक्षिणा की शर्त पर,

वही हृदय
जहाँ मेरा आसमान क़ैद था।"[28]

हृदय में क़ैद आसमान क़ैद ही रह जाता है। पहले सुरक्षा के कारण, फिर सशर्त प्रेम के। स्त्री का सारा जीवन उसके मन से नहीं, पुरुष-आधिपत्य की मोटी-महीन- डोरों से संचालित होता है। कहीं-कहीं और कभी-कभी स्त्री को अपना व्यक्तित्व बनाने के अवसर मिल पाते हैं। वह इनका उपयोग भी करती है। किसी तरह अपना व्यक्तित्व भी बनाती है। थोड़ी-बहुत स्वतंत्रता भी अर्जित करती है पर इसके बाद होता क्या है? **कात्यायनी** ने यह भी बताया है–

"वे
हमें
हमारे वजूद की
याद दिलाते हैं।
एहसास कराते हैं
एक वजूद वाली औरत को
प्यार करने का,
उस पर क़ाबू पाने का
मज़ा ही कुछ और है।"[29]

वजूद वाली औरत को भी मर्द के क़ाबू आना पड़ता है। जैसे वजूद वाली होना भी मर्द का लक्ष्य बनना हो! भेदे जाने का निमंत्रण बनना हो! पराधीन बनना हो! औरत वजूद वाली बन भी जाए तो क्या, पुरुष की मानसिकता तो वही है! पिछड़ी हुई। उसकी इस मानसिकता को पोसने वाला वातावरण तो वही है! पिछड़ा हुआ। इनके बीच स्त्री वजूद वाली होकर भी क्या कर लेगी! बदलाव जब तक पूरा नहीं होता, तब तक स्त्री-जीवन में भी बदलाव नहीं होने वाला।

नया अर्थतंत्र स्त्री की स्थिति में बदलाव करने का दावा करता है। इस दावे के समर्थन में सौंदर्य को एक व्यावसायिक गतिविधि बनाने का प्रमाण प्रस्तुत करता है। सही है कि सौंदर्य का अब एक व्यावसायिक मूल्य है। वह अब लड़कियों के सामने एक कॅरियर की तरह भी उभरा है लेकिन बाज़ार के इस रंगमंच पर स्त्री की वास्तविक हैसियत **मनमोहन** की *सुन्दरी-2* में सामने आती है–

"...इस निष्ठुर संसार में
उसे अपनी मुस्कान का भरोसा
शुरू से बहुत था
जैसे वही चारों ओर फैले
चमकीले अपमान को थामे रहेगी..."[30]

स्त्री के लिए अपमानजनक वातावरण आज भी है। अंतर यह है कि वह अब चमकीला हो गया है। ग्लैमरस। मुस्कान उसके मन में उमड़ी स्वाभाविक ख़ुशी की अभिव्यक्ति नहीं है। चमकीले अपमान को थामे रखने का एक तरीक़ा है। बनावटी। अपमान का मुक़ाबला करने की स्ट्रेटेजी है वह। स्त्री-विरोधी वातावरण ने उसके होठों की सबसे सहज क्रिया को

भी सचेत कोशिश बना डाला है। यह दोहरा अपमान सहना है। बाहर से भी और भीतर से भी। उसे दो पाटों के बीच भी रहना है और साबुत भी। सौंदर्य प्रतियोगिताओं की चमक-दमक को *चमक़ीला अपमान* कहकर कवि ने उसकी सारी कलई उतारकर रख दी है। बाज़ार में सुंदरता का व्यावसायिक मूल्य अंततः यही है।

तकनीक उन्नत होती जा रही है पर उसका इस्तेमाल करने वाली वास्तविकता नहीं। उन्नत होती तकनीक का उपयोग वह अपने पिछड़ेपन को संतुष्ट करने के लिए करती है। ऐसे में स्त्री की स्थिति **उदय प्रकाश** ने इन पंक्तियों में बताई है–

"स्त्री नहाने से डर रही थी
गुस्लख़ाने में कैमरे लगे थे और नल की टोंटी में
कार लिये हुए कोई लफंगा हँस रहा था।"[31]

तकनीक की प्रगति ऐसे लफंगों के ही काम आती है। उन्हीं के लिए है। उनका लफंगापन स्त्री के विरुद्ध है। उसकी स्वतंत्रता का अपहरण करता है। **उदय** सही कहते हैं कि स्त्रियों के पंचनामे में भी उनकी *हँसी* दर्ज नहीं होती। यह भी दर्ज नहीं होता कि

"वे किसी जर्जर नाव की सड़ी-गली कमज़ोर पतवारें थीं
जिन्हें कोई स्वार्थी और क्रूर मल्लाह
समुद्र में पीटता था।"[32]

स्त्रियों का जीवन पतवारों की तरह है। कमज़ोर होने पर भी रह-रहकर समुद्र में डूबते रहना और उस नाव को न डूबने देना, तैराते रहना, आगे बढ़ाते रहना ही उनका जीवन है, जिसपर पुरुष सवार है। वह पुरुष, जो उन्हें समुद्र में चलाता नहीं, पीटता है। उन्हें लगातार और, और जर्जर बनाता है। इस मल्लाह और उस लफंगे में इसके अलावा कोई फ़र्क़ नहीं है कि एक के पास नाव है और दूसरे के पास कार। वर्तमान विकास ने अंतर इतना ही पैदा किया है। दोनों स्थितियों में स्त्री भोग्या है। विलासिता की वस्तु। इस्तेमाल का निमंत्रण।

अनेक संदर्भों में वह दुधारी तलवार पर चलती है। उसे अपनों से भी अपना स्त्रीत्व बचाना है और साथ ही सबके लिए कर्मठ भी होना है। चाहे उसके लिए कोई हो या न हो। स्त्री को देवी के पद पर प्रतिष्ठित इसीलिए किया गया है कि वह असंभव को भी संभव कर सके। सबके लिए होने/जीने की अपनी अलौकिक शक्ति का परिचय दे सके। मर्द राक्षसों पर भी क्रोध नहीं, दया करती रहे। उनकी ग़ुलामी न छोड़े। ऐसी विषैली गैसें वायुमंडल में भरी पड़ी हैं। इसीलिए **सर्वेश्वर** ने लिखा था–

"उसने झरने में मुँह धोया
पेड़ का फल खाया
और घास पर सो रही है।

अब तीनों सोच रहे हैं
वह किस की है।"[33]

स्त्री की जगह पुरुष ने झरने, पेड़ और घास का उपयोग किया होता तो तीनों सोचते कि पहले कौन पुरुष का होगा। उपयोग चूँकि स्त्री ने किया है, अतः तीनों स्त्री पर अधिकार

चाहते हैं। ग़ुलाम तो वह है ही, सवाल यह है कि किसकी है और किसकी नहीं। किसकी कम है और किसकी ज़्यादा। इसका जवाब तीनों की शक्ति के एक-दूसरे से कम-ज़्यादा होने पर निर्भर है। जो जितना शक्तिशाली होगा, स्त्री उतनी ही उसकी होगी। स्त्री-विरोधी वातावरण के नैतिक सूत्र–*वीर भोग्या वसुंधरा*-का यह नया पाठ है। वसुंधरा को वीर भोगते हैं। वीर अर्थात् शक्तिशाली। यह शक्ति पाशविक है। इसीलिए जीवित स्त्री का मृत वस्तु की तरह इस्तेमाल करती है। खुलकर। स्त्री-विरोधी वातावरण ने मनुष्य की पशुता को शर्म की जगह गर्व का विषय बना दिया है। **संजय कुंदन** ने अलग तरह की *सीढ़ियाँ* देखी हैं–

"कहीं भी हो सकती थी सीढ़ी
किसी भी शक्ल में
उसकी पहचान करना और लपककर चढ़ जाना
एक कला थी

यह कई बार रस्सियों की तरह होती थी घुमावदार
कई बार किसी आदमी की पीठ की तरह
झुकी हुई

-यह एक स्त्री की सिसकी थी
जिसे अपनी उम्र के तीसरे पहर पता चला
कि वह तो बस एक सीढ़ी ही है
उसे लगा
पूरी पृथ्वी एक विशालकाय एड़ी की तरह है"[34]

सीढ़ी का इस्तेमाल करने को पूरी पृथ्वी इतनी तैयार है कि तत्पर। कोई किसी ढंग से इस्तेमाल करता है, कोई किसी ढंग से। ये ढंग भी एक से बढ़कर एक शातिर होते हैं। **सुशील कुमार शीलू** की कविता *आसीस* में इस्तेमाल का एक शातिर ढंग सामने आता है–

"बहू
जब भी किसै का पैराँ दबावै
तो हरदम ये ई आसीस पावै
सील सपूती हो
बूढ़ सुहागण हो

तन्नै जोडला बेटा दे राम
(चई निकल जाईं तेरा पिराण!)
नौकरी लागै तेरा भरतार
(नहीं तो भरैगो कूण छूछक-भात!)
रह्य तेरा हाड़डां मैं बरकत
(जिस सै कर सकै तू सेवा दिन-रात!)

ईब सोचण की बात या
कि ये बहू नैं आसीस सैं
अक खुद न ई सुभकामना!"[35]

आशीष पाने वाला सुखी हो, इस कामना से उसे दिए जाते हैं। स्त्री को दिया जाने वाला एक-एक आशीर्वाद उसके लिए एक-एक तरह का दुख निश्चित करता है। गालियों का हाल भी यही है। लगभग सभी गालियों के निशाने पर स्त्री होती है, चाहे वे दी किसी को भी जाएँ। इसलिए कि गालियाँ और आशीष जिस सामाजिक-ऐतिहासिक वातावरण की उपज हैं, वह पुरुष-वर्चस्व को स्थापित करने और बनाए रखने के लिए बना है। स्त्री इस काम में सहयोगी होकर ही जीवित रहे, यह व्यवस्था उसे करनी है। गालियाँ और आशीष इसी के तौर-तरीक़े हैं।

स्त्री की भूमिका इतनी ही है कि वह ऐसे तौर-तरीक़ों की शिकार होती रहे। बिना चूँ-चपड़ किए। उसे उफ़ तक नहीं करनी। इसलिए कि उफ़ से भी उसकी पराधीनता, उसकी पीड़ा ज़ाहिर हो सकती है। यह ज़ाहिर होना पुरुष-वर्चस्व के विरुद्ध जा सकता है। वह ऐसी पिटती हुई गाय है, जिसका मुँह जकड़ दिया गया है। बांऽ ऽ ऽ का एक क़तरा तक बाहर नहीं आ पाता। **गगन गिल** के शब्दों में *"साँस गुफ़ा है/गुफ़ा बंद है/मुँह में पत्थर को रख/गुमसुम"।*[36]

गुमसुम रहना सतत ग़ुलामी का परिणाम है। सतत ग़ुलामी सतत भय भी पैदा करती है। ऐसे में कभी-कभार थोड़ी-बहुत स्वाधीनता मयस्सर हो भी जाए तो ग़ुलामी से भरा अतीत पीछा नहीं छोड़ता। भय रोम-रोम, क्षण-क्षण में रम जाता है। **परवीन शाकिर** ने कहा–

"खिली फ़ज़ां है, खुला आसमाँ भी सामने है
मगर ये डर नहीं जाता, अभी सुरंग में हूँ।"[37]

ग़ुलामी की आदत के सामने आज़ादी के अवसर भी व्यर्थ हो जाते हैं। मन फिर भी मन है। ऐसे अवसरों को पकड़ना चाहता है। पकड़ने के लिए छटपटाता भी है पर होता क्या है, यह **शबनम रूमानी** के इस शे'र में बयाँ है–

"तुझको छूने बढ़ूँ तो अपने हाथ
पत्थरों में दबे हुए देखूँ।"[38]

स्त्रीत्व-विरोधी मान्यताओं, रीति-रिवाजों और कटूक्तियों के ये पत्थर इतने भारी तो हैं ही कि उठने वाले हाथों को दबाए रख सकें। ये उठने को तत्पर और न उठ पाने वाले हाथ स्त्री के हैं। इन्हीं हाथों ने पाला-पोसा है पुरुष को!

संदर्भ

1. अपने घर की तलाश में -निर्मला पुतुल -संथाली से अनुवादः अशोक सिंह, पृष्ठ 40
2. अन्यथाः अंक-6, मार्च, 2006, *ज़िंदगी को अपनी शर्तों पर जीने का नामः अमृता प्रीतम* नामक लेख में सुधा अरोड़ा द्वारा उद्धृत, पृष्ठ 149
3. आलोचनाः अक्तूबर-दिसंबर, 2004, जनवरी-मार्च, 2005, पृष्ठ 12
4. प्रतिनिधि कविताएँ -परवीन शाकिर, पृष्ठ 133

5. अपने होने को अप्रकाशित करता हुआ -मलयज, पृष्ठ 35
6. प्रतिनिधि कविताएँ -परवीन शाकिर, पृष्ठ 56
7. अनुभव के आकाश में चाँद -लीलाधर जगूड़ी, पृष्ठ 33
8. स्त्रीः उपेक्षिता -सीमोन द बोउवार -प्रस्तुतिः डॉ. प्रभा खेतान, पृष्ठ 124
9. कविता में औरत -अनामिका, पृष्ठ 63
10. चलने से पहले -हेमंत कुकरेती, पृष्ठ 62
11. अपने घर की तलाश में -निर्मला पुतुल -संथाली से अनुवादः अशोक सिंह, पृष्ठ 50
12. लकड़बग्घा हँस रहा है -चंद्रकांत देवताले, पृष्ठ 97
13. स्त्री मेरे भीतर -पवन करण, पृष्ठ 15-17
14. स्त्री मेरे भीतर -पवन करण, पृष्ठ 34
15. वही, पृष्ठ 56
16. दस बरसः हिंदी कविता अयोध्या के बादः दूसरी जिल्द -संपादकः असद ज़ैदी, पृष्ठ 168
17. कविता में औरत -अनामिका, पृष्ठ 11
18. बेनाम शजर -नूरजहाँ सर्वत, पृष्ठ 29
19. घास में दुबका आकाश -अशोक वाजपेयी, पृष्ठ 168
20. रात में हारमोनियम -उदय प्रकाश, पृष्ठ 31-33
21. वही, पृष्ठ 31-33
22. हम गुनहगार औरतें (पाकिस्तान की मुमताज़ शायर) -संपादन एवं लिप्यंतरणः भूपेन्द्र परिहार, पृष्ठ 43-44
23. आँखों की हदों से -बली सिंह, पृष्ठ 40
24. स्त्री मेरे भीतर -पवन करण, पृष्ठ 95-96
25. बेनाम शजर -नूरजहाँ सर्वत, पृष्ठ 37
26. अलावः अंक-4, जून, 1992, पृष्ठ 130
27. भय भी शक्ति देता है -लीलाधर जगूड़ी, पृष्ठ 92
28. जादू नहीं कविता -कात्यायनी, पृष्ठ 87
29. वही, पृष्ठ 97
30. ज़िल्लत की रोटी -मनमोहन, पृष्ठ 38
31. रात में हारमोनियम -उदय प्रकाश, पृष्ठ 110
32. वही, पृष्ठ 48
33. क्या कहकर पुकारूँ -सर्वेश्वर दयाल सक्सेना, पृष्ठ 113
34. चुप्पी का शोर -संजय कुंदन, पृष्ठ 9-10
35. अपेक्षाः 12, जुलाई-सितंबर, 2006 -अम्बेडकरवादी युवा कविता विशेषांक, पृष्ठ 80
36. थपक थपक दिल थपक थपक -गगन गिल, पृष्ठ 77
37. प्रतिनिधि कविताएँ -परवीन शाकिर, पृष्ठ 56
38. नई उर्दू ग़ज़ल -संपादकः निशात शाहिद, पृष्ठ 70

जैविक संवेदन और बलात्कार

स्त्री का शरीर विशिष्ट है। गर्भ उसी को धारण करना है। बच्चे को दूध उसी को पिलाना है। सक्रिय न होने पर भी उसी के शरीर से भोग संभव है। एकाएक रजोनिवृत्ति जैसी यौवन का हरण मानी जाने वाली स्थिति से उसी को गुज़रना है। "फ्रायड के अनुसार औरत अपने आपको एक पंगु पुरुष महसूस करती है, क्योंकि उसमें पुरुष जनेन्द्रिय का अभाव है।"[1] इस अभाव से जन्मी ग्रंथि को 'कैस्ट्रेशन कॉम्प्लैक्स' कहा गया। इरिगेरे इस कथन से सहमत नहीं। उनका कहना है कि "पुरुष की यौन-संवेदनाओं का केंद्र तो एक ही है– उसका शिश्न, जबकि स्त्री की यौन-तंत्रियाँ उसके पूरे शरीर में बिखरी पड़ी हैं।"[2] मतलब यह कि वह रोम-रोम से प्रेम का एक-एक स्पर्श जी सकती है। **परवीन शाकिर** के एक शे'र में इस क्षमता का थोड़ा परिचय मिलता है–

"धनक-धनक मेरी पोरों को ख़्वाब कर देगा
वो लम्स (स्पर्श) मेरे बदन को गुलाब कर देगा"[3]

यह शरीर को गुलाब कर देने वाले स्पर्श की शक्ति जितनी है, उससे कहीं ज़्यादा उस बदन की है, जो एक स्पर्श-मात्र से पोर-पोर महक उठता है। रोम-रोम उसकी यौन-तंत्रियाँ जाग उठती हैं। स्पर्श का आनंद प्रतिध्वनित होता जगह-जगह गूँजता चला जाता है। **फ़हमीदा रियाज़** की एक कविता है–*ज़बानों का बोसा*। चुंबन से जन्मे एहसासों की बेबाक अभिव्यक्ति के लिए ही नहीं, स्त्री की गहरी अनुभूति-क्षमता जानने के लिए भी इस पर ध्यान दिया जाना चाहिए–

"ज़बानों के रस में ये कैसी महक है!
ये बोसा कि जिससे मुहब्बत की सहबा (मदिरा) की उड़ती है ख़ुशबू
ये बदमस्त ख़ुशबू जो गहरा गुनूदा (उनींदा) नशा ला रही है
ये कैसा नशा है!

मिरे ज़हन के रेशे-रेशे में एक आँख-सी खुल गई है
तुम अपनी ज़बाँ मेरे मुँह में रखे जैसे पाताल से मेरी जाँ खींचते हो
ये भीगा हुआ गर्मो-तारीक बोसा
अमावस की काली बरसती हुई रात जैसे उमड़ती चली आ रही हो
कहीं कोई साअत (पल) अज़ल (अनादि काल) से रसीदा (पहुँची हुई)
मिरी रूह के दश्त (जंगल) में उड़ रही थी"[4]

स्त्री ज़बानों का रस चखती भी है, सूँघती भी है, उसके नशे को अपने क्षण-क्षण और कण-कण में बरसते देखती भी है। उसके ज़हन का रेशा-रेशा देखने लगता है। पाताल से खिंचते हुए उसके प्राण जैसे सतह तक आ जाते हैं। सारे का सारा अस्तित्व शरीर से ज़बान की तरफ़ और ज़बान से शरीर की तरफ़ बहने लगता है। यह चुंबन गर्म है। निरंतर सक्रिय। अँधेरे से भरा। अर्थात् उजाले और लाज के बंधनों से दूर। शरीर में अमावस की बरसती रात नदी की धाराओं जैसी उमड़ती आ रही है। पोर-पोर भिगोती। रोम-रोम से भीतर समाती। सृष्टि की शुरुआत से जो एक पल आत्मा के जंगल में उड़ रहा था, अब शरीर की बस्ती में आ सका है। अब उसे देखा जा सकता है। छुआ जा सकता है। हर तरह महसूस किया जा सकता है। जीया जा सकता है। लगता है कि सचमुच स्त्री की जो यौन-तंत्रियाँ उसके पूरे शरीर में बिखरी पड़ी थीं, इस चुंबन से जाग उठीं।

लज्जा, स्त्री-जीवन में उसके स्वभाव की तरह कम और बढ़ते क़दम रोकने वाले रिवाज की तरह ज़्यादा रही है। यह बंधन जैसे जीवन में धीरे-धीरे टूट रहा है, उसी तरह कविता में भी। विषय-वर्जना की रूढ़ि का क्षरण हो रहा है। अब स्त्री अत्यंत व्यक्तिगत लम्हों को भी उजागर करने में संकोच नहीं करती। **अज़रा अब्बास** की *मुझे तक़्सीम कर दो* एक ऐसी ही साहसी कविता है। दैहिक संबंध की प्रक्रिया और उसके प्रभाव को व्यक्त करती इस कविता में कहा गया–

"अपनी ज़बान
मिरे हाथों से मिरी नाक की सीध पर
नीचे की तरफ़
आहिस्ता-आहिस्ता लेकर चलो
हाँ, ऐसे यूँ
बहुत आहिस्ता, बिल्कुल चींटी की तरह
रेंगती हुई
तुम्हारी ज़बान मेरे जिस्म के बीचोंबीच
जैसे तुम मुझे आधा कर रहे हो
पेट के उभार से होते हुए
नाफ़ (नाभि) के रास्ते से
पेडू के उभार पर, ठहर जाओ
अब तो मेरी साँस चढ़ने लगी है
यहाँ से ढलवान शुरू हो जाती है
पिछला तो सारा रास्ता सीधा ही था
तुम्हारी ज़बान
अब तक अपनी एक-एक सरक में
कितने जाम पिला चुकी है
जानते हो?
इस लम्स का नशा, शराब ही जैसा तो है
एक घूँट दो

ज़बान यहीं रहने दो
एक घूँट ले लूँ
ये सब मेरे हलक से नीचे उतरेगी
तुम नहीं जान सकते, तुम्हें बता दूँ तो भी, तो क्या मेरे
अंदर
सरसराते हुए
उन साँपों को देख सकोगे?
जो तुम्हारी ज़बान के सरकने के साथ-साथ
एक-एक जुंबिश पर मेरे अंदर
फुंकारते हैं
मुझ पर एक साथ वार करते हैं
हाँ, रुको नहीं
इस ढलान से नीचे भी तो जाना है
नीचे, और नीचे, जहाँ
तुम्हारी ज़बान थोड़ी देर
सुस्ताएगी
और फिर मुझे दो हिस्सों में
तक़्सीम कर देगी।"[5]

शरीर का यह दो हिस्सों में बँटना वस्तुतः बँटे हुए मन का एक हो जाना है। दैहिक संबंध बनने के इन लम्हों में शरीर की सारी चेतना एक होकर सारे संवेदन पीती है। ज़बान एक है पर उसके रेंगने से अनेक साँप एक साथ फुँकारते और वार करते हैं। साँप जहाँ डँसता है, थोड़ी देर के लिए शरीर के सारे संवेदन उसी जगह केंद्रित हो जाते हैं। स्त्री के शरीर में ये संवेदन जगह-जगह केंद्रित होते हैं। यौन-तंत्रियों की तरह यह केंद्रीयता भी बिखरी हुई है पर है केंद्रीयता ही। अनेक केंद्रों से उठते संवेदनों के वर्तुल स्त्रीत्व का कण-कण समेटते और स्त्री में बिखेरते हैं। जैसे किसी झील में लहरों पर लहरें उठ रही हों। जैसे कोई झील समंदर होने को लहर-लहर तड़प रही हो। जैसे जुंबिश-जुंबिश समंदर हो रही हो। जैसे संभोग लम्हा-लम्हा स्खलन का सुख ला रहा हो। केंद्रित पुरुष भी होता है। सुख वह भी पाता है पर ऐसा नहीं। इन्हीं रास्तों से इसी तरह नहीं आता। स्त्री का सुख जगह-जगह और बार-बार सघन होता है।

विडंबना यह है कि जो स्त्री संभोग का जगह-जगह बार-बार सघन होता सुख लेने की क्षमता रखती है, उसी को यह सुख सबसे कम मिल पाता है। कौमार्य और यौन-शुचिता की चट्टानी अवधारणाएँ इस सुख के झरने का रास्ता रोक लेती हैं। बदल देती हैं। वह पानी जो धरती को भीतर तक कण-कण आनंद से सींच सकता था, कुंठाओं के छेदों से रिसने लगता है। मानसिक ग्रंथियों की नालियों में बहने लगता है। चिड़चिड़ा और क्रोधी स्वभाव बनने लगता है।

सबसे सहज दैहिक संबंध का विशेष रूप है—संभोग। स्त्री के लिए अक्सर यही बनावटी बन जाता है। अन्य कामों की तरह निपटा देने वाला एक काम। पुरुष के प्रति

उसका कर्त्तव्य। चोरी का एक रूप। **विष्णु खरे** की कविता *आग* संभोग का वह अनुभव व्यक्त करती है, जो स्त्री अपने विरोधी वातावरण में जीते हुए जैसे-तैसे हासिल करती है—

"जलाए जाने से पहले...क्या उसे याद आया होगा पंद्रह बरस पहले
अपने पेशेवर गुंडे भाइयों की निगाह
और अधेड़ जीजा की दिखाई तस्वीरों से बचकर
एक तपती दोपहर उसका अचानक
एक उन्नीस बरस के सन्न लड़के की कोठरी में जाकर
लेट जाना
उसके मुँह में अपनी पूरी ज़ुबान डाल देना
उतार देना क़रीब-क़रीब अपने सारे कपड़े
जैसे उनमें लपट हो
और कहना
देख मैं पहले ही जली जा रही हूँ
दूजे बहुत कम देर के लिए आई हूँ।"[6]

समाज की पुरुष-दृष्टि से यह अपराध है और स्त्री-दृष्टि से शारीरिक प्यास की आग बुझाने के लिए किसी तरह हासिल किया गया थोड़ा-सा पानी। यह पानी आग बुझाने के लिए काफ़ी नहीं। फिर भी शरीर की आग के साथ-साथ यौन-शुचिता के मर्दवादी प्रतिमान पर भी पड़ता है। गुंडे भाई इस प्रतिमान के व्यावहारिक रूप हैं। लंपट जीजा दोगलापन है। चाहता है कि आग भड़के। उसे अवसर पाकर केवल वही बुझाए और संबंधों की आड़ पवित्र बनाए रखे।

दूसरे मर्दों की तरह उसके लिए भी स्त्री की इच्छा-अनिच्छा का कोई मतलब नहीं। ऐसे में एक लड़के का अपनी इच्छापूर्ति के लिए उपयोग कर स्त्री अपने ढंग से प्रतिशोध लेती है। विरोधी वातावरण से। समाज से। मर्दवाद से। लो! यह रही तुम्हारी यौन-शुचिता, जिसे मैं अपनी मर्ज़ी से जब चाहूँ तार-तार कर सकती हूँ! तुम एक से एक स्त्री-विरोधी प्रतिमान बना सकते हो! मैं उनका पालन असंभव बना सकती हूँ! सीमित ही सही, अपनी आज़ादी हासिल कर सकती हूँ!

आज़ादी सिर्फ़ शारीरिक मामला नहीं। मर्द इसे इसी अर्थ में समझते-समझाते हैं। अवसर पाकर या निकालकर वे स्त्री को यह *आज़ादी* दे ही डालते हैं। उसी तरह जैसे किसी अंधी स्त्री को परोपकार करने पर तुला कोई लड़का मना करते-करते भी सड़क पार करा दे। लगभग घसीटते हुए। यह बलात्कार है। स्त्री के अपने शरीर पर अधिकार का अपहरण। संभोग का सर्वाधिक सुख ले सकने वाली स्त्री बलात्कार सर्वाधिक सहती है। क्रिया एक, परिणाम दो। संभोग और बलात्कार। सर्वाधिक सुख और सर्वाधिक दुख।

बलात्कार स्त्री के लिए जितना असहज है, समाज के लिए उतना ही सहज हो चला है। भूमिका उसकी यह है कि वह चैनलों की प्रिय ख़बर बनता है लेकिन ख़बर ही बनकर रह जाता है। रोज़-रोज़ प्रसारित होने वाली ख़बर। ख़बरों का नाट्य-रूपांतर अब बलात्कार को सरस बनाने लगा है। यह सरसता भी अब आदत हो चली है। बेअसर। **चंद्रकांत देवताले** की एक कविता है—*इस मामले में भी यही बताया गया*। उसके वाक्य हैं—

"...पता नहीं कहाँ की गई होगी हत्या
उसके पहले कहाँ बलात्कार
कितने होंगे भेड़िए...
...टुकड़ों से पहचाना गया इतना ही कि वह
साँवले रंग की मज़दूरनी या घरेलू नौकरानी क़िस्म की औरत थी
कपड़ों का कहीं अता-पता नहीं मिला
जिससे कुछ और अधिक रौशनी पड़ती

पूरे शहर के सिर्फ़ वे कुछ लोग थोड़ी देर को
परेशान रहे जिनके यहाँ इस उम्र रंग की
काम वाली को आना था...
...सदियों से गुनहगारों-हत्यारों की तलाश जारी है तत्परता से
इस मामले में भी यही बताया गया
और धार्मिक नगरी के देवी-उत्सव से अघाए-थके लोगों ने
इस पर कोई टिप्पणी नहीं की।"[7]

बलात्कार शक्तिशाली है। कमज़ोर पर सबसे पहले और सबसे ज़्यादा टूटता है उसका क़हर। कमज़ोर वर्ग की औरतें उसकी सबसे आसान शिकार होती हैं। वे स्वयं प्रतिरोध करने की हालत में नहीं होतीं। अतः उनकी तरफ़ से प्रतिरोध करने वाला भी कोई आसानी से नहीं मिलता। इसलिए कि प्रतिरोध करने से किसी को कुछ नहीं मिलने वाला। फिर कोई क्यों रिस्क ले! क्यों अपना क़ीमती वक़्त बर्बाद करे! इससे कमज़ोर की कमज़ोरी बढ़ती है और बलात्कारी की शक्ति।

यह शक्ति फिर अपने होने का सबूत देती है। फिर किसी फूल को रौंदती है। बलात्कार और हत्याओं का सिलसिला जारी रहता है। जारी रहती है अघाए हुए सुखियों की, अपने काम से ही काम रखने वाले सभ्यों की उपेक्षा। वे इस सच को न जानते हैं, न जानना चाहते हैं कि इस तरह वे बलात्कार का समर्थन करते हैं। बलात्कारी की पीठ ठोंकते हैं। आगामी बलात्कारों के अघोषित अपराधी बनते हैं। अपनें भीतर के जानवर को पालते-पोसते हैं। ऐसा जानवर, जो अवसर पाते ही किसी अपने के भरोसे को असहाय बना दे।

बलात्कार स्त्री की ग़ुलामी का शिखर है। वह उसपर अकेली होती है। इस एहसास के साथ कि वह ख़ुद भी अपनी नहीं हो सकती। कोई भी उसके साथ कुछ भी कर सकता है। वह कुछ नहीं कर सकती। उसे ग़ुलाम बनाए रखने वाला वातावरण उसके साथ अलग से बलात्कार करता है। उसे देख-देख सोचता है कि ऐसी ही होगी यह! बड़ी बनठनकर निकला करती थी! सोचता है और चटख़ारे लेता है। हँसता है। नए सिरे से उसे उसकी बेबसी का एहसास कराता है।

इस मामले में वह किसी वर्ग या जाति की स्त्री के साथ कोई भेदभाव नहीं करता। बलात्कार का विरोध करने की स्थिति में होना अलग बात है और सचमुच विरोध करना एकदम अलग। ज़्यादातर विरोध न करने को ही समझदारी माना जाता है। बलात्कार से

बिंधी स्त्री के अपने ही उसे विरोध की व्यर्थता बताते हैं। समझाते हैं कि जो होना था, सो हो गया। अब तो चुप रहने में ही भलाई है। सुरक्षा है। बदनामी से बचाव है। **पवन करण** की एक कविता में यही समझाना इन शब्दों में आया है–

"किसी को कुछ पता ही नहीं चलेगा
तब काहे का बलात्कार?
कैसा बलात्कार??
कब, किसके साथ बलात्कार???
धीरे-धीरे सब ठीक हो जाएगा
देह से मिट जाएँगे
खरोंचों के निशान
आँखों से लगातार ओझल
होता जाएगा वह कामांध चेहरा

घर चाहता है वह अपना घाव
किसी को नहीं दिखाए
पोंछ ले अपनी आँखें
अच्छी तरह धो ले योनि
कुछ दिन नहीं निकले घर से
रही बलात्कारी की बात
उसे दंड देने के लिए ईश्वर है न"[8]

तथाकथित ईश्वर का पक्ष स्पष्ट है। वह बलात्कारी के साथ है। उसी के हाथ मज़बूत करता है। इसीलिए वह बलात्कारी को दंड कभी दे या न दे, बलात्कार-पीड़ित को दंड तुरंत दे देता है। कुछ दिन घर से न निकलने का अर्थ है अपनी ग़ुलामी के सबसे बड़े और क्रूर सच को झुठलाना। ये सब सज़ाएँ स्त्री अपने शरीर, अपने मन, अपने जीवन में सहती है। बिना किसी अपराध के। वह विवश है। वस्तु की तरह। बलात्कारी के सामने भी। समाज के सामने भी। चुप्पी का सबक़ सिखाते अपनों के सामने भी। सब अपने-अपने ढंग से उसके साथ बलात्कार करते हैं। वह निरंतर निरुपाय होती जाती है। उसकी बढ़ती असहायता प्रकारांतर से बलात्कार और बलात्कारी की बेलगाम दौड़ती शक्ति ही है।

क़ानून का इस शक्ति के हाथों बिक जाना बड़ा आसान है। वकालत की नैतिकता को पीड़ित या पीड़क से नहीं, पैसे से मतलब होता है और पैसा अक्सर पीड़क से ज़्यादा आता है। फिर वह भी पीड़क की शक्ति क्यों न बने! हाथ आए अवसर को क्यों न भुनाए! बलात्कृत के साथ एक बार फिर अपने ढंग से बलात्कार करने से वंचित क्यों रहे! उससे ज़्यादा अच्छी तरह और कौन जानता होगा कि क़ानून अब भी स्त्री-पुरुष में भेद करते हुए पुरुष का पक्ष ज़्यादा आसानी से लेता है।

अरविंद जैन ने इस पर यह कहते हुए उँगली रखी है–"उत्तराधिकार के लिए वैध संतान (पुत्र) और वैध संतान के लिए वैध विवाह होना अनिवार्य है। विवाह-संस्था से बाहर पैदा हुए बच्चे *नाजायज़, अवैध, हरामी* और *बास्टर्ड* कहे-माने जाते हैं। इसलिए पिता की

संपत्ति के क़ानूनी वारिस नहीं हो सकते। हाँ, माँ की संपत्ति (अगर हो तो) में बराबर के हक़दार होंगे। न्याय की नज़र में वैध संतान सिर्फ़ पुरुष की और *अवैध* स्त्री की होती है।"[9] यह हुआ क़ानून का न्याय से बलात्कार।

क़ानून, समाज और परिवार, सभी प्रायः बलात्कारी को छूट देते हैं और बलात्कृत को सज़ा। बलात्कारी के हौंसले इससे बुलंद होते हैं। कानून की नज़र में स्त्री की मर्ज़ी से बना शारीरिक संबंध बलात्कार नहीं है। यह कहते हुए कि वेश्यावृत्ति स्त्री अपनी मर्ज़ी से करती है, यह नहीं देखा जाता कि यह *अपनी मर्ज़ी* किन कारणों से जन्म लेती है। ग़रीबी और असुरक्षा इन कारणों में प्रमुख हैं। वही स्त्री को प्रायः वेश्या बनने पर मज़बूर करते हैं। कितनी स्वतंत्र होती है ग्राहक निपटाने में उसकी *अपनी मर्ज़ी!* **अनामिका** की कविता में *चौदह बरस की दो सेक्स वर्कर्स* कहती हैं–

"अंकल, तुम भारी बहुत हो!
अच्छा, एक चॉकलेट खिला दो!
अंकल, तुम्हारे भी बेटी है?
अच्छा, बोलो उसका क्या नाम?
वह भी मेरे जैसी मज़ेदार है क्या, बोलो तो!"[10]

यह बच्चियों से धनशक्ति का बलात्कार है। उन्हें जल्दी से जल्दी स्त्रियाँ बनाता हुआ। सब कुछ सहने को तैयार करता हुआ। बच्चियाँ अभी बड़ी हुई नहीं हैं, इसलिए चुप रहना अभी उन्हें नहीं आया। वे असुविधाजनक सवाल करने में संकोच नहीं करतीं। जो मन में आए, बोल देती हैं। कविता में नहीं है पर अंकल उन्हें चुप रहना भी ज़रूर सिखा रहे होंगे! चुप्पी का लगातार अभ्यास भी करा रहे होंगे! जिस दिन वे पूरी तरह सीख जाएँगीं, उस दिन बड़ी हो जाएँगीं।

भली स्त्रियों की तरह बलात्कार सहने को पूरी तैयार।

संदर्भ

1. स्त्रीः उपेक्षिता -सीमोन द बोउवार -प्रस्तुतिः डॉ. प्रभा खेतान, पृष्ठ 6
2. कविता में औरत -अनामिका द्वारा उद्धृत, पृष्ठ 44
3. प्रतिनिधि कविताएँ -परवीन शाकिर, पृष्ठ 33
4. क़तरा क़तरा -फ़हमीदा रियाज़, पृष्ठ 27
5. वसुधा-53, समकालीन उर्दू साहित्य पर केंद्रित, अंकः जनवरी-मार्च, 2002, पृष्ठ 172-173
6. सबकी आवाज़ के पर्दे में -विष्णु खरे, पृष्ठ 24-25
7. उजाड़ में संग्रहालय -चंद्रकांत देवताले, पृष्ठ 82-83
8. स्त्री मेरे भीतर -पवन करण, पृष्ठ 93-94
9. वसुधाः 59-60, अक्तूबर, 2003 से मार्च, 2004, पृष्ठ 11
10. कविता में औरत -अनामिका, पृष्ठ 125

स्त्री, प्रेम और विवाह

लड़के ने लड़की के सामने प्रस्ताव रखा। लड़की ने ठुकरा दिया। लड़के ने उसे चाकू मार दिया या उस पर तेज़ाब फेंक दिया। इस तरह की ख़बरें बढ़ रही हैं। बताती हैं कि अब प्रेम का अर्थ अपने लिए सब कुछ इच्छित और सुखद हासिल कर लेना ही समझ लिया गया है। सफलताओं के दीवाने दौर में प्रेम का चाँद भी सफलतालिप्सा के ग्रहण से नहीं बचा। पहले प्रेम सफलता का प्रतिमान हुआ करता था। अब सफलता प्रेम का प्रतिमान है।

पहले प्रेम में जान दे दी जाती थी। अब ले ली जाती है। पहले प्रेमी चाहता था कि प्रेमिका का कुछ न बिगड़े, उसका भले सब कुछ बिगड़ जाए। अब प्रेमी चाहता है कि अगर उसका कुछ बिगड़ता है तो दूसरे का उससे पहले सब कुछ बिगड़े। प्रेमिका अगर उसकी नहीं हो रही तो किसी की भी न हो सके। भले इसके लिए उसकी हत्या क्यों न कर देनी पड़े। प्रेमी के हृदय में अब केवल प्रेम नहीं धड़कता। अहंकार धड़कता है। प्रतिशोध धड़कता है। वासना धड़कती है। हिंसा और अपराध धड़कते हैं।

लगता है पुरुष प्रेम के अयोग्य होता जा रहा है। यह बात और है कि प्रेम की दुनिया में भी ज़्यादातर ज़िंदगी उसी की इच्छाओं से संचालित होती है। स्त्री या तो इन इच्छाओं की उँगलियों पर नाचती है या न नाचने की क़ीमत चुकाने को बाध्य होती है। स्त्री को यदि प्रेम हो जाए तो उसकी कोई भी क़ीमत वह हँसते-हँसते चुका सकती है। चुकाकर उसे आनंद मिलता है। यह उसकी कामुकता नहीं, निष्ठा है। समर्पण है। प्रेम की तीव्रतर योग्यता है। इस योग्यता का परिचय देते हुए **परवीन शाकिर** के शब्दों में वह कहती है–

"जुनूँ-पसंद है दिल और तुझ तक आने में
बदन को नाव लहू को चिनाब कर देगा"[1]

दिल प्रिय तक पहुँचने के लिए लहू को नदी और शरीर को नाव तक बना डालेगा। यही प्रेम का जुनून है। इसलिए है कि प्रेम में होने पर स्त्री के लिए प्रिय तक पहुँचना, उसे पा लेना ही सर्वस्व है। इसके लिए वह साँस-साँस जी सकती है। मर सकती है। वह प्रेम में है, इसका मतलब वह प्रेम में ही है। इसके अलावा और किसी से उसे कोई सरोकार नहीं। आपादमस्तक प्रेम ही प्रेम। पुरुष इतना कृतघ्न नहीं कि बदले में कुछ भी न दे। क्या देता है वह और क्या पाती है स्त्री?

"मैं सच कहूँगी मगर फिर भी हार जाऊँगी
वो झूठ बोलेगा और लाजवाब कर देगा"[2]

बेईमान है पर जीतेगा पुरुष ही। संबंधों के ताने-बाने उसने ऐसे बुन रखे हैं कि लाजवाब स्त्री को ही होना है। *लाजवाब* में स्त्री का गूँगापन भी शामिल है और इस तक पहुँचाने वाली

उसकी सुंदरता की तारीफ़ भी। स्त्री जिसे प्यार करती है, उसके सामने जीतने की बजाय लाजवाब होना भी ख़ुशी-ख़ुशी स्वीकार कर लेती है। अपने प्रिय की ख़ुशी के लिए वह सब कुछ हासिल कर सकती है और सब कुछ छोड़ सकती है। पूरी ईमानदारी से। इस मामले में भी वह पुरुष से ज़्यादा प्रेम के योग्य ठहरती है। **दिनेश कुशवाह** ने लिखा–

"अमूमन जब स्त्री प्रेम की तलाश में होती
तो सारे मर्द उसे एक जैसे लगते
पर उनमें कुछ इतने प्यारे थे कि उसे
उन्हें अपनी कोख में रख लेने का मन करता।"[3]

कोख में रख लेना अर्थात् सारी दुनिया से बचाकर रख लेना। उसकी एक-एक हलचल में अपने प्रेम की थिरकन महसूस करना। ज़रूरत पड़े तो अपने रक्त तक से उसे सींचना। उसे तक़लीफ़ न हो, यह ध्यान रखते हुए उठना-बैठना, खाना-पीना, आना-जाना, सोना-जगना और जीना-मरना। यही सर्वस्व लुटाकर प्यार हासिल करना है। ऐसा प्यार करने में स्त्री सक्षम है। उसकी जैविक संरचना का मिज़ाज ही ऐसा है कि प्यार को अपने जीवन में जगह देने के मामले में वह पुरुष से ज़्यादा अनुकूल पड़ती है। उसका शरीर ही कोमल नहीं होता। स्वभाव भी कोमल होता है। क्रूरता का आचरण वह भी कर सकती है लेकिन स्वभाव के प्रतिकूल जाकर ही। मूलतः वह प्रेम के लिए बनी है। उसके मूल स्वभाव का परिचय **मंगलेश डबराल** की इन पंक्तियों में है–

"प्रेम करती स्त्री
ठगी जाती है रोज़

दुनिया को समझती है वह
गोद में बैठा हुआ बच्चा
निकल जाती है अकेली सड़क पर
देखती है कितना बड़ा फैला शहर
सोचती है मैं रह लूँगी यहीं कहीं।"[4]

दुनिया कैसी, मेरे जैसी। प्रेम में ठगी जाने के बाद भी वह दुनिया पर बड़ी सहजता से भरोसा करने को तैयार हो जाती है। इसलिए कि यह सहजता और मासूमियत उसके मूल स्वभाव के हिस्से हैं। शहर बहुत बड़ा है पर उसमें मूल स्वभाव के अनुरूप जीने की बित्ता-भर गुंजाइश उसे नहीं मिलती। प्रेम के बाद वह शहर में भी छली जाती है। इस छल का रूप बलात्कार से हत्या तक, कुछ भी हो सकता है। प्रेम करने की उसकी सर्वाधिक योग्यता ही उसे आसान शिकार बना डालती है। अतः वह प्रेम से डरने/बचने लगी है। **मधु बी. जोशी** की कविता *प्रेम* को इस तरह देखती है–

"वह बाघ है
दबे पाँव पीछे-पीछे आता
अँधेरों में अंगारे-सी आँखें दहकाता

कब तक बचा जा सकता है उससे?"[5]

स्त्री के लिए प्रेम, प्रेम नहीं, प्रेम का शिकार बनना है। स्वतंत्रता उसे इतनी ही है, जितनी किसी हिरनी को बाघ से मिल सकती है। किसी भी पल प्रेम उसपर हमला कर सकता है। उसे फाड़कर खा सकता है। खाकर चैन से सो सकता है। ख़ुशी और जीवन देने वाला प्रेम स्त्री के लिए दुखद और मृत्युवाहक है। अक्सर ऐसा ही प्रेम स्त्री ने पुरुष से पाया है। इसीलिए वह प्रेम की तरफ़ पीठ किये रहती है। जानती है कि यहाँ प्रेम कम, नाटक ज़्यादा होता है और यह भी कि उसमें प्रेम की जितनी क्षमता है, उतनी अभिनय की नहीं।

फिर भी उसे प्रेम प्रदर्शित करना पड़ता है। पुरुष को संतुष्ट रखने के लिए। असंतुष्ट हो जाए तो पुरुष उसे जीने नहीं देता। स्त्री के ज़िंदा रहने की शर्त है–प्रेम। उसे वास्तव में प्रेम है या नहीं, इससे कोई मतलब नहीं। **मनमोहन** ने लिखा- *"यह उसके अंदर का डर है/जो तुममें नशा पैदा करता है/और जिसे तुम प्यार कहते हो"!* [6] भयभीत स्त्री सब कुछ कर सकती है, प्यार नहीं कर सकती। इसलिए कि प्यार को आदेश देकर पैदा नहीं किया जा सकता। विवाह का आदेश देकर भी नहीं। आज भी नहीं।

विवाह स्त्री-जीवन का विशेष मोड़ है। मोड़ पर मुड़ जाने के बाद कैसे मंज़र सामने आने वाले हैं, इसका वह अनुमान ही लगा सकती है। विवाह के सपने उसे बचपन से ही दिखाए जाते हैं। इन सपनों और रोज़ होती विवाहोपरांत दुर्घटनाओं में फ़ासला होता है। इतना कि स्त्री सपने देखने से डरने लगे। विवाह होता होगा उत्सव औरों के लिए। स्त्री के लिए वह तरह-तरह की आशंकाओं से भरा बंद दरवाज़ा है। खुलने पर उस पार न जाने क्या निकले! **निर्मला पुतुल** ने इस एहसास को जीते हुए कहा–

"बाबा!
मुझे उतनी दूर मत ब्याहना
जहाँ मुझसे मिलने जाने की ख़ातिर
घर-भर की बकरियाँ बेचनी पड़ें तुम्हें
...और उसके हाथ में मत देना मेरा हाथ
जिसके हाथों ने कभी कोई
पेड़ नहीं लगाए
फ़सलें नहीं उगाईं जिन हाथों ने
जिन हाथों ने दिया नहीं
कभी किसी का साथ
...उस देश में ब्याहना
जहाँ ईश्वर कम, आदमी ज़्यादा रहते हों
...जिससे खाया नहीं जाए
मेरे भूखे रहने पर
उसी से ब्याहना मुझे!" [7]

यह करुण गुहार जिस स्त्री की है, वह स्वयं यह सब कर सकती/करती है, जिसकी उम्मीदें उसे अपने होने वाले पुरुष से हैं। वह अक्सर पेड़ लगाती है। फ़सलें

उगाती है। दूसरों का साथ देती है। देवी होने से इन्कार करती है। सबको खिलाकर खाती है। उसे दूसरों से ये उम्मीदें करने का पूरा नैतिक अधिकार है। इन उम्मीदों का सार है--इंसानियत। कुल मिलाकर उम्मीद यही है कि वह भीतर से भी इंसान हो। कोई बहुत बड़ी उम्मीद भी नहीं यह। मनुष्य की तरह जीने-भर का अवसर पाने की एक कोशिश है। सवाल यह है कि यह कोशिश भी कहाँ तक पूरी हो पाती है। **बोधिसत्व** की *चिट्ठी* में वाचक की बहिन पूरे उत्सव के साथ विजय करके ले जाई गई। अपनी बहिन के लिए उसके पास एक चिट्ठी है लेकिन बहिन का *पता* किसी के पास नहीं है--"*उसे विजय करने वालों के/पास भी नहीं।*"[8] विवाह के बाद स्त्री का ग़ायब हो जाना उसके स्त्रीत्व का ग़ायब हो जाना है। उसकी पहचान, उसके जीवन, उसके अस्तित्व का ग़ायब हो जाना है। दूसरों का पता ही अब उसका पता है। दूसरों का जीवन ही उसका जीवन।

यह जीवन का आमूलचूल बदल जाना है। एकाएक बदल जाना है। स्त्री को यह एहसास तक नहीं हो पाता कि कितना जल्दी, कितनी तेज़ी से, कितना कुछ बदल गया। विवाह से पहले और बाद की स्थितियों पर **राजगोपाल सिंह** के कुछ दोहे हैं--

"कल तक सब पर राज था, क्या आँगन क्या द्वार
सात भाँवरें ले हुई, सात समंदर पार।

तेरे जैसी ही हुई, मैं शादी के बाद
आती तो होगी तुझे, 'मिट्ठू' मेरी याद!

चलियो सीना तानकर, बिटिया चली विदेश
गंगा-तट तज आइयो, सब चिंता--सब क्लेश!"[9]

सात भाँवरों से पहले तक जिस घर पर अपना राज, वही इसके बाद सात मकान दूर होते हुए भी सात समंदर जितना दूर! विवाह से पहले संभव है उसने मिट्ठू को बोलना सिखाया हो! विवाह के बाद वही हँसती-गाती ज़िंदगी ख़ुद मिट्ठू! विवाह से पहले जिस बाबुल का मुँह देख-देख जीती रही, विवाह के बाद उसी बाबुल को ऐसा उलाहना! मैं ही तेरी चिंता-तेरा क्लेश थी न, अब न मैं, न कोई चिंता-क्लेश! अब तो तू गंगा नहा आ! पूरा निश्चिंत हो के जी! चिंता होगी उसे, जिसे विवाह के बाद हुए बदलाव को जीना है! सहना है! **सविता भार्गव** ने लिखा--

"कविता लिखती हॉकी और खो-खो खेलती लड़कियाँ
कब कहाँ कैसे
खो देती हैं सारे हुनर
पता भी नहीं चलता उन्हें।

...हॉकी खेलते-खेलते गेंद बदल जाती है आटे की लोई में
झाँकते मसालों में कैनवस के रंग

कब टँकी रह जाती है बटन-सी कमीज़ पर
उन्हें पता भी नहीं चलता।"[10]

घर का काम करना स्त्रीत्व की शर्मिंदगी नहीं है। बशर्ते घर के काम को पुरुष के काम की तरह एक उत्पादक, इज़्ज़तदार और महत्त्वपूर्ण काम माना जाए। बशर्ते कभी-कभार आटे की लोई भी हॉकी की गेंद में बदलने की मोहलत पाती रह सके। अक्सर ऐसा नहीं होता। इसीलिए स्त्री विवाह के बाद स्वयं को कमीज़ पर टँके बटन जैसी स्थिति में पाती है। बटन का इस्तेमाल ही किया जाता है। बटन की अपनी कोई इच्छा नहीं होती। उसे तो बस साबुत रहना है ताकि ठीक-से बंद हो सके।

सच है कि सभी अमानुष नहीं होते। सभी स्त्री को दबाकर रखने वाले राक्षस नहीं होते पर इसी के साथ लगा दूसरा सच यह है कि अपना घर छोड़ना स्त्री को ही पड़ता है। दूसरे घर को अपनाना, उसमें जगह बनाना स्त्री को ही पड़ता है। वह एक ऐसा पेड़ है, जिसे एक जगह से उखाड़ा जाता है, दूसरी जगह रोपा जाता है। दूसरा जन्म कहा जाता है इसे स्त्री का। यह प्रक्रिया कैसी होती है, इसका पूरी तरह अनुमान लगा पाना शायद ही किसी पुरुष के लिए कभी संभव हो। **निर्मला पुतुल** ने *एक गीतः अपनी माँ के लिए, ससुराल जाने से पहले* लिखा है। उसकी ग़ौरतलब पंक्तियाँ हैं—

"माँ!
चली जाऊँगी एक दिन छोड़कर
तुम्हारा घर-आँगन
...पर क्या सचमुच
जा सकूँगी पूरी की पूरी यहाँ से?
आँगन में पड़े टूटे झाड़ू-सी
पड़ी रह जाऊँगी कुछ न कुछ यहाँ
बची रह जाऊँगी
गोहाल में गोबर फेंकने के डिलिये में
सटे गोबर की तरह..."[11]

गोबर एक बार में पूरे का पूरा नहीं फेंका जा सकता। थोड़ा-बहुत बर्तन में लगा रह जाता है। यह बेटी की उपमा-भर नहीं है। भाषा की कोरी सजावट नहीं है। अस्थिमज्जा है भाषा की। इसके बिना कविता की भाषा पूरी पड़ ही नहीं सकती। बेटी की स्थिति को पूरा कहा ही नहीं जा सकता। अनिवार्य है यह गोबर। स्त्री की पूरी हैसियत, पूरी छटपटाहट, पूरी वेदना से बना हुआ। फेंक देने पर भी बर्तन में लगा रह जाता है यह। स्त्री मायका छोड़कर भी उसमें छूट जाती है। गोबर तो बर्तन से धुल-पुंछ भी सकता है पर एक टुकड़ा बेटी मायके से कभी अलग नहीं होती। एक घर से अलग न हो पाना, और दूसरे में इस तरह बसना कि उसे बसाना, यह चुनौती है स्त्री की। वह इसे स्वीकार करती है, भले ससुराल में उसे किसी भी सीमा तक स्वीकार या अस्वीकार किया जाए। मायके में छूट गई बेटी पर ध्यान प्रायः नहीं जाता।

बर्तन में बचे रह गए गोबर पर किसका ध्यान जाता है! क्या कविता का नहीं?

संदर्भ

1. प्रतिनिधि कविताएँ -परवीन शाकिर, पृष्ठ 33
2. वही, पृष्ठ 33
3. वसुधाः 59-60 -स्त्री-मुक्ति का सपना, अक्तूबर, 2003 से मार्च, 2004, पृष्ठ 423
4. घर का रास्ता -मंगलेश. डबराल, पृष्ठ 15
5. अकेली औरतों के घर -मधु बी. जोशी, पृष्ठ 11
6. ज़िल्लत की रोटी -मनमोहन, पृष्ठ 32
7. अपने घर की तलाश में -निर्मला पुतुल -संथाली से अनुवादः अशोक सिंह, पृष्ठ 34-36
8. दुःखतंत्र -बोधिसत्व, पृष्ठ 72
9. चौमास -राजगोपाल सिंह, पृष्ठ 81, 82
10. कथन, 48, अक्तूबर-दिसंबर, 2005, पृष्ठ 14
11. अपने घर की तलाश में -निर्मला पुतुल -संथाली से अनुवादः अशोक सिंह, पृष्ठ 86

धरती पर धरती का घर

"कितने ताप कितने दबाव और कितनी आर्द्रता से
अपने कोयलों को हीरों में बदल देती हो
कितनी प्रक्रियाओं से गुज़रकर
कितने चुपचाप...
पृथ्वी क्या तुम कोई स्त्री हो"[1]

नरेश सक्सेना की इन पंक्तियों में धरती को स्त्री कहा गया है। अगर धरती स्त्री है तो स्त्री का उस पर स्वयंसिद्ध अधिकार होना चाहिए। दूसरों से पहले। विचित्र है कि उसे धरती पर सुरक्षा और स्वतंत्रता की साँसें लेते हुए जीवित रहने की जगह अक्सर ढूँढ़नी पड़ती है। तमाम उम्र। ज़िंदगी ख़त्म हो जाती है पर ढूँढ़ नहीं। स्त्री के बिना कोई घर, घर नहीं होता। संभवतः इसीलिए उसे *घरवाली* कहा जाता है। घर की स्वामिनी। **माहेश्वर तिवारी** ने एक गीत में कहा–

"एक तुम्हारा होना क्या से क्या कर देता है
बेज़ुबान छत-दीवारों को घर कर देता है।"[2]

स्त्री मकान को घर बनाती है। इस तरह कि उसकी छतें-दीवारें भी हँसने-बोलने लगें। निष्प्राण में भी प्राण फूँक पाना स्त्री की प्रगाढ़ जीवंतता का सूचक है। स्त्री से प्राण पाकर इस निष्प्राणता को उसके साथ कैसा व्यवहार करना चाहिए और वह कैसा करती है? यह सवाल सदियों से ज्यों का त्यों है। सदियों से यह सच बदला नहीं कि घर बसाने वाली का पूरी तरह अपना कोई भी घर नहीं। मायके जाती स्त्री अक्सर कहा करती है–मैं अपने घर जा रही हूँ। अपने घर पहुँचकर अक्सर सुनती है कि अब तो उसका असली घर वही है, जहाँ वह ब्याही गई है। वहीं उसे जीना-मरना है। इस स्थिति को देखने का एक नज़रिया यह भी है कि स्त्री सौभाग्यवती है। उसके एक साथ दो-दो घर होते हैं। हरियाणवी कहावत है कि कई-कई मामाओं का न्यौता भाणजा भूक्खा ही मरता है। इसलिए कि एक साथ अनेक मामा उसे निमंत्रित कर लेते हैं। एक सोचता है, दूसरा खिला देगा। दूसरा सोचता है, तीसरा। बेचारा भाणजा!

मदन कश्यप ने लिखा–*"जितना बड़ा होता है घर/उतना ही छोटा है स्त्री का कोना।"*[3] बड़े घर में भी ज़्यादा से ज़्यादा स्त्री को कोना ही मिल पाता है और वह भी छोटा-सा। ज़्यादातर उसे यह भी नहीं मिलता। वह पूरे घर में ही बिखरी रह जाती है। यूँ तो स्त्री के दो-दो घर होते हैं पर दोनों पर उसका अधिकार होता है कहने भर को। वास्तव में दोनों

घरों के प्रति उसके हिस्से आते हैं–कर्त्तव्य। सूखे कर्त्तव्य। किसी भी कर्त्तव्य में ज़रा-सी भी भूलचूक हो जाए तो ताने-उलाहने।

अक्सर यही देते हैं स्त्री को उसके दो-दो घर। एक में भी वह तसल्ली से बस नहीं पाती। छोटी-मोटी अनबन होते ही पति बड़ी आसानी से कह देता है–निकल जा इस घर से! स्त्री को धरती कहा जाता है। जीवन-विस्तार का आधार। फिर भी उसे रोज़-रोज़ घर से निकाला जाता है। **अनामिका** ने ज़रूरी सवाल पूछा है–*"क्या है मुझ से बाहर?/कहाँ निकाला जाता है मुझको?"*[4] स्त्री अपने-आप में जीवन का विस्तार है। इसलिए कि उसे किसी घर पर कभी कोई अधिकार न देना पड़े। जो स्वयं धरती हो, उसे घर की क्या ज़रूरत? अधिकार देने का जब-जब सवाल आता है, उसे त्याग की देवी बना दिया जाता है। इसे कहते हैं–भिगो-भिगोकर जूते मारना। वह भी उसी से पूछ-पूछकर। उसी को समझा-समझाकर कि इसी में भलाई है। सदियों से स्त्री की चमड़ी इसी तरह उधेड़ी जा रही है और उसे सिसकने-भर का अधिकार है। बुक्का फाड़ रोने का नहीं। दोनों घरों की इज़्ज़त जो रखनी है उसे! कविता ने घर में क़ैद इस *देवी* की इस नारकीय वेदना को महसूस और उजागर किया है। **देवी प्रसाद मिश्र** ने लिखा–

"औरतें यहाँ नहीं दिखतीं
वे आटे में पिस गई होंगी
या चटनी में पुदीने की तरह महक रही होंगी
वे तेल की तरह खौल रही होंगी उनमें
घर की सबसे ज़रूरी सब्ज़ी पक रही होगी
...तिलचट्टों-सी वे कहीं घर में दुबकी होंगी वे
घर में ही होंगी
घर के चूहों की तरह वे
घर छोड़कर कहाँ भागेंगी।"[5]

देवी-देवता जैसे मंदिरों में क़ैद होते हैं, उसी तरह स्त्रियाँ घरों में। स्त्रियों के पास भागने की कहीं कोई जगह हो तो भागने में एक पल न लगाएँ। मुश्किल यह है कि भागें तो भागकर जाएँ कहाँ! कहीं जाएँ भी तो इस बात का क्या भरोसा कि वहाँ एक और घर नहीं होगा? स्पष्ट है कि मनुष्य-जीवन पर अधिकार स्त्री को जीते जी नहीं मिलता। मरने के बाद क्या होता है, यह कल्पना, जो कोरी कल्पना नहीं है, **उदय प्रकाश** के इन वाक्यों में है–

"...एक औरत का कलेजा जो छिटककर बोरे से बाहर गिर गया है
कहता है–मुझे फेंककर किसी नाले में जल्दी लौट आना,
बच्चों को स्कूल जाने के लिए जगाना है
नाश्ता उन्हें ज़रूर दे देना, आटा मैं गूँथ आई थी..."[6]

मरने के बाद भी घरबार पीछा नहीं छोड़ता। आशय यह कि स्वयं मर-खपकर दूसरों को जिलाते रहने का सिलसिला इतना अटूट है कि अनंत। स्त्रियाँ आती हैं। चली जाती हैं। यह सिलसिला कभी कहीं नहीं जाता। **रघुवीर सहाय** की अंतिम कविता है–*चेहरे की सिकुड़नें*–

"थकी हुई औरत के चेहरे की सिकुड़नें
किसी एक परिवार की लंबी मुश्किलों की
आड़ी सतरें हैं
उनकी लिखावट कुछ अलग दूसरों से है
क्योंकि परिवार के पुरखों ने अलग-अलग
भाषाएँ लिख दी हैं।"[7]

परिवार की मुश्किलों का इतिहास स्त्री के चेहरे पर छपा होता है लेकिन उसे आसानी से पढ़ा नहीं जा सकता। इसलिए कि भाषाएँ जिस तरह अलग-अलग होती हैं, उसी तरह मुश्किलें भी। एक भाषा जो जानता है, ज़रूरी नहीं कि दूसरी को भी पढ़ सके। एक मुश्किल का अनुभव जिसे है, ज़रूरी नहीं कि उसे दूसरी को जानने-समझने में कोई मुश्किल न हो। परिवार के सभी सदस्यों की इतनी अलग-अलग मुश्किलें औरत की अपनी मुश्किलें रही हैं।

सभी की मुश्किलों का अनुवाद उसके दुख में होता है। मुश्किलों के सामने सभी के साथ होती है वह। सभी के संघर्ष में शामिल। यही कारण है कि सभी के संघर्ष-अनुभव उसके चेहरे पर निशान छोड़ जाते हैं। तरह-तरह के निशानों से भर जाता है चेहरा। ये निशान रहस्यात्मक नहीं हैं। अबूझ पहेलियाँ नहीं बनाते। इन्हें पढ़ना-समझना-अनुभव करना संभव है। यह बात और है कि किसी के पास यह सब करने का वक़्त न हो या कोई इसकी ज़रूरत महसूस ही न करे।

ज़्यादातर होता यही है कि जो स्त्री सबके साथ रहती है, उसके साथ रहना तो दूर, आसपास भी कोई नहीं होता। जब उसे ज़रूरत होती है, तब भी नहीं। कोई जान-बूझकर करे, न करे, यह छल उसके साथ अक्सर होता है। घर भी उसे छलता है। छल उसके दुख-वैविध्य को और बढ़ाता है। इसके बावजूद वह घर के सारे काम बदस्तूर करती रहती है लेकिन घर उसे अपना नहीं लगता। **तेजी ग्रोवर** ने लिखा–*"इतना ख़ून बह चुका होता था प्रेम के अंतहीन भ्रम में कोई भी घर कभी पूरा नहीं पड़ता था।"*[8] यह ख़ून स्त्री का दुख-दर्द है, जो किसी भी घर में अँट नहीं पाता। कहीं भी वह पूरी तरह रह नहीं सकती। सर्वत्र परायेपन का बोध सालता रहता है उसे। जब तक घर के लिए खटती-खपती रहे, तब तक घर उसका और वह घर की, लेकिन जैसे ही उसके लिए घर के खटने-खपने का मौक़ा आए तो न वह घर की, न घर उसका। घर के लिए सबसे ज़्यादा काम करने वाली ही उसके लिए अजनबी! कौन स्त्री! कैसी स्त्री! क्या मतलब उसका घर से!

नूरजहाँ सर्वत ने इस अजनबीपन के कारण ही कहा–*"सुकूँ का घुटता है दम/बेहिसी का आलम है/ये मेरा घर है/तो क्यों अजनबी-सा लगता है!"*[9] घर में अपनेपन की जगह निरी स्वार्थ-पूर्ति का बसेरा हो तो घर अजनबी बन ही जाता है। यह घर में ही घर का खो जाना है। स्त्री के घर को जो घर हज़म कर गया, उसके भीतर पाँव धरने को भी उसका मन नहीं करता। घर उसे बुलाता नहीं, दूर धकेलता है। **मधु बी. जोशी** के शब्दों में–

"किसी-किसी दिन
वह घर लौटना नहीं चाहती

नहीं चाहती
कोई भी देहरी लाँघना

...किसी-किसी दिन
वह पेड़ होना चाहती है
धरती में गहरे पैठा
आकाश में बाँहें पसारे
धूप-पानी-हवा से एकात्म

किसी-किसी दिन
वह दीवारों के बीच लौटना नहीं चाहती
किसी-किसी दिन वह नहीं चाहती द्वार भेड़ना।"[10]

घर जैसे जेल हो! स्थिरता और चैन देने के लिए जो घर है, वही अस्थिर और बेचैन करता है। पास बुलाने की बजाय अपने से दूर धकेलता है। उसी तरह जैसे कटने के लिए ले जाए जा रहे बकरे को बूचड़ख़ाना। इसीलिए किसी-किसी दिन स्त्री धरती और आकाश को घर बना लेना चाहती है। अपनी तरह जी लेना चाहती है। दीवारों के बंधन में बंधना नहीं चाहती। बंधना ही पड़े तो द्वार खुला रखना चाहती है। ज़ंजीर कहीं से तो टूटी हो!

अवसर पाते ही स्त्री घर से बाहर निकल जाती है। घर ढूँढ़ने। ढूँढ़ती ही रह जाती है पर ऐसा घर उसे कहीं नहीं मिलता, जो पूरी तरह उसका हो सके। **चंद्रकांत देवताले** की एक कविता में एक औरत का धड़ भीड़ में भटकता है–"*उसके पाँव/जाने कब से/सबसे/अपना पता पूछ रहे हैं।*"[11] **निर्मला पुतुल** इस पूछने को यह पूछकर और नुकीला बनाती हैं–क्या तुम "*बता सकते हो/सदियों से अपना घर तलाशती/एक बेचैन स्त्री को/उसके घर का पता?*"[12] सवाल में शामिल है कि नहीं बता सकते।

सवाल में ही सवाल भी है–फिर क्या बता सकते हो? क्या कर सकते हो स्त्री के लिए? अपनी तलाश और बेचैनी में वह सदियों से अकेली है। निपट अकेली। घर बसाती हुई, ज़िंदगी-भर सबके इर्द-गिर्द उनके लिए ज़रूरी सामूहिकता बुनती हुई स्त्री का बेघर होना और अकेले पड़ जाना ख़ास तौर से त्रासद है। **रवींद्र भारती** की एक कविता है–*वृंदावन*। वे लिखते हैं कि वृंदावन में माँ हर किसी को मिल जाती है। एक बार *माँ* पुकारो तो आशीष देते सैंकड़ों हाथ उठाए दौड़ी आती हैं माँएँ। इससे स्पष्ट है कि कितनी माँएँ हैं, जो अनेक बच्चे जनकर, पाल-पोसकर भी *माँ* सुनने को तरसती रहती हैं। घंटियाँ बजाने की जगह रिक्शेवालों का *राधे-राधे* पुकारना भी वृंदावन के मांमय होने का सूचक है। इसके बाद कविता में एक प्रसंग आता है और प्रसंग में कविता और उभरती है–

"बाबला जब छोटा था
माँ के साथ आया था वृंदावन
माँ पागल हो गई थी–
जब उसके हाथ से छूट गया था हाथ

न जाने कितने देवताओं को रौंदती–
भीड़ को चीरती, दौड़ती रही नंगे पैर।
हपस-हपसकर रोने लगी–
सटाकर सीने से जब घंटों बाद मिला था बाबला।

...दिल का बुरा नहीं है बाबला
बहुत मानता है हमें
कुछ दिनों के लिए ही छोड़ गया वृंदावन
कुछ ही दिनों में चला आएगा इंडिया।
दीदी तुम भी चली जाओगी न
जब तुम्हें लेने आएगा तुम्हारा बाबला!"[13]

सब जानते हैं कि ये *कुछ दिन* अक्सर बहुत बड़े हो जाते हैं। इतने बड़े कि बीतने में नहीं आते। इन्हीं दिनों के बीच इंतज़ार करती माँ बीत जाती है। बेटे के खो जाने पर उसकी तलाश में दौड़ते हुए वह *न जाने कितने देवताओं को रौंदती* चली जाती है। उसके लिए बेटे का मिल जाना ही भगवान के परम धाम में पहुँच जाना है। इसीलिए वह बेटे के मिल जाने पर उसे सीने से लगा *हपस-हपस* रोती है। उसी बेटे ने जानबूझकर अपनी माँ को खो दिया। खोया जानबूझकर है तो तलाश करने का सवाल भी पैदा नहीं होता। सारी तलाश और सारा रोना स्त्री के ही हिस्से आया है। इस मामले में भी पुरुष स्त्री का सब कुछ लूटता है और उसे जीवित रह लेने के लिए एक ख़ूबसूरत भ्रम देकर चला जाता है। इसलिए कि यह भ्रम स्त्री की नज़र में उसे भला बनाए रखे। बहुत सारी स्त्रियाँ हैं, जिन्होंने अपने बेटों से सेवा के बदले छल पाया है। उनके लिए घर ईंटों से नहीं, तरह-तरह के छलों से बना है।

अधिकांश स्त्रियाँ घर का कामकाज करती नहीं, निपटाती हैं। घर में रहने की क़ीमत चुकाती हों जैसे। लगातार। स्वस्थ रहते जीवन में छुट्टी का एक भी दिन नहीं। वे कामकाज निपटाती हैं, निपटाती ही रहती हैं और एक दिन कामकाज उन्हें निपटा देता है। कभी क़िस्तों में, कभी एकमुश्त। **ए. जयप्रभा** की तेलुगू कविता *लड़की* में कहा गया है कि *"उन्मत्त चुंबनों/और मदिरा के प्यालों की गरमाहट से भरी/इस दुनिया में/वह सो रही थी/एक वाशिंग मशीन में।"*[14] वाशिंग मशीन में सोने का अर्थ है–नींद में भी कामकाज से मुक्त न होना। यह मुक्ति न हिंदी में मिलती है, न तेलुगु में। पूरी ज़िंदगी स्त्रियाँ जिस कामकाज में खटती रहती हैं, उसका मूल्य और महत्त्व केवल शाब्दिक है। सुंदर लेकिन निष्प्राण। वास्तविक मूल्य और महत्त्व समाज में भी न के बराबर है और घर में भी। **अनामिका** की पंक्तियाँ हैं–

"गई रात रोज़ मेरे मन में
कोई पटककर पोंछे का कपड़ा धोता है
और फिर निचोड़ता है आँखों में।
सर्फ़ मिले पानी-सी चाँदनी
फ़ेन मढ़े मोती साबुन-सा यह चाँद

मिलकर भी रातों के दामन का दाग़
नहीं धो पाते।"[15]

घरेलू कामकाज न दिन के समय छोड़ता है, न रात के समय। यह सिलसिला सारी ज़िंदगी पर पसरा है। **प्रकाश मनु** की एक कविता में औरत *सदियों लंबा* एक स्वेटर बुनती है और *पचासों सालों तक सिंकने में न आने वाली रोटी* सेंकती है। अंततः पीली पत्ती की तरह टूटकर गिर जाती है और फिर कभी किसी को याद भी नहीं आती।[16] यही है घरग्रस्त स्त्री का जीवन। बाहर से वह जिस तरह के काम करती दिखलाई देती है, उनका भीतरी प्रतिरूप **सुधांशु उपाध्याय** की इन पंक्तियों में है—

"...भीतर से वह फटती जाती
बाहर चादर सीती
कम पानी में मछली जैसे
थोड़ा-थोड़ा जीती
फूलों को वह पानी देती
भीतर आग समेटे
कहाँ-कहाँ तक हो आती वह
घर में लेटे-लेटे..."[17]

घर में स्त्री जैसे कम पानी में मछली। पानी उतना ही, जितना जी लेने-भर को ज़रूरी। यही पानी उसकी पूरी दुनिया। घर में पानी कम है और बाहर सूख गया है। घर में खुलकर जी नहीं सकती। बाहर मरने तक छटपटाने का भय फैला है। इसीलिए केवल मन से दूर-दूर घूम आती है। बस! इतना ही सुख है घर के जीवन में। बाबुल की दुआओं में जितना सुख होता है, जैसे उसके एक छोटे-से हिस्से की थोड़ी-सी याद ही बाक़ी रह गई हो!

घर में स्त्री के जीवन पर **नीलेश रघुवंशी** ने बड़ी मार्मिक कविता लिखी है। शीर्षक है—*हंडा*—

"एक पुराना और सुंदर हंडा
भरा रहता जिसमें अनाज
कभी भरा जाता पानी
भरे थे इससे पहले सपने—
वह हंडा
एक युवती लाई अपने साथ दहेज में
देखती रही होगी रास्ते भर उसमें घर का दरवाज़ा,
बचपन उसमें अटाटूट भरा था
भरे थे तारों से डूबे हुए दिन
नहीं रही युवती
नहीं रहे तारों से भरे दिन
बच नहीं सके उमंग से भरे सपने
हंडा है, आज भी जीवित है उसमें

ससुराल और मायके का जीवन
बची है उसमें अभी जीवन की गंध
बची है स्त्री की पुकार
दर्ज है उसमें किस तरह सहेजती वह घर
बचे रह सकें मासूम सपने
इसी उधेड़बुन में सारे घर में
लुढ़कता फिरता है हंडा।"[18]

हंडे का घर-भर में लुढ़कते फिरना स्त्री-जीवन का शोकगीत है। इसे पढ़ने का अर्थ है—एक टूटी-बिखरी लय का देर तक, दूर तक गूँजते चले जाना। अब इस हंडे में कभी अनाज, कभी पानी भरा जाता है। पहले सपने भरे जाते थे। कुआँरी आँखों में समाए हज़ारों-लाखों सपने। यह जब ससुराल आया तो सपनों से लबालब था। उसमें बचपन *अटाटूट* भरा था। एक शब्द में समाया समूचे बचपन का इतिहास। छूते ही बचपन का कोई खेल निकल आए। उछलता-कूदता।

दिन के आसमान में तारे ही तारे थे। ऐसे बहुत सारे दिन भरे थे उसमें। दिन अर्थात् सक्रियता। तारे अर्थात् कल्पनाओं जितनी चमकतीं खुशियाँ। असंभव को संभव कर सकने वाली उमंगें। दिन और रात का अंतर मिटा देने वाले सपने। जीवन का सबसे ख़ूबसूरत, सबसे बेफ़िक्र हिस्सा हंडे में समाया था। उस युवती का संवेदन-लोक था हंडा। उसकी सबसे बड़ी पूँजी। जीवंत इतनी कि तारों की तरह गिनने में न आए। फिर हुआ क्या इस जीवंतता का?

युवती रास्ते-भर हंडे में घर का दरवाज़ा देखती रही। उस घर का भी, जिससे आई थी। उस घर का भी, जिसमें जा रही थी। हंडा उसके वर्तमान की तरह उसके साथ था। वर्तमान, जिसमें अतीत की जीवंतता समाई थी! भविष्य के रंगीन सपने समाए थे। सपने जीवंतता के फल थे। ससुराल पहुँची तो उन्हें खा लिया गया। वे नहीं रहे। जीवंतता नहीं रही तो फिर युवती भी नहीं रही। रह गया तो बस हंडा। युवती के स्मृति-शेष जीवन की तरह।

युवती ने हंडे को साथ रखा था। हंडा कृतज्ञ हुआ। इतना कि उसने युवती को अपने में जज़्ब कर लिया। युवती के सारे जीवन की गंध हंडे के कण-कण में समा गई। उसकी कातर पुकार हंडे के आसमान में दिन-रात गूँजने लगी। बताने लगी कि घर को सहेजते-सहेजते वह बिखर गई। तारे टूट गए। न रहने पर भी मासूम सपनों की शक्ल में युवती को देखा जा सकता है। उसके सारे जीवन का सार हैं—मासूम सपने। हंडा युवती को बचा नहीं सका। अब मासूम सपनों को हर तरह बचाना चाहता है। इसीलिए घर-भर में लुढ़कता फिरता है। लुढ़कन से आवाज़ आती है—बचाओ! मासूम सपनों को बचाओ! युवती को बार-बार मत मरने दो! एक ऐसे दौर में, जब इंसान एक हंडे की तरह सब कुछ अपने में भर लेने के लिए ही जीता-मरता है और इसी कारण किसी हत्या, किसी हैवानियत के ख़िलाफ़ नहीं जाता, हंडा इंसानियत को जी रहा है। इंसान अपनी सच्ची शक्ल देख सके, इसके लिए आईना बन रहा है।

क्यों न बने! आख़िर यह कविता का हंडा है! महज़ मिट्टी का नहीं!

संदर्भ

1. समुद्र पर हो रही है बारिश -नरेश सक्सेना, पृष्ठ 48-49
2. कवि-सम्मेलनः 21 अगस्त, 2005, पटेल नगर, दिल्ली
3. आलोचनाः अप्रैल-जून, 2003, पृष्ठ 44
4. कविता में औरत -अनामिका, पृष्ठ 120
5. समकालीन हिंदी कविता -ए. अरविंदाक्षन द्वारा उद्धृत, पृष्ठ 120-121
6. रात में हारमोनियम -उदय प्रकाश, पृष्ठ 31-33
7. एक समय था -रघुवीर सहाय -संकलन और संपादनः सुरेश शर्मा, पृष्ठ 152
8. अंत की कुछ और कविताएँ -तेजी ग्रोवर, पृष्ठ 74
9. बेनाम शजर -नूरजहाँ सर्वत, पृष्ठ 100
10. अकेली औरतों के घर -मधु बी. जोशी, पृष्ठ 41
11. लकड़बग्घा हँस रहा है -चंद्रकांत देवताले, पृष्ठ 12
12. अपने घर की तलाश में -निर्मला पुतुल -संथाली से अनुवादः अशोक सिंह, पृष्ठ 1
13. समकालीन भारतीय साहित्यः मार्च-अप्रैल, 2006, पृष्ठ 115
14. कविता का उत्तर जीवन -परमानंद श्रीवास्तव द्वारा उद्धृत, पृष्ठ 57
15. अष्टाक्षर -संपादकः द्वारिका प्रसाद चारुमित्र, पृष्ठ 30
16. छूटता हुआ घर -प्रकाश मनु, पृष्ठ 82-84
17. समकालीन भारतीय साहित्यः सितंबर-अक्तूबर, 2005, पृष्ठ 163
18. उर्वर प्रदेश -संयोजकः बिंदु अग्रवाल, पृष्ठ 125-126

शरीर, बाज़ार, श्रम और स्त्री

"कोई रात हमारा नमक चख ले
तो एक ज़िंदगी हमें बेज़ायक़ा रोटी कहा जाता है"[1]

यह वाक्य **सारा शगुफ़्ता** की *औरत और नमक* कविता का है। नमक और रोटी, ज़िंदगी के लिए दोनों ज़रूरी हैं। स्त्री दोनों की शक्ल में ढलती है। बदले में उसे बेज़ायक़ा रोटी का ख़िताब मिलता है। रोटी खाने और नमक चखने वाले नमकहरामी करते हैं। स्त्री उनकी नज़र में केवल शरीर है और शरीर विलासिता की प्यास को क्षणिक तृप्ति के किनारे तक बार-बार ले जाने वाला पुल। पुल कमज़ोर कहलाता और बार-बार रौंदा जाता रहता है।

निर्मला पुतुल की कविता में *सुगिया* को यह स्वाभाविक नहीं लगता। वह *"सोचती है अक्सर/यहाँ हर पाँचवाँ आदमी उससे /उसकी देह की भाषा में/क्यों बतियाता है?"*[2] इसका एक कारण **सुशील कुमार शीलू** के शब्दों में यह है कि *"तुम्हारी देह में/इतनी रच-बस जाती है रसोई की गंध/कि हर कोई करना चाहता है/तुम्हारा नाश्ता, लंच या डिनर"*।[3] स्त्री का शरीर भोग का निमंत्रण है। सामाजिक वातावरण इसके निमंत्रण बनने के पक्ष में है। वरना **सुनीता खोखा** यह न लिखतीं कि *"संबंध/जायज़ या नाजायज़...?/ पर.../भोग/जायज़ और सिर्फ़ जायज़"*[4] स्त्री भोग है। भोग की तरह उसे भी खाया जाता है। खाने के बाद स्वाद-बेस्वाद कहा जाता है। खाने के लिए मिठाई की इजाज़त माँगने वाला मूर्ख नहीं तो और क्या है!

उपभोक्तावाद में ऐसे मूर्खों के लिए कोई जगह नहीं। वह उपभोग के बहुमुखी विस्तार का नाम है। उसके अनुसार जो जितना ज़्यादा उपभोग करता है, वह उतना ही शक्तिशाली, उतना ही बड़ा आदमी है। आदमी ज़्यादा से ज़्यादा उपभोग के लिए तैयार हो और उपभोग्य वस्तुएँ निरंतर बढ़ती चली जाएँ, यही विकास है। विकसित आदमी के जीवन का मतलब है—ज़्यादा से ज़्यादा खाकर और ज़्यादा से ज़्यादा भोगकर मरना।

उपयोग की जाने वाली वस्तु बार-बार काम आ सकती है। उपभोग जिसका किया जाए, वह एक बार इस्तेमाल के बाद नष्ट हो जाती है। मकान का उपयोग किया जाता है और अनाज का उपभोग। उपभोक्तावाद में ज़ोर उपभोग पर ज़्यादा है। इसलिए कि उपभोग्य वस्तुओं की खपत ज़्यादा होती है। उनकी माँग भी अपेक्षाकृत अधिक होती है। बराबर बनी रहती है। इसलिए उपभोग्य वस्तुओं का उत्पादन भी ज़्यादा होता है और वितरण भी। विज्ञापन-जगत् में भी सबसे ज़्यादा जगह वही घेरती हैं। उन्हीं की ज़्यादा सेवा कर तकनीक धन्य होती है।

पुरानी कहावत है–जैसा खावे अन्न, वैसा होवे मन। उपभोग्य वस्तुएँ सर्वाधिक और निरंतर मुनाफ़ा देती हैं। अतः उनका महत्त्व भी अधिकाधिक होता जाता है। उपभोग्य वस्तुओं का बढ़ता महत्त्व सोच-विचार को भी अपनी तरफ़ मोड़ लेता है। उपभोग सोच-विचार की दिशा बन जाए तो संबंधों को भी बनाने-बिगाड़ने लगता है। संबंधों का उपभोग भी फ़ास्ट फ़ूड की तरह किया जाने लगता है। यूज़ एंड थ्रो!

व्यक्ति जितनी सहजता से वस्तुओं को इस्तेमाल करता है, उतनी ही सहजता से मनुष्यों को भी। संबंधों को भी। संबंधों का इस्तेमाल वह करता भी है और इस्तेमाल के लिए संबंध बनाता भी है। खाने के बाद डिब्बा फेंक दिया जाता है और इस्तेमाल के बाद मनुष्य। यह नई संबंध-व्यवस्था की धरती है। इस्तेमाल करना और होना इसके दो ध्रुव हैं। स्त्री के शरीर में इस्तेमाल होने की गुंजाइश ज़्यादा है। अतः इस व्यवस्था को स्त्री ज़्यादा रास आती है। **निदा फ़ाज़ली** ने *मोहब्बत* के बारे में कहा–

"पहले वो रंग थी
फिर रूप बनी
रूप से जिस्म में तब्दील हुई
और फिर जिस्म से बिस्तर बनकर
घर के कोने में लगी रहती है
जिसको
कमरे में घुटा सन्नाटा
वक़्त-बेवक़्त उठा लेता है
खोल लेता है, बिछा लेता है।"[5]

मोहब्बत पहले रंग थी। सब अपना रंग छोड़कर उसमें रंग जाते थे। फिर वह रूप बनकर लुभाने लगी। फिर शरीर बनकर वासना भड़काने लगी। शरीर चूँकि मनुष्य का था, इसलिए उसमें भले ही सोई पड़ी हो पर भोग से परे जाने की शक्ति तो थी ही। यह तरक़्क़ी करती हुई मोहब्बत के रास्ते का रोड़ा बन सकती थी। मोहब्बत ने इसे भी हटा दिया। अब वह बिस्तर है, जिसे सुविधानुसार इस्तेमाल किया जा सकता है। घुटन से भरा सन्नाटा भी इस्तेमाल करे तो उसे कोई आपत्ति नहीं।

उपभोक्तावादी मानस को ठीक ऐसी ही मोहब्बत चाहिए। इस्तेमाल होने को हमेशा तैयार। तैयार भी क्यों, तत्पर। उत्सुक। आतुर। इस्तेमाल होने को अपना, अपने सौंदर्य का सौभाग्य मानने वाली। पुरुष को स्त्री पहले से रिझाती आई है। अंतर यह है कि पहले एक पुरुष को रिझाने से काम चल जाता था। अब वह सौंदर्य-प्रतियोगिताओं के निर्णायकों को रिझाती है। मीडिया को रिझाती है। उसके ज़रिये दुनिया-भर के पुरुषों को रिझाती है। उनको भी रिझाती है, जिन्हें वह जानती तक नहीं। विश्वव्यापी बाज़ार को रिझाती है वह। रिझाना अब एक उद्योग है।

यह उद्योग स्त्री के शरीर का महिमा-मंडन करता है। कहने को सौंदर्य प्रतियोगिताओं में युवतियों से कुछ रस्मी सवाल भी पूछे जाते हैं। यह साबित करने की कोशिश की जाती है कि स्त्री के बाहरी ही नहीं, भीतरी सौंदर्य को भी महत्त्व दिया जा रहा है। ऐसे सवालों के जब-जब अच्छे जवाब मिलते हैं तो प्रायः सबके चेहरों पर विस्मय फैल जाता है–वाह!

स्त्री होकर भी इतनी तेज़ बुद्धि! इतनी सचेत उपस्थिति! इतनी ज़ोरदार हाज़िरजवाबी! इस विस्मय का अर्थ क्या है? अर्थ है–स्त्री-शरीर का महिमा-मंडन। हिंदी कविता में इस व्यावसायिक महिमा-मंडन के बग़ैर भी स्त्री-शरीर मौजूद रहा है। **शमशेर** ने लिखा था–

"एक ठोस बदन अष्टधातु का-सा

सचमुच?
जंघाएँ दो ठोस दरिया
ठै रे हुए-से
मगर जानता हूँ कि वो

बराबर-बराबर बहुत तेज़
रौ में हैं
ठै रा हुआ-सा मैं हूँ मेरी
दृष्टि एकटक्"[6]

यह सौंदर्य-चित्र शरीर का है। शरीर ही इसके केंद्र में है। इस पर किसी भी सीमा तक मुग्ध हुआ जा सकता है। वाचक इतना मुग्ध होता है कि हिलना भूल जाता है। लगातार तेज़ बहाव को समेटे दो ठोस दरिया ठहरे हुए नहीं हैं, *ठै रे हुए-से* हैं। लगता है कि ठहरे हैं। हैं प्रवाहित। बहते दरियाओं को देखने के असर से जंघाओं को देखने का असर काफ़ी मिलता-जुलता है। प्रकृति के संदर्भ में देखने पर शरीर और सुंदर होता है। ऐंद्रिय है यह सौंदर्य पर आँखों से इसका संबंध अन्य इंद्रियों से कहीं ज़्यादा है। जितना इसे देखा जा सकता है, उतना भोगा नहीं जा सकता। प्रधान है–विस्मय का भाव। मुग्ध होने का भाव। आँखें जैसे किसी बहुत सुंदर प्राकृतिक दृश्य को देखकर ठहर गई हों! फैल गई हों! ख़ुश हो गई हों! ऐंद्रिय होते हुए भी यह सौंदर्य निरा शारीरिक नहीं लगता। शारीरिक भूख को भड़काने और संतुष्ट करने में पर्यवसित होकर नहीं रह जाता। विस्मय-विमुग्धता की मानसिक प्यास और तृप्ति तक पहुँचता है। **अशोक वाजपेयी** की एक कविता है–*सद्यःस्नाता*–

"पानी
छूता है उसे
उसकी त्वचा के उजास को
उसके अंगों की प्रभा को–

पानी
ढलकता है उसकी
उपत्यकाओं शिखरों में से–

पानी
उसे घेरता है
चूमता है

पानी सकुचाता है
लजाता गरमाता है
पानी बावरा हो जाता है

पानी के मन में
उसके तन के
अनेक संस्मरण हैं।"[7]

यह भी शरीर-केंद्रित कविता है। पानी को अगर पुरुष पढ़ा जाए तो अर्थ पूरी तरह खुल जाता है। विचित्र यह है कि पानी सारे शरीर को छू पहले लेता है, घेर पहले लेता है, चूम भी पहले लेता है, सकुचाता-लजाता बाद में है। लगता है—पानी ने पहले अपने मन की कर ली। पहले निःसंकोच-निर्लज्जता से काम ले लिया। फिर समाज का ख़याल आ गया तो संकोच-लाज भी ओढ़ ली! ओढ़कर तसल्ली से शरीर के संस्मरण याद करते रहे! ऐंद्रिय यह सौंदर्य भी है पर निरा शारीरिक। शमशेर की कविता में सौंदर्य, दृष्टि को ठहरा लेता है। यहाँ शुरूआत ही छूने से होती है। अंत में संस्मरण भी भोग के ही रहते हैं। शमशेर के यहाँ आँखों का संवेदन प्रधान है। यहाँ त्वचा का। स्पर्श आदिम इंद्रिय-बोध है। रूप अपेक्षाकृत विकसित इंद्रिय-बोध। इस दृष्टि से देखा जाए तो अशोक वाजपेयी पुराने कवि हैं, शमशेर नए। इस अर्थ में अशोक नए ज़रूर हैं कि नए ज़माने का, उपभोक्तावाद का असर उनकी कविता पर है, शमशेर की कविता पर नहीं।

उपभोक्तावाद के लिए स्त्री शरीर से ज़्यादा कुछ नहीं होती। वह उसके शरीर का हर तरह इस्तेमाल करता है। भोग की तरह भी। संस्मरणों की तरह भी। यहाँ तक कि *मुक्ति* की तरह भी। इसीलिए **सविता सिंह** ने *नारी मुक्ति के फ़ायदे* बताते हुए लिखा—*"अच्छा है मुक्त हो रही हैं मिल सकेंगी स्वच्छंद अब/संभोग के लिए।"*[8] पुरुष की नज़र स्त्री की आज़ादी में भी उसपर अपने आधिपत्य की गुंजाइश देख लेती है।

यह नएपन को पुरानी नज़र से देखना है। स्त्री के पक्ष में हो रहे परिवर्तन को न होने देना है। इसके बावजूद होने ही लगे तो उसे आधा-अधूरा रहने पर विवश करना है। हर क़ीमत पर अपना मतलब साधना है। यह साबित करना है कि चाहे जो हो जाए, स्त्री रहेगी तो शरीर ही। पुरुष पर आश्रित उसकी भोग्या। बल चाहे छल का हो या धन का, स्त्री को उसका शिकार बनना ही है। शिकार पर क्या गुज़रती है, यह शिकारी भला क्या जाने और क्यों!

वह भले न जाने पर मनुष्यता की संवेदन-लय अर्थात् कविता शिकार का दर्द जानती है। **फ़हमीदा रियाज़** ने देखा कि अपने-अपने ग्राहकों का इंतज़ार करती स्त्रियों की पीठ पर ज़िंदगी का बोझ लदा है। पीठ पर बोझ है और देर तक खड़े रहना है।[9] **सारा शगुफ़्ता** ने कहा—

"बाज़ारों में तुम्हारी बेटियाँ
अपने लहू से भूख गूँधती हैं
और अपना गोश्त खाती हैं"।[10]

बेटियों के इन हालात का पिताओं पर अक्सर कोई असर नहीं होता। उनके लिए यही तसल्ली की बात है कि ज़माने में चाहे जो होता रहे, बाज़ार में खड़ा स्त्री-शरीर उनके किसी रक्त-संबंधी का नहीं है। है भी तो कम से कम उनकी नज़र के सामने नहीं है। इससे उन्हें स्वच्छंद भोग में सुविधा रहती है। आशय यह कि बेटियों के ऐसे हालात के लिए ऐसे पिता ही ज़िम्मेदार हैं। ये पिता बड़े सम्मानित होते हैं। **त्रिभुवन** की एक कविता का हिस्सा है–

"फ़ार्म हाउस से वह होटल-होटल पहुँचती है
इस लंपट से उस लंपट
इस देह से उस देह के पुल को
पार करती एक गंदली नदी बनती है
...और एक दिन
फूटता है इच्छाओं के कंठ से आर्त्तनाद
और झाड़ती हैं इच्छाएँ अपने अधोवस्त्र
तो पटपट गिरने लगते हैं
सेठ, साहूकार, प्रशासनिक, पुलिस अधिकारी,
राजनेता, न्यायाधीश, समाजसेवी,
मीडियाकर्मी, धर्माधिकारी...!"[11]

समाज में नैतिकता बनाए रखने का ठेका जिन्हें मिला हुआ है, वे इच्छाओं के अधोवस्त्रों में वासना के कीड़े हैं। रेंगते रहते हैं। यह रेंगना प्रमाण है कि पुरुष मनुष्य के सुंदर रंगरूप में एक अरसे से रह रहा है पर अब तक मनुष्य नहीं हो सका। स्त्री के साथ वांछनीय व्यवहार करने की योग्यता उसमें अब तक नहीं आ सकी। इस मामले में वह अब भी पशु है। किसी तानाशाह जितना बर्बर पशु। स्त्री जब तक भोग के योग्य रहती है, इस पशुता से आज़ाद नहीं होती।

रजोनिवृत्ति को स्त्री के जीवन से यौवन का प्रस्थान माना जाता है। **सीमोन** के अनुसार–"पुरुष क्रमशः वृद्ध होता है किंतु स्त्री हठात् अपनी स्त्रियोचित विशेषताओं से वंचित हो जाती है।...पुरुष-प्रधान समाज में...स्त्री अपना आकर्षण खोकर ही दासता से मुक्त होती है।"[12] दासता से मुक्त होकर भी वह वस्तुतः मुक्त नहीं होती। इसलिए कि पुरुष द्वारा शरीर के रूप में इस्तेमाल होते-होते वह स्वयं भी अपने को जाने-अनजाने शरीर-मात्र मानने लगती है। ऐसे में रजोनिवृत्ति उसके लिए शरीर की एक साधारण प्रक्रिया-भर नहीं रह जाती। यौवन अर्थात् आकर्षण को छीनने वाली दुर्घटना बन जाती है। **शहनाज़ नबी** की एक कविता है–*मीनोपॉज़*–

"उबल-उबलकर
दूध के सारे ताल-तलैया सूख गए
हुमक-हुमककर
कुंदन-सी लोरी के बोल भी रूठ गए
पेंगें लेते-लेते
खाली बाँहें

थककर झूल गईं
कजलोटी में सारा काजल जाने कब का पिघल गया
किस मेले में ढूँढूँ उसको? मिला नहीं और बिछुड़ गया।"[13]

यौवन वह बच्चा है, जो ठीक से मिला भी नहीं था कि बिछुड़ गया। पुरुष उसे ठीक-से मिला सकता था, पर वह या तो ख़ुद ही नहीं मिला और अगर मिला भी तो उसे इस्तेमाल कर ख़ुद ही संतुष्ट होने में लगा रहा। इसकी कभी परवाह नहीं की कि जिस यौवन को वह भोग रहा है, उसका सुख स्त्री तक भी पहुँचे। **सीमोन** के शब्दों में यह जाना ही नहीं कि "स्त्री में उत्तेजना आने में समय लगता है।...पुरुष बहुत देर तक काम-क्रीड़ा में वीर्य-पतन किए बिना नहीं रह सकता।...तथ्य तो यह है कि अनेक स्त्रियाँ बिना पूर्ण संतुष्टि का अनुभव किए ही माँ और दादी बन गई हैं।"[14] माँ और दादी बनाकर उनका यौवन चला गया और वे उससे पूरी तरह मिल भी न सकीं। सारा जीवन सूखा-सूखा हो गया जैसे। कुछ नहीं बचा। सरसता की सरस कर सकने वाली एक याद तक नहीं। यह सूनापन शरीर तक ही सीमित नहीं रहता। आत्मा तक भी पहुँचता है। **अमिता प्रजापति** की पंक्तियाँ हैं–

"देह जब तक
खनकती है चूड़ियों की तरह
भरी-भरी होती है
आत्मा की कलाई
रंग-रंग बजता है आत्मा का सौंदर्य
देह जब चटककर
टूट जाती है
उतर आता है
कलाई-सा सूनापन
आत्मा में... ।"[15]

शरीर स्त्री के लिए आत्मा की कलाई में चूड़ियों की खनक है। शरीर का यह आत्यंतिक महत्त्व है। स्त्री-सौंदर्य के पुरुष-निर्मित प्रतिमानों का परिणाम। इस सच का परिणाम कि स्त्री की चेतना इन प्रतिमानों से पूरी तरह आक्रांत रही है। सन् अठारह सौ बयासी से पहले **एक अज्ञात हिंदू औरत** ने *सीमंतनी उपदेश* में गहनों को बतौर स्त्री की ग़ुलामी के निशान पहचाना था। *पहले दर्जे की अमीर अशराफ़ औरतों की बातचीत* में एक औरत अपने कड़ों की तारीफ़ सुनकर कहती है–उसका पति दारोगा है। उसने ये कड़े किसी क़ैदी की हथकड़ी का नमूना देकर बनवाए हैं।[16] गहनों का अर्थ है–सोने के पिंजरे की लुभावनी तीलियाँ। ग़ुलामी की सजावट। पुरुष-वर्चस्व की घोषणाएँ। स्त्री को केवल शरीर मानना भी एक ऐसी ही घोषणा है। **अनामिका** का कहना है–"शरीर सुंदर नहीं रह पाता–सड़ने लगता है। संवेदनाएँ इसी मायने में महत्त्वपूर्ण हैं कि वे मरकर भी अपने पीछे सड़ांध नहीं छोड़तीं।"[17]

स्त्रीत्व केवल शरीर नहीं है। उसमें संवेदनाएँ भी हैं। विचार भी हैं। भावनाएँ भी हैं। वज्र-संकल्प भी हैं। उन्हें व्यवहार में उतारने वाला साहस भी है। **डॉ. प्रतिभा सिंह** का

कहना है कि "प्राकृतिक रोगों के प्रति अधिक प्रतिरोधक शक्ति, थके बिना अधिक देर तक काम करने की क्षमता और पुरुष की तुलना में शरीर पर बालों की कमी ऐसे तथ्य हैं जिनके आधार पर विकास विज्ञानी, स्त्री को मनुष्यजाति का अधिक विकसित रूप मानते हैं।"[18]

यदि यह सच है तो पुरुष-प्रधानता ने मनुष्यजाति के विकास के साथ छल किया है। इस छल का एक परिणाम है—सुंदरता जैसे प्राकृतिक गुण का बनावटी कोशिश बन जाना। कॉस्मेटिक सर्जरी ऐसी कोशिशों का ही एक रूप है। सुंदरता अब वैश्विक स्तर पर प्रतिष्ठित व्यवसाय है। वैयक्तिक स्तर पर लड़कियों के लिए ऐसा कॅरियर भी है, जिसका सपना देखा जा सके। यह सपना किसका कैसे और कितनों का पूरा हो सकता है, यह बात अलग है। **रघुवीर सहाय** की एक कविता है—*रोया*—

"मैंने जमा कीं
नौ जवान
या दस बेबस लड़कियाँ
और उन्हें चिपके कपड़े पहना दिए
फिर मैं रोया उनके स्तनों की असली शक्ल देखकर।"[19]

शरीर की सुंदरता भी सबको नहीं मिलती। सबका पेट हमेशा पूरा नहीं भरता। सबका शरीर सुपोषित नहीं होता। ऊपर से सुंदरता का संबंध संपन्नता के साथ भी जोड़ दिया गया है। सुंदरता का होना ही काफ़ी नहीं। उसकी सार-सँभाल भी ज़रूरी है। ख़ासी महँगी होती है यह सार-सँभाल। सभी नहीं ख़रीद सकते। इसलिए सभी सुंदर भी नहीं हो सकते। सुंदरता के व्यवसाय ने संपन्नता-विपन्नता के अंतर को सुंदरता-कुरूपता का अंतर भी बनाकर रख छोड़ा है। विषमता के नए आयाम स्थापित कर डाले हैं।

बाज़ार के साँचे में सब फ़िट नहीं होते। बतौर ग्राहक भी नहीं। वही फ़िट होते हैं, जिनकी जेब और जिनका मिज़ाज बाज़ार के मेल में हों। **मधु बी. जोशी** ने *बाज़ार में विभा* की बाबत बताया—

"...इन स्त्रियों के हाथ
नहीं जानते स्पर्श
धूल, मिट्टी, साबुनैले पानी का
उनके कपड़े अछूते हैं रसोई की गंधों से
पुरुषों का अंकगणित
सैंकड़ों-हज़ारों से नहीं होता आक्रांत
बेटियों की मांसलता
आतंकित नहीं करती किसी को
यहाँ समय निलम्बित है, निश्चल, अडोल

इस बाज़ार में
गड़ गई विभा अपने पैरों की
बदरंग नेलपॉलिश पर

रूठ-झगड़कर माँ से लिए
सौ रुपए
पूरे नहीं पड़ सके
एक बटुआ ख़रीदने को।"[20]

स्त्रियाँ भी अलग-अलग हैं। कुछ ही हैं, जिन्हें बाज़ार जगह देता, चमकाता है। उनका अपना समूह है। उसमें घरेलू कामकाज न जानना स्त्री का गुण है। दूसरों को रिझाना स्त्री का गुण है। व्यभिचार गुण है। अपने अलावा और किसी की कोई फ़िक्र न करना गुण है। ये गुण जिनमें हैं, वे बाज़ार के लिए हैं और बाज़ार उनके लिए है। ये गुण जिनमें नहीं हैं, वे दोषों का भंडार हैं। बाज़ार उन्हें हीनता-बोध फ्री में देता है। इस तरह बाज़ार हैसियत के सवाल को बड़ी शिद्दत से उठाता है। हैसियत उसमें उसी की है, जो ख़रीद और बेच सके। जो जितना ज़्यादा ख़रीद और बेच सकता है, वह उतना ही ज़्यादा महत्त्वपूर्ण है। कम ख़रीदने-बेचने वाले की हैसियत भी कम है और जो ख़रीद-बेच सकता ही नहीं, उसकी कोई हैसियत भी नहीं। उसके ज़िंदा रहने का भी बाज़ार के लिए कोई मतलब नहीं। ख़रीद-बेच की मारकाट जिस जगह मची हो, वह बाज़ार है पर बात सिर्फ़ इतनी नहीं है। ख़रीद-बेच की जगह के साथ-साथ बाज़ार एक जीवन-शैली भी है। धनशक्ति के वर्चस्व से बनी जीवन-शैली। ऐसी जीवन-शैली जो सहजता के विरुद्ध है। **मंगलेश डबराल** ने लिखा—

"अमेरिका में रोना मना है
उदास होना मना है
एक बहुत बड़ी आँख सबको देख रही है
पीछे मुड़कर जीवन को देखना मना है
वह क़िस्सा किसे नहीं मालूम
कि आलीशान दूकान में सामान बेचती
एक दुबली-सी लड़की
जो कुछ सोचती हुई-सी बैठी थी
एक दिन एक ग्राहक के सामने मुस्कराना भूल गई
शाम को उसे नौकरी से अलग कर दिया गया।"[21]

अमेरिका यहाँ उस जीवन-शैली का नाम है, जो बाज़ार की है। सर्वव्यापी होने को सन्नद्ध। इसके लिए मुस्कराना लड़की का उल्लास नहीं, काम है। ऐसा काम, जो सोचने तक की छूट नहीं देता। उदास होने और रोने की तो दूर, वह कुछ याद तक करने की छूट नहीं देता। एक क्षण भी लड़की अगर अपना जी लेती है तो बाज़ार के काम की नहीं रहती। काम की वह तभी तक है, जब तक यंत्र की तरह काम करती रहे। सहजता नहीं, यांत्रिकता बाज़ार की नैतिकता है। स्त्री मनुष्य नहीं, वस्तु है। उसके समय को ख़रीदना उसे ख़रीद लेना है और बिक जाने के बाद सब कुछ ग्राहक का होता ही है।

यह मनुष्य का वस्तुकरण है। यांत्रिकता की तरह बाज़ार की नैतिकता का एक और आधार-सूत्र। इसके अनुसार वस्तुएँ भी केवल इस्तेमाल के लिए हैं और मनुष्य भी। इसकी इच्छा है कि वस्तुएँ जिस तरह चमकने और बिकने की होड़ में चुपचाप शामिल रहती हैं,

उसी तरह मनुष्य भी हों। वस्तुओं को जिस तरह किसी के दुख-दर्द से कोई सरोकार नहीं होता, उसी तरह मनुष्यों को भी न हो। वस्तुएँ जिस तरह निष्क्रिय होती हैं, उसी तरह मनुष्य भी हों।

इस बाज़ारूपन की चपेट में गाँव भी आ रहे हैं। **निर्मला पुतुल** ने *कथाः दुमका के पायताने बसे कुरूवा की* कही है। बताया है—

"अब महज़ बस्ती-भर नहीं रह गया
हमारा कुरूवा
शहर में दूर तक फैले बाज़ार का
एक हिस्सा बन गया है यह
...यहाँ दारू, ताड़ी, हड़िया ही
नहीं बिकता
ठंडे और गर्म गोश्त भी बिकते हैं
बिकती हैं हँसी-ठट्‌ठा और खिलखिलाहटें
ठंडी दिनचर्या से बनी
गर्म-गर्म रातें..."[22]

गर्म रातों ने दिनचर्या को ठंडा कर दिया है। पहले कुरूवा की लड़कियाँ दोने, पत्तल, चटाई, झाड़ू, पंखे आदि बनाया करती थीं। बनाने से काम चलता था। अब यह सब बनाने की कोई ज़रूरत नहीं रही। दूसरों की रातें गर्म करने का जो पैसा मिलता है, उसके सामने मेहनत से आए पैसे की कोई हैसियत नहीं बची। हैसियत ही नहीं बची तो वह ज़िंदगी से अपने आप बाहर हो गया। शहर विलासिता के साधन भी कुरूवा में ले आया और *जीने के शॉर्टकट रास्ते* भी।

मेहनत नहीं। विलासिता। रोटी-पानी नहीं। पिज़्ज़ा-कोला। चलना नहीं। उड़ना। आपसदारी नहीं। क्रय-विक्रय। स्नेह-सम्मान नहीं। इस्तेमाल। जीने के इन शॉर्टकट रास्तों ने जीवन-यात्राओं का व्याकरण बदल दिया है। वहाँ भी, जहाँ बाज़ार पूरी तरह पहुँचा नहीं है। बाज़ार के लाभ सीमित समुदाय तक पहुँचते हैं और हानियाँ व्यापक समुदाय तक। स्त्री-समुदाय भी इस सच का अपवाद नहीं। **दिनेश कुशवाह** के शब्दों में अक्सर *"दूध जैसी सफ़ेदी के सारे विज्ञापन/उससे अटे पड़े"* रहते हैं *"पर दाग़ से सबसे अधिक/वही डरती"* है।[23]

लंपटों के हाथों में पत्थर हैं और आज भी उसी की इज़्ज़त काँच से बनी हुई मानी जाती है। उसे अपने शरीर को इस्तेमाल भी करना है और बचाना भी है। बाज़ार के कारोबार के लिए जो स्त्री अनिवार्य है, उसी की *हैसियत* **प्रेमरंजन अनिमेष** के अनुसार यह है— *"विज्ञापन में स्त्री/गोश्त की दुकान पर जैसे/चिड़ियों की तस्वीरें।"*[24] तस्वीरें जिस दुकान पर सजी हैं, वह गोश्त की है। उस पर गोश्त ही बिकता है। उन्हीं का, जिनकी तस्वीरें हैं। विज्ञापन-जगत् स्त्री का गोश्त बेचती विश्वव्यापी दुकान है।

विज्ञापनों में स्त्री के शरीर का ही सबसे ज़्यादा इस्तेमाल होता है। वही शरीर, जो हमेशा नहीं रहता। वही शरीर, जो गिद्धों को सबसे ज़्यादा लज़ीज़ लगता है। वही शरीर, जो स्त्री को पुरुष से कमज़ोर बनाता है। वही शरीर, जिससे बलात्कार आसानी से संभव

है। वही शरीर, जिसमें स्त्री स्वयं को देखना नहीं चाहती। वही शरीर, जिसके बारे में **सारा शगुफ़्ता** ने कहा–*"मैं इस जिस्म को थूक दूँगी"।*[25]

बाज़ार स्त्री से इसी जिस्म की सबसे ज़्यादा देखभाल कराता है। इसी की सबसे ज़्यादा नुमाइश करता है। इसी को स्त्री की सबसे महत्त्वपूर्ण दौलत मानता है। इसी पर हज़ारों निगाहें टिकी रहती हैं। इसी के कारण स्त्री भीड़ का आकर्षण-केंद्र बनती है। भीड़ में होते हुए भी अकेलापन उसे सहना पड़ता है। **मनमोहन** ने लिखा–*"जैसे वे सिर्फ़ अपने-अपने शरीर लेकर/चली आई हों इस दुनिया में/...जैसे खचाखच भरे किसी जगमगाते स्टेडियम से/अकेले गुज़रती हों"।*[26]

औरत को शरीर-भर मानने वाले ऐसी भीड़ ही हो सकते हैं, जो अकेले छोड़ दे। भीड़ मनुष्यों की नहीं, दर्शकों की है। तमाशबीनों के बीच तमाशा बनने वाली अकेली ही हो सकती है। स्त्री को तमाशा बनने का गौरव देने के साथ-साथ यह अकेलापन भी उसे बाज़ार ने ही दिया है। कहा जाता है कि बाज़ार ने स्त्री की दुनिया में कामकाज के नए-नए अवसर खोले हैं। उसे अभूतपूर्व पारिश्रमिक दिया है। इस तरह उसे सशक्त बनाया है। ऐसा कहने वालों का ध्यान इस पर भी जाना चाहिए कि "दुनिया की संपूर्ण श्रम-शक्ति में 45 फ़ीसदी औरतों का हिस्सा है और भूमंडलीकरण से निकली... *पॉवर वूमैन*...करोड़ों औरतों के एक प्रतिशत का भी प्रतिनिधित्व नहीं करती।"[27]

प्रतिनिधित्व भले न करती हो, इनमें *पॉवर वूमैन* बनने की चाह और होड़ ज़रूर पैदा करती है। सच यह भी है कि बाज़ार की तमाम कोशिशों के बावजूद शक्ति का अपने-आप में कोई लक्ष्य बनना संभव नहीं। लक्ष्य सुख ही हो सकता है। *पॉवर वूमेन* का सुख कितना और कैसा है, यह जानने के लिए देखना ज़रूरी है कि "पेप्सी कोला की हाल ही में नियुक्त महिला अध्यक्ष इंदिरा नूई...की अभूतपूर्व सफलता की कहानी के एक कोने में कहीं छोटे-छोटे अक्षरों में यह भी दर्ज है कि उन्हें रोज़ रात में अपने बच्चों को सुलाने के बाद ही बिस्तर नसीब हो पाता है।"[28]

अभूतपूर्व सफलता पाने वाली स्त्री भी जब घरेलू ज़िम्मेदारियों से मुक्त नहीं हो पाती तो छोटी-मोटी सफलताएँ पाने वाली कामकाजी औरतों की हालत का आसानी से अनुमान लगाया जा सकता है। कामकाजी औरत को उनकी विशेष ज़रूरतों के अनुसार स्वीकार करने योग्य वातावरण अभी तक नहीं बना है। ऐसे में वह दोहरी ज़िम्मेदारियाँ उठाती है। इस बात की कतई परवाह नहीं की जाती कि वह इतना बोझ उठाने में सक्षम भी है या नहीं। ऐसी स्थितियों में क़ैद स्त्री की स्थिति **रंजना** ने *चीख़ पड़ूँ* में उजागर की है–

"सोकर उठते ही
मेरा घर चीख़ता है
मुझे साफ़ करो
मैं उठाती हूँ
झाड़ू-पोंछा और फ़िनायल की शीशी
तभी चीख़ता है बेटा
मुझे जल्दी तैयार करो
मैं दौड़ती हूँ

यूनीफ़ॉर्म, बैग और टिफ़िन लिये...
उसी समय चीख़ते हैं पति
मेरे कपड़े प्रेस नहीं हैं
दाढ़ी बनाने का सामान कहाँ है?
मैं दौड़ती हूँ
कपड़े और दाढ़ी बनाने का सामान लिये
सबको विदा कर
ख़ुद होती हूँ तैयार
तो चीख़ता है बॉस
मिसेज़ क...आज फिर लेट
पूरे दिन करती हूँ काम
पर ज़हन में घूमता है घर
ताला ठीक से बंद हुआ था या नहीं
दूध फ़्रिज में रख दिया था न...
शाम को थकी-हारी लौटती हूँ घर
तो फिर चीख़ता है घर
मुझे व्यवस्थित करो
आ सकते हैं मेहमान
जल्दी-जल्दी निपटाती हूँ काम
नाश्ता
बच्चे का होमवर्क
मेहमान का स्वागत
रात का खाना...
देर रात को लौटते हैं पति
और मुझे तरोताज़ा न देखकर
बड़बड़ाते हैं
तो जी चाहता है
मैं भी चीख़ पड़ूं
ज़ोर-ज़ोर से...।"[29]

सारे दिन तरह-तरह की चीख़ें सुनती है औरत। चीख़ें उसके मानस में इकट्ठी होती रहती हैं। रात होते-होते भर जाता है मानस। चीख़ें बाहर आना चाहती हैं। चाहती ही हैं। आती नहीं। घुटती रहती हैं। इन दमित चीख़ों से बनी चीख़ का साफ़-साफ़ कहना है कि स्त्री से या तो कामकाजी होने की ही उम्मीद की जाए या घरेलू होने की ही। घरेलू बने ही रहना है तो उसके कामकाजी होने का क्या अर्थ? अर्थ यह कि घरेलू भी वह दूसरों के लिए ही हुई और कामकाजी भी।

कामकाजी स्त्रियों की दुनिया न छोटी है, न एकरूप। समकालीन कविता में इसका वैविध्य भी आया है और विस्तार भी। **चंद्रकांत देवताले** ने लिखा है—

"तभी दिखा गंदे कपड़ों का पहाड़
और एक छोटी-सी लड़की पोखर के पास
लबादा धोती हुई
मुझे शर्म आई यह सोचकर
कि यह शाम तक बूढ़ी हो जाएगी।"[30]

कपड़े धोते-धोते बूढ़ी हो जाने वाली यह छोटी-सी लड़की ऐसी है, जैसे अन्याय की बर्बरता और उसके शिकार की मार्मिकता ने देह धर ली हो। ऐसे मार्मिक दृश्य समकालीन कविता में रह-रहकर आए हैं। **अष्टभुजा शुक्ल** के यहाँ ज्योतिदंड ढोने वाली बारात की शोभा बढ़ाती किशोरियाँ हैं।[31] **उदय प्रकाश** की *तपस्या* में स्त्री निरंतर कपड़े सी रही है। उसकी *उँगली में सुईं है/सुईं में धागा/धागा लंबा है उसकी उम्र से भी ज़्यादा।*[32] **विष्णु खरे** की एक कविता में लड़की को *जान-बूझकर सपाट बनाए गए/अपने सीने का पश्चाताप/नहीं/पड़ोसियों के अधसिले कपड़ों का ख़याल रहता है।*[33] ओड़िया कवयित्री **ममतामयी चौधरी** के यहाँ एक टाइपिस्ट लड़की को सारे संबंध *टाइप के अक्षर* लगते हैं *और दुनिया/एक मॉडल/टाइप मशीन।*[34] **निर्मला पुतुल** की *पहाड़ी स्त्री* धान के रूप में *अपना पहाड़-सा दुख* रोपती है।[35] **बली सिंह** की *रामदेई* पूरी तल्लीनता के साथ भुट्टा भूनती है।[36]

नीलेश रघुवंशी की *बच्चा सँभालने वाली लड़की* मालकिन के घर *रात में सोने से पहले करती है ब्रश और/सुबह सबसे पहले उठकर निपटती है सारे कामों से ताकि/उठें जब सब सोकर तो लड़की उनकी आँख की किरकिरी न बने।*[37] **अनीता भारती** की कविता में सुबह होने से पहले ही चंदरो अपने पिंकी-बबलू-छोटू को सोता छोड़ टोकरा-झाड़ू लिये निकल पड़ती है, मैला ढोती/साफ़ करती है और लौटकर उन नन्हों को *भूख से लड़ते/रोते, बिलबिलाते मैले-कुचैले से/गठरी बन सोते* पाती है।[38] **भगवत रावत** के यहाँ कचरा बीनने वाली लड़कियाँ हैं, जो *ख़ुद ही/अपनी मां/होती हैं।*[39] **ज्ञानेंद्रपति** की *बनानी बैनर्जी* के साथ-साथ *दिन-भर हँस-हँसकर थकी हुई* उसकी *हँसी* भी *सोई* है।[40] मैला ढोने से लेकर हँसने तक स्त्री के श्रम की दुनिया प्रसारित है। **निलय उपाध्याय** के शब्दों में उसके *तन से/पसीने की शक्ल में हज़ार-हज़ार होकर/नदियाँ फूटती हैं।*[41]

जीवन को संभव करने वाली नदियों को संभव बनाती है स्त्री। श्रम उसके जीवन में बद्धमूल है। **अमिता प्रजापति** की एक कविता में सुबह उठने वाली स्त्री के *सामने फैले हैं/तरह-तरह के काम/खिले हों जैसे तरह-तरह के फूल बगीचे में/मैं कुछ फूल चुनती हूँ/रखती हूँ अपनी टोकरी में/समय के तार में पिरोती हूँ इक-इक फूल/इस तरह गूँथती हूँ सुबह से शाम/मेरे हाथ महक रहे हैं/मेरी नींदें भी महकती हैं/इन्हीं फूलों से...।*[42] गंध फूलों से एकमेक है और तरह-तरह के काम स्त्री से। इन कामों के बीच उसका *छुट्टी का दिन* इस तरह गुज़रता है—

"यह एक छुट्टी का दिन है
जो मेरे घर के आँगन में लगे तार पर
टंगी हरी साड़ी-सा फहरा रहा है

यह दिन जिसे
सवेरे ही व्यस्तताओं के कास्टिक में गलाकर
फुलका था और फैला दिया था
इस हरी साड़ी की तरह तार पर
टंगे दिन से
मेरे सपने महत्त्वाकांक्षाएँ और इच्छाएँ
पानी की बूँदों की तरह चू रहे थे

अभी शाम होगी
और इस हरी फरफराती साड़ी को
रात के रंग वाली वार्डरोब में रखना है।"[43]

छुट्टी का दिन भी अंततः रात के रंग वाली वार्डरोब में ही रखा जाता है। हरा रंग भी अंततः कालेपन में ही खो जाता है। जब नहीं खोता, तब भी स्त्री के सपनों, उसकी महत्त्वाकांक्षाओं और इच्छाओं को पूरा करने की जगह नष्ट करता है। उसके कैलेंडर में काम के दिन तो काम के हैं ही, छुट्टी के दिन भी काम के ही हैं। छुट्टी के दिन वे कहने-भर को हैं। स्त्री कामकाजी हो या घरेलू, लगातार काम और निराश थकान उसके दिन-रात हैं। उसके चेहरे को दुख की, ग़ुलामी की आड़ी-तिरछी रेखाओं से भर देने वाले।

ये रेखाएँ हर संवेदनशीलता से पूछती हैं—क्या तुम्हारे पास थोड़ी-सी फ़ुर्सत है हमें बाँचने, समझने, महसूस करने, बदलने की?

संदर्भ

1. वसुधाः 53 -समकालीन उर्दू साहित्य पर केंद्रित, अंकः जनवरी-मार्च, 2002, पृष्ठ 177
2. अपने घर की तलाश में -निर्मला पुतुल -संथाली से अनुवादः अशोक सिंह, पृष्ठ 73
3. अपेक्षा-12, -अम्बेडकरवादी युवा कविता विशेषांक, जुलाई-सितंबर, 2005, पृष्ठ 80
4. वही, पृष्ठ 60-61
5. सफ़र में धूप तो होगी -निदा फ़ाज़ली, पृष्ठ 93
6. काल तुझ से होड़ है मेरी -शमशेर बहादुर सिंह, पृष्ठ 105
7. घास में दुबका आकाश -अशोक वाजपेयी, पृष्ठ 75
8. वसुधाः 59-60 -स्त्री-मुक्ति का सपना, अक्तूबर, 2003 से मार्च, 2004, पृष्ठ 145
9. क़तरा क़तरा -फ़हमीदा रियाज़, पृष्ठ 12
10. वसुधा-53, समकालीन उर्दू साहित्य पर केंद्रित, अंकः जनवरी-मार्च, 2002, पृष्ठ 177
11. इन्द्रप्रस्थ भारतीः अप्रैल-जून, 2004, पृष्ठ 52
12. स्त्रीः उपेक्षिता -सीमोन द बोउवार -प्रस्तुतिः डॉ. प्रभा खेतान, पृष्ठ 288, 293
13. वसुधा-53, -समकालीन उर्दू साहित्य पर केंद्रित, अंकः जनवरी-मार्च, 2002, पृष्ठ 249
14. स्त्रीः उपेक्षिता -सीमोन द बोउवार -प्रस्तुतिः डॉ. प्रभा खेतान, पृष्ठ 176, 202
15. समकालीन भारतीय साहित्यः मई-जून, 2005, पृष्ठ 154
16. सीमंतनी उपदेश -लेखिकाः एक अज्ञात हिंदू औरत -संपादकः डॉ. धर्मवीर, पृष्ठ 48
17. कविता में औरत -अनामिका, पृष्ठ 49
18. वसुधाः 59-60, अक्तूबर, 2003 से मार्च, 2004, पृष्ठ 205

19. हँसो हँसो जल्दी हँसो -रघुवीर सहाय, पृष्ठ 43
20. अकेली औरतों के घर -मधु बी. जोशी, पृष्ठ 24-25
21. हम जो देखते हैं -मंगलेश डबराल, पृष्ठ 75-76
22. अपने घर की तलाश में -निर्मला पुतुल -संथाली से अनुवादः अशोक सिंह, पृष्ठ 81
23. वसुधाः 59-60 -स्त्री-मुक्ति का सपना, अंकः अक्तूबर, 2003 से मार्च, 2004, पृष्ठ 423
24. समकालीन भारतीय साहित्यः मई-जून, 2005, पृष्ठ 156
25. वसुधाः 53 -समकालीन उर्दू साहित्य पर केंद्रित, अंकः जनवरी-मार्च, 2002, पृष्ठ 180
26. ज़िल्लत की रोटी -मनमोहन, पृष्ठ 31
27. भारत का भूमंडलीकरण -संपादकः अभयकुमार दुबे में अभयकुमार दुबे का लेख, पृष्ठ 237
28. वही, पृष्ठ 241
29. वसुधाः 59-60 -स्त्री-मुक्ति का सपना, अंकः अक्तूबर, 2003 से मार्च, 2004, पृष्ठ 167-168
30. आग हर चीज़ में बताई गई थी -चंद्रकांत देवताले, पृष्ठ 143-144
31. दुःस्वप्न भी आते हैं -अष्टभुजा शुक्ल, पृष्ठ 112
32. रात में हारमोनियम -उदय प्रकाश, पृष्ठ 42-45
33. पिछला बाक़ी -विष्णु खरे, पृष्ठ 65
34. समकालीन भारतीय साहित्यः सितंबर-अक्तूबर, 2005, पृष्ठ 46
35. अपने घर की तलाश में -निर्मला पुतुल -संथाली से अनुवादः अशोक सिंह, पृष्ठ 28
36. अष्टाक्षर -संपादकः द्वारिका प्रसाद चारुमित्र, पृष्ठ 86
37. आलोचनाः जुलाई-सितंबर, 2003, पृष्ठ 10-11
38. अपेक्षा-12 -अम्बेडकरवादी युवा कविता विशेषांक, जुलाई-सितंबर, 2005, पृष्ठ 66
39. अन्यथाः अंकः 5, नवंबर , 2005, पृष्ठ 24
40. शब्द लिखने के लिए ही यह काग़ज़ बना है -ज्ञानेंद्रपति, पृष्ठ 31
41. कटौती -निलय उपाध्याय, पृष्ठ 97
42. समकालीन भारतीय साहित्यः मई-जून, 2005, पृष्ठ 154
43. वही, पृष्ठ 153-154

पुरुषों की कविताओं में स्त्रियाँ

अक्सर कहा जाता है कि स्त्रियाँ ही स्त्रियों के संवेदन-संसार को अच्छी तरह व्यक्त कर सकती हैं। **सीमोन** ने एक नारीवादी को उद्धृत करते हुए कहा है—"अब तक औरत के बारे में पुरुष ने जो कुछ भी लिखा, उस पूरे पर शक किया जाना चाहिए, क्योंकि लिखने वाला न्यायाधीश और अपराधी, दोनों ही है।"[1] इसमें कोई संदेह नहीं कि पुरुष स्त्री का अपराधी है लेकिन इसमें भी संदेह असंभव है कि अपराधी अगर स्वयं मानवीय होने लगे तो उससे ज़्यादा असरकारी ढंग से अपराध को और कोई नहीं रोक सकता।

कविता पुरुष को ऐसा बना सकती है। मनुष्यता की संवेदन-लय है वह। अनुभव से अभिव्यक्ति तक यह लय अपनी सृजन-यात्रा करती है। लैंगिक आधार पर बिना कोई भेदभाव किए। **कात्यायनी** की एक कविता में ऐसी स्त्री है, जो अपनी कलाइयों में हथकड़ियाँ लिये सब जगह घूमती है। लोग उसे हथकड़ियाँ तोड़ने के लिए कहते हैं पर वह कहने वालों की कलाइयों पर हथकड़ियों के निशान ढूँढ़ती है। न पाकर हथकड़ियाँ तुड़वाने से इन्कार करती रहती है।[2] महत्त्वपूर्ण यह नहीं कि तोड़ने वाला पुरुष है या स्त्री, महत्त्वपूर्ण हैं कलाइयों पर हथकड़ियों के निशान। बंधनों को गड़ते हुए महसूस करने की एकदम वही क्षमता, जो स्त्री में है।

वास्तव में यह काव्य-क्षमता है। इसी के बूते कवि दूसरे के सच को अपना सच बना पाता है। **अरुण कमल** ने *धरती और भार* कविता में गर्भवती स्त्री को नल पर पानी भरने जाने से मना करते हुए कहा है—

दोनों हाथों से लटके हुए डोल
अब और तुम्हें खींचेंगे धरती पर
झोर देंगे देह की नसें
उकस जाएँगी हड्डियाँ
ऊपर-नीचे दोलेगा पेट
और थक जाएगा बउआ...[3]

गर्भस्थ शिशु की थकान भी जी लेना काव्य-क्षमता का सूचक है। इसे बरतते हुए कवि संवेदना और मनुष्यता का प्रसार करता है। विकास करता है। क्या हाथों में भार उठाए देह की नसों का झुरना और हड्डियों का उकसना थोड़ी देर के लिए गर्भवती स्त्री हुए बिना संभव है? क्या इससे यह ज्ञात नहीं होता कि सर्जक चाहे स्त्री हो या पुरुष, उसे सच के पीछे का सच देखने वाली निगाह की समान रूप से ज़रूरत होती ही है? क्या यह असंभव है कि कोई पुरुष स्त्री के जीवन की ऐसी बात कह दे, जिसे जानकर स्त्री कहे—हाँ,

एकदम यही मेरी बात है या कोई स्त्री किसी पुरुष के जीवन की ठीक ऐसी ही बात कह दे? क्या यह नहीं लगता कि सजग संवेदनशीलता और काव्य-क्षमता का लिंग से उतना संबंध होता नहीं, जितना विविध कारणों से माना और प्रचारित किया जाता है?

समकालीन कविता में पुरुषों ने स्त्री-जीवन के विविध रूप देखे, जीए और रचे हैं। **प्रेमरंजन अनिमेष** की *पहला नाम* कविता है–

"बच्चे ने जाना

माँ
चूल्हे की आग का
दूसरा नाम है

बच्चे ने जाना
माँ त्याग का दूसरा नाम है

माँ का पहला नाम
ढूँढ़ रहा है बच्चा।"[4]

माँ का पहला नाम स्त्री का अपना अस्तित्व है। स्वतंत्र। पुरानेपन के मलबे में खोया हुआ। स्त्रियों के एक छोटे-से हिस्से ने सही, अपने जीवट से इसे फिर से अर्जित किया है। **विमल कुमार** के शब्दों में अब उनके पास गहनों की जगह *माथे पर बिंदी* जैसा चिपका हुआ विश्वास है। चेहरे पर कांति है। उनकी ज़िंदगी समंदर पर हंसिनी की तरह खुले आसमान में उड़ती है। उनके पास उनकी अपनी भाषा है।[5] अपनी भाषा को बरतना वस्तुतः अपनी आज़ादी को बरतना है।

अपने बच्चे को दूध सभी माँएँ हमेशा पिलाती आई हैं पर समकालीन कविता में दूध पिलाना कुछ अलग है। विशिष्ट। **प्रेमरंजन अनिमेष** की एक कविता है–*दूध का स्वाद*। उसमें स्त्री जब दूध पिलाने लगती है तो बच्चा पहले कुनमुनाता है। स्त्री समझ जाती है कि यह उसके पसीने का स्वाद होगा। कुछ देर में दूध उतरता है। दूध पिला चुकने के बाद बच्चे के होठों को चूमती है वह। इस तरह अपने दूध का स्वाद स्वयं भी लेती है।[6] यह स्वाद उसकी ज़रूरत नहीं है। दायित्व पूरा करने की तसल्ली नहीं है। उसका आनंद है। अपने होने का आनंद। स्त्रीत्व और मातृत्व का मिला-जुला आनंद। ऐसा आनंद, जो केवल सपनों तक सिमटा हुआ नहीं। वास्तविक है। इतना कि उसे चखा जा सके। अपने होने का आनंद स्त्री अधिक से अधिक जीए, इस कामना से अनेक कविताएँ जन्मी हैं। **चंद्रकांत देवताले** *घर में अकेली औरत के लिए* एक कविता में सुझाव देते हैं कि उसका पति शक्की हो तो उसे बिस्तर पर किताबें फैला लेनी चाहिएँ। वह उन्हें पढ़े या न पढ़े पर उसका पति मानेगा कि अकेले में वह पढ़ती है।[7]

आशय यह कि स्त्री को धोखा देने की कला भी आनी चाहिए। यह कला पहले की कविता में ज़रूरत की तरह, वांछनीय कर्म की तरह नहीं आई थी। इसका कहना है कि साध्य शुद्ध हो तो साधनों की अशुद्धि को लेकर संकोच व्यर्थ है। अशुद्धि को बल देना है।

अनुचित है। गंद को साफ़ करने के लिए झाड़ू को गंदी होने में कैसा संकोच! ऐसी झाड़ू बनना पुरुष के लिए भी गौरव की बात है। **अरुण कमल** की एक कविता है—*एक बार भी बोलती*। उसमें स्त्री हर वक़्त पुरुष की आज्ञा पालने को प्रस्तुत रहती है। पुरुष उसे डाँटता है। गालियाँ देता है। पीटता है। फिर भी वह चुपचाप सारा काम करती रहती है। पुरुष को संतुष्ट करने और रखने में चुपचाप तमाम उम्र लगा देती है। यहाँ तक कि मरते हुए भी कुछ नहीं बोलती। कविता की अंतिम पंक्ति है—*वह कभी बोली क्यों नहीं/एक बार भी बोलती।*[8]

मामूली-सी दिखने वाली इस कविता में कई ग़ैरमामूली संकेत हैं। लगातार ज़ुल्म करते हुए पुरुष पौरुष से इस हद तक रहित होता जाता है कि एक औरत की धाराप्रवाह चुप्पी तक के सामने सीधा खड़ा होने लायक़ नहीं रह जाता। वास्तव में ज़ुल्म करने वाला ही मनुष्यता से वंचित होता है। इस सीमा तक कि चैन की एक साँस उसे गहरे अपराध-बोध में ही मिल पाती है। यह अपराध-बोध अपने मन का गंद साफ़ करने वाली झाड़ू का एक तिनका बनने में उसकी मदद करता है। तिनका बनकर ही वह गंद के समुद्र में डूब जाने से थोड़ा-बहुत बचता है।

पुरुष का अपराध-बोध स्त्री-यातना से संबंधित है। **आनंद संगीत** लिखते हैं कि *मैंने अपनी पत्नी को/सबसे कम नींद और धूप दी।*[9] **इब्बार रब्बी** की कविता में वाचक जब रोटी तोड़ता है तो उसके गले में स्त्री की हिचकी अटकती है।[10] **विष्णु खरे** पूछते हैं कि *यदि मर्द औरत का इस्तेमाल कर सकता है/तो बदले में औरत उसका इस्तेमाल क्यों न करे/ कि अगर मर्द को हर दूसरे दिन एक नया जिस्म चाहिए/तो औरत वह बदनाम हो या नेकबख़्त/वैसा ही चाहे तो वह उसका हक़ कैसे नहीं?*[11]

ध्यान दिया जाना चाहिए कि पुरुष-कवियों की स्त्री-दृष्टि ने स्त्रीत्व पर शासन करती रूढ़ियों की जमकर ख़बर ली है। मलिन से मलिन मान्यता को देखकर उज्ज्वल बनाया है। **अष्टभुजा शुक्ल** ने लिखा—*तुम...हर महीने/होती रहती हो नई/आषाढ़ के बाद/क्वार में देखा तुम्हें/चौगुनी नई मिली तुम।*[12] यह दृष्टि मासिक धर्म में अपवित्रता या गंदगी नहीं, उज्ज्वलता देखती है। उसके अनुसार यह स्त्री को हर महीने ताज़गी देने वाली एक सहज प्रक्रिया है। इसे सहजता से स्वीकार किया जाना चाहिए।

मासिक धर्म को स्त्री-अपवित्रता का प्रतीक मानने वाला रूढ़िग्रस्त मानस ही केवल स्त्री से यौन-शुचिता की अपेक्षा रखता है। यह अपेक्षा स्त्री पर पहरे लगाती है। एक यौन-प्राणी के रूप में प्रकट होने का, जीने का उसका स्वाभाविक अधिकार छीनती है। उसका दमन करती है। माँ और बहिन के रूप में उसका आदर्शीकरण करती है। ऐसा वातावरण बनाती है, जिसमें माँ-बहिनों का पिता-पति-बेटों-भाइयों के अलावा किसी और पुरुष से प्रेम करना अनैतिक है। अपराध है।

समकालीन कविता के एक छोटे-से हिस्से ने सही, पर दिखाया है कि वास्तविक अपराध माँ-बहिनों के द्वारा प्रेम करना नहीं, उनकी स्वाभाविक इच्छाओं का दमन करना है। उन्हें इज़्ज़त की ज़ंजीरों में जकड़ देना है। रूढ़िग्रस्त विषैले वायुमंडल में अंतिम साँस तक साँस लेने को बाध्य करना है। **पवन करण** ने *प्यार में डूबी हुई माँ* को देखा-दिखाया है। उसकी बेटी की नज़र से। *अपने पुरुष मित्र के प्यार में डूबी हुई* माँ को देखकर वह इतनी ख़ुश है कि बौराई फिरती है। स्मृतिशेष पिता को कल्पना में बताती है कि प्यार करती माँ

उनकी विधवा जैसी नहीं, उसकी शरारती और हँसमुख सहेली जैसी हो गई है। उसी जैसी हो गई है। एकदम युवा। उसका प्यार उसकी अँधेरी दुनिया में रौशनी की एक छोटी सी तीली की तरह आया और सूरज की तरह फैल गया है। उस कमरे में भी, जहाँ उनकी फूलों-सजी तस्वीर लगी हुई है। यह बताता है कि मृत पिता माँ को अंधकारा से उजले आकाश में आते देखते तो कितने ख़ुश होते! [13]

पवन ने बहिन के प्रेमी पर पाँच कविताएँ लिखी हैं। उनमें भाई अपनी बहिन से एक लड़के को प्रेम करते देखता है। दिन-दिन-भर देखता है। उसके सच-झूठ देखता है। उसकी गतिविधियाँ देखता है। यह देखना उसकी दिनचर्या में शामिल होता जाता है। उसके भीतर का भाई फ़र्श पर गल-गलकर टपकता जाता है। [14] भाई का गलना वास्तव में बहिन का उभरना है। बहिन द्वारा किसी के आदेशानुसार नहीं, अपनी इच्छानुसार साँसें लेना है। भाई द्वारा रूढ़ियों से मुक्त होकर बहिन को सचमुच प्यार करना है। इससे यह भी स्पष्ट होता है कि प्यार हृदय का आवेग या लगाव-मात्र नहीं, एक योग्यता भी है। रूढ़ियों से मुक्त दृष्टि इस योग्यता का हिस्सा है। भीतर-बाहर से उदार और लोकतांत्रिक होना इस योग्यता का हिस्सा है। अपनी कमियों को खुली आँखों से देखना और उन्हें दूर करने के लिए हर संभव कोशिश करना इस योग्यता का हिस्सा है।

पवन करण की ही एक और कविता का *पुरुष* संतान पैदा करने में अयोग्य है। चाहता है कि उसकी पत्नी बच्चे के लिए विज्ञान के डर से भागकर एक टीले की ओट में जा छिपे ईश्वर की जगह किसी पुरुष पर भरोसा करे। चाहता है कि उसका कोई पुराना प्रेमी या कोई बलात्कारी आकर उसका यह काम कर जाए। यह भी सोचता है कि वही किसी पुरुष को उसके पास भेज दे और ख़ुद दरवाज़े पर लाठी लेकर पहरा दे। इस तरह अपनी नपुसंकता और पत्नी के दुःख, दोनों का उपचार करे। [15]

यह रूढ़िग्रस्त पुरुष नहीं है। एकनिष्ठ यौन-संबंध को स्त्री के पातिव्रत्य का पर्याय नहीं मानता। **एंगेल्स** ने लिखा है कि "यदि एकनिष्ठ यौन-संबंध को ही नैतिकता की पराकाष्ठा समझा जाए तो हमें टेपवर्म को सर्वश्रेष्ठ समझना चाहिए, जिसके शरीर के 50 से 200 तक देहखंडों में से प्रत्येक में नर और मादा दोनों प्रकार का पूरा लैंगिक उपकरण होता है और जिसका पूरा जीवन, इन खंडों में से प्रत्येक में, स्वयं अपने साथ सहवास करने में बीतता है।"[16] पवन के *पुरुष* ने इस बात को पढ़ा हो या न पढ़ा हो लेकिन इसके अर्थ का उजाला उसके जीवन में है। वह नहीं चाहता कि उसकी कमी की सज़ा उसकी पत्नी भी भुगते। उनका घर भी भुगते। चाहता है कि बच्चा वस्तुतः चाहे जिसका हो, पर उन दोनों का कहलाए। उन्हें माता-पिता होने की अनुभूतियाँ दे। उनके घर को अपने होने से गुंजाए। उसकी यह चाह यौन-संबंधों की रूढ़िबद्ध नैतिकता का विरोध करती है।

यह सही है कि जीवन में ऐसे पुरुष अपवाद हैं पर कविता में आकर वे ऐसे पुरुषों के जीवन में होने की संभावना के लिए एक जगह ज़रूर बनाते हैं। ये ज़रूरी सवाल उठाते हुए—*जीवन के सबसे रंगीन इस रास्ते पर/जिस पर एक स्त्री का भी उतना ही हक़/जितना कि हमारा, चलते हुए हम/यह जानने की कोशिश क्यों नहीं करते—एक स्त्री आख़िर कैसा पुरुष चाहती है/वह एक ही पुरुष में पति और प्रेमी दोनों चाहती है/या वह पति और प्रेमी दो अलग-अलग पुरुष चाहती है...।*[17]

अभिप्राय यह कि स्त्री क्या चाहती है, यह वह स्वयं तय करे। तय करे और पाए। पुरुष यदि कर सके तो इस रास्ते में आने वाली रुकावटें दूर करे। स्त्री को अपना स्त्रीत्व खुलकर जीने दे। अपनी तानाशाही को नष्ट होने दे। मनुष्यता को उजागर होने दे। विस्तृत और विकसित होने दे। जीवंत होने दे। ऐसा होने पर ही समानता और मनुष्यता पर आधारित स्त्री-पुरुष संबंध आकार ले सकते हैं। वे संबंध, जो एक-दूसरे को मानवीय समृद्धि से प्रकाशित करते हुए आगे बढ़ें।

ऐसे संबंधों का एक उदाहरण **राजेश जोशी** की *उसकी गृहस्थी* में है। पत्नी दफ़्तर से थककर आई है और सुस्ता रही है। सुस्ताकर रसोई की तरफ़ जाने लगती है तो पति कहता है कि आज चाय वह बनाएगा। रसोई में जाते ही चाय का पानी चढ़ाकर वह चीनी-पत्ती की जगह जानने के लिए आवाज़ें लगाने लगता है। पत्नी साड़ी का पल्लू कमर में खोंसते हुए रसोई में आती है और पति को चाय बनाने के काम से हटा देती है। ऐसा करते हुए वह पति को देखकर अजीब ढंग से मुस्कराती है। उस मुस्कराहट के द्वारा—*जैसे कहती हो यह मेरी सृष्टि है/तुम नहीं जान पाओगे कभी/कि किन बादलों में रखी हैं बारिशें, किन में रखा है कपास/कोई डब्बा खोलते हुए कहती है:/यह तो मैं हूँ कि अबेर रखा है सब कुछ/वरना तुम तो ढूँढ़ नहीं पाते अपने आपको/जाओ बाहर जाकर टी.वी. देखो/एक काम पूरा नहीं करोगे और फैला दोगे/मेरी पूरी रसोई!* [18]

यह घरेलू नहीं, कामकाजी औरत है। फिर भी रसोई उसी की सृष्टि है। केवल वही रसोई की स्वामिनी है। अपने इस स्वामित्व पर उसे गर्व है और इस पर उसका हक़ बनता है। पुरुष इसमें हिस्सेदारी चाहता है। कोशिश करता है पर इसके योग्य नहीं। इस अयोग्यता के कारण उस पर दया करते हुए स्त्री मुस्कराती है। यह मुस्कराहट पुरुष की हीनता को और उजागर कर देती है। हल्के-से और आत्मीय व्यंग्य के साथ। देखें! व्यंग्य भी आत्मीय हो सकता है! मुस्कराकर स्त्री फिर काम में लग जाती है। पुरुष की उजागर होती यह अयोग्यता साफ़ कहती है कि वह घर का कामकाज सीखकर अपनी नालायक़ी दूर करे। ख़ुद को घरेलू भी बनाए। उसी तरह जैसे स्त्री ने ख़ुद को कामकाजी बनाया है। कविता यह नहीं बताती कि अपनी अयोग्यता जानकर पुरुष पर क्या गुज़री। अवसर है पर स्त्री उसे दुत्कारती या फटकारती नहीं। ताने भी नहीं देती। अजीब ढंग से मुस्कराकर रह जाती है। इससे लगता है कि पुरुष की आँखें नीची हो गई होंगी! अब जो अपनी कमी पर ख़ुद ही शर्मिंदा हो रहा हो, उसे ज़्यादा क्या कहना!

ऐसा ही एक और पुरुष **राजेश** की ही एक और कविता में है, जिसका नाम है—*उस प्लंबर का नाम क्या है*। वह बहुत सारे तानाशाहों के बारे में जानता है पर घर की पाइप लाइन रुक जाने पर उसे दुरुस्त करने वाले प्लंबर का नाम उसे वक़्त पर याद नहीं आता। इसी वक़्त उसे यह भी याद आता है कि किसी भी तानाशाह की जीवनी में किसी पाइप लाइन की गड़बड़ी दुरुस्त करने का कहीं कोई ज़िक्र नहीं है। कविता की अंतिम पंक्ति में उसे स्त्री को ही आवाज़ देनी पड़ती है—*सुनो... उस प्लंबर का नाम क्या है?* [19] घर के एक साधारण-से प्रसंग द्वारा आसानी से स्पष्ट हो जाता है कि इस पुरुष की जानकारी ज्ञान-विलास है और स्त्री की ज्ञान-ज़रूरत। यह ज्ञान-विलास के ख़िलाफ़ ज्ञान-ज़रूरत की कविता है। पुरुष के अन्यायपूर्ण वर्चस्व की जड़ों में बड़ी सहजता से मट्ठा डालती हुई।

स्त्री-मुक्ति की प्रक्रिया में अपने-अपने तरीक़ों से हिस्सेदारी करने वाली ये और इसी तरह की अन्य अनेक कविताएँ पुरुषों के संवेदन-गर्भ से जन्मी हैं। यह पुरुषों का एहसान नहीं है। स्वयं को अधिक से अधिक मनुष्य बनाने की कोशिश है। उनकी अपनी ज़रूरत है। साथ ही इस सच की साक्षी भी कि स्त्री के दुख, भले पुरुष द्वारा दिए हुए हों पर प्रकारांतर से पुरुष के भी हैं। शिकार और शिकारी, दोनों मनुष्य नहीं रहते। शिकार का खेल मनुष्य का जीवन नहीं होता। इससे बाहर निकलना दोनों की चुनौती है। इसे स्वीकार करने में जो दुख उठाने पड़ते हैं, वे भी दोनों के साँझे हैं। इसलिए आलोचक चाहे जो कहें, कविता, मात्र लैंगिक आधार पर कोई भी मूल्य-निर्णय करने के विरोध में है। यह हृदय की संकीर्णता का विरोध है। सैद्धांतिक और व्यावहारिक, दोनों स्तरों पर अगर उसने यह नहीं किया तो अपना मूल दायित्व नहीं निभा सकेगी।

अतः न तो कविता बनी रह सकेगी और न ही स्त्री-मुक्ति-प्रक्रिया का एक जागरूक हिस्सा।

संदर्भ

1. स्त्रीः उपेक्षिता -सीमोन द बोउवार -प्रस्तुतिः डॉ. प्रभा खेतान, पृष्ठ 26
2. जादू नहीं कविता -कात्यायनी, पृष्ठ 100
3. अपनी केवल धार -अरुण कमल, पृष्ठ 20
4. कोई नया समाचार -प्रेमरंजन अनिमेष, पृष्ठ 20
5. उर्वर प्रदेश -संयोजकः बिंदु अग्रवाल, पृष्ठ 61-62
6. कोई नया समाचार -प्रेमरंजन अनिमेष, पृष्ठ 26
7. उसके सपने -चंद्रकांत देवताले -चयन-संपादनः विष्णु खरे, चंद्रकांत पाटील, पृष्ठ 43
8. सबूत -अरुण कमल, पृष्ठ 18-19
9. समकालीन भारतीय साहित्यः सितंबर-अक्तूबर, 2005, पृष्ठ 88
10. वसुधाः 59-60 -स्त्री-मुक्ति का सपना, अंकः अक्तूबर, 2003 से मार्च, 2004, पृष्ठ 279
11. काल और अवधि के दरमियान -विष्णु खरे, पृष्ठ 77
12. दुःस्वप्न भी आते हैं -अष्टभुजा शुक्ल, पृष्ठ 63
13. स्त्री मेरे भीतर -पवन करण, पृष्ठ 91-92
14. वही, पृष्ठ 26-32
15. वही, पृष्ठ 100-103
16. परिवार, निजी संपत्ति और राज्य की उत्पत्ति -एँगेल्स, पृष्ठ 39
17. स्त्री मेरे भीतर -पवन करण, पृष्ठ 89
18. दो पंक्तियों के बीच -राजेश जोशी, पृष्ठ 40-41
19. वही, पृष्ठ 46-47

स्त्री-मुक्ति के रास्ते

ग़ुलामी की अनुभूतियाँ सघन होकर मुक्ति की ज़रूरत बनती हैं। यह ज़रूरत बोध से युक्त और तीव्र होकर मुक्ति के रास्ते की खोज बनती है। उसपर हर हाल में चलते रहने का साहस और धैर्य बनती है। स्त्री-जीवन में घटित होती इस प्रक्रिया में कविता की अपनी भूमिका है। **निर्मला पुतुल** ने लिखा–*यह कविता नहीं/मेरे एकांत का प्रवेश-द्वार है/...मैं कविता नहीं/शब्दों में ख़ुद को रचती देखती हूँ/अपनी काया से/बाहर खड़ी होकर अपना होना।*[1]

अक्सर स्त्री को शरीर के भीतर ही देखा गया है। वह शरीर से बाहर अपना होना देखती है। पहचानती है। यह पहचान शरीर-दृष्टि का विरोध भी है और वास्तविक स्त्रीत्व का आत्मविश्वास भी। इस पहचान का माध्यम कविता बनती है तो बड़ा काम करती है। बाज़ार का दावा है कि स्त्री को शरीर में देखकर उसने उसके जीवन में सुखद बदलाव पैदा किया है। उसके शरीर का इस्तेमाल तो हमेशा होता रहा है लेकिन उसने ऐसे हालात पैदा किए हैं, जिनमें इसकी पूरी क़ीमत उसे मिल सकती है। महँगे से महँगा बेच सकती है वह अपने शरीर-सौंदर्य को। वह भी पूरी इज़्ज़त के साथ।

एक सीमा तक यह सच है। मॉडलिंग, फ़ैशन डिज़ायनिंग आदि के रूप में स्त्री के सामने नए कर्म-क्षेत्र खुले हैं। ये ऐसे कर्म-क्षेत्र हैं, जो लोकलाज, मर्यादा आदि पुराने संस्कारगत मूल्यों को तोड़ते हैं। स्त्री को पड़ी ग़ुलामी की आदत में सेंध लगाते हैं। उसे पहले से ज़्यादा खुला स्पेस देते हैं। उसकी आँखों में सेलिब्रिटी बनने की संभावना रखते हैं। शरीर के प्रति उसके नज़रिये को बदलते हैं। इसी का नतीजा है कि उसका शरीर अब केवल छिपाने के लिए नहीं रहा। वह शर्म का नहीं, गर्व का विषय है। **फ़हमीदा रियाज़** ने *एक औरत की हँसी* इस तरह देखी है–

"पथरीले कोहसार (पहाड़) के गाते चश्मों (झरनों) में
गूँज रही है एक औरत की नर्म हँसी
दौलत, ताक़त और शोहरत, सब कुछ भी नहीं
उसके बदन में छुपी है उसकी आज़ादी"[2]

शरीर में औरत की आज़ादी बसी है। यह पूरी तरह सच है या नहीं, यह अलग बात है लेकिन इस बात को औरत द्वारा सर उठाकर कहने का मतलब उन तमाम प्रतिमानों का बोझ कंधे से झटककर फेंक देना है, जो शरीर की वजह से उसपर लदे रहे हैं। उसका दमन करते रहे हैं। उसे शर्मिंदा करते रहे हैं। इस्तेमाल करते रहे हैं। यातना देते रहे हैं। बाज़ार की सड़कों पर ये प्रतिमान औंधे मुँह गिरे हैं और स्त्री उन पर खुलकर हँसी है। व्यावसायिक नहीं, नर्म अर्थात् स्वतःस्फ़ूर्त हँसी।

बाज़ार ने स्त्री के शरीर पर से ही नहीं, उसकी चेतना, उसके मन पर से भी वस्त्र उतारे हैं। एक सीमा तक घूँघट और बुर्क़े भी तार-तार किए हैं। लज्जा, संकोच, हीनता-बोध आदि बंधनों के वर्चस्व से औरत को बाहर भी निकाला है। इसके कारण इस भ्रम में नहीं रहना चाहिए कि बाज़ार कोई समाज-सुधारक है। स्त्रीहित का मसीहा है। इसमें कोई संदेह नहीं कि स्त्री को आवरणों से बाहर वह उसका नहीं, अपना भला करने के लिए लाया है। यह अंग्रेज़ों द्वारा भारत में रेल की पटरियाँ बिछाने जैसा है। वे पटरियाँ उन्होंने भारत-कल्याण के लिए नहीं बिछाई थीं। इसलिए नहीं बिछाई थीं कि गांधी जी उस पर दौड़ने वाली गाड़ियों में यात्रा करें और पूरे भारत को उनके ख़िलाफ़ एक कर दें, जगा दें। इसलिए बिछाई थीं कि उनका व्यापार और मुनाफ़ा बढ़े। निश्चित ही वह बढ़ा भी लेकिन भारत ने स्वतंत्रता की सामूहिक ललक भी पाई। बाज़ार स्त्री को आवरणों से मुक्त करता है उसका अबाध इस्तेमाल करने के लिए। परिणामस्वरूप स्त्री का इस्तेमाल बढ़ा है लेकिन ऐसी स्त्री भी संभव हुई है, जो आवरणों से भी मुक्त है और इस्तेमाल होने से भी इन्कार करती है।

यह सबको इस्तेमाल कर लेने वाले बाज़ार का भी इस्तेमाल है। *अबला* कही जाने वाली स्त्री ऐसा कर सकी। इसलिए कि अपने शरीर को अपनी निगाह से देख सकी। कुंठाओं और वासनाओं की मज़बूत अंधकारा के बावजूद। आदम और हव्वा की बेटी है— *अक़्लीमा*, जिसकी बाबत **फ़हमीदा रियाज़** ने यह कविता लिखी—

> *"...वो अपने बदन की क़ैदी*
> *तपती हुई धूप में जलते*
> *टीले पर खड़ी हुई है*
> *पत्थर पर नक़्श बनी है*
> *उस नक़्श को ग़ौर से देखो*
> *लंबी रानों (जाँघों) के ऊपर*
> *उभरे पिस्तानों (स्तनों) से ऊपर*
> *अक़्लीमा का सर भी है*
> *अल्लाह कभी अक़्लीमा से भी कलाम करे*
> *और कुछ पूछे!"*[3]

जाँघों और स्तनों को ही स्त्री समझने वालों के लिए अधोदृष्टि ही स्वस्थ दृष्टि है। वस्तुतः वे शरीरांध हैं। उनमें 'अल्लाह' तक शामिल है। उनकी आँखों में उँगली डालकर कविता दिखाती है कि स्त्री के शरीर में सर भी है। अल्लाह या तो इसे जानता नहीं, या न जानने का छल करता है। स्त्री इस छल को भी उघाड़ती है और अपनी शक्ति को भी। ख़ुदा से वह कहती है कि उसके सारे फ़रमान उचित होंगे पर इस नापाक औरत के लब पर कोई दुआ नहीं है। *"सर में कोई सजदा नहीं"* है।[4]

स्त्री में सर भी है। ऐसा सर, जो हाड़-मांस का लोथड़ा-भर नहीं। दुआओं और सजदों का खोखलापन पहचानता है। उनके बहकावे में आने से इन्कार करता है। तमाम उम्र अकेले रहना स्वीकार करता है पर किसी मर्द, किसी ग़ुलामी को बर्दाश्त करना नहीं। **पवन करण** की एक कविता में एक पुरुष पति और पिता बनने के बाद अपनी भूतपूर्व प्रेमिका

को भोगने के लिए उसके सामने गिड़गिड़ाता है। तरह-तरह के तर्क देता है। कहता है–*"ये कैसे हो गया तुम पुरुष के बिना रह रही हो/तुम जीने लगी हो पुरुष के बिना।"*[5]

स्त्री में सर भी है। नई स्त्री है यह। पुरुष-निर्भरता के शिकंजे से अधिकाधिक अर्थों में अधिकाधिक मुक्त होती हुई। **पवन** की ही एक और कविता में विवाह करती स्त्री को कोई अपराध-बोध नहीं होता कि वह इससे पहले संभोग कर चुकी है। वह खुलकर बताती है–*"दरअसल कुँआरेपन को मैंने अपनी उस पूँजी की तरह माना ही नहीं/जिसे मुझे हर हाल में रखना था सँभालकर/और सौंपना था सिर्फ़ अपने पति को ही/मैंने उसे बंधन की तरह नहीं अपने हक़ की तरह लिया...।"*[6] स्त्री का यह बताना कविता का बताना भी है कि स्त्री कुँआरेपन को अपने दमन का तरीक़ा मानने के लिए बाध्य नहीं। वह अपने अधिकार की तरह भी उसे जी सकती है। यौन-शुचिता पोसने वाली मान्यताओं की सड़ांध में जीने से इन्कार कर सकती है। मूल बात यह है कि अपने आप को खुलकर जीना उसका अधिकार है। इसे हासिल करने के लिए वह कोई भी क़ीमत चुका सकती है। **निदा फ़ाज़ली** ने यह सच्चाई यों कही है–

"वो किसी एक मर्द के साथ
ज़्यादा दिन नहीं रह सकती
ये उसकी कमज़ोरी नहीं
सच्चाई है
लेकिन जितने दिन वो जिसके साथ रहती है
उसके साथ बेवफ़ाई नहीं करती
उसे लोग भले ही कुछ कहें
मगर!!
किसी एक घर में
ज़िंदगी-भर झूठ बोलने से
अलग-अलग मकानों में सच्चाइयाँ बिखेरना
ज़्यादा बेहतर है।"[7]

ओढ़े हुए पातिव्रत्य से मुक्त जीवन इसलिए बेहतर है कि उसमें सच्चाई और ईमानदारी है। *भीतर कुछ-बाहर कुछ और* का दोगलापन नहीं है। मर्दवाद की ग़ुलामी नहीं है। अपनी ज़िंदगी के फ़ैसले ख़ुद करने वाला आत्मविश्वास है। उन्हें जीने वाला साहस है। किसी के कुछ भी कहने की परवाह न करने वाली दृढ़ता है। घर पर अपना सब कुछ क़ुर्बान करने और कभी भी उस पर अपना पूरा अधिकार न पाने के सिलसिले का टूटना है। सच्चे स्त्रीत्व की धड़कन है।

बिकाऊ न होने के कारण इस स्त्रीत्व को वेश्यावृत्ति नहीं कहा जा सकता। यह स्त्री जितने दिन जिसके साथ रहती है, उससे बेवफ़ाई नहीं करती। इसका मतलब यह है कि वह उतना ही समय पुरुष के साथ गुज़ारती है, जितना गुज़ारना चाहे। न चाहने पर एक क्षण भी नहीं गुज़ारती। यह एहसास होते ही कि अब साथ अकेला करने लगा है, साथ छोड़ देती है। वफ़ादारी नहीं, अपने निर्णय करने और उन्हें जीने की क्षमता उसका जीवन निर्मित करती है। यह मूल्य-व्यवस्था में हो रहा महत्त्वपूर्ण परिवर्तन है, जिसे कविता बताती है।

अपने आप को पूरी तरह जीने की यह क्षमता वर्तमान में तो महत्त्वपूर्ण है ही, अतीत में भी महत्त्वपूर्ण रही है। इस महत्त्व को पहचाना गया है। **अनामिका** के अनुसार–"सीता का सबसे बड़ा सच है लक्ष्मणरेखा लाँघ जाना–यानी आपात स्थिति में अपने विवेक के हिसाब से नियमावलियों में परिवर्तन का साहस! निर्णय ग़लत भी हो जाएँ तो क्या, निर्णय लिए गए, स्वतंत्र निर्णय लिए गए–यही बड़ी बात है।"[8] संपूर्ण रामकथा में सीता द्वारा लक्ष्मणरेखा लाँघने के प्रसंग का एक महत्त्वपूर्ण समकालीन कवयित्री के लिए सबसे महत्त्वपूर्ण होना स्त्री की अपनी दृष्टि के लिए तड़प का परिचायक है। यह दृष्टि अपने लिए, अपने द्वारा और अपनी दृष्टि है। स्त्रीत्व मुक्त हो, इस संवेदनात्मक उद्‌देश्य से संपन्न। यह दृष्टि उसे कहीं पड़ी नहीं पा गई। किसी ने दया करके नहीं दे दी। इसकी क़ीमत चुकाई है स्त्री ने। लगातार विपरीत वायुमंडल में संघर्ष द्वारा अपने वायुमंडल को क़तरा क़तरा रचते हुए। बचाते हुए। निरंतर दमित होते, फिर भी हार न मानने की ज़िद पर अडिग रहते हुए। **सीता 'सागर'** ने कहा–

"कैसे-कैसे सपन सँजोए
टुकड़ा-टुकड़ा गगन समोए
इक आँसू खारा
हर मौसम से जूझ रहा है, कभी नहीं हारा
इक आँसू खारा।"[9]

स्त्री ने आँसू देखा नहीं, चखा है। तरह-तरह का खारापन जीया है। ग़ुलामी का भी और बदनामी का भी, भटकन का भी और नाकामी का भी, उदासी का भी और हताशा का भी। तरह-तरह के खारेपन से बना आँसू स्त्री का जीवन रहा है। फिर भी यह कभी हारा नहीं। दुखों की अनुभव-पूँजी स्त्री के भीतर इतनी इकट्‌ठी होती गई कि दुख, दुख नहीं रहे। बार-बार पिटती गाय की तरह वह *ढीठ* हो गई। इस तथाकथित ढिठाई ने ही उसे हर मौसम से जूझना सिखाया। कभी न हारने की क्षमता दी।

दुख पहले दुखद रहे, फिर अनुभव बने। परस्पर जुड़कर अनुभव सघन हो गए। सघन होकर वे उस भीतरी आँख में बदल गए, जिसने जूझने वाले आँसू को जन्म दिया। कभी न हारने वाला वह इसलिए बना कि उसमें निरा दुख नहीं था। स्वप्न भी थे। टुकड़ा-टुकड़ा गगन भी था। थोड़ा-थोड़ा सुख, थोड़ी-थोड़ी आज़ादी भी थी। दुख और ग़ुलामी सहते हुए वह सुख और आज़ादी के एहसास से परिचित था। जानता था कि इसके लिए किसी भी हद तक खारा हुआ जा सकता है। कोई भी क़ीमत चुकाई जा सकती है।

क़ीमत चुकाकर भी स्त्री ने संघर्ष को ज़िंदा रखा है। पाला-पोसा है। **अरुण कमल** की *स्वप्न* में एक स्त्री बार-बार घर से भागती है। कभी मंदिर की सीढ़ियों पर बैठी रहती है, कभी किसी जानकार के घर तो कभी नैहर चली जाती है। वह *हर बार मार खा भागी* और उसने *हर बार लौटकर मार खाई*। चाहती तो आत्महत्या भी कर सकती थी *"लेकिन वह जीवन से मृत्यु नहीं/मृत्यु से जीवन के लिए भाग रही थी/खूँटे से बँधी बछिया-सी जहाँ तक रस्सी जाती, भागती/गर्दन ऐंठने तक खूँटे को डिगाती/वह बार-बार भागती रही/बार-बार हर रात एक ही सपना देखती/ताकि भूल न जाए मुक्ति की इच्छा/मुक्ति न भी मिले तो बना रहे मुक्ति का स्वप्न/बदले न भी जीवन तो जीवित बचे बदलने का यत्न।"*[10] बदलाव

की इच्छा को बचाए रखने के लिए जो स्त्रियाँ रह-रहकर पिट सकती हैं, वे बदलाव के लिए क्या नहीं कर सकतीं!

राजेश जोशी के अनुसार *रैली में* चल सकती हैं।[11] **विष्णु खरे** की कविता में किसी से काम निकालने के लिए *एक ही बार...उसे अपना शरीर* दे सकती हैं *क्योंकि वह* समझती हैं *कि उतना ही काफ़ी होगा*।[12] **अनामिका** के शब्दों में *हर करवा चौथ के दिन/ छुपकर...मिरिच का अचार* खा सकती हैं।[13] **निर्मला गर्ग** की कविता में *गिलाफों पर स्वागतम् काढ़ना* न आए तो सीखने को दरकिनार कर *तकियों पर सादे गिलाफ चढ़ा* सकती हैं।[14] **मधु बी. जोशी** के अंदाज़ में कुछ *मित्रों के पते पेंसिल से* लिख सकती हैं ताकि *बदलें तो और न लिखे जा सकें*।[15] **पवन करण** की पंक्तियों में अपनी तथाकथित ग़लतियाँ *एक-दूसरे को बताकर हँस* सकती हैं और इस तरह ग़लतियों के रूप में अपनी छोटी-छोटी आज़ादियों को *सैंडिलों की तरह पहनकर/एक-दूसरे का हाथ पकड़े हुए* आगे बढ़ सकती हैं।[16] **तेजी ग्रोवर** के शब्दों में पुरुष से कह सकती हैं कि

"...तुम नहीं हो
न कभी होने वाले हो
न ही होना चाहिए तुम्हें घर
तुम्हारी रसोई से
सारा का सारा नमक पी जाती हूँ

तुम्हारा न होना ही मेरे प्रेम का स्वाद है
मेरी रोटी अभाव की आँच में पकती है।"[17]

घर में ही नहीं, जीवन में भी पुरुष की अनुपस्थिति जिस स्त्री के लिए वरदान है, उसे ख़ुद पर पूरा भरोसा है। उसे बहुत देर तक ग़ुलाम नहीं रखा जा सकता। **शलभ श्रीराम सिंह** के शब्द उपयोग किए जाएँ तो वह न *घाव की तरह* मिलती है, न *मरहम की तरह*। वह *अपनी तरह* मिलती है।[18] **शलभ** के ही अनुसार वह *जंगल की जागती हुई आँख की तरह/ अपनी चौहद्दियों की निगरानी करती है। जिस मुक़ाम पर खड़ी होती है, उसकी ऊँचाई बढ़ जाती है अपने आप।*[19]

यह स्त्रीत्व की उन्नति है। ऐसी उन्नति के लिए ज़रूरी है कि पाँव धरती पर जमे रहें। स्त्रीत्व की स्वतंत्रता इस उन्नति की धरती है। इस स्वतंत्रता का एक स्वरूप **मार्गरेट बेन्सटेन** ने *स्त्री-मुक्ति का राजनीतिक अर्थशास्त्र* में बताते हुए लिखा है—"एक ऐसे समाज में जहाँ मुद्रा मूल्य का निर्धारण करती है, स्त्री एक ऐसी कोटि है, जो मुद्रा-अर्थशास्त्र की परिधि के बाहर काम करती है। उसके कामों को मुद्रा से नहीं आंका जाता, अतः वह मूल्यहीन होता है, यहाँ तक कि वह वास्तविक काम भी नहीं माना जाता।...अभी तक किसी भी समाज में घरेलू कामकाज का औद्योगीकरण नहीं किया गया है।...बच्चों की परवरिश सिर्फ़ माँ-बाप का दायित्व नहीं होना चाहिए। इसकी ज़िम्मेदारी उठाने के लिए समाज को भी आगे आना होगा।...घर-गृहस्थी के दूसरे कामों का भी इसी प्रकार रूपांतरण होना चाहिए—उदाहरणस्वरूप सामुदायिक भोजनालयों और सार्वजनिक लाण्ड्रियों में। ऐसे कार्यों का सार्वजनिक क्षेत्र में स्थानांतरण स्त्रियों के ख़िलाफ़ भेदभाव के भौतिक आधार

को समाप्त कर देगा।...सामुदायिक भोजनालय में रूपांतर का सीधा-सा अर्थ है कि स्त्रियाँ घर की जगह सामुदायिक रसोईघर में काम करें और ऐसा संभव है।"[20]

घरेलू स्त्री परिवार की एक मज़बूत आर्थिक इकाई भी हो, इसकी संभावना विचार के स्तर पर तो मौजूद है ही, कविता में भी दिखलाई देती है। समकालीन कविता में घर स्त्री के जीवन को हमेशा के लिए ठहरा लेने वाला या लील जाने वाला मुक़ाम-भर नहीं रहा। वह माँ भी होती है तो निरीह नहीं होती। प्रतीक्षा करना भले उसकी आदत में शुमार हो पर इस प्रतीक्षा से ही अपने लिए रास्ते निकालना वह जानती है। **मधु बी. जोशी** की *माँ* पहले जैसी नहीं है–

"माँ की हाँडी में
हमेशा फालतू भात
'कोई आ जाए'...
माँ के बक्स में
हमेशा फालतू बिस्तर
'कोई आ जाए'...

माँ के घर में
हमेशा फालतू जगह
'कोई आ जाए'...

कोई कौन?
खो गए बच्चे?
कभी न मिल पाया प्रेमी?
कोई सपना या कोई मौक़ा?"[21]

बच्चे तो माँ की प्रतीक्षा में पहले से शामिल रहे हैं लेकिन *प्रेमी और मौक़ा* अब आकर शामिल हुए हैं। कविता में जितनी सहजता से ये शामिल हैं, उतनी सहजता से जीवन में नहीं। फिर भी कविता में सहजता से शामिल होना संकेत है कि एक दिन वे निश्चित ही जीवन में भी सहजता से शामिल होंगे। यह इस बात का भी संकेत है कि कविता जब धड़कनें सुनती है तो त्रिकालव्यापी जीवन की सुनती है। समाज के आगे-आगे चलने वाली मशाल वह हो, न हो, सामाजिक भविष्य का स्पष्ट आभास देने वाला पूर्वानुमान अवश्य है। वह पूर्वानुमान, जो किसी अटकल से नहीं, अनुभव-संवेदन की कोख से पैदा हुआ है।

स्वतंत्रता उस स्त्री का भी अनुभव-संवेदन है, जो स्वतंत्र नहीं। **कात्यायनी** की एक कविता है–*हॉकी खेलती लड़कियाँ*। उसके कुछ हिस्से हैं–

"आज शुक्रवार का दिन है
और इस छोटे से शहर की ये लड़कियाँ
खेल रही हैं हॉकी।
...बॉल के साथ दौड़ती हुई
हाथों में साधे स्टिक

वे हरी घास पर तैरती हैं,
चूल्हे की आँच से
मूसल की धमक से
दौड़ती हुई
बहुत
दूर
आ जाती हैं।
...लड़कियाँ फ़ाउल खेल रही हैं
लड़कियों को चेतावनी दी जा रही है
और वे हँस रही हैं
कि
यह ज़िंदगी नहीं है
...पर शाम है कि होगी ही
रेफ़री है कि बाज नहीं आएगा
सीटी बजाने से
और स्टिक लटकाए हाथों में
एक भीषण जंग से निपटने की
तैयारी करती लड़कियाँ
लौटेंगी घर।
...सो जाएँगी लड़कियाँ
और
सपने में
दौड़ती हुई
बॉल के पीछे
स्टिक को साधे हुए हाथों में
पृथ्वी के
छोर पर पहुँच जाएँगी
और
'गोल-गोल' चिल्लाती हुई
एक-दूसरे को चूमती हुई
लिपटकर
धरती पर
गिर जाएँगी!"[22]

अपने-अपने घर प्रायः अकेले-अकेले दुख सहने वाली लड़कियों की सामूहिकता का यह बड़ा जीवंत चित्र है। दुख एक जैसा हो तो अकेलापन भी दूसरे अकेलेपनों से जुड़कर सामूहिक हो जाता है। सपने भी व्यक्तिगत नहीं रहते। एक-दूसरे को चूमती उल्लसित आपसदारी गोल करने से कम महत्त्वपूर्ण नहीं रहती। लड़कियाँ रात के सपने में ही नहीं,

दिन के उजाले में भी हॉकी खेलती हैं। हरी घास पर हँसती हुई तैरती हैं। घास पर तैरना पूरी तरह खुलकर खेलना है। शुक्रवार का दिन बताता है कि ऐसा रोज़ नहीं होता।

अपनी ग़लतियों पर हँसने वाले क्षण हमेशा नहीं आते लेकिन आते हैं। जब आते हैं तो फ़ाउल उन्हें खेलने से रोक नहीं सकते। वे खुलती और खेलती हैं। गोल नहीं कर पातीं। दिन ढल जाता है। खेल समाप्त घोषित कर दिया जाता है। यह वर्तमान है। कविता इसका अल्ट्रासाउंड करती है। इसके गर्भ में पलता भविष्य देखती-दिखाती है। समाप्त होने पर भी खेल का समाप्त न होना यही है। ऐसे में रेफ़री की सीटी एक औपचारिकता-भर है। रात को सपने में खेल आगे बढ़ता है। गोल के सामूहिक उल्लास तक पहुँचता है।

ग़लतियों से गोल तक की यह यात्रा जारी है। क़दम छोटे हैं, रुकावटें भी हैं पर एक दिन पूरी धरती नाप देंगे, यह तय है। इसलिए कि लड़कियों ने स्टिक पकड़ी-भर नहीं है। स्टिक उनके हाथों में *सधी* हुई है। सामूहिकता और स्वतंत्रता के सपने का उल्लास वास्तविक दुनिया में उतर आया है। सक्रियता की मज़बूत पकड़ बनकर। यह पकड़ इस सच से और मज़बूत हुई है कि गोलपोस्ट के बारे में भ्रम पैदा करने वाला किसी तरह का चश्मा उनकी आँखों पर नहीं है। ऐसे में कोई रुकावट अगर मार्गदर्शक का भेस भरकर आ जाए तो पहचानी जाती है। **निर्मला पुतुल** की इन पंक्तियों में यही हुआ है–

"...एक बार फिर
ऊँची नाक वाली अधकटे ब्लाऊज़ पहने महिलाएँ
करेंगी हमारे जुलूस का नेतृत्व
और प्रतिनिधित्व के नाम पर
मंचासीन होंगी सामने
एक बार फिर
किसी विशाल बैनर के तले
मंच से खड़ी माइक पर वे चीख़ेंगीं
व्यवस्था के विरुद्ध
और हमारी तालियाँ बटोरते
हाथ उठाकर देंगीं
साथ होने का भरम...।"[23]

यह स्त्री-मुक्ति का छद्म और नेतृत्व का खोखलापन तो है ही, इस असलियत को ताड़ जाने वाली उस निगाह की सूचना भी है, जो चमड़े की नहीं, सजग अनुभवों की आँखों से पैदा होती है। यह निगाह औरत और औरत का अंतर भी पहचान लेती है। **रजनी तिलक** ने कहा–*एक तड़पती है सम्मान के लिए/दूसरी तिरस्कृत है भूख और अपमान से।/ प्रसव-पीड़ा झेलती फिर भी एक-सी/जन्मती है एक नाले के किनारे/दूसरी अस्पताल में,/ एक पायलेट है/दूसरी शिक्षा से वंचित है/एक सत्तासीन है/दूसरी निर्वस्त्र घुमाई जाती है/ ...औरत औरत में भी अंतर है।*[24]

यह अंतर उच्च और निम्न वर्ग का तो है ही, उच्च और निम्न वर्ण का भी है। निर्वस्त्र घुमाई जाती औरत वस्तुतः असभ्यता और अनैतिकता से ग्रस्त सम्मानित पुरुष-प्रधानता के

कपड़े उतारती है। समानता के मौलिक अधिकार का दावा करने वाले देश और समाज के कपड़े उतारती है। उस विकास के कपड़े उतारती है, जिसका रह-रहकर यशोगान करतीं तर जिह्वाएँ कभी नहीं अघातीं। विषमता, असभ्यता और अन्याय से वही सबसे ज़्यादा पीड़ित है। अतः सबसे ज़्यादा मुक्त भी उसी को होना है।

वास्तव में औरत हर वर्ग, वर्ण और समुदाय में विषमता से पीड़ित है। अलग-अलग रूपों और अर्थों में। **एक अज्ञात हिंदू औरत** ने *सीमंतनी उपदेश* में सवाल उठाया है– *"ब्राह्मण जनेऊ पहनते हैं। स्त्रियों को नहीं पहनाते। क्या वे ब्राह्मणी नहीं?"* [25] **अरुण प्रकाश** अपने एक लेख में एक महत्त्वपूर्ण सच की तरफ़ ध्यान खींचते हैं–"कभी स्त्रियों को राजमिस्त्री का काम करते देखा है आपने? वह ईंट, गारा ढोती ही मिलती हैं।...स्त्रियाँ श्रम-बाज़ार में भी दूसरे दर्जे की नागरिक हैं।"[26] हालाँकि उनके परिवारों में वह संपत्ति न के बराबर होती है, जिसपर अधिकारहीनता के कारण स्त्री अधिकांशतः विषमता की शिकार बताई जाती है। इसका कारण है–स्त्री को प्राकृतिक रूप से कमज़ोर मानने की वह धारणा, जो सदियों से पूरे समाज में चली आ रही है। इसके द्वारा प्रदत्त आंशिक अंधता से कोई नहीं बचा। न सेठ, न मज़दूर, न ब्राह्मण, न दलित। **कंवल भारती** ने सही कहा है कि "दलित समाज में महिलाओं को एक गाल पर सवर्ण अहंकार का तो दूसरे गाल पर दलित पुरुष की पितृसत्ता का थप्पड़ खाना पड़ता है।"[27]

क्या सरकारी उपाय इस स्त्री को मुक्त कर पाते हैं? महिलाओं का सरपंच बनना सरकारी उपाय का एक परिणाम है। **निरंजन श्रोत्रिय** ने एक कविता लिखी–*महिला सरपंच*। उसमें रामदेई नाम की महिला के सरपंच बन जाने से उसकी अपनी स्थिति में भी कोई परिवर्तन नहीं होता। अपने सरपंच होते हुए भी

"वह घर की देहरी नहीं लाँघ सकती थी
और पंचायत घुस नहीं सकती थी देहरी के भीतर
सो पाँच साल तक गाँव में
चलता रहा सब बहुत ही स्मूथली
बलात्कार
दहन
प्रताड़ना
–अब जबकि नए चुनाव सिर पर हैं
औरतें मना रहीं भगवान को
कि रामदेई न हो सरपंच इस गाँव की
जबकि मर्द नहीं अघाते प्रशंसा करते उसकी।"[28]

रामदेई काग़ज़ पर ही सरपंच है। गाँव के मर्दों की सत्ता और स्त्रियों पर उनके अत्याचार ज्यों के त्यों बने रहते हैं। इसीलिए मर्द उसके प्रशंसक हैं। सच तो यह है कि जब तक अधिकारों और कर्त्तव्यों के व्याकरण समेत पूरा वातावरण नहीं बदल जाता, तब तक स्त्री-मुक्ति के रास्ते या तो सुनसान रहेंगे या काग़ज़ी। कौन बदलेगा यह वातावरण? निस्संदेह जागरूक, कर्मठ और साहसी स्त्रीत्व। वही स्त्रीत्व, जो किसी स्त्री के भीतर भी नहीं हो सकता और किसी पुरुष के भीतर भी हो सकता है।

स्त्रीत्व के संवेदन-संसार को उसी स्त्रीत्व के सशक्त और सक्रिय होने की ज़रूरत भी है और प्रतीक्षा भी।

संदर्भ

1. अपने घर की तलाश में -निर्मला पुतुल -संथाली से अनुवादः अशोक सिंह, पृष्ठ 4-5
2. क़तरा क़तरा -फ़हमीदा रियाज़, पृष्ठ 30
3. वही, पृष्ठ 28
4. वही, पृष्ठ 29
5. स्त्री मेरे भीतर -पवन करण, पृष्ठ 36-38
6. वही, पृष्ठ 53
7. सफ़र में धूप तो होगी -निदा फ़ाज़ली, पृष्ठ 146
8. कविता में औरत -अनामिका, पृष्ठ 41
9. बातचीत के दौरान सुनाया गया गीत
10. पुतली में संसार -अरुण कमल, पृष्ठ 24-25
11. चाँद की वर्तनी -राजेश जोशी, पृष्ठ 33
12. सबकी आवाज़ के पर्दे में -विष्णु खरे, पृष्ठ 106
13. कविता में औरत -अनामिका, पृष्ठ 76
14. कबाड़ी का तराजू -निर्मला गर्ग, पृष्ठ 67
15. अकेली औरतों के घर -मधु बी. जोशी, पृष्ठ 36
16. स्त्री मेरे भीतर -पवन करण, पृष्ठ 23
17. पल प्रतिपल : जुलाई-दिसंबर, 1990, कविता पर केंद्रित, पृष्ठ 32-33
18. उन हाथों से परिचित हूँ मैं -शलभ श्रीराम सिंह, पृष्ठ 71
19. पहल-46, सितंबर-अक्तूबर-नवंबर, 1992, पृष्ठ 176
20. वसुधाः 59-69, अक्तूबर, 2003 से मार्च, 2004, पृष्ठ 178, 179, 183, 184
21. अकेली औरतों के घर -मधु बी. जोशी, पृष्ठ 30
22. वसुधाः 59-60 -स्त्री-मुक्ति का सपना, अक्तूबर, 2003 से मार्च, 2004, पृष्ठ 138-141
23. अपेक्षाः 12, जुलाई-सितंबर, 2005, -अम्बेडकरवादी युवा कविता विशेषांक, पृष्ठ 57
24. अपेक्षाः 12, जुलाई-सितंबर, 2005, -अम्बेडकरवादी युवा कविता विशेषांक, अनिता भारती द्वारा उद्धृत, पृष्ठ 99
25. सीमंतनी उपदेश -लेखिकाः एक अज्ञात हिंदू औरत -संपादकः डॉ. धर्मवीर, पृष्ठ 106
26. वसुधाः 59-60, अक्तूबर, 2003 से मार्च, 2004, पृष्ठ 106
27. दलित विमर्श की भूमिका -कंवल भारती, पृष्ठ 36
28. वसुधाः 59-60, अक्तूबर, 2003 से मार्च, 2004, पृष्ठ 409-410

विषमता, अन्याय और दमित-जीवन

दमित हमेशा दमित नहीं रहते। अवसर पाकर उठते हैं। अपने पाँवों पर खड़े होते हैं। बोलते हैं। यह उनका दूसरा जन्म होता है। द्विजों से ज़्यादा वास्तविक। द्विज बनना रस्मी है। दमितों के उठने और बोलने से किसी रस्म का कोई संबंध नहीं। वे सचमुच जागते हैं। धीरे-धीरे सही, अपने बंधन काटते हैं। शब्द नहीं, अर्थ को जीने वाले सच्चे द्विज होते हैं। यह उपलब्धि है। अर्जित की गई है। सदियों से श्रम, धैर्य और बलिदान के रूप में क़ीमत चुकाते हुए। हर वांछनीय परिवर्तन की तरह इसने भी होने के लिए भरपूर समय लिया है। पद-दलित अवस्था से सत्ता की *मास्टर की* या *गुरु किल्ली* तक पहुँचने वाली परिवर्तन की यह प्रक्रिया दमित-मुक्ति की तरफ़ बढ़ रही है। ज़ाहिर है—रुकते, टकराते, संभलते हुए। इस प्रक्रिया में कविता की अपनी भूमिका है।

सामूहिक और सक्रिय इच्छा के बिना परिवर्तन नहीं होता। इस इच्छा का उदय होता है—परिवर्तन की ज़रूरत गहराई से निरंतर महसूस करने पर। यह ज़रूरत वे महसूस करते हैं, जो हालात के शिकार हैं, जिनके लिए दे दिए गए हालात में जीना मुश्किल होता जाता है। हालात की वर्तमान अमानवीयता तो जीना मुश्किल करती ही है, जीने की कोशिश में रह-रहकर मरने वाले पुरखों की स्मृति भी जीने को आसान नहीं रहने देती। दुख और दुख का संवेदन, दोनों मिलकर जीना मुश्किल करते हैं। दोहरा मुश्किल।

विषमता से अन्याय पैदा होता है और अन्याय से वेदना। विषमता जिस तरह सामाजिक भी होती है और आर्थिक भी, उसी तरह उससे पैदा हुई वेदना अलग-अलग बँटी हुई नहीं होती। तिरस्कार और अभाव की वेदना से संतप्त आदमी पीड़ा की ही अनुभूति करता है। वह कम-ज़्यादा या उथली-गहरी तो हो सकती है पर होती है पीड़ा ही। संताप ही देती है। उसे सहा ही जाता है। सहने का संवेदन एक है। दलित और ग़रीब, दोनों विषमता के शिकार होते हैं। दोनों दमित होते हैं।

दमितों के लिए भारतीय समाज में जीना एक अरसे से विवशताजन्य चुनौती रहा है। तरह-तरह के रूपों से भरी चुनौती। विषमता और उससे पैदा होने वाला अन्याय इसके मूल में है। **इब्बार रब्बी** ने *झुग्गी वालों का गीत* लिखा—

"हम अधिक अन्न उपजाकर टाप रहे हैं
तुम उपवास के चमत्कार समझा रहे हो
...हम मोर्चे पर दम तोड़ रहे हैं
तुम वीरचक्र उछाल रहे हो

...हम कर्त्तव्यों में डूब रहे हैं
तुम अधिकारों में नहा रहे हो"[1]

अन्न उपजाने वाला भूखा है। खाने वाला उसे भूखा रहने का महत्त्व बताता है। सैनिक मरता है। उसकी मौत के बल पर जीने और मज़े करने वाला वीर-चक्र उछालता है। यह *उछालना* उसकी नीयत सामने लाता है। सैनिक की मौत को महिमा-मंडित करना उसके लिए खेल है। इस खेल के तहत वह दूसरों को मरने के लिए प्रेरित करता है ताकि वह और उसके अपने आराम से जीते रहें। यह क्रूर खेल खेलने वाले *नेता* नाम से जाने जाते हैं। वे जनता का नेतृत्व नहीं करते। हर मोर्चे पर सबसे आगे नहीं रहते पर कहलाते हैं–नेता। उनकी असलियत उधाड़ने वाली **वेदप्रकाश वेद** की पंक्तियाँ हैं–

"उनके भी नेता हैं महान, अपने भी नेता हैं महान
ईद मनाएँ सियासतदान, सीमा पर बकरे क़ुर्बान।"[2]

फ़ौजियों के प्रति जहाँ भावनाओं को भड़काया और भुनाया जाता है, वहाँ उन्हें बकरे कहना सच को दो टूक कहने वाले साहस का परिचय देना है। नेताओं की नज़र में फ़ौजियों या शहीदों की औक़ात यही है। नेता शासक हैं और वे शासित। उनके संबंध संपन्नों और विपन्नों जैसे हैं। दमनकर्त्ताओं और दमितों जैसे हैं। ऊँचों और नीचों जैसे हैं। भयावह विषमता के इस माहौल में एक कर्त्तव्यों के लिए मर रहा है, दूसरा अधिकारों के गुलछर्रे उड़ा रहा है। एक क़ुर्बान हो रहा है और दूसरे की ईद मन रही है। इस मामले में नेताओं और उनके खिलौनों की हालत सर्वत्र एक जैसी है। पूरी दुनिया इस विषमता की शिकार है। पानी एक ही है पर एक है, जो उसमें डूबता है, दूसरा है, जो उसमें नहाता है। एक समाज के दो विरोधी परिणाम–मृत्यु जैसा जीवन और अमृत जैसी अय्याशी। **सूर्यभानु गुप्त** के शे'र हैं–

"सालहासाल से है मेरे मुल्क में
एक उड़ती हुई-सी ख़बर ज़िंदगी।

हाथ को हाथ यारो सुझाई न दे
चंद जेबों में सिमटी सहर ज़िंदगी।"[3]

ज़िंदगी वो सुबह है, जो कुछ को ही उजाला देती है। बाक़ी सब अँधेरे में हैं। इसलिए देश में ज़िंदगी वास्तविक नहीं। ख़बर है। वो भी उड़ती हुई-सी। झूठी। विषमता ज़िंदगी के नाम पर मौत का प्रसार करती है। प्रकृति को भी प्राकृतिक नहीं रहने देती। समानता के नाम पर **धूमिल** के शब्दों में–*"ज़िंदा रहने के लिए/घोड़े और घास को/एक जैसी छूट"*[4] देती है। समानता और आज़ादी का जैसे यही मतलब हो! विषमता से दंशित आज़ादी की देह नीली पड़ी है। उसकी प्राणशक्ति का क्षरण हो रहा है।

आज़ादी और *ज़िंदगी* शब्द से खोल बनते जा रहे हैं। खोखलेपन को ज़्यादा से ज़्यादा जगह देते। कारण है–विषमता। इसीलिए **रघुवीर सहाय** के अनुसार एक *फटा सुथन्ना पहने* अभागा *हरचरना भारत-भाग्य-विधाता के गुन* गाता है।[5] इसीलिए **ओम् प्रकाश वाल्मीकि** ने लिखा कि *"एक दिन भी पानी न मिले यदि तुम्हें/उठा लेते हो/ज़मीन आसमान सिर पर"* और *"एक मैं हूँ/जिसकी न जाने कितनी पीढ़ियाँ/रहीं प्यासी बिना पानी/युगों युगों तक।"*[6]

विषमताग्रस्त वर्तमान की जड़ें अतीत में बड़ी गहरी हैं। इसीलिए वह इतनी मज़बूत है कि **दिनेश कुमार शुक्ल** के शब्दों में–*गेहूँ के पहाड़ के नीचे हमने देखा/हप्-हप् करती भूख खा रही थी लोगों को।*[7] भूख को नरभक्षी राक्षस बना डाला है विषमता ने। कहने को गेहूँ का पहाड़ है, पर अपना काम नहीं करता। थोड़ा-सा भी भुरभुरा जाए तो भूख का राक्षस मर जाए लेकिन वह चट्टानी हृदय लिये खड़ा रहता है। प्रश्रय देता है भूख के राक्षस को। खाए जाते लोग तमाचे हैं उसके होने पर।

वंचित विषमता के शिकार हैं। विषमता की जिस आग में संपन्नों के पकवान बनते हैं, वही वंचितों के पेट में मरने तक सुलगती है। बढ़ना आग का स्वभाव है। विषमता की आग बढ़ती है तो वंचितों को और वंचित बनाती है, संपन्नों को और संपन्न। **मोहन कुमार डहेरिया** को देखना पड़ा कि *एक विराट ज्योति लील गई एक नन्ही लौ।*[8] **बलराज कोमल** ने लिखा–*"सैले-वक़्त (समय के बहाव) के दरमियाँ/आँखें/फ़सुर्दा-ओ-तश्नाकाम (दुखी और प्यासी) आँखें तरस रही हैं/कि बारिशें अब समंदरों पर बरस रही हैं।"*[9] प्यास बुझाने का मक़सद सूखा पड़ा है। समंदरों पर बारिश हो रही है।

विषमता का असर दूर-दूर तक जीवन को विषाक्त करता है। आँखें सभी की मूलतः एक जैसी होती हैं। उनमें रौशनी भी एक जैसी होती है। फिर भी सभी आँखों को रौशनी का एक जैसा इस्तेमाल करने का अधिकार नहीं रहता। आँखें और उनकी रौशनी भी संपन्न और विपन्न में बँट जाती हैं। वरदान और अभिशाप में बँट जाती हैं। चुनाव और विवशता में बँट जाती हैं। सुख और वेदना में बँट जाती हैं। **मुकेश मानस** की कविता *आँखें* की पंक्तियाँ हैं–

"तेरी आँखें दुनिया देखें
मेरी आँखें घूरा नापें

...तेरी आँखें पुन्य ज़मीन
मेरी आँखें नीच कमीन
तेरी आँखें वेद पुरान
मेरी आँखें शापित जान

तेरी आँखें तेरा जाप
मेरी आँखें मेरा पाप

तेरी आँखें पुन्य प्रसूत
मेरी आँखें बड़ी अछूत।"[10]

आँखों और आँखों में दिन-रात का अंतर है। कुछ आँखों के हिस्से दिन, ज़्यादा के हिस्से रात। **डॉ. भीमराव आम्बेडकर** ने कहा–"सभी लोग जाति-व्यवस्था के दास हैं लेकिन सभी दासों का दरजा बराबर नहीं है।"[11] एक के लिए दासता सुखद है, दूसरे के लिए दुखद। सुखद जिसके लिए है, उसका दरजा ज़रूर ऊँचा है, लेकिन जाति-व्यवस्था के अनुसार ही चलने के कारण है वह भी दास ही। जाति-व्यवस्था से मुक्ति

उसकी भी समस्या है। केवल दलितों या दमितों की नहीं, पूरे समाज की समस्या है यह।

समाज का सच यह है कि उसका एक हिस्सा विषमता को बदल नहीं सकता, दूसरा बदलना नहीं चाहता। इसीलिए सामाजिक-आर्थिक अन्याय बढ़ा हुआ है। कविता ने इसके पक्षधर मानस पर भरपूर प्रहार किए हैं। बीसवीं सदी की शुरुआत में ही **हीरा डोम** ने कहा था कि प्रहलाद, गजराज, द्रौपदी आदि का उद्धार करने वाला ईश्वर डोम जानकर उन्हें छूने से डरता है।[12] सदी के अंतिम दौर में सामाजिक अन्याय का पक्षधर ईश्वर अपने साथी देवताओं के साथ और ज़्यादा नंगा हुआ। उनके प्रति आक्रोश और ज़्यादा खुलकर सामने आया। अछूतों से पीठ फेरकर बैठे ईश्वर को साफ़-साफ़ हत्यारा कहा गया। **ओम् प्रकाश वाल्मीकि** ने पूछा–*क्यों नहीं आई बाढ़ गंगा में?/क्यों, नहीं उठकर बैठ गया अधजला मुर्दा/काशी के मणिकर्णिका घाट पर?/क्यों नहीं उमड़ा चक्रवात/महासागर की विस्तृत लहरों पर?/जब पुष्प वर्षा की थी देवताओं ने/तपस्वी की हत्या पर!*[13]

पौराणिक स्थापनाएँ भी अब सवालों के घेरे से बाहर नहीं हैं। **रामजी यादव** ने *सुनिए ब्रह्मा जी* में अपने शरीर के विविध अंगों से ब्राह्मण-क्षत्रिय-वैश्य-शूद्र को पैदा करने वाले प्रमुख देवता ब्रह्मा जी से जानना चाहा कि *क्या आपका मुँह/और छाती, पेट तथा पैर योनि हैं/और यह भी कि जब/मुख-योनि से प्रसव कर रहे थे आप/तो तक़लीफ़ ज़्यादा थी/बनिस्बत छाती-योनि से प्रसव के/क्या पैर-योनि से प्रसव करते समय/पेट-योनि से कम पीर उठी थी?*[14]

ये सवाल नहीं, विषमताजनक और अन्यायपालक मिथकों पर प्रहार हैं। प्रहार का माध्यम है–उपहास। यह उस वर्ग के द्वारा किया गया उपहास है, जिसने सदियों से दारुण उपहासों को चुपचाप सहा है। इसलिए यह मज़बूत आधार पर खड़ा है। जितना उचित है, उतना ही सशक्त। सामाजिक अन्याय के सिलसिले ने इसे औचित्य और शक्ति दी है। वही सिलसिला, जिसने मनुष्य को मनुष्य नहीं रहने दिया। **मुकेश मानस** ने *मनुवादी* में इस सिलसिले को इस तरह कहा–

"उसने मेरा नाम नहीं पूछा
मेरा काम नहीं पूछा
पूछी एक बात
क्या है मेरी जात

मैंने कहा–इंसान
उसके चेहरे पर उभर आई
एक कुटिल मुस्कान

उसने तेज़ी से किया अट्टहास
उस अट्टहास में था
मेरे उपहास का
एक लंबा इतिहास।"[15]

यह भ्रम नहीं होना चाहिए कि दलित कवियों की कविताएँ कला की दृष्टि से कभी सशक्त नहीं होतीं। बूँद में सागर की तरह उपहास के लंबे इतिहास को एक अट्टहास में समेटकर यह कविता अपनी शक्ति का परिचय देती है। कम से कम और ज़रूरी शब्दों में इतिहास से वर्तमान तक की यात्रा तय करती है। विषमता और अन्याय की रोज़मर्रा की ज़िंदगी में शामिल हो गई क्रूरता उजागर करती है। स्मृति बनकर प्रताड़ित करते इतिहास के संदर्भ से जुड़कर यह क्रूरता असह्य हो जाती है।[16] **मोहनदास नैमिशराय** ने कहा–*रामराज चला गया/पर शंबूक की चीख़ अभी बाक़ी है/जैसे दलितों की पीठ पर/चोट के निशान।*[17] कई चोटें ऐसी होती हैं जो लगता है कि ठीक हो गईं लेकिन वास्तव में ठीक होती नहीं। समय और अवसर पाकर फिर उभर आती हैं। दमितों द्वारा सही गईं यातनाएँ भी ऐसी ही चोटें हैं। अपमान का हल्का-सा झोंका भी यातनाओं का पूरा इतिहास जगा देता है।

यातनाओं का यह इतिहास मुख्यतः गाँवों में घटित हुआ। इसलिए जिस गाँव के प्रति अनेक कवियों और गीतकारों में प्रबल भावावेग से भरा आकर्षण दिखलाई देता है, उसी गाँव के प्रति दमितों में भरपूर घृणा और गुस्से के भाव हैं। इन भावों को उन्होंने खुलकर उजागर किया है। **अनिल कुडिया नगरी** ने कहा–

"...कुएँ का पानी छू लिया उसने
तो पूरे गाँव ने मिलकर उसे मारा
दुनिया जानती ही नहीं है
इनका ये चमत्कारी भाईचारा।
...यहाँ मेहनत करने वाला हरामखोर
ऊँची जात वाला ज्ञानी महान विद्वान
गाँव झूठ-फरेब-अत्याचार की दुकान
इसका आधार भेद–इस संस्कृति में हज़ार छेद
बुराइयाँ बसती यहाँ सारे जहान की
गाँव गंदगी हिंदुस्तान की!"[18]

दलितों को गंदगी बताकर गाँव से बाहर रहने के लिए विवश किया गया। उनके साथ पशुओं से भी बदतर सुलूक किया गया। यह क्रिया है। दलित अब गाँवों में होते आ रहे अन्याय को खुलकर सामने ला रहे हैं, उसका विरोध कर रहे हैं, कविता को भी इस विरोध का एक माध्यम बना रहे हैं, यह प्रतिक्रिया है। समय और स्थान का अंतर चाहे जितना ज़्यादा हो पर क्रिया की प्रतिक्रिया होती ही है। अत्याचार करने वाले को अत्याचार सहने भी पड़ते हैं। गाँव ने दलितों पर अत्याचार किए। बदले में *हिंदुस्तान की गंदगी* का ख़िताब पाया। कम पाया।

जन्म-दिवस के उत्सव जिस देश में मनाए जाते रहे, उसी देश में दलितों ने **रमेश प्रजापति** के शब्दों में *कुम्हार के चाक पर/मिट्टी बनकर सैकड़ों बार* जन्म लिया।[19] **ओम् प्रकाश वाल्मीकि** के अनुसार उसी तरह *जैसे होते हैं पैदा/गलियों में कुत्ते-बिल्ली/...पैदा हुए वैसे ही/जैसे खांड बनाने की प्रक्रिया से/पैदा होता है शीरा/पेट्रोल से तारकोल...।*[20] देश और समाज के लिए उनके जन्म लेने का उसी तरह कोई महत्त्व नहीं था, जिस तरह उनके मरने का।

मनमोहन ने कहा–*इस धरती पर वह भी जीवित है/जो बस जीवित रह गया है...।*[21] हालात तो मार डालने वाले थे! फिर भी जो जीवित रह गए, वे रहे केवल अपने जीवट के कारण। यह जीवट जिनके पास रहा, उन्हें **अरुण कमल** ने *आलोकित स्वयं जैसे संजीवनी बूटी* कहा है।[22] केवल अपनी रौशनी के बूते जीवित रहने वालों के साथ न्यायप्रियों ने जो सुलूक किया, वह **संजय चतुर्वेदी** की इस कविता में है, जिसका शीर्षक है–*सभी लोग और बाक़ी लोग*–

"सभी लोग बराबर हैं
सभी लोग स्वतंत्र हैं
सभी लोग हैं न्याय के हक़दार
सभी लोग इस धरती के हिस्सेदार हैं
बाक़ी लोग अपने घर जाएँ

...सभी लोग अपने-अपने घरों में सुखी हैं
बाक़ी लोग दुखी हैं तो क्या सभी लोग मर जाएँ

ये देश सभी लोगों के लिए है
ये दुनिया सभी लोगों के लिए है
हम क्या करें अगर बाक़ी लोग हैं सभी लोगों से बहुत ज़्यादा
बाक़ी लोग अपने घर जाएँ!"[23]

थोड़े-से लोगों ने अपने को *सभी लोग* बना लिया। बहुत सारे जो थे, उन्हें *बाक़ी लोगों* में समेटकर रख दिया। इस तरह वे आराम से अन्याय भी करते रहे और उनकी *न्यायप्रियता* को भी आँच नहीं आई। सभी लोग सभी लोगों के लिए, अपने अपनों के लिए ही बराबरी, स्वतंत्रता, न्याय और धरती के सारे फल सुरक्षित रखते रहे। इसे जीने का नाम देते रहे, अपने लिए अनिवार्य बताते रहे। वे जानते थे कि बाक़ी लोगों का अपना कोई घर नहीं। फिर भी कहते रहे–वे अपने घर जाएँ। आशय यह कि भाड़ में जाएँ।

भाड़ में जाने का मतलब यह नहीं कि वे मर जाएँ। मतलब यह कि वे अपने बूते किसी तरह जीवित रहते रहें और चुपचाप *सभी लोगों* के काम आते रहें। उनका जन्म ही सभी लोगों के हाथों इस्तेमाल होने के लिए हुआ है। सभी लोग कम हैं। अपने को *सभी लोग* इसलिए कहते हैं कि सभी के अधिकारों पर उन्हीं का क़ब्ज़ा बना रहे और कहा-सुना-जाना-माना जाता रहे कि सभी के अधिकारों पर सभी का क़ब्ज़ा है। कहीं कोई अन्याय नहीं है। सर्वत्र समता है। सर्वत्र सुख।

अभिधा में कविता बड़ी मुश्किल से संभव होती है पर जब होती है तो बड़ी कविता होती है। संजय की उपरोक्त पंक्तियों का व्यंग्य, कथनों में दो पदों के सर्जनात्मक उपयोग से पैदा हुआ है। सारे वाक्य अभिधा के हैं। *सभी लोग* और *बाक़ी लोग* पद भी अभिधा के ही हैं। शुरू में इन पदों का जो अर्थ है, वह बाद तक पहुँचते-पहुँचते स्पष्ट भी हो जाता है और धारदार भी। यह कहन व्यंग्य की तो है ही, कविता में गद्य के उपयोग की शक्ति भी है। लय भी गद्य की ही है। जीवन में कोई बात कहने से जैसी लय पैदा होती है, एकदम वैसी।

भूख क्या होती है, यह दमितों का भी अनुभव है और कविता का भी। **घनश्याम अग्रवाल** ने कहा–

रोटी-रूपी इस्तरी/पेट में चल गई/पेट की सारी/सल निकल गई।[24] रोटी न मिले तो पेट में सलवटें पड़ जाती हैं। अंतड़ियाँ सिकुड़ने और ऐंठने लगती हैं। **रामनारायण पटेल** के अनुसार चूल्हा न जले तो *पेट जलने लगता है। जीवन ओर-छोर-रहित संत्रास हो जाता है।*[25] ऐसे में रोटी के अलावा कुछ नहीं सूझता। **धूमिल** ने सही लिखा कि इस सच के आगे *हर सचाई/छोटी है। इस दुनिया में/भूखे आदमी का सबसे बड़ा तर्क/रोटी है।*[26] रोटी भूखे की ज़रूरत तो है ही, उसके हर काम का औचित्य भी है। इसीलिए **नागार्जुन** ने कहा–*प्रभु तुम कर दो वमन!/होगा मेरी क्षुधा का शमन!!*[27] भूख मिटती हो तो वमन का भोजन बनना भी उचित है। ज्ञातव्य है कि वमन को खाना केवल काव्य-कल्पना नहीं। ऐसा सच है, जो घटित हुआ, जिससे हर संवेदनशील आदमी नज़रें चुराना चाहे पर चुरा न सके।

वमन मल से ज़्यादा घृणित नहीं होता। **कंवल भारती** ने बताया है कि "उत्तर प्रदेश के बहुत से गाँवों में इन अछूतों को मज़दूरी के रूप में *गोबराला* दिया जाता था, जो जानवरों के गोबर से निकलने वाले अनाज को कहते थे। अछूत उसी गोबर को धोकर उसमें से अनाज निकालते थे और उसी को पीसकर रोटी बनाते थे।"[28] **बेला भाटिया** ने लिखा–"मध्य बिहार के दलितों में...आज भी अपने नाम के मुताबिक़ पेट भरने के लिए मुसहर चूहे पकड़कर उन्हें खाते देखे जा सकते हैं।"[29]

गोबराला और चूहे! आहार ही भूख की हृदयविदारक दास्तां बयान करने को काफ़ी है। ऐसे में रोटी पकाने को अनाज मिल जाए तो चार ईंटों से बना चूल्हा भी चमक उठता है और उसकी बाट देखता पेट भी। **ज्ञान प्रकाश विवेक** का एक शे'र है–*दिनों के बाद जला है ग़रीब का चूल्हा/ये आग लगती है मुझको किसी हवन की तरह।*[30] हवन अर्थात् वायुमंडल को पवित्र करने वाली एक प्रक्रिया। सच्चा हवन वह नहीं, जो बतौर कर्मकांड ब्राह्मणों द्वारा किया जाता है। यह है, जो पेट में भूख का प्रदूषण मिटाता है। भूख किसी भी प्रदूषण से कम जानलेवा नहीं होती। ज्ञान प्रकाश ने चूल्हे की आग को हवन कहकर पाखंडी हवन की जगह सच्चे हवन को स्थापित किया है। उसी तरह जैसे **नागार्जुन** ने *अन्न-ब्रह्म ही ब्रह्म है, बाक़ी ब्रह्म पिशाच*[31] कहकर वास्तविक ब्रह्म को स्थापित किया था।

वंचित जीवन की मार्मिक स्थितियाँ कविता में भरपूर आई हैं। **एकांत श्रीवास्तव** ने तीर्थस्थल पर सामान ढोने वाले *हँफर हँफर हाँफते* वे *पिट्ठू* देखे हैं, जिनके बच्चों को उनकी पीठ कभी नहीं मिल पाती।[32] **पुरुषोत्तम प्रतीक** ने एक शेर में कहा–*भूख-भर आटा न था बस/और कुछ घाटा न था बस।*[33] **प्रेम सिंह** ने लिखा–*हवा में घुली/पके अमरूदों की गंध/झोंपड़ी में बाप के साथ लेटे/बालक की नींद चुराकर/भागी जा रही है!/क्या किसी को/हवा में घुली बच्चे की नींद की गंध/आ रही है!*[34] **वीरेन डंगवाल** ने बताया कि *सुबह सुबह नहीं, भूख की चौंध में खुलती नींद है।*[35] **वेद प्रकाश वेद** ने यह लक्षित किया कि *स्कूल की फ़ीस देने में भी/जिनकी मज़बूरी है उनके शरीर में/पसलियों का होना बहुत ज़रूरी है/क्योंकि उनके बच्चे/पसलियों से गिनती सीखते हैं।*[36] **सुरेश चंद** ने वे *अँखुए* देखे, जो *बड़ी शिद्दत से देखते हैं/...रोज़ छोटे होते/रोटी के टुकड़े को।*[37] **रमेश आज़ाद**

की कविता में *"एक बारह साल का आदमी/बीनता है कूड़ा"* और बताता है कि *"आज़ादी कूड़े में पड़ी है/जहाँ से रोटी मिलती है।"*[38] **विष्णु खरे** के यहाँ बाल बनवाते *गाहक* का सिर बाल बनाने वाला जहाँ घुमाता है, वहीं से उसे अपनी थैली दिखाई देती है, *जिसमें शायद महँगी हो रही प्याज/पड़ोस की चक्की से लिया हुआ फ़र्श से बुहारा गया शाम का थोड़ा-सा आख़िरी/आटा/और मज़दूरी के दो-एक पुराने कुछ ज़ंग-लगे औज़ार थे।*[39]

एकांत श्रीवास्तव के *पिट्ठू* से लेकर विष्णु खरे के *गाहक* तक ये सभी वंचित जीवन की पीड़ा तरह-तरह से सहते हैं। एकांत पिट्ठुओं का हाँफना सुनकर उसे चित्रित करते हैं। दिखाई देने योग्य बनाते हैं। प्रतीक *सब ठीक-ठाक है* जैसी अक्सर कही जाने वाली औपचारिक उक्ति के साथ सच को सीधे-सीधे रखकर विसंगति उद्घाटित करते हैं। प्रेम सिंह अमरूद की गंध द्वारा बच्चे की नींद का चुराया जाना सूँघते हैं। वीरेन डंगवाल सुबह के उजाले में भूख की नींद खोलने वाली चौंध देखते हैं। वेद प्रकाश निर्धन की पसलियों में छुपी शिक्षा की बेबस संभावना उजागर करते हैं। सुरेश चंद की निगाह से रोटी के टुकड़े का रोज़ छोटा होना भी बच नहीं पाता। रमेश आज़ाद वास्तविक आज़ादी की जाँच-परख करते हैं। विष्णु खरे वंचित का अपने मामूली-से सामान के प्रति अतिरिक्त सचेत मानस सामने लाते हैं। बच्चा अपने पिता की पीठ से, भूख आटे से, आँखें नींद से, सुबह उल्लास से, पढ़ने वाले पढ़ाई से, आज़ादी अपने लक्ष्य से और जनसाधारण निश्चिंतता से वंचित है।

वंचित किसी तरह जीवित-भर रहने के संघर्ष में ही खप जाते हैं। देश और दुनिया में किसी तरह जीवित-भर रहने वाले दो-चार नहीं, करोड़ों हैं। **कुमार अम्बुज** ने कहा–*...करोड़ों लोग ग़रीबी के नर्क में हैं/करोड़ों बच्चे झुलस रहे हैं फ़ैक्ट्रियों में/करोड़ों स्त्रियाँ जर्जर शोकमय शरीरों में मुस्करा रही हैं/अदृश्य सुखों की प्रतीक्षा में हाड़ तोड़ रहे हैं करोड़ों लोग/जो भी मुश्किलें हैं, वे करोड़ों की गिनती में हैं...।*[40] एक बड़ी मुश्किल यह भी है कि इन करोड़ों की नज़र से वे नहीं देखते, जो इन करोड़ों को अपनी शक्ति से प्रभावित करते हैं। फिर भी कविता इनकी नज़र से देखना नहीं छोड़ती। इसलिए कि सच से हर क़ीमत पर प्रतिबद्ध रहना ही उसकी प्राणशक्ति है। विश्वसनीयता है। अस्तित्व है उसका। **दिनेश जुगरान** के शब्दों में वह बताती है कि *जो लोग कुछ भी नहीं हैं/उनकी भी एक पूरी दुनिया है।*[41]

कैसी है यह दुनिया? कैसा है इसका जीवन? ऐसा कि न उसकी कोई क़ीमत, न पहचान। **इब्बार रब्बी** ने लिखा–*दिल्ली की चलती हुई बस में मरूँ मैं/...अगर मैं मरूँ कभी तो वहीं/जहाँ जिया गुमनाम लाश की तरह...।*[42] ऐसे जीवन को जीवन कहना पड़ता है। जीवन वह होता नहीं। मृत्यु से उसकी अनेक समानताएँ हैं। मरा हुआ आदमी कुछ नहीं सोचता। कुछ नहीं कहता। कुछ नहीं करता। वह बस होता है। उसी की तरह करोड़ों जी रहे हैं। **शेरजंग गर्ग** का शे'र है–*मरना भी महसूस न होता/कुछ यों धीमे-धीमे मरना।*[43] जीना चाहे जितना मुश्किल हो लेकिन मरना कोई नहीं चाहता। सब जीना चाहते हैं। जीने की हर संभव कोशिश करते हैं। इस कोशिश में जहाँ जा सकें, जाते हैं। जो भी कर सकें, करते हैं। गाँव से शहर आना एक ऐसी ही कोशिश है। **उदय प्रकाश** की एक कविता है–*ढेला*। उसकी पंक्तियाँ हैं–

"वह था क्या एक ढेला था
कहीं दूर गाँव-देहात से फिंका चला आया था
दिल्ली की ओर
रोता था कड़कड़डूमा, मंगोल पुरी, पटपड़गंज में
ख़ून के आँसू चुपचाप
-कुछ ने कहा कैसे क्या तो करें इसका
नौकरी पर रखें तो क्या पता किसी का
सर ही फोड़ दे
ज़्यादातर काँच की हैं दीवारें और इतने क़ीमती
इलेक्ट्रॉनिक आइटम

कुछ ने कहा विश्वसनीयता का भी प्रश्न है
ढेले की जात कब किस दिशा को लुढ़क जाए
क्या पता किसी बारिश में ही घुल जाए
...आदमी लोगो, सुनो!
इस ढेले के भी हैं कुछ विचार
ढेले को भी करनी है बाज़ार में ख़रीददारी
इस कठिन समय में ढेले का सोचना है
उसको भी निभानी है कोई भूमिका

भाई, कोई है?
कोई सुनेगा ढेले का मूल्यवान प्रवचन
कोई अख़बार छापेगा
लोकतंत्र और मनुष्यता के संकट पर
ढेले के विचार

भाई, कोई है
जो उसे उठाए
उस तरह जिस तरह नहीं उठाया जाता कोई ढेला!"[44]

यह ढेला एक साथ दलित भी है और ग़रीब भी। ढेले के विचार हैं। इसलिए वह ढेला नहीं, आदमी है। गाँव-देहात से उसे फेंक दिया गया। इसलिए वह आदमी नहीं, ढेला है। है तो आदमी पर ढेले जैसा जीवन सहने को विवश। ढेले की तरह उपेक्षित। कुलीनों की मुश्किल है वह। आज़ादी, लोकतंत्र, समानता, संवेदनशीलता और मनुष्यता पर लगा एक प्रश्नचिह्न है। संभावनाओं से भरा भविष्य है। इसलिए कि भविष्य विचारों से बनता है और विचार उसके पास हैं। वह एक महत्त्वपूर्ण माँग है कि ढेले जैसे इंसान को इंसान की तरह उठाया जाए। ढेले की तरह नहीं।

इस माँग का होना ही यह सूचना है कि लोग आदमी को ढेला समझते हैं। उसे ढेले की तरह फेंकने के लिए उठाते हैं। अपना निशाना साधते हैं और फेंक देते हैं। जनसाधारण का इस्तेमाल तरह-तरह से किया जाता है। **निर्मला पुतुल** चुड़का सोरेन से कहती हैं—*दिल्ली की गणतंत्र झांकियों में/अपनी टोली के साथ नुमाइश बनकर/कई-कई बार पेश किए गए तुम/पर गणतंत्र नाम की कोई चिड़िया/कभी आकर बैठी तुम्हारे/घर की मुंडेर पर?*[45] इस गणतंत्र में तंत्र किसी गण के लिए नहीं है। सभी गण, तंत्र के लिए हैं। तंत्र उनके किसी काम आए न आए, उन्हें तंत्र के काम आना ही है।

देश में दमित की जो हैसियत है, वही दुनिया में ग़रीब देशों की है। उनमें रहने वालों की है। **ज्ञानेंद्र पति** ने लिखा—*हाँ, हम सब/ग़रीब मुल्कों के वासी/आदमी से नीचे/रासायनिक युद्धों के पूर्वाभ्यास के लिए/गिनीपिग...।*[46] इस दुनिया में दमित की *अंतिम इच्छा* **विनोद दास** ने इन शब्दों में बताई—*इस पृथ्वी पर/एक मनुष्य की तरह/मैं जीना चाहता हूँ/वे ख़त्म करना चाहते हैं/बैक्टीरिया की तरह।*[47] विश्व में मनुष्य को गिनीपिग और बैक्टीरिया की तरह इस्तेमाल करने वालों की नीयत वही है, जो देश में दमितों का इस्तेमाल करने वालों की है।

दमित, अपराधी ठहराने के काम आते हैं। सज़ा का संबंध हमेशा किए गए अपराध से ही नहीं होता। अपराध जो करता है, वह सज़ा से बचाने वाले दुष्चक्र भी रचता है। दमित इसमें भी इस्तेमाल किए जाते हैं। वे अपराध करते हों या न करते हों पर सज़ा से बचाने वाले दुष्चक्र रचने की हैसियत उनकी नहीं होती। इसलिए उन्हें आसानी से अपराधी भी ठहराया जा सकता है और सज़ा भी दी जा सकती है। **चंद्रकांत देवताले** का कहना है—*हत्यारा यहाँ पर हत्यारा नहीं है/क्योंकि झुग्गी-झोपड़ियों के बिना/असामाजिक तत्व हुआ ही नहीं जा सकता/सामाजिक तत्वों का खुलासा कीजिए, यदि यह सवाल/आपसे या मुझसे कर ही लिया जाए/तो हम कीचड़ के किस कुएँ में कूदने जाएँगे?*[48] असामाजिक कार्य करने से असामाजिक तत्व साबित होने का सरोकार अक्सर नहीं होता। सरोकार अक्सर होता है विपन्नता से।

विपन्नता किसी को असामाजिक तत्व मान लेने की सुविधा है। इस सोच का बढ़ता वर्चस्व तथाकथित सामाजिक तत्वों की स्पष्ट असामाजिकता है। **लीलाधर जगूड़ी** के शब्दों में *आदर्श ग़रीब वह जो नंगा रहे भूखा रहे फिर भी चंगा रहे/चोरीचकारी न करे/मानवीय मूल्यों के लिए लड़े। अभाव में सड़े वग़ैरह/एक ग़रीब का असली गौरव है कि वह चोर नहीं है/(नंगा भूखा अचोर ग़रीब)...।*[49] भूखा-नंगा रखकर चोरी को जन्म देने वाला समाज निर्दोष है!

भूखा-नंगा होने से बड़ा दोष और कोई नहीं! **दिनेश कुमार शुक्ल** के अनुसार, *हर न्यायिक जाँच में वे ही पाए गए दोषी/अपनी बीमारी ग़रीबी और पिछड़ेपन जैसे संगीन अपराधों के भी।*[50] सामान्य बोध ही बता देता है कि कोई बीमार होना नहीं चाहता। ग़रीब रहना नहीं चाहता। हर पिछड़ा अपने पिछड़ेपन से घृणा करता है। सामान्य बोध ही जिस सच को जानने के लिए काफ़ी है, उसे जानने के लिए न्यायिक जाँच का आयोजन सच को झूठ साबित करने का प्रतिष्ठित उपाय मात्र है।

राजीव सभरवाल ने *बिलासपुर रेलवे स्टेशन पर पिटता जेबकतरा* देखा। वाचक बिलासपुर स्टेशन पर पानी भरने उतरा। देखा कि दो रुपये चुराने के अपराध में जेबकतरे को भीड़ द्वारा पीटा जा रहा था। पिटते हुए वह बराबर कहता रहा कि उसने नहीं चुराए रुपये पर किसी ने नहीं सुना। भीड़ और पुलिसवाला उसे पीटते रहे। उसके कपड़े फट गए। कोहनियाँ छिल गईं। नाक से ख़ून बहता रहा। पुलिसवाले ने उसे बाल पकड़ उठाया। गालियाँ देते हुए पेट के नीचे बूट दे मारा। फिर

"गूँज गई पूरे स्टेशन में
बिलबिलाती तड़पती चीख़

और मारो साले को
पीछे से सब चिल्लाए
फिर लाठी लहराई हवा में
ख़ून से सन गया सिर
दौड़-दौड़कर लोग आए
मारने लगे ठोकर पर ठोकर...

अचानक बंद हो गया उसका तड़पना
ख़ामोश हो गई उसकी चीख़ें
ठीक उसी वक़्त सिग्नल की बत्ती
हरी हो गई
इंजन ने सीटी बजा दी

पानी की बोतल लेकर दौड़े हम
नल पर भीड़ थी
गार्ड ने फहरा दी हरी झंडी
झटका खाकर सरकने लगी रेल
बिन पानी भरे ही हम
कूदकर चढ गए डब्बे में

बिलासपुर रेलवे स्टेशन पर
पिटता रहा जेबकतरा
खिड़की से झाँककर देखा हमने
बढ़ती जा रही थी भीड़

साथियों ने कहा
कोई बात नहीं
अगले स्टेशन पर भर लेना पानी!"[51]

इतना पिटने के बाद जेबकतरा शायद ही जीवित बचा हो। उसकी मृत्यु से जीवितों को कोई मतलब नहीं। मतलब अपने लिए पानी न भर पाने से है। अपनी प्यास भी दूसरे की जान से ज़्यादा ध्यान देने योग्य है। जेबकतरा ग़रीब तो है ही, दलित भी हो सकता है। यह तो देखा ही नहीं जाता कि उसने दो रुपये चुराए भी हैं या नहीं। ग़रीब और दलित या दमित होना ही उसका स्वयंसिद्ध अपराध है। सभी उसे सज़ा देकर न्यायप्रिय होने का गौरव हासिल करना चाहते हैं। करते हैं। कितनी घृणित है यह न्यायप्रियता!

पिटने वाला अकेला एक तरफ़ है और पीटने वाले तथा दर्शक दूसरी तरफ़। हाथ में पानी की बोतल न होती तो ये दर्शक भी लगे हाथ न्यायप्रियता की बहती गंगा में हाथ धो लेते। *न्याय* के नाम पर इस अन्याय को सर्वमान्य बनाना वास्तव में स्वयं अपराधी होना और दूसरे को सज़ा देना है। यह दूसरा अक्सर वंचित और दमित ही होता है। वही है, जो निशाना बनता है। सामाजिक स्तर पर भी, वैधानिक स्तर पर भी। **अरुण जैमिनी** ने *विज्ञापन* कविता में इस हृदयहीन विषमता पर बड़ा मार्मिक व्यंग्य किया है–

"अमीरो!
तुम स्वस्थ रहो और जीओ
सिगरेट मत पीओ
और बीड़ी के लिए
न कोई चेतावनी न कर
यानी कि ग़रीब
तू बीड़ी पी, वोट दे, और मर!"[52]

सिगरेट और बीड़ी के बीच यह भेद न्याय के दावे करने वाले समाज का खुला अन्याय है। अन्याय की भाषा आवश्यक-अनावश्यक सोच-विचार नहीं करती। तानाशाह के आदेशों जैसी सीधी और साफ़ होती है वह। आदेशों से बनी इस भाषा में अन्याय उजागर हो तो और ज़्यादा असरकारी, और ज़्यादा मारक हो जाता है। इसलिए कि कविता में भी उसे उसका वही रूप मिल जाता है, जो जीवन में होता है। उक्त कविता के प्रभावशाली होने का एक कारण यह भी है। कविता की अंतिम पंक्तियाँ हैं–

"असल में
अमीर कुछ करने के लिए होते हैं
ग़रीबों का क्या है
वो तो पैदा ही मरने के लिए होते हैं!"[53]

अमीरों की मौत असामान्य है। चिंता और शोक की पात्र। ग़रीबों की मौत सामान्य है। उस पर ध्यान तक देना ज़रूरी नहीं। मौत और मौत में भी समाज का जो सशक्त हिस्सा भेद करता हो, वह इंसानों में भेद किए बिना कैसे रह सकता है! उसने यह भेद भरपूर किया है। दुख और यातना को दमित-जीवन का ताना-बाना बनाया है। ये दोनों दमित-जीवन के माँ-बाप हैं। इनके बिना न वह पैदा हो सकता है, न जीवित रह सकता है।

पुरुषोत्तम प्रतीक का शे'र है–*चार दिन की ज़िंदगी में दुख हज़ारों साल के/और यह भी देखिए एहसान है भगवान का!*[54] भगवान के प्रति भरपूर घृणा पैदा करता है यह व्यंग्य। बताता है कि भगवान दुखियों के लिए नहीं है। सुखियों के द्वारा, सुखियों के लिए और

सुखियों का है। इसीलिए दुखियों को और दुख देता है। दुख तरह-तरह के हैं। सबसे बड़ा दुख **प्रतीक** के ही शब्दों में यह है–*दो वक़्त का जुगाड़ बने दोस्तो कहाँ/ख़ुद बन गया ख़ुराक इसी इंतज़ाम की।*[55] भूख मिटाने जो निकला था, उसी को भूख ने मिटा दिया। फिर भी यह आसानी से नहीं माना जाता कि वह भूख से मर गया। **प्रतीक** कहते हैं कि ऐसा मानना भी नहीं चाहिए। कारण उन्होंने इस शे'र में बताया–*वह मरा है भूख से यह बात कैसे मान लें/कुछ नहीं तो ज़िंदगी-भर ठोकरें खाता रहा!*[56] खाने के लिए कभी ठोकरों की कमी नहीं रही उसे। कुछ न कुछ खाकर मरा। वह दलित भी था और ग़रीब भी।

कुलदीप सलिल ने कहा–"*सूखी झीलों का रहा है जहाँ मंज़र बरसों/आज बरसीं तो उन आँखों में समंदर निकला।*"[57] आँखें उन सूखी झीलों की तरह हैं, जो अपने में समंदर बसाए रहती हैं। अभाव के सूखेपन में दुख का समंदर। सूखेपन में समंदर होता ज़रूर है पर दिखलाई नहीं देता। दिखाया नहीं जाता। नुमाइश नहीं लगाई जाती उसकी। दिखलाई देता है सूखापन ही। **राजेश जोशी** की पंक्तियाँ हैं–*हम अपनी खाली जेबों में डाले रहते थे अपने खाली हाथ/एक खालीपन को दूसरे खालीपन से भरते हुए/हमें लेकिन एक हुनर में महारत हासिल थी/हम बहुत सफ़ाई से अपनी हँसी में अपने आँसू छिपा लेते थे।*[58] दुख जितना छिपाया जाता है, उतना ही गहरा होता है। चमकता वही दुख है, जो ऊपरी हो। जितना चमकता है, उतना ही ऊपरी और बनावटी होता है। जितना छिपता है, उतना ही गहरा और वास्तविक। सूखेपन द्वारा समंदर और हँसी द्वारा आँसुओं को छिपाने का यह अर्थ है। कविता हँसी को भेदकर आँसू और सूखेपन को भेदकर समंदर निकाल लाती है। मनुष्यता की अंतर्दृष्टि है वह।

ऐसी अंतर्दृष्टि जो हर अँधेरा भेद दे। दुख के इस्तेमाल का अँधेरा भी। **रघुवीर सहाय** ने इसके उपयोग से *हिंसा में मनोरंजन* देखा–*अत्याचार के शिकार के लिए समाज के मन में जगह नहीं/तब जो बताते हैं/वह उसका दुख नहीं/आपका मनोरंजन होता है।*[59] एक का दुख, दूसरे का मनोरंजन। दुख मिटाने की नीयत से जो दुख सामने नहीं लाया जाता, वह दुख को बनाए रखने के लिए ही हो सकता है। नुमाइश ही बन सकता है। मनोरंजन ही कर सकता है।

एक का दुख जब दूसरे का मनोरंजन बन जाए तो एक के लिए और ज़्यादा दुखद हो जाता है। और ज़्यादा दुस्सह। इसी को यातना कहते हैं। **मोहन कुमार डहेरिया** ने लिखा–"*दरअसल गेंदों में तब्दील हो चुके थे मनुष्य/उछाले जाते जितनी ज़ोर से/निकल जाती खिलाड़ियों के मुँह से उतनी ही तेज़ हर्षध्वनि।*"[60] ये खिलाड़ी शक्तिशाली हैं। मनुष्य से खेलते हैं। मनुष्य की खाल में ऐसे खिलाड़ी बनना बड़ी बात है। कितना यातनादायी है यह खेल!

दमित के जीवन में दुख तरह-तरह के हैं। ये दुख सघन होकर यातना बनते हैं। अतः यातना भी तरह-तरह की है। **घनश्याम अग्रवाल** की *इनाम* कविता है–

"*कल भारत में*
एक ग़रीब को मिला
भरपेट भोजन
उसकी बीमार पत्नी को

सरकारी अस्पताल से
सही दवा मिली
उसके बच्चों ने भी
पानी के बदले दूध पिया
इसके बदले
उसने चोरी नहीं की
रिश्वत नहीं दी
और तो और
किसी पुलिसवाले ने भी
उसे नहीं सताया
यह कहकर मैंने
गप्प प्रतियोगिता में
पहला इनाम पाया।''[61]

जो होना चाहिए, वह सबसे बड़ी गप्प है। जो नहीं होना चाहिए, वही सत्य है। सच यह कि ग़रीबों को न ज़रूरत-भर भोजन मिलता है, न दवा, न दूध। मिलता है जन्मजात अपराधी का विशेषण और उसकी सज़ा। ऐसा जीवन यातना नहीं तो और क्या है! **नूरजहाँ सर्वत** का शे'र है—*हर क़दम सहते हैं लम्हों का अजाब/ज़िंदगी कोई ख़ता हो जैसे!* [62] जीवन में और सज़ा भोगने में कोई अंतर नहीं। एक-एक क्षण मृत्यु जैसी यातना देते हुए आता-जाता है। एक सिलसिला है यातना का, जो टूटता नहीं। इसीलिए **सुरेंद्र श्लेष** ने कहा—*मरते दम तक हाथ था दिल पर/उसके ज़ख़्म पुराने होंगे!* [63] ज़ख़्म पुराने हैं। आसानी से नहीं भरते। हरे रहते हैं। अंतिम साँस तक उन्हें छिपाने और दबाने की कोशिश जारी रहती है। क्या ऐसी ज़िंदगी के लिए *ज़िंदगी* की जगह *यातना* ज़्यादा सही शब्द नहीं?

दमित के लिए श्रम भी यातना है। यह यातना उस समय और तीव्र हो जाती है, जब दमन सहने वाले भी दमन करने लगते हैं। **ज्ञानप्रकाश विवेक** ने एक शेर में कहा—*ऐ जमूरे, है तेरे पाँव पे सूजन कितनी/तुझको उस्ताद ने दिन-रात नचाया होगा!* [64] उस्ताद भी कोई धन्ना सेठ नहीं है। जमूरे के ही वर्ग का है। उसकी तरह वंचित और दमित है पर जमूरे को दिन-रात नचाता है। इतना कि वह ठीक-से चलने लायक़ भी न रहे। संभव है इसके पीछे उस्ताद की कोई मजबूरी हो लेकिन उस मजबूरी की क़ीमत भी चुकानी पड़ती है जमूरे को ही। उसे, जो वंचितों में भी ज़्यादा वंचित है।

कोई वंचित होता ही इसलिए है कि अपने श्रम का पूरा फल उसे नहीं मिलता। **नरेश सक्सेना** ने लिखा—*ओ गिट्टी लदे ट्रक पर सोए हुए आदमी/तुम नींद में हो या बेहोशी में/...दिन-भर तुमने गिट्टियाँ नहीं अपनी हड्डियाँ तोड़ी हैं/और हिसाब गिट्टियों का भी नहीं पाया।*[65] अपनी हड्डियाँ तक लगाकर गिट्टियाँ तोड़ने वाले श्रम का पूरा फल न मिलने पर आदमी की नींद और बेहोशी में अंतर नहीं रहता। नींद उसके जीवन की स्वाभाविक क्रिया नहीं रह जाती। बीमारी बन जाती है। **निर्मला पुतुल** ने कहा—*यह कैसी विडंबना है बुधन हाँसदा!/कि जिन सड़कों को बनाने में/तुमने दिन रात एक कर/ख़ून-*

पसीना बहाया वे सड़कें/तुम्हें कहीं नहीं पहुँचा सकीं आज तक।[66] मेहनत करने वाले ने फल उतना ही पाया, जितना उसके जीवित रहने के लिए ज़रूरी था। ज़रूरत से ज़्यादा उसने पाया, जो चालाक था, मैनेजमैंट जानता था।

मेहनतकश ने मकान बनाए और मैनेज करने वाले उनमें रहे। मेहनतकश ने भगवान की मूर्तियाँ बनाईं और मैनेज करने वालों को उनकी पूजा का अधिकार मिला। **ओम् प्रकाश वाल्मीकि** ने लिखा–*काटे जंगल/खोदे पहाड़/बोये खेत/फिर भी रहे भूखे।/बनाई नहरें/खोदे कुएँ/लगाए नल/फिर भी रहे प्यासे।/लड़े युद्ध/जीते भूखंड/बदले राज/फिर भी रहे दास*[67] सब कुछ करने वाले ने बदले में कुछ नहीं पाया। जो पाया, वह कुछ नहीं से बदतर ही है। सर पर मल ढोने जितना पवित्रतादायी काम करने के बावजूद गंदगी की तरह रहना यही बताता है। छले जाना हर मामले में वंचितों का सच है।

वंचित अगर दलित भी हो तो उससे ज़्यादा दमित और कोई नहीं होता। **चंद्रभान** की एक कविता है–*कालू की प्रभातफेरी*। कालू दलित है। सुबह-सुबह सीवर में उतरता है। यह उसकी *प्रभातफेरी* है। प्रभातफेरी का पुण्य कमाने वालों को वह दिखलाई नहीं देता। दे भी जाए तो वे उसे देखते नहीं। पुण्य कमाने से फ़ुर्सत ही कहाँ मिलती है! बहरहाल, कालू उस सीवर में उतरता है, जो *सुरसा के मुँह* या *उसकी अंतड़ियों* जैसा है। प्रभातफेरी के दौरान *सूरज की नाज़ुक किरणों* को छूने और *ताज़ी हवा से दोस्ती* करने के अवसर उसे नहीं मिलते। *जहाँ मोमबत्ती भी जलने से मना कर देती है,* उस सीवर से वह *गुबरीला* बनकर निकलता है। ऐसा *मेहनतकश इंसान* है वह, जिसे *दुनिया का सबसे घिनौना कीड़ा* बनना पड़ता है। उस *सीवरी ज़िंदगी* में *दुनिया-भर का नरक ढोना-धकेलना* पड़ता है, जिसके सामने *हिटलरी गैस चैम्बर भी/क्या होंगे!* इसी कविता की पंक्ति है–

> *"धन्ना सेठ की कुतिया को आइसक्रीम*
> *और मेहनतकश इंसान को मिले*
> *सीवर में सौ फ़ीसदी आरक्षण!"*[68]

आरक्षण-विरोधी, दलितों के इस सीवर में सौ फ़ीसदी आरक्षण को भी देखें, जो सामाजिक विषमता ने उन्हें तब से प्रदान किया हुआ है, जब कोई सरकारी आरक्षण था ही नहीं! वे दलितों के इस आरक्षण पर भी सवाल उठाएँ! इसे ख़त्म करने के लिए भी गोलबंद हों! आंदोलन करें! कालू को उस सीवर से बाहर निकालें, जहाँ वह सदियों से प्रभातफेरी देता आ रहा है! घिनौने कीड़े से इंसान बनने में उसकी मदद करें और इस तरह अपनी व्यावसायिक ही नहीं, मानवीय योग्यता का भी परिचय और प्रमाण दें!

इस *सीवरी ज़िंदगी* के बारे में **ओम् प्रकाश वाल्मीकि** ने भी लिखा है–*सुअरों की गंध/और नालियों में बहती बदबू/जब घुसने लगेगी नासिका रंध्रों में/इनकार कर देंगे फ़ेफ़ड़े/साँस लेने से।/-तंग गलियों के अँधेरे/भुला देंगे/पवित्र ऋचाओं के पाठ/श्लोक और मंत्रों का जाप...*[69] सहा हुआ यथार्थ इन पंक्तियों में भी है लेकिन ये सत्य को सपाट रखती हैं। आवेश के साथ रखती हैं। किसी पात्र या व्यक्ति या बिंब को सामने नहीं लातीं। **चंद्रभान** का *कालू* यातना में सराबोर व्यक्तित्व बनकर सामने आता है। जीवंत प्रसंग के साथ सामने आता है। ज़्यादा असर छोड़ता है। समकालीन कविता की बड़ी कलात्मक शक्ति का प्रमाण है कि *सीवर में सौ फ़ीसदी आरक्षण* के द्वारा वह सदियों की यातना को एक पंक्ति में

घनीभूत कर देता है। आरक्षण के विरोध-समर्थन की समूची बहस को नंगे सच का कठोर स्पर्श देता है। इस तरह समता के संवेदनात्मक उद्देश्य को रूपाकार देता है। वह मेहनतकश भी है। ग़रीब भी है। दलित भी है।

नागार्जुन की प्रसिद्ध कविता *हरिजन गाथा* में एक प्रसंग आता है कि तेरह निरपराध हरिजनों को ज़िंदा जला दिया गया। इसके बाद कविता में आया–*इन बूढ़ों की तो नींद ही उड़ गई है/तब से!/बाक़ी नहीं बचे हैं पलकों के निशान/दिखते हैं दृगों के कोर ही कोर।*[70] नींद ने लगातार उड़कर पलकों को उड़ा दिया है। यह मार्मिक और व्यंजक दृश्य वैसा ही है, जैसा कोई सक्षम जन्मना दलित कवि उभारता। चिंता, आशंका, बेचैनी और संघर्ष, सब एक साथ साकार हो उठे हैं दृगों के नंगे कोरों की शक्ल में। इसके साथ ही **पुरुषोत्तम प्रतीक** के इस शे'र को भी पढ़ा जाना चाहिए–*नोंच डाले पंख सारे/सिर अभी काटा न था बस।*[71] उड़ी हुई पलकों और नुचे हुए पंखों में संबंध है। दोनों असुंदरता के रूप में अन्याय के परिणाम सामने लाते हैं। दृगों की पलकरहित कोरें जिन बूढ़ों की हैं, वे पंख-नुचे परिंदों की तरह हैं। उनका बस सर ही नहीं काटा गया है। वे किसी तरह जीवित-भर हैं। जीवन उनके जीवन में नहीं है।

इस दौर में बहुत सारी कविताओं और उनकी पंक्तियों को मिलाकर पढ़ा जाए तो समकालीन जीवन की एक बड़ी और पूरी कविता बनती है। अनेक कवि इसका सृजन करते हैं। यह कविता की दुनिया का लोकतंत्र तो है ही, कवियों की अपेक्षा कविताओं का बड़ा होना भी है। कविताओं और उनके परस्पर अंतर्प्रवेशी पाठ का महत्त्वपूर्ण होना भी है। रचनाकारों के साथ-साथ पाठकों का सृजनात्मक होना भी है। संवेदनात्मक उद्देश्य की दृष्टि, पाठों और पाठकों को अराजक होने से रोकती है।

पूरी और सच्ची स्वतंत्रता समता का फल ही हो सकती है। विषमता से जन्मी स्वतंत्रता छद्म है। एक ऐसा चाँद, जो करोड़ों पीड़ितों की पराधीनता के कलंक से ग्रसित है। **विमल कुमार** की एक कविता उत्पीड़न के लिए तैयार आदमी के बारे में बताती है। उसे ताला लगाना नहीं आता। स्टोव जलाना नहीं आता। मनीऑर्डर करना नहीं आता। कपड़े पसारना नहीं आता। ख़रीददारी करना नहीं आता। यह देख वाचक झल्लाया तो वह आदमी टुकुर-टुकुर उसका मुँह देखता रहा। वाचक को उसपर प्यार आया। इतना कि चूमने का मन किया उसे *पर यह सोच/आ गए आँखों में आँसू/आपको एक दिन खा जाएगा भेड़िया।*[72] सादगी और मासूमियत मनुष्य के गुण हैं। विषमता से जन्मी छद्म स्वतंत्रता उन्हें दोष बना देती है। सादा और मासूम होने का मतलब भेड़िए का शिकार बनने को पूरी तरह तैयार होना है। कौन है यह भेड़िया? सादगी का विरोधी दिखावा है। मासूमियत का विरोधी छल-कपट है। निरीहता की विरोधी बर्बरता है। मनुष्यता की विरोधी पशुता है। पशुता को बल देने वाली कुव्यवस्था है। सत्ता है। कितने-कितने रूप हैं एक भेड़िए के!

कुव्यवस्था दमितों पर होने वाले दमन में बढ़ोतरी करती है। तरह-तरह से करती है। **मंगलेश डबराल** ने *ज्योतिष* पर एक कविता लिखी है। इसमें ज्योतिषी बताता है कि संपन्नों के सितारे अब और बुलंद हैं। बाक़ी लोग *आय के घर में बैठे ख़र्च के ग्रह के/खिसकने का इंतज़ार करते/लग्नेश को टेढ़ी निगाह से देखते भाग्येश की/कृपादृष्टि का मुँह ताकते/उच्च राशि में स्थित अपने नीच ग्रह को कोसते/जीवन की टेढ़ी चाल को*

बतलाते शनि की चाल/एक क्रूर मंगल की छाया में सो जाते रोज़/नींद में उन्हीं को दिखता एक दुर्भिक्ष/महँगाई महामारी चारों ओर/नींद में कोई उन्हें गिरा देता बिस्तर से/बाढ़ में दूर तक बहकर जाते उनके घर असबाब/सुबह उठते वे/रात भर किसी नक्षत्र के हाथों पिटे हुए।[73] शनि हो या बाढ़, मंगल हो या महामारी, सब विपन्नों के विरुद्ध हैं। उन्हीं को सताते हैं। टेढ़ी चाल जीवन की है। विषमतापोषक कुव्यवस्था की है। उसे शनि की चाल बताना बताता है कि विपन्न अपने हालात के साथ-साथ अज्ञान और अंधविश्वास से भी सर्वाधिक पीड़ित होते हैं।

उनका अपना अंधविश्वास और अज्ञान तो उन्हें पीड़ित करता ही है, संपन्नों का अंधविश्वास और कुलीनों का अज्ञान भी अंततः पीड़ित उन्हीं को करता है। उसकी क़ीमत भी सर्वाधिक वही चुकाते हैं। **राजेन्द्र बड़गूजर** ने *सपने में गाय* देखी। वह रेल से कटकर मर गई। सुबह लोग जमा हो गए। सोचने लगे कि गऊमाता को किसने काट डाला? आसपास मुसलमानों के, दलितों के, राष्ट्रविरोधियों के घर देखे। उनकी लाशों के ढेर लगा दिए। दीन-दलित फ़रियाद करते रह गए। फिर सार्वजनिक रिपोर्ट आई कि *गाय* रेल से कटकर मरी। लोग एक बार फिर जमा हुए। दलितों के मरने पर किसी ने अफ़सोस किया तो *भीड़ में से एक ने कहा-/फिर क्या हुआ/दलित मर गए तो?/गाय के लिए मरना/तो स्वर्ग का सीधा प्रमाणपत्र है!*[74] इतना सीधा है यह प्रमाणपत्र कि बाँटने वाले इसे कभी अपने लिए बचाकर नहीं रखते। उनसे ज़्यादा दलितों का सुख और भला कौन चाहेगा!

दलितों के हिस्से ऐसा सुख भरपूर आया है! पहले मरे जानवरों का सड़ा मांस खाने की लाचारी, फिर मांस के लिए प्राणियों को मारने वाला हत्यारे का ख़िताब, फिर अनकिए अपराध की सज़ा, और फिर स्वर्ग का सीधा प्रमाणपत्र! सुख में थोड़ी-बहुत कमी थी, सो अस्पृश्यता ने पूरी कर दी! **ओम् प्रकाश वाल्मीकि** ने लिखा–*नहीं बोये कांटे/बाँटे सिर्फ़/सगुन प्यार के/फिर भी रहे अछूत।*[75] जिसे छूना भी पाप, वह सामने पड़ जाए तो शगुन! संभवतः यह जताने के लिए कि अस्पृश्यों का संपन्नों ने कम सम्मान नहीं किया वरना उन्हें शुभ शगुन क्यों बनाते, क्यों मानते! सच यह कि शगुन भी वे संपन्नों के लिए ही बने, अपने लिए नहीं। उनके हाथों से बने औज़ार काम में लेते हुए अस्पृश्यता किसी को कभी नहीं व्यापी। एक दलित संत कवि ने पूछा–"हमारी बनाई मशक से पानी पीकर तुम ऊँची जाति वाले अपवित्र नहीं होते तो मशक बनाने वाले के शारीरिक स्पर्श से कैसे अपवित्र हो जाते हो?"[76]

यह भ्रम न रहे कि आज़ादी के इतने वर्षों के बाद तो अस्पृश्यता ने अपने चंगुल से भारत को आज़ाद कर ही दिया होगा! वास्तविकता यह है–"भारतीय संसद की एक समिति ने जुलाई, 1998 में स्वीकार किया कि भारतीय संघ के 12 प्रमुख राज्यों में अस्पृश्यता प्रचलित है।"[77] एक कविता में जनकवि **बिहारी लाल हरित** ने सवाल उठाया था–*हिंदुओं के बिंदुओं में मानसिक यह भूत क्यों है/आज भी यह छूत क्यों है?*[78] संविधान द्वारा दंडनीय अपराध होने के बावजूद यह सवाल आज भी प्रासंगिक बना हुआ है। **हरित** के ही शब्दों में सीधे-सीधे पूछता हुआ–*अछूत भी भग से हुए सपूत भी भग से हुए/फिर आप कहिए किस वजह से बड़े इस जग में हुए?*[79]

ऊँच-नीच की कोई बुनियादी वजह न पहले कभी थी, न आज है, न आगे कभी होगी। पहले भी यह अनैतिक थी, आज भी है और आगे भी रहेगी। अनैतिकता और अमानवीयता का प्रकट रूप है–ऊँच-नीच। नीचे कहलाने वाले पहले भी सामाजिक अपमान सहते थे, थोड़े-से अलग रूप में आज भी सहते हैं। **श्यामलाल शमी** ने इस सहन के बारे में लिखा–*हम तो भइया दलित/हमारी है औकात कहाँ?/अपनी जाति-संस्कारों में/ऊँची बात कहाँ?/कुछ पढ़ना-लिखना सीखे तो/कोटे वाले हैं/बाबू-अफ़सर बने/उन्हें पर पहले वाले हैं/अपने पास भला ऐसी/छलछंद बिसात कहाँ?*[80] आरक्षण के लाभ के साथ-साथ दलितों को *कोटे वाले* जैसी व्यंग्य और घृणा से भरी उपाधि भी मिली। पहले वे गाँवों में मुख्य बस्ती से बाहर बनी बस्ती में रहते थे। आज दफ़्तरों में भी मुख्य कर्मचारियों से अलग-थलग रहते हैं। अस्पृश्यता का यह किंचित् सभ्य रूप है।

शहरों में आकर भी दलितों की हैसियत में मूलतः कोई अंतर नहीं आया। गाँव हो या शहर, वे मनुष्य-बिरादरी से बाहर पशुओं जैसा, बल्कि उनसे भी बदतर जीवन जीने को अभिशप्त मनुष्य रहे। **मलखान सिंह** ने एक कविता में अन्याय के इस इतिहास पर, अपना परिचय देते हुए, प्रहार किया–*मैं आदमी नहीं हूँ स्साब/जानवर हूँ/दोपाया जानवर/जिसे बात-बात पर/मनुपुत्र माँ चो-बहन चो/कमीन कोम कहता है।*[81] यह तथाकथित दोपाया जानवर ही है, जिसकी हैसियत **ज्ञान प्रकाश विवेक** के इस शे'र में है–*वो अपने मुल्क में रहता है बेवतन की तरह/फटी कमीज़ के टूटे हुए बटन की तरह।*[82]

कमीज़ भले ही फटी हुई हो, टूटा बटन उस पर भी तमगे की तरह नहीं सजता। बार-बार काज के पीछे अपने को छिपाता है। **पवन करण** की एक कविता है–*तुम जिसे प्रेम कर रही हो इन दिनों।* इसमें लड़की जिससे प्रेम करती है, उसकी जाति पर ध्यान नहीं देती। जाति पर जब कोई बात चलती है तो प्रेमी चुप लगा जाता है। चाहता है कि जल्दी से यह विषय बदले। प्रेमिका द्वारा छोटी जातियों के प्रति घृणा उगलने पर वह उससे आँखें चुराने लगता है। लड़की के परिवार की ओर से लड़की को समझाते हुए कहा जाता है–*क्या होता है इससे जो उसके लिए तुम अपना/सब कुछ लुटाने और वह तुम्हारे लिए/गर्दन कटाने को तैयार हो,/गर्दन कट सकती है, पहचान नहीं।*[83] पहचान अर्थात् जाति। जाति अब भी दमितों की छाती पर सवार है। अन्य सामाजिक अधिकारों के साथ-साथ उनसे प्रेम का अधिकार भी छीनती है। मनुष्य का मनुष्य की तरह जीना अब भी उसे स्वीकार नहीं। **हेमंत कुकरेती** के घोड़े इतना चले कि उनके खुर घिस गए। इसलिए और भी ज़्यादा कि *किसी और की मर्ज़ी से दौड़ना/यातना की तरफ़ दौड़ना था।*[84]

दमितों का विषमता और अन्यायग्रस्त वायुमंडल में साँस लेना घोड़ों का यातना की तरफ़ दौड़ना है।

संदर्भ

1. घोषणापत्र -इब्बार रब्बी, पृष्ठ 4
2. हँस लिया फँस लिया -वेद प्रकाश, पृष्ठ 109
3. ग़ज़ल सप्तक -संपादक गोपालकृष्ण कौल, पृष्ठ 116-117
4. संसद से सड़क तक -धूमिल, पृष्ठ 105

5. आत्महत्या के विरुद्ध -रघुवीर सहाय, पृष्ठ 20
6. बस्स! बहुत हो चुका -ओम् प्रकाश वाल्मीकि, पृष्ठ 56
7. आलोचनाः जनवरी-मार्च, 2001, पृष्ठ 60
8. उनका बोलना -मोहन कुमार डहेरिया, पृष्ठ 78
9. वसुधाः 53 -समकालीन उर्दू साहित्य पर केंद्रित, अंकः जनवरी-मार्च, 2002, पृष्ठ 58
10. पतंग और चरखड़ी -मुकेश मानस, पृष्ठ 16
11. जाति क्यों नहीं जाती -संपादनः सुभाष चन्द्र, पृष्ठ 52
12. वर्तमान साहित्यः मई-जून, 2000 -शताब्दी कविता विशेषांक, पृष्ठ 45
13. बस्स! बहुत हो चुका -ओम् प्रकाश वाल्मीकि, पृष्ठ 47
14. अलावः अंक-8, मार्च, 2000, पृष्ठ 164
15. पतंग और चरखड़ी -मुकेश मानस, पृष्ठ 19
16. बस्स! बहुत हो चुका -ओम् प्रकाश वाल्मीकि, पृष्ठ 79
17. दलित साहित्य का सौंदर्यशास्त्र -ओम् प्रकाश वाल्मीकि द्वारा उद्धृत, पृष्ठ 82
18. अपेक्षाः 12 -अम्बेडकरवादी युवा कविता विशेषांकः जुलाई-सितंबर, 2005, पृष्ठ 84
19. इंद्रप्रस्थ भारतीः अक्तूबर-दिसंबर, 2005, पृष्ठ 103
20. बस्स! बहुत हो चुका -ओम् प्रकाश वाल्मीकि, पृष्ठ 18
21. ज़िल्लत की रोटी -मनमोहन, पृष्ठ 63
22. नये इलाक़े में -अरुण कमल, पृष्ठ 23
23. प्रकाशवर्ष -संजय चतुर्वेदी, पृष्ठ 9
24. आज़ादी की दुम -घनश्याम अग्रवाल, पृष्ठ 100
25. अलावः अंक-8, मार्च, 2000, पृष्ठ 139
26. संसद से सड़क तक -धूमिल, पृष्ठ 114
27. प्रतिनिधि कविताएँ -नागार्जुन, पृष्ठ 101
28. दलित विमर्श की भूमिका -कंवल भारती, पृष्ठ 43
29. आधुनिकता के आइने में दलित -संपादकः अभय कुमार दुबे, पृष्ठ 322
30. अन्यथाः अंक, 4 अगस्त, 2005, पृष्ठ 62
31. प्रतिनिधि कविताएँ -नागार्जुन, पृष्ठ 108
32. बीज से फूल तक -एकांत श्रीवास्तव, पृष्ठ 32
33. पेड़ नहीं तो साया होता -पुरुषोत्तम प्रतीक, पृष्ठ 30
34. पीली धूपः पीले फूल -प्रेम सिंह, पृष्ठ 53
35. दुष्चक्र में स्रष्टा -वीरेन डंगवाल, पृष्ठ 78
36. हँस लिया फँस लिया -वेद प्रकाश, पृष्ठ 139
37. अपेक्षाः 12, जुलाई-सितंबर, 2005, -अम्बेडकरवादी युवा कविता विशेषांकः पृष्ठ 45
38. अपराधी ग़ैरहाज़िर -रमेश आज़ाद, पृष्ठ 101
39. सबकी आवाज़ के पर्दे में -विष्णु खरे, पृष्ठ 23
40. अनंतिम -कुमार अम्बुज, पृष्ठ 10
41. मेरा उजाड़ पड़ोस -दिनेश जुगरान, पृष्ठ 90
42. लोगबाग -इब्बार रब्बी, पृष्ठ 96
43. ग़ज़ल सप्तक -संपादकः गोपालकृष्ण कौल, पृष्ठ 97
44. रात में हारमोनियम -उदय प्रकाश, पृष्ठ 20
45. अपने घर की तलाश में -निर्मला पुतुलः संथाली से अनुवादः अशोक सिंह, पृष्ठ 14
46. संशयात्मा -ज्ञानेंद्रपति, पृष्ठ 114
47. कविता आजकलः आजकल पत्रिका में विगत दस वर्षों में प्रकाशित रचनाएँ 1994-2004, पृष्ठ 73

48. उसके सपने -चंद्रकांत देवताले, पृष्ठ 219
49. अनुभव के आकाश में चाँद -लीलाधर जगूड़ी, पृष्ठ 45
50. कथनः 46, अप्रैल-जून, 2005, पृष्ठ 16
51. वर्तमान साहित्यः कविता विशेषांकः अप्रैल-मई, 1992, पृष्ठ 256-258
52. फ़िलहाल इतना ही -अरुण जैमिनी, पृष्ठ 148
53. वही, पृष्ठ 148
54. पेड़ नहीं तो साया होता -पुरुषोत्तम प्रतीक, पृष्ठ 32
55. वही, पृष्ठ 55
56. वही, पृष्ठ 107
57. अनभै साँचाः प्रवेशांकः जनवरी-मार्च, 2006, पृष्ठ 65
58. चाँद की वर्तनी -राजेश जोशी, पृष्ठ 12
59. एक समय था -रघुवीर सहाय, पृष्ठ 57
60. उनका बोलना -मोहन कुमार डहेरिया, पृष्ठ 69-70
61. आज़ादी की दुम -घनश्याम अग्रवाल, पृष्ठ 16
62. बेनाम शजर -नूरजहाँ सर्वत, पृष्ठ 46
63. वेदनाएँ -सुरेन्द्र श्लेष, पृष्ठ 58
64. अन्यथाः अंकः 4 अगस्त, 2005, पृष्ठ 62
65. समुद्र पर हो रही है बारिश -नरेश सक्सेना, पृष्ठ 38
66. अपने घर की तलाश में -निर्मला पुतुल -संथाली से अनुवादः अशोक सिंह, पृष्ठ 19
67. बस्स! बहुत हो चुका -ओम् प्रकाश वाल्मीकि, पृष्ठ 53-54
68. इरादे तभी करवट लेते हैं -चंद्रभान, पृष्ठ 59-61
69. बस्स! बहुत हो चुका -ओम् प्रकाश वाल्मीकि, पृष्ठ 102
70. हरिजन गाथा -नागार्जुनः दिल्ली प्रदेश प्रगतिशील लेखक संघ द्वारा प्रचारित फ़ोल्डरः पृष्ठ 5
71. पेड़ नहीं तो साया होता -पुरुषोत्तम प्रतीक, पृष्ठ 30
72. सपने में एक औरत से बातचीत -विमल कुमार, पृष्ठ 27
73. दस बरसः हिंदी कविता अयोध्या के बादः दूसरी जिल्द -संपादकः असद ज़ैदी, पृष्ठ 53-54
74. अपेक्षाः 12, जुलाई-सितंबर, 2005, अम्बेडकरवादी युवा कविता विशेषांक, पृष्ठ 70-71
75. बस्स! बहुत हो चुका -ओम् प्रकाश वाल्मीकि, पृष्ठ 54
76. आधुनिकता के आइने में दलित -संपादकः अभय कुमार दुबे, पृष्ठ 95
77. मनु के भारत में शूद्र -शमशुल इस्लाम, पृष्ठ 12
78. अपेक्षा-9, जनकवि बिहारीलाल हरित पर केंद्रितः अक्तूबर-दिसंबर, 2004, पृष्ठ 44
79. अपेक्षा-9, जनकवि बिहारीलाल हरित पर केंद्रितः अक्तूबर-दिसंबर, 2004, पृष्ठ 50
80. दलित साहित्यः वार्षिकीः 2004 -संपादकः जयप्रकाश कर्दम, पृष्ठ 176
81. अपेक्षाः 12, जुलाई-सितंबर, 2005, अम्बेडकरवादी युवा कविता विशेषांक, पृष्ठ 17
82. अन्यथाः अंकः 4 अगस्त, 2005, पृष्ठ 62
83. स्त्री मेरे भीतर -पवन करण, पृष्ठ 97-99
84. अष्टाक्षर -संपादकः द्वारिका प्रसाद चारुमित्र, पृष्ठ 140

दमन, घर और बच्चे

कहावत है कि आदमी दुनिया-जहान घूम ले पर चैन उसे अपने घर पहुँचकर ही मिलता है। और अपना कोई घर ही न हो तो? **प्रतापराव कर्दम** ने लिखा—*वास्तु पुरुष सोया क्या उसी तरह/फुटपाथ पर जैसे सोते हैं लोग/ट्रेन गुज़रती है जब धड़धड़ाती/पटले से गिरते बरतन/तब आँख ज़रूर खोलता होगा/वास्तु पुरुष/विस्थापितों के बारे में क्या सोचता है/वास्तु पुरुष...!* [1] वास्तु पुरुष का घर को संयोजित करने वाला दिशा-ज्ञान विस्थापितों के सामने गूँगा हो जाता है। विस्थापितों का जीवन बंजारों जैसा है। **ज्ञान प्रकाश विवेक** ने कहा—

"अपने कंधे पर रखकर घर जैसी शय
जीवन-भर बंजारा चलता रहता है।

कच्चे घर का बारिश में अहवाल न पूछ
मिट्टी-पानी-गारा चलता रहता है।"[2]

घर के बिना किसी का काम नहीं चलता। बंजारा भी कंधों पर घर जैसी शय रखता है। घर न सही, घर जैसा कुछ सही। पक्का न सही, कच्चा ही सही। घर ज़रूरी है। बारिशें भी होती रहती हैं, धर बहते भी रहते हैं और फिर फिर बनते भी रहते हैं। विषमता की बारिश कच्चे घरों को देर तक कहाँ टिकने देती है! पर कच्चे घर भी हिम्मत के साथ बार-बार सर उठाते हैं। ऐसे घरों के भीतर बसने वाली एक दुनिया का परिचय **कृष्ण परख** ने इस तरह दिया—

"ग़रीबों के
घर में जाता हूँ
वहाँ
टूटी हुई चारपाई पर बैठकर
चारों ओर देखता हूँ
आधे टूटे बर्तन
गारे का चूल्हा
आँगन में घूमते हुए
सूअरों की तरह
नंगे बच्चे
भगवान की असंख्य मूर्तियों के खोखे"।[3]

भगवान की मूर्तियाँ जिन खोखों में ढली, उन्हें छोड़कर पुजने के लिए चली गईं। **ज्ञान** का शे'र **कृष्ण परख** के *गारे के चूल्हे* से मिलकर और खुला। गारे के चलने का मतलब

गारे के चूल्हे का भी चल देना है। चूल्हा यह सोचकर चल देता होगा कि मेरा इस्तेमाल तो कभी करते नहीं! करूँ क्या यहाँ रहकर! यों भी इस्तेमाल होता रहने वाला चूल्हा कच्चा नहीं रहता। महानगरों में घरों की स्थिति क्या है, यह **मुकेश मानस** ने *महानगर* में बताया–

"लोगों को ढूँढ़ता फिरा मैं
लोग नहीं मिले
घर मिले बहुत
मार तमाम घर

घर थे बहुत
लोग नहीं थे घरों में

घर ढूँढ़ता फिरा मैं
घर नहीं मिले
लोग मिले बहुत
मार तमाम लोग

लोग थे बहुत
उनकी आँखों में घर थे।"[4]

एक तरफ़ घर ही घर और दूसरी तरफ़ लोग ही लोग। धरती पर जगह न मिले तो घर लोगों की आँखों में घर कर लेते हैं। अवसर मिलते ही छोटे-छोटे लोग अपने छोटे-छोटे घर धरती पर उतार लेते हैं। **विष्णु खरे** ने दिल्ली के एक पार्क में एक पेड़ के नीचे एक घर देखा। देखा कि रोज़ एक औरत तीन बच्चों के साथ आती है। सबसे छोटे को पीठ पर बाँधकर कोठियों में ग़ायब हो जाती है। पीछे उसकी लड़की और लड़का दिन-भर इस पेड़ के नीचे रहते हैं। कभी आपस में खेलते हैं। कभी घूमते हैं। शाम को उनकी माँ लौटती है तो

"चटाई और टाट को लपेटकर लड़की छोटी झाड़ी के नीचे दबा आती है
अलूमीनियम के लोटे का बचा पानी फेंकता है बच्चा दोस्त कुत्तों पर
पीठ पर सबसे छोटे को फिर बाँधकर वह चल देती है
पीछे-पीछे लड़की
जो आवाज़ देती है छोटे को
जो ईंटों और पत्थरों के घेरे में
देखता पुचकारता खड़ा रह गया था
रोटी या भात की उम्मीद सूँघते
दोस्ताने में दुम हिलाते दोनों कुत्तों को
जो अब रात को वहाँ लेटेंगे।"[5]

पार्क में पेड़ के नीचे ईंटों और पत्थरों का घेरा भी घर है। छोटा-सा है यह घर पर इसके दिल में कितनी बड़ी जगह है! कहते हैं घर ईंट-पत्थरों से नहीं, आत्मीयता से बनता है। यहाँ कुत्ते भी आत्मीयता पाते हैं। दिन-भर जो घर बच्चों का रहता है, वही रात को कुत्तों

का हो जाता है। ग़रीबी, जानवरों और इंसानों का घर एक कर देती है। ग़रीबों की और जानवरों की ज़िंदगी में अंतर कम से कम होता जाता है। घर के साथ दोनों का खानपान भी एक जैसा है। दोनों को *रोटी या भात की उम्मीद* रहती है।

घर की ज़रूरत इसलिए होती है कि वह बसाए। भागते-भटकते जीवन को ठौर-ठिकाना दे। विषमताग्रस्त दुनिया में जैसे-तैसे बनाया गया घर क्या सचमुच बसाता है? सचमुच ठौर-ठिकाना देता है? इसकी पड़ताल **वीरेन डंगवाल** ने *अपना घर* में इस तरह की है–

"आख़िरकार मुझे एक घर मयस्सर हुआ।

बारिश की झड़ी को बटकर मैंने रस्से बनाए
छाजन बनाया ताड़ के मज़बूत पत्तों का
एहतियात के लिए ऊपर से आकाश की नीली पोलीथीन की
चादर भी तान दी
फ़र्श के लिए कई दिनों तक
मैं चोरी से काटता रहा चाँदनी के चौकोर टुकड़े
...मेरे घर में...
इस कोने में मार्क्स और ब्रेख़्ट की
तस्वीरें लगी हैं
एक कोना टेलीफ़ोन के लिए भी है
जिसके बग़ैर आजकल गुज़र नहीं
एक कोना टेलीविज़न के लिए भी है
जिसके बग़ैर आजकल गुज़र नहीं
एक गुप्त कोना भगवान के लिए भी है
जिसके बग़ैर आजकल गुज़र नहीं
यों हर ज़रूरत को ध्यान में रखकर बना
एक सात कोनों वाला घर मुझे मयस्सर हुआ

यह घर सारा जीवन मेरे साथ चलेगा
बैंक की क़िस्तों की तरह।"[6]

घर चलते हुए आदमी को ठहरने नहीं देता। वह हर हाल में चलता रहे, इसके लिए उसके साथ-साथ चलता है। भले ही उसे बनाने के लिए बैंक से कर्ज़ न लिया गया हो पर वह चलता है उसकी क़िस्तों की तरह। न वह कभी पूरी तरह घर हो पाता है, न अपना। बारिश, पत्तों और आकाश से बने घर का मतलब है–अस्थायी घर। प्रकृति के कोप से संघर्ष करते हुए और उसकी कृपा से काम लेते हुए बनाया गया घर। ऐसा घर, जिसके लिए मेहनत भी करनी पड़ी, चोरी भी। इसके बिना घर के बनने और जीवित-भर रहने के लिए ज़रूरी प्रकृति के छोटे-से हिस्से पर भी हक़ मिलना मुहाल था। चाँदनी बिक गई या उसे क़ैद कर लिया गया पर वह सबके लिए उपलब्ध नहीं रही, इसलिए चोरी से उसके

कुछ टुकड़े काटने पड़े। मार्क्स और ब्रेख़्त की तस्वीरें लगे घर में भगवान के लिए भी कोना बनाया गया। टेलीफ़ोन और टेलीविज़न के रूप में सुविधाओं का आतंक इतना कि वे मामूली से मामूली घर की भी ज़रूरतें बन गईं।

मार्क्स और भगवान एक साथ उसकी ज़रूरत बन गए। आचरण से अगर भगवान नाराज़ हो जाए तो मार्क्स की शरण मिल जाए और मार्क्स नाराज़ हो जाए तो भगवान की! घर ने शरीर से भी भटकाया और बुद्धि-विवेक से भी। बसाने वाले घर ने मन, बुद्धि और कर्म की एकता उजाड़ डाली। सुख-चैन से रहना हराम कर दिया। मनुष्य की विश्वसनीयता तहस-नहस कर दी। वह परिवर्तन न कर सके, अपने जीवन को मनुष्य का जीवन न बना सके, इसके इंतज़ाम कर दिए। ऐसे बने वंचितों और दमितों के घर।

दमित इन्सान, इन्सानों जैसी ज़िंदगी से वंचित है और उसके बच्चे उल्लास जैसे बचपन से। **इब्बार रब्बी** की एक कविता में *आठ साल का पान सिंग* साफ़ बोल भी नहीं पाता पर गाँव से दिल्ली जाने को तैयार है। वहाँ क्या करेगा, कहाँ रहेगा, क्या खाएगा, इससे कोई मतलब नहीं। मतलब सिर्फ़ इससे है कि *"बस मनीऑर्डर करेगा जाते ही/ ...दुनिया उठाएगा/पीठ पर"*।[7] स्कूल जाने की उम्र में पीठ पर बस्ते की जगह *दुनिया* उठाना दमित बचपन का सच है। ऐसे ही बचपन के बारे में **चंद्रभान** ने लिखा--

"ना तो कभी
नींद को मीठी झिड़की देता समीर
ना कभी
भोर की पहली किरन की ताज़गी
ना ही
बासंती हरियाली ज़िंदगी का सपना
कोई भी ऐसा नहीं था
जैसे मेरी बस्ती के नन्हे का
दबे पाँव आना
चुपके से मेरी किताब पर
हाथ रखना और कहना--
'माश्तल, मैं भी पढ़ूँगा'
उसकी तुतलाती ज़ुबान
उसकी चमकती आँखें
घुटनों तक लंबी कमीज़
आस्तीनों में ढँके हाथ
आज मैं अपने बचपन से मिला।"[8]

नन्हा पढ़ने की उत्कट इच्छा को *चुपके से* ज़ाहिर करता है। ऐसे, जैसे कोई अपराध कर रहा हो। चमकती आँखों में किताब के सपने हैं और किताब पर रखे हाथ में पढ़ने की ललक। इस ललक को *अजगर की सीवर जैसी आँतों* से गुज़रना पड़ता है। कविता कह उठती है--*तौबा!!/किसी नन्हे को/ये दिन ना देखने पड़ें!*[9] पर ये दुर्दिन देखने पड़ते हैं। दुर्दिनों का सिलसिला जारी है। **सुरेश चंद** ने *झज्जर-दुलीना के* अछूत जीवन के बारे में

बताया–*उनके बच्चे/स्कूलों का मुँह नहीं देखते/सूअरबाड़े में पलते हैं/और बहुत जल्दी सीख जाते हैं/सूअर की भाषा-/...हुर्र-हुर्र।*[10] सूअरबाड़ा अजगर की आंतों जैसी सीवरी ज़िंदगी से गुज़रने वाले बच्चों का स्कूल है। बचपन सीखे बना रह नहीं सकता। सीखना तो उसे है ही। स्कूल नहीं मिलेगा तो सूअरबाड़े में सीखेगा। बच्चा इंसान का है और भाषा सीख रहा है सूअर की! मनुष्यता का यह भविष्य वर्तमान के चमकते गालों पर तमाचा है। दुखद यह कि कविता में ही पड़ता है। सुखद यह कि कम से कम कविता में तो पड़ता है!

स्कूल न जा सकने वाले बच्चों को स्कूल जाने का मौक़ा मिल भी जाए तो उनकी हैसियत **मंगलेश डबराल** की इन पंक्तियों में सामने आती है–*पैदल जाने वाले बच्चों का कोई भरोसा नहीं/वे घर से जल्दी चल पड़ते हैं/और स्कूल पहुँचते हैं अक्सर देर से/रास्ते में गंदी हो जाती हैं उनकी पोशाक/जिन्हें सँभालते हुए वे भागते हैं/आँखें नीची किये खड़े होते हैं क़तार में/...पैदल बच्चों के पास छिपाने को कुछ नहीं है/किताबों के बीच तितलियाँ नहीं/जूते भी नहीं जिन्हें वे रख सकें/झाड़ी के पीछे/कई बार उन्हें हिदायत दी गई है/जूते पहनकर आने की/हाथ-पैर के नाख़ून कलात्मक काटने की/कई बार पड़ी है बेंत/और कहा गया है कि हम तुम्हें नहीं ले जाएँगे/महापुरुषों की अगवानी में।*[11] बच्चे स्कूल में जाते हैं पढ़ने और उन्हें इस्तेमाल किया जाता है महापुरुषों की अगवानी करने के लिए। यह भी तथाकथित सौभाग्य है, जिससे दमित बच्चे, अच्छा ही है कि, वंचित रहते हैं।

अनुशासनहीन होना दमित बच्चे चाहें, न चाहें, उन्हें होना ही है। पैदल जाएँगे तो लेट पहुँचेंगे। गलियों-सड़कों से गुज़रेंगे तो पोशाक बचाते-बचाते भी मैली होगी ही। अनुशासन टूटेगा ही। बेंत पड़ेगी ही। स्कूल के समारोहों में वे सारे स्कूल से अलग-थलग होंगे ही। अलग अभागे! **चंद्रकांत देवताले** के शब्दों में *उनकी फटी चड्ढी/उन्हें सीधा खड़ा होने से* रोकेगी ही।[12] सवाल उठेंगे ही कि अनुशासन ऐसे बच्चों के लिए क्या शिक्षा-व्यवस्था का अभिशाप नहीं है? क्या उन्हें अशिक्षित बनाए रखने का षड्यंत्र नहीं है? किस नीयत से स्कूल बनाए गए हैं देश में? जो बने हैं, वे स्कूल बच्चों के लिए हैं या बच्चे उन स्कूलों के लिए हैं? यह ज़िम्मेदारी किसकी है कि उनके लिए स्कूलों के दरवाज़े खोलने के साथ-साथ उन्हें स्कूल जाने योग्य हालात भी उपलब्ध कराए और इस तरह बचपन के सहज अधिकार को बचपन तक पहुँचने के अवसर दे? कौन रोकेगा उन्हें काम की लपटों में झुलसते रहने से और कब?

बोधिसत्व ने काम करने वाले बच्चों को उस *जोगी* की तरह देखा है, जो *जूतों की तलाश में/घूमते हैं ब्रश लेकर/और मिलते ही बिना देर लगाए/ब्रश को गज की तरह चलाने लगते हैं/जूतों पर/गोया जूते उनकी सारंगी हों/-यश और मोक्ष नहीं/निस्तेज़ जूतों की तलाश करते हैं वे।*[13] जूतों के माध्यम से रोटी की तलाश है यह। महत्त्व इसका मोक्ष की तलाश से कम नहीं। दिक़्क़त इस रूपक की यह है कि जोगी कोई स्वेच्छा से बन भी सकता है पर जूते चमकाने वाला नहीं। हर हाल में जूते चमकाना विवशता ही हो सकती है। दूसरी बात यह कि सारंगी से मधुर स्वर-लहरी पैदा होती है। जोगी उसमें मगन हो जाया करते हैं। आनंदकर होती है वह उनके लिए। जूते चमकाने में किसी का मन लग भी जाए तो उससे रस नहीं खींच सकता। कोई हमेशा सारंगी बजाना तो चाह सकता है, जूते चमकाना नहीं। यही प्रसंग **गोबिंद प्रसाद** की *उनका बचपन* में इस तरह आया–

"फ़ुटपाथों पर बिताई गई रात के
सपनों को
न चाहते हुए भी
धूल की तरह झाड़कर चल देंगे
पॉलिश की पेटियों को
लादकर अपनी पीठ पर

उनका सूरज
पूरब से नहीं
कार से उतरता हुआ
पैर का वह जूता है
जिसे वे बच्चे
अपने भविष्य की तरह चमकाते हैं
'चमकाते हैं' नहीं, बोलो—
'चमकाना पड़ता है'!"[14]

सपने फ़ुटपाथ पर ली जाने वाली नींद में भी आते हैं। पॉलिश की पेटियों के साथ उन्हें भी बच्चे झाड़ना चाहते नहीं पर झाड़ देते हैं। इसलिए कि सपने उनमें रहे तो आँखें जूतों का मैल पूरी तरह नहीं देख सकेंगी। कार से उतरता जूता उनके जीवन में पूरब से उगता सूरज है। रात का आलस्य तोड़ता। हाथों में काम का वेग दौड़ाता। पुतलियों में रोटी की तरह चमकता। सूरज उजला होता है। जूते अक्सर काले। दमित बच्चों के जीवन का सतरंगी उजाला जूतों के कालेपन में सिमटकर रह गया है।

सूरज ऊपर होता है। सर की तरफ़ से उजाला देता आता है। जूते ज़मीन पर हैं। सूरज का जूता बन जाना धरातल से उजाला खींचना है। जीवन का संघर्ष इतना भीषण है कि उसने उजाले के स्वाभाविक क्रम को उलट दिया है। समाज के निचले हिस्से का ऊपर से आते उजाले में कोई हिस्सा नहीं। अपने हिस्से का उजाला उसे नीचे से ही खींचना पड़ता है। जूते को अपने भविष्य की तरह चमकाना पड़ता है। जूता जिसके बचपन का सूरज हो, उसके यौवन का उजाला भी सतरंगी नहीं, काला ही होगा। जूते की तरह। उपाय और कोई है नहीं। इसलिए भविष्य के नाम पर इस कालेपन को ही चमकाना पड़ता है। जूता पूरी तरह दमित बच्चों का सूरज बन गया है। बच्चे भविष्य होते हैं। जूता इस भविष्य का भविष्य है। जैसे एक चित्रकार और पेंटर मन की कूची ने सूरज और जूते को एक जगह, एक साथ, एक चित्र में आकार दे दिया हो! तमाम रंगों के निपुण संयोजन के साथ।

पुरुषोत्तम प्रतीक ने एक शे'र में काम करने वाले बच्चों को बूढ़े कहा था—*दो दाँत बछड़ों की तरह जोते हुए बच्चे,/बूढ़े हुए हैं आजकल होते हुए बच्चे।*[15] बुढ़ापा इन बच्चों के साथ ही जन्म ले लेता है। यौवन तो दूर, बचपन भी जीने का अवसर ये नहीं पाते। काम करने वाले बच्चों के बचपन में जगह-जगह से बुढ़ापा झाँकता है। **अशोक चक्रधर** की एक 'कविता है—*बूढ़े बच्चे*। इन बच्चों में एक बच्चा है, जो *सुबह से शाम तक काग़ज़* मोड़ता है—*यही उसकी ज़िंदगी का आख़िरी मोड़ है/यही उसके अतीत का घटाना है/यही उसके*

भविष्य का जोड़ है/और वह जो लीथो पर/इनके या उनके भाषणों की/ख़बर वाला/लाल नीले रंगों में/पोस्टर निकालता है/वह ख़ुद लाल-नीली स्याही से/पोस्टर बना खड़ा है/क्या आपने कभी/इस पोस्टर को पढ़ा है?[16]

यह सवाल अनेक ध्वनियों की गूँज पैदा करता है। अगर आपने पोस्टर बने बच्चे को पढ़ा है तो उसे पोस्टर बनने से बचाने के लिए किया क्या है? अगर नहीं पढ़ा तो आपकी पढ़ाई-लिखाई ने आपको आख़िर पहुँचाया कहाँ है, दिया क्या है? आपकी आँखों में जो रौशनी है, क्या सचमुच उसका कोई अर्थ है? आपकी नेत्र-संवेदना और मनुष्यता को भी कहीं नेताओं-अभिनेताओं के चमचमाते पोस्टरों ने तो अपने में क़ैद नहीं कर लिया? यह कविता का दमख़म है कि उसका एक सवाल भी अनेक सवाल पैदा कर देता है। देश से भी, समाज से भी और व्यक्ति से भी। तीनों को एक साथ कठघरे में खड़ा कर देने की सामर्थ्य उसमें है। यह सामर्थ्य उसमें न होती, अगर यह बच्चा प्रिंटिंग प्रेस से सीधे कविता में न चला आया होता। कोई चाहे तो पोस्टर बने खड़े इस बच्चे में क्या-क्या नहीं पढ़ सकता!

बच्चा जूते चमकाता है। पोस्टर बनाता है। घरेलू कामकाज करता है। **परवीन शाकिर** ने घर में खटते बच्चों का हाल *एक मुश्किल सवाल* कविता में इस तरह बताया—

"टाट के पर्दे के पीछे से
एक बारह-तेरह साला चेहरा झाँका
वह चेहरा
बहार के पहले फूल की तरह ताज़ा था
और आँखें
पहली मोहब्बत की तरह शफ़्फ़ाफ़
लेकिन उसके हाथ में
तरकारी काटते रहने की लकीरें थीं
और उन लकीरों में
बर्तन माँजने की राख जमी थी
उसके हाथ
उसके चेहरे से बीस साल बड़े थे।"[17]

चेहरा बच्चे का और हाथ उससे बीस साल बड़े! विषमता से ग्रस्त वर्तमान विकास क्या सचमुच विकास है? क्या विकास यही होता है, जिसमें बच्चों को बच्चों की तरह बड़े होने का अधिकार तक न हो? विषमता विष की तरह बच्चों के बड़े होने तक में घुलमिल गई है। विकास विषमता का हुआ है। संपन्नों द्वारा विपन्नों के इस्तेमाल का हुआ है। संवेदनहीनता का हुआ है। किसी भी तरह अपना काम निकालने वाली धूर्तता का हुआ है। अमानवीयता का हुआ है।

मनुष्यता पतन के रास्ते पर है। यह सूचना मनुष्य को कविता देती है। कविता की अंतर्दृष्टि यह देखने में समर्थ है कि काम करने वाले बच्चे के हाथ उसके चेहरे से बीस साल बड़े हैं। जैसे वे उसके न होकर किसी और के हाथ हों! काम करने वाला बच्चा अपने हाथों से वंचित है। कविता ही है, जो नेकनीयत से सवाल उठाती है कि 'बचपन के अपने

हाथ आख़िर कहाँ चले गए। क्यों वे उसके अपने नहीं रहे? क्यों अलग हो गए उससे? क्या बचपन के हाथों को बचपन के ही पास नहीं रहना चाहिए?

इन सवालों को और मुखरता से उठाने वाली **राजेश जोशी** की एक कविता है–*बच्चे काम पर जा रहे हैं*–

"कोहरे से ढकी सड़क पर बच्चे काम पर जा रहे हैं
सुबह सुबह

बच्चे काम पर जा रहे हैं
हमारे समय की सबसे भयानक पंक्ति है यह
भयानक है इसे विवरण की तरह लिखा जाना
लिखा जाना चाहिए इसे एक सवाल की तरह

काम पर क्यों जा रहे हैं बच्चे?
क्या अंतरिक्ष में गिर गई हैं सारी गेंदें
क्या दीमकों ने खा लिया है
सारी रंगबिरंगी किताबों को
क्या काले पहाड़ के नीचे दब गए हैं सारे खिलौने
क्या किसी भूकंप में ढह गई हैं
सारे मदरसों की इमारतें

क्या सारे मैदान, सारे बगीचे और घरों के आँगन
ख़त्म हो गए हैं एकाएक

तो फिर बचा ही क्या है इस दुनिया में?
कितना भयानक होता अगर ऐसा होता
भयानक है लेकिन इससे भी ज़्यादा यह
कि हैं सारी चीज़ें हस्बमामूल

पर दुनिया की हज़ारों सड़कों से गुज़रते हुए
बच्चे, बहुत छोटे-छोटे बच्चे
काम पर जा रहे हैं।"[18]

काम पर जाते बच्चों को विवरण की तरह लिया जाता है। सवाल की तरह लिया जाता तो जवाब भी मिलता। संभवतः बच्चे काम पर नहीं जा रहे होते। विवरण की तरह लेने का परिणाम ही है कि वे काम पर जा रहे हैं। जनता ने वोट दे दिया। दलों ने सरकारें बना लीं। सरकारों ने बाल-मज़दूरी को दंडनीय अपराध घोषित कर दिया। अपराधियों ने ऐसे क़ानूनों के तोड़ ढूँढ़ लिए। सबने अपना-अपना काम कर लिया और वही काम नहीं हुआ, जो होना था। यह है काम पर जाते बच्चों को विवरण की तरह लेना।

सवाल की तरह लेने का अर्थ है—अपने देशकाल की एक बड़ी मुश्किल की तरह लेना। ऐसी मुश्किल की तरह, जिसकी पहुँच में सरकार ही नहीं, नागरिक भी हों। राजनैतिक दल ही नहीं, मनुष्य भी हों। यह मुश्किल अगर नागरिकों को नहीं व्यापती तो वे अनुभव करें कि उनकी नागरिकता कितनी अधूरी है! यह मुश्किल मनुष्यों के सीने में फांस की तरह नहीं चुभती तो वे देखें कि उनकी मनुष्यता कितनी अपंग है! कहीं वह भी बनावटी और दिखावटी बनकर तो नहीं रह गई? अगर हाँ तो वे मनुष्य नहीं रह गए और उन्हें अपने उपचार की ज़रूरत है। अगर नहीं तो बच्चे काम पर क्यों जा रहे हैं? कविता सच्चे सवाल उठाती है। सच्चे सवाल मुश्किल में डालते हैं। समकालीन मनुष्य को उसका सच्चा चेहरा दिखाते हैं। बताते हैं कि वे मनुष्यता को बचाकर स्वयं को बचाएँ। कविता मनुष्यता की संवेदन-लय है। मनुष्यता मरती है तो वह भी मरती है और ख़ुद को बचाने के लिए कोई क्या-क्या नहीं करता!

दमित की तरफ़ से कविता का बोलना वास्तव में मनुष्यता की संवेदन-लय का ही बोलना है। दमन मनुष्यता का विरोधी है। दमित बच्चे हों या स्त्री, दलित हों या ग़रीब, जो बोल नहीं सकते, कविता उनकी आवाज़ बनती है। यह आवाज़ सवाल भी उठाती है। संकेत भी करती है। वक्तव्य भी देती है। चित्र भी दिखाती है। प्रसंग भी सुनाती है। बात भी कहती है। विरोध भी करती है। तर्क भी देती है। बतियाती भी है। लताड़ती भी है। दमित के पक्ष में जो कुछ भी कर सकती है, करती है।

मनुष्यता की संवेदन-लय का आज भी कोई विकल्प नहीं।

संदर्भ

1. आलोचनाः जनवरी-मार्च, 2001 -पृष्ठ 100 पर लीलाधर मंडलोई द्वारा उद्धृत
2. अन्यथाः अंकः 4 अगस्त, 2005, पृष्ठ 63
3. हंसः अगस्त, 2004 -सत्ता विमर्श और दलित, पृष्ठ 191
4. पतंग और चरखड़ी -मुकेश मानस, पृष्ठ 44
5. सबकी आवाज़ के पर्दे में -विष्णु खरे, पृष्ठ 17-19
6. दुष्चक्र में स्रष्टा -वीरेन डंगवाल, पृष्ठ 48-49
7. लोगबाग -इब्बार रब्बी, पृष्ठ 67-68
8. इरादे तभी करवट लेते हैं -चंद्रभान, पृष्ठ 17-18
9. वही, पृष्ठ 18
10. अपेक्षाः 12, जुलाई-सितंबर, 2005, अम्बेडकरवादी युवा कविता विशेषांक, पृष्ठ 46
11. घर का रास्ता -मंगलेश डबराल, पृष्ठ 30-31
12. लकड़बग्धा हँस रहा है -चंद्रकांत देवताले, पृष्ठ 74
13. हम जो नदियों का संगम हैं -बोधिसत्व, पृष्ठ 33
14. अष्टाक्षर -संपादकः चारुमित्र, पृष्ठ 45
15. घर तलाश कर -पुरुषोत्तम प्रतीक, पृष्ठ 29
16. अन्यथाः अंकः 5 नवंबर, 2005, पृष्ठ 21
17. वही, पृष्ठ 20
18. नेपथ्य में हँसी -राजेश जोशी, पृष्ठ 23-24

केवल शरीर से मनुष्य होना

दमनकर्त्ताओं का विरोध दमित की पक्षधरता है। कविता का रास्ता समानता का रास्ता है। भावात्मक विवेक का रास्ता है। सक्रिय मनुष्यता का रास्ता है। यह रास्ता मुश्किल से बनता है। मुश्किल से पहचान में आता है। मुश्किल से तय होता है। बड़ी बात है कि छोटे और आसान रास्तों की भीड़ में न तो यह रास्ता ग़ायब हुआ, न इस पर चलने वाले। मनुष्यता के रास्ते मनुष्य ही चलते हैं। बहुत हैं, जो केवल शरीर से मनुष्य हैं। कारण यह कि वे मनुष्यता को जानते-पहचानते नहीं। यह भी कि जानना-पहचानना नहीं चाहते।

अक्षमता का उपचार तो हो सकता है, नीयत का नहीं। नीयत का हाल **धूमिल** के शब्दों में यह है कि *"जिसके पास थाली है/हर भूखा आदमी/उसके लिए, सबसे भद्दी/गाली है"।*[1] भूखे आदमी को देखना गाली सुनने जैसा है। कोई उसे देखना नहीं चाहता। दिखलाई दे ही जाए तो मुँह फेर लेता है। सच को देखने के लिए स्वार्थ का चश्मा उतारना पड़ता है। उतार भी दें तो सच को देखने के बाद गाँठ से कुछ जा भी सकता है। इसलिए सबसे अच्छा और आसान उपाय है कि देखो ही मत!

संपन्नता अब केवल सुख देने वाली शक्ति नहीं रही। एक ऐसी दौड़ है वह, जिसका लक्ष्य दौड़ना ही है। संपन्नता, और अधिक संपन्नता के लिए है। संपन्न होने की प्रतियोगिता में हर पल कोई आगे निकल रहा है, कोई पिछड़ रहा है। पीछे रह जाने वाला यह नहीं देखता कि उसके पास उसकी ज़रूरत-भर सब कुछ है। यह देखता है कि वह आगे निकल जाने वाले की तुलना में विपन्न हो गया। विपन्नों की तो बात ही क्या, संपन्नता की यह दौड़ संपन्नों को भी संपन्न नहीं रहने देती।

दौड़ में बने रहने, आगे निकलने के लिए अनैतिक होना भी नैतिक है। अनैतिक होना अमानवीय होना है। अमानवीयता का अर्थ है—मनुष्यता से नीचे गिरना। पतन की यह प्रक्रिया कमोबेश सर्वत्र है। **मुकेश मानस** ने कहा—

"भ्रम मत पालो
कि वेद पुरान पढ़कर
भेड़िए सभ्य हो जाते हैं
...भ्रम मत पालो
कि विकास के क्रम में
भेड़िए ख़त्म हो जाएँगे
...भ्रम मत पालो
कि भेड़िए दलितों में नहीं होते।"[2]

विषमता जहाँ होगी, वहीं मनुष्य के शरीर में भेड़िए भी होंगे। ऊँच-नीच ब्राह्मणों में ही नहीं, दलितों में भी है। **एम. वी.नाडकर्णि** बताते हैं कि "भंगी जाति महारों (खेतिहर मज़दूर) से भी अधिक अपवित्र मानी जाती रही।"[3] दलितों में पुरुष-वर्चस्व की बाबत **अनिता भारती** का कहना है कि "भारतीय समाज में सबसे ज़्यादा...अत्याचारग्रस्त...अगर कोई है तो वह दलित महिला ही है।...आज दलित पुरुषों द्वारा उसे बराबरी का दर्जा देना तो दूर, उसके लिए बराबरी की बात सोचना भी दूर की बात लगती है।"[4] इसी क्रम में **मोहनदास नैमिशराय** की इन पंक्तियों को भी पढ़ा जाना चाहिए–"दलित समाज के सतही...अंबेडकरवादी एक तरफ़ नारेबाज़ी के बीच मनुस्मृति का दहन करने के साथ हिंदू देवी-देवताओं को गालियाँ देते हैं, दूसरी तरफ़ अपने ही घर में अपनी ही पत्नियों के साथ और अपने ही श्रद्धापुरुष अंबेडकर के चित्र की छाया में मनु की आचार-संहिता का पूरा-पूरा पालन करते हैं।"[5] विषमता की वेदना से जो सर्वाधिक पीड़ित रहे, उनके अपने आचरण से भी वह अब तक नहीं निकली।

कारण क्या है? कारण है–विषमता से होने वाले लाभों का लोभ। यह लाभ-लोभ शक्तिशाली को होता है। शक्तिशाली और दुर्बल के समीकरण तुलनात्मक दृष्टि से तय होते हैं। अमीर ग़रीब की, ऊँची जाति निम्न जाति की और पुरुष स्त्री की तुलना में शक्तिशाली है। विषमता का लाभ शक्तिशाली को ही होता है। वही उसे बनाए रखता है। भेड़िया उसी के भीतर पलता-बढ़ता है। अपने नखदंत पैने करता है। मौक़ा पाते ही भीतर से बाहर निकल आता है और दुर्बल पर टूट पड़ता है।

दुर्बल और दुर्बल में जिस तरह दुर्बलता समान होती है, उसी तरह शक्तिशाली और शक्तिशाली में शक्ति। अत्याचारियों की एक-दूसरे को पीछे छोड़ने और धकेलने की प्रवृत्ति अपनी जगह लेकिन दमन को बनाए रखने या बढ़ाने का जहाँ सवाल आता है, सारे एक हो जाते हैं। एक होते हैं दमितों को मार डालने या उन्हें अपने हिसाब से ही जीवित रहने देने के लिए। यह अत्याचारियों की वर्चस्वलिप्सा है। कारण है–लाभलोभ। इसे संतुष्ट करने में हर तरह लगे रहना उनका जीवन है। वे शक्तिशाली हैं। ज़माने को नियमित-नियंत्रित करते हैं। **उदय प्रकाश** ने कहा–*चलिए मैं भी पूछता हूँ/क्या माँगूँ इस ज़माने से मीर/जो देता है भरे पेट को खाना,/दौलतमंद को सोना, हत्यारे को हथियार/बीमार को बीमारी/कमज़ोर को निर्बलता/अन्यायी को सत्ता/और व्यभिचारी को बिस्तर।*[6]

खाना, दौलत, हथियार, बिस्तर और सत्ता किसे नहीं चाहिए? इसलिए अधिकांश विषमताग्रस्त ज़माने के साथ हैं। जिनके पास यह सब है, वे इसे और बढ़ाने, और मज़बूत करने में जुटे हैं। जिनके पास नहीं है, वे हर तरीक़े से इसे हासिल करने में जुटे हैं। हासिल करते ही विषमता उनके लिए कोई समस्या नहीं रह जाती। हर पंजा अपने से ऊपर की सीढ़ी हथियाने में जुटा है। हर एड़ी अपने से नीचे वाले के दांत तोड़ने की फ़िराक़ में है। विषमता को फलने-फूलने के लिए और क्या चाहिए!

चंद्रकांत देवताले ने कहा–*मैं शिकायत करने कहाँ जाऊँ/हर जगह चाँदी का जूता गड़ा है/...प्रजातंत्र की रथयात्रा निकल रही है/औरतों और बच्चों को रौंदा जा रहा है/गुण्डों और नोटों की ताक़त से हतप्रभ लोग/ख़ामोश खड़े हैं।*[7] आज के समय का बड़ा सच है–

चाँदी का जूता। जो उसके तलुए सहलाए, उसकी चाँदी है। जो उसे जूता कहे, उसके लिए वह जूता है ही। चाँदी से जूते का रिश्ता धन से अपराध की मिलीभगत है।

धन और अपराध इस दौर में और क़रीब आए हैं। धनिक अधिक अपराध-कुशल हुए हैं और अपराधी अधिक धनी। दोनों की जनविरोधी मिलीभगत इतनी शातिर है कि जन के विरोध को भी जोंक की तरह चूस लेती है। **धूमिल** ने इन्हीं के बारे में कहा था कि *वे जिसकी पीठ ठोंकते हैं–/उसकी रीढ़ की हड्डी ग़ायब हो जाती है/वे मुस्कराते हैं और/दूसरे की आँख में झपटती हुई प्रतिहिंसा/करवट बदलकर/सो जाती है।*[8] इस तरह और सुरक्षित, और दीर्घजीवी हो जाती है सताने वालों की ताक़त।

वीरेन डंगवाल की एक *लकड़हारे की अधूरी कविता* में सताने वाले अपना परिचय इस तरह देते हैं–*ज़िंदगी-भर हम तुमसे दगा करते आए हैं/तुम्हारी लकड़ियों पर सेंकी हैं अपनी रोटियाँ हमने/तुम्हारे काठ की तरह सुलगते हाथों को तापा है/तुम्हारी हड्डियाँ निकालकर बनाए हैं अपनी हिफ़ाज़त के लिए वज्र/तुम्हारे दुख को निचोड़ा है अपनी कविताओं के लिए नींबू की तरह/फिर तुम्हारी खाल को मशक की तरह टांगकर/हम खेद जताते रहे।*[9]

खेद जताना मौखिक है और दमित का तरह-तरह से इस्तेमाल वास्तविक। यह इस्तेमाल करने वाले क्रूर हैं। बेशर्म हैं। उनकी करुणा खोखली है। केवल दिखावटी। वास्तव में वह उस कपड़े जैसी है, जो सारी क्रूरताओं को ढँके हुए है। क्रूरताएँ नंगी होने से डरती हैं। इसलिए कि पहचानी जा सकती हैं। मारी भी जा सकती हैं। अपने जीवन को ख़तरों से बचाने के लिए पाखंड उनकी ज़रूरत है। **ब्रजमोहन** के एक गीत में पाखंडी ज़मींदार के इस तरह कपड़े उतरते हैं–

"सो गया जागती लाठियाँ छोड़कर
सुबह सूरज को पानी चढ़ाने चला
रात-भर गाँव की लाज से खेलकर
तू जनेऊ लपेटे नहाने चला"[10]

जनेऊ और स्नान गंदगी के दिखावटी रूप भी हैं। ज़ुल्म करने के लिए बेबसों पर ख़ुद लाठियाँ तोड़ने की ज़रूरत नहीं। सोते-सोते भी ज़ुल्म किया जा सकता है। इससे ख़ुद को निर्दोष या मासूम साबित करने में आसानी होती है। कविता की दुनिया क़ानून की तरह सबूत को सच से ज़्यादा महत्त्व नहीं देती। जनेऊ, स्नान और नींद जैसे सबूतों की धुंध छाँटकर वह सच तक पहुँचती है। ईश्वर और उसे बनाने वालों के गिरोह की असलियत भी सामने लाती है।

असंगघोष की पंक्तियों में देखती है–*झोपड़ी के पीछे वाली/दिवार का भरभराकर गिरना/छप्पर से टपकते पानी का/टूटी दिवार से आती बौछारों से/मिलकर एकाकार हो फ़र्श पर फैल जाना* और पूछती है–*क्या ईश्वर क़हर भी छप्पर फाड़कर देता है?*[11] सताने वालों में ईश्वर भी शामिल है। वह अकारण नहीं सताता। गुण्डे की तरह सताने की क़ीमत पाता है। सताने वाले घूस देकर अपने ज़ुल्मों की फ़ाइल नष्ट करवा देते हैं। निरंतर ज़ुल्म करते रहने का हौसला और अधिकार पाते हैं। ईश्वर की तरह अंधविश्वास भी ज़ुल्मों का सिलसिला बनाए रखने के काम आते हैं। भोलापन, सादगी और अज्ञान दमितों की

विवशताओं के रूप हैं। विवशताएँ कहीं भी किसी भी रूप में हों, उनका लाभ उठाना मनुष्य में बसे भेड़िए का धर्म है।

संतोष चौबे के शब्दों में वे विनम्रता के साथ निवेदन करते हैं–*मेरे अच्छे आदिवासियो/विस्थापित हो जाओ/ताकि हम/स्थापित हो सकें।*[12] आदिवासियों की अच्छाई उनके विस्थापित होने पर निर्भर है। अगर वे विस्थापित नहीं होते तो बहुत बुरे हैं। अच्छाई-बुराई के प्रतिमानों पर भी शक्तिशालियों का ही क़ब्ज़ा है। क्या शक्तिशालियों का है और क्या निर्बलों का, यह बताती हैं **ओम् प्रकाश वाल्मीकि** की *ठाकुर का कुआँ* में ये पंक्तियाँ–

"चूल्हा मिट्टी का, मिट्टी तालाब की
तालाब ठाकुर का
भूख रोटी की, रोटी बाजरे की
बाजरा खेत का, खेत ठाकुर का
बैल ठाकुर का, हल ठाकुर का, हल की
मूठ पर रखी हथेली अपनी
फ़सल ठाकुर की, कुआँ ठाकुर का
पानी ठाकुर का, खेत-खलिहान ठाकुर के
गली-मोहल्ले ठाकुर के, फिर अपना क्या? गाँव? शहर? देश?"[13]

मेहनत के अलावा जो कुछ भी है, सब ठाकुर का है। दो बूँद पानी और दो टुकड़े रोटी तक के लिए मेहनतकश जहाँ ठाकुर पर निर्भर हो, वहाँ न्याय-अन्याय, अच्छाई-बुराई, नेकनामी-बदनामी के तमाम प्रतिमान भी ठाकुर ही तय करता है। यह भी वही तय करता है कि किस पर वे लागू होंगे और किस पर नहीं। इसी पर प्रहार करते हुए **जनकवि बिहारी लाल हरित** ने कहा–

"प्याऊ में बिलाऊ ख़ुद पीवे, लोटे से नीर पिलाते ना।
औरों को नीच, कहे जाड़ भींच, ख़ुद कीच से छुटने पाते ना।"[14]

प्याऊ से बिलाऊ तो सीधे-सीधे पानी पी सकता है, दलित नहीं। भले वह इंसान हो पर उसकी हैसियत पशु से भी कम है। उसे नीच कहकर उस पर घृणा बरसाने वाले स्वयं नीचता में गले-गले धँसे हुए हैं। इंसान को इंसान मानने से भी परहेज़ करने वाले ख़ुद कितने इंसान हैं, यह स्पष्ट है। दूसरों पर एक उँगली उठाने वाले की तीन उँगलियाँ उसकी अपनी तरफ़ उठी होती हैं। दूसरों को नीच कहने का कारण है अपने को उच्च मानने वाली मनोग्रंथि। इस ग्रंथि से तथाकथित उच्च मानस आज भी मुक्त नहीं हो सका, यह घोषित करती हैं **मुसाफ़िर बैठा** की ये पंक्तियाँ–

"रामराज्य की शंबूक-प्रताड़ना को भी
बखूबी अपनी सामंती मानसिकता में
आप अब भी सहलाएँ
दलितों के प्रति वही पूर्वग्रही पुरा-सोच सँभालें
आप फिर भी आधुनिक!

...मनुरक्त ही दौड़े आप की रग-रग में रह-रह
आप फिर भी आधुनिक!"[15]

ऐसा इसलिए कि कौन आधुनिक है, कौन पुरातन, यह तय करने वाले उच्चता ग्रंथि से पीड़ित लोग ही हैं। यह उनकी नीचता है कि वे स्वयं अपने लिए उच्च और आधुनिक जैसे विशेषण तय कर लेते हैं। उन्हें हर मानस में प्रतिष्ठित करने के लिए एड़ी-चोटी का ज़ोर लगाते हैं। सफल होने पर *निम्न* और *पुरातन* लोगों को अपने हित में इस्तेमाल करते हैं। इस सफ़ाई के साथ कि इस्तेमाल होने वाले भी अपने इस्तेमाल के बारे में जान नहीं पाते। **वीरेन डंगवाल** इसीलिए *रामसिंह* से पूछते हैं–

"तुम किसकी चौकसी करते हो रामसिंह?
तुम बंदूक के घोड़े पर रखी किसकी उँगली हो?
किसका उठा हुआ हाथ?
किसके हाथों में पहना हुआ काले चमड़े का नफ़ीस दस्ताना?
ज़िंदा चीज़ में उतरती हुई किसके चाकू की धार?
कौन हैं वे, कौन
...वे माहिर लोग हैं रामसिंह
वे हत्या को भी कला में बदल देते हैं।"[16]

कला यह कि हत्या वे करते हैं और हत्यारे साबित होते हैं रामसिंह। यह कला नहीं, कलाबाज़ी है। धूर्तों का हित इसी में है कि यह चतुराई कला की तरह समाज में प्रतिष्ठित हो। विषमताग्रस्त समाज में यह प्रतिष्ठित होती भी है। **अरुण कमल** ने लिखा–*माँ-बहनों की इज़्ज़त लूटी जिन लोगों ने/उनकी जय हो/ख़ून बहाया मासूमों का जिन लोगों ने/उनकी जय हो।*[17] एक पंक्ति में लुटेरे, दूसरी में उनकी जयजयकार। एक पंक्ति में हत्यारे, दूसरी में उनकी जयजयकार।

पंक्तियों के इस बरताव से *जय-जय* का अर्थ अपने आप *धिक् धिक्* हो जाता है। यह व्यंग्य है। शब्दों को अपने अर्थ देते हुए काम लेने की क्षमता से संपन्न। लुटेरे और हत्यारे सक्षम हैं तो उन्हें उनकी सही जगह दिखाने-बताने के लिए कविता भी सक्षम है। उसने बताया है कि हत्यारे न केवल जीवित रहते हैं बल्कि *राजपाट-सम्मान* भी पाते हैं।[18] यह दोहरा अन्याय है। अन्याय की बढ़ती हुई बहुमुखी शक्ति का प्रमाण। बहुमुखी शक्ति से संपन्न होकर अन्याय स्वयं को स्वाभाविक और उचित ठहराता है।

"कोई अपनी पत्नी को पीट रहा है बेतहाशा
कहता है–मेरी औरत है
कोई अपने नौकर की नन्हीं पीठ जूते से
हुमच रहा है,
कहता है–मेरा नौकर है
और कोई तानाशाह हज़ारों लोगों को
गोलियों से भून रहा है,
मुस्कराता हुआ कहता है–मेरी जनता है!"[19]

भले ही तानाशाह नाम से न जाना जाए पर तानाशाह नौकर और पत्नी को पीटने वाला भी है। अवसर पा जाए तो जनता को भूनने में एक क्षण न लगाए। सवाल यह कि औरत, नौकर और जनता को उसकी बनाया किसने? उन्हें वस्तु और तानाशाह को उनका मालिक बनाया किसने? उन्हें पालतू व ग़ुलाम और तानाशाह को समर्थ व स्वतंत्र बनाया किसने? स्वयं तानाशाह ने। अहंकार और क्रूरता की औलाद ने।

अहंकार और क्रूरता जहाँ मिलें, समझ लेना चाहिए--वहीं तानाशाह पैदा हो रहा है। जीने का अवसर पा गया तो किसी को जीने नहीं देगा। कविता ऐसे अवसर छीनती है। उसके मायाजाल को छिन्न-भिन्न कर उसकी नंगई सामने लाते हुए। साबित करते हुए कि उसका बाहरी रंग-रूप-आकार ही मनुष्य का है। वस्तुतः वह हिंसक पशुओं की बर्बर पशुता का पुंजीभूत रूप है। उसके साथ वही सुलूक होना चाहिए, जो सघन पशुता या बर्बरता के साथ उचित है। यही मनुष्यता का भी तक़ाज़ा है और उसकी संवेदन-लय अर्थात् कविता का भी।

तानाशाह व्यक्ति हो या समूह, कविता ने ऐसा ही सुलूक उसके साथ किया है। विषमताग्रस्त समाज का विकास तानाशाहों ने ही किया है। **देवी सिंह** के शब्दों में कविता दमितों की तरफ़ से पूछती है--*मैं तो था दृष्टिहीन/पर तुमने क्या राह दिखाई दुनिया को/कि दुनिया और उलझती चली गई/मैं तो था हाथ-पैरों से लाचार/पर तुमने कौन-सी मंज़िलें तय कीं/कि दूरियाँ और बढ़ती चली गईं।*[20] दृष्टि जिसके पास रही, उसका उचित उपयोग कर सकने की स्थिति में जो रहा, उसी ने मनुष्य-समाज को भटकाया। उसमें पशुता को पैदा किया और बनाए रखा। जो चल सकता था, वह आपसदारी की दिशा में नहीं, दूरियों की दिशा में बढ़ता भी रहा और बढ़ाता भी रहा। कोई भी समाज आपसदारी से बनता है लेकिन उसने समाज में दूरियाँ पैदा करते हुए स्वस्थ सामाजिकता को नष्ट कर डाला। स्वस्थ सामाजिकता का जो अभाव आज दिखलाई देता है, उसकी ज़िम्मेदारी बाज़ार की तो है ही, समाज के उस शक्तिशाली हिस्से की भी है, जो विषमता की उपासना करता-कराता रहा।

उससे **ओम् प्रकाश वाल्मीकि** ने कहा--*गंगा किनारे/कोई वट वृक्ष ढूँढ़कर/भागवत का पाठ कर लो/आत्मतुष्टि के लिए/कहीं अकाल मृत्यु के बाद/भयभीत आत्मा/भटकते-भटकते/किसी कुत्ते या सूअर की मृत देह में/प्रवेश न कर जाए/या फिर पुनर्जन्म की लालसा में/किसी डोम या चूहड़े के घर/पैदा न हो जाए!/चूहड़े या डोम की आत्मा/ब्रह्म का अंश क्यों नहीं है/मैं नहीं जानता/शायद आप जानते हों!*[21]

शक्तिशालियों ने जातिवाद पैदा किया। उन्होंने ही धर्म के नाम पर अंधविश्वास भी पैदा किए। वे क्या जानते थे कि उन्हीं की एक संतान दूसरी की कलई खोल देगी! कहा गया कि हर आत्मा ब्रह्म का अंश है। दलितों के साथ ऐसा सुलूक किया गया जैसे उनकी आत्मा शैतान का अंश हो। इस सुलूक ने ब्रह्म के कपड़े उतार दिए। बता दिया कि वह किसके साथ है और किसके ख़िलाफ़। मनुष्यों को सूअरों और कुत्तों की तरह जीवित रहने पर विवश करने वाले पुनर्जन्म होने पर स्वयं भी वही हो सकते हैं।

यह है अत्याचारी के हथियार द्वारा ही उससे लोहा लेना। यहाँ व्यंग्य के माध्यम से कविता ने यह लोहा लिया है। बताया है कि या तो चूहड़े और डोम की आत्मा भी ब्रह्म का

अंश है और या फिर ब्रह्म भी ब्रह्म नहीं, पाखंड है। ऐसा पाखंड, जिसे शक्तिशालियों ने निर्बलों को निर्बल बनाए रखने के लिए फैलाया। यह पाखंड मनुष्यता-विरोधी है। अतः कविता-विरोधी भी।

कविता अपने विरोधी की ख़बर लिये बिना कैसे रह जाती!

संदर्भ

1. संसद से सड़क तक, धूमिल, पृष्ठ 106
2. दस बरस : हिंदी कविता अयोध्या के बाद, दूसरी जिल्द, संपादकः असद ज़ैदी, पृष्ठ 82
3. आलोचना : जनवरी-मार्च, 2004, पृष्ठ 31
4. कृति संस्कृति संधानः अंकः 2 -संयुक्तांकः अप्रैल-दिसंबर, 2003, पृष्ठ 212
5. आधुनिकता के आइने में दलित -संपादकः अभय कुमार दुबे, पृष्ठ 241
6. रात में हारमोनियम -उदय प्रकाश, पृष्ठ 41
7. उसके सपने -चंद्रकांत देवताले -चयन-संपादनः विष्णु खरे, चंद्रकांत पाटील, पृष्ठ 156, 158
8. संसद से सड़क तक -धूमिल, पृष्ठ 110
9. दुष्चक्र में स्रष्टा -वीरेन डंगवाल, पृष्ठ 116
10. दुख जोड़ेंगे हमें -ब्रजमोहन, पृष्ठ 61
11. अपेक्षाः 12 -अम्बेडकरवादी युवा कविता विशेषांक, जुलाई-सितंबर, 2005 में अंजनी कुमार द्वारा उद्धृत, पृष्ठ 105
12. वर्तमान साहित्यः कविता विशेषांकः अप्रैल-मई, 1992, पृष्ठ 302
13. अपेक्षाः 12 -अम्बेडकरवादी युवा कविता विशेषांक, जुलाई-सितंबर, 2005 में ईश गंगानिया द्वारा उद्धृत, पृष्ठ 24
14. अपेक्षाः 9 -जनकवि बिहारी लाल हरित पर केंद्रितः अक्तूबर-दिसंबर, 2004, पृष्ठ 51
15. अपेक्षाः 12 -अम्बेडकरवादी युवा कविता विशेषांक, जुलाई-सितंबर, 2005, पृष्ठ 52
16. संकल्पः कविता दशक (नवें दशक की प्रतिनिधि कविताएँ) -संपादकः केदारनाथ सिंह, पृष्ठ 141
17. सबूत -अरुण कमल, पृष्ठ 64
18. वही, पृष्ठ 62
19. वही, पृष्ठ 60
20. अपेक्षाः 12 -अम्बेडकरवादी युवा कविता विशेषांक, जुलाई-सितंबर, 2005, पृष्ठ 73
21. बस्स! बहुत हो चुका -ओम् प्रकाश वाल्मीकि, पृष्ठ 13

आना दमित स्वर में आत्मविश्वास

बहुत पहले से कविता उसकी पक्षधर होती आई है, जिसका कोई न हो। क्रौंच-वध की वेदना से दलित-जीवन की यातना कहने तक एक लंबी यात्रा उसने की है। अत्याचारी के पक्ष में वह कभी नहीं रही। उस समय भी नहीं, जब *दरबारी* थी। दरबारी कविता का अर्थ इस बोध के साथ पढ़ने पर पूरा बदल जाता है कि इसके कवि का पहला और आख़िरी प्रयोजन अपने आश्रयदाता को ख़ुश करना है। कविता माध्यम है, और कुछ नहीं। ऐसे में किसी भी राजा की स्तुति या अतिशयोक्तिपूर्ण प्रशंसा उसी पर व्यंग्य बन जाती है। प्रतिक्रिया यह होती है कि देखो! यह राजा इस-इस तरह से ख़ुश होता था! इस-इस तरह से नीच होता था! शरीफ़ आदमी अपनी तारीफ़ सुनकर ख़ुश नहीं होता। अपना अहंकार तुष्ट करने में शक्ति नियोजित करने वाले को जितना उन्नत बताया जाता है, उसकी नीचता उतनी ही सामने आती है। दरबारी कविता इस नीचता का तरह-तरह से प्रस्तुत मुद्रा-संयोजन है। अत्याचारी के दरिद्र मानस का आईना। अंततः अत्याचार-विरोधी।

भक्ति आंदोलन के सभी स्वरों का मूल प्रतिपाद्य था—उपासना पर सभी का समान अधिकार। धर्म उसका शरीर था और समानता उसकी आत्मा। इसीलिए भारत की समस्त भाषाओं में उसने निर्बल का बल बनकर अनैतिक सबल पर भरपूर प्रहार किए। प्रत्येक संदर्भ में अतिरिक्त को काटा। बनावट को बराबर बनावट कहा। अपनी चलते उसे भारतीय जीवन का हिस्सा नहीं बनने दिया। सहज स्वीकार्य नहीं बनने दिया। जीवन के मैदान से उसे जमकर खदेड़ा।

उन्नीसवीं से शुरू होकर बीसवीं और अब इक्कीसवीं सदी तक आने वाली पराधीनता-विरोधी जागृति कविता की इसी परंपरा से जुड़ी। बदलते जनजीवन को विविध कोणों से देखना और तरह-तरह से प्रकट करना इसी जागृति के रूप हैं। सबसे सामयिक रूप है—बीसवीं सदी के अंतिम दशक में विशेष रूप से उभरी दलित हितों से प्रतिबद्ध कविता। इस कविता ने आर्थिक की बजाय सामाजिक विषमता को निशाने पर रखा। **ओम् प्रकाश वाल्मीकि** ने लिखा—*वह दिन कब आएगा/जब बामनी नहीं जनेगी बामन/चमारी नहीं जनेगी चमार/भंगिन भी नहीं जनेगी भंगी*।[1] ब्राह्मणी ब्राह्मण जने, इससे ब्राह्मणों को कोई मुश्किल नहीं। मुश्किल उनको है, जो जातिवादी व्यवस्था के सताए हुए हैं। समता की ज़रूरत वे कितनी शिद्दत से महसूस करते हैं, यह **असंगघोष** की इन पंक्तियों में है—

"चाँद जब कभी गिर पड़ेगा आसमान से धरती पर
हम निहारना बंद कर देंगे धरती के चाँद को

बूढ़ी नानी का चरखा थम जाएगा
रुंध जाएगा लोरी गाती माँ का गला
नहीं रहेगा बच्चों का चंदा मामा
यह सृष्टि भी नहीं रहेगी
चलो, ऐसे ही सही जातियों की झंझटों
से पिंड तो छूट जाएगा!"[2]

चाँद का गिर पड़ना प्रलय का आ जाना है। प्रलय को सहना आसान होगा पर जातियों की झंझटों में क़ैद जीवन को सहना आसान नहीं। किसी भी क़ीमत पर जाति छूटे! यह वही चाहेगा, जिसे जातियों ने क़दम-क़दम पर लूटा हो। साँस-साँस तड़पाया हो। निम्न जातियों को एक अरसे तक इतना तड़पाया गया है कि वे अपनी तड़प को पूरी तरह कहने की स्थिति में कभी नहीं आ सकीं। तड़प सहें या कहें? तड़प कुछ कम हो तो कहने की तरफ़ ध्यान भी जाए!

अब कहने की तरफ़ ध्यान जा रहा है। साफ़ है कि तड़प ने कुछ राहत दी है। यह राहत जिन कारणों से आई है, उनमें वोट का अधिकार और आरक्षण भी है। राजनैतिक जागरूकता और वर्ग-निर्माण इनके फल हैं। दमितों की दुनिया में हो रहे परिवर्तनों की साक्षी कविता ने भी दी। **रामलखन यादव** ने लिखा–*वे हमें ज़ख़्म देते हैं/और चले जाते हैं/ उन्हें और अधिक गहरा हरा करते हुए/फिर कुछ दिन बाद वे आते हैं लौटकर/पूछते हैं हमारा कुशलक्षेम/और हमें सकुशल देखकर हैरान रह जाते हैं।*[3]

हैरान इसलिए रह जाते हैं कि ज़ख़्मों के हिसाब से दमितों को अब तक मर जाना चाहिए था। किसी कारण जीवित बच भी जाते तो मृत्युशैया पर तो होना ही चाहिए था। ऐसा कुछ नहीं हुआ। ज़ख़्मों के बावजूद वे सकुशल बच गए। इसी बात को और प्रभावशाली ढंग से **नरेश सक्सेना** की *छायाएँ* में कहा गया है–

"देखो साहब
हम भी तो छाया हैं आपकी

आपकी हँसी हम हँसते हैं
रोते हैं आपका रोना
आप जो खाते हैं खाना
हम भी वही खाते हैं उन्हीं प्लेटों में
आप जो पहनते हैं कपड़े वही हम पहनते हैं
कुछ दिनों बाद
हमारे बच्चे भी पहनेंगे वही
वे भी तो छाया हैं आपकी...
छायाएँ बारिश में भीगती नहीं
उन्हें नहीं आता बुखार
दवा की ज़रूरत ही क्या
...छायाएँ होती हैं अमर

बर्फ़ उन्हें गला नहीं पाती
आग उन्हें जला नहीं पाती
वक़्त उन्हें ख़त्म नहीं कर पाता।"[4]

यह मार डालने वाले हालात से खिंचती अमरता है। बीमारियों से खिंचता स्वास्थ्य है। दर्द ऐसे ही हालात में दवा बना करता है। अभावों के हाथों पलने वाले सुविधाओं के ग़ुलाम नहीं, मुसीबतों का मुक़ाबला कर सकने वाले सक्षम स्वतंत्र होते हैं। सहते-सहते उनकी क्षमता इतनी मज़बूत हो जाती है कि बर्फ़, आग और वक़्त के सामने नंगे बदन खड़े हो सकें। छायाएँ उन्हें इसलिए बनाया गया था कि वे हमेशा परावलंबी और निर्बल रहें पर ऐसा हुआ नहीं। यातनाएँ सहने के अटूट सिलसिले ने उन्हें शक्तिशालियों से ज़्यादा शक्तिशाली बना दिया। **कुमार अम्बुज** की पंक्तियाँ हैं–*धूल-भरे लोगों के लिए/बहुत परिचित है धूल का संसार/वहीं नष्ट होने से बचाते हैं/वे अपने बीज/और धूल को उपजाऊ मिट्टी में बदलते हुए/मिट्टी से सने हुए वे/इस कठोर सदी में हँसते हैं/स्पंदित करते हैं समय का वाद्य-यंत्र/धूल का संगीत/वैभव के सन्नाटे में गूँजता है।*[5]

दमित काम करते और हँसते हुए सदी की कठोरता को व्यर्थ कर देते हैं। वैभव में मनुष्य-क्षमताओं का सन्नाटा है। वे धूल में खुलती-खिलती हैं। धूल के इस संगीत से ही समय स्पंदित है। जीवंत है। **नागार्जुन** इसी जीवंतता का एक चित्र कविता में इस तरह लाए थे–*प्राइवेट बस का ड्राइवर है तो क्या हुआ/सात साल की बच्ची का पिता तो है!/सामने गियर से ऊपर/हुक से लटका रक्खी हैं/काँच की चार चूड़ियाँ गुलाबी/बस की रफ़्तार के मुताबिक़/हिलती रहती हैं।*[6] चूड़ियों का हिलना मुश्किल जीवन में आनंद की हिलोर है। पूरा फल न पाने वाले कर्म का संगीत है। अभाव का भाव।

दमित किसी से कम मनुष्य नहीं होते। मनुष्यता स्वयं को दूसरों पर आरोपित करना नहीं, दूसरों को जगह देना है। दूसरे को जगह देना किस तरह दमितों की आदत में शामिल है, यह बताती हैं **मंगलेश डबराल** की *संगतकार* में आईं ये पंक्तियाँ–

"गायक जब अंतरे की जटिल तानों के जंगल में
खो चुका होता है
या अपने ही सरगम को लाँघकर
चला जाता है भटकता हुआ एक अनहद में
तब संगतकार ही स्थायी को सँभाले रहता है
जैसे समेटता हो मुख्य गायक का पीछे छूटा हुआ सामान
जैसे उसे याद दिलाता हो उसका बचपन
...और उसकी आवाज़ में जो एक हिचक साफ़ सुनाई देती है
या अपने स्वर को ऊँचा न उठाने की जो कोशिश है
उसे विफलता नहीं
उसकी मनुष्यता समझा जाना चाहिए।"[7]

संगतकार, मुख्य गायक की ज़रूरत है। इसीलिए गायन-समारोह में है। उसके कारण गायक *मुख्य गायक* बनता है। फिर भी उसकी तरफ़ अक्सर ध्यान नहीं जाता। मुख्य गायक की स्थायी को सँभाले रखना उसे स्थायी से इधर-उधर जाने का अवकाश देना है, उसकी

सर्जनात्मकता को जगह देना है। आवाज़ की हिचक का यह मुख्य संगीत में योगदान है। इस योगदान को पहचानकर कविता उसे मनुष्यता का प्रतिनिधि बनाती है। बताती है कि उसने मनुष्यता बचाने वालों को अपने हृदय में बचाए रखा है।

ऐसा नहीं है कि दमित चालाक नहीं होते। वे चतुराई से काम लेने की कोशिश करते हैं पर उनकी चतुराई **वीरेन डंगवाल** के शब्दों में ऐसी होती है–*आख़िर तुम क्यों बनते रहे सदा आहार दूसरों के लिए/गो कि समझते थे तुम ख़ुद को चतुर-चालाक?/वह चालाकी तो कम गोंद वाला एक रंगीन डाक टिकट थी/ज़रा-सी नमी पाते ही उचटने को तैयार।*[8] सफलता के लिफ़ाफ़े पर अच्छी तरह चिपकने से इन्कार करने वाली चालाकी बड़ी उथली होती है। तुरंत पकड़ में आती हुई।

दमितों की चालाकी ऐसी ही रही। इसलिए वह दमन से उन्हें बचा नहीं पाई। मार डालने वाले दमन को सहकर भी वे जीवित रहे, इसका अर्थ है कि वे अशक्त नहीं थे। कम सही पर शक्ति थी। वे करोड़ों में थे। सबको सहना पड़ता था। अतः सहनशीलता सबमें थी। सबके बीच एकता का आधार निर्मित करती हुई। चिली के मशहूर कवि **पाब्लो नेरूदा** ने कहा था–*मुझे उस मित्र के न होने का दुख है/जो मेरे जैसा ही एक बेहतर बढ़ई था/ ...उसकी मुस्कान मेरी रोटी थी।*[9]

मैत्री की यह अभिव्यक्ति मर्मभेदी है। *उसकी मुस्कान मेरी रोटी थी* अर्थात् रोटी न मिलने पर उसकी मुस्कान से पेट भर जाता था। उसके न रहने का मतलब है अभाव सहने की शक्ति का न रहना। यह मैत्री, संबंधों का विलास नहीं, उनकी ज़रूरत है। दूसरों की साँसों से अपना जीवन पाना और अपनी साँसों से दूसरों को जीवन देना इसकी विशेषता है। प्रगाढ़ और गहरी मैत्री का यह भाव दमितों की शक्ति का स्रोत है। कठिन से कठिन हालात में जीवित रह लेने के मुख्य कारणों में से एक।

दमित चुपचाप सब कुछ सहते रहें तो दमन करने वाला खीझ उठता है। मार खाके भी न रोने वाला मारने वाले की असफलता का घोषणापत्र बन जाता है। सहनशीलता मार खाने वाले की ऐसी शक्ति बन जाती है, जो मारने वाले को बिना मारे मारती है। **राजेश जोशी** की एक कविता है–*खिसियानी हँसी*–

"आततायी आते हैं और जीत लेते हैं

दुर्बल झुककर स्वीकार कर लेते हैं अपनी पराजय
जो मारे जाते हैं गाथाएँ बन जाती हैं उनकी
और आदमी को मारने जितना आसान नहीं
गाथाओं को मारना!
बचे हुए दुर्बल लोग अपनी कला से कौशल से
धीरे-धीरे जीत लेते हैं मालिकों का मन
एक दिन वे मालिकों की कमज़ोरी बन जाते हैं
एक दिन उनकी आदत पड़ जाती है मालिकों को

एक दिन आता है जब मालिकों के हावभाव
ग़ुलामों की तरह होते जाते हैं
एक दिन मालिकों का चेहरा दिखने लगता है
अपने ग़ुलामों की तरह

एक दिन आततायियों की क्रूरता लगने लगती है हास्यास्पद
एक दिन उनका ग़ुस्सा लगता है बहुत निरीह
एक दिन उनके चिल्लाने पर
ग़ुलाम मुस्करा देते हैं

एक दिन आततायी अपनी असहायता को छिपाते हैं
एक खिसियानी हँसी में!"[10]

ग़ुलाम काम करते हैं। काम उन्हें करना ही है। मालिकों की तरह करने, न करने की सुविधा उन्हें नहीं है। काम करता मनुष्य शरीर से ही मज़बूत नहीं होता, मन से भी होता है। धैर्य उसकी मांसपेशियों जैसा ठोस होता है। उसके सामने मालिकों के तन-मन का खोखलापन उभर आता है। इस तरह ग़ुलामों के ग़ुलाम हो जाते हैं मालिक। ग़ुलाम जो ग़ुलामी करते हैं, यह ग़ुलामी उससे भी गई-बीती है। इसलिए कि हैं तो मालिक और करनी पड़ती है ग़ुलामी! उनकी *खिसियानी हँसी* ग़ुलामों की शक्ति का परिचय है।

इस शक्ति का परिचय सच बताने वाले अंदाज़ में दिया गया है। इस अंदाज़ में कभी कहीं कुछ और हो सकने की कोई गुंजाइश नहीं। हमेशा ऐसा ही होता है कि मालिक पहले ग़ुलाम बनाते हैं और फिर ख़ुद ग़ुलाम बनते हैं। ग़ुलाम बनाना क्रिया है और बनना प्रतिक्रिया। क्रिया है तो प्रतिक्रिया क्यों न हो! यह कथात्मकता कम, ऐतिहासिकता ज़्यादा है। पूरी तरह निश्चित। ऐतिहासिकता घटनाओं और स्थितियों की वैज्ञानिक प्रक्रिया से पैदा होती है। वैज्ञानिक अर्थात् कारण-कार्य में बंधा सिलसिला।

ऐसा सिलसिला, जो अपने आदि-अंत के कारण महत्त्वपूर्ण नहीं। महत्त्वपूर्ण है अपने होने के कारण। प्रक्रिया के कारण। उसका सार उसके प्रक्रिया होने में ही है। यह प्रक्रिया लंबी है। तरह-तरह के उतार-चढ़ावों से भरी। वह संघर्ष भी इसमें शामिल है, जो सफल न हो सका। आदि-अंत जिस तरह प्रक्रिया के लिए महत्त्वरहित हैं, उसी तरह संघर्ष के लिए सफलता-असफलता का कोई महत्त्व नहीं। महत्त्वपूर्ण है तो बस उसका और उसकी प्रक्रिया का होना। सफल होने वाला संघर्ष तो अपना महत्त्व पा ही लेता है, असफल होने वाले संघर्ष को उसका महत्त्व कविता ने दिया। **नागार्जुन** ने लिखा–*जो नहीं हो सके पूर्ण काम/मैं उनको करता हूँ प्रणाम!/...जो छोटी-सी नैया लेकर/उतरे करने को उदधि पार/मन की मन में ही रही, स्वयं/हो गए उसी में निराकार/-उनको प्रणाम!*[11]

संघर्ष के लिए सफलता-असफलता का महत्त्व होता तो संघर्ष करने वाला विशाल सागर से भी डरता और छोटी नौका से भी। छोटी नौका लेकर विशाल सागर में उतर जाना निष्काम संघर्ष है। निष्काम इसलिए निर्मल। इसलिए भी निर्मल कि संघर्ष के लिए प्राणों को तिलांजलि दी जा सकती है, प्राणों के लिए संघर्ष को नहीं। प्राणों का यह उत्सर्ग

असफल होकर भी व्यर्थ नहीं जाता। सिलसिला बन जाए तो इतिहास रचता है और न बन पाए तो मिसाल। नागार्जुन की उक्त पंक्तियों में संघर्ष की विशालता है। सागर से भी अधिक।

संघर्ष कितना गहरा होता है, यह अनुभव करने के लिए **शमशेर बहादुर सिंह** की *बैल* के ये हिस्से पढ़े जाने चाहिएँ–

"मैं वह गुट्ठल काली कड़ी कूब वाला बैल हूँ
जो अकेला धीरे-धीरे छह मील खींचकर ले जाते हुए
ठेले में ऊपर तक लदा हुआ माल
...आँखें बाहर को निकली हुईं,
त्यौरी चढ़ी हुई, कांधे ज़ोर लगाते हुए
रानें भरी हुई गर्म पसीने से तर, मगर
ज़ोर लगाती हुईं,
...क्यों और किसके लिए?
अपनी शाम के, अपनी सुबह के
बँधे हुए
चारे के लिए
उससे मीठी उससे नमकीन और प्यारी
चीज़
दुनिया में और कोई है क्या?
...मेरा मालिक भी शायद एक अन्य दो टाँगों पर खड़ा
...बैल है–एक गंदा-सा नाटा-सा बैल
...यह सारी दुनिया मुझे बैल मालूम होती है
बाँ...बाँ...बाँ...!"[12]

बैल के रूप में संघर्ष यहाँ दिखलाई देता है। सुनाई देता है। बैल, ठेले को खींचने वाला भी है और खिंचवाने वाला भी। खिंचवाने वाला बैल है इसलिए ख़ुद भी ठेला खींच सकता है, खींचने वाले के साथ जुत सकता है, ज़ोर लगा सकता है पर वह ऐसा कुछ नहीं करता। ऐसा कुछ करने की ज़रूरत ही नहीं है उसे। श्रम और संघर्ष ज़रूरत से पैदा होते हैं। बैल के स्वास्थ्य और सौंदर्य को पैदा करते हैं। बैल होकर भी जो बैल की तरह काम नहीं करता, वह नाटा रह जाता है। उसकी मांसपेशियाँ पूरी नहीं खिंचती। उसके कंधे चौड़े नहीं होते। उसकी कूब *गुट्ठल काली कड़ी* नहीं होती। चारे के लिए उसके पेट में पूरी जगह नहीं बनती। चारे का पूरा स्वाद वह नहीं ले पाता। चारे को पूरा हज़म नहीं कर पाता। अतः उसके शरीर का विकास भी पूरा नहीं होता। वह *गंदा-सा नाटा-सा* बनकर रह जाता है। एक को शक्ति से ज़्यादा ज़ोर लगाना पड़ता है, दूसरा पूरा बैल नहीं बन पाता।

एक तरफ़ अतिरिक्त मेहनत है, दूसरी तरफ़ अतिरिक्त आराम। सारी दुनिया विषमता की बैल है। सर्वत्र गूँज रही हैं–*बाँ...बाँ...बाँ...*की ध्वनि-प्रतिध्वनियाँ। मनुष्यता पशुता में रूपांतरित हो गई है। हर तरफ़ पशुता का शोर है। यह शोर मनुष्यता के लिए हाहाकार है और विषमता के लिए संगीत। विकसित मनुष्य के लिए आईना है यह *बाँ...बाँ...बाँ...*। उस

पर व्यंग्य है। समता की दिशा में परिवर्तन की माँग है। हिंदी कविता के लिए वह पृष्ठभूमि है, जिस पर दलित मुक्ति के स्वर आते हैं। आर्थिक अन्याय से पीड़ित मनुष्य सामाजिक अन्याय से पीड़ित मनुष्य का विरोधी नहीं है। दलित हो या ग़रीब, दोनों दमित हैं।

दोनों एक साथ कविता के एजेंडे पर हैं। इसलिए कि कविता को वोट की नहीं, दमितों के हित की ही पॉलिटिक्स करनी है। **शमशेर** ने लिखा था–*एक–जनता का/दुःखः एक/...हवा में उड़ती पताकाएँ/अनेक।*[13] कविता का लक्ष्य सत्ता नहीं है। इसलिए उसे तरह-तरह की पताकाओं की भी कोई ज़रूरत नहीं। ज़रूरत है सच की और सच को वह देख ही लेती है। दिखा ही देती है। भले ही वह तरह-तरह के रंगों वाली पताकाओं के पीछे छिपा हो!

सच यह है कि जनता का दुख एक है। गहरा है। इतना गहरा कि दुख से लगातार होने वाला संघर्ष चेहरों पर अपनी लिपियाँ अंकित कर जाता है। **वेद प्रकाश वेद** ने एक कविता में लिखा है कि महीने के आख़िरी दिनों में पहली बार एक आदमी अपनी मुनिया की गुल्लक फोड़कर सब्ज़ी मंडी गया। सब्ज़ी वाले ने उसे बता दिया कि वह गुल्लक फोड़कर पैसे लाया है। वह आदमी हैरान रह गया कि यह सब्ज़ी वाले को कैसे पता! तब सब्ज़ी वाले ने कहा–*लोग तो/दुकानदार समझकर/आगे बढ़े जाते हैं,/गुल्लक फोड़ने के समाचार/मेरे शहर में/अख़बार में नहीं, चेहरों पर पढ़े जाते हैं!*[14] कविता आदमी को ऐसे समाचार चेहरों पर पढ़ने लायक़ नज़र देती है। चेहरे पर छपा पीढ़ियों का संघर्ष **चंद्रभान** की इन पंक्तियों में आया है–*चेहरे को खोदकर/उभर आईं लकीरें/आँखों को धँसाकर गड्ढों में/पसरा काला-स्याह धुआँ/माँ की देन नहीं हो सकते!/हाँ,/चेहरे पर उगे दो कंधे/ मेरी माँ के/जिन पर लदा था सारा बोझा/यक़ीनन मेरी पहचान बन गए हैं।*[15]

आँखों के नीचे चेहरे की निकली हुई हड्डियों को कवि ने माँ के उन कंधों की तरह देखा है, जिन पर सारा बोझ लदा रहा। निराशा के मामले में नहीं, संघर्ष के मामले में वाचक का चेहरा अपनी माँ पर गया है। पीढ़ियों का संघर्ष जिस चेहरे की पहचान है, वह मामूली आदमी का है। वही मामूली आदमी, जो बैल की तरह ग़ैरमामूली बोझा लादकर खींचता है। उसकी शक्ति, उसकी सुंदरता और उसकी पहचान इसी संघर्ष से आती है।

दमित स्वर में जो आत्मविश्वास इन दिनों सुनाई देता है, उसमें पीढ़ियों के संघर्ष की ऊर्जा शामिल है। इस ऊर्जा को स्वर देते हुए **सुरेश चंद** ने कहा–*हमारी चेतना की धमक से/बदलने लगी है भाषा वर्णवादी सामंतों की/हमारे तर्कों के ताप से/खौलने लगा है हिंदुत्व का गंदा तालाब/और जोकों की दुनिया में खलबली मच/गई है।*[16] हिंदुत्व के तालाब का गंदा पानी विषमता के कचरे से मुक्त होने के लिए उबल रहा है। अतः जोकों की दुनिया में खलबली है। दमित के आत्मविश्वास से भरा यह स्वर हिंदी कविता में पहली बार सुनाई दिया हो, ऐसा नहीं है। भारत की आज़ादी की लड़ाई के दौर में **स्वामी अछूतानंद** ने आदि हिंदू आंदोलन चलाया था। अवर्णों अर्थात् आदि हिंदुओं को याद दिलाते हुए कहा था–

"*पुरखे हमारे थे बादशाह, तुम्हें याद हो कि न याद हो।*
अब हिंद में हम हैं तबाह, तुम्हें याद हो कि न याद हो।।

आए थे आर्य यहाँ नए, हमको हज़म जो कर गए।
छल-बल से वे मालिक भए, तुम्हें याद हो कि न याद हो।।"[17]

मूल भारतीयों को आर्यों ने दमित बना दिया। काव्यात्मक महत्त्व इस बात का नहीं कि इसे इतिहास में निर्विवाद रूप से सत्य स्वीकार किया जाता है या नहीं। महत्त्व इसका है कि इससे अवर्णों में आत्मचेतना और आत्मगौरव के भाव जागे। यह बात और है कि उस समय देश की आज़ादी का सवाल सबसे प्रमुख होने के कारण ये भाव राष्ट्रीय स्तर पर केंद्रीय प्रमुखता से नहीं उभरे पर ये दमित-मुक्ति की चेतना के ज़रूरी संदर्भ बने। इस संदर्भ से जुड़े बिना इस चेतना का इतिहास नहीं बनता।

दमितों के आत्मगौरव की पहचान इस संदर्भ का स्वभाव है। यह आत्मगौरव अपनी शक्ति की पहचान से तो आया ही, विषमता के आधार का खोखलापन उजागर करने से भी आया। वर्ण-व्यवस्था के खोखलेपन पर व्यंग्य करते हुए **स्वामी केवलानंद** ने एक गीत में कहा–

"मनु जी तुमने वर्ण बना दिए चार!
जा दिन तुमने वर्ण बनाए, न्यारेऊ रंग बनाए क्यों ना!
गोरे ब्राह्मण, लाल क्षत्रिय, बनिया पीले बनाए क्यों ना!
शूद्र बनाते काले वर्ण के, पीछे को पैर लगवाए क्यों ना!"[18]

हमेशा वर्ण-व्यवस्था को स्वाभाविक मानने वाले देखें कि इसके निर्माण का आधार प्राकृतिक नहीं है! होता तो शूद्र मनुष्यों जैसे नहीं होते। उनके पैर *पीछे को* लगे होते। शूद्रों को मनुष्य होते हुए भी *पीछे को पैर लगे* हुओं जैसा जीवन जीना पड़ा। *पीछे को पैर लगवाने* में जो व्यंग्य है, वह मनु तथा मनुवादियों की अन्यायजीविता को और शूद्रों की यातना के इतिहास को एक साथ सामने लाता है। उस संदर्भ को और बहुमुखी, और सशक्त बनाता है, जिसने दमित-मुक्ति की चेतना को पैदा किया।

आज दमित-मुक्ति की चेतना न केवल कविताओं का सृजन कर रही है बल्कि अपने प्रतिमानों पर, अपनी भाषा पर ज़ोर भी दे रही है। **श्याम लाल शमी** ने *दलित सौंदर्यशास्त्र* शीर्षक कविता में लिखा–

"अपनी 'बानी' कह रैदासा,
अपनी 'साखी' बोल कबीरा!
...'उनको' निर्धारित
करने दे
भाषा-शैली
मूर्धन्य ये लोग
चदरिया
जिनकी मैली
'रामविलासों', 'नामवरों' की
बहसों में मत उलझ फ़कीरा!"[19]

अपनी *बानी* बोलने और अपनी *साखी* कहने से बेहतर और क्या हो सकता है! रैदास और कबीर जैसे भाषा के सर्जनात्मक शिखर हमेशा अपनी *बानी* बोलने और अपनी *साखी*

कहने से ही खड़े हुए हैं। प्रश्न यह है कि अपनी चादर की उज्ज्वलता क्या दूसरों की चदरिया का कल्पित मैल दिखाए बिना उजागर नहीं हो सकती? क्या यह अपनी लकीर बड़ी करने के लिए दूसरी लकीर को मिटाकर छोटी करने वाला अतिरिक्त जोश नहीं है? इस जोश से क्या अर्थ के स्तर पर भी होश की तुक मिलती है?

रामविलासों-नामवरों की परंपरा वही है, जिसमें निराला आते हैं। वही निराला, जो अँधेरे का ताला खोलने वालों में *धोबी-पासी-चमार-तेली* का नाम लेते हैं। क्या इसी कारण रामविलासों-नामवरों की चदरिया मैली हो गई कि उन्होंने सामाजिक विषमता की बजाय आर्थिक विषमता को दमन का मूल कारण माना और उसका विरोध किया? अगर नहीं तो उनकी चदरिया मैली नहीं है। अगर हाँ तो आरक्षण जैसे आर्थिक उपाय से सामाजिक विषमता दूर होने की बात कैसे इतनी आसानी से कही और मानी जा रही है? क्यों **डॉ. भीमराव आम्बेडकर** द्वारा बताए गए सामाजिक विषमता के इस उपचार को दलित राजनीति करने वाले भी याद तक नहीं करते कि "जाति-व्यवस्था उसी स्थिति में समाप्त होगी, जब रोटी-बेटी का संबंध सामान्य व्यवहार में आ जाए"? [20] क्या रोटी-बेटी के संबंध जोड़ने वाले और सामाजिक विषमता को सचमुच तोड़ने वाले किसी सामाजिक आंदोलन का होना एकदम असंभव है? क्या ऐसा करने वालों का आरक्षण और सामाजिक सम्मान पर अधिकार हो, इसके लिए राजनीति हो ही नहीं सकती?

विचित्र है कि सामाजिक विषमता के आर्थिक उपचार को व्यवहार में जमकर इस्तेमाल करने वाले दलित राजनीतिज्ञ आर्थिक आधार पर राजनीति करने वालों को *हरी घास में हरे साँप की तरह* बताते हैं। [21] वर्णवादियों और वर्गवादियों के बीच जैसी शत्रुता है, क्या दलित और ग़रीब जनता के बीच भी वैसी ही शत्रुता है? क्या दलित ग़रीब नहीं रहे और ग़रीब आज दलित नहीं हैं? क्या वर्ण और वर्ग के बीच सचमुच कोई संबंध नहीं होता?

क्या वर्णों में वर्ग कभी नहीं बनते-बिगड़ते? क्या नेतृत्व की नज़र से देखने की बजाय परिस्थितियों को जनता की नज़र से देखना वांछनीय नहीं है? क्या जनता की नज़र में दलित और ग़रीब, दोनों दमित नहीं हैं? दोनों अन्याय-पीड़ित नहीं हैं? दोनों को न्यायसंगत उपचार की ज़रूरत नहीं है? क्या उसी तरह सामाजिक-आर्थिक विषमता से सांझा संघर्ष हो ही नहीं सकता, जिस तरह दोनों विषमताएँ जनता को सांझी यातना देती आई हैं?

किसी भी दमित-हित की सच्ची राजनीति को इन सबके जवाब पाने ही होंगे। महत्त्वाकांक्षाओं की जगह सच और समता पर आधारित होना ही होगा। अतीत के भयावह जातिवाद से और प्रतिशोध-भाव से मुक्त होना ही होगा। वर्तमान और भविष्य को भी दृष्टिगत रखना ही होगा। तय करना ही होगा कि समता की तरफ़ जाने वाली यात्रा में उसके सहचर, जातिवादी विषमता का दोहन करने वाले सुविधालोलुप होंगे या वे दमित, समता जिनकी वास्तविक ज़रूरत है।

वर्णवादी अगर अपने अतिरिक्त व एकांत सामाजिक आग्रह से हटें और वर्गवादी अपने अतिरिक्त व एकांत आर्थिक आग्रह से तो दमित द्वारा सही जाने वाली दोनों तरह की विषमताओं की सांझी यातना को दूर करने वाली राजनीति अब भी असंभव नहीं है।

संदर्भ

1. बस्स! बहुत हो चुका -ओम् प्रकाश वाल्मीकि, पृष्ठ 103
2. अपेक्षाः 12 -अम्बेडकरवादी युवा कविता विशेषांक, जुलाई-सितंबर, 2005 में अंजनी कुमार द्वारा उद्धृत, पृष्ठ 103
3. पल प्रतिपलः वर्ष-6, अंकः 22, अक्तूबर-दिसंबर, 1992, पृष्ठ 138
4. समुद्र पर हो रही है बारिश -नरेश सक्सेना, पृष्ठ 57-58
5. संकल्पः कविता दशक (नवें दशक की प्रतिनिधि कविताएँ) -संपादकः केदारनाथ सिंह, पृष्ठ 175
6. प्रतिनिधि कविताएँ -नागार्जुन, पृष्ठ 32
7. आवाज़ भी एक जगह है -मंगलेश डबराल, पृष्ठ 14-15
8. दुष्चक्र में स्रष्टा -वीरेन डंगवाल, पृष्ठ 98
9. अन्यथाः अंकः 6 मार्च, 2006, पृष्ठ 67
10. दो पंक्तियों के बीच -राजेश जोशी, पृष्ठ 91
11. कविता आजकल (*आजकल* पत्रिका में विगत दस वर्षों में प्रकाशित रचनाएँ 1994-2004), पृष्ठ 3
12. संकल्पः कविता दशक (नवें दशक की प्रतिनिधि कविताएँ) -संपादकः केदारनाथ सिंह, पृष्ठ 3-5
13. समकालीन हिंदी कविता -ए. अरविंदाक्षन द्वारा उद्धृत, पृष्ठ 45
14. हँस लिया फँस लिया -वेद प्रकाश, पृष्ठ 49-55
15. इरादे तभी करवट लेते हैं -चंद्रभान, पृष्ठ 28
16. दलित साहित्य (वार्षिकी) -2004 -संपादकः जयप्रकाश कर्दम, पृष्ठ 184
17. हंसः अगस्त, 2004 -सत्ता विमर्श और दलित, पृष्ठ 188
18. दलित विमर्श की भूमिका -कंवल भारती द्वारा उद्धृत, पृष्ठ 113
19. हंसः सत्ता विमर्श और दलितः अगस्त, 2004, पृष्ठ 190
20. जाति क्यों नहीं जाती -संपादनः सुभाष चन्द्र, पृष्ठ 49
21. आधुनिकता के आइने में दलित -संपादकः अभय कुमार दुबेः आदित्य निगम द्वारा उद्धृत कांशीराम का कथन, पृष्ठ 172

वर्ण, वर्ग और दमन-मुक्ति

सच है कि हर दलित भले ग़रीब हो पर हर ग़रीब दलित नहीं होता। **कंवल भारती** ने कहा–"ओम् प्रकाश वाल्मीकि की *जूठन* सवाल उठाती है कि यदि दलित-समस्या वर्ग-समस्या है और जन्मना दलितों के सिवा भी लोग दलित हैं तो यह व्यवस्था किसने बनाई कि जूठन उठाने और खाने का काम जन्मना दलितों को ही करना पड़ा। यदि ग़रीबी ही मुख्य समस्या है, और दलित भी वैसे ही ग़रीब हैं, जिस तरह दूसरी जातियों में ग़रीब हैं तो दया पंवार की *अछूत* आत्मकथा उनसे पूछ सकती है कि फिर मरे जानवरों का सड़ा मांस उन ग़रीबों को क्यों नहीं खाना पड़ा?"[1]

बहुत कुछ ऐसा है जो केवल दलितों ने सहा। जूठन उठाना और खाना क्या होता है, **श्याम लाल जैदिया** ने यह *एक भंगी उपकुलपति का बचपन* नामक स्वानुभूति में लिखा–"एक तरफ़ कुत्ते इस जूठन को खाने के लिए आपस में झगड़ रहे होते थे, तो दूसरी ओर भंगी जल्दी से जल्दी कुत्तों से बचाकर इस जूठन सामग्री को एकत्रित करने में व्यस्त रहते थे।...अधिक जूठन एकत्रित हो जाने पर हम इस जूठन को गर्म पानी में डालते ताकि उसका घी निकलकर पानी में आ जाए। और इस प्रकार पानी से घी निकालकर खाने के काम में लिया करते थे।"[2]

खाने की बाबत **महात्मा ज्योतिबा फुले** ने कहा–"हर दिन ज्वार की या बाजरे की या जोंधरे की रोटी केवल नमक के साथ, कभी हरी-लाल मिरची के साथ या प्याज के साथ खाना पड़ता था। कभी सब्जी के लिए यदि तेल मिल जाए तो नमक मिलना मुश्किल था, नमक मिला तो मिरची मिलना मुश्किल था। कभी ज्वार की या जोंधरे की कनकी को भूनकर उसका सत्तू बना करके खाते-पीते थे। कभी-कभी केवल पत्ती वाली सब्जी-भाजी को ही उबालकर खाते थे। कभी-कभी जंगल के उर्दुबर (गूलर) खाकर उसी के सहारे अपना गुजर-बसर करते थे। कभी-कभी तो सिर्फ़ पानी पीकर और पेट को रस्सी से बाँधकर खेतों-खलिहानों में ख़ून और पसीना बहाते रहते थे।"[3]

यह तो था खाने का हाल। और पहनने का? दलित औरतों के वस्त्र का हाल भी **महात्मा ज्योतिबा फुले** ने बताया है। शरीर ढँकने को "मोटा-जाड़ा-धुस्सा करीबन दो या ढाई रुपये क़ीमत पर मिल जाए, तो उन्हें एक-दो साल तक चलाना पड़ता था। उनको स्नान करने के बाद बदलने के लिए दूसरी साड़ी या कोई दूसरा चिथड़ा भी नहीं मिलता था। लेकिन उनके पीछे इतना काम लगा रहता था कि वही साड़ी या धुस्सा, उसी को चार-चार या पाँच-पाँच दिन तक बिना धोए ही पहनना पड़ता था। उन्हें जब कभी काम से फ़ुर्सत मिली, तो नदी, नाला या तालाब पर जाकर पहने हुए धुस्से या साड़ी का आधा

हिस्सा बड़ी लज्जा से दुखी होकर शरमाते हुए तन-बदन से उतार लेना पड़ता था और वह उसे पहले धो डालती थी। उसी प्रकार जब वह साड़ी या धुस्सा जीर्ण होकर फटने लगता है, तब उस फटे हुए एक हिस्से को पहले सिलाती है। आगे वही साड़ी या धुस्सा फटते-फटते उसका सात या आठ हाथ लंबा चिथड़ा बच जाता है। लेकिन उस चिथड़े पर इतने चिथड़े लगे हुए रहते हैं कि मूल में यह किसी रंग की साड़ी या धुस्सा था, यह बताना भी मुश्किल हो जाता था।"[4]

जानवरों के मरने का पता लगने पर गिद्धों जैसा बरताव करने, भूखे-प्यासे बैलों की तरह जुते रहने, गोबर से अनाज के दाने तथा जूठन से घी निकालने और जीर्ण-शीर्ण धुस्से को लपेटे रहने जैसी दुस्सह यातनाएँ दलितों ने सही हैं। वह सामाजिक अपमान भी केवल दलितों ने सहा, जिसके तहत गाँव में हिंदुओं का नाई *पशुओं की पूँछों के बाल* तो काटता था पर दलितों के बाल नहीं काटता था। दलित बच्चों-बड़ों के बाल काटने के लिए गाँव में किसी दलित नाई के न रहने पर आसपास के गाँव से बुलवाया जाता था।[5]

एक समय वह था जब "प्रत्येक भंगी को जोधपुर की गलियों से गुज़रते समय *पाइस* शब्द का उच्चारण कर चिल्लाना पड़ता था। *पाइस* का तात्पर्य है दूरी रखना अथवा रास्ते से अलग हो जाना।"[6] इतने से ही काम न चलता था। "मराठा राज्य में...अछूत के लिए यह आवश्यक था कि वह अपनी कलाई या गर्दन में निशानी के तौर पर एक काला धागा बाँधे...। पेशवाओं की राजधानी पूना में किसी भी अछूत के लिए अपनी कमर में झाड़ू बाँधकर चलना आवश्यक था...आवश्यक था कि जहाँ कहीं भी वे जाएँ, अपने थूकने के लिए मिट्टी का एक बर्तन अपनी गर्दन में लटकाकर चलें..."।[7] यह भी कि "अट्ठारहवीं शताब्दी के पेशवा शासनकाल के दौरान दलितों को सार्वजनिक स्थलों का इस्तेमाल सुबह और शाम के समय करने की इजाज़त नहीं थी। वे केवल दोपहर और शाम के बीच ही सड़कों पर चल-फिर सकते थे।"[8] वही थे, जो "गाँव की परिधि पर...कब्रिस्तान, श्मशान, खुले शौचालयों, कसाईखानों और हडकी हडोली (महाराष्ट्र के गाँवों में मरे हुए जानवरों की खाल उतारने के लिए दलितों को दी जाने वाली जगह) के आसपास रहने के लिए मज़बूर हो गए।"[9]

पेशवा बाजीराव द्वितीय का शासनकाल दलित-यातना के इतिहास का शायद सर्वाधिक भयावह और घृणित दौर रहा। इसके बारे में ज्योतिबा की जीवनी लिखने वाले **कीर** ने *लोकहितवादी* से उद्धरण दिया—"सूखे या अकाल के ज़माने में भी अगर किसान उसे, उसका निश्चित हिस्सा नहीं दे पाते थे तो जलते हुए कड़ाहों से उबलता हुआ तेल उनके बच्चों के शरीर पर डाला जाता था। उनकी झुकी हुई पीठों पर कोड़ों की मार पड़ती थी और दम घोंटने वाले धुएँ में उनका सिर दे दिया जाता था। उनकी नाभि और कानों में बारूद के विस्फोट किए जाते थे।"[10]

सचमुच! ऐसी यातना की कल्पना तक मुश्किल है, जो दलितों ने सही। ज्ञान के सहारे यातना से कुछ उबरा जा सकता था लेकिन दलितों के लिए ज्ञान देने वाली जगहें भी यातनाओं से भरपूर थीं। स्कूलों में दलित बच्चों के लिए **सी.बी. भारती** के शब्दों में, "पानी पीना भी एक समस्या थी। स्कूल की बाल्टी हम छू नहीं सकते थे। दूसरे बच्चों के आगे हम हाथ जोड़ते, कभी-कभी हमें पानी पीने को मिल पाता, अन्यथा हम बगल की

नहर अथवा तालाब का गंदा पानी पीते। सवर्ण छात्र हमें बात-बात में पीटते व गाली देते।...अध्यापकों का व्यवहार व कार्यकलाप खटकता था। वह दलित बच्चों के नामों को रजिस्टर में बिगाड़ने के लिए सदैव तत्पर रहते थे। कालीचरन को कालू, परशुराम को परसू होने में देर न लगती थी।...सवर्ण छात्र हमें खेल में अपने साथ नहीं रखते थे। हम अलग-थलग रहते। उनकी फेंकी गेंदों के दूर चले जाने पर उनके हड़काने पर *क्या देख रहा है खड़ा-खड़ा* लाकर देते।...मुझे फ़िज़िक्स में डबल शून्य अंक दिए गए।...अछूत बच्चे अक्सर कुछ दिनों स्कूल आते और फिर पढ़ाई छोड़ देते थे।"[11]

दलित मानस यातनाओं की आँच में निरंतर तपते-झुलसते हुए बना है। संदेह, असहिष्णुता, प्रतिकार, आक्रोश और प्रतिशोध जैसे भाव उसमें होंगे ही। **चिरंजी कटारिया** ने लिखा–

"आओ
तुम्हारे कानों में सीसा पिघलाकर डालूँ
और कहूँ वेद शास्त्र पढ़ना मना है
तुम्हें एक बार
बैल की जोड़ी की जगह जोतकर
दिखाऊँ पसीने का स्वाभिमानी रंग
आओ तुम्हारे मज़बूत कंधे पर मरे जानवर उठवाऊँ
तुम्हें कई-कई दिनों तक
भूखा रखूँ
दाने-दाने को तरसाऊँ
हो सकता है
तुम्हें शायद
पुरखों की ग़लती का एहसास हो जाए।"[12]

यातनादायक अतीत की स्मृतियाँ भी टीसती हैं। यही टीस यहाँ प्रतिशोधात्मक तेवर के रूप में उभरी है। यह तेवर, यह प्रतिशोध, रूप ही है। अंतर्वस्तु है–सवर्णों पुरखों के अत्याचार और अवर्ण पुरखों द्वारा सही गई यातनाएँ। स्मृति में भी यातनादायक हैं ये। पहले अवर्ण बोल नहीं सकते थे। अब अवसर मिला है तो जैसे पुरखों का दमित विरोध भी उनके विरोध-स्वर में मिल गया है। विरोध का यह स्वर बड़ा तीखा है। **असंगघोष** ने कहा–

"ठीक तेरे पाँवों के नीचे
जहाँ तू सदियों से
मुझे रौंदता आया
मेरा जन्म अपने पाँवों से बता
मैं अब समझ गया हूँ
तेरी करतूत
अब तू तैयार रह
मैं तुझे रौंदूँगा
अब अपने पैरों तले।"[13]

प्रतिशोध के इस तीव्र भाव को अतीत के संदर्भ में देखे बिना या तो ग़लत समझ लिया जा सकता है और या फिर समझा ही नहीं जा सकता। जिसके पुरखों को रौंदा गया हो, उसके मन में इस प्रतिशोध-भाव का न होना ही अस्वाभाविक होता। मनु ने दलितों का भरपूर दमन किया। यह व्यवस्था दी कि अगर शूद्र अन्य वर्णों को गाली दे तो उसकी जीभ काट लेनी चाहिए। अपने जिस अंग से वह अन्य वर्णों पर प्रहार करे, उसी अंग को काट डाला जाए। अगर थूके तो उसके दोनों होंठ, पेशाब करे तो लिंग और हवा छोड़े तो गुदा को कटवा दिया जाए।[14] दूसरी तरफ़ शूद्र की अगर हत्या भी हो जाए तो हत्यारे को वही दंड दिया जाए, जो "कौवे, उल्लू, मेंढक या कुत्ते-बिल्ली की हत्या" पर दिया जाता है।[15] स्वाभाविक ही है कि ऐसे मनु की स्मृति मनुस्मृति के दिए तमाम ज़ख़्मों को हरा कर दे। **जयंत परमार** के शब्द *मनु* कविता में चीख़ उठें—

"एक न इक दिन
घर के आगे
नीम की शाख पे नंगा करके
लटका दूँगा तुझको मनु!
तेरी रगों को चीर-फाड़कर देखूँगा
तूने पिया है कितना लहू
मेरे बुज़ुर्गों का!
...चमार, भंगी और चांडाल की तूने लिखी तक़दीर
गाँव के बाहर रहना और
टूटे बर्तन में खाना
यहाँ का भैंसा भी पंडित
गधा भी गंगाजल पीता है
...एक न इक दिन
तेरी खाल उधेड़ के
तेरे हाथ में रख दूँगा!
तूने मेरे बाप को नंगा करके मारा था
जैसे!!"[16]

यह प्रतिशोध-भाव, यह आक्रोश, यह आक्रामकता तिल-भर भी अस्वाभाविक नहीं। बहुत-से आलोचकों को लग सकता है कि कोरे भावावेश ने कविता की शक्ति को सोख लिया। उसकी भाषा, उसके शिल्प को एकायामी बना दिया। बहुत आगे बढ़ी हुई कविता को बहुत पीछे घसीट लिया। सच यह है कि यह भावावेश वास्तविक है। ऐतिहासिक है। यातनाओं की कोख से उपजा है। काव्य-प्रगति की, आलोचक-अपेक्षाओं की, गढ़ी हुई भाषा की, सुसज्जित शिल्प आदि की यह कम परवाह करता है। अतः ज़्यादा स्वाभाविक है। सहजता ही इसकी कला है। अपने आप में यह समृद्ध भी है, विकसित भी और आधुनिक भी। हिंदी कविता में विषमता और अन्याय पर इतना वास्तविक और प्रबल प्रहार इससे पहले शायद ही कभी हुआ हो। यह दलित जागृति का परिणाम भी है और योगदान भी।

महत्त्वपूर्ण यह है कि जागृति केवल अतीत के प्रति नहीं होती। त्रिकालव्यापी होती है। उसका उजाला वर्तमान और भविष्य से भी विषमता के विषैले अँधेरे को निकाल बाहर करने के लिए संकल्पबद्ध होता है। सक्रिय होता है। जागृति तभी पूर्ण होती है। मर्मांतक यातना दलित-जीवन के अतीत का सच है लेकिन जागृति से भरी आँखें अगर इसी पर जमी रहीं तो समता की संभावना साकार करने में वर्तमान का सही विश्लेषण मुश्किल हो सकता है। दलितों के वास्तविक सहचरों की पहचान मुश्किल हो सकती है। उनसे जुड़ाव मुश्किल हो सकता है। सशक्त विषमता के ख़िलाफ़ संघर्ष का सशक्त होना मुश्किल हो सकता है।

यह सही है कि हर ग़रीब दलित नहीं लेकिन यह भी इतना ही सही है कि धन-प्रभुत्व के इस दौर में सबसे ज़्यादा पद-दलित ग़रीब ही होता है। इसलिए कि धन से सुख-सुविधाएँ, यश-प्रतिष्ठा, सत्ता, न्याय आदि बहुत-कुछ है, जो ख़रीदा जा सकता है। दलित जिस तरह सामाजिक विषमताग्रस्त वातावरण के लिए मनुष्य नहीं थे, उसी तरह धन-प्रभुत्व-ग्रस्त वर्तमान के लिए ग़रीब, मनुष्य नहीं है। उसे मनुष्य की तरह जीने का अधिकार नहीं है। सत्ता से बाज़ार तक, किसी की निगाह में उसकी कोई हैसियत नहीं। उसका कोई नहीं। वह निपट अकेला है। असहाय और बेबस। कहाँ जाए, क्या करे!

दलित और ग़रीब के बीच खाई उतनी गहरी नहीं है, जितनी दलितवादियों और ग़रीबवादियों के बीच है। दलित-ग़रीब, दोनों वंचित होते हैं। दोनों विषमता के शिकार होते हैं। दोनों उपेक्षा और अपमान सहते हैं। दोनों का जीवन तरह-तरह की ग़ुलामियों और यातनाओं से भरा होता है। दोनों को आसानी से अपराधी साबित किया जा सकता है। अज्ञान और अंधविश्वास का अँधेरा दोनों के जीवन में पसरा होता है। अभाव और प्रताड़ना दोनों के श्वासोच्छ्वास हैं। दमन दोनों का होता है।

दोनों में अंतर अतीत के कारण ज़्यादा है। भारतीय समाज का अतीत भयावह विषमता और सामाजिक अन्याय से ग्रस्त रहा है। इस हद तक कि उसे जाने बिना समाज को जानना असंभव है। यह अन्यायपूर्ण सामाजिक व्यवस्था ही है,जो **अनिता भारती** के शब्दों में "दलितों को ज़बर्दस्ती टट्टी खिलाती है, उनके दूल्हों को घोड़ी पर नहीं चढ़ने देती, मेहनत से बने उनके दो ईंटों के मकान पर बुलडोज़र चलवा देती है, यह वह व्यवस्था है, जिसमें दलित महिलाओं का आए दिन बलात्कार होता है, उन्हें निर्वस्त्र करके घुमाया जाता है। यह वही व्यवस्था है, जो उन्हें देवदासी और डायन बनाती है। यह वही व्यवस्था है, जो दलितों के कुओं में गोबर डलवाती है, और उन्हें मंदिर-प्रवेश के सवाल पर मार भगाती है।"[17] यह अन्याय और अमानवीयता से भरा जीवन दलितों को जीना पड़ा है, इसमें संदेह नहीं। संदेह इस सच पर भी नहीं किया जा सकता कि दलित-उत्पीड़न की घटनाएँ आज भी होती हैं।

ज़रूरी सवाल यह कि क्या अतीत और आज के दलित-जीवन को पूरी तरह एक माना जाए? क्या उसमें कहीं कोई परिवर्तन नहीं हुआ? क्या यह सच नहीं कि दलितों को दी जाने वाली जो यातना पहले दलित-जीवन का अविभाज्य और सहज स्वीकार्य हिस्सा थी, वही आज कानून और समाज, दोनों की नज़र में अपराध है? क्या ये अपराध पहले से रत्ती-भर भी कम नहीं हुए? क्या यह सच नहीं कि दलितों का एक छोटा-सा हिस्सा सही पर

घनघोर निर्धनता से ऊपर उठ सका है, अपनी बात बलपूर्वक कहने की स्थिति में आ सका है? क्या दलित आज सत्ता की *मास्टर की* तक नहीं पहुँच चुके हैं?

गति चाहे जितनी धीमी हो, परिवर्तन तो हुआ है। हो रहा है। दलितों में आई जागरूकता, नगरीकरण, तकनीक की प्रगति आदि अनेक कारण हैं परिवर्तन के। सर पर मैला ढोना आज पूरे देश का सच नहीं है। शहरी घरों में शौचालय साफ़ करना पहले दलितों के काम का हिस्सा था। आज ज़्यादातर शहरी घरों के लोग अपने शौचालय ख़ुद साफ़ करते हैं। सुलभ शौचालय ने सार्वजनिक शौच और उसकी सफ़ाई की प्रक्रिया को पहले से ज़्यादा मानवीय बनाने में महत्त्वपूर्ण सफलता प्राप्त की है।

इसका मतलब यह नहीं कि पूरे देश में सर पर मैला ढोना ख़त्म हो गया है। मतलब यह है कि अब इसे ख़त्म होना ही है। परिवर्तन इसे ख़त्म करने की दिशा में ही बढ़ रहे हैं। दिशा सही है और तकनीक तैयार। सवाल अब इस तकनीक के गाँव-गाँव, गली-गली, घर-घर पहुँचने-भर का रह गया है। इस पहुँचने को एक अरसे तक अब कोई भी नहीं रोक सकता। निश्चित ही यह परिवर्तन दलितों को अन्य जातियों के ग़रीबों से अलग करने वाली स्थितियों में से एक प्रमुख स्थिति का ख़ात्मा है।

इस रूप में इसे देखा-समझा जाना चाहिए। देखा-समझा यह भी जाना चाहिए कि नगर, गाँव होने की तरफ़ नहीं, गाँव, नगर होने की तरफ़ बढ़ रहे हैं। संबंधहीनता या काम के ही संबंधों का होना इस नगरीकरण का स्वभाव है। संबंध अगर काम के हैं तो बनते ही हैं। जाति की इसमें निर्णायक भूमिका नहीं है। संबंध अगर काम के नहीं हैं तो नहीं बनते। किसी कारण बन भी जाएँ तो बने नहीं रहते। यह संबंधहीनता किसी को जानने तक की ज़रूरत नहीं समझती इसलिए किसी की जाति भी नहीं पहचानती। होटल में खाने से पहले कोई नहीं पूछता कि खाना बनाया किसने है। रेडीमेड कपड़े ख़रीदते हुए उन्हें बनाने वाले की जाति कोई नहीं जानता। मकान इस नियम से नहीं बनाए जाते कि पूर्व और पश्चिम दिशा में दलित नहीं रह सकते। इसलिए कि पुरवा या पछुआ हवा उनके शरीर को छूकर आएगी और उच्चतर जातियों को अपवित्र कर देगी। हर दिशा में हर जाति के लोग रहते हैं। बसों में, मैट्रो ट्रेन में एक-दूसरे को छूते हुए सब आराम से सफ़र करते हैं।

कोई माने, न माने, यह परिवर्तन तो है। हुआ है। हो रहा है। होगा। सरकारी दफ़्तरों में ज़रूर जाति का भेदभाव है। **गोपाल गुरु** के अनुसार—"कई विश्वविद्यालयों में पिछड़ी जाति के प्रोफ़ेसरों को मंडल-प्रोफ़ेसर के कटाक्ष से संबोधित किया जाता है।...दलित अधिकारी का ऊँची जाति या मध्य जाति के अधीनस्थ के हाथों अपमान होना आम बात है।"[18] एक उदाहरण देते हुए उन्होंने लिखा—"उत्तर प्रदेश में तैनात न्यायिक अधिकारी भगीरथ प्रसाद को कुछ समय पहले ही उनके वरिष्ठ उच्चवर्गीय अधिकारियों ने कार्यकुशलता का *प्रमाणपत्र* दिया था। फिर इस अधिकारी का इलाहाबाद तबादला हो गया। उनके स्थान पर आए एक उच्चवर्णीय अफ़सर ने उस कमरे और वहाँ की मेज़-कुर्सी को गंगा के पानी से धुलवाया।"[19] शहरियों के भीतर से भी जातिग्रस्त संस्कारों की गुलामी अभी तक पूरी तरह गई नहीं है। शुद्धिवादी कट्टरता की घृणित शक्ल में गाहे-बगाहे प्रकट होती है। इसे एक व्यक्ति का ही रवैया कहकर टाला नहीं जा सकता।

भारतीय मानस में जाति की जड़ें बड़ी गहरी हैं। सरकारी दफ़्तरों में जाति-भेद के मूल कारण—आरक्षण ने भी इन्हें बनाए रखा है। अयोग्यता का अक्सर परिचय देते हुए भी उच्च जाति के कर्मचारी योग्यता पर अपना जन्मजात अधिकार मानते हैं। आरक्षण के द्वार से आया हर आदमी उनकी निगाह में मूलतः अयोग्य है। उस पद का अनधिकारी है, जो उसे यों ही मिल गया। इसलिए हर क़दम पर अपमान सहना उसका जन्मसिद्ध कर्त्तव्य है।

ऐसे लोग यह नहीं देखते कि आरक्षण के बावजूद सरकारी दफ़्तरों में उच्च जाति के कर्मचारियों का अनुपात ज़्यादा है। उन सरकारी दफ़्तरों में, जहाँ की सामान्य प्रवृत्ति है—भ्रष्टाचार। कोई चाहे तो इस सच को देखना मुश्किल नहीं है कि दफ़्तरों में उच्च जातियों का आनुपातिक प्रतिनिधित्व ज़्यादा रहा है तो वहाँ के भ्रष्टाचार में भी उन्हीं का आनुपातिक प्रतिनिधित्व ज़्यादा है। देश में प्रशासन की जो लचर हालत है, उसमें भी उच्च जातियों की तथाकथित योग्यता का योगदान कम नहीं है।

सच यह है कि योग्यता के प्रतिमान शासित की दृष्टि से नहीं, शासक की दृष्टि से बनाए गए हैं। प्रतियोगी परीक्षाओं में सौ में से इक्यानवे अंक लाने वाला सफल हो जाता है और नब्बे अंक लाने वाला असफल। इतने-भर से योग्यता का निर्धारण कर लिया जाता है। इसका मतलब यह कि दौड़ में जो एक क़दम भी पीछे रह गया, उसे दौड़ना तो दूर, चलना भी नहीं आता। आज़ाद भारत में वह आत्महत्या करने के लिए आज़ाद है।

जीना है तो दौड़ में आगे निकलना होगा। साथियों को चुपके से अड़ंगी मारना सीखना होगा। प्रतियोगिता से ग्रस्त यह योग्यतानिर्धारक वातावरण एक-दूसरे के हाथ पकड़कर नहीं, एक-दूसरे की टाँग खींचकर आगे बढ़ना सिखाता है। यह कल्पना तक करने लायक़ नहीं छोड़ता कि कोई समाज ऐसा भी हो सकता है, जो अपने एक-एक सदस्य को सचमुच अपना माने। शिक्षा का मतलब जिसके लिए हर व्यक्ति की अपनी योग्यता की पहचान और उसका विकास करना हो। देश को देश की ज़रूरतों के अनुसार सक्षम नागरिक उपलब्ध कराना हो। तरह-तरह से अक्षम बनाने वाले इस तंत्र का नाम ही जनतंत्र है। वास्तव में है यह शासकतंत्र। इसलिए कि ज़रूरतों के अनुसार संसाधनों की कमी या संसाधनों के वितरण में विषमता को इसने बड़ी चतुराई से प्रतियोगी-योग्यता की आड़ में छिपा लिया है। नतीजा यह कि वास्तव में अयोग्य होता है शासक और अयोग्य स्वयं को मान बैठता है असफल प्रतियोगी। यह अन्याय है, जो मान्य है।

अन्याय पर आधारित योग्यता के प्रतिमानों से सच्ची योग्यता का जन्म होगा, यह उम्मीद वैसी ही है, जैसे चुहिया से हाथी पैदा करने की उम्मीद की जाए। *अयोग्यों* का भर्ती-द्वार जिस आरक्षण को माना जाता है, उसी ने एक सीमा तक प्रतियोगी-योग्यता का छद्‌म तोड़ा है। उसी के परिणामस्वरूप दलितों में थोड़ा-बहुत उठने और बोलने की योग्यता और हैसियत का जन्म हो सका है। दलितों में एक सीमा तक मध्य वर्ग बन सका है। विषमता थोड़ी-बहुत छँट सकी है।

अकारण नहीं है कि राजनैतिक दलों को आरक्षण-विरोधी आंदोलनों का समर्थन पिछले दरवाज़े से करना पड़ता है। संसद में इसके ख़िलाफ़ कोई नहीं बोलता। वह भी नहीं, जिसका जनाधार दलितों में नहीं है। इसलिए नहीं बोलता कि दलितों के वोट मिलने की छोटी से छोटी उम्मीद भी हाथ से न जाती रहे। ऐसे दलों के लिए यह रणनीति होगी।

वास्तव में है अवसरवाद और दोगलापन। वही दोगलापन, जो *मुँह पे राम और बगल में छुरी* कहावत में समाया है।

राजनैतिक अवसरवाद इस क़दर अस्थि-मज्जा में रम गया है कि आरक्षण के वर्तमान रूप के विरोध में जाने वाली सच बात कहने में भी दलों को डर लगता है। सच यह कि आरक्षण, दलितों के वोट-बैंक क़ब्ज़ाने वाली ऐसी प्रक्रिया नहीं है, जो हमेशा बनी रहे। सच यह कि आरक्षण की नियमित समीक्षा की जाए। सच यह कि मलाईदार तबक़े को आरक्षण के लाभ से वंचित किया जाए। सच यह कि उच्च जाति के वंचितों को भी इसके लाभ के दायरे में लाया जाए। इसे सच्ची समानता लाने वाली प्रविधि के रूप में अपनाया जाए। लागू किया जाए।

शासकों को सच्ची समानता नहीं चाहिए। अपना शासन चाहिए। इसके लिए आरक्षण-समर्थन का खेल ज़रूरी हो या आरक्षण-विरोध का, वे खेलेंगे। सच्ची समानता चाहिए उन्हें, जो समाज में सबसे नीचे, सबसे पीछे हैं। उन्हें किस सीमा तक सच्ची समानता की ज़रूरत है, इसका अनुमान इसी से लगाया जा सकता है कि माँग करना तो दूर, वे *समानता* शब्द तक बोलने की हैसियत और हालत में आज भी नहीं हैं। मनुष्यता की नज़र से देखें तो दलितों के मलाईदार तबक़े को आरक्षण के लाभ से स्वयं ही स्वयं को अलग कर लेना चाहिए था। अपनी ओर से स्वयं इस अलगाव की माँग उठानी चाहिए थी। इसलिए कि अपने समुदाय की जानवरों से भी गई-बीती ज़िंदगी को वे पूरी तरह जानते हैं। ऐसी ज़िंदगी का पल-पल उनके अनुभव-संसार का हिस्सा है। वे समझते हैं कि उनसे नीचे रह गए दलितों को उठने की कितनी ज़रूरत है। ऐसा नहीं हुआ। शायद इसलिए कि जो उठकर ऊपर आ गया, उसे नीचे देखने में शर्म आई। बदबू आई। मुँह फेर लिया उसने। ऐसा किए बिना ऊपर, और ऊपर, और ऊपर उठते रहना कैसे संभव होता! ऊपर उठने की कोई सीमा थोड़े ही होती है!

सचमुच! विषमता के जंगल में दमित का रास्ता बनना बड़ा मुश्किल है। ग़ैरों की वजह से भी, अपनों की वजह से भी। अपनों की वजह से कम। ग़ैरों की वजह से ज़्यादा। फिर भी है मुश्किल ही। असंभव नहीं है। यह मुश्किल आसान हो, इसके लिए ईमानदार इच्छाशक्ति सबसे पहले ज़रूरी है। इसके बाद इससे भी ज़्यादा ज़रूरी है सच की पूर्वग्रहरहित पहचान और उसके अनुसार समानता की तरफ़ बढ़ते क़दमों की दृढ़ता।

सच को आंकड़ों के ज़रिये देखने की कोशिश की जाए तो "कुल 48 प्रतिशत जनता"[20] ग़रीबी की रेखा से नीचे है। इनमें "कुल 21 प्रतिशत हिस्सा अछूतों तथा आदिवासियों का है और 27 प्रतिशत हिस्सा शेष तबक़ों का।"[21] दलितों की हालत यह है कि "क़रीब 80 फ़ीसद दलित ग्रामीण भारत में रहते हैं और क़रीब 86 फ़ीसद दलित परिवार भूमिहीन हैं।"[22] आरक्षण की इतनी हाय-तौबा के बावजूद सामाजिक और आर्थिक, दोनों मामलों में बहुसंख्यक दलित वंचित हैं। दमित वर्ग के सच को पूरा देखा जाए, इसके लिए इस पर भी ध्यान देना ज़रूरी है—"एक दिलचस्प समाजशास्त्रीय अध्ययन से पता चला कि इस देश के 85 प्रतिशत ब्राह्मण दरिद्र हैं।"[23] अधिकांश दलित तो ग़रीब हैं ही, उच्च जातियों में भी ग़रीबी की ख़ासी पैठ है। आदिवासियों में भी ख़ासी पैठ है। संख्या की दृष्टि से ग़रीबी भारतीय समाज का दलित समस्या से बड़ा घाव है।

गहन और सघन उत्पीड़न की दृष्टि से दलित होना ग़रीब होने से ज़्यादा भयावह है। ग़रीबी और सामाजिक अन्याय, दोनों पाट उसे पीसते हैं। मुश्किल से सही, पर किसी का वर्ग बदल भी सकता है। जाति जन्म से मृत्यु तक पीछा नहीं छोड़ती। **कंवल भारती** का मत है—"ब्राह्मणवाद भारत का प्राचीन साम्राज्यवाद है।...वर्ग-संघर्ष के लिए जाति का विनाश ज़रूरी है। जातियाँ मिटेंगी तो वर्ग बनेंगे। जाति-व्यवस्था बनी रहेगी तो वर्ग नहीं बन सकते। जाति-व्यवस्था को बनाए रखकर वर्ग-संघर्ष की बात करना बेमानी है।"[24]

यह मानना अनुचित है कि जो वर्ग-संघर्ष की बात करता है, वह जाति-व्यवस्था का पक्षधर है। उसे बनाए रखता है। सब जानते हैं कि वर्ग-संघर्ष की बात समानता के लिए ही होती है। किसी भी तरह की विषमता के लिए नहीं। ज़्यादा से ज़्यादा यह कहा जा सकता है कि वर्ग-संघर्षवादी आर्थिक समानता को जितना ध्यान में रखते हैं, उतना सामाजिक समानता को नहीं। वर्ग उनके लिए वर्ण से ज़्यादा महत्त्वपूर्ण है। उनके एजेंडे में ग़रीब की जगह ज़्यादा है। प्रमुख है।

क्या सचमुच जातियों का मिटना और वर्गों का बनना, पहला पन्ना भर जाने के बाद दूसरे पन्ने पर लिखना शुरू करने जैसी प्रक्रिया है? क्या पहले जातियाँ पूरी तरह मिटेंगी, उसके बाद ही वर्ग बनने शुरू होंगे? इतिहास यह नहीं बताता। समकालीन इतिहास देख रहा है कि जाति और वर्ग एक-दूसरे के भीतर धँसे हुए हैं। इस हद तक कि सच की बलि चढ़ाए बिना उन्हें अलग-अलग नहीं किया जा सकता। जाति की नज़र से वर्ग और वर्ग की नज़र से जाति को देखकर ही भारतीय समाज के दमितों का पूरा सच देखना संभव है।

वर्ग की नज़र से दलितों को देखे बिना उनमें हो रहे आर्थिक परिवर्तनों को नहीं समझा जा सकता। जाति की नज़र से ग़रीबों को न देखा जाए तो सबसे ज़्यादा दमित (जो दलित भी है और ग़रीब भी) की उपेक्षा होती है। ज़्यादातर दलित ग़रीब हैं और बाज़ार आधारित नई सामाजिक व्यवस्था सारे ग़रीबों को पद-दलित कर रही है। कोई चाहे तो देख सकता है कि दलित और ग़रीब, दोनों एक सच के दो पहलू हैं। दोनों ख़ुद को वोट मात्र माने जाने की पीड़ा सहते हैं। समता की दिशा में परिवर्तन के लिए दोनों का उठना और बोलना ज़रूरी है। इसके लिए दोनों के हित में सक्रिय होने वाले दलों का नेकनीयत से अहंकार-विसर्जन और तालमेल ज़रूरी है। दलितों और ग़रीबों को अलग-अलग करने वाली बातों की अनदेखी और एक क़रने वाली बातों पर ज़ोर ज़रूरी है। यह देखना ज़रूरी है कि दोनों समाजार्थिक न्याय के पात्र हैं।

सत्ता की जगह *समता* की राजनीति सामूहिक मनुष्यता की *मास्टर की* है।

संदर्भ

1. दलित विमर्श की भूमिका -कंवल भारती, पृष्ठ 124
2. हंसः पूर्णांकः 215, वर्षः 19, अंकः1, अगस्त, 2004 -सत्ता विमर्श और दलित, पृष्ठ 18
3. जाति क्यों नहीं जाती -संपादनः डॉ. सुभाष चन्द्र, पृष्ठ 21
4. वही, पृष्ठ 20
5. हंसः पूर्णांकः 215, वर्षः 19, अंकः1, अगस्त, 2004 -सत्ता विमर्श और दलित, पृष्ठ 47
6. वही, पृष्ठ 20

7. जाति क्यों नहीं जाती -संपादनः डॉ. सुभाष चन्द्र, पृष्ठ 30
8. आधुनिकता के आइने में दलित -संपादकः अभय कुमार दुबे, पृष्ठ 94
9. वही, पृष्ठ 94
10. जाति और वर्ग -बी. टी. रणदिवे द्वारा उद्धृत, पृष्ठ 17
11. हंसः पूर्णांकः 215, वर्षः 19, अंकः1, अगस्त, 2004 -सत्ता विमर्श और दलित, पृष्ठ 39-41
12. अपेक्षाः 12 -अम्बेडकरवादी युवा कविता विशेषांक, जुलाई-सितंबर, 2005 में रूपसिंह चंदेल द्वारा उद्धृत, पृष्ठ 95
13. दलित साहित्यः वार्षिकीः 2004 -संपादकः जयप्रकाश कर्दम, पृष्ठ 181
14. मनु के भारत में शूद्र -शम्सुल इस्लाम, पृष्ठ 48, 49, 50
15. भारतीय समाज में वर्ण-भेद -मधुकर पिपलायन, पृष्ठ 33
16. वसुधाः 53 -समकालीन उर्दू साहित्य पर केंद्रितः अंकः जनवरी-मार्च, 2002, पृष्ठ 221-222
17. कृति संस्कृति संधानः अंकः 2 -संयुक्तांक, अप्रैल-दिसंबर, 2003, पृष्ठ 210
18. आधुनिकता के आइने में दलित -संपादकः अभय कुमार दुबे, पृष्ठ 101, 103
19. वही, पृष्ठ 144
20. वही, पृष्ठ 24
21. जाति और वर्ग -बी. टी. रणदिवे, पृष्ठ 77
22. जाति क्यों नहीं जाती -संपादनः डॉ. सुभाष चन्द्र, पृष्ठ 123
23. वर्तमान साहित्यः शताब्दी कविता विशेषांकः मई-जून, 2000, पृष्ठ 193-194
24. दलित विमर्श की भूमिका -कंवल भारती, पृष्ठ 67-68

दलित ही लिखें दलित साहित्य!

हिंदी में दलित विमर्श का इस पर बड़ा ज़ोर है कि दलित साहित्य सृजन का अधिकार दलितों को ही है। इसीलिए **राजेंद्र यादव** ने पूछा कि "अगर होरी या घीसू-माधव अपनी कहानियाँ ख़ुद लिखते तो क्या उनके रूप यही होते?"[1] रूप कैसे होते, यह सवाल बाद का है। पहला सवाल यह है कि रूप होते भी या नहीं। कारण यह कि प्रेमचंद का युग तो दूर, आज भी ज़्यादातर घीसू-माधव यातनादायी विषमता और अन्याय को इस हद तक सह रहे हैं कि अपनी कहानियाँ ख़ुद लिखने की स्थिति में नहीं हैं।

प्रेमचंद के घीसू-माधव अन्याय करने वाले समाज के साथ अन्याय करते हैं। धोखा देने वाले समाज को धोखा देते हैं। क़फ़न के पैसों से क़फ़न न लेकर उस समाज के इशारों पर चलने से इन्कार करते हैं, जो हमेशा उन्हें अपने इशारों पर चलने के लिए मज़बूर करता रहा। दिए गए हालात में अन्याय का इससे ज़्यादा विरोध एक कहानी में प्रायः संभव नहीं होता। दलितों के इस विरोध को क्या केवल इसीलिए अनुभूतिशून्य और दलित-विरोधी मान लिया जाए कि इसे लिखने वाले प्रेमचंद का जन्म दलित-समुदाय में नहीं हुआ था?

यह जड़ता है। वैसी ही जड़ता, जो जाति-व्यवस्था में रही है। दलित समुदाय में जन्म लेने वाले को जैसे वेद पढ़ने का अधिकार नहीं था, वैसे ही अन्य समुदायों में जन्मे हुओं को दलित-साहित्य लिखने का अधिकार नहीं है। **डॉ. मैनेजर पांडेय** का कहना है कि "सारी सहानुभूति, करुणा, सहृदयता और परकाया प्रवेश की कला के बावजूद ग़ैर-दलितों द्वारा दलितों के बारे में लिखे गए साहित्य में कला चाहे जितनी हो, परंतु अनुभव की वह प्रामाणिकता नहीं होती, जो किसी दलित द्वारा अपने समुदाय के बारे में स्वानुभूति की पुनर्रचना से उपजे साहित्य में होती है।"[2] इस कथन से कुछ सवाल पैदा होते हैं। क्या कला और अनुभव साहित्य में इतने अलग-अलग होते और रहते हैं? क्या साहित्य में ऐसी कला संभव है, जो अनुभव की जगह कपोलकल्पना से पैदा हो? संभव हो भी तो क्या उसे कला कहा जा सकता है? सृजन माना जा सकता है? क्या घीसू-माधव हुए बिना घीसू-माधव की वह कहानी लिखना संभव है, जो प्रेमचंद ने लिखी?

बहुत सारे बच्चे अनाथ होते हैं। उन्हें अपने माँ-बाप का पता नहीं होता। अतः अपनी जाति का भी पता नहीं होता। उन्हें लेखक बनने और किसी उपेक्षित-दलित-दमित के जीवन पर आधारित कोई रचना लिखने का अधिकार है या नहीं? अगर यह तय है कि वे ऐसी कोई सक्षम रचना कर ही नहीं सकते तो उन्हें यह अधिकार नहीं है। अगर कर सकते हैं तो केवल जन्म के आधार पर रचना की सक्षमता के दावे में कोई सार नहीं है। वह हिंदी साहित्य-चिंतन की दरिद्रता का ताज़ा प्रमाण-भर है।

अगर जन्म से ही कोई उत्कृष्ट सर्जक हो सकता तो प्रेमचंद के सारे बेटे सृजन के मामले में प्रेमचंद के बाप हुए होते! निराला के सृजन को उनके वंशजों ने पीछे छोड़ दिया होता! ऐसा नहीं हुआ। कारण यह कि साहित्य की दुनिया न तो ब्राह्मणवादियों की है, न दलितवादियों की। वह जन्म के आधार पर नहीं, इस आधार पर टिकी है कि घीसू-माधव के अनुभव को घीसू-माधव होकर अनुभव करना और अधिक मनुष्य होना है। पाठक या श्रोता से रचना के संबंध भी इसी के फल हैं।

इस पर गंभीरता से विचार होना चाहिए कि इतना ज़ोर देकर दलितों द्वारा लिखे गए साहित्य को ही दलितों का साहित्य क्यों माना जा रहा है? कहीं इसलिए तो नहीं कि दलितों द्वारा लिखे गए साहित्य को हिंदी में अपनी एक अलग और विशेष पहचान बनानी है और वह अपने आप को पूरी तरह सबसे अलग साबित किए बिना नहीं बन सकती? कहीं इसलिए तो नहीं कि दलित-जीवन को व्यक्त करने वाला साहित्य अब दलितों के हाथों प्रबलता से उजागर हो रहा है और साहित्य के मठाधीश इस ऐतिहासिक घटना का नेतृत्व हथियाने की फ़िराक़ में हैं? कहीं इसी नीयत से तो **राजेन्द्र यादव** यह नहीं कहते कि "दुनिया का कोई वकील अपनी सारी निष्ठा और ईमानदारी या क़ानूनी पैंतरेबाज़ी के बावजूद वादी की तड़प, यातना और ग़ुस्से को नहीं बता सकता, जितना वे स्वयं व्यक्त कर सकते हैं"?[3] क्या साहित्यकार सचमुच महज़ एक वकील होता है, जिसका पहला और अंतिम उद्देश्य अपनी फ़ीस को न्यायोचित ठहराना हो?

साहित्यकार की भूमिका को निरी वकालत तक सीमित कर डालना क्या समकालीन प्रोफ़ैशनलिज़्म से आतंकित या ग्रस्त मानस का सूचक नहीं? अगर दलितों का प्रामाणिक अनुभव ही किसी शब्द-संयोजन को रचना बनाने के लिए काफ़ी है तो प्रत्येक दलित, रचनाकार क्यों नहीं हो जाता? क्यों एक दलित रचनाकार की रचना दूसरे दलित रचनाकार की रचना से ज़्यादा सक्षम या अक्षम होती है? क्यों ऐसे पाठक या श्रोता मिलते हैं, जो किसी रचना के बारे में कहते हैं कि अनुभव तो हमारा भी ऐसा ही था लेकिन इस रचना में वह पूरा-पूरा आ गया, बहुत अच्छी तरह आ गया?

ऐसे सवाल साहित्यिक पॉलिटिक्स को मुश्किल में डाल सकते हैं इसलिए उसे रास नहीं आते। इसलिए भी रास नहीं आते कि इनके जवाब साहित्य के सच तक पहुँचा सकते हैं, जो अधिकांश साहित्यिक पॉलिटिक्स का प्रयोजन नहीं होता। दलित साहित्य के पॉलिटिशियन प्रत्यक्ष अनुभव पर ही आत्यंतिक बल देकर ऐसा वातावरण बनाते हैं, जिसमें उत्कृष्ट दलित साहित्य केवल दलित लेखकों के लिए आरक्षित हो जाता है। ऐसे में दलितों द्वारा लिखे गए साहित्य की प्रशंसा (कोरी प्रशंसा कर देने से आसान और क्या है!) के लिए तो पूरी जगह होती है लेकिन अगर कोई उसकी किसी कमज़ोरी की तरफ़ इशारा भी करे तो ब्राह्मणवादी ठहरा दिया जाता है। अगर वह जन्मना ग़ैरदलित हो तो यह और भी आसान है। दलित साहित्य की रचना और आलोचना, दोनों को जन्मना दलितों के लिए आरक्षित करने वाला संकीर्णता के रोग से ग्रस्त यह वातावरण तरह-तरह के घोषित-अघोषित सेंसरों को जन्म देता है। पूर्वग्रहरहित खुली बातचीत के असंभव होने की क़ीमत दलित साहित्य को ही नहीं, साहित्य-मात्र को चुकानी पड़ती है।

एक अरसे के बाद दलित यह कहने की स्थिति में आए हैं कि *हम भी मुँह में ज़ुबान रखते हैं।* यह ज़ुबान मनुष्यता, समाज, साहित्य और भाषा को सदियों इंतज़ार के बाद उपलब्ध हुई है। बड़ी क़ीमती है। इसे न चुप होना चाहिए, न इस्तेमाल। **एकांत श्रीवास्तव** की एक कविता है–*बोलना*–

"बोले हम
पहली बार
अपने दुखों को ज़ुबान देते हुए
जैसे जन्म के तत्काल बाद
बोलता है बच्चा

पत्थर हिल उठे
कि बोले हम
सदियों के गूँगे लोग

पहली बार
हमने जाना
बोलना

हमें लगा
हम अभी-अभी पैदा हुए हैं।"[4]

बोलना भाषा की दुनिया में पैदा होना है। उसी दुनिया में, जो मनुष्य की दुनिया को पशु-पक्षियों से अलग करने वाला महत्त्वपूर्ण कारण रही। पैदा होने का मतलब यहाँ है मनुष्य होने का अधिकार हासिल करना। दलितों को यह अधिकार अभी हासिल हो रहा है। पूरी तरह हासिल हो, इसके लिए ज़रूरी है कि गुण-दोषों की उचित विवेचना को जगह देने वाला वातावरण बने। ऐसा वातावरण, जिसमें दलितों को साहित्य रचने के साथ-साथ उसकी कमज़ोरियाँ जानने और उन्हें दूर करने के अवसर भी उपलब्ध हो सकें। वे समझ सकें कि साहित्य रचने का मतलब अनुभव को ज्यों का त्यों लिख देना-भर नहीं होता, उसकी पुनर्रचना करना होता है। पुनर्रचना को ज़्यादा से ज़्यादा समर्थ बनाना होता है। जीवनानुभव को काव्यानुभव में रूपांतरित करना होता है। ऐसा काव्यानुभव, जो ज़्यादा से ज़्यादा लोगों को ज़्यादा से ज़्यादा आंदोलित और प्रभावित कर सके। इस तरह ज़्यादा से ज़्यादा मनुष्य बनने में उनकी मदद कर सके।

यह सब प्रेमचंदों की रचनाओं को फूंकने से नहीं, समझने से होगा। दलित साहित्य का आंदोलन हिंदी में अभी अपने शुरुआती दौर में है। संभवतः इसीलिए प्रतिशोध, विद्रोह और अतिक्रांतिकारी तेवर इसकी लगभग अनिवार्य विशेषताओं में शामिल हैं। संभव है आगे इसका और विकास हो। यह संभावना **विजय कुमार** से बातचीत में कही गई मराठी के प्रसिद्ध दलित कवि **नारायण सुर्वे** की इस बात से और प्रबल होती है कि मराठी में "पहले दलित साहित्य का अर्थ केवल दलितों द्वारा लिखा साहित्य होता था। आज दलित साहित्य

का अर्थ दलितों के बारे में लिखा साहित्य है।"[5] मराठी में दलित साहित्य का आंदोलन हिंदी से ज़्यादा समृद्ध है। चूँकि मराठी आत्मकथाओं के हिंदी अनुवाद ने हिंदी साहित्य में दलित-चेतना के विकास की अगुवाई की है, इसलिए संभावना है कि हिंदी में भी दलित साहित्य, साहित्यकार के कुल-वंश से मुक्त हो। इस मुक्ति का अर्थ इतना-भर है कि ग़ैरदलित भी उत्कृष्ट दलित साहित्य का सृजन कर सकता है, इस संभावना के लिए मानस-द्वार बंद न किए जाएँ।

हिंदी में ग़ैरदलित प्रगतिशील साहित्यकारों ने दलित साहित्य की परंपरा निर्मित की है। उसके लिए ऐतिहासिक पृष्ठभूमि बनाने का काम किया है। उनकी इस भूमिका को हाल ही में **पंकज चौधरी** से बातचीत करते हुए सुप्रसिद्ध दलित लेखक **शरण कुमार लिंबाले** ने यह कहते हुए स्वीकार किया—"प्रेमचंद जैसे अनेक ग़ैरदलित प्रगतिशील विचारों के लेखकों ने दलितों के संदर्भ में जो लेखन किया है, उसका महत्त्व कम करके नहीं आंकना चाहिए।...प्रगतिशील ग़ैरदलित लेखकों ने साहित्य की एक पृष्ठभूमि तैयार की है और उसी पृष्ठभूमि पर आज का दलित साहित्य रचा जा रहा है। अगर यह पृष्ठभूमि नहीं होती तो दलित साहित्य को सवर्ण जाति के पाठक नहीं मिलते। इसी तरह दलित साहित्य का स्वागत नहीं होता।"[6] इस सच को कहना ग़ैरदलित प्रगतिशील साहित्यकारों के योगदान को स्वीकार करना है। इसका अर्थ है कि प्रकारांतर से वे भी समतापूर्ण समाज-निर्माण की दिशा में ही अपनी रचनाओं के क़दमों से आगे बढ़ते रहे हैं। अर्थ यह भी है कि इस दिशा में सक्रिय दलित साहित्य के स्वाभाविक सहचर की मान्यता देरसबेर ग़ैरदलित प्रगतिशील साहित्यकारों के साहित्य को ही हासिल होनी है।

बाज़ार का बढ़ता वर्चस्व ग़रीबों के रूप में आधुनिक दलितों का निर्माण कर रहा है। उसके लिए मनुष्य वही है, जिसकी जेब भारी हो। जेब जिसकी जितनी भारी, वह उतना बड़ा आदमी। जेब जिसकी खाली, वह बड़ा तो क्या, आदमी तक नहीं। पीने के पानी तक पर उसकी प्यास का अधिकार नहीं। वह या तो मृत्यु जैसा जीवन जीए, या मर जाए। बदले संदर्भ में यह दलित होना है। यह बात और है कि दलित और ग़रीब को एक-दूसरे के पास लाने वाले, दोनों को कमोबेश एक जैसी यातना देने वाले हालात को दमित-हितों की तथाकथित राजनीति करने वाले नहीं देखते। सब अपनी-अपनी पताका देखते हैं। उसका तेज़ी से फहराते रहना देखते हैं। उसका हल्का या गाढ़ा होता रंग देखते हैं। इसी आधार पर अपनी पॉलिटिक्स तय करते हैं। उनके लिए जनता के दुख दूर करना निर्णायक नहीं।

निर्णायक है अपनी पताका का रंग। कविता ने पताकाओं के रंगों से ज़्यादा जनता का दुख देखा है। दमितों की हित-संभावना देखी है। **डॉ. जयप्रकाश कर्दम** के अनुसार—*कविता/विषमताओं के विशाल जंगल में/तिनका-तिनका सुलगती/आग है।*[7] आग तिनकों और तिनकों में भेद नहीं करती। सामाजिक और आर्थिक, दोनों विषमताओं को राख करती है। **जनकवि बिहारी लाल हरित** ने कहा था— *सिर पर ज़रा रख टोकरा मैले का टपकता/ गंदगी में बढ़ ज़रा मल-मूत बनकर देख।/दो-चार दिन के वास्ते अछूत बनकर देख।*[8]

यह उससे कहा गया, जो अछूत नहीं। उसके लिए अछूत बनकर अछूत को देखना एक चुनौती है। अछूत बने बिना अछूत के सच्चे हालात नहीं देखे जा सकते। **अवतार सिंह**

पाश ने कहा था—*मैंने लोहा खाया है/आप लोहे की बात करते हो।*[9] लोहे की बात करने वाले लोहा खाने वालों के हालात क्या जानें! हाँ! जान सकते हैं, अगर लोहा खाएँ! अछूत की पीड़ा दूसरे भी अनुभव कर सकते हैं, अगर स्वयं अछूत बनकर देख सकें! यह देखना नामुमकिन होता तो *अछूत बनकर* देखने की चुनौती न दी जाती!

केवल शरीर से जो मनुष्य हैं, कविता उनके लिए भी मनुष्यता का संभावना-द्वार बंद नहीं करती। इस तरह अपनी इस इच्छा के अनुसार ही आचरण करती है कि दमन के विरुद्ध संघर्ष में वे भी शामिल हों, जो दमन के शिकार नहीं पर उसे मनुष्य-समय का कलंक मानते हैं। संघर्षशीलों से भ्रातृत्व अनुभव करते हैं। **अरुण कमल** के शब्दों में रह-रहकर सोचते हैं—*"कहाँ होगा मेरा भाई इस वक़्त/उसका शरीर गुंध रहा होगा हवा में/वह किसी डोंगी की तरह काट रहा होगा/हवा के भंवर।"*[10]

भोगविलास की संपन्न फ़ैंटेसियाँ जिस दौर में मनुष्य की अंतर्बाह्य दुनिया को पूरी तरह घेर लेने पर उतारू हों, उसमें डोंगी की तरह हवा के भंवर काटते भाई का ख़याल आना मनुष्यता के लिए मूल्यवान् भी है और अपने दौर में कविता का सर्जनात्मक हस्तक्षेप भी। ऐसा ही महत्त्वपूर्ण हस्तक्षेप **केदारनाथ सिंह** यह कहकर करते हैं कि *मेरे समय के सबसे महान चित्र/पिकासो ने नहीं/मेरी गली के एक बूढ़े रंगरेज़ ने/बनाए थे।*[11] इस रंगरेज़ और भाई की जाति कविता के लिए उतना महत्त्व नहीं रखती, जितना उनका समय के सबसे महान चित्र बनाना और हवा के भंवर काटना।

निर्मला पुतुल जब कहती हैं कि *बटोर पृथ्वी की पूरी ऊर्जा/उठेगा धीरे-धीरे ज़मीन से/ज़मीन पर गिरा आदमी*[12] तो उनका आशय प्रत्येक समुदाय के सजग वंचित, प्रत्येक जाति के ऊर्जस्वी दमित से होता है। आशय यह भी है कि ज़मीन की सारी ऊर्जा समेटने की स्थिति में वे कभी नहीं हो सकते, जिनके पाँव ज़मीन पर नहीं पड़ते। दमन से मुक्ति की प्रक्रिया में शामिल कोई भी हो सकता है लेकिन मुख्य भूमिका दमितों की ही होगी। **वेद प्रकाश वेद** के शब्दों में—

"तुम्हारा भय वाजिब है
समझ सही है
सबसे पहले मेरी ही मुट्ठी कसेगी
क्योंकि मेरी हथेली में कुछ नहीं है।"[13]

वंचित होना जीवन की बुरी अवस्थाओं में से है। यह कविता की नज़र है, जो इसकी भी अच्छाई देख लेती है। हथेली का खालीपन ही उसे विषमता के ख़िलाफ़ कसने वाली मुट्ठी में तब्दील कर सकता है। इस बात को **विवेकानंद** ने यूँ कहा—

"पानी नहीं मिलने पर
पेड़ की पतली डाल भी
छुरी बन जाती है।"[14]

छुरी बनना डाल का चुनाव नहीं है। पानी न मिलने पर छुरी उसे बनना पड़ता है। छुरी वह बनती ही है। इसका अर्थ यह भी है कि अब जो छुरी बन गई है, पानी मिलने पर वही डाल छाँव और फल भी बन सकती थी। उसका छुरी बनना केवल उसकी नहीं, पूरे वातावरण की समस्या है। हथियार तो हथियार हैं ही, पेड़ भी अगर हथियार उगाने लगें तो

जीवन का कटने-मरने से बचना मुश्किल हो जाए। किसी बच्चे के बहुत कमज़ोर होने पर कहा जाता है—यह सूख गया। यह *सूखना* भाषा में पेड़-पौधों से आया है। अर्थ इसका है—जीवन में मृत्यु का हस्तक्षेप। कविता इस हस्तक्षेप का जवाबी हस्तक्षेप है।

देश एक पेड़ है और उसकी सूखती टहनियाँ अभावग्रस्त लोग। आदमी सूखकर चिड़चिड़ा होने लगता है। गालियाँ देने, मारने लगता है। उसकी अभद्रता-आक्रामकता की जड़ में है सूखना और सूखने की जड़ में है अभाव। अभाव की वर्तमान स्थिति क्या है? स्थिति यह है कि बाज़ार के साथ-साथ सुविधाएँ ही नहीं, विपदाएँ भी बढ़ रही हैं। संपन्नता ही नहीं, अभाव भी बढ़ रहा है। उपभोग की जितनी वस्तुएँ सुलभ होती जा रही हैं, उतनी ही वस्तुओं का अभाव भी बढ़ता जा रहा है। अभाव का यह विस्तार अभाव-पीड़ितों की पीड़ाओं में और वृद्धि करता जा रहा है। यह जीवन में मृत्यु के हस्तक्षेप की वृद्धि है।

अभावों में जीना कोई नहीं चाहता। उसी तरह जैसे मरना कोई नहीं चाहता। इसलिए सबसे ज़्यादा अभाव में जिनको जीवित रहना पड़ रहा है, विषमता के प्रतिकार की ज़रूरत उन्हीं को सबसे ज़्यादा है। ज़रूरत सबसे ज़्यादा है तो उसे पूरा करने की कोशिशें भी उन्हीं के जीवन में सबसे ज़्यादा संभावित हैं। **अरुण कमल** ने *वृत्तांत* में देखा कि

"माथे पर रूमाल बाँधे
सींकचे पकड़े
आधी देह बाहर झुलाता
सबसे पिछले डिब्बे की ओर आँख गड़ाए है
ड्राइवर
हरी रौशनी की खोज में।"[15]

हरा रंग ज़िंदगी का है। रौशनी गति की है। गाड़ी को चलाता भले ड्राइवर हो पर चलने की शुरुआत जिस संकेत से होती है, वह सबसे पिछले डिब्बे से आता है। परिवर्तन की पटरी पर गाड़ी चले, इसके लिए हरी रौशनी का इंतज़ार है। इंतज़ार इतना है कि ड्राइवर पिछले डिब्बे को सिर्फ़ देख नहीं रहा। उस पर *आँखें गड़ाए हुए* है। इसलिए कि हरी रौशनी को वहीं से आना है, यह तय है। यह भी तय है कि हरी रौशनी को आना ही है। सबसे पिछला डिब्बा सबसे पीछे रहने वाले लोग हैं। ये लोग वंचित भी हैं, दलित भी। एक शब्द में—दमित।

हरी रौशनी में दोनों की पीली-नीली रौशनी शामिल है। हरा रंग पीले और नीले से मिलकर ही बनता है। कविता की नज़र हरी रौशनी को देखती है। देखती है कि यह रौशनी होगी तो सारे के सारे डिब्बे हिलना शुरू करेंगे। समता और मानवीय जीवन की तरफ़ चलेंगे। चलेंगे तो रफ़्तार भी पकड़ेंगे। रफ़्तार पकड़ेंगे तो पहुँचेंगे। पहुँचकर ही रहेंगे। **वीरेन डंगवाल** के शब्दों में कवि अपना सीखा गणित का सूत्र याद रखता है कि सबसे नगण्य होते हुए भी शून्य ही सबसे ताक़तवर संख्या है। याद रखता है—

"पूरे संसार को ढोने वाली
नगण्यता की विनम्र गर्वीली ताक़त
जिसे अभी सही-सही अभिव्यक्त होना है।"[16]

संदर्भ

1. हंसः पूर्णांकः 215, वर्षः 19, अंकः1, अगस्त, 2004 -सत्ता विमर्श और दलित, पृष्ठ 7
2. आलोचनाः अप्रैल-जून, 2005 के अंक में ब्रजकुमार पाण्डेय द्वारा उद्धृत, पृष्ठ 69
3. दलित साहित्य का सौंदर्यशास्त्र -ओम् प्रकाश वाल्मीकि द्वारा उद्धृत, पृष्ठ 37
4. अन्न हैं मेरे शब्द -एकांत श्रीवास्तव, पृष्ठ 65
5. वर्तमान साहित्यः वर्षः 9, अंकः 7-8, अप्रैल-मई संयुक्तांक, 1992, कविता विशेषांक, पृष्ठ 209
6. राष्ट्रीय सहाराः हिंदी दैनिकः 12 नवंबर, 2006, रविवार को प्रकाशित भेंटवार्ता, पृष्ठ 9
7. अपेक्षाः 12 -अम्बेडकरवादी युवा कविता विशेषांक, जुलाई-सितंबर, 2005 में ईश गंगानिया द्वारा उद्धृत, पृष्ठ 19
8. वही 9, जनकवि बिहारी लाल हरित पर केंद्रितः अक्तूबर-दिसंबर, 2004, पृष्ठ 54
9. बीच का रास्ता नहीं होता -पाश, पृष्ठ 30
10. अपनी केवल धार -अरुण कमल, पृष्ठ 37
11. उत्तर कबीर और अन्य कविताएँ -केदारनाथ सिंह, पृष्ठ 97
12. अपने घर की तलाश में -निर्मला पुतुलः संथाली से अनुवादः अशोक सिंह, पृष्ठ 58
13. बातचीत के दौरान सुनाई गई पंक्तियाँ
14. समकालीन भारतीय साहित्यः मई-जून, 2005, पृष्ठ 189
15. नये इलाके में -अरुण कमल, पृष्ठ 48
16. दुष्चक्र में स्रष्टा -वीरेन डंगवाल, पृष्ठ 77

आपको बाज़ार से जो कहिए ला देता हूँ मैं

बाज़ार का वर्तमान विस्तार अभूतपूर्व है। पहले वह स्थान-मात्र था। अब उसका अपना समय है, जो किसी भी स्थान पर हो सकता है। पहले वह ज़रूरतें पूरी करने का माध्यम ही था। अब ज़रूरतें पैदा भी करता है। पहले वह मनुष्य के लिए था। अब मनुष्य उसके लिए भी है। एक ऐसी वास्तविकता है वह, जिसे समझे और जिसके प्रति अपना रवैया तय किए बिना किसी का काम नहीं चलने वाला। उसकी पैठ ज़िंदगी के तक़रीबन हर कोने में है।

बाज़ार का विरोध भरपूर होता है पर अक्सर शब्दों में। बुद्धिवादियों में यह चलन है कि बहुराष्ट्रीय कम्पनी के टूथपेस्ट से दाँत भी चमकाओ और उसे उपलब्ध कराने वाले बाज़ार को मुँह भर-भरकर गालियाँ भी दो। हँसी की आकर्षक सुंदरता भी बनी रहे और सुंदरता बेचने वालों के ख़िलाफ़ भाषण झाड़ती प्रगतिशीलता को भी आँच न आए। **धूमिल** के शब्दों में *काँख भी ढँकी रहे/और विरोध में उठे हुए हाथ की/मुट्ठी भी तनी रहे!*[1]

दिखावा बाज़ार की प्रक्रिया है। उपयोग उसका कोई भी करे, शक्ति वह बाज़ार को ही देती है। एक तरफ़ बाज़ार का लगभग अबाध प्रसार है तो दूसरी तरफ़ उसका दिखावटी विरोध। मनुष्यता की चुनौती यह है कि उसे स्वयं को दोनों पाटों के बीच पिसने से बचाना है। प्रकारांतर से यह चुनौती कविता की भी है। इसका सामना बाज़ार के दिखावटी विरोध द्वारा प्रगतिशीलता का सर्टिफ़िकेट हासिल करते/चमकाते हुए असंभव है। बहिष्कार की रणनीति द्वारा अपनी प्रतिबद्धता को निरपेक्ष और शत प्रतिशत शुद्ध बनाए रखते हुए असंभव है। शुद्धिवाद के डंडे से कवियों को अनुशासित यंत्र में तब्दील करने की कोशिश करते हुए असंभव है। संभव है तो जहाँ गुंजाइश मिल सके, वहीं उसका मनुष्यता और कविता के हित में इस्तेमाल करते हुए। अपनी बात कहते हुए। ऐसी बात, जो सिर्फ़ कहने के लिए न कही जाए। जो अनुभव की आँच में तपकर खरेपन की शक्ल में ढली हो।

कविता के पास ऐसी बातें हैं। बाज़ार और दिखावे की चुनौतियों ने उसे मज़बूत भी बनाया है। उसकी दुनिया में केवल रस्मी नहीं, सच्चे शब्द भी हैं। इन शब्दों ने ही उसे आज भी मनुष्यता की भरोसेमंद संवेदन-लय बनाए रखा है। बाज़ार की गतिविधियों और उसके प्रभावों को वहाँ से देखते हुए, जहाँ से वे सबसे साफ़ दिखलाई दे सकें। यह देखते और कहते रहना अपने समय में अपनी भूमिका का समुचित निर्वाह करते रहना है। औपचारिक नहीं, वास्तविक रूप में ज़िंदा रहना है।

बाज़ार का मतलब बहुत फैल गया है। अब इसका मतलब वह दौर भी है, जिसके केंद्र में अनंत लाभ-लोभ है। वह स्थिति भी है, जो इस केंद्र के चारों तरफ़ कोल्हू के बैल की तरह ज़िंदगी के घूमते रहने से पैदा होती है। यह दौर और यह स्थिति वैश्विक है। इसलिए

कि विश्व-भर के मनुष्य इससे प्रभावित हैं। बाज़ार के इस वैश्विक प्रभाव का ही नतीजा है कि जीवन में बहुत कुछ बिकाऊ है। ऐसा, जिसे पहले आसानी से ख़रीदा नहीं जा सकता था। **शमशेर बहादुर सिंह** का व्यंग्यात्मक शे'र है—

"इल्मो-हिकमत, दीनो-ईमाँ, मुल्को-दौलत, हुस्नो-इश्क़
आपको बाज़ार से जो कहिए ला देता हूँ मैं!"[2]

ज्ञान ख़रीदा जा सकता है। धर्म-ईमान ख़रीदा जा सकता है। देश की संपदा ख़रीदी जा सकती है। प्रेम ख़रीदा जा सकता है। यह धन की बढ़ती जाती शक्ति है। इस बढ़ाव को कहने का मतलब आँखें खोलने या सचेत करने की कोशिश करना है। शमशेर के इस शे'र के अलावा **भवानी प्रसाद मिश्र** की कविता *'गीतफ़रोश'* का भी कहना है कि बहुत पहले से कविता मनुष्यता को बचाने की ऐसी कोशिशें करती आई है।

सहजता गीत का प्राण है। ख़रीदफ़रोख़्त ने इसे सोख लिया है। बाज़ार को प्राणवान् नहीं, उपयोगी गीत चाहिएँ। *रेशमी* से लेकर *खादी* तक, हर तरह के गीत चाहिएँ। *पित्त और बादी* के गीत भी चाहिएँ। भरपूर वैराइटी चाहिए। वह नाक सिनकने तक का गीत माँग सकता है। ग्राहक के सामने माल की तरह गीतों का ढेर लगाता और हटाता गीतफ़रोश अपने-आप में बाज़ार के अमानवीय प्रभावों पर बड़ा धारदार व्यंग्य है। वह जानता है कि गीत बेचना पाप है *"क्या करूँ मगर लाचार/हारकर गीत बेचता हूँ!"*[3]

बाज़ार जानकारी को आचरण से स्वायत्त करते हुए व्यर्थ कर देता है। अनुभूति को गीत के लिए ज़रूरी नहीं रहने देता। गीत-रचना को निरे कौशल में सीमित कर देता है। गीतफ़रोश बनने के लिए ज़रूरी है कि गीत उसी तरह बनाए जाएँ जैसे फ़ैक्ट्री में माल का उत्पादन किया जाता है। माँग होने पर उनकी उसी तरह सप्लाई की जाए जैसे व्यापार में की जाती है। मनुष्यता के सबसे सहज संगीत को सबसे बनावटी बनाकर रख देता है बाज़ार।

गीतकार ऐसे में स्वयं को लाचार और हारा हुआ ही महसूस कर सकता है। उस समय भी, जब वह गीतों का उत्पादन कर रहा हो और उस समय भी, जब उन्हें ग्राहक को दिखा रहा हो, उन्हें बेच रहा हो। उनसे पैसा कमा रहा हो। कवि चूँकि मूलतः कवि होता है, व्यापारी नहीं, इसलिए लाभ की स्थिति में भी ख़ुश नहीं होता। वास्तव में वह अपना जीवन नहीं जी रहा होता। अपना जीवन जीने का हक़ बाज़ार उससे छीन चुका होता है।

गीत बिकते हैं। शांति भी बिकती और ख़रीदी जाती है। यह बताती हैं **कुँवरनारायण** की ये पंक्तियाँ—*मुहल्ले में वह शांति बेचता है।/लाउडस्पीकरों की/एक दुकान है उसकी/मेरे घर से बिल्कुल लगी हुई।/सुबह-सुबह मुँहअँधेरे दो घंटे/लाउडस्पीकर न बजाने के/वह मुझसे सौ रुपये महीने लेता है।...*[4] सौ रुपये महीने ने उस डाँट-फटकार की जगह ले ली है, जो किसी भी असामाजिक गतिविधि को आराम से रोक दिया करती थी और वह डाँट-फटकार का सम्मान करते हुए शर्म से रुक जाया करती थी।

इंसान अब इंसान कम, माल ज़्यादा है। **निर्मला पुतुल** *'चुड़का सोरेन से'* कहती हैं—*...और हाँ, पहचानो!/अपने ही बीच की उस कई-कई/ऊँचे सेंडिल वाली/स्टेला कुजूर को भी/जो तुम्हारी भोली-भोली बहनों की आँखों में/सुनहरी ज़िंदगी का ख़्वाब दिखाकर/दिल्ली की आया बनाने वाली फ़ैक्ट्रियों में/कर रही है कच्चे माल की तरह सप्लाई...*[5] शांति और

बच्चियों के बिकने की संवेदनात्मक सूचना देना औपचारिक सूचनाओं के समय में हस्तक्षेप करना है। यह हस्तक्षेप समकालीन कविता ने लगातार किया है।

'कथाः दुमका के पायताने बसे कुरूवा की' सुनाते हुए **निर्मला पुतुल** ने ही बताया है कि कुरूवा में दारू, ताड़ी, हड़िया के साथ-साथ *ठंडे-गर्म गोश्त* भी बिकते हैं। *हँसी-ठट्ठा और खिलखिलाहटें* बिकती हैं। *ठंडी दिनचर्या से बनी गर्म-गर्म रातें* बिकती हैं। *नाच-गान* बिकता है। *वोट* बिकते हैं।[6] **नूरजहाँ सर्वत** ने कहा—*वफ़ा जिसको अनमोल समझे थे हम/ वही आजकल की दुकानों में है।*[7] साथ ही यह भी कि *जिस सादगी पे उनकी ज़माने को नाज़ था/वो आज उसको बेच के चालाक हो गए।*[8]

वफ़ा और सादगी ही नहीं, कोई बेचे तो मैल तक बिक सकता है। **लीलाधर जगूड़ी** ने लिखा—

"मैल कितना उत्पादक हो सकता है यह साबुनों और
डिटर्जेंट पाउडरों के बीच हो रहे युद्ध से जाना जा सकता है
जिन्हें सौंदर्य के मैनेजर अधिक सुंदर दामों पर बेचने की होड़ में हैं...।"[9]

साबुनों और डिटर्जेंट पाउडरों का बिकना ज़रूरी है। वे मैल हटाएँ, यह ज़रूरी नहीं है। बाज़ार ने मैल हटाने और मैल हटाते हुए दिखने में अंतर पैदा कर दिया है। दिखना ज़्यादा ज़रूरी है। उत्पादन की बजाय पैकेजिंग और मार्केटिंग पर ज़्यादा निवेश दिखावे का बढ़ता महत्त्व ही है। जीवन में उसकी जगह लगातार बढ़ रही है। सोच और संबंध भी दिखावटी ज़्यादा हैं। वो दिन गए जब बच्चों को मनुष्यता का सांझा भविष्य माना जाता था और इस मान्यता के अनुकूल ही उनसे व्यवहार किया जाता था। अब बच्चे भी व्यापार और विकृतियों के शिकार हैं। इसीलिए निठारी जैसे कांड होते हैं। **शलभ श्रीराम सिंह** ने लिखा—

"बच्चों की खोपड़ियों का व्यापार
हो रहा है यहाँ
व्यापार हो रहा है उनकी हड्डियों का
गुर्दों, आँखों और ख़ून का व्यापार
हो रहा है उनके।"[10]

मुनाफ़े के काम आ सकें तो बच्चे भी उपयोगी हैं। अच्छे हैं। सुंदर हैं। इस सुंदरता से फ़ायदा उठाया जा रहा है। फ़ायदा उठाने की योग्यता है—संवेदनशून्यता। कविता इसे ज्यों का त्यों सामने रख देती है। इसीलिए कविता जो सूचना देती है, उसका असर घृणा के रूप में होता है। यह असर इसलिए भी होता है कि वह सच की पैकेजिंग और मार्केटिंग पर अपनी शक्ति व्यय नहीं करती। उसे सुंदर नहीं बनाती। मधुर नहीं बनाती। छंद-अलंकार की चाशनी में नहीं लपेटती। फिर भी लयहीन नहीं होती। 'उनके' को अंत में रखकर अपनी चिंता का केंद्र भी स्पष्ट कर देती है और वे सवाल भी बिना उठाए उठा देती है, जो बच्चों के व्यापार पर उठने चाहिएँ। साथ ही स्वयं को गद्य से अलग भी कर लेती है। यहाँ लय उसकी अर्थ-व्यंजना में है, जो बात पूरी हो जाने के साथ ही ख़त्म नहीं हो जाती। देर तक चेतना को प्रतिध्वनित करती रहती है। **शहरयार** का शे'र है—

"बिला सबब नहीं बेज़ार आसमान से हम
ख़रीद लाए हैं कुछ ख़्वाब इस दुकान से हम।"[11]

शे'र पूरी तरह मीटर में है। छंदशास्त्र के नियमों पर खरा है। रूपक अलंकार भी है इसमें। फिर भी पढ़ने-सुनने वाले को मुग्ध कम, बेचैन ज़्यादा करता है। इसलिए कि इसका अर्थ काव्यात्मक कम, गद्यात्मक ज़्यादा है। लगता है–जैसे कोई आदमी अपने बेज़ार होने की वजह बता रहा हो। बताने का यह अंदाज़ गायन का नहीं, बोलचाल का है। गद्यात्मकता इस अंदाज़ में है। उस परिस्थिति में है, जो सपने ले आने से पैदा होती है। बोलचाल के इसी अंदाज़ के बारे में **निराला** ने अज्ञेय से कहा था–*"हमारे सामने संगीत का स्वर रहता था और तुम्हारे सामने बोलचाल की भाषा का स्वर रहता है।"*[12] चूँकि यह स्वर सीधे-सीधे जीवन का है, इसलिए आसमान की बात करने के बावजूद उस बेचैनी तक पहुँचा देता है, जो ज़मीन की है। सच की है। काव्यात्मकता का यह गद्यात्मक इस्तेमाल है। गद्यात्मकता, सच का सबसे कच्चा रूप है। अपनी प्रस्तुति में भी सच के सबसे निकट का रूप। बाज़ारू दिखावे का प्रतिपक्ष।

बाज़ारग्रस्त वातावरण में बच्चे उल्लास और ख़्वाब पैदा नहीं करते। वह प्रेम भी उल्लास पैदा नहीं करता, जो मनुष्य-मन की सहजात भूख है। इसलिए कि प्रेम भी बदल गया है। प्रिय को समस्त सुख देकर सबसे बड़ा सुख पाना अब उसका सार नहीं रहा। सार है–प्रिय का इस्तेमाल अपने शरीर-सुख के लिए करना। **अवतार सिंह पाश** ने कहा–*प्यार करना और जीना उन्हें कभी न आएगा/जिन्हें ज़िंदगी ने बनिए बना दिया।*[13] बनियापन अर्थात् कम से कम ख़र्च करके ज़्यादा से ज़्यादा हासिल करने को ही जीवन समझना। यह हासिल ठोस होना चाहिए। सिक्कों की तरह खनकता हुआ। **आर. चेतनक्रांति** की एक कविता *'कि जैसे रिक्शेवाले ने प्रेम किया हो'* की पंक्तियाँ हैं–

"...यह प्रेम के तरीक़ों पर शोध का दौर था
देह के देवत्व पर रात दिन काम चल रहा था
वात्स्यायन की एक टीका रोज़ बाज़ार में आती थी
और प्रेम प्रीतिभोज में कड़ाहों की तरह जगह-जगह चढ़ा हुआ था
खौल रहा था–पक रहा था..."[14]

प्रेम अर्थात् स्वाद। वही स्वाद, जो पशु भी लिया करते हैं। मनुष्य न हो पाना तो पशुओं की विवशता है पर पशु बनना मनुष्य का चुनाव है। प्रेम उसके लिए जीभ की खाज मिटाने वाली मिठाई-मात्र है। उसे ख़रीदा जा सकता है। **बद्रीनारायण** के शब्दों में–*बड़े-बड़े डील में लगे संगी-साथी और सबल एवं समर्थ असुरों के लिए सुंदर/अप्सराओं/एवं ऋषि-बालाओं की सप्लाई को इन्द्र ने एक नये व्यवसाय के रूप में विकसित/कर लिया है।*[15] ख़रीद सकें तो राक्षसों को भी अप्सराएँ और ऋषिबालाएँ सुलभ हैं। वासना बड़ा लाभदायक व्यापार है। रोटी के व्यापार से ज़्यादा लाभदायक। इसलिए कि रोटियाँ तो आदमी पेट भरने तक ही खाएगा!

काम में सिमटते प्रेम की ही चले तो स्त्रीत्व को जीवित न रहने दे। स्त्रीत्व के एहसास की तो बात छोड़िए, यह स्त्री को शरीर-सुख भी नहीं दे पाता। **फ़हमीदा रियाज़** ने इसीलिए कहा–

"मिरे जागते बदन, नहीं, मैं तुझे नहीं ठुकराती हूँ
तुझे नहीं देती हूँ धोखा, आँखें नहीं चुराती हूँ

तू ही मिरी आत्मा का सच, तुझको गले लगाती हूँ
तिरी कामनाएँ पवित्र हैं, मैं सौगंध उठाती हूँ

मंडी में तिरा सुख नहीं मिलता..."[16]

बाज़ार स्त्री को शरीर-सुख इसलिए नहीं दे पाता कि वह केवल शरीर नहीं, *जागता बदन* है। इस *जागने* में केवल चटख़ारा बनने से इन्कार शामिल है। फिर भी चटख़ारा बनना ही पड़े तो **फ़हमीदा** के ही शब्दों में यह होता है–

"...जानती हूँ मेरे द्वार खड़ा एक भेड़िया
खा रहा मेरी जवानी, ख़ून मेरा पी रहा
भेड़िया, जो धन ने पाला
जग पे राज करने वाला
हमको जुग-जुग का श्राप

जिसके कारण इस नगर में
सोचना इक दोष ठहरा
प्यार करना–महापाप..."[17]

यह वासना का भेड़िया है। सुंदर से सुंदर, मासूम से मासूम आँखों में भी झाँकने लगता है। मौक़ा पाते ही टूट पड़ता है प्रेम पर। धन के बलात्कार का साकार रूप है यह। एकतरफ़ा और यंत्रवत् संभोग। प्यार की शक्ल में यह सजा-धजा घूमता फिरता है। इसलिए प्यार से स्त्री डरने लगती है। वही स्त्री, जो सबसे ज़्यादा प्यार कर सकती है। प्यार को वह ऐसा महापाप समझने लगती है, जिसे करने की पता नहीं क्या सज़ा मिले। यह आशंका बाज़ार के प्रभुत्व का फल है।

बाज़ार बहुत कुछ उपलब्ध ही नहीं कराता। बहुत कुछ से वंचित भी करता है। निरंतर बढ़ती बाहरी चमक-दमक उसकी देन है तो भीतर के सारतत्व को क्षीण भी उसी ने किया है। हरियाणवी में सारतत्व को तंत कहा जाता है। बाज़ार जितना चमकता है, क्या उसमें उतना तंत भी है? कविता ने यह सवाल उठाया है, इस पर विचार किया है। **कुँवरनारायण** के शब्दों में–

"ऐतिहासिक भर होते हैं नगर
...प्रत्येक उद्यान के नीचे दबा होता
एक पराजित जंगल का मन
...कभी-कभी यों भी पनपती है हरियाली
कि भीतर ही भीतर सूख जाते तलाब,
ऊपर की जिल्द तो हरी-भरी लगती है
दीमक चाट जाती है अंदर की किताब।"[18]

यह समृद्धि की विपन्नता है। हरियाली का सूखा। जैसे कोई बाहर से अतिरिक्त उल्लसित दिखने की कोशिश कर रहा हो और भीतर से मर रहा हो। बाज़ार कुरूपताओं से भरे देश में सुंदरता के टापू रचता है। यह भ्रम रचता है कि देश अब सुंदर हो गया है।

इन टापुओं को वह इतना सुंदर बनाता है कि देखने वाले को वास्तविक देश का ख़याल ही न आए। यह सुंदरता कुरूपता से पूरी तरह स्वायत्त है। सच से कटी हुई। **सुंदर चंद ठाकुर** ने लिखा—*...फ़ोटोग्राफ़र दिखाते हैं बेमिसाल तस्वीरें/यह देखो विश्वसुंदरी का खिलखिलाता अस्तित्व/दुनिया भर की उदासी पर लहराता हुआ...।*[19] बाज़ार की सुंदरता विश्वसुंदरी जैसी सुंदरता ही है। उदासी को वह छुपा ही सकती है। मिटा नहीं सकती। मिटाती वह किनको है, यह बताने वाली **केदारनाथ सिंह** की एक कविता है—*'बाज़ार'*—

"आओ बाज़ार चलें"
उसने कहा
"बाज़ार में क्या है"
मैंने पूछा
"बाज़ार में धूल है"
उसने हँसते हुए कहा

एक अजीब-सी मिट्टी की चमक
उसके हँसने में थी
जो मुझे अच्छी लगी

मैंने पूछा—" धूल!
धूल में क्या है"
"जनता"—उसने बेहद सादगी से कहा

मैं कुछ देर स्तब्ध खड़ा रहा
फिर हम दोनों चल पड़े
धूल और जनता की तलाश में
वहाँ पहुँचकर
हमें आश्चर्य हुआ
बाज़ार में न धूल थी
न जनता

दोनों को साफ़ कर दिया गया था।[20]

बाज़ार ख़ास का महत्त्व है। ख़ास के लिए ख़ास सुंदरता का ख़ास प्रायोजन। साधारण वहाँ धूल की तरह है। साफ़ करने लायक़। सफ़ाई की तुलना में धूल हमेशा ज़्यादा होती है। उसी तरह जैसे ख़ास की तुलना में साधारण ज़्यादा होते हैं। बाज़ार आँखों का संपर्क ज़्यादा से काटता है। कम से जोड़ता है। यह सच और उसके बोध के बीच सुंदर दीवार खड़ी करना है। संभव है भविष्य में कोई पीढ़ी ऐसी भी पैदा हो, जिसके लिए न धूल का कोई अर्थ बचे, न जनता का। ऐसा हुआ तो इसमें बाज़ार को सर्वस्व मानने वाली लोकप्रिय मान्यता की भूमिका नहीं, साजिश, सबसे बड़ी होगी।

बाज़ार संपन्नों से सच का बोध छीनता है। विपन्नों को यह अवसर प्रदान करता है कि अपनी विपन्नता उन्हें नींद में भी चिंताओं की तरह चुभती रहे। **अष्टभुजा शुक्ल** की एक कविता में बहनें कानों में *सरसों के फूलों की झुमकियाँ पहने* स्वप्न में दिखती हैं। कारण यह कि सोना बहनों और भाइयों की पहुँच से परे हो गया है।[21] कविता की पहुँच में अभी धूल भी है और जनता भी। उसका हृदय बाज़ार की तरह संकीर्ण नहीं। बाज़ार में जिसकी कोई जगह नहीं, कोई क़ीमत नहीं, कविता उसकी भी सहचर है। **एकांत श्रीवास्तव** के शब्दों में देखती है कि मेले में कोई खाली जेब चला जाए तो उसकी जेबों में जेबों का खालीपन भरते उसके हाथ रहते हैं। लौटने की थकान मेले में पहुँचने की ललक से पहले पहुँच जाती है। मेले में सिर्फ़ सूखा टहलता रहता है।[22]

मेले और मॉल में अंतर यही है कि मेले गाँव में बारहों महीने नहीं रहते। मेलों में टहलते सूखे का कोई अपमान नहीं करता। कोई आँखों से नहीं कहता–तू यहाँ क्या लेने आया। **उदय प्रकाश** की पंक्तियाँ हैं–

"...नींद के लिए बाक़ी था कल तक किसी कोने में एक अँधेरा
उठा ले गया बाज़ार
थोड़ी-सी थी जो इज़्ज़त ले गई ग़रीबी..."[23]

बाज़ार नींद छीनता है। ग़रीबी में भी किसी तरह थोड़ी-बहुत बनी रहने वाली इज़्ज़त छीनता है। पूरी तरह उघाड़ देता है ग़रीब को। जो ग़रीब नहीं हैं, उन्हें थोड़ा अलग ढंग से ग़रीबी का एहसास कराता है। इसलिए कि सामान एक से एक महँगे हैं। विलास-वस्तुओं का जिस तरह कोई अंत नहीं है, उसी तरह उनकी मूल्य अधिकता की भी कोई सीमा नहीं है। आदमी कहाँ तक मूल्य चुकाएगा? कोई न कोई सामान ऐसा निकल ही आएगा, जिसके सामने उसकी बड़ी तिजोरी भी छोटी पड़ जाए। बाज़ार के प्रति स्वस्थ रवैये के अभाव में उसकी संपन्नता सर्वग्रासी है। आम आदमी के लिए जो महँगाई है, वही बाज़ार से लाभान्वितों की संपन्नता है। कविता ने इस नैतिकतारहित संपन्नता की ख़बर भी ली है। **हेमंत कुकरेती** ने *'शिखर पर पड़ती है बर्फ़'* में लिखा है–

"...फल वहाँ के इतने महँगे होते जाते हैं
कि कुछ दिनों बाद महाकूड़ेदान में
सड़े हुए मिलते हैं...।"[24]

अर्थ इसका यह है कि महँगा होना दुर्लभ हो जाना है। दुर्लभ हो जाना सड़ जाना है। महँगे अगर फल हों तो वे सड़ जाते हैं। वस्तुएँ हों तो वे सड़ जाती हैं। कविताएँ हों तो वे सड़ जाती हैं। लोग हों तो वे भी सड़ जाते हैं। इसलिए सड़ जाते हैं कि लोगों के ताज़गी-भरे संबंध नहीं रह जाते। कविताओं को कुत्ते तक नहीं सूँघते। वस्तुओं का इस्तेमाल नहीं हो पाता। फलों का उपभोग नहीं हो पाता। बाज़ार का मूल्यहीन इस्तेमाल महँगाई का नियंता है। जमाख़ोरी का नियंता है। सड़ाँध का नियंता है। ऊपर-ऊपर से देशी-विदेशी इत्र चुपड़कर चाहे जितना महकता रहे। कविता उसकी यह असलियत सामने लाने से नहीं चूकती। महँगे फलों का परिणाम वह बाक़ायदा बताती है। अगर वह बाह्य संपन्नता को ही लक्ष्य मानने वाले दुष्चक्र में शामिल होती तो यह नहीं बता सकती थी।

संपन्नता के चक्र में शामिल प्रायः सभी होना चाहते हैं। अपनी चलते, होते हैं। परिणाम यह हो रहा है कि बहुत-सी ऐसी जगहों पर आज बाज़ार है, जहाँ पहले कुछ और था। बाज़ार की रौशनी कैसे आँखों की रौशनी छीनती है और कैसे जगहों को बदलकर रख देती है, यह **फ़हमीदा रियाज़** की इन पंक्तियों में है–

"...है रौशनी इतनी मगर कुछ भी नज़र आता नहीं
...झूला पड़ा था डाल पर
इक दोस्त रहता था यहाँ
क्यों मिट गए सारे निशाँ
अब तो फ़क़त हर मोड़ पर, हर गाम पर
बाज़ार है, बाज़ार है, बाज़ार है..."[25]

बाज़ार क़दम-क़दम पर है। सहज उल्लास की जगहें ख़त्म करता हुआ। झूले की, पेड़ की, दोस्ती की जगह शहर से ही नहीं, ज़िंदगी से भी ख़त्म हो रही है। सब व्यस्त हैं। उन्हें स्वयं को बाज़ार के लिए अधिक से अधिक योग्य बनाना है। इस अधिकता की कोई अधिकतम सीमा नहीं। इसलिए किसी के पास समय नहीं। जो बाज़ार के लिए जितना अधिक योग्य होता जाता है, वह उतना ही अधिक व्यस्त होता जाता है। झूले और दोस्त सिर्फ़ उसकी यादों में रह जाते हैं। उन यादों में, जिनके साथ रहने का अक्सर समय नहीं होता।

यह विशेषज्ञता का युग है। इसका एक अर्थ संकीर्णता भी है। व्यापक जीवन से संबंध का टूटना भी है। यह टूटन भावुक आदमी को तक़लीफ़ दे सकती है। अतः भावुकता को पिछड़ापन समझा जाने लगा है। पूरी निर्ममता से आगे बढ़ते रहना महत्त्वपूर्ण है। जो जितना निर्मम हो सकेगा, वह उतना प्रोफ़ैशनल भी बन सकेगा। उतना सफल भी हो सकेगा। भाव, कविता के आधार हैं। बाज़ार इन आधारों की जड़ें खोद रहा है। ऐसे में कविता न चुप रह सकती थी, न रही। अपनी ज़मीन पर मज़बूती से पाँव जमाकर उसने हस्तक्षेप किया। **नरेश सक्सेना** ने एक कविता लिखी–*'उसे ले गए'*–

"अरे कोई देखो
मेरे आँगन में गिरा कटकर
गिरा मेरा नीम

गिरा मेरी सखियों का झूलना
बेटे का पालना गिरा
उड़ी उसकी चिड़ियाँ
देखो उड़ा उनका शोर
देखो एक घोंसला गिरा–

देखो
वे आरा ले आए ले आए कुल्हाड़ी
और रस्सा ले आए

उसे बाँधने
देखो कैसे काँपी उसकी छाया—
उसकी पत्तियों की छाया
जिनसे घाव मैंने पूरे

देखो कैसे कटी उसकी छाल
उसकी छाल में धँसी कुल्हाड़ी की धार
मेरे गीतों में धँसी
मेरे घावों में धँसी
कुल्हाड़ी की धार

बेटे ने गिन लिए रुपये
मेरे बेटे ने
देखो उसके बाबा ने कर लिया हिसाब

उसे ले गए
जैसे कोई ले जाए लावारिस लाश
घसीटकर

ऐसे उसे ले गए

ले गए आँगन की धूप-छाँह
सुबह-शाम चिड़ियों का शोर

ले गए ऋतुएँ
अब तक का संग-साथ, सुख-दुःख, सब जीवन—
ले गए।"[26]

एक पेड़ के कटने पर, उससे बिछड़ने पर ऐसी आकुलता, ऐसा विलाप जीवन में भी विरल है और कविता में भी। जैसे पिता अपने पुत्र को या पुत्र अपने पिता को मरते हुए देख रहा हो और कुछ न कर पा रहा हो! विलाप की भाषा में यह आँसुओं का अनुवाद है। छटपटाहट का घनीभूत हो जाना है। वेदना का देह धारण करना है। निस्संग प्रोफ़ैशनलिज़्म के दौर में ममत्व से ही कविता शुरू होती है—*मेरे आँगन में गिरा कटकर/गिरा मेरा नीम।* यह 'मेरा' शब्द क्या-क्या नहीं कहता! यह नीम मेरा है और मेरे ही आँगन में कटकर गिर रहा है। उसी आँगन में, जो नीम की माँ है। नीम के कटने से उसकी माँ स्तब्ध है। उसका दूध, उसका ख़ून, सब सूख गया है। सौदागर जिसे ले गए, वह उनके लिए मुनाफ़े का कच्चा माल था। जिससे ले गए, उसके लिए क्या-क्या था, इसी का कथन है आगे की कविता।

उसके लिए वह सखियों का झूलना और बेटे का पालना था। ऐसी बस्ती थी, जिसमें चिड़ियों के कई घर रहते थे। रोगमुक्ति का सहज संभव उत्सव था वह। गीतों का जन्मदाता। आँगन का राग-रंग। उसकी सुबह-शाम। उसकी दुनिया। उसका समय। उसका जीवन। रुपये ने इस जीवन को ख़रीद लिया। जीवन ने बेच दिया जीवन को। कविता पूरी हो जाने के बाद क्या वह नीम-कटा आँगन अपने-आप आँखों के सामने नहीं आ जाता, जिसे कविता ने एक शब्द के द्वारा भी नहीं दिखाया? यह समकालीन कविता की सक्षम भाषा का उदाहरण है। उस भाषा का, जिसे कविता ने एक लंबे सफ़र के बाद अर्जित किया है। भाषा, जो कविता की भी है और समकालीन भी। अनुभूतियों के सिलसिले को जो धार दे सकती है।

एक अकेला नीम का पेड़ ही नहीं कट रहा। प्रकृति से मनुष्य का संबंध भी कट रहा है। परंपराओं और संबंधों से भी वह अलग हो रहा है। स्मृति भी उससे छिन रही है। उल्लास से भी वह बिछड़ रहा है। घर से भी दूर होता जा रहा है वह। बाज़ार का इस्तेमाल करते-करते वह उसका शिकार होने लगा है। नैतिकता और संस्कृति से सिंचित् उसका अंतर्जीवन सूखता जा रहा है। इसका असर पारिवारिकता पर भी दिखता है। माँ-बाप के पास अब अक्सर बच्चों से निकटता विकसित करने का समय नहीं होता। खिलौने उनके साथ माँ-बाप से ज़्यादा निकटता विकसित कर पाते हैं और खिलौनों की दुनिया कैसी बन रही है, **राजेश जोशी** ने इन पंक्तियों में लिखा—

"...खिलौनों का बाज़ार
प्लास्टिक की नकली बंदूकों, मशीनगनों, पिस्तौलों, टैंकों जैसे
खिलौनों से भर गया
बच्चों के अकेलेपन को एक नकली और हिंसक उत्तेजना
से भरने की एक भयावह कोशिश की जा रही थी
हमारा अन्याय और हमारी हिंसा जो हमेशा ही
ग़रीब बाल मज़दूरों और भिखारी बच्चों के सामने
एक दुत्कार की तरह प्रकट होती है
अब हमारे खिलौनों में प्रकट हो रही थी..."[27]

खिलौने चाहे प्लास्टिक के हों, चाहे कंप्यूटर पर सक्रिय दिखते हों, उनकी दुनिया जैसे बनावट और क्रूरता के बिना बन ही नहीं सकती। प्रकट में बच्चे खेलते हुए दिखते हैं। वास्तव में खिलौने बच्चों से खिलवाड़ करते हैं। इसीलिए **अरुण जैमिनी** ने एक कविता में कहा है कि बच्चों में बचपन नहीं मिलेगा। उसे भविष्य में *'ढूँढ़ते रह जाओगे'!* बचपन के अलावा जीवन की और बहुत-सी संपदाएँ हैं, जिनको ढूँढ़ते रह जाना पड़ेगा। उनमें से कुछ ये हैं—

"...आँखों में पानी
दादी की कहानी
प्यार के दो पल
नल-नल में जल
...बुराई की बुराई

सच में सच्चाई
मंच पर कविताई
ग़रीब को खोली
आँगन में रंगोली
परोपकारी बंदे
और अर्थी को कंधे
ढूँढ़ते रह जाओगे!

...आपस में प्यार
भरा-पूरा परिवार
नेता ईमानदार
दो रुपये उधार
कल में आज
संगीत में रियाज़
बातचीत का रिवाज
दोस्ती में लिहाज़
सड़क किनारे प्याऊ
और संबोधनों में चाचा-ताऊ
ढूँढ़ते रह जाओगे!''[28]

ग़ायब अर्थात् कम होती जीवन की इन विविध संपदाओं में से ज़्यादातर का संबंध बाज़ार द्वारा बनाई और बढ़ाई जा रही जीवन-शैली से है। शर्म कम हो रही है। पीढ़ियों का आपसी रिश्ता कम हो रहा है। प्यार कम हो रहा है। पेयजल कम हो रहा है। विश्वसनीयता, कविता, समानता, कला, संवेदना, सहानुभूति, संबंध, पारिवारिकता, नैतिकता, साधना, संवाद, भाषा, सब कुछ जीवन से अपनी जगह खोता जा रहा है। हाशिए पर पहुँचता जा रहा है।

अभिप्राय यह कि यह सब जहाँ भी है, जितना भी है, उसे बचाया जाना चाहिए। कोलाज की शैली में यह कविता जीवन के विविध पक्षों को एक साथ समेटती है। उनकी उपलब्धियों को आसपास रखती है। एक-एक पंक्ति में एक-एक उपलब्धि का तेज सूत्रित करती है। बताती है कि वे ख़तरे में हैं। उन्हें बचाना बदलते समय में मनुष्यता का सार है। संघर्ष है। यह संघर्ष आसान नहीं है। इसलिए कि बाज़ार तरह-तरह से मनुष्यता के सार को चौपट करने पर तुला है।

एक तरह है—मैनेजमैंट। बाज़ार की यह सबसे महत्त्वपूर्ण तरह है। इसीलिए इसे सर्वोत्तम अर्थात् सबसे कमाऊ कॅरियर का दर्जा हासिल है। यह मनुष्यता को मैनेज करती है। फ़िक्स करती है। कैसे? यह **संजय कुंदन** की *'प्रबंधक'* कविता में इस तरह स्पष्ट हुआ—

''वे अपने ज्ञान का सर्वोत्तम इस्तेमाल करते हैं
अज्ञान के पक्ष में

...वे चलते हैं एक सौदागर के आगे-आगे
उसकी ओर से हाँक लगाते
उसके लिए जगह बनाते
एक मनुष्य के जीवन में

...उनका खोजी दिमाग़
दिन-रात करता रहता हिसाब
कि कितना रखा जाए एक मनुष्य को बाज़ार में
कितना रखा जाए
मनुष्य को घर में
कितना वर्तमान में
कितना अतीत में
कितना भविष्य में
कितना रहने दिया जाए
एक मनुष्य के भीतर मनुष्य

...वे अपने दिमाग़ को अधिक से अधिक
बिकाऊ बना रहे
और बेच रहे नए-नए मालिकों को।"[29]

दिमाग़ को अधिक से अधिक बिकाऊ बनाने का मतलब है—कम से कम भावुक बनाना। उसकी संवेदनशीलता कम से कम करना। करुणा कम से कम करना। एक व्यवहारकुशल मनुष्य ही मनुष्यों को, उनके जीवन को, उनकी सोच को मैनेज कर सकता है। अपने मालिक, अपनी कम्पनी के हित में अधिक से अधिक अनुकूलित कर सकता है। प्रतियोगिता बाज़ार की नैतिकता है ही। अतः दूसरों के हित की क़ीमत पर अपने मालिक के हित जिस सीमा तक साधे जा सकें, प्रबंधक उतना ही सफल। बाज़ार इस तरह मनुष्य के भीतर से दूसरों के दुःख में दुःख और सुख में सुख महसूस करने की सहज क्षमता छीन रहा है। मनुष्यता छीन रहा है। काव्यात्मकता छीन रहा है। यह छीनना उसके लिए गुंडागर्दी नहीं, कला है, सबसे ज़्यादा क़ीमत चुका कर जिसे प्रोत्साहित किया जाता है। प्रबल बनाया जाता है। कविता ने बाज़ार की इस पॉलिटिक्स, इस नीयत पर उँगली रखी है।

बताया है कि मनुष्य उसके लिए मनुष्य नहीं है। मुनाफ़े के हित में दुनिया को अनुकूलित करने वाला या स्वयं अनुकूलित होने वाला यंत्र है। अनुकूलित करता है प्रबंधक और होता है उपभोक्ता। मनुष्य की सोच, उसकी क्षमता केवल उपभोग तक सीमित रहे, यह बाज़ार का मक़सद है। **सर्वेश्वर** ने कहा था—*...ढोल सुनने वाला/मरी खाल के बारे में/कब सोचता है/या पलँग पर लेटा हुआ/जंगल के दरख़्त के बारे में।*[30] ढोल और पलँग किससे बने हैं, इससे कोई सरोकार नहीं।

सरोकार है तो सिर्फ़ थाप पर थिरकने और अंगड़ाइयाँ तोड़ने से। बाज़ार को ऐसा ही मनुष्य चाहिए। ऐसा, जो बाज़ार के लिए हो सके। बाज़ार उसके लिए हो, यह कभी सपने में भी न सोचे। **निर्मला पुतुल** ने एक कविता में लिखा है कि संताल परगना में जब से बाज़ार घुसा है, वहाँ के *लोगों के चेहरे पर/...नहीं रह गया/संताल परगना की माटी का रंग...।*[31] वहाँ की लड़कियों ने दोना, पत्तल, चटाई, झाड़ू, पंखे आदि बनाना छोड़कर *जीने के शॉर्टकट रास्ते* ढूँढ़ लिए हैं।

अपनी मिट्टी से लगाव और मेहनत पर भरोसा, दोनों कम हो गए हैं। मनुष्य की न कोई विशेषता है, न पहचान। सब एक जैसे हैं। या तो बेचने वाले, या ख़रीदने वाले। मेहनत करने की जगह सजने-सँवरने वाली लड़कियाँ ज़्यादा कमा रही हैं। उनकी नज़र इस कमाई पर है, उस सम्मान पर नहीं, जिसे वे गँवा रही हैं। उस स्वतंत्रता पर नहीं, जो उन्हें उनका अपना काम देता है। उस स्वत्व पर भी नहीं, जो दूसरों की मर्ज़ी से सामान की तरह बिकता है। इस्तेमाल होता है।

व्यावसायिक संस्थानों के बीच मुनाफ़े की जो प्रतिद्वंद्विता है, वही व्यक्तियों के बीच क़ीमत अच्छी मिलने पर इस्तेमाल होने की होड़ है। इस्तेमाल हो पाना गर्व का विषय है। न हो पाना हीन-भावना का। कुंठा का। शर्म का। इस्तेमाल सब नहीं हो पाते। कहना चाहिए अधिकांश नहीं हो पाते। जो नहीं हो पाते, उनके हिस्से अक्षमता का एहसास आता है। अभाव आते हैं। तनाव आते हैं। उपचार को तरसते रोग आते हैं। बेबसी आती है। अधिकांश के लिए ऐसी ज़िंदगी को बाज़ार ने जन्म दिया है, जिसका बस नाम ही ज़िंदगी है।

ज़िंदगी के नाम पर लगभग मौत जीने को लाचार लोगों के लिए पीने का पानी तक दुर्लभ हो गया है। एक नज़र देखने पर बोतलबंद पानी के कई फ़ायदे दिखते हैं। वह गंदा पानी पीने के कारण होने वाले कई रोगों से बचाता है। लगभग हर जगह सुलभ है। पर क्या सभी को? दस रुपये की क्या क़ीमत होती है, यह कोई रिक्शेवाला बता सकता है कि एक बोतल पानी ख़रीदने के लिए कितना पसीना बहाना पड़ता है।

अधिकांश के लिए पैसा आज भी हाथ का मैल नहीं है। उनमें से कोई अगर बोतलबंद पानी कभी ख़रीद भी लेता है तो **राजेश जोशी** के शब्दों में उसके लिए उससे मुँह धोना और कुल्ला करना संभव नहीं होता।

"...उसका हर घूँट हलक से उतरते हुए
*एक सिक्के की तरह बजता.."*है।[32]

पैसे जिसके पास नहीं है, उसके लिए पेयजल हीरे-मोती की तरह बरतने लायक़ है। पहले आदमी कुएँ पर, नल पर खुलकर प्यास बुझा लेता था। अब यह एहसास रहता है कि कहीं बीमार न हो जाए। न उसकी प्यास, प्यास रह सकी है, न उसके लिए पानी, पानी। प्यास में संकोच सूखता है। पानी में कृपणता घुलती है। प्रकृति के हर मनुष्य पर उमड़ते और बरसते वात्सल्य को मुनाफ़े और उसके यहाँ पानी भरती तकनीक ने सुखा दिया है।

इसके साथ-साथ उदारता के कुएँ मनुष्य-स्वभाव में भी सूख रहे हैं। **केदारनाथ सिंह** की एक कविता है–*'बची हुई करुणा'।* उसकी पंक्तियाँ हैं–

"कोई रो रहा था
कुत्ता या आदमी

अँधेरे में कुछ भी स्पष्ट नहीं था
...मुझे कुछ करना चाहिए
कुछ करना चाहिए
सोचता रहा मैं
फिर ज़रा टोह लेने के बाद
ख़ुद से कहा—
सोचते क्या हो
यह एक कुत्ते की आवाज़ है
जिसमें आदमी की आवाज़ का
सत मिल गया है
बचाओ बचाओ अपनी करुणा
एक कुत्ते पर पिघलने
और नष्ट होने से
सो मैंने करवट बदली
रोने की आवाज़ को छोड़ दिया
कुत्ता या आदमी के सवाल के बीच की
ख़ाली जगह में
और इस तरह अपने अंदर बचा ली
अपनी क़ीमती करुणा...।"[33]

यह आदमी का काइयाँपन है। कठोर और कंजूस काइयाँपन। अँधेरा उसे परेशान नहीं करता। यह सुविधा देता है कि रोने की आवाज़ को साफ़-साफ़ न पहचान पाने की आड़ में वह अपनी करुणा को ख़र्च होने से बचा सके। साथ ही अपने को संवेदनशील होने की तसल्ली भी दे सके। इसी के लिए वह *ज़रा टोह* लेता है। पूरी तरह नहीं देखता। पूरे सच का पता नहीं लगाता। इसमें ख़तरा है—कहीं रोने वाले के पास न जाना पड़े! उसकी मदद न करनी पड़े! गाँठ से कुछ ख़र्च न हो जाए! *ज़रा टोह* लेने में ऐसा कोई ख़तरा नहीं। सुविधा ही सुविधा है। अपने को जाग्रत मानने की भी और तानकर सोने की भी। सजगता और चालाकी में बाल-भर का फ़र्क़ होता है। मध्य वर्ग का पढ़ा-लिखा आदमी सजगता के कपड़ों में चालाकी पहनना न केवल सीख गया है, इसमें निपुण भी हो गया है। बड़ी आसानी से वह *रोने की आवाज़ को* यह या वह के *बीच की खाली जगह में* छोड़ देता है।

कविता की नज़र इस *खाली जगह* को भी देखती है। समझती है। अनुभव करती और कहती है। समकालीन जीवन में ऐसी *खाली जगहें* बहुत हैं, जिनका इस्तेमाल करते हुए आदमी निर्णय लेने और उसे जीने से स्वयं को साफ़ बचा ले जाता है। मुक्तिबोध के काव्यनायक की तरह कोई अपराध-बोध इसे तमाचे नहीं जड़ता। उसकी पारदर्शी ईमानदारी और गहरी निष्ठा का विलोम है—समकालीन आदमी की चतुराई। अपने सामने भी अपनी बढ़ती संवेदनहीनता को संवेदन-सजगता साबित करना इसके लिए हुनर है। यह हुनर उक्त पंक्तियों में बड़ी सहजता से नंगा होता है। सच दो सवालों के बीच की जगह में जिस

तरह विलीन कर दिया जाता है और अपनी अकर्मकता के लिए जिस तरह से रास्ता निकाल लिया जाता है, वह मनुष्य के अंतर्जगत् में घटने वाली ऐसी वास्तविकता है, जिसे हूबहू कहने वाली ज़बान है समकालीन कविता के पास। क्या किसी प्रचलित छंद में इसे सचमुच कहा जा सकता था?

कहा जा सकता था, अगर बाज़ार का असर केवल माधुर्य और कड़वाहट के साँचों में बाँटकर पूरी तरह देख पाना संभव होता। संभव होता तो सफ़ेद और काला, सिर्फ़ इन दो रंगों से कविता का काम चल जाता। केवल स्तुति करके और कोस के वह संतुष्ट हो रहती। नहीं हो सकी। इसलिए कि बाज़ार के असर जटिल हैं। जीवन की परिस्थितियाँ जटिल हैं। इनके कारण अंतर्जगत् में जो परिवर्तन हो रहे हैं, जो कुछ घटित हो रहा है, वह और भी जटिल है। उसे कहने के लिए सब कुछ देखने और विचार करने वाली भाषा चाहिए। ऐसी भाषा की लय किसी साँचे-विशेष में अँट ही नहीं सकती। वह कभी दो क़दम चलकर रुकेगी, कभी पाँच क़दम चलकर। उसकी सही जगह गद्यात्मकता के जंगल में ही हो सकती है। किसी छंदोबद्ध सुंदर उद्यान में नहीं।

बाज़ार चाहता है कि कविता केवल सुंदरता के साँचों में ढले। जैसे वह जीवन में सुंदरता के टापू बना रहा है, वैसे कविता, भाषा में बनाए। सच की बजाय मुग्ध करने और वाहवाही कराने को ही अपना लक्ष्य मानकर आगे बढ़े। उसकी तरह तकनीक और दिखावे पर अधिक से अधिक निर्भर हो। भले उसकी भाषा भरोसेमंद न रह जाए। समकालीन कविता ने यह भी देखा है कि बाज़ार उसके मुँह में अपनी ज़बान रख देना चाहता है। **कुँवरनारायण** ने लिखा–

"...सारी मुश्किल को धैर्य से समझे बिना
मैं पेंच को खोलने की बजाय
उसे बेतरह कसता चला जा रहा था
क्योंकि इस करतब पर मुझे
साफ़ सुनाई दे रही थी
तमाशबीनों की शाबाशी और वाह वाह।

आख़िरकार वही हुआ जिसका मुझे डर था–
ज़ोर ज़बर्दस्ती से
बात की चूड़ी मर गई
और वह भाषा में बेकार घूमने लगी!"[34]

कविता का असर शाबाशी और वाह वाह के रूप में हो, यह अलग बात है लेकिन *शाबाशी और वाह वाह* से अगर वह संचालित हुई तो थूक बिलोना-भर बनकर रह जाएगी। बाज़ार चाहता है कि बात की चूड़ी मर जाए। वह तेज़ी से घूमती दिखलाई दे पर अपना काम न करे। मनुष्यता की संवेदन-लय न बने। मुनाफ़े की सुंदर साजिश बने। इसलिए कि मनुष्यता की संवेदन-लय बनकर वह बाज़ार के कपड़े उतार सकती है।

धैर्य का हड़बड़ी से विस्थापित होना देख और दिखा सकती है। बता सकती है कि बाज़ार सहजता की भाषा और भाषा की सहजता को खा रहा है। अर्थ की जगह शब्दों के

तेज़ करतब रख रहा है। सोच की जगह बनावट को प्रतिष्ठित कर रहा है। बात की जब चूड़ी मर जाती है तभी **सुधांशु उपाध्याय** के शब्दों में ऐसा होता है कि *शब्द सभी बीमार दिख रहे/लिखने को हम-/फूल लिख रहे, गंध लिख रहे, प्यार लिख रहे!*[35]

शब्द यंत्रवत् लेखन की चुगली करते हैं। उल्लास बनावटी होगा तो शब्द बीमार दिखेंगे ही। आचरण से अर्थ नहीं पाएँगे तो निरर्थक होंगे ही। खोखले होंगे ही। बाज़ार पाँवों में ख़ून उतर आने पर भी मुस्तैद खड़ी सेल्सगर्ल के होठों पर चिपकी मुस्कराहट है। भाग्य-भरोसे जीने वालों का अभिनंदन है। यही कारण है कि शिक्षा बढ़ रही है, विज्ञान बढ़ रहा है और ज्योतिषियों का धंधा भी बढ़ रहा है। विज्ञान-विशेषज्ञों तक के जीवन में टोने-टोटकों की जगह बढ़ रही है। अंधविश्वास बढ़ रहे हैं। यह प्रतीक्षा बढ़ रही है कि कब मेरी भी लॉटरी लगेगी।

मंगलेश डबराल ने बताया है कि...*यह बाज़ार का एक ठोस आध्यात्मिक आधार है/ इसीलिए चमत्कारों का उत्पादन सबसे बड़ा व्यापार है...।*[36] बाज़ार को चमत्कारों की ज़रूरत है। चमत्कार उसकी विचारधारा, उसकी अंतर्वस्तु, उसका आधार है। उसकी अनैतिकता का संबल है। चमत्कार चौंधियाता है। आँखों में वह सब कुछ ठूँसता है, जो सच न हो। सच चमत्कारों की पोल खोल सकता है। बाज़ार का आधार खिसका सकता है। सच से डरता है वह। अतः सच से बचता है।

ज़रूरी नहीं कि सच सफलता दिला सके। बाज़ार के दौर में सफलता परम मूल्य है। इसके लिए कुछ भी किया जा सकता है। कोई भी क़ीमत दी जा सकती है। सच की भी, व्यक्तित्व की भी। **राजगोपाल सिंह** का शे'र है—

"ख़ुश न हो उपलब्धियों पर, यह भी तो पड़ताल कर
नाम है, शोहरत भी है, पर तू कहाँ बाक़ी रहा"[37]

उपलब्धियाँ बाज़ार की तरह देती ही नहीं, लेती भी हैं। मनुष्य का स्वत्व तक ले लेती हैं वे। सफलता की क़ीमत कम नहीं है। कविता रौशनी के पार देखती है। उसके अंधकारग्रस्त पहलू को सामने लाती है। **रघुवीर सहाय** ने लिखा—...*यह जीवन-यात्रा रहस्यमय चीज़ है—/इसमें पहुँचना इस बात पर निर्भर है/कि कौन कहाँ कैसे रस्ते से कतरा गया।*[38] मनुष्यता का रास्ता सीधा-सादा है। हमेशा सफलता तक नहीं पहुँचाता। सफलता को परम मूल्य बनाकर बाज़ार क़दमों से यह रास्ता छीनता है।

यह जीवन की सहजता छीनना है। छिन जाए तो कुछ भी सहज नहीं रह जाता। हँसी भी नहीं। आँसू भी नहीं। **मंगलेश डबराल** ने *'आँसुओं की कविता'* में बताया—

"पुराने ज़माने में आँसुओं की बहुत क़ीमत थी। वे मोतियों के बराबर थे और उन्हें बहता देखकर सबके दिल काँप उठते थे। वे हरेक की आत्मा के मुताबिक़ कम या ज़्यादा पारदर्शी होते थे और रौशनी को सात से ज़्यादा रंगों में बाँट सकते थे।

बाद में आँखों को कष्ट न देने के लिए कुछ लोगों ने मोती ख़रीदे और उन्हें महँगे और स्थायी आँसुओं की तरह पेश करने लगे। इस तरह आँसुओं में विभाजन शुरू हुआ। असली आँसू धीरे-धीरे पृष्ठभूमि में चले गए। दूसरी तरफ़ मोतियों का कारोबार ख़ूब फैल चुका है।"[39]

आँसुओं का सच्चे होना नहीं, प्रभावशाली होना महत्त्वपूर्ण हो गया। अब उन्हें कोई नहीं पोंछता। प्रभावशाली जो हो, वह जितना ज़्यादा हो, उतना बेहतर। फैले हुए कारोबार को चलाए भी तो रखना है! बाज़ार ने आँसुओं की सच्चाई छीन ली। उनको पोंछने वाली उँगलियाँ छीन ली। कविता ने इसे उजागर करते हुए बताया कि मनुष्य के भीतर क्या-क्या मारा जा रहा है। सूचना-संचार-तंत्र बड़ा ताक़तवर है पर यह ख़बर देने में असमर्थ रहा। शब्दों के ढेर में से यह ख़बर केवल साहित्य के शब्दों ने दी। इस तरह अपने होने के प्रति वे सच्चे हुए। भरोसेमंद काव्य-भाषा और वस्तुतः समकालीन काव्यानुभूति का निर्माण कर सके। यह कोई छोटी बात नहीं कि बढ़ती बनावट के दौर में एक भरोसेमंद जीवन की उपस्थिति का एहसास उन्होंने बनाए रखा। कविता की ऐतिहासिक भूमिका का निर्वाह किया।

बाज़ार के ख़िलाफ़ यह भूमिका बाज़ार में तो हाशिए पर होगी ही पर बाज़ार ही जीवन का एक अकेला स्रोत या माध्यम रह गया हो, अभी इतने बुरे दिन नहीं आए हैं।

संदर्भ

1. संसद से सड़क तक -धूमिल, पृष्ठ 116
2. सुकून की तलाश -शमशेर बहादुर सिंह, पृष्ठ 16
3. मन एक मैली कमीज़ है -भवानी प्रसाद मिश्र, पृष्ठ 14-15
4. कोई दूसरा नहीं -कुँवरनारायण, पृष्ठ 120
5. अपने घर की तलाश में -निर्मला पुतुल, पृष्ठ 15
6. वही, पृष्ठ 81-83
7. बेनाम शजर -नूरजहाँ सर्वत, पृष्ठ 44
8. वही, पृष्ठ 51
9. ईश्वर की अध्यक्षता में -लीलाधर जगूड़ी, पृष्ठ 21
10. उन हाथों से परिचित हूँ मैं -शलभ श्रीराम सिंह, पृष्ठ 24
11. कहीं कुछ कम है -शहरयार, पृष्ठ 37
12. वर्तमान साहित्यः शताब्दी कविता विशेषांकः मई-जून, 2000 में अज्ञेय का लेख -वसंत का अग्रदूत, पृष्ठ 23
13. बीच का रास्ता नहीं होता -पाश, पृष्ठ 134
14. शोकनाच -आर. चेतनक्रांति, पृष्ठ 55
15. शब्दपदीयम् -बद्रीनारायण, पृष्ठ 41
16. क़तरा क़तरा -फ़हमीदा रियाज़, पृष्ठ 49
17. वही, पृष्ठ 51
18. कोई दूसरा नहीं -कुँवरनारायण, पृष्ठ 59
19. इन्द्रप्रस्थ भारती, अप्रैल-जून, 2004, पृष्ठ 41
20. यहाँ से देखो -केदार नाथ सिंह, पृष्ठ 38-39
21. दुःस्वप्न भी आते हैं -अष्टभुजा शुक्ल, पृष्ठ 40
22. अन्न हैं मेरे शब्द -एकांत श्रीवास्तव, पृष्ठ 14
23. आलोचना -जनवरी-मार्च, 2001, पृष्ठ 63
24. नया बस्ता -हेमंत कुकरेती, पृष्ठ 43
25. वसुधा-53, समकालीन उर्दू साहित्य पर केंद्रित, अंकः जनवरी-मार्च, 2002, पृष्ठ 149

26. वर्तमान साहित्यः अप्रैल्-मई, 1992 -कविता विशेषांक, पृष्ठ 44-45
27. चाँद की वर्तनी -राजेश जोशी, पृष्ठ 106
28. फ़िलहाल इतना ही -अरुण जैमिनी, पृष्ठ 157-160
29. चुप्पी का शोर -संजय कुंदन, पृष्ठ 41-42
30. खूँटियों पर टँगे लोग -सर्वेश्वर दयाल सक्सेना, पृष्ठ 131
31. अपने घर की तलाश में -निर्मला पुतुल, पृष्ठ 83
32. चाँद की वर्तनी -राजेश जोशी, पृष्ठ 26
33. उत्तर कबीर और अन्य कविताएँ -केदार नाथ सिंह, पृष्ठ 86-87
34. कोई दूसरा नहीं -कुँवरनारायण, पृष्ठ 43
35. समकालीन भारतीय साहित्य -सितंबर-अक्तूबर, 2005, पृष्ठ 160
36. आवाज़ भी एक जगह है -मंगलेश डबराल, पृष्ठ 58
37. चौमास -राजगोपाल सिंह, पृष्ठ 37
38. कुछ पते कुछ चिट्ठियाँ -रघुवीर सहाय, पृष्ठ 53
39. हम जो देखते हैं -मंगलेश डबराल, पृष्ठ 39

चीज़ों में घर कहाँ गया

बाज़ार बहुत मेहरबान हो तो आलीशान मकान ही आसानी से उपलब्ध करा सकता है। घर नहीं। वह ऐसी जगह है, जहाँ **केदारनाथ सिंह** के शब्दों में *नहीं मिलते घोंसले/वहाँ सिर्फ़ पिंजड़े मिलते हैं।*[1] घोंसले बसाते हैं। सब रहने वालों को आपस में जोड़ते हैं। प्रकृति से जोड़ते हैं। उड़ने की तैयारी को ज़मीन देते हैं। पिंजड़े, सुरक्षा का भ्रम हैं। उनके लौह-द्वार पहले से कहीं मज़बूत हैं। ताले पहले से कहीं आधुनिक हैं। कॉलोनियों में जगह-जगह विशाल गेट हैं। अपराधी सींखचों के पीछे हों, न हों, सम्मानित नागरिक ज़रूर हैं।

संबंध एक जगह बसे हों तो घर होते हैं। एक-दूसरे की हँसी-ख़ुशी हों, ज़िंदगी हों तो घर होते हैं। घर के इस मतलब को मतलबीपन ने बदल दिया है। संबंध पहले घर में बसते थे, अब मकान में उजड़ते हैं। उनका मतलब एक-दूसरे को नीचा दिखाना भी है। नीचतापूर्वक अपने हिस्से के लिए लड़ना भी है। तरह-तरह की कूटनीतियों का, चालबाज़ियों का खुलकर इस्तेमाल करना भी है। अपनी-अपनी दीवारों में क़ैद होना भी है। बड़ों और बच्चों के बीच फ़र्क़ बताती है **रमेश आज़ाद** की यह कविता–

"अपने छोटे-छोटे पाँवों से
ऊँची-ऊँची दीवारों पर चढ़
दौड़ लगा लेते हैं बच्चे
दीवार पर चढ़ नहीं पाते...बड़े
फ़क़त उठाते हैं दीवार
और
घर
माल-असबाब की तरह बाँट लेते हैं।"[2]

घर का मतलब हो गया–माल। हिस्सा। स्वार्थ की फ़िक्र। उचटती नींद। विडंबना। बच्चे घर को बाँटने वाली दीवारों पर चढ़ते हैं। दौड़ लगाते, खेलते हैं। खेल-खेल में दीवारों को अपने से बौना कर देते हैं। बड़े दीवार उठाते हैं। घर को बाँटते हैं। बड़े होने के नाते उन्हें बचपन का विकास होना चाहिए था। वे बचपन भी नहीं रह पाए। कारण है–लाभलोभ। वही, जो बाज़ार के रूप में समकालीन जीवन का केंद्र है। नियंता है। बाज़ार और लाभलोभ, दोनों एक-दूसरे को पोसते हैं। **निदा फ़ाज़ली** के शब्दों में कविता ने सीधे-सीधे सावधान किया–

"अच्छी नहीं है शहर के
रस्तों की दोस्ती

आँगन में फैल जाए न
बाज़ार, देखना!"[3]

आँगन घर का खुलापन है और बाज़ार लाभ-लोभ के रूप में संकीर्ण हृदय की जगर-मगर। घर में आँगन की जो जगह होती है, ज़िंदगी में वही बच्चों की। घरों में अब आँगन कम होते हैं। बच्चे भी माँ-बाप के पास कम रहते हैं। शरीर से ही नहीं, मन से भी। बाज़ार ने ज़्यादा से ज़्यादा पैसे को जीवन का लक्ष्य बना दिया है। इसी के कारण विदेश जाने का रुटीन एक बड़ी महत्त्वाकांक्षा बन गया है। **कुँवरनारायण** के शब्दों में कविता ने सवाल उठाया है कि

"क्या वे ख़रीद ले जाएँगे
हमारे बच्चों को दूर देशों में
अपना भविष्य बनवाने के लिए?
क्या वे फिर हमसे उसी तरह
लूट ले जाएँगे हमारा सोना
हमें दिखा कर काँच के चमकते टुकड़े?..."[4]

यह हो रहा है। दुनिया में भी। देश में भी। बच्चे अपना देश छोड़ें या गाँव, वे अपने घरों से दूर जा रहे हैं। माँ-बाप छूट रहे हैं। घर छूट रहे हैं। **सुरेंद्र शजर** ने कहा—*यूँ तो सब सामान पड़ा है/ लेकिन घर वीरान पड़ा है।*[5]

इंसान चला जाता है। सामान रह जाता है। पुराने सामान जैसे लोग रह जाते हैं। यह घर का उजाड़ है। घर का उजाड़ यह भी है कि अब वह लोगों से कम, सामान से ज़्यादा बसता है। सामान के लिए जगह उसमें ज़्यादा होती है। सामान का सम्मान भी उसमें ज़्यादा होता है। बड़े घर का अर्थ ज़्यादा सम्मान से नहीं, ज़्यादा सामान से भरा घर है। यह घर का वस्तुकरण है। वस्तुकरण की इस प्रक्रिया में समकालीन कविता **सुधांशु उपाध्याय** के शब्दों में यह पूछकर हस्तक्षेप करती है—

"घर में इतनी चीज़ें हैं
चीज़ों में घर कहाँ गया?

...खुली छतों पर फैला गेहूँ
दरी बिछाकर पास बुलाना
देर रात में खुलती खिड़की
दबे पाँव से घर में आना
ग़लती पर झुक जाती आँखें
प्यारा-सा डर कहाँ गया?"[6]

घर में अब या तो सामान रहता है या सामान की इच्छाएँ और उनके लिए ही जीने वाले यंत्र। बड़े का सम्मान अब कमाऊ के सम्मान में बदल गया है। कोई कमाऊ हो तो उसे अपनी ग़लती पर आँखें झुकाने की कोई ज़रूरत नहीं। किसी बड़े से डरने की कोई ज़रूरत नहीं। वह जो चाहे, जैसे चाहे, कर सकता है। जब चाहे, जैसे चाहे, घर में आ-जा सकता है। यह स्वतंत्रता के भेस में अराजकता है। अराजकता ही स्वतंत्रता को कमाऊ के लिए

सबसे ज़्यादा सुरक्षित कर सकती है। जन्मजात संबंधों में दरार डाल सकती है। निकटता में भी दूरियाँ पैदा कर सकती है। हास्य-व्यंग्य के विख्यात कवि **सुरेन्द्र शर्मा** ने एक गंभीर कविता में इस परिवर्तन से जन्मी पीड़ा को लिखा–

"एक कमरा था
जिसमें मैं रहता था माँ-बाप के साथ
साथ में थीं दो बहनें
एक मेरा भाई
कमरा बहुत बड़ा था
हम लोग थे कम
इसलिए उस कमी को पूरा करने के लिए
मेहमान बुला लेते थे हम

फिर विकास का फैलाव आया
विकास
उस कमरे में नहीं समा पाया
जो चादर
मेरे पूरे परिवार के लिए बड़ी पड़ती थी
उससे बड़े हो गए
हमारे हर एक के पाँव

लोग झूठ कहते हैं कि दीवारों में दरारें पड़ती हैं
हक़ीक़त यह है कि जब दरारें पड़ती हैं
तब दीवारें बनती हैं

पहले हम दीवारों के बीच रहते थे
अब
हमारे बीच दीवारें आ गईं
ये समृद्धि
मुझे पता नहीं कहाँ से कहाँ पहुँचा गई
पहले मैं माँ-बाप के साथ रहता था
अब माँ-बाप मेरे साथ रहते हैं

फिर हमने बना लिया एक मकान
एक-एक कमरा अपने लिए
एक-एक कमरा बच्चों के लिए
एक वो बाहर छोटा-सा ड्राईंगरूम
उन लोगों के लिए, जो

मेरे आगे हाथ जोड़ते थे
एक वो अंदर बड़ा-सा ड्राइंगरूम
उन लोगों के लिए, जिनके आगे
मैं हाथ जोड़ता हूँ

पहले मैं फुसफुसाता था
तो घर के लोग जाग जाते थे
करवट भी बदलता था
तो घर के लोग सो नहीं पाते थे

और अब
जिन दरारों की वजह से दीवारें बनी थीं
उन दीवारों में भी दरारें पड़ गईं
अब मैं चीख़ता हूँ
तो बग़ल के कमरे से
ठहाके की आवाज़ सुनाई देती है
और मैं सोच नहीं पाता हूँ
कि मेरी चीख़ की वजह से वहाँ
ठहाके लग रहे हैं
या उनके ठहाकों की वजह से मैं
चीख़ रहा हूँ

आदमी पहुँच गया है चाँद तक
पहुँचना चाहता है मंगल तक
पर नहीं पहुँच पाता
सगे भाई के दरवाज़े तक

अब हमारा पता तो एक रहता है
पर हमें एक-दूसरे का
पता नहीं रहता

और आज मैं सोचता हूँ
कि जिस समृद्धि की ऊँचाई पर मैं बैठा हूँ
उसके लिए मैंने कितनी बड़ी खोदी हैं
खाइयाँ
अब मुझे अपने बाप की बेटी से
अपनी बेटी अच्छी लगने लगी है

मुझे अपने बाप के बेटे से
अपना बेटा अच्छा लगने लगा है

पहले मैं
माँ-बाप के साथ रहता था
अब माँ-बाप
मेरे साथ रहते हैं
अब मेरा बेटा भी
कमा रहा है
कल को मुझे उसके साथ रहना पड़ेगा
और हक़ीक़त यही है दोस्तो
कि तमाचा मैंने मारा है
तो तमाचा मुझे खाना भी पड़ेगा!''[7]

तमाचा मारते हुए लोग अक्सर नहीं देख पाते कि इसका मतलब है--तमाचा खाने को निमंत्रण। पैसे की ताक़त पाकर आँखें प्रायः कमज़ोर हो ही जाती हैं। **धूमिल** ने लिखा था कि... *घर/छोटी-छोटी सुविधाओं की लानत से/बना है/जिसके अंदर जूते पहनकर टहलना मना है...।*[8] घर में जूते पहनकर टहलना कोई अच्छी बात नहीं लेकिन घर अब बड़ी हो जाने वाली छोटी-छोटी सुविधाओं की *लानत* से बनने लगे हैं, यह सच है। सुविधाओं को *लानत* बनाया है सुविधा-मोह और उससे पैदा हुई संकीर्णता ने।

इस संकीर्णता ने घर से वह हृदय-विस्तार छीना है, जो एक कमरे में भी मेहमान का उल्लास के साथ स्वागत करता था। वह संतोष छीना है, जिसके चलते एक चादर पूरे परिवार के लिए बड़ी पड़ती थी। वह आत्मीयता और सुरक्षा छीनी है, जो दीवारें अपने बीच रहने वालों को दिया करती थीं। बड़ों की वह जगह छीनी है, जहाँ माँ-बाप के साथ गर्व से रहना संभव हुआ करता था। वह निकटता छीनी है, जो एक के फुसफुसाने या करवट बदलने-भर से दूसरे को जगा देती थी।

सुविधाजीवी संकीर्णता ने घर को बहुत-कुछ दिया भी है। वह अलगाव और अकेलापन दिया है, जिसने दीवारों के बीच रहने वालों के बीच दीवारें खड़ी कर दीं। वह अवसरवाद और दोगलापन दिया है, जिसके कारण बाहर छोटा और भीतर बड़ा ड्राइंगरूम बनवाया जाता है। वह शत्रुता, वह टकराव दिया है, जो एक की चीख़ को दूसरे का ठहाका और एक के ठहाके को दूसरे की चीख़ बना देता है। वह अजनबीयत दी है, जो घर को एक औपचारिक पते तक सीमित कर डालती है। वह अहंकार दिया है, जिसका नतीजा यह है कि आदमी बेटा नहीं रहना चाहता, सीधे बाप बन जाना चाहता है। शिष्यत्व को नहीं जीना चाहता, सीधे गुरु बन जाना चाहता है। ऐसे आदमी के बेटे भी उसके बाप ही होंगे! शिष्य भी उसके गुरु ही निकलेंगे!

बाप की बेटी से अपनी बेटी का ज़्यादा अच्छा लगना बताता है कि पारिवारिकता सिकुड़ रही है। उसके दायरे सिमट रहे हैं। एकल परिवारों का रिवाज ऐसा है कि आज कोई परिवार संयुक्त हो तो आश्चर्य पैदा करता है। कोई आश्चर्य नहीं कि एक दिन ऐसा

आए, जब एक अकेला व्यक्ति स्वयं अपना परिवार बनकर रह जाए। परिवार और घर के पूरी तरह ख़ात्मे का वह दिन लाभलोभ का विजय-दिवस होगा! मनुष्य के अंतर्जगत् पर पूरी तरह बाज़ार के प्रभुत्व का पर्व होगा वह!

प्रश्न यह कि घर के घर न रहने पर मनुष्य भी मनुष्य रह पाएगा या नहीं? घर और मनुष्य के इस आसन्न संकट से समकालीन कविता चिंतित होती है। गद्यात्मकता के वर्णन द्वारा हालात के विवरण देने जैसे तरीक़ों का काव्यात्मक इस्तेमाल कर उससे टकराती है। देखती है कि समकालीन घर, घर कम रह गए हैं, वीराने के जंगल से चुने हुए गुलदस्ते ज़्यादा हो गए हैं। ऊँची-ऊँची बिल्डिंगों में नीची छत वाले फ़्लैट फ़ैशन में हैं। **नूरजहाँ सर्वत** ने कहा–

"ऊँचे हैं जो मकान छतें उनकी पस्त (नीची) हैं,
रहना है इनमें आपको तो सर तराशिए!"[9]

तराशे तो पाँव भी जा सकते थे लेकिन तराशना पड़ता है–सर। सर होगा तो मनुष्य न होते हुए भी अपने पाँव उगा लेगा और सर ही अगर नहीं रहा तो पाँव मज़बूत होकर भी क्या कर लेंगे! आलीशान मकान अपनी क़ीमत के तौर पे सर माँगते हैं। सर, जो वैचारिक शक्ति तो है ही, मनुष्य का स्वाभिमान भी है। उसका ऊर्जा-केंद्र भी है। आकाश तक पहुँचने वाला धरती का गुम्बद भी है। मानवीय क्षमता का यह गुम्बद धराशायी हो, सम्पन्नता के नाम पर दिन-रात चलते समकालीन आँधी-तूफ़ान का यह मक़सद है।

घर मानवीय क्षमता का स्रोत है। वह जगह है, जो केवल विजेता को नहीं, पराजित को भी जीने की जगह देती है। **हेमंत कुकरेती** ने लिखा कि...*अधूरे संसार में हर आदमी/इतना पूरा हो सके कि/एक घर बने।*[10] आदमी का पूरा होना है घर। आशय यह कि वह अगर घर बन सके तो उसका और कुछ बनना बाक़ी नहीं रहता। आदमी घर बने, इसके लिए ज़रूरी है कि घर को वह जाने। समझे। महसूस करे। जीये। घर को जीना घर में रहकर ही संभव होता है। आदमी की बुनियादी ज़रूरत है घर। इसीलिए घर के वास्ते तड़पता है वह। दिन-रात एक करता है। हाड़तोड़ मेहनत करता है। **शायान शफ़ी क़ुरैशी** के शब्दों में–

"जिस्म सारा ईंट-पत्थर हो गया
तब कहीं जाकर बना है एक घर"।[11]

घर तक जाने वाला रास्ता कई मुश्किल मोड़ों से होकर गुज़रता है। **अरुण कमल** ने *चीन की दीवार* को उस रास्ते की तरह देखा है, जो *एक घर की तलाश* है।[12] तलाश इसीलिए है कि घर ज़रूरी है। संबंधों को जीने की तमीज़ सिखाता है वह। रहने वालों को भी, घर से जुड़े और लोगों को भी। **शहरयार** ने कहा–

"इस हथेली में बहुत-सी दस्तकें रूपोश (मुँह छिपाए हुए) हैं
इस गली के मोड़ पर इक घर था कल तक, क्या हुआ"।[13]

घर की ज़रूरत उन हथेलियों को भी है, जिनमें दस्तकें हैं और खुलकर होने के लिए आतुर हैं। हालात ऐसे हैं कि एक दिन में गली के मोड़ पे बसा घर वहाँ नहीं रहता। दस्तकें हथेली की हथेली में ही रह जाती हैं। उस बचपन की तरह, जिसे बचपना नसीब नहीं होता। **विनोद कुमार शुक्ल** के शब्दों में घर की ज़रूरत इसलिए भी है कि

"...कितनी गेंदें पड़ोस में खो चुकी थीं।
गेंद ढूँढ़ने हम किसी के भी घर घुस जाते
घरों में जाना और खो जाना हमने गेंद से सीखा..."[14]

अब घरों में जाना और खो जाना आसान नहीं रहा। घरों के खुले रहने का रिवाज घट रहा है। बंद रहने का बढ़ रहा है। अपवादस्वरूप ही सही, ऐसे भी घर होने लगे हैं, ज़िनमें अगर बच्चा गेंद लेने चला जाए तो ज़िंदा लौटकर न आए। ऐसे में *घरों में जाने और खो जाने* का मतलब अलग है। भयावह है। इस मतलब तक कवि नहीं, संदर्भ पहुँचाता है। हालात पहुँचाते हैं। कवि का मंतव्य हालात से टकराता है। उसके मुताबिक़ *घरों में जाना और खो जाना* गेंद के ज़रिये आत्मीयता का अनेक घरों तक विस्तृत होना है। एक तरफ़ ऐसे घर हैं, जो आत्मीयता के विस्तार की हत्या करते हैं। दूसरी तरफ़ ऐसे घर हैं, जो परायों को भी पराये नहीं लगते। एक तरफ़ घर की दुर्गति करते हालात हैं तो दूसरी तरफ़ वे घर, जिन्हें कविता अपने भीतर बचाए रखती है। यह *घर* शब्द में अर्थ को बचाए रखने की कोशिश है।

घर आत्मीयता को विस्तार देते हैं। इसके लिए होते हैं। अतः घर से बाहर रहने पर भी साथ रहते हैं। साथ देते हैं। **सर्वेश्वर दयाल सक्सेना** ने *स्वेटर* कविता में लिखा–

"तुमने जो स्वेटर
मुझे बुनकर दिया है
उसमें कितने घर हैं
यह मैं नहीं जानता
...सिर्फ़ यह जानता हूँ
कि मेरी एक धड़कन है
और उसके ऊपर चंद पसलियाँ हैं
और उनसे चिपके
घर ही घर हैं
तुम्हारे रचे घर...!"[15]

ये घर सिर्फ़ सर्दी से नहीं, अकेले और कमज़ोर पड़ने से भी बचाते हैं। असहाय होने से भी बचाते हैं। ईंट-पत्थरों से बाहर निकलकर स्वेटर की शक्ल लेते हैं। आत्मविस्तार करते हुए जीवन में आत्मीयता का ताप प्रसारित करते हैं। पसलियों के रूप में एहसासों को विरोधी हालात से बचाए रखते हैं। इस तरह जीवन को जीवंत बनाने वाली ऊर्जा बनते हैं। हालात इस ऊर्जा को सोख रहे हैं। पंजाबी कवि **तरसेम** की एक कविता है– घर–

"घर से सुबह
एक वस्तु तैयार होकर निकलती है
दफ़्तर जाती है
बाज़ार घूमती है...

घर में दूसरी वस्तु

चूल्हा-चौका करती
छोटी वस्तुओं को सँभालती
टूटती-जुड़ती
रात को पहली वस्तु घर आती है
दूसरी वस्तु के साथ सो जाती है

बूढ़ा हुआ घर
दरवाज़े पर खड़ा
बंदों की प्रतीक्षा करता है।"[16]

घर में रहने वालों का जीवन वस्तुवत् है। वस्तुओं को न हालात से मतलब है, न एहसासों से सरोकार। घर इस रवैये से तालमेल नहीं बैठा पाता। इसलिए कि वह जीवंतता देकर जीवंतता पाने के कारण ही है। वस्तुएँ घर को मकान की तरह इस्तेमाल करती हैं। इस इस्तेमाल से घर बूढ़ा होता है। उसमें कहीं यह उम्मीद बची है कि एक दिन वस्तुओं की जगह इंसान आएँगे। वह इंतज़ार करता है उनका। इंतज़ार इतना लंबा हो जाता है कि बूढ़ा कर देता है उसे और बुढ़ापा मृत्यु की पूर्वसूचना है ही।

जीवंतता का प्रसार करते हुए जीवंत होने वाला घर मृत्यु की ओर बढ़ रहा है। यह बढ़ाव घर के बाहर तो घटित होता ही है, भीतर भीं जारी रहता है। इसे **सुनीता जैन** ने अपनी *पानी* कविता में देखा–

"उसने अपने बेटे से कहा,
बेटा, घड़े में पानी नहीं
बेटा जल्दी में था, सुना नहीं

उसने बहू से कहा,
बहू, एक गिलास पानी
बहू ने सुना, पर रुकी नहीं

उसने पोते से कहा,
मुन्ने, देना तो पानी
पोता नहीं हिला, देखता रहा टी.वी.

उसने नौकर से कहा, रामू
पानी...
नौकर बाहर लपका,
उसको सब्ज़ी लानी थी

यों घटने लगा घरों के नलों में
घड़ों में, आँख में पानी..."।[17]

केवल अपनी इच्छाओं और ज़रूरतों से संचालित होने वाले जीवन से वह पानी कम हो रहा है, जिसने मकान को घर बनाया। घर में सब कुछ है पर कुछ नहीं है। नई जीवन शैली में दूसरे की परवाह न करना और दूसरे पर ध्यान न देने जैसी घर-विरोधी प्रवृत्ति शामिल है। इतनी सहजता से कि इसकी शिकायत तक न की जा सके। बेटे, बहू, पोते, नौकर, सभी के पास पानी न देने के और अनुचित को उचित बताने वाले अपने-अपने तर्क हैं।

कविता इन तर्कों का खोखलापन उजागर करती है। इनके नतीजे को सामने रखते हुए। घरों में पानी का घटना आपसदारी का कम होना है। घर का कम होना है। आदमी अब घर में भी नहीं ठहरता। गति का कोई मक़सद हो या न हो, वह पल-पल में है। इसीलिए **परवीन शाकिर** को महसूस होता है—

"दश्तो-दरिया (जंगलों-नदियों) से गुज़रना हो कि घर में रहना
अब तो हर हाल में है हमको सफ़र में रहना"।[18]

घर में घर न हो तो उसमें रहना भी सफ़र में रहने जैसा बन जाता है। थकाने वाला। इसकी ज़िम्मेदारी निरपेक्ष तरक़्क़ी के दीवाने इंसान की है। उसके जीवन में गति ही गति है, ठहराव नहीं। सफ़र ही सफ़र है, गंतव्य नहीं। रास्ते ही रास्ते हैं, घर नहीं। मनुष्य चलता चला जा रहा है। कहीं पहुँच नहीं रहा। इसलिए कि जहाँ पहुँचना था, वह जगह उसकी पहुँच से आगे, और आगे पहुँचती जा रही है। ऐसे में कविता का रास्ता **कृष्ण बिहारी नूर** के इस शे'र की तरह हस्तक्षेप कर समकालीन होने का रास्ता है—

"कोई आया है ज़रूर और यहाँ ठहरा भी है
घर की दहलीज़ पे ऐ नूर उजाला है बहुत।"[19]

सुपर पॉवर लाइटों से जो रौशनी होती है, उससे यह उजाला अलग है। इस उजाले की गंगोत्री है—मनुष्यता के घर मनुष्य का आना।

स्नेह-सिंचित् उजाला है यह और प्रकारांतर से यही कविता का उजाला भी है।

संदर्भ

1. तालस्ताय और साइकिल -केदारनाथ सिंह, पृष्ठ 23
2. अपराधी ग़ैरहाज़िर -रमेश आज़ाद, पृष्ठ 86
3. खोया हुआ-सा कुछ -निदा फ़ाज़ली, पृष्ठ 44
4. कोई दूसरा नहीं -कुँवरनारायण, पृष्ठ 73
5. अलाव, अंकः 4, जून, 1992, पृष्ठ 135
6. समकालीन भारतीय साहित्यः सितंबर-अक्तूबर, 2005, पृष्ठ 159-60
7. अशोक विहार, दिल्ली में 23 अप्रैल, सन् 2006 को सुनाई गई कविता
8. संसद से सड़क तक -धूमिल, पृष्ठ 28
9. बेनाम शजर -नूरजहाँ सर्वत, पृष्ठ 21
10. नया बस्ता -हेमंत कुकरेती, पृष्ठ 60
11. कथन-48, अक्तूबर-दिसंबर, 2005, पृष्ठ 38

12. पुतली में संसार -अरुण कमल, पृष्ठ 77
13. कहीं कुछ कम है -शहरयार, पृष्ठ 25
14. आलोचनाः जुलाई-सितंबर, 2003, पृष्ठ 8
15. खूँटियों पर टँगे लोग -सर्वेश्वर दयाल सक्सेना, पृष्ठ 24
16. समकालीन भारतीय साहित्यः मई-जून, 2005, पृष्ठ 79
17. अन्यथा -अंकः 7, जुलाई, 2006, पृष्ठ 91
18. ख़ुशबू -परवीन शाकिर, पृष्ठ 33
19. समंदर मेरी तलाश में है -कृष्ण बिहारी नूर, पृष्ठ 24

वस्तु-प्रसार, वस्तुकरण और मनुष्य

यह ज़रूरी-ग़ैरज़रूरी वस्तुओं के वैश्विक प्रसार का दौर है। ज़रूरी वस्तुओं के प्रसार का कम और ग़ैरज़रूरी वस्तुओं का ज़्यादा। वस्तुएँ जीवन की ज़्यादा से ज़्यादा जगह घेर रही हैं। उनका वर्चस्व चाहे जितना बढ़ रहा हो, वे मनुष्य को वस्तु में बदल डालने की कोशिशें चाहे जितनी कर रही हों, सच यह है कि वस्तु वे उसे अंतिम रूप से बना नहीं सकतीं। **कात्यायनी** का कहना है कि

"चीज़ों के बारे में
सोचने के लिए कहा उन्होंने
हमें
चीज़ों में बदल डालने के लिए।
हमने सोचा
चीज़ों के बारे में
चीज़ों में बदल जाने से
बचने के लिए।"[1]

मनुष्य की सोच हर हाल में आदेश से संभव नहीं हुआ करती। चीज़ें अपनी जगह हैं, पर उनके बारे में सोचने की स्वतंत्रता भी है। वह विवेक भी है, जो मनुष्य के चीज़ बनने या न बनने के बीच अंतर करता है। वस्तुएँ किस हद तक ज़िंदगी में शामिल हों, हों या न हों, यह निर्णय वस्तुएँ कैसे कर सकती हैं? चुनाव और निर्णय केवल मनुष्य का अधिकार है। केवल उसकी स्वतंत्रता है। सच है कि इस स्वतंत्रता के सामने विविधानेक चुनौतियाँ हैं।

वस्तुओं के बारे में विज्ञापन एक ऐसी ही चुनौती प्रस्तुत करते हैं। शब्दों के अम्बार में से सच और झूठ को अलग करने की चुनौती। झूठ के शिकंजे में फँसने से बचने की चुनौती। मनुष्य रियेक्ट करता है। इस चुनौती का सामना करने की कोशिश करता है। इसीलिए विज्ञापन जितनी वस्तुओं का किया जाता है, बिकने में वे सबकी सब समान रूप से सफल नहीं होतीं। विज्ञापनों का लक्ष्य ही है—सारी की सारी वस्तुओं का बिकना। इसके लिए वे तरह-तरह से कन्विंस करते हैं। कन्विंस होना, न होना मनुष्य के हाथ में है।

बाज़ार लुभा सकता है, ख़रीदने के लिए तरह-तरह से उकसा सकता है लेकिन बाध्य नहीं कर सकता। मनुष्य की जेब उसकी मर्ज़ी के ख़िलाफ़ काट नहीं सकता। निर्णायक है मनुष्य की मर्ज़ी। साथ ही सच यह भी है कि सभी अपनी मर्ज़ी का इस्तेमाल करने की

स्थिति में नहीं होते। हमेशा नहीं होते। चुनने या स्वीकार-इन्कार करने की स्वतंत्रता तो है पर इसे बरतने की असमर्थता भी है। इसे महज़ काग़ज़ी बनाती हुई।

स्वतंत्रता एक स्थिर स्थिति नहीं। सापेक्ष है वह। आप जिस वस्तु को ख़रीद रहे हैं, अगर उसके बारे में नहीं जानते तो आप उस वस्तु-विक्रय के सामने परतंत्र हैं। अगर आपके पास नवीनतम जानकारी नहीं है तो बाज़ार आपकी मर्ज़ी को आसानी से नियंत्रित कर सकता है। अगर आपकी अपनी कोई पसंद नहीं है तो आपको किसी की भी पसंद का शिकार बनाया जा सकता है। ये सब स्वतंत्र बाज़ार में परतंत्रता की स्थितियाँ हैं।

स्वतंत्रता को बरक़रार रखने के लिए, सुरक्षित रखने के लिए और विकसित करने के लिए प्रयास करना ज़रूरी है। सजग रहना ज़रूरी है। उसी तरह जैसे घर को बनाने-बसाने के साथ-साथ उसे बचाना भी ज़रूरी है। यह तय करना भी ज़रूरी है कि दरवाज़े किसके लिए खोलने हैं और किसके लिए नहीं। अक्सर लोग या तो यह तय करने की स्थिति में नहीं होते और या फिर यह तय करने की ज़रूरत नहीं समझते। दोनों स्थितियों में उनकी स्वतंत्रता का अपहरण होता है।

बाज़ार की नीय़त साफ़ है। उसे मनुष्य-जीवन पर वस्तुओं का आधिपत्य क़ायम करना है। चेतना को वस्तुवत् बनाना है। निश्चित करना है कि मनुष्य वस्तुओं के लिए जीवित रहे और वस्तुओं के काम आए। वस्तुएँ उसके लिए नहीं, वह वस्तुओं के लिए हो। यह बनावट है। बनावट तरह-तरह के रंग-रूप में बाज़ार का अनिवार्य अंग है। उसके अनेक रंग उतारते हुए कविता ने इस दौर में रह-रहकर स्वयं को मनुष्यता की सूक्ष्मदर्शी दृष्टि साबित किया है। उसकी वास्तविक ज़रूरत साबित किया है। बनावटी ज़रूरतों के द्वारा बाज़ार वास्तविक ज़रूरत को दबा ही सकता है, मिटा नहीं सकता। उसे बनावटी ज़रूरतों के ढेर में से बार-बार अपना सर उठाने से रोक नहीं सकता।

कोई अपराधी नहीं चाहता कि उसे बतौर अपराधी जाना-पहचाना जाए। बाज़ार ने भोगवाद, सुविधाग्रस्तता, संवेदनशून्यता, अपार लिप्सा आदि अनेक मनुष्यता-विरोधी परिस्थितियों को बल दिया है। खुलेपन की सबसे ज़्यादा बात करते हुए अपनी तानाशाही का शिकंजा पूरी दुनिया पर कसा है। निवेश के माध्यम से सारी दुनिया का धन नियोजित किया है। इस नियोजन का लक्ष्य सारी दुनिया की ज़रूरतें पूरी करना नहीं। लाभ-लोभ का अनंत विस्तार करना है।

दुनिया के संसाधनों का उपयोग किस लक्ष्य के लिए हो, इसके निर्णय का अधिकार सारी दुनिया को नहीं है। थोड़े-से लक्ष्मी-वाहनों को है। यही बाज़ार-केंद्रित नई सभ्यता का खुलापन है। लोकतांत्रिक मिज़ाज है। इसके अनुसार स्वतंत्रता का मतलब दूसरों की स्वतंत्रता की क़ीमत पर भी अपनी स्वतंत्रता का विस्तार करना है। दूसरे वे हैं जो दुनिया में करोड़ों हैं पर ख़रीदने की शक्ति से वंचित। बाज़ार से बाहर। अकेले "भारत की 30 फ़ीसदी आबादी (क़रीब तीस करोड़ लोग) ग़रीबी की 'लक्ष्मण रेखा' से बाज़ार से कटी हुई है।"[2]

यह आबादी भी वोट द्वारा अपने प्रतिनिधि चुनती है लेकिन दुनिया के महत्त्वपूर्ण निर्णयों में उसके हितों का कोई प्रतिनिधित्व नहीं होता। अक्सर वह महत्त्वपूर्ण निर्णयों की

शिकार-भर होती है। आधुनिक लोकतंत्र में वोट की नहीं, ख़रीदने-बेचने की ताक़त निर्णायक है। विकास की दौड़ में बाज़ार ने राजनीति को बहुत पीछे छोड़ दिया है। उसे ख़रीद लिया है। अपना लगभग ग़ुलाम बना लिया है। राजनीति की नीति अब यही है कि उसके पीछे चलती रहे। चुपचाप।

अंतिम आदमी का हित अब उसका आधार-प्रतिमान नहीं। उसके लिए कुछ करना तो उसने छोड़ ही दिया, अब उसकी तरफ़ से बोलना भी लगभग छोड़ दिया है। स्वतंत्रता का अर्थ हो गया है—संपन्नों को और संपन्न होने की स्वतंत्रता। दौड़ के इस ट्रैक पर कम पूँजी वालों को लड़खड़ाने, गिरने, घायल होने और दौड़ से बाहर होने की स्वतंत्रता। विपन्नों को अपने रक्त से यह ट्रैक सिंचित् करने की स्वतंत्रता।

बाज़ार ने राजनीति का भी वस्तुकरण किया है और मनुष्य का भी। **बोधिसत्व** ने लिखा—

"...आज़ादी के लिए रोने से बेहतर है
सुविधा-भरे तहखाने के लिए रोना।..."[3]

यह आज़ादी का वस्तुकरण है। जिसके पास जितनी सुविधाएँ हैं, वह उतना ही अपने को आज़ाद महसूस करता है। यह आज़ादी व्यापक जीवन से काट दे तो सुख ही सुख है। संकीर्णता अब वरदान है। इसलिए कि आरामदायक वस्तुएँ देती है। क्या विडंबना है कि संकीर्णता अब आज़ादी का फल बनकर प्रतिष्ठित हो गई है। जीवन के केंद्र में हैं—वस्तुएँ। मनुष्य उनकी परिधि में घूम रहा है। वस्तुओं के लिए जी रहा है। **वेद प्रकाश वेद** की पंक्तियाँ हैं—

"...एक दिन पत्नी ने कहा—
बेटे के लिए
साँस लेने वाले जूते ला दो
मैंने कहा—शहर में
इतना धुआँ है, तुम्हीं साँस लेकर दिखा दो..."[4]

आदमी भले साँस न ले सके, जूते ज़रूर साँस लेने वाले हों! महत्त्व जूतों का ज़्यादा है। बाज़ार में साँस लेने का हक़ आदमी को जूतों से कम है। शहर में आदमी के साँस लेने लायक़ हवा हो या न हो, इससे बाज़ार को कोई सरोकार नहीं। ओज़ोन की परत में सुविधाओं के कारण हुआ छेद बड़ा होता हो तो होता रहे! बाज़ार का सरोकार है—जूतों के साँस लेते रहने से। क्या इस पर भी विचार हो सकता है कि जो ऐसे वायुमंडल में भी चैन की साँस ले पा रहे हैं, वे आदमी हैं या जूते?

समकालीन कविता ने मनुष्य-क्षमताओं के इस वस्तुकरण में हस्तक्षेप किया है। संवेदनात्मक तीक्ष्ण दृष्टि को बरतने से यह हस्तक्षेप संभव हुआ है। इस बरताव का ही नतीजा है कि वह अँधेरे को अँधेरे से और रौशनी को रौशनी से अलग कर सकी है। **नरेश सक्सेना** ने लिखा—

"लाल रौशनी न होने का अँधेरा
नीली रौशनी न होने के अँधेरे से

अलग होता है
इस तरह अँधेरा
अँधेरे से अलग होता है...

भरोसा रौशनी पर तो हरगिज़ नहीं
हरी चीज़ें लाल रौशनी में
काली नज़र आती हैं
और सफ़ेद चीज़ें उसी रौशनी में लाल
दरअसल चीज़ें
ख़ुद कुछ कम शातिर नहीं होतीं
वे उन रंगों की नहीं दिखतीं
जिन्हें सोख लेती हैं
बल्कि उन रंगों की दिखाई देती हैं
जिन्हें लौटा रही होती हैं
चीज़ें हमेशा अपनी अस्वीकृति के रंग ही दिखाती हैं..."[5]

ये पंक्तियाँ वस्तु-वर्चस्व का सपाट नहीं, वास्तविक विरोध करती हैं। राजनैतिक तौर पर सही होने और दिखने से इनके लिए ज़्यादा ज़रूरी है—वस्तुकरण के सच तक पहुँचना और उसे उजागर करना। इस प्रक्रिया में कविता ने वस्तुओं को ही अपना कच्चा माल बनाया है। उसका इस्तेमाल किया है। रौशनी के रंग तरह-तरह के हैं। तरह-तरह से वस्तुओं की वास्तविकता ढँकते हैं। रौशनी के ये रंग और वस्तुएँ, दोनों मिलकर एक मोहक और भ्रामक माहौल की रचना करते हैं। इस भ्रम को वस्तुओं की वास्तविकता उजागर करते हुए ज़्यादा विश्वसनीय तरीक़े से भेदा जा सकता है। यह बताकर कि जो वे दिखलाई देती हैं, वह उनका अस्वीकार है।

चीज़ों के इस अस्वीकार को सामने लाना वस्तुतः मनुष्य पर व्यंग्य है। सवाल है कि चीज़ों में तो अस्वीकार की क्षमता है और मनुष्य में? संकेत है कि अस्वीकार की क्षमता अगर मनुष्य में बची है तो मनुष्यता के रंग को बाज़ार की रौशनी बदल नहीं सकती। अनुकूलित नहीं कर सकती। हज़्म नहीं कर सकती। वस्तुकरण की चुनौती स्वीकार करने लायक़ वह बना रहेगा। वस्तुओं के सच को पहचानने लायक़, उनके सामने खड़ा रहने लायक़ बना रहेगा। मुश्किल से मुश्किल मुश्किल को झेलने का माद्दा उसमें बना रहेगा। **कुमार अम्बुज** के शब्दों में वह कह सकेगा—

"*यह मेरा हृदय ग्लेशियर है*
जितना दिखता है ऊपर
उससे कई गुना ज़्यादा
डूबा हुआ

माल-असबाब से लदे जहाज़
इससे दूर होकर गुज़रते हैं।"[6]

संदर्भ

1. इस पौरुषपूर्ण समय में -कात्यायनी, पृष्ठ 85
2. विनाश को निमंत्रण -संपादकः राजकिशोर, पृष्ठ 19
3. हम जो नदियों का संगम हैं -बोधिसत्व, पृष्ठ 18
4. हँस लिया फँस लिया -वेद प्रकाश वेद, पृष्ठ 73
5. समुद्र पर हो रही है बारिश -नरेश सक्सेना, पृष्ठ 30
6. समकालीन भारतीय साहित्य, जनवरी-फरवरी, 2006, पृष्ठ 171

मीडिया और कविता

मीडिया बाज़ार का सांस्कृतिक दूत है। वर्तमान इससे आक्रांत है। यह सबको ख़बर देने के साथ-साथ सबकी ख़बर लेने का दावा भी करता है। समकालीन कविता में इस ख़बरदार मीडिया की ख़बर भी ली गई है। **लीलाधर जगूड़ी** ने लक्षित किया है कि *अच्छे दिनों की कामना में ख़राब जीवन* जीते चले जाने वालों की कोई ख़बर नहीं आती। कोई शर्म से मरता है तो बताया जाता है कि वह *घबराहट, कायरता और कुंठा* से मर गया। इस तरह मौत में भी मरने वाले की असफलता दिखलाई जाती है। *घबराना ख़बर है। शर्म कोई ख़बर नहीं।*[1] इसलिए कि शर्म का नैतिकता से एक संबंध होता है और अनैतिक मीडिया के लिए किसी और को नैतिक मानना मुश्किल है। **महेश दर्पण** ने लिखा–

"कर डालिए तैयार
हर सप्ताह एक नया 'स्कूप'
बिखर जाएँ भले ही
सूचना के तमाम नागरिक अधिकार।"[2]

यह मीडिया का चरित्र है। उसके लिए सूचना नहीं, सनसनी महत्त्वपूर्ण है। उसकी अटल मान्यता है कि सनसनी ही लोकप्रिय होती है। सनसनी ही बिकती है। ताक़तवर होने के कारण उसकी यह मान्यता पत्थर की लकीर है। सवालों के दायरे से बाहर है। इस सच को वह न देखना चाहता है, न देखता है, न देखने देता है कि लोकप्रिय तो 'भारतः एक खोज', 'नुक्कड़' और 'उड़ान' जैसे सीरीयल भी हुए हैं। मीडिया ख़बर छुपाता भी है। ख़बरों से खेलता भी है। इस खिलवाड़ से शोर पैदा होता है। इतना शोर कि उसके अलावा और कुछ सुनाई न दे। **शहरयार** को ठीक ही अनुभव होता है कि

"सदा के साये में सन्नाटे को पनाह मिली
अजब कि शहर में चर्चा न इस ख़बर का हुआ।"[3]

आवाज़ें अर्थ नहीं, सन्नाटे को पनाह देने लगी हैं। सर्वत्र चर्चाओं की सरगर्मियाँ हैं पर आवाज़ों के अर्थशून्य हो जाने का कहीं कोई चर्चा नहीं। यह चर्चा करती है तो कविता। इसलिए कि कविता के शब्द उन शब्दों से अलग हैं, जो सन्नाटे को पनाह देने वाली आवाज़ें पैदा करती हैं। **विजय किशोर मानव** के शब्दों में उनकी शक्लें *तीर, तलवार और चाकू* से नहीं मिलतीं।[4] *रोटी, पानी और बीजों* से मिलती हैं। उनसे विध्वंस नहीं, सृजन संभव होता है। विध्वंस का विरोध संभव होता है। मनुष्य-जीवन संभव होता है।

मीडिया की प्रतिबद्धता मनुष्य-जीवन के प्रति नहीं, धन और सफलता के प्रति है। वास्तविक दुनिया के समानांतर जो दुनिया वह रचता और परोसता है, वह इन्हीं दो स्तंभों

पर खड़ी है। चुनने का अवसर आए तो वह न सच को चुनता है, न जीवन को। इनकी क़ीमत पर धन और सफलता को चुनता है। वह भी बड़े उत्साह के साथ। लोकप्रियता के लिए वह कुछ भी दांव पर लगा देता है। इसके साथ उल्लेखनीय यह भी है कि सातों दिन चौबीसों घंटे भरपूर सक्रियता के बावजूद वह मनुष्य को शुद्ध दर्शक या भोक्ता नहीं बना सका। अपनी विश्वसनीयता अर्जित नहीं कर सका। यह प्रतिष्ठा नहीं पा सका कि विज्ञापनों में सब कुछ सच ही बताया जाता है।

शायद ही कोई ऐसा दर्शक हो, जो विज्ञापनों को पूरी तरह सच मानता हो। मनुष्य की आदत में जैसे-जैसे विज्ञापन शामिल होते जा रहे हैं, वह उनके प्रति ज़्यादा सजग और चतुर भी होता जा रहा है। उनके स्वागत के साथ-साथ उनकी उपेक्षा भी उसके व्यवहार में शामिल होती जा रही है। टी.वी. का छल भी उसकी पकड़ में आने लगा है। सभी दर्शकों को किसी एक सिद्धांत की लाठी से नहीं हाँका जा सकता।

दर्शक ऐसे भी हैं, जो किसी स्रोत से निरंतर धन आते रहने पर अपनी पूरी ज़िंदगी टी.वी. के नाम कर दें तो ऐसे भी हैं, जो घर से बाहर निकलते ही इसलिए हैं कि घर रहने पर घर-घर को साजिशों का शरण-स्थल मानने वाले तर्क और विवेकहीन सीरियल झेलने पड़ेंगे। दर्शक ऐसे भी हैं, जो विज्ञापन में देखते ही किसी वस्तु को तत्काल ख़रीदने के लिए निकल पड़ें तो ऐसे भी हैं, जो विज्ञापनों का मज़ाक़ उड़ाएँ और विज्ञापन बनाने वालों की अक़्ल पर तरस खाएँ।

टी.वी. ने दर्शकों को चाहे जितना निष्क्रिय और आलसी बनाने की कोशिश की हो पर वे आज भी वस्तु नहीं, मनुष्य हैं। इधर टी.वी. चालू रहता है तो उधर वे भी चालू रहते हैं। असहमतियाँ जताते हैं। टिप्पणियाँ करते हैं। प्रशंसा करते हैं तो लानत भी भेजते हैं। कोई सीरियल देखना शुरू करते हैं तो देखना छोड़ भी देते हैं। इस तरह कि फिर पलटकर कभी उसकी तरफ़ देखते तक नहीं। समझते हैं कि सीरियलों की घटनाएँ वास्तविक जीवन से कम, लेखक-निर्देशक के दिमाग़ से ज़्यादा मेल खाती हैं। समाचार होते ही नहीं, पैदा भी किए जाते हैं। उनका उद्देश्य सूचनाओं का कम, सनसनी का प्रचार करना ज़्यादा होता है। हिंसा और सैक्स-प्रधान ख़बरों को जगह ज़्यादा देकर तथाकथित टी. आर. पी. बढ़ाना होता है। अकारण नहीं है कि चैनल लगातार बढ़ रहे हैं और पूरे जीवन का पूरी विश्वसनीयता के साथ पूरा और सच्चा प्रतिनिधित्व करने वाला चैनल एक भी नहीं है।

मीडिया धंधा है। धंधे के लिए सच पर क्रीम-पाउडर चुपड़ना पड़ता है। इत्र लगाना पड़ता है। ख़बर से खिलवाड़ के लिए खिलंदड़े रिपोर्टर भी चाहिएँ। तभी ख़बर मनोरंजक हो सकेगी। चैनल को लोकप्रिय और सफल बना सकेगी। सफलता के लिए ख़बर का हुलिया बिगड़ भी जाए तो परवाह नहीं। इस प्रवृत्ति पर **आश करण अटल** ने एक कविता लिखी– *'मीडियाः पार्ट-1'*–

ख़बर थी–
एक बीमार नेता ने, लंदन में
अंतिम साँस ली।
इधर यमदूत नेता को लेकर
नरक पहुँचे भी नहीं

उससे पहले चैनल का रिपोर्टर
लंदन पहुँच गया अपनी टीम लेकर
और नेता के बेटे का इंटरव्यू लिया—

"आपको कैसा लग रहा है?"
"जी, मैं कुछ समझा नहीं, क्या कैसा लग रहा है!"
"आपके पिता जी के मरने की ख़बर सुनकर
कैसा लग रहा है?"
"जी! बहुत बुरा लग रहा है।"
"अंतिम साँस लेने से पहले
उन्होंने किसी दर्द या तक़लीफ़ की शिकायत की थी?"
"जी नहीं। डायरेक्ट अंतिम साँस ली थी।"
"इससे पहले भी कभी
उन्होंने अंतिम साँस ली थी?"
"जी, कोशिश तो की थी
लेकिन डॉक्टरों ने लेने नहीं दी।"
"अंतिम साँस लेने के बाद क्या हुआ?"
"जी, अंतिम साँस लेने के बाद वे मर गए।"
"क्या उनको पता था
कि अंतिम साँस लेने के बाद वे मर जाएँगे?"
"जी, पता था।"
"जब उनको पता था
कि अंतिम साँस लेने के बाद
वे मर जाएँगे तो उन्होंने अंतिम साँस क्यों ली?"
"जी, राष्ट्रहित में ली।"
"ये आप कैसे कह सकते हैं?"
"जी, मैं ऐसे कह सकता हूँ कि उन्होंने जो भी
काम किया, वो या तो राष्ट्रहित में किया
या पार्टी के हित में किया। अगर पार्टी के
हित में अंतिम साँस लेते तो चुनाव से ठीक पहले
लेते—सहानुभूति की लहर बनती, दो-चार
सीटें ज़्यादा मिलती। यानी पार्टी के हित में
अंतिम साँस नहीं ली। इसका ये मतलब हुआ
कि उन्होंने राष्ट्रहित में ही अंतिम साँस ली।"
"वे लंदन क्यों आए?"
"जी, अंतिम साँस लेने के लिए।"
"वो ये अंतिम साँस भारत में भी ले सकते थे।

इसके लिए इतनी दूर क्यों आए?"
"जी, राष्ट्रहित में आए।"
"आपने प्रधानमंत्री का वो बयान पढ़ा है
जिसमें उन्होंने कहा है कि नेता जी के जाने से
राष्ट्र का बड़ा नुक़सान हुआ है?"
"जी, पढ़ा है।"

रिपोर्टर के चेहरे पर एक चमक-सी आई
उसने प्रधानमंत्री के बयान में सेंध लगाई

"आप कह रहे हैं कि उन्होंने राष्ट्रहित में
अंतिम साँस ली और प्रधानमंत्री कह रहे हैं
कि उनके जाने से राष्ट्र का बड़ा नुक़सान हुआ है।
अब सवाल ये उठता है कि राष्ट्रहित में
अंतिम साँस ली तो राष्ट्र का नुक़सान कैसे हुआ?
फ़ायदा होना चाहिए।
फ़ायदा हुआ है तो कितना हुआ है?
ये प्रधानमंत्री को बताना चाहिए।

और क्या इस परंपरा को आगे बढ़ाया जाना चाहिए?
निकम्मे नेताओं को राष्ट्रहित में मरने के लिए
आगे आना चाहिए?
बहरहाल—ये हैं कुछ अनसुलझे सवाल।"
वो आँधी की तरह आया
और तूफ़ान की तरह छा गया
कुछ सवाल किए और जवाब लिये बिना ही
ब्रेक पर चला गया।[5]

यह है मीडिया का सच से खिलवाड़। कई रिपोर्टर इतने ज्ञानी और प्रतिभाशाली होते हैं कि मौत को भी मीडिया का उल्लास बना डालते हैं। उनके सवालों से उनका ज्ञान भी झलकता है और प्रतिभा भी। इनके बल पर वे एक ख़बर को तीन-चार दिन रगड़ सकते हैं। चौबीसों घंटे चालू रहने वाली मीडिया नामक मशीन को चारा मुहैया करा सकते हैं। उस चारे में मनोरंजन के मसाले मिला सकते हैं। उनका प्रमुख सरोकार न सच है, न संवेदना। प्रमुख सरोकार है—मुनाफ़ा। अपना भी, चैनल का भी।

इसके लिए वे कुछ भी कर सकते हैं। यही उनकी नैतिकता की रीढ़ है। भ्रष्टाचार उनके लिए देश का रोग नहीं, चटख़ारों का भंडार है। दूसरे चैनलों से पहले किसी को कोई नया भ्रष्टाचार हाथ लग जाए तो उसके शरीर की सारी बांछें खिल उठती हैं। स्टिंग ऑपरेशन मीडिया की इस प्रफुल्लता के लिए ही चली नई खाद है। उसका मक़सद सच

नहीं, सनसनी है। सनसनी पैदा करे तो हर सच का स्वागत है। इसके लिए किसी भी सच को खोद निकाला जा सकता है। बनाया जा सकता है। ख़रीदा जा सकता है।

कविता इस प्रवृत्ति की ख़बर लेती है। व्यंग्य उसका भरपूर आज़माया हुआ हथियार है। अनेकतरफ़ा मार करता है। उक्त कविता मीडिया और राजनीति, दोनों के प्रदूषण का शिकार करती है। सनसनीजीवी रिपोर्टर और भ्रष्ट नेता, दोनों इसके निशाने पर हैं। जैसे सवाल हैं, वैसे जवाब। दोनों में मूर्खता की होड़ लगी हो जैसे! बातचीत को बड़ी होने के लिए तर्क नहीं चाहिएँ। औचित्य नहीं चाहिए। चाहिए तो बस किसी बड़े आदमी से जुड़ाव।

रिपोर्टर सेलिब्रिटीज़ के आसपास की हवाएँ सूँघते रहते हैं। हर ऐंगिल से। फिर भी उनपर यह आरोप नहीं लगाया जा सकता कि वे आम आदमी की उपेक्षा करते हैं। अगर बाइट वहाँ हो तो वे आम आदमी के आसपास की हवाएँ भी उतनी ही निष्ठा से सूँघते हैं। यह बताती है **आश करण अटल** की ही कविता–*'मीडियाः पार्ट-2'*। उसके कुछ अंश हैं–

शहर के बीच
हाई वे का सीन था
सीन प्रातःकालीन था
रिपोर्टर मुस्कराया
और गर्व से बताया–
"ये है एशिया का सबसे बड़ा
ओपन एयर शौचालय
और मैं हूँ अजय
आप देख रहे हैं
हमारा विशेष कार्यक्रम
हाई वे के हमदम

हाथ में लोटा-डिब्बा लिये
लोग आ रहे हैं
जा रहे हैं
और वापस जा रहे हैं
हिंदु-मुस्लिम-सिख-ईसाई
वैसे तो हर जगह लड़ाई
हाई वे पर भाई-भाई।"

इसके बाद रिपोर्टर ने
अपना रुख़ दूसरी तरफ़ किया
और एक हाई वे के हमदम का
इंटरव्यू लिया

"आप यहाँ क्या कर रहे हैं?"
"जी, मैं क्या कर रहा हूँ
ये तो आप देख ही रहे हैं
पर आप यहाँ क्या कर रहे हैं?"
रिपोर्टर बोला—
"हम लाईव टेलिकास्ट कर रहे हैं
हमारा विशेष कार्यक्रम
हाई वे के हमदम
इसमें आपका स्वागत है!"

हमदम बोला—
"हम तो यहाँ रोज़ आते हैं
आज आपका स्वागत है!
लेकिन ये तो कहो
आज फ़ैशन शो की जगह हमारा शो?
मज़े से फ़िल्माओ, क्या लोकेशन है
हम धरतीपुत्र
और ये धरतीपुत्रों का खुला अधिवेशन है!"

रिपोर्टर ने पूछा—
"क्या आपको नहीं लगता कि आप
सरकारी-नियम का उल्लंघन कर रहे हैं?"
"जी, हम तो कुदरत के नियम का पालन कर रहे हैं
कुदरत के नियमपालन से
सरकारी नियम टूटते हैं
तो हम क्या कर सकते हैं!"

...तभी न्यूज़रीडर ने सवाल किया—
"अजय! ख़राब मौसम या बरसात के दिन
बाधा पहुँचाते हैं
क्या तब भी ये लोग रोज़ आते हैं?"

बोला अजय—
"बरसात हो या प्रलय
रोज़ आना पड़ता है
आदमी खाए बिना रह सकता है
नहाए बिना रह सकता है

लेकिन आए बिना
एक दिन से अधिक नहीं रह सकता संजय!"
संजय बोला–
"इस जानकारी के लिए शुक्रिया अजय!"...[6]

मीडिया जादूगर है। सामान्य बात को *जानकारी* बना देने में सिद्धहस्त। उसके लिए विकास के रास्ते पर बेतहाशा दौड़ते इस दौर में भी खुले में शौच करना जनता की विवशता नहीं। बाईट है। परेशानी का नहीं, ख़ुशी का कारण है। रोज़-रोज़ लाईव टेलिकास्ट करने वाली स्थिति में हाथ लगा नया मसाला है। मसाला दे सके तो आम आदमी पर भी फ़ोकस होता है। पिछड़ापन भी आधुनिक संचार के केंद्र में आता है। महत्त्वपूर्ण है–सफलता का मसाला। इस मसाले को प्रस्तुत करने की प्रक्रिया में कोई सच उभर जाए तो उभर जाए। कोई परोपकार होता हो तो हो जाए। किसी को न्याय मिलता हो तो मिल जाए। सच, परोपकार और न्याय मसाले के लिए हैं। मसाला इनके लिए नहीं। यही मीडिया की नीयत है।

कविता मीडिया की भाषा में मीडिया की वह नीयत सामने लाती है, जिसे बहुरंगी आवरणों में वह छुपाए रखता है। बातचीत का इस्तेमाल मीडिया भी करता है लेकिन जीवन को मानवीय बनाने के प्रयोजन से नहीं। उसकी बातचीत सहज कम, नाटक ज़्यादा है। इस नाटक को नाटक की भाषा में लिखना इसे उसी रूप में सामने लाना है, जो यह वस्तुतः है। संवादों का जो कुशल उपयोग अटल ने इन कविताओं में किया है, वह साबित करता है कि आज भी मीडिया से ज़्यादा लोकतांत्रिक और भरोसेमंद माध्यम कविता है। लोकतांत्रिक इसलिए कि इसका उपयोग विपन्न-संपन्न, कोई भी कर सकता है और भरोसेमंद इसलिए कि सच के प्रति अपनी प्रतिबद्धता को यह कभी नहीं छोड़ती। बाज़ार में जाने पर भी नहीं।

मीडिया की नैतिकता मुनाफ़ा है। किसी के पास पैसा और थोड़ा-सा प्रबंधन हो तो वह मीडिया का इस्तेमाल कुछ भी प्रसारित करने के लिए कर सकता है। विज्ञापनों में द्विअर्थी और अश्लील भाषा धड़ल्ले से प्रसारित होती ही है। न उसपर कोई रोक है, न उसकी कोई लिखित या मौखिक आचार-संहिता। पंजाब में एक बार एक आदमी ने आत्मदाह किया तो अनेक चैनलों ने उसे लाईव टेलिकास्ट किया। आदमी आँखों के सामने जल रहा था और चैनलकर्मी उसकी फ़िल्म बना रहे थे।

एक रिपोर्टर यह भी कह रहा था कि यहाँ बहुत-से लोग जमा हैं लेकिन इसे बचाने के लिए कोई आगे नहीं आ रहा। यह उसके बताए बिना समझ में आ गया कि लोगों से ज़्यादा अमानवीय वह है। उसे न बचाने के साथ-साथ उसके जलने से पैसे भी कमा रहा है। अपना कॅरियर भी चमका रहा है। उसके लिए मनुष्य होने से रिपोर्टर होना ज़्यादा महत्त्वपूर्ण है। यह है मीडिया की नैतिकता। क्रूर और निर्लज्ज। ज़िंदा जलता आदमी तक उसके लिए निरा दृश्य बन सकता है। सफलता का माध्यम।

दर्शक ऐसे दृश्यों की आरती ही नहीं उतारते, इन पर और इनके बर्बर इस्तेमाल पर थूकते भी हैं। कविता की जगह इस थूकने में है। वह मीडिया की तरह सफल न होती है, न होना चाहती है। इस संदर्भ में **ब्रेख़्त** की *'कामयाबी'* नामक यह कहानी पठनीय है–

"महाशय 'क' ने रास्ते से गुज़रती हुई एक अभिनेत्री को देखकर कहा–'काफ़ी ख़ूबसूरत है यह।' उनके साथी ने कहा–'इसे हाल ही में कामयाबी मिली है, क्योंकि यह

ख़ूबसूरत है।' 'क' महाशय खीझे और बोले–'वह ख़ूबसूरत है क्योंकि उसे कामयाबी हासिल हो चुकी है।'"[7]

मीडिया के लिए सफलता ही सुंदरता हो सकती है, कविता के लिए नहीं। कविता उस सफल व्यक्ति की तरह हो ही नहीं सकती, "जो दूसरे लोगों द्वारा अपने पर फेंकी गई ईंटों से एक मज़बूत नींव डाल सकता है।"[8] वह हर हाल में अपनी पर क़ायम रहने वाले उस व्यक्ति की तरह है, जो **भवानी प्रसाद मिश्र** की इन पंक्तियों में सामने आता है–

"मैं उतारना नहीं चाहता जाहिल अपने बाने
धोती-कुरता बहुत ज़ोर से लिपटाए हूँ याने!"[9]

बाज़ार और मीडिया की बहुरंगी शक्ति सादगी को जीवित नहीं रहने देना चाहती। चाहती है कि सादगी की वकालत करते कपड़ों तक को उतार फेंके। तार-तार कर दे। ऐसे में सादगी के साथ बहुत ज़ोर से लिपटे रहना ही नए अमानवीय मूल्यों से बचे रहने का अकेला उपाय है। इस आदमी का बाज़ारू मूल्य क्या बिगाड़ सकते हैं? कविता को ऐसा ही आदमी बनाना है। कवि को भी और श्रोता-पाठक को भी। इसके लिए ज़रूरी है कि वह संकट के बीचोंबीच भी रहे और धोती-कुरते को *बहुत ज़ोर से लिपटाए* भी रहे। **विष्णुचंद्र शर्मा** ने लिखा–"*...कई पत्रकारों की आँखों की रौशनी भी पोस्टर है...।*"[10] कविता उस पत्रकार की तरह है जिसे अपनी आँखों की रौशनी को पोस्टर भी नहीं बनने देना और पत्रकारिता को छोड़ना भी नहीं। यह दुधारी तलवार पर चलना है। मुश्किल है।

ख़ासा मुश्किल...और कवि-कर्म बड़ा आसान काम है, यह तो शायद ही कोई मानता हो!

संदर्भ

1. अनुभव के आकाश में चाँद -लीलाधर जगूड़ी, पृष्ठ 23
2. अलाव, अंकः 4, जून, 1992, पृष्ठ 98
3. कहीं कुछ कम है -शहरयार, पृष्ठ 22
4. कविता आजकलः आजकल पत्रिका में विगत दस वर्षों में प्रकाशित रचनाएँ -1994-2004, प्रकाशन विभाग, भारत सरकार, पृष्ठ 57
5. दिनांकः 20 जनवरी, सन् 2007 को तालकटोरा स्टेडियम, दिल्ली में आयोजित गणतंत्र दिवस कवि सम्मेलन में कवि द्वारा सुनाई गई कविता।
6. वही
7. बर्तोल्त ब्रेख़्तः इकहत्तर कविताएँ और तीस छोटी कहानियाँ -मूल जर्मन से अनुवादः मोहन थपलियाल, पृष्ठ 128
8. 21 मई, 2007 के दैनिक 'हिंदुस्तान' में प्रकाशित इरविंग स्टोन की सूक्ति, पृष्ठ 12
9. मन एक मैली कमीज़ है -भवानी प्रसाद मिश्र, पृष्ठ 16
10. अलावः अंकः4, जून, 1992, पृष्ठ 13

देखना अंधकार की खुलती गिरह

एकरूपता और बनावट की शिकायत अक्सर समकालीन कविता से की गई है। कविता के बहुत बड़े हिस्से ने इसे जन्म दिया है। इसमें दम है। प्रकृति से ज़्यादा विविध और सहज कुछ नहीं। शहरी जीवन इसके सीधे-सीधे संपर्क में नहीं रहता। कवि अधिकांशतः इसी जीवन से आते हैं। इसी जीवन से आए कवियों को अक्सर देखा जाता है। उनकी कविताओं के भी उसी हिस्से को अक्सर देखा जाता है, जो बनावटग्रस्त हो।

समकालीन कविता में प्रकृति की कोई जगह नहीं, यह असत्य है। जीवन का अँधेरा भी उसमें है और भरपूर है। फिर भी वह अँधेरों की पर्याय नहीं। **अरुण कमल** के शब्दों में सुबह को देखते-दिखाते हुए बताती है–

"...कितना अच्छा है रात-भर जगकर
सूर्य को उगते हुए देखना
देखना अंधकार की खुलती गिरह।"[1]

सुबह का होना अंधकार की गिरह का खुलना है। गिरह का अर्थ है–गाँठ। बंधन। गुत्थी। बुराई, जो एक अरसे से मन में रहते-रहते जम गई हो। सुबह गाँठ खोलती है। मुक्त करती है। उससे जीवन का सूत सीधा होने लगता है। उलझनें कर्म से जुड़कर सुलझने लगती हैं। मन की ग्रंथियों को आँखों के ज़रिये खुलने, प्रसारित होने का अवसर मिलता है। अपनी सभी अर्थ-छायाओं के साथ अंधकार उजाले में रूपांतरित होने लगता है। तरह-तरह से उसकी गिरह खोलने लगती हैं किरणों की उँगलियाँ।

गिरह ठेठ बोलचाल का शब्द है। इतना ऊर्जस्वी कि यहाँ पूरी अनुभव और अभिव्यक्ति-प्रक्रिया को प्रकाशित कर सका। कविता में सूरज़ की तरह आ सका। अंधकार को जिसने भरपूर देखा है, वही उसकी गिरह खुलने का भरपूर उल्लास भी जी सकता है। इसलिए *रात-भर जगने* के बाद सूर्य को *देखना*। ज़ोर *खुलती गिरह* पर, इसलिए वह वाक्य के अंत में। सुबह नामक घटना को उसकी लय के साथ पकड़ने की कोशिश। *कितना अच्छा है* यह सब देखने के अनुभव का बतियाते हुए कहना! देखे हुए को इस तरह देखना कि जो अक्सर नहीं दिखता, दिख जाए वह भी!

अंधकार की गिरह खुलती है तो उसके असर से कोई अछूता नहीं बचता। **मांझी अनंत** ने सुबह का एक दृश्य इस तरह देखा–

"सूरज ने धीरे-धीरे खोली
अपनी पलकें

बिखेरा आलोक।

कुनमुनाती चिड़िया की पीठ
हवा ने थपथपाई

पेड़ की फुनगी ने
उचक कर देखा
गाँव।"[2]

चिड़िया के कुनमुनाने को हौसला देती हवा सुबह की ही हो सकती है। पेड़ की फुनगी का उचककर गाँव को देखना जागने के बाद सहनिद्रित को देखना और आश्वस्त हो जाना है—वह भी जागा या नहीं! स्वार्थ-पीड़ित अकेलेपन का काव्यात्मक प्रतिकार भी है यह। प्रकृति की तरह अपने आप हो जाने वाला। एकदम प्राकृतिक। यह पेड़ का मानवीकरण-भर नहीं। काव्य-युक्ति मात्र नहीं। वैज्ञानिक सत्य है कि पेड़ों में जीवन है। जीवन *उचक कर* जीवन को देखता है। सुबह जीवन का प्रसार है। जागृति के रास्ते।

रोज़ नया जन्म होता है जीवन का। अंधकार भी वस्तुतः इस जन्म की तैयारी है। **वीरेन डंगवाल** ने लिखा—

"मेरी नींद के दौरान
कुछ इंच बढ़ गए पेड़
कुछ सूत पौधे
अंकुर ने अपने नाममात्र कोमल सींगों से
धकेलना शुरू की
बीज की फूली हुई
छत, भीतर से।"[3]

प्रकृति कभी नहीं सोती। सृजन कभी नहीं रुकता। जीवन थोड़ा-थोड़ा बढ़ता रहता है। बीज गर्भ है। फूलकर अंकुर को जगह देता हुआ। ख़ुशी से फूलते मनुष्य की तरह। अंकुर को गर्भ के अँधेरे से बाहर आना है। बीज की खिंचती हुई खाल को फटकर उसके लिए रास्ता बनना है। अंकुर के सींग इतने कोमल हैं कि नाम मात्र को सींग हैं। भीतर से धकेलते हैं बीज को। बच्चा पेट में हिलडुलकर माँ को आश्वस्त कर रहा है कि मैं हूँ। सकुशल।

सुना है—तीर्थंकर महावीर जब गर्भ में थे तो यह सोचकर उन्होंने हिलना-डुलना बंद कर दिया था कि इससे माँ को तक़लीफ़ होगी। दो-तीन दिन इसी तरह गुज़र गए तो माँ को इस आशंका ने तक़लीफ़ दी कि कहीं उसके लाल को कुछ हो तो नहीं गया! विशिष्ट ज्ञान से यह जानकर महावीर ने पुनः हलचल प्रारंभ कर दी। हलचल को रोकना और शुरू करना संवेदनशीलता के प्रारंभिक रूप हैं। अपने जन्म की तैयारी करते हुए। बीज, अंकुर से ज़्यादा संवेदनशील है और अंकुर बीज से। दोनों की संवेदनात्मक सक्रियता से सृजन संभव हो रहा है। सृजन-प्रक्रिया का यह चित्र हिंदी कविता ने संभवतः पहले कभी नहीं देखा। सृजन की संघर्षशील सुबह भी है समकालीन कवितालोक में।

प्रकृति सृजन की जगह और संभावना है। **एकांत श्रीवास्तव** ने वसन्त को इस तरह आते हुए देखा है

"जैसे माँ की सूखी छातियों में
आ रहा हो दूध"।[4]

निलय उपाध्याय *'बारिश'* होने पर देखते हैं कि

"गिर रही है पुरानी भीत
नई भीत उठेगी
एक बार फिर लहराएगा
धान की बालियों में हमारी माताओं का दूध"।[5]

प्रकृति जीवन की माँ है। जन्म देने के साथ-साथ जीवन को पालती-पोसती भी है। बड़ा भी करती है। इसीलिए **राजेश जोशी** ने लिखा–

"...बच्चा पाँव ले रहा है

पहाड़ पीछे सरक रहे हैं
नदियाँ पीछे सरक रही हैं
पेड़ पीछे सरक रहे हैं
चौड़ी हो रही है ज़मीन
मैदान चौड़ा रहे हैं
लंबी हो रही हैं सड़कें
ऊँचा हो रहा है आकाश

बच्चा पाँव ले रहा है।"[6]

बच्चे का धीरे-धीरे चलना शुरू करना पूरी प्रकृति के उल्लसित होने का कारण है। प्रकृति है ही इसलिए कि बच्चा पाँव ले। अपने चेतन रूप को बड़े होते, चलना सीखते देख कौन उल्लसित न हो उठेगा! अनकहा यह कि सारे मनुष्य, सारी दुनिया प्रकृति की तरह हो तो दुनिया और मनुष्यता का भविष्य पाँव ले! तरह-तरह की दीवारें उसके पाँव लेने को सीमित कर रही हैं। घर ऐसे हैं कि बिना माँ-बाप के होने लगे हैं। काम न आएँ तो घर से बाहर फेंक देने लायक़ सामान हैं वे। घर जितने बड़े हो रहे हैं, उनकी जगह उनमें उतनी ही कम और ख़त्म हो रही है। प्रकृति मनुष्य की जनक है और मनुष्य के जीवन में उसी के लिए जगह नहीं! इसीलिए **राजगोपाल सिंह** ने कहा–

"ना आँगन में किसी के तुलसी
ना पिछवाड़े नीम
सूख गए सब ताल-तलय्या
हम हो गए यतीम"[7]

प्रकृति मनुष्य की माँ-बाप है। उससे कटने का अर्थ है–अपनी जड़ों से कटना। अपने आधार से कटना। ऊँचाई से जुड़ने के लिए आधार से कटना सफलताग्रस्त आधुनिक

मनुष्य की विशेषता है। चुनाव है। शहर में अधिसंख्य की विवशता है यह। अपने रहने की जगह का जुगाड़ ही एवरेस्ट फ़तह करने जैसा हो तो नीम के लिए जगह कहाँ से आए! ऐसे में प्रकृति का अर्थ जो जानता है, महसूस करता है, वह अपने जीवन में उसकी जगह भी निकाल ही लेता है। **इब्बार रब्बी** ने एक कविता में दाल से भरी कटोरी को पीला सरोवर और वसंत कहा है। देखा है कि

"दूर-दूर अंत है
कटोरी में बसंत है"।[8]

देखने वाली नज़र हो तो कटोरी में भी वसंत देख लेती है। न हो तो वसंत को भी कटोरी बना डालती है।

अभाव प्रकृति से दूर नहीं करते। दूर करता है मनुष्य का रवैया। समकालीन मनुष्य सुविधाप्रिय है। वह प्रकृति से उतनी दूरी रखकर संपर्क करना चाहता है, जितनी रखते हुए उसे सुविधाओं से दूर न जाना पड़े। **राजेश जोशी** के कविता-वाक्य हैं–

"नदियों से बातें करना चाहता हूँ इस समय
पर टेलीफ़ोन पर यह मुमकिन नहीं
उन दरख़्तों का भी मेरे पास कोई नंबर नहीं
जो अक्सर रास्तों में मिल जाते हैं
परिंदों के पास कोई मोबाइल होगा
इसकी कोई उम्मीद नहीं

जिनसे बतियाने की इच्छा होती है
उनके पास तक ही जाना पड़ता है हर बार..."[9]

मोबाइल के द्वारा न परिंदों से बतियाना संभव है, न पेड़ों से, न नदियों से। इनसे बतियाने का उपाय एक ही है–इनके पास जाना। मोबाइल को भी छोड़ देना और उसपर भरोसे को भी। इनके पास अगर आदमी के साथ मोबाइल भी चला गया तो कभी भी बतियाना रोक सकता है। औपचारिक बातचीत में धकेल सकता है। बातचीत *बतियाने* का बदल नहीं हो सकती। बतियाने का न कोई प्रारंभ होता है, न अंत। न हमेशा कोई मक़सद होता है, न एक जैसा रूप।

बतियाने का अभिप्राय है–कभी परिंदों की तरह कहना-सुनना, कभी दरख़्तों की तरह, कभी नदियों की तरह। इनसे बतियाना इन्हीं की भाषा में संभव है और इनकी भाषा का ज्ञान बिना इनके जैसा हुए संभव नहीं। इनके जैसा होने के लिए इनके पास तक तो जाना ही होगा। प्रकृति से जुड़ने का कोई शॉर्ट कट नहीं। सुविधाओं का शॉर्ट कट मनुष्य को अपनी जड़ों से काट ही सकता है। उसके जीवन को सुखा ही सकता है। सृजन को मार ही सकता है।

कवि-कर्म का अभिप्राय इससे चौकस रहना है और इसका सबसे सहज उपाय अधिक से अधिक प्राकृतिक रहने के अलावा और क्या हो सकता है!

संदर्भ

1. अपनी केवल धार -अरुण कमल, पृष्ठ 54
2. वर्तमान साहित्यः अप्रैल-मई, 1992 -कविता विशेषांक, पृष्ठ 307
3. दुष्चक्र में स्रष्टा -वीरेन डंगवाल, पृष्ठ 11
4. अन्न हैं मेरे शब्द -एकांत श्रीवास्तव, पृष्ठ 20
5. कटौती -निलय उपाध्याय, पृष्ठ 76
6. एक दिन बोलेंगे पेड़ -राजेश जोशी, पृष्ठ 42
7. चौमास -राजगोपाल सिंह, पृष्ठ 73
8. अनभै साँचाः प्रवेशांकः जनवरी-मार्च, 2006, पृष्ठ 38
9. चाँद की वर्तनी -राजेश जोशी, पृष्ठ 100

पानी, समुद्र, बारिश और पेड़

समकालीन कविता पूरी तरह सूखी नहीं है। पानी के प्रति कृतज्ञता व्यक्त करते हुए **मधु बी. जोशी** ने लिखा–*"पानी, ओ पानी!/भला हुआ तू चाँदी का झरना न बना/न बना पिघले सोने की चादर/पानी, ओ पानी!/भला हुआ तू पानी ही रहा/नदियों में बहता/कुँओं में ठहरा"*।[1] लोलुप मनुष्य प्यास से नहीं मरा तो पानी के कारण। पानी ने उसकी करतूतों के बावजूद उसे बचाया। आख़िर मनुष्य है तो उसी की संतान! वह पानी से अपने रिश्ते भले भूल गया हो पर पानी नहीं भूला। माँ-बाप अपने बच्चों को यों भी कहाँ भूल पाते हैं! पानी व्यंग्य के हाथों से मनुष्य को बचा रहा है, सँभाल रहा है। मनुष्य आधारित है पानी पर। उसके जीवन का स्रोत है पानी। लगभग पर्याय।

पानी ज़रूरी है, अतः सुंदर भी है। **एकांत श्रीवास्तव** ने *'दोपहर का समुद्र'* देखा और उसे *"पानी का महाकाव्य/पानी की लकीरों पर लिखा हुआ/पानी का लोकगीत/पानी के कंठ से उठता हुआ"* कहा।[2] ऐसा लोकगीत और महाकाव्य, जो लहर-लहर पंक्ति-पंक्ति सतत सृजनलीन है। मनुष्य का सृजन नहीं है यह। इसलिए यश, धन, सफलता, प्रतिष्ठा, कुछ भी इसका प्रयोजन नहीं। इस प्रयोजनहीनता का सौंदर्य कामना-चालित लोक-व्यवहार से सने वातावरण में देखना आँखों को संकीर्णता से मुक्त करना है। प्राकृतिक होने की तरफ़ बढ़ना है।

समुद्र रत्नाकर इसलिए नहीं है कि उसमें सोना-चाँदी, हीरे-मोती रहते हैं। रत्नाकर वह इसलिए है कि पानी का अपार और अथाह भंडार है। उसी पानी का, जो जीवन का स्रोत है। इसी कारण सुंदर और मोहक है वह समकालीन कविता के लिए। सत्य, शिव और सुंदर का समन्वित रूप। पानी के लोकगीत को प्यास के कानों तक पहुँचाने के लिए समुद्र तरह-तरह के रूप धरता है। इन रूपों को **हरजेंद्र चौधरी** ने इन शब्दों में देखा है–

"धरती पर पड़ा तड़फड़ाता है
विराट् मछली-सा
तब वह समुद्र है
आसमान में उड़ता है पंख लगाकर
गरजता हुआ
तब बादल

पहाड़ या पवन काट देता है
जब बादल के पंख

घायल गरुड़-सा गिरता है वह
हम कहते हैं—वर्षा
हमारे गर्म कपड़ों के साथ
उसका ठंडा व्यवहार है हिमपात
गहरे दुःख में अकेला डूब
रोता है लगातार हिमालय पर बैठा
हम कहते हैं—नदी उतर रही है पहाड़ से

छुप जाना चाहता है वह
अपने सारे गहरे दुखों समेत
हम निकाल लेते हैं उसे
कुएँ खोदकर

आदमी कहीं भी नहीं टिकने देता
जब समुद्र को
तब सो जाता है समुद्र
हमारी ही पुतलियों के भीतर...।"[3]

अलग-अलग रूपों में समुद्र ज़मीन से आसमान और व्यक्ति से विश्व तक सर्वत्र है। आदमी को जीवन देता हुआ। आदमी उसमें अपनी अनंत सुविधालिप्सा का विष छोड़ता है। मार डालता है उसके अनेक जीवों को। उसे खंगालता है। लूटता है। चैन से नहीं रहने देता। तब वह आँखों से आँसू बनकर बहता है। इससे पहले वह खारा नहीं होता। बादल, बारिश, हिम, नदी और कुएँ, किसी भी रूप में नहीं। समुद्र का खारापन धरती का दुःख है। इस दुःख को समेटकर भी वह मनुष्य तक सुखद रूप में पहुँचाना चाहता है। **रामकुमार तिवारी** के शब्दों में—"*...मछुआरे की झोपड़ी में/नमक पहुँचाने को आतुर है समुद्र/ समुद्र की मछलियाँ/मचलती हैं मछुआरे की बाँहों में/जिनपर सिर रखकर मछुआरिन को सोना है।*"[4]

समुद्र मछुआरे की बाँहों में मछलियाँ बनकर रहता है। मछुआरिन की नींद है वह। दोनों को घनिष्ठ करता स्नेह है। वहाँ नमक पहुँचाने को उत्सुक है, जहाँ नमक की सबसे ज़्यादा ज़रूरत है। वह नमक का भंडार है। असीम भंडार। लुटाता है इस भंडार को लेकिन कितना नमक ले सकता है आदमी? कोई नहीं बता सकता कि समुद्र के पास कितना नमक है। सारी पृथ्वी के दुःख जो सँभालता हो, उसे नमक की क्या कमी! **नरेश सक्सेना** ने लिखा—

"क्या करे समुद्र
क्या करे इतने सारे नमक का
...कैसे पुकारे
मीठे पानी में रहने वाली मछलियों को
प्यासों को क्या मुँह दिखाए

कहाँ जाकर डूब मरे
ख़ुद अपने आप पर बरस रहा है समुद्र
समुद्र पर हो रही है बारिश...
...नमक नहीं है उसके स्वप्न में
मुझे पता है
मैं बचपन से उसकी एक चम्मच चीनी
की इच्छा के बारे में सोचता हूँ

पछाड़ें खा रहा है
मेरे तीन चौथाई शरीर में समुद्र

अभी-अभी बादल
अभी-अभी बर्फ़
अभी-अभी बर्फ़
अभी-अभी बादल।"[5]

समुद्र मीठे पानी में रहने वाली मछलियों का वायुमंडल भी होना चाहता है। अपने पास आने वालों की प्यास भी सीधे-सीधे बुझाना चाहता है। ऐसा न कर पाने पर शर्मसार होता है। अपने आप पर बरसता है। सारी धरती के आँसू पीने वाले समुद्र के आँसुओं को स्वयं उसके अलावा और कौन ओट सकता है! इसलिए समुद्र पर बारिश हो रही है। शर्मिंदगी और वेदना की बारिश। यही समुद्र मनुष्य के *तीन चौथाई शरीर में* भी है। वहाँ भी वह *पछाड़ें खा रहा है*। चैन उसे न धरती पर है, न शरीर में। मिठास के स्वप्न और नमक के सच हैं उसमें। जो चाहिए, वह है नहीं और जो नहीं चाहिए, वही है। भरपूर। इसलिए स्थिर भी नहीं रह पाता। पल-पल बदलता है। कभी बर्फ़ की ठंडक, कभी बादल की ऊष्मा में। एक पल निष्क्रिय और दूसरे ही पल सक्रिय। उसकी सक्रियता भी उसे मिठास का एहसास नहीं दे पा रही। इसलिए कि बादल बनते हुए वह कहीं सूखे पर नहीं, अपने आप पर बरस रहा है।

बतौर प्रतीक भी लिया जा सकता है उसे। सत्ता का प्रतीक। आर्थिक विकास की दर बढ़ रही है और बेरोज़गारी-महँगाई-ग़रीबी कम नहीं हो रही। जनता बदहाल है। संपन्न और संपन्न होते जा रहे हैं। समुद्र पर बारिश हो रही है। समृद्धि का प्रतीकार्थ भी देता है वह। समृद्धि समृद्ध को उदार नहीं बनाती। कृपण बनाती है। वह मुफ़्त में सामान बाँटती भी दिखलाई देती है तो मुनाफ़ा बढ़ाने के वास्ते। यह परोपकार-भाव नहीं, मार्केटिंग-ट्रिक है। मक़सद है अपनी समृद्धि का अनंत विस्तार। इस अर्थ में भी समुद्र पर बारिश हो रही है।

बारिश का एक रूप यह है, जो निरर्थकता को आकार देता है। दूसरा वह है, जिससे सार्थक और कुछ नहीं। समकालीन कविता इस बारिश में भी भीगी है। **अरुण कमल** ने लिखा—*खूब बरसा है पानी/जीवन रस में डूब गई है धरती/...धरती बहुत संतुष्ट बहुत निश्चिंत है आज/दूध-भरे थन की तरह भारी और गर्म।*[6] यह दूध धरती का वात्सल्य है।

छलकने को आतुर आनंद। बारिश ने इसे धरती में सघन कर दिया है। प्रकट होने को तैयार कर दिया है। बारिश ऐसा ही करती है। इसीलिए **राजेन्द्र धोड़पकर** की एक कविता में

"...एक पहाड़ स्वागत करता है बारिश का
पेड़ों के दरवाज़े खोलकर...।"[7]

बारिश आने पर पहाड़ घर बन जाता है और पेड़ उसके दरवाज़े। जितना बड़ा घर, उतने ज़्यादा दरवाज़े। बारिश का स्वागत करने को बने हुए। क्या कविता में इससे पहले पेड़ों को दरवाज़ों की तरह देखा गया है? संभवतः नहीं। दरवाज़ों से होकर आता पानी ही पहाड़ को हरा करता है। हरा रखता है। पहाड़ का जीवन, पहाड़ का उल्लास, पहाड़ का आनंद है बारिश। सारी वेदना को बहा ले जाती प्रकृति की करुणा। **हेमंत कुकरेती** ने *'बारिश के पेड़'* इस तरह देखे-दिखाए हैं–

"...पीली दीवारें पेड़ों की भीगी हुई काँपती हैं
अँधेरे की नमी पहुँचती है उनकी जड़ों तक
और मीलों दूर हवा में छोड़ती है कच्चा हरा प्रकाश

...अपनी ही जगह पर भटकने वाले पेड़
भूल जाते हैं अपने पैरों की जलन
बोलने लगती हैं अब तक चुप रही शाखाएँ
बूँदों की तालियों की लय में झूमने लगता है क्षितिज
पानी का अर्थ वह क्या समझेगा
जिसने आग नहीं पी कभी...।"[8]

बारिश से पहले की धूप पेड़ों के लिए आग से कम नहीं होती। ऊपर-ऊपर हरे दिखते हुए वे भीतर-भीतर जलने लगते हैं। उनका हरा रंग सहमकर पीला पड़ने लगता है। उनकी स्थिरता जड़ता नहीं है। गति का ठोस हो गया रूप है। सघन होने पर भी गति रहती तो गति ही है। कड़ी धूप में नंगे पाँव चलना हो तो चलने से ठहरना ज़्यादा मुश्किल होता है। तलुए ठहरने में ज़्यादा जलते हैं। पेड़ ठहरे हुए हैं। उनकी जलन कितनी होगी! और इस जलन को जो भुला दे! किस उत्सव से कम है वह! पेड़ों की शाखाओं को चुप रहने का अभ्यास है। उत्सव से वह टूटता है। शाखाएँ बोलने लगती हैं। उत्सव में थोड़ा और शामिल होंगी तो गाने लगेंगी। बारिश के उत्सव को पूरी तरह जीने वाली **सोमदत्त** की एक कविता है–*'मघा'*–

"झमाझम बरस रहा है
पानी घास पर बिछ रहा हैः वो बिछी जाती है
पानी कंकड़ों को धो रहा हैः वे हँसे जाते हैं
पानी पत्तियों पे झूल रहा हैः वे खिली जाती हैं
पानी डालियाँ फाँद रहा हैः वे लचकी जाती हैं
पानी फूल सूँघ रहा हैः वे पिघले जाते हैं

पानी खपरैलों को सोंधा कर रहा हैः उनके ताप सोख रहा है
पानी माटी की कोख सिझा रहा हैः उसके अंग से रहा है
पानी बीजों की पलकें सहला रहा हैः उनके सपने दे रहा है

पानी को चिड़ियों के घोंसले का पता हैः वह उनमें नहीं घुसता
पानी को चींटियों के बिल का थान मालूम हैः वह वहाँ नहीं जाता
पानी को छत्तों का शहद अच्छा लगता हैः वह उन्हें नहीं तोड़ता

पानी पक्के मकानों पे गिर रहा हैः वे मुस्कियाँ मार रहे हैं
पानी कच्चे घरों पे गिर रहा हैः वे मुट्ठियाँ बाँध रहे हैं
पानी झुग्गियों को सर कर रहा हैः वे हलकान हो रही हैं

एक भीगा कुत्ता पूँछ दबाए, पेड़ से सटा खड़ा फुरफुरा रहा है
एक कलोर गाय बूँदों के सींग दिखाती भाग रही है छाया की ओर
दो भैंसें इत्मीनान से जुगलियाती तरावट का सुख भोग रही हैं

आल्हा उठ रहा है पश्चिमी किनारे पुल के, पूरब में लहक रही है गांजे की कली
मूँगफली भुन रही है दूधभरी पुल के उत्तरी छोर तगाड़ी की रेत में
हरे कच्चे झालरदार भुट्टे सिंक रहे हैं पुल के दक्खिन में अंगारों पर

मैं और पानी
मघा मना रहे हैं।"[9]

बारिश प्रकृति का उत्सव है। अंतःप्रकृति का भी। इसे पानी और पानीदार आदमी, दोनों मनाते हैं। कैसे मनाया जाता है यह उत्सव, पूरी कविता दिखाती है। बारीक़ी से। तसल्ली से। प्रकृति का एक-एक हिस्सा पानी का स्वागत करता है। उसे बुलाता है। जगह देता, पलकों पर बैठाता है। उसी तरह जैसे कोई कामदग्ध युवती अपने पुरुष की स्वागतमय प्रतीक्षा के बाद उसका आगमन मना रही हो। बिछना, हँसना, खिलना, लचकना और पिघलना प्रकृति की काम-क्रीड़ाएँ हैं।

घास, कंकड़, पत्ती, डाली, फूल, सभी चाहते हैं कि पानी उनके साथ जो करना चाहता है, ज़रूर करे। कंकड़ों का धुलना हँसना है। भीतरी उल्लास का भीतर न अँट पाना। पानी को डालियाँ फाँदते देखना बारीक़ी से देखे बिना असंभव है और बारीक़ी से देखने को यहाँ संभव बनाया है, जीवन के उस रसभरे एहसास ने, जो उत्सव में बरस रहा है। एक-दूसरे को जगह देते हुए प्रकृति का हर रूप इसमें भीग रहा है। और से और हो रहा है।

पानी हर संभावना को निथार रहा है। खपरैलों का सोंधापन ऊपर आ रहा है। माटी की कोख पक रही है। तैयार हो रही है। बीजों के सपने साकार करने के लिए। माटी की कोख तक जो पानी पहुँच सकता है, वह घोंसलों को ख़ुद से बचाता है। पानी के हृदय में तैरती परम संवेदनशीलता भी कवि की नज़र से छुप नहीं पाती। यह भी नहीं छुप पाता कि इतनी

संवेदनशीलता के बावजूद वह झुग्गियों के मामले में मनचाहा व्यवहार नहीं कर पा रहा। उनका इम्तिहान उसे लेना पड़ रहा है। इस तरह स्पष्ट हो रहा है कि पानी भगवान की तरह नहीं, उस आदमी की तरह है, जिसमें एकाध कमज़ोरी भी है। उसकी स्तुति नहीं की जा सकती, उसपर फ़िदा हुआ जा सकता है। अपने को उसके सुपुर्द किया जा सकता है। और से और होने की इच्छा हो तो। उस कुत्ते की तरह, जो पूँछ दबाकर स्वयं को अपने में समेट रहा है ताकि सुख को पूरा पा सके। सुख उसके भीतर भी अँट नहीं रहा। इसलिए फुरफुराने से प्रकट हो रहा है।

फुरफुराना कुत्ते का रोमांचित होना है। उसके बाल-बाल का चमक उठना है। गाय कलोर है। एक बार भी गाभिन नहीं हुई। जवान हो रही है अभी। सींग पूरी तरह निकले नहीं हैं। पानी ने उसे बूँदों के सींग देकर उसकी संभावना को भी निथार लिया है। चूँकि यह संभावना ही है, इसलिए गाय के मन में संकोच है। उत्सुकता भी और संकोच भी। युवती में होता तो यही भाव संभवतः लज्जा कहलाता। भैंसों को कोई संकोच नहीं। पानी सबके साथ यथायोग्य व्यवहार करने में निष्णात है।

मिट्टी, वनस्पति, मकान और पशुओं के बाद मनुष्य। एक के बाद एक पानी का असर सामने आता हुआ। पूरब-पश्चिम-उत्तर-दक्खिन, चारों दिशाओं में मन का पेट भरती गतिविधियाँ जारी हैं। पानी गिरता है, आल्हा उठता है। उससे मिलकर हवाओं में रस घोल देता है। धरती के संगीत का हर सुर आसमान के संगीत की बूँद-बूँद अगवानी करता है। चिलम फूंकी जा रही है। गांजा सुलग रहा है। उसकी जोत चमक रही है। साँसें बनने वाली हवा में मादकता घुल रही है। भुनकर मूँगफलियों का दूध ठोस हो रहा है। उल्लास के अंगारों में भुट्टे भी लाल हो रहे हैं। हर रास्ते से जीवन पहुँच रहा है मनुष्य तक। उसे भी उत्सव में शामिल, नहीं, सराबोर करता हुआ। अपनी तरफ़ से सीधे-सीधे कहीं कुछ नहीं कहता कवि। जो-जो हो रहा है, वो-वो बताता चलता है बस। इतना उल्लास और ऐसा संयम! इतना नशा और ऐसा सधाव! लगता है--यह कविता समकालीन कविता का भी उत्सव है।

उत्सव सामूहिक होता है। सबका होता है। जब हो चुकता है, तब भी आँखों को, हृदय को विस्तार और आनंद देता है। **विष्णु खरे** ने लिखा—*...तार पर बैठी/चिड़िया नीचे देखती है मातृ-दृष्टि से/और चोंच से बीनती है पंखों में/गुदगुदी करती हुई बूँदें।*[10] बारिश ने चिड़िया की आँखों को *मातृ-दृष्टि* बना दिया। धरती पर रेंगते कीड़ों को अभय देने वाली दृष्टि। मनुष्य के सर्वाधिक शुभाकांक्षी भाव की दृष्टि। बूँदें गुदगुदी न करतीं तो चिड़िया को न उन्हें चोंच से बीनने का अवसर मिलता, न यह दृष्टि। बारिश ने परिंदों को नया जीवन दिया है तो पशुओं को उससे क्या मिला है, यह **वीरेन डंगवाल** ने इस तरह बताया—

"बारिश जमकर हुई, धुल गया सूअर का बच्चा
धुल-पुंछकर अंगरेज बन गया सूअर का बच्चा।"[11]

बारिश ने माँ की तरह सूअर के बच्चे को नहला दिया। *अंगरेज* बना दिया उसे। अंग्रेज़ होना अब भारतीय जीवन का एक मुहावरा है। अर्थ है—बहुत सुंदर होना। सबसे सुंदर। सूअर का घर गंदगी होती है। वह नहाता भी है तो नाली के पानी में। एक बारिश ही है, जो उसे साफ़ होने का मौक़ा देती है। जो सबसे गंदा रहता है, बारिश *जमकर* हुई तो वह

सबसे सुंदर हो गया। उसका कायाकल्प हो गया जैसे! नज़र कविता की हो तो उपेक्षित से उपेक्षित की सुंदरता को भी गंदगी के आवरण से बाहर ले आती है। बारिश धरती के सौंदर्य का आगमन-द्वार है। बारिश के बाद का एक दृश्य **चंद्रभान** ने इस कविता में चित्रित किया–

"बारिश हो चुकी है
जेठ की सुलगती भट्ठी
पड़ गई है बिल्कुल ठंडी
आसमान एकदम साफ़ है
अब, तारे खिल गए हैं
जैसे रेत में भुने मक्का के दाने।"[12]

बारिश ने धरती को ही नहीं, आसमान को भी धो-पोंछ दिया है। रेत से भरा कड़ाह आसमान है और तारे, भुने हुए मक्का के दाने। फूले हुए, चमकते हुए, साफ़ और सुंदर। ये दाने धरती का सौंदर्य हैं। आसमान के सौंदर्य का पता हैं। वे हाथ हैं, जिनसे तारों को छूना संभव हो सके। समकालीन कविता में ऐसा तो कोई कवि नहीं है, जिसे उपमा-सामर्थ्य के कारण कालिदास कहा जा सके लेकिन ऐसी उपमाएँ हैं, जो सौंदर्य और जीवन को भरपूर बनाने में किसी भी उपमा से कम न हों। उससे एक अलंकार से ज़्यादा काम ले सकें। तारों को मक्का के दाने कहना इसकी एक सूचना है। दूसरी सूचना **संजय चतुर्वेदी** के इस कविता-वाक्य में है–

"...सूरज जब अगली दुनिया को रौशनी देने जाता है
पकी हुई फसल धूप-सी चमकती है सारी रात।"[13]

सूरज चला जाता है पर धूप को अपने साथ नहीं ले जा पाता। रात आती है लेकिन अँधेरे में धरती को डुबो नहीं पाती। धूप-सी चमकती फसल धरती का अपना सूरज है। अपना प्रकाश। यह मेहनत का प्रकाश है। मनुष्य द्वारा प्राकृतिक शक्तियों के उपयोग का प्रकाश है। सभ्यता और संस्कृति के इतिहास का प्रकाश। धरती की खिली हुई क्षमताएँ सूरज से कम ऊर्जस्वी नहीं। धूप न निकले तो सब कुछ सड़ने लगता है। फसलें न हों तो भूख की शक्ल में मौत मंडराने लगती है। इसलिए वे *सारी रात धूप-सी चमकती* हैं। खिले हुए तारों को मक्का के भुने हुए दाने कहकर कविता ने धरती के सौंदर्य को आसमान तक पहुँचाया था। फसल में सारी रात धूप-सी चमक देखकर आसमान के सौंदर्य को धरती पर उतार लिया। सौंदर्य दोनों तरह समृद्ध हुआ। **राजगोपाल सिंह** का एक शे'र है–

"हमने ऐसे रंग फूलों पर कभी देखे न थे
तितलियों के हाथ में पिचकारियाँ होंगी ज़रूर"[14]

तितलियों के सहवास से फूलों पर रंग आ गया। निगाह को खींचने, ठहराने और आँखों में बस जाने की क्षमता आ गई। **केदारनाथ अग्रवाल** ने लिखा था–*फूल नहीं, रंग बोलते हैं।* फूल तो बस, होते हैं। भाषा उनकी रंग हैं। उनके अंतस्थ उल्लास और जीवन को बाहर लाते हैं वे। तितलियों ने फूलों को नए रंग दिए। आंतरिक उल्लास के उस हिस्से को भी बाहर आने का अवसर दिया, जो अनभिव्यक्त था। संभवतः फूलों के लिए भी सुखद विस्मय है यह! प्रकृति के सौंदर्य-लोक में यह घटित हुआ पिचकारियों के कारण।

पिचकारियाँ मनुष्य-निर्मित हैं। एक-दूसरे को रंगकर फूलों की तरह होने की कोशिशें। इन कोशिशों को तितलियों के हाथों में देकर कवि ने प्रकृति और मनुष्य, सौंदर्य और लालित्य के बीच का फ़र्क़ मिटा दिया। सौंदर्य की शक्ति इससे और बढ़ गई। फूल, मनुष्यों की तरह बोलने लगे और मनुष्य, प्रफुल्लित हो उठे। दोनों का सहवास खिल उठा। **पाब्लो नेरूदा** ने पूछा था–

> *"उस फूल का नाम तो बताओ, क्या है*
> *जो परिंदा-दर-परिंदा उड़ता है?"*[15]

फूलों के जो रंग हैं, वही परिंदों की उड़ान है। रंगों की अपनी उड़ान होती है और उड़ान के अपने रंग। प्रकृति के तमाम हिस्से, उसकी तमाम गतिविधियाँ परस्पर इतनी अंतस्संबद्ध हैं कि जैसे दूध और पानी। चंदन और ख़ुशबू। ठीक से देखने के लिए उन्हें अलग कर दें तो बात अलग है पर मूलतः अलगाव उनमें इतना कम है कि नगण्य। इसीलिए एक फूल कई-कई परिंदों की शक्ल में उड़ सकता है। एक परिंदा कई-कई फूलों को रंग सकता है। मेलजोल से यह करिश्मा होता है। सचमुच।

फूल को देखना वस्तुतः जीवन को देखना है। जीवन का मतलब विपरीत परिस्थितियों में जीवट से रहने की कुशलता भी है। यह कुशलता मनुष्य में होती है। फूल को देखकर वह इसे पहचानता है। समझता है। **हरीशचन्द्र पांडेय** की एक कविता है–*'इस वक़्त'*–

> *"इस वक़्त*
> *शेर के जबड़े में*
> *मांस का लोथड़ा है*
>
> *तुम निहत्थे हो*
>
> *इस वक़्त*
> *एक और लोथड़े के लिए*
> *पूरा आदमी चीर देगा वह*
>
> *झाड़ी के पीछे*
> *मांस चबाता*
> *ख़ून टपकाता*
> *वह निश्चिंत नहीं बैठा है*
> *चौकस निगाहों से टोह रहा है*
> *तुम्हारी गतिविधियाँ*
>
> *उस फूल को देखो*
> *झाड़ी के बीच*
> *उग आया है जो*

उसका क्रमशः बढ़ना
दिखाई नहीं देगा तुम्हें

मगर वह बढ़ रहा है
बिंदु-बिंदु
पत्तियों और कांटों के बीच से
बनाता अपना रास्ता

एक समय
झाड़ी के बाहर होगा वह

इस वक़्त
तुम्हें
उस फूल की तरह सोचना चाहिए!"[16]

फूल का धीरे-धीरे बढ़ना धैर्य है। शेर मनुष्य से ज़्यादा दूर नहीं लेकिन कांटे फूल के एकदम पास हैं। उसकी खिलती पंखुड़ियों को चीर देने की ताक़त लिये। उनके बीच से फूल अपना रास्ता बनाता है। रास्ता हमेशा होता है। कभी छुपा हुआ, कभी सामने। रास्ता बनाने का मतलब है छुपे हुए रास्ते को व्यक्त करना। सामने लाना। इसमें मेहनत लगती है। मेहनत लगे तो रास्ते सर्वत्र बन सकते हैं। तिल-तिल बढ़ने का धैर्य, सतत निष्ठा और सक्रियता उसे बचाते हैं। यही शक्तियाँ हैं, जो संकट के पास आने पर मनुष्य के काम आती हैं। सच्चे दोस्तों की तरह। फूल जब बढ़ता है तो ये शक्तियाँ भी बढ़ती हैं इस हद तक कि फूल को झाड़ी के कांटों से बाहर ला सकें। मनुष्य भी इसी तरह संकट की पहुँच से दूर हो सकता है। झाड़ी से बाहर आए फूल का खिलना मनुष्य का संकटमुक्त हो निश्चिंत होना है। वह निश्चिंत अगर हो जाए तो इसमें योगदान फूल का भी होगा। फूल को देखना जीवन पर आस्था का मज़बूत होना है।

समकालीन कविता ने फूल भी देखे हैं और फल भी। **वीरेन डंगवाल** ने लिखा– "*नींबू/तुझे सलाम!/ख़ुशबू की मारी टिटकारी/फिर भी, कहा नहीं मैं फल हूँ/नींबू तुझे सलाम!*"[17] इस नींबू का अभिप्राय किसी बड़बोले के सामने रख देने पर पूरा खुलता है। गगरी अगर पानी से आधी भरी हो तो छलकती ही है। नींबू ऐसी गगरी नहीं। वह रस से पूरा भरा है। रेशा-रेशा। हिलाने पर भी उसके भीतर कुछ नहीं बजता। उसका रस ख़ुशबू में ढलकर बाहर फैलता है। अपने आप। ख़ुशबू परिणाम है उसके होने का। परिणाम के पीछे पूरी प्रक्रिया होती है। फलों को खाना ही आनंदकर नहीं है, उनके पकने की प्रक्रिया को जानना भी रसीला है। **उदय प्रकाश** ने इस रस से सिंचित् एक कविता लिखी– '*दशहरी आम*'–

"*...दशहरी आम के भीतर*
भिंजा हुआ है गाँव के सबसे मीठे
कुएँ का पानी...
दूर पहाड़ों के ऊपर बैठकर

मानसून ने देखा है पोसा है इसे
इसके भीतर अभी तक
एक अदृश्य बारिश हो रही है...
इसके भीतर
खाने लायक़
पीला कपास है
मीठा

ठेले पर रखी टोकरी
और पुआल के बीच
पक रहा है दशहरी
दशहरी में उतर रहा है
आषाढ़ के बादलों और हवाओं का
रस

शहद की फुहारों से
स्वादिष्ट
कपास भीग रहा है।”[18]

आम धीरे-धीरे पकता है। प्रकृति से रस खींचते हुए। कुएँ अनेक होते हैं पर सबका पानी मीठा नहीं होता। मीठे पानी के लिए आज भी लोग गाँव में अपने घर से दूर-दूर जाते हैं। इस तरह मीठे पानी में उनकी मेहनत की मिठास भी मिल जाती है। पानी और मीठा हो जाता है। वही पानी आम के भीतर *भिंजा हुआ* है। कण-कण में बूँद-बूँद रमा हुआ है। साथ ही भीतर होती अदृश्य बारिश उसे तर किए रहती है। वह ऐसा सौंदर्य है, जिसे जीभ से भी देखा जा सकता है। आँखों से भी चखा जा सकता है।

पेड़ से अलग होने पर भी उसका पकना जारी रहता है। बादलों और हवाओं का रस उसमें अपना ठिकाना देखकर आता और संगठित होता रहता है। कुएँ, मानसून, बादल, हवाएँ, सबका रस मिलजुलकर शहद की फुहारों का रूप लेता है। इन फुहारों में भीगता कपास है आम। इसे खाने का मतलब सिर्फ़ जीभ की खाज मिटाना और पेट भरना नहीं है। मतलब है उस मिठास में घुलना, जो तरह-तरह के स्रोतों से आई है। तरह-तरह से समृद्ध हुई है। तरह-तरह की है। प्रकृति की चुनींदा शक्तियों ने उसे पैदा किया, पकाया है। इतनी वास्तविक है कि पूरी तरह ऐंद्रिय। यह मिठास दशहरी का सौंदर्य है। ठीक इसी की तरह दुनिया में मनुष्य और मनुष्य में भाव रहने लगें तो क्या कहने! भर जाए जीवन सौंदर्य से! लबालब!

मिठास का सौंदर्य पानी से मिलकर सबसे ज़्यादा पूरा होता है। **वीरेन डंगवाल** के शब्दों में

“सब्ज़ी ठेले के बग़ल से भी गुज़रो
तो तर कर देगी यह ख़ुशबू

जो इतनी अलौकिक है
कि आँखों के रास्ते ही दिमाग़ में जा पहुँचती है
और फिर फ़ेफ़ड़ों से होती हुई
छा जाती है हस्ती पर।"[19]

यह *'पोदीने की बहक'* है।[20] दुनिया-भर की *मनभावन* ख़ुशबुओं से भरी इस दुनिया में भी इसकी अपनी जगह है। जून की लू में पाकड़ के भारी दरख़्त के नीचे बरसों से प्रैक्टिस में असफल होते एक वकील साहब *समोसा-चटनी* खा रहे हैं। उनकी आँखें कभी *समाजवाद राम मनोहर लोहिया भारतीय संविधान/और न्यायपालिका आदि की/अजेय सर्वोच्चता की जगमग से* भरी रहती थीं। *फ़िलहाल उनमें मोतियाबिंद भर रहा है*। चटनी ने उनमें कुछ देर के लिए चमक भर दी है। यह वही चटनी है

"जिसे तैयार किया अलस्सुबह के एकांत में
दस वर्षीय प्रशिक्षु कारीगर ने
महर्षि चरक की पसंदीदा इस सुगंधित शीतल बूटी के साथ
हरी मिर्चें इमली का गूदा और गुड़ पीसकर।
यह अलग बात कि प्रशिक्षणार्थी के
गालों की चुटकी भर रहा था
उस समय उद्दंड अधेड़ वरिष्ठ कारीगर बार-बार
जिससे ग्लानिग्रस्त उस असहाय बालक के
आँसू ढुलके पड़ रहे थे।
वे भी मिले हों शायद पोदीने की
इस चटनी में।
इस प्रसंग को पाद-टिप्पणी ही जानें।"

पोदीने की चटनी में असफल आदमी की थोड़ी-सी तृप्ति भी है और असहाय बालक के आँसुओं का स्पर्श भी। कवि का कहना है कि आँसुओं वाले *प्रसंग को पाद-टिप्पणी ही जानें*। मुख्य तो चटनी की अपनी ख़ुशबू, उसका अपना स्वाद ही है। स्वाद की यह धारा बाल-भर भी खंडित न हो, इसलिए इस प्रसंग को गौण समझें! गौण समझने के लिए जिसे कहा जा रहा है, वही प्रसंग चटनी को समकालीन बनाने में सबसे ज़्यादा महत्त्वपूर्ण है। चटनी अंततः चटखारा है और बच्चों का यौन-शोषण भी यौन-ग्रंथियों से पीड़ितों के लिए किसी चटखारे से कम नहीं। चटखारा संक्रामक रोग की तरह फैल रहा है। बच्चे चटनी नहीं बनना चाहते। इसके लिए वे हैं भी नहीं पर चटनी बनना पड़ता है। जब तक बच्चों का चटनी बनना नहीं रुकता, तब तक पोदीने की चटनी का स्वाद नहीं लिया जा सकता। उसकी ख़ुशबू को देखा नहीं जा सकता। उसके सौंदर्य का तब तक कोई अर्थ नहीं।

जीवन का सौंदर्य निष्प्राण नहीं होता। अतः एकरूप भी नहीं होता। नितांत सुखद भी नहीं होता। जीवन की तरह मुश्किलों और चुनौतियों से भरा भी होता है। सौंदर्य के जीवंत होने का अर्थ जीवन से अधिक से अधिक जुड़ना ही है। बारिश के अनेक सुखद रूप समकालीन कविता में हैं लेकिन बारिश जब होती है तो धरती पर कीचड़ और

फिसलन भी पैदा करती है। एक बार बारिश जमकर हुई तो **वीरेन डंगवाल** के ही शब्दों में–

"चीनी मिल के आगे डीज़ल मिले हुए कीचड़ में
रपट गया है लिये-दिये इक्का गर्दन पर घोड़ा
लिथड़ा पड़ा चलाता टाँगें आँखों में भर आँसू
दौड़े लोग मदद को, मिस्त्री-रिक्शे-ताँगेवाले।"[21]

घोड़ा सरपट दौड़ने के लिए विख्यात है। शक्ति का पैमाना है वह मनुष्य के लिए। हॉर्स पॉवर का आधार। जिसने हवा से बातें की हों, उसके औंधे मुँह गिर जाने की तक़लीफ़ विशेष है। सबको जो दूर-दूर पहुँचाता रहा, वह अपने लिए एक क़दम भी नहीं चल पा रहा। टांगें चलाने के बावजूद। उसकी यह छटपटाहट मिस्त्री-रिक्शे-तांगेवालों से देखी नहीं जाती। घोड़े से उनका लंबा संग-साथ रहा है, आत्मीयता का रिश्ता रहा है, घोड़े के सगे हैं वे। अतः तत्काल मदद को दौड़ पड़ते हैं। इनमें रिक्शेवाला भी है, जिसका व्यावसायिक अर्थ में घोड़े से, तांगे से प्रतियोगिता का रिश्ता है लेकिन रिक्शेवाले की नज़र इस पर नहीं, अपने और घोड़े के बीच सवारी ढोने वाले समान धर्म पर है। घोड़े के रपट जाने पर वह ख़ुश नहीं होता। हँसता नहीं। चुपचाप तमाशा नहीं देखता। मदद को दौड़ पड़ता है। जानवर के भी काम आने के मामले में साधारण लोग असाधारण हैं।

वीरेन की ही एक और कविता में मनुष्य ने कुत्ते से स्नेह, गाय से ममता, भालू से शहद के लिए मर्दाना प्यार, भैंस से बैरागीपन और बंदर से फ़ुर्ती की फ़रमाइश की है।[22] यह एक साथ मनुष्य के विकास पर व्यंग्य भी है और पशु-जगत् की समृद्धि का स्वीकार भी। साथ ही सियार से प्रार्थना की गई है कि वह अपनी अक़्ल से बख़्शे रखे। आदमी, जानवर न बनने पाए, इसके लिए जानवरों से उसके मानवीय रिश्तों का होना ज़रूरी है। उसी तरह जैसे जानवरों के प्रकृति से रिश्ते हैं। **लीलाधर जगूड़ी** ने लिखा–

"...धीरे धीरे बैल ने आँखें खोलीं और देखा कि पेड़ का पूरा छत्र काँप रहा है
कुल्हाड़े पड़ रहे हैं पेड़ नाच रहा है.

थोड़ी देर बाद फुनगी मुकुट की तरह टेढ़ी हुई और
पेड़ एक सम्राट की तरह गिर पड़ा

जो जिसका शरीर है वही उसका पहला हथियार भी है जिसे वह
सबसे आख़िर में छोड़ता है
चरचराते हुए उसके प्राण हज़ारों पखेरुओं की तरह उड़ पड़े
बूढ़ा बैल उठा और मारे डर के पोंकता हुआ ऐसा दौड़ा
जैसे कि जवान हो
भय भी शक्ति देता है..."[23]

पेड़ बैल के जीवन में शामिल है। जीवन का राजा है वह। कुल्हाड़े पड़ने पर भी नाचता है। मृत्यु को भी जीवन की तरह लेना आता है उसे। उसके जीवन में परिंदे शामिल हैं। जानवर शामिल हैं। उसके कटने का मतलब इनके बसेरे का उजड़ना है। पेड़ की छाया

बैल का बसेरा है। उसकी स्वतंत्रता है। पेड़ के कटने पर ही खूँटे बनते हैं। स्वतंत्र करने वाला घर जिसका उजड़ रहा हो आँखों के सामने, वह तीनों कालों से अपनी शक्ति समेटकर उठता ही है। पोंकता हुआ दौड़ता ही है। पोंकना उसके भय का साकार रूप है। भय उसके अंतस्तल से ध्वनि बनकर उठता है। जीवन के उजड़ने का विरोध करता है। जीवन पेड़ का है या उसका, इससे मतलब नहीं। इनमें अंतर करने वाली चतुराई भी नहीं। आदमी भी बैल की तरह सीधे होते हैं, फिर वह तो बैल है! अत्याचार उसके लिए केवल अत्याचार है। केवल विरोध का पात्र। उसके भय को क्रोध बनकर दौड़ना ही है कुल्हाड़ा चलाने वाले की तरफ़।

भयजनित क्रोध से दौड़ता बैल भी समकालीन कविता के सौंदर्य का हिस्सा है। यह सौंदर्य ऐसा है कि कुछ भी इसके लिए वर्जित नहीं। **विष्णु खरे** ने व्यस्त सड़क पर उतर आए एक *'गीध'* को देखा है, जो अशुभ के आतंक से सहमी आँखों में "*अपनी रोमहीन गर्दन की समूची कुरूप शान में देखता है*"।[24] कुरूपता की अपनी शान होती है। अपनी सुंदरता। कविता में जब यह आती है तो उसे अशुभ मानने वाले अंधविश्वास का प्रतिपक्ष निर्मित करती है। गिद्ध भी ज़रूरत होते हैं। **हरजेन्द्र चौधरी** ने देखा–

> "*प्रतीक्षा में हैं शव*
> *देख रहे हैं आँखें खोले*
> *-कहाँ चले गए सारे गिद्ध*
> *सड़ने लगा है पूरा कुरुक्षेत्र*"[25]

शवों को धरती पर से साफ़ करना जीवन के लिए जगह बनाना है। सड़ांध हटे तो सुगंध की जगह बने! मृत्यु जाए तो जीवन आए! बीज के मन में पौधा, और पौधे के मन में पेड़ बनने की चाह जगे! वही पेड़, जिसके बिना न जीवन संभव है, न कविता, न समकालीनता।

पेड़ों से पृथ्वी हरी है। मनुष्यता सुगंधित। कविता जीवंत। **मंगलेश डबराल** ने लिखा–

> "*पृथ्वी और आकाश उनमें एक साथ मौजूद हैं*
> *जब हम नहीं थे तब भी थे वे पेड़*
>
> *उनसे ज़्यादा उनकी स्मृतियाँ हैं हमारे पास*
> *वे बने हैं करोड़ो चिड़ियों की नींद से...*"[26]

नींद, थकान का परिणाम है और फिर से थकने की तैयारी। पेड़ चिड़ियों की नींद से बने हैं। इसीलिए उनमें *पृथ्वी और आकाश एक साथ मौजूद हैं*। ठहराव और उड़ान एक साथ। आराम और मेहनत एक साथ। एक साथ घर और स्वतंत्रता। सच और सपने। स्मृति और कल्पना। जीने के लिए और क्या चाहिए! पेड़ों से जीना संभव होता है। पेड़, मनुष्य की वजह से पेड़ नहीं हैं। मनुष्य, पेड़ों की वजह से मनुष्य है। इसीलिए *जब हम नहीं थे तब भी थे वे पेड़*। अनकहा यह कि जब हम नहीं होंगे, तब भी होंगे वे। तब तक तो ज़रूर, जब तक पृथ्वी और आकाश हैं। पेड़ों के होने का मतलब अमरता का होना है। ठेठ भौतिक अर्थ में। वे बीजों से बने हैं बीजों के वास्ते। न जीवन का ओर-छोर है, न उनका। कारण यह कि वे अपने लिए नहीं। होते तो हर पेड़ अपने साथ ख़त्म हो जाता। धरती से भी,

स्मृतियों से भी। दूसरों के जीवन को अपने जीवन का स्रोत बनाने की प्रक्रिया पेड़ों के रूप में साकार है।

इस अर्थ में पेड़ं मनुष्यता के बाबा आदम हैं। **परवीन शाकिर** ने एक शे'र में बताया–

"सर्द रुत में मुसाफ़िरों के लिए
पेड़, बनकर अलाव, जलता रहा।"[27]

पेड़ ही इतना मानवीय हो सकता है...और मनुष्य ही इतना होशियार कि सर्दी से बचने के लिए पेड़ को काटकर जला दे। पेड़ को जलने का कोई अफ़सोस नहीं। ख़ुशी से जलता है वह। उसी ख़ुशी से, जिस ख़ुशी से वह ज़रूरत पड़ने पर भीगता है। **मधु बी. जोशी** के शब्दों में–*लंबे ऊँचे पेड़ के/कंधे पर/सिर टिकाकर/रोते हैं बादल/हल्के होकर चले जाते हैं/पेड़/बाद में रोता है/बहुत देर तक/अकेला।*[28] पेड़ बादलों के आँसू सोख लेता है। उनके चले जाने तक थामे रखता है। फिर गिराता है। संवेदन-संपन्नता का साकार सबक़ है वह। इसीलिए **लीलाधर जगूड़ी** यह चुनौती दे सके–

"आओ, और मुझे सिर ऊँचा किये हुए
उससे ज़्यादा जूझता हुआ
उससे ज़्यादा आत्मनिर्भर
कोई आदमी बताओ
जो अपनी जड़ें फैलाकर
मिट्टी को ख़राब होने से बचा रहा हो!"[29]

पेड़ वह कर सकते हैं, जो मनुष्य नहीं कर सकता। मनुष्य जो-जो कुछ कर गुज़रता है, पेड़ उसे करने के बारे में सोच भी नहीं सकते। समकालीन कविता ने पेड़ों की तरफ़ से बोलते हुए **अशोक सिंह** के शब्दों में कहा–

"यह सच है कि
आदमी की तरह उनकी आँखें नहीं होतीं
पर इसका मतलब यह तो नहीं कि
पेड़ अंधे होते हैं, कुछ देख नहीं सकते
सुन नहीं सकते, बोल नहीं सकते
हँस-गा नहीं सकते, रो नहीं सकते पेड़?

अगर तुम ऐसा मानते हो तो क्षमा करना
पेड़ों का मानना है कि तुम आदमी नहीं हो।"[30]

पेड़ आदमी से ज़्यादा जीवंत हैं। यह देखने की नज़र जिसके पास नहीं, उसका रूपाकार-भर आदमी का है। पेड़ों में पेड़त्व है पर आदमी में आदमीयत? सवाल ख़ासा मुश्किल है। इसलिए कि आदमी या तो पेड़ों से दूर रहना चुन रहा है या हालात ने उसे दूर कर दिया है। **जसवीर त्यागी** ने एक कविता में लिखा कि...*चारों लड़के गुम हो जाएँगे दुनिया की भीड़ में/भूल जाएँगे मीठे-मीठे लंबे शहतूत/भूल जाएँगे शहतूत का पेड़/लेकिन, कैसे भूल पाएगा पेड़/कि एक दिन तपतपाती धूप में/आए थे चार बेरोज़गार लड़के!*[31]

बेरोज़गार लगभग हर जगह अवांछित होते हैं। शहतूत का पेड़ उन्हें भी आत्मीयता देता है। जीवन की मिठास देता है। ठंडक देता है। यह उसका सुख है। अपने सुख को याद करना भी सुखद होता है। अतः पेड़ के लिए उन लड़कों को भूल पाना मुश्किल है, जिन्हें कई बार उनके अपने भी याद रखने की ज़रूरत नहीं समझते।

दूसरों की ज़रूरत ही नहीं, रुचि का भी ख़याल पेड़ बड़ी रुचि से रखते हैं। **कैलाश गौतम** ने एक गीत में कहा—

"क्वार आया
गमगमाहट बाँटते हैं
खेत पीले धान के,
लौंग देखी और बीड़ा हो गए
पत्ते अचानक पान के।"[32]

धान के खेत चावल ही नहीं, गमगमाहट भी देते हैं। विशाल सुंदरता और सरस सुगंध के एहसास भी देते हैं। पान के पत्ते लौंग को देखते ही बीड़ा हुए बिना रह तो सकते हैं पर रह नहीं पाते। जानते हुए भी कि बीड़ा होना उनके अंत की शुरुआत है, अपनी परवाह नहीं होती उन्हें। इसीलिए सारी धरती की परवाह कर पाते हैं। धरती के जीवन को बचाना ही उनका अपना जीवन है। **अरुण कमल** ने धरती के इस *'सौंदर्य'* के बारे में लिखा—

"...गरजता है गगन
और बिजलियों को देह में सोखने को उद्यत
गरजते हैं धरती की ओर से
ये वृक्ष...।"[33]

बिजलियाँ वृक्षों को झुलसा सकती हैं पर वृक्ष बिजलियों से डरते नहीं। अपने शरीर में उन्हें सोखने को तत्पर रहते हैं। न बिजलियों की ताक़त का अनुमान लगाते हैं, न अपनी शक्ति का हिसाब। हिसाब-किताब की चतुराई से दूर हैं। धरती के प्रतिनिधि। आसमान को चुनौती देती धरती की क्षमताएँ। गरज का जवाब गरज और आग का जवाब जीवन का रस। अपना विध्वंस-शमन का स्वभाव रस की अंतिम बूँद रहने तक न छोड़ने वाले। सक्रिय सौंदर्य के पुंजीभूत रूप। सबकी साँसों के सतत जाग्रत प्रहरी। सबके उल्लास की समन्वित पहचान। **मान बहादुर सिंह** ने *'हँसी'* के बारे में लिखा—

"...हँसना खुल जाना है
खिल जाना है
किसी सघन और स्याह पेड़ का
उजले पंखों में
फड़फड़ाकर उड़ जाना है...।"[34]

हँसी पेड़ की उड़ान है। पेड़ चल नहीं सकते पर उड़ान के सपने देखने से उन्हें कौन रोक सकता है! अगर वे चल सकते, उड़ सकते तो कैसा लगता उन्हें! तब वे अपने मन की सारी पूरी कर पाते! न किसी मिट्टी को बांझ रहने देते, न किसी देह को क्लांत! रिक्शे वालों के साथ-साथ दौड़ते! हर भूखे के पास जाकर फल गिरा आते! सूरज की

बहुत तेज़ किरणों से आकाश में ही उनकी रह-रहकर झड़प होती! होंठ-होंठ पर हँसी बनकर खिलते वे!

ऐसे पेड़ों को काट दिया जाता है। जंगल के जंगल साफ़ कर दिए जाते हैं। आसमान की बिजलियों को भी जवाब देने में समर्थ पेड़ क्या ऐसे में कुछ नहीं करते? करते हैं। जो करते हैं, यह बताने वाली **विष्णु खरे** की एक कविता है–*'शाप'*–

"पेड़ शाप देते हैं

बचे हुए पेड़ धीरे-धीरे अपने पैरों के पास
रेतीली ज़मीन या पहाड़ों की नंगी रीढ़ सरकते आते देखते हैं
और समझ जाते हैं...
बादल नदियाँ जानवर और चिड़ियाँ
सुनते हैं पेड़ों की आख़िरी साँसों को
और मिलकर शाप देते हैं

जानवर और चिड़ियाँ चले जाते हैं कहीं और
अंत में घेरकर मार दिए जाने के लिए
लेकिन उससे पहले बादल और नदी से वचन लेते हैं बदला चुकाने का

बादल और नदियाँ सूरज हवा और धरती से मिलकर
अपना निर्मम और व्यापक बदला लेते हैं
बारी-बारी से कभी सुखाते हुए कभी डुबोते हुए

और तपते हुए मैदानों या डूबे हुए आसरों में
छोड़ जाते हैं सूखी या फूली हुई काली लाशें
ज़्यादातर असहाय बच्चों औरतों आदमियों और अपाहिजों की

भूख से सूखे और पानी से सूजे काले शरीरों के
खुले मुँह से जो शाप निकलता है
वह वही है जो पेड़ों ने दिया था।"[35]

पेड़ों के साथ अमानवीय व्यवहार करना वस्तुतः बादलों, नदियों, सूरज, हवा और धरती के साथ अमानवीय व्यवहार करना है। पेड़ों का शाप गूँज है उस प्रतिध्वनि की, जो इस अमानवीयता से पैदा होती है। इस तरह यह मनुष्य का ही स्वयं को दिया हुआ शाप है। उसे साँस लेने को साफ़ हवा भी चाहिए और वे सुविधाएँ भी, जिनके लिए फ़ैक्ट्रियाँ और मशीनें दिन-रात ज़हर उगलती हैं। यह दो घोड़ों पर एक साथ सवारी करना और सुरक्षित दौड़ के सपने देखना है।

इसका शिकार ज़्यादातर वे बनते हैं, जो सुविधाओं से वंचित रहते हैं। वे, जिनका पेड़ काटने से या तो कोई संबंध नहीं होता और या फिर केवल पेट भरने के लिए मज़दूरी करने

तक का संबंध होता है। पेड़ वरदान सभी को देता है तो शाप भी उसका सभी पर पड़ता है। भले किसी को यह संतोष हो कि *भूख से सूखे और पानी से सूजे काले शरीरों में* फ़िलहाल वह नहीं है! सवाल यह उसके सामने भी है कि आख़िर कब तक वह बचा रह सकता है पेड़ों के शाप से!

ऐसे में समकालीन कविता **नरेश सक्सेना** के शब्दों में पेड़ों के प्रति मानवीय रवैये की पहचान प्रस्तुत करती कहती है–

"अंतिम समय जब कोई नहीं जाएगा साथ
एक वृक्ष जाएगा
अपनी गोरैयों-गिलहरियों से बिछुड़कर
साथ जाएगा एक वृक्ष
अग्नि में प्रवेश करेगा वही मुझसे पहले

'कितनी लकड़ी लगेगी'
श्मशान की टालवाला पूछेगा
ग़रीब से ग़रीब भी सात मन तो लेता ही है

लिखता हूँ अंतिम इच्छाओं में
कि बिजली के दाहघर में हो मेरा संस्कार
ताकि मेरे बाद
एक बेटे और एक बेटी के साथ
एक वृक्ष भी बचा रहे संसार में।"[36]

यह वृक्ष तो है ही, साकार मनुष्यता और कविता भी है। मनुष्यता रहे, कविता रहे तो मनुष्य और कवि भी रहेंगे! इसी तरह रह सकते हैं वे। चले जाने पर भी।

संदर्भ

1. अकेली औरतों के घर -मधु बी. जोशी, पृष्ठ 75
2. बीज से फूल तक -एकांत श्रीवास्तव, पृष्ठ 73
3. जैसे चाँद पर से दिखती धरती -हरजेन्द्र चौधरी, पृष्ठ 102
4. उद्भावनाः कवितांकः सदी के अंत में कविता -अक्तूबर 97 से मार्च, 98, पृष्ठ 267
5. समुद्र पर हो रही है बारिश -नरेश सक्सेना, पृष्ठ 32-33
6. सबूत -अरुण कमल, पृष्ठ 12
7. दो बारिशों के बीच -राजेंद्र धोड़पकर, पृष्ठ 57
8. नया बस्ता -हेमंत कुकरेती, पृष्ठ 25-26
9. समकालीन हिंदी कविता -संपादकः परमानंद श्रीवास्तव, पृष्ठ 230
10. पिछला बाक़ी -विष्णु खरे, पृष्ठ 91
11. दुष्चक्र में स्रष्टा -वीरेन डंगवाल, पृष्ठ 56
12. इरादे तभी करवट लेते हैं -चन्द्रभान, पृष्ठ 30
13. प्रकाशवर्ष -संजय चतुर्वेदी, पृष्ठ 49

14. चौमास -राजगोपाल सिंह, पृष्ठ 18
15. आलोचनाः जुलाई-सितंबर, 2003, पृष्ठ 146
16. अन्यथाः 4 अगस्त, 2005, पृष्ठ 51
17. दुष्चक्र में स्रष्टा -वीरेन डंगवाल, पृष्ठ 59
18. रात में हारमोनियम -उदय प्रकाश, पृष्ठ 118-119
19. दुष्चक्र में स्रष्टा -वीरेन डंगवाल, पृष्ठ 87-88
20. वही, पृष्ठ 87-88
21. वही, पृष्ठ 56
22. वही, पृष्ठ 85
23. भय भी शक्ति देता है -लीलाधर जगूड़ी, पृष्ठ 66
24. सबकी आवाज़ के पर्दे में -विष्णु खरे, पृष्ठ 31
25. जैसे चाँद पर से दिखती धरती -हरजेन्द्र चौधरी, पृष्ठ 47
26. घर का रास्ता -मंगलेश डबराल, पृष्ठ 17
27. प्रतिनिधि कविताएँ -परवीन शाकिर, पृष्ठ 44
28. अकेली औरतों के घर -मधु बी. जोशी, पृष्ठ 62
29. इस यात्रा में -लीलाधर जगूड़ी, पृष्ठ 54
30. कथन-47, जुलाई-सितंबर, 2005, पृष्ठ 46
31. इन्द्रप्रस्थ भारतीः अप्रैल-जून, 2004, पृष्ठ 39
32. समकालीन भारतीय साहित्यः जनवरी-फरवरी, 2006, पृष्ठ 91
33. अपनी केवल धार -अरुण कमल, पृष्ठ 16
34. वर्तमान साहित्यः अप्रैल-मई, 1992, कविता विशेषांक, पृष्ठ 79
35. पिछला बाक़ी -विष्णु खरे, पृष्ठ 87
36. समुद्र पर हो रही है बारिश -नरेश सक्सेना, पृष्ठ 35

आदमी को भी मयस्सर नहीं इंसाँ होना

आदमी का इंसान होना एक ऐसा आसान काम है जिसे आप से आप हो जाना चाहिए। बहुत-कुछ हो रहा है दुनिया में पर वही नहीं हो पा रहा, जो सबसे पहले होना चाहिए। जमघट है दुनिया-भर की उपलब्धियों का पर इंसान होना आदमी को उपलब्ध नहीं। उसके पास सब कुछ हो और इंसान होना न हो तो उसके पास कुछ नहीं। **ग़ालिब** के इस मशहूर शे'र का मतलब शायद यही है–

"बसकि दुश्वार है, हर काम का आसाँ होना
आदमी को भी मयस्सर नहीं, इंसाँ होना"[1]

आदमी का इंसान होना कोई बहुत बड़ा काम नहीं पर आसान से आसान काम दुश्वार है। जैसे कोई भी काम आसानी से होने के लिए बाक़ी ही न रहा हो! इंसान होने के लिए माहौल, मानस और जीवन में जो कुछ चाहिए, वह नहीं है। आदमी या तो इंसान होना नहीं चाहता, या हो नहीं पा रहा। दोनों स्थितियों में वह इंसान होने से वंचित है। इंसान होना उसे मयस्सर नहीं है। उर्दू से हिंदी तक आते-आते *मुयस्सर* ने *मयस्सर* की शक्ल ले ली। उसी तरह जैसे *वुजूद* ने *वजूद* की। यों भी इस्तेमाल होते-होते शब्द अपना मूल रूप बोली-बानी की तरह बदल लिया करते हैं। इसलिए *मुयस्सर* नहीं, *मयस्सर*।

ग़ालिब के दौर की यह बात वर्तमान का भी सच है। मनुष्य को विकास करते चले जाने की आदत पड़ गई है। तेज़ गति से भरा विकास। वह कैसा है, किस दिशा में है, उसका असर क्या हो रहा है, उसके होने का मतलब क्या है, यह सोचने की फ़ुर्सत नहीं। विकास सबके लिए सुखद हो, यह तय करने की ज़रूरत भी नहीं। **अरुण कमल** ने लिखा–

"...जैसे ही लंगूरों ने देखा मुझको
सारा घर परिवार समेटा और भागे पूरब
भागे
छाती से बच्चा चिपकाए
छलाँगती भागी लंगूर माँ
मुड़ी भी नहीं एक बार
अस्त हो गया दीवारों के पार
पूरा परिवार
मुझसे इतना भय था!"[2]

मनुष्य के अंधाधुंध विकास का हासिल यह कि लंगूर उससे डरते हैं। उसे देखते ही भाग खड़े होते हैं। *अस्त* होना इन कविता-वाक्यों की केंद्रीय क्रिया है। अस्त सूर्य हुआ करता है। लंगूरों का परिवार सूर्य के प्रकाश की तरह विस्तृत जीवन है। उसका अस्त होना विस्तृत जीवन का मनुष्य से दूर चले जाना है। विस्तृत जीवन का प्रकाश समकालीन मनुष्य को बतौर दुश्मन पहचानता है। इसलिए कि वह जितना संकीर्ण हुआ है, उससे कम हिंसक और क्रूर नहीं हुआ। *आदमी को भी मयस्सर नहीं इंसाँ होना,* यही है। ग़ालिब का वाक्यार्थ बाद की जीवन-स्थितियों और कविता-वाक्यों से और उजागर होता है। मनुष्य, पशुओं को भी जीने नहीं देता। उनकी दुनिया में आतंकवादी है वह। पशुता से उसने विकास किया था। अब पशु ही उससे दूर भागते हैं। बचते हैं। इसका आशय माँ का अपनी संतान से डरना भी है और मनुष्य का पशुता से नीचे गिर जाना भी। इसे भी विकास के नाम से जाना जाता है!

विकास के द्वारा मनुष्य ने स्वयं को कितना सभ्य बनाया है, यह **विमल कुमार** ने उसकी *सभ्यता* दिखाते हुए लिखा–

"मैं सबसे पहले घड़ी था
फिर मछली बना
उसके बाद पेड़
पेड़ के बाद हुआ मनुष्य

मैं मनुष्य बनकर घड़ी का कान ऐंठने लगा हूँ
मछली खाने लगा हूँ
पेड़ काटकर
घर के लिए दरवाज़ा बनाने लगा हूँ
दरवाज़ा बंद कर
चेहरा छिपाने लगा हूँ।"[3]

पेड़ आँखों को हरी ठंडक दिया करते थे और हृदय को आँखें। उन्हीं के बने दरवाज़े से *चेहरा छिपाने* का काम लिया जा रहा है। चेहरा छिपाने की ज़रूरत सिर्फ़ शर्मिंदगी के कारण नहीं पड़ती। सुरक्षा के कारण भी पड़ती है। यहाँ दरवाज़ा बंद करने वाले आदमी को चेहरा छिपाने का कोई अफ़सोस हो, ऐसा नहीं लगता। दरवाज़ा बंद इस भय से करता है वह कि कहीं पहचाना न जाए। कहीं उसके विलास में कोई बाधा न आ पड़े। शर्म, मनुष्यता का मूल्य है। विकसित कहलाने वाला मनुष्य इस मूल्य का इस्तेमाल भी रणनीति की तरह करता है। अगर उसे पता लग जाए कि शर्माते रहने से अबाध भोग मिलेगा, अपराध करने पर सुरक्षा मिलेगी और इस तरह सफलता पर विजय मिलेगी तो वह दिन-रात शर्माता रहे। बिना रुके। ग़ालिब से कह दे कि आदमी को इंसान होना मयस्सर नहीं तो न सही। इंसान होना ही किसे है!

समकालीन मनुष्य का लक्ष्य वह स्वयं है। वह समकालीन है तो अपने लिए और मनुष्य है तो अपने वास्ते। इस तरह वास्तव में न वह समकालीन है, न मनुष्य। **अवधेश कुमार** ने एक कविता में प्रार्थना की–

"चौरासी लाख योनियों में से ओ भगवान
अगले जन्म में तू मुझे पंजाब की भैंस बनाना

भरपेट सानी-पानी के बाद
ये नश्वर काया डूबी रहे जोहड़ के गंदले जल में
फिर चाहे सिर के ऊपर से क्यों न गुज़रती रहें
सनसनाती हुई गोलियाँ..."[4]

कोई फ़र्क़ नहीं पड़ता आदमी को हत्याओं से। बस, उसका पेट और जोहड़, भरे होने चाहिएँ। जिसे फ़र्क़ नहीं पड़ता, वो आदमी भीतर से भैंस है। शायद केवल भीतर से भैंस होना कम पड़ता है! बाहर से मनुष्य होने पर भीतर भी थोड़ी-बहुत मनुष्यता बाक़ी रह जाती है! इसलिए अगले जन्म में पूरी तरह भैंस होने की प्रार्थना! **मनमोहन** के शब्दों में–*...फालतू देखना भी क्या/देखना बस इतना काफ़ी/कि अपना आहार दिखाई दे जाए।*[5] दूरदर्शिता का वर्तमान अर्थ यही है। लोकप्रिय अर्थ।

समकालीन कविता का एक महत्त्वपूर्ण हिस्सा ऐसा है, जिसे किसी व्याख्या की कोई ज़रूरत नहीं। कारण यह कि बोलचाल उसे सिद्ध है। यह हर मामले में बोलचाल का ही वाक्य है–*फालतू देखना भी क्या*। कविता बोलचाल के प्रासंगिक हिस्से को उठाकर सही जगह रख-भर देती है। बात यह हिस्सा अपने आप कहता है। *सही प्लेसिंग* की समकालीन कविता की रचना प्रक्रिया में बड़ी भूमिका है। यह समकालीन मनुष्य की आत्मग्रस्तता का सर्जनात्मक और सहज विरोध भी है।

आत्मग्रस्तता के अनेक रूप जीवन में भी हैं और एक सीमा तक कविता में भी। ऐसा ही एक रूप **हेमंत कुकरेती** की बूढ़े में है–

"हमारे रंगीन कपड़ों पर टिकी
दुनिया में
सिर हिलाते आ जाते हैं बूढ़े
जैसे हम सूरज हों
और घाम तापने के सिवाय
कुछ काम न हो उन्हें

उन्हें व्यस्त रखने के लिए
उनको सरका देते हैं हम
बच्चों के ऊधम में

बूढ़े कुछ नहीं कहते
जैसे हम उनपर एहसान कर रहे हों
सिर और कंधों और हाथों पर
चिपकाकर बच्चों को
वे दूर चले जाते हैं हमारे दुर्लभ एकांत से

उन्हें दूर रखने का यह दयालु तरीक़ा है

हम ख़ुश होते हैं
कि बस अभी देखो
बच्चे कैसे दुरुस्त करते हैं
उनकी बची हुई पसलियाँ

उनके पास अटूट धैर्य है
चीज़ों को समझने का
और ख़ुश होने का सीधा-सा तर्क
कि यही होना है सबको

शुरू से हुआ है यही
गर्दन हिलाते धूप को सुनाते हैं बूढ़े
तब थोड़ा और तेज़ काँपते हैं
उनके हाथ
और ढेर सारी चिंताओं से
भर जाते हैं हमें लेकर

पीले पड़ जाते हैं
उनके झुर्रियों से बुने चेहरे।"[6]

कविता बूढ़ों के बारे में है पर युवा संतानों के बारे में ज़्यादा बताती है। कोई किसी के बारे में कुछ कहने के लिए जब भाषा का इस्तेमाल करता है तो उसके बारे में निश्चित सूचना दे या न दे, अपने बारे में निश्चित सूचना ज़रूर देता है। बरतने वाले के कपड़े ज़्यादा उतारती है भाषा। युवा अपने दुर्लभ एकांत को बचाए रखने के मामले में बड़ी आसानी से बेशर्म होते हैं। अपने आप को सूरज से कम नहीं मानते। मानते हैं कि दुनिया में धूप उन्हीं से है। दूसरों की उपेक्षा और उनका तिरस्कार स्वयं को सबसे महत्त्वपूर्ण मानने का ही दूसरा पहलू है। बूढ़ों को वे सरका देते हैं अपने से दूर। *सरकाना* क्रिया है। वाक्यार्थ खोलने वाली कविता की केंद्रीय क्रिया। सरकाया चीज़ों को जाता है। बूढ़े निष्प्राण चीज़ें हैं युवाओं के लिए। उनका इस्तेमाल ही संभव है। आत्मग्रस्त व्यक्ति दूसरों का वस्तुवत् इस्तेमाल करते हैं और इसे सही मानते हैं। कला-कौशल मानते हैं।

आत्मग्रस्त होना एक मज़बूत और मोहक भ्रम में रहना है। भ्रम चाहे जैसा हो, टूटता ही है। जितना मोहक होता है, टूटने पर उतनी ही तक़लीफ़ ज़्यादा देता है। बूढ़े यह जानते हैं। अतः अपने प्रति किए गए युवाओं के बरताव से संचालित नहीं होते। *जैसे को तैसा* उनका जीवन-सिद्धांत नहीं है। वे संचालित होते हैं अपने अनुभव-निष्कर्षों से। नहीं चाहते कि उन्हें जिस तरह सरका दिया जाता है, उसी तरह बूढ़े होने पर युवाओं को भी सरका दिया जाए। इसीलिए चिंतित होते हैं उनके बारे में। संवेदनहीनों के प्रति भी संवेदनशील

बरताव करना उनका आंतरिक और वास्तविक बड़प्पन है। विलासलोलुपता के सामने यह बड़प्पन और बड़ा, और उजला होकर उभरता है। स्वयं को सूरज मानने वाले अंधकार को और ज़्यादा उभारता हुआ।

आत्मग्रस्तता अंधकार है। अंधकार स्वार्थ का भी होता है और मूर्खता का भी। मूर्खता का अंधकार भी आत्म-मुग्ध होता है। उपहास का पात्र। **आशकरण अटल** ने एक कविता में कहा–

"...मैंने पूछा अपने पड़ोसी से–
क्या हमारे पूर्वज बंदर थे?
तो वे बोले–तुम्हारे होंगे
हमारे पूर्वज तो अगरवाल थे।"[7]

मूर्खता में प्रचंड आत्मविश्वास होता है। *अगरवाल* साहब ने यह उत्तर पूरी ज्ञान-गंभीरता के साथ दिया है। उन्हें रत्ती-भर भी संदेह नहीं है अपने उत्तर पर। संभव है– पूछने वाले की अक़्ल पर तरस भी खाया हो उन्होंने– देखो! बाहर नेमप्लेट पर कितने मोटे-मोटे अक्षरों में लिक्खा है–अग्गरवाल्स, फिर भी कैसा बेहूदा सवाल पूछता है यह! पता नहीं जब भगवान अकल बाँट रहा था तो यह बेवकूफ़ कहाँ तानकर सो रहा था! कोई देखे, न देखे, समकालीन कविता में सहज हास्य-व्यंग्य के ऐसे उदाहरण भी मौजूद और उपलब्ध हैं। कवि ने अपनी तरफ़ से कुछ नहीं कहा है यहाँ। बोलचाल के एक सवाल-जवाब को जीवन से उठाकर ज्यों का त्यों रख दिया है, बस। वही, सही जगह *सही प्लेसिंग*।

यह प्लेसिंग वाक्यों की भी होती है और शब्दों की भी। **ज्ञानेंद्रपति** ने एक कविता में लिखा–*वे जो 'सर' कहाते हैं/धड़-भर हैं/उनकी शोध-छात्राओं से पूछ देखो!*[8] यह *पूछ देखो* भी बोलचाल की ही एक मुद्रा है। कविता में आए *गद्य* की शक्ति। भाषा में भी उसकी विश्वसनीयता का आधार। धड़ के साथ *सर* के उपयोग ने सच को उजागर कर दिया। इस तरह कि सम्मानसूचक *सर* घृणा पैदा करे। कवि इसी तरह शब्दों को अपने और नए अर्थ देता है।

सर अपना धड़ होना छुपाते हैं। दौर उन आत्मग्रस्तों का आ रहा है, जो खुलकर धड़ होते हैं। **आशकरण अटल** की ही एक और कविता *विश्वमित्र द्वितीय यानी मैं* में वाचक विश्वमित्र की तरह तपस्या करता है। इस उम्मीद से कि मेनका तपस्या तोड़ने के लिए उसके पास भी आएगी। उसके बाल बढ़ जाते हैं। तपस्या करते हुए उसे लगता है कि मेनका आ गई है। वह यह सोच बड़ा ख़ुश होता है कि जब उन लड़कियों को यह पता चलेगा, जिन्होंने उसे कभी घास नहीं डाली तो कितना मज़ा आएगा! तभी उसका मज़ा इस ख़याल से टूटता है कि उसकी जटाओं में जूएँ पड़ गई हैं। मेनका यह देखेगी तो क्या सोचेगी! फिर आत्मनिर्भरतापूर्वक स्वयं ही स्वयं को आश्वस्त करता है कि वो ऋषि-मुनियों के लिए नई नहीं है। जानती है कि जटाओं में पड़ी जूएँ ही हम ऋषि-मुनियों की कमाई है। फिर होता यह है कि मेनका की जगह भगवान आ जाते हैं। वाचक चोट खाए दिल से भगवान को कहता है–

"बॉस! ये आपने अच्छा नहीं किया
पता नहीं किस जनम का बदला लिया

मैंने इस दिन के लिए तपस्या की थी?
आपको बीच में आने की क्या पड़ी थी?
...मुझसे तो विश्वामित्र ठीक रहे
बुढ़ापे में मेनका पा गए
यहाँ मेनका की ज़रूरत थी तो आप आ गए
पहले विश्वामित्र का बुढ़ापा बिगाड़ा
अब मेरी जवानी के पीछे पड़े हैं
...अभी आप जाइए और मेनका को भेज के
मेरी तपस्या तुड़वाइए!"[9]

बेचारे भगवान की क्या दुर्दशा हुई होगी यह सुनकर! संभव है आत्महत्या कर लेने को मन इसी तरह उमड़ा हो जैसे तपस्वी का मेनका के लिए उमड़ा! भक्ति हो या तपस्या, बिना ठोस प्रयोजन के आज का आदमी कुछ नहीं करता। मेनका ही उसका भगवान है। अगर वह किसी की हत्या करने से मिलती हो तो आदमी उसे भी सहर्ष कर डाले! तपस्या और हत्या, दोनों उसके लिए विलासलोलुपता शांत करने के हथकंडे हैं। उसे न भगवान की दुर्दशा से कोई मतलब है, न मेनका की इच्छा या सोच से कोई सरोकार। मतलब है तो सिर्फ़ अपने भोग से। सिर्फ़ इस बात से कि कहीं से भी आए, कैसे भी आए, बस, चटख़ारा आए। ज़ुबान की खाज मिटे। यही रवैया उसका धन-संपदा के मामले में भी है। **सईदुद्दीन** ने एक कविता में बताया—

"...मुझसे कहा गया
एक दायरे में घूमो
तुम्हें वो ज़मीन अलाट कर दी जाएगी।
तब से मैं
एक दायरे में घूम रहा हूँ।"[10]

कोल्हू का बैल बनना भी स्वीकार है, अगर कुछ मिलता हो। मिलना और पाना अब ज़रूरत से तय नहीं होता। उस इच्छा से तय होता है, जिसका कोई अंत नहीं। अर्थ इसका है—सारी दुनिया सिर्फ़ मेरे लिए हो। सिर्फ़ मेरी। जब सारी दुनिया अपनी हो जाए तो दूसरे ग्रहों की तरफ़ रुख़ किया जाए। वो तो मौत आदमी की आत्मग्रस्तता को रोक देती है! अगर वह न होती तो आत्मग्रस्तता का ओर-छोर कहाँ होता, कल्पना भी नहीं की जा सकती!

इतना तो हो ही गया है कि अधिकांशतः जीवन का निर्णायक स्वरूप वह निर्मित कर रही है। इस स्थिति ने प्रेम को भी असंभव बना दिया है। वह या तो भोग में सीमित होकर रह गया है या ख़त्म हो गया है। आत्मग्रस्त सफलता की एक दौड़ चारों तरफ़, दिन-रात जारी है। उसमें शामिल होना गर्व का विषय है। किसी के पास फ़ुर्सत नहीं कि अपनी हालत को एक नज़र देख सके। समय, समाज और मनुष्य में होते इस परिवर्तन की ख़बर कविता ने दी है। **अनिल कुमार सिंह** ने लिखा—

"...इस ज़माने में नफ़रत करते हुए
जीना ज़्यादा आसान है बनिस्बत

प्रेम करते हुए जीने के
प्रेम करते हुए हो सकता है
आपको रुकना पड़े किसी के सिर
को थामे अपने कंधों पर थोड़ी देर
जबकि आपको जल्दी है
जाने की
आगे की ओर!"[11]

आगे की ओर अर्थात् सफलता की ओर। केवल अपनी और केवल भौतिक तरक़्क़ी की ओर। सुविधाओं की ओर। एहसास दम तोड़ रहे हैं और आदमी को एहसास तक नहीं। एहसास हो भी तो उसकी परवाह नहीं। **शहरयार** का शे'र है–

"मेरे वजूद पे नफ़रत की ग़र्द जमती रही
मिला न वक़्त इसे आँसुओं से धोने का"[12]

वक़्त का मतलब यहाँ फ़ुर्सत भी है, मौक़ा भी और इन्हें पैदा करने वाली नीयत भी। नफ़रत की धूल धुलती नहीं। जमती जाती है। इंसान से ज़्यादा ताक़तवर होती जाती है। इतनी कि एक-दो बार के आँसुओं से भी न धुले। यों भी आँसू अब ग्लिसरिन के मोहताज हैं। वे अपने आप नहीं आते। लाए जाते हैं। इसलिए कि दिखावा करना है। आँसुओं ने भी अपना अर्थ बदल लिया है। अब वे पछतावे को सूचित नहीं करते। वेदना की भाषा नहीं होते। भावनाओं से जन्म नहीं लेते। केवल अपने लिए जीने और जीवित रहने के आम हो चले मक़सद ने उनके सच को भी जीवित नहीं रहने दिया। प्रेम की तरह आँसुओं के लिए भी रुकना पड़ता है। ठहरना पड़ता है। दौड़ को स्थगित करना पड़ता है। यह करना प्रायः संभव नहीं रहा। इसलिए प्रेम घट रहा है और इसीलिए नफ़रत बढ़ रही है। दौड़ते रहने की हड़बड़ी बहुत कुछ निगल रही है। **कुमार अम्बुज** ने लिखा–

"...पहले पूछने पर या बिना पूछे भी बता सकता था मैं अपने
विचार टोक सकता था कि नहीं, यह नहीं, मेरा पक्ष तो यह है
अब मैं कुछ कहूँ उसके पहले ही तय कर लेते हैं लोग मेरा पक्ष
कहते हैं जल्दी का जीवन है जल्दी ही करना होगा निर्णय... !"[13]

जल्दबाज़ी व्यक्ति से ज़्यादा महत्त्वपूर्ण हो गई। उसकी स्वतंत्रता से ज़्यादा क़ीमती हो गई। लोकतंत्र से ज़्यादा ज़रूरी हो गई। उदारता से ज़्यादा लोकप्रिय हो गई। प्रेम और मैत्री से ज़्यादा प्रचलित हो गई। जीवन से मनुष्यता को अपदस्थ कर प्रतिष्ठित होती जा रही है वह। यह उस खुलेपन का नतीजा है, जिसे व्यक्ति-स्वातंत्र्य का बैंड बजाते हुए लाया गया था। समाजवाद तो व्यक्ति का दमन करता था! यह कैसा लोकतंत्र है, जिसमें लोक को अपनी बात कहने का भी अवसर नहीं?

संजय कुंदन की एक कविता है–*मायानगरी*। शहर में चुपचाप रहने वाले आदमी की कविता है यह। वह आदमी भीड़ में झुककर चलता है तो उसे बताया जाता है कि यह गुनाह है। इससे पहले कि वह इसका कारण अपने पीठ-दर्द को बता सके, भीड़ ही ग़ायब हो जाती है। डॉक्टर उसकी जाँच कर बताता है कि उसके सीने में दर्द है। इससे पहले कि वह पीठ में दर्द बता सके, डॉक्टर उसके मुँह में एक गोली डालकर चूसने का आदेश दे देता है।

कपड़े का एक व्यापारी उसे जबरन नीली कमीज़ पहना देता है। *वह कहना चाहता था/उसे नीली नहीं, हरी कमीज़ चाहिए/वह कुछ बोलता इससे पहले ही/व्यापारी बोला—आप पैसे की चिंता मत कीजिए/आप किस्तों में चुका दीजिएगा।* कहकर व्यापारी चला जाता है। एक सुबह एक विचित्र आदमी को वह अपने ईश्वर होने का दावा करते पाता है। वह कुछ कह सके, इससे पहले ही वह दीवार पर टँगे कैलेंडर में घुस जाता है। देश को बचाने के लिए हर आदमी को कड़े फ़ैसले लेने की ज़रूरत के बारे में भाषण देते नेता से वह फ़ैसले के बारे में साफ़-साफ़ पूछने ही वाला होता है कि राष्ट्रगान शुरू हो जाता है और उसे सावधान की मुद्रा में खड़े होना पड़ता है।

"और उस दिन तो हद ही हो गई
उसने टेलीविज़न पर अपने को देखा
हाँ! वही था
उसी की कथा थी
उसी का नाम
पिता भी वही माँ भी वही
और गाँव भी वही
वह अवाक् देखता रहा अपनी फ़िल्म
पिता सैनिक थे, मारे गए सीमा पर
माँ खाँसते-खाँसते एक असाध्य रोग से मरी
और वह स्वयं आतंकवादियों से लड़ा
एक आतंकवादी ने उसकी इतनी पिटाई की
कि वह गूँगा हो गया

यह झूठ है सफ़ेद झूठ
वह कहना चाहता था
पर उसे याद आया
वह कैसे बात कर सकता है एक पर्दे से

वह घर से बाहर निकला
और ज़ोर-ज़ोर से कहने लगा
मैं गूँगा नहीं हूँ
मैं गूँगा नहीं हूँ

फटाफट खिड़कियाँ बंद होने लगीं
गूँजने लगा पुलिस का सायरन।"[14]

लोकतंत्र लोक का तंत्र होता तो लोक की आवाज़ इस तरह लूटी नहीं जा सकती थी। यह लोक और लोक में भेद का तंत्र है। शक्ति का तंत्र है। शक्तिशाली लोग लोक पर अपनी इच्छाओं को लाद देते हैं और कहते हैं कि या तो वह उन्हें अपनी इच्छाएँ मान ले

या ख़ामोश रहे। लोक अपने जीवन के बारे में कुछ तय करना तो दूर रहा, कुछ कह भी नहीं सकता। मीडिया सब कुछ है। राजनेता सब कुछ है। औपचारिकता सब कुछ है। व्यापारी सब कुछ है। डॉक्टर सब कुछ है। शक्ति सब कुछ है। सादगी कुछ नहीं। लोक कुछ नहीं। ख़रीदार कुछ नहीं। जनता कुछ नहीं। सच कुछ नहीं। कहने को हर शक्तिशाली अपना-अपना काम कर रहा है। वास्तव में सब अपनी-अपनी आज़ादी भोग रहे हैं और आम आदमी से इसकी क़ीमत वसूल रहे हैं। यह आज़ादी शिकार करने और होने की आज़ादी है। आज़ादी का अपहरण करने और कराने की आज़ादी है।

केवल शरीर लोकतंत्र का है। अराजकता, लूट और पाखंड इसके प्राण हैं। बाहर से छिलका जितना सुंदर है, भीतर से फल उतना ही सड़ा हुआ। मीडिया सशक्त है पर यह ख़बर केवल साहित्य ने, कविता ने दी है। उक्त कविता लोक के साथ शहर में मायावियों द्वारा घटित की जाने वाली दुर्घटनाओं का सीधा-सादा वर्णन है। वर्णन में एक क्रम है। बताता हुआ कि लोक को क्रमशः गूँगा बनाया जा रहा है। सब अपना-अपना काम कर रहे हैं और लोक काम आ रहा है। उसे बोलने का हक़ तभी है, जब वह अपना-अपना काम करने वालों में शामिल हो जाए। अपनी-अपनी चलाने को ही योग्यता मान ले। सारी नैतिकता का आधार केवल शक्ति को मान ले। जीवन की धुरी पशुता है, यह स्वीकार कर ले। शक्ति की आवाज़ ही इस लोकतंत्र की आवाज़ है। एक वही है, जो सर्वत्र गूँज रही है। **सुरजीत पातर** ने इसीलिए कहा–

"...मुझमें से नेहरू भी बोलता है, माओ भी
कृष्ण भी बोलता है, कामू भी
वॉयस ऑफ़ अमेरिका भी, बी. बी. सी. भी
मुझमें से बहुत कुछ बोलता है
नहीं बोलता तो सिर्फ़ मैं ही नहीं बोलता।"[15]

दुनिया-भर की जानकारी है समकालीन मनुष्य को लेकिन अपनी कोई जानकारी नहीं। बहुत सारे व्यक्तित्वों के ज्ञान में अपने होने का बोध खो गया। बहुत सारे शोर में अपनी आवाज़ खो गई। अपनी सर्जनात्मकता खो गई। विशेषता खो गई। पहचान खो गई। **कुमार अम्बुज** ने पूछा–*यह कैसी रौशनी है जिसमें हर चीज़ की परछाईं/अँधेरे की तरह गिर रही है/यह कैसी रौशनी है जिसमें पहचान में नहीं आता कोई चेहरा/सिर्फ़ एक परछाईं-सी दीखती है।*[16] मनुष्य नहीं दिखता, परछाईं दिखती है। परछाईं और परछाईं में आकार-भर का अंतर होता है। एक जैसी निष्प्राण होती हैं सब। नैननक़्श ग़ायब होते हैं सबके। **सुरेंद्र श्लेष** ने इस बात को और साफ़ ढंग से कहा है–*लोग तिनके हुए इसलिए/आँधियों के भरोसे रहे।*[17] परछाइयाँ तो फिर भी किसी न किसी से जुड़ी होती हैं। तिनके किसी से जुड़े नहीं होते। उनकी शख़्सियत ऐसी होती है कि आँधियों के आहार होते हैं वे। उड़ जाने को हमेशा तत्पर।

सफलता की आँधियों ने सबको तिनकों में सीमित कर डाला। **चंद्रकांत देवताले** को सफलता ज़िंदगी में सबसे कमीनी चीज़ लगती है *"क्योंकि उस तरफ़ मैं देख रहा हूँ/दहाड़ने के बदले शेर बंदूक को चाट रहा है/तेंदुआ झपटना छोड़/असाध्य वीणा की तरह पड़ा है/बिच्छू का डंक भी अपनी जगह पर नहीं है...।"*[18] स्वभाव कोई

नहीं जी रहा। इसलिए कि सफलता का यही आदेश है। फल रुपये से आते हैं। ज़्यादा से ज़्यादा रुपये का मतलब है ज़्यादा से ज़्यादा सफलता। **लीलाधर जगूड़ी** ने लिखा–

"...पवित्र स्फूर्ति रुपयों से नहीं आती

जो चीज़ रुपयों से नहीं आती
रुपया आता है उसे खोने के बाद।"[19]

रुपया दुनिया में किसी भी दौर से ज़्यादा है अब। सब्ज़ियों में पहले जैसा स्वाद नहीं है। रुपया है। फलों में वह पौष्टिकता नहीं है। रुपया है। चीनी में वह मिठास नहीं है। रुपया है। हवा-पानी में वह शुद्धि नहीं है। रुपया है। पवित्र स्फूर्ति हवा-पानी-चीनी-फल-सब्ज़ियों तक में नहीं रही। मनुष्य इन्हीं के आधार पर जीता है। न वह पवित्र स्फूर्ति के द्वारा इन तक पहुँचता है, न इनसे पवित्र स्फूर्ति पाता है। **रघुवीर सहाय** के शब्दों में, *वे हर ज़माने में सफल व्यक्ति होते हैं/जो कि पक्ष लेने से पहले तय करते हैं किस को/हत्यारा बताने में लाभ है।*[20] जीवन व्यवसाय है। सब कुछ लाभ से तय होता है। क्रिया-प्रतिक्रिया भी। भाषा भी। सच भी। ईमान भी। मनुष्यता भी।

कविता मनुष्यता की सबसे सहज संवेदन-लय है। सफलता के जुनून ने जब मनुष्यता को नहीं छोड़ा तो वह कविता को क्या छोड़ता! **मंगलेश डबराल** ने लिखा कि सफल कवियों के *बुलाते ही हाज़िर होती हैं/बाँदियों की तरह कविताएँ।*[21] कविता भी अब होती नहीं। बनाई जाती है। भाषा का सबसे सहज रूप भी अब कॅरियरिज़्म और बनावट का शिकार है। इससे कवियों का तो ख़ैर क्या बिगड़ना है पर पवित्र स्फूर्ति के जीवनव्यापी स्रोत कहीं के नहीं रहते। इसलिए कि बनावटी कविताई इन पर से भरोसा उठाने का काम करती है। ऐसी कविताई बड़े कवि कहलाने के लिए भी की जाती है और कहलाते रहने के लिए भी। वस्तुतः कविताई नहीं, कविता-विलास है यह। **कात्यायनी** ने इस विलास की अच्छी ख़बर ली है–

"...एक जीवित विश्व में रहते हुए
निर्जीव चीज़ों को धन्यवाद देते हैं
बड़े कवि
कि उन्हीं से जीवन है धरती पर।
...बुनकर से कुछ नहीं कहते वे
उलझे हुए धागों से आह्वान करते हैं
सुलझ जाने के लिए।
...चीज़ों के बाद उनका हृदय
स्त्रियों के सर्वाधिक निकट होता है।
...संसार-भर की स्त्रियों को
तमाम सुंदर और युवा स्त्रियों को
विकट विशालहृदयता से
कहते हैं वे, 'मेरी स्त्रियाँ'!"[22]

यह कवियों के मनोभावों की रिपोर्टिंग है। चीज़ें और स्त्रियाँ इन मनोभावों से ग्रस्त मानस की कुंजियाँ हैं। चीज़ों का महत्त्व बाज़ार और जीवन में ही नहीं बढ़ा, कविता में भी बढ़ा है। चीज़ों को जीवित मानकर उनके साथ व्यवहार करना प्रकारांतर से जीवितों के साथ चीज़ों जैसा व्यवहार करना है। फ़ायदा इसका यह है कि वे निहायत संवेदनशील दिखलाई देते हैं। कविताएँ उनके लिए स्वयं को बड़े कवि के रूप में प्रतिष्ठित करने वाले सबूत हैं। इन्हें प्रोफ़ैशनल तरीक़े से जुटाया और व्यवस्थित किया जाता है। सरोकार धागे सुलझने से नहीं है, धागों के कविता में इस्तेमाल से है। इसीलिए उलझे हुए धागे तक़लीफ़देह और बेचैन करने वाले कम हैं, अपनी बात कहने का मौक़ा देने वाले ज़्यादा। कविता के प्रति यह कॅरियरिस्टिक एप्रोच है। साफ़-सुथरी और निष्प्राण होती जाती कविताएँ इसी के परिणाम हैं। स्त्रियों के प्रति भी यही आत्मग्रस्त रवैया अपनाया जाता है।

मीडिया भरपूर चर्चा करता है पर मीडिया की दुष्प्रवृत्तियों की चर्चा अक्सर नहीं करता। कविता का स्वभाव मीडिया से अलग है। वह कविता की दुष्प्रवृत्तियों को नहीं छुपाती। खुलकर उजागर करती है। वह मीडिया से ज़्यादा आधुनिक है। ज़्यादा लोकतांत्रिक। ज़्यादा सत्य-सक्षम। ज़्यादा भरोसेमंद। कॅरियरिज़्म आत्मग्रस्तता का परिणाम है। आत्मग्रस्त व्यक्ति ही अपने विलासलोलुप शरीर के जोहड़ में डूबता है। डूबा रहता है। सुंदर स्त्रियों को *'मेरी स्त्रियाँ'* कहना विराट विलासलोलुपता की पहचान है। तरीक़ा है सभी के साथ काल्पनिक सहवास का। विलासलोलुप होने के साथ-साथ आत्मग्रस्त व्यक्ति ईर्ष्याग्रस्त भी होता है। **राजेश जोशी** की एक कविता है—*सुकवि की मुश्किल*—

"कैसे बर्दाश्त कर पाएगी सुकवि
कि कोई दूसरा कवि लिख डाले
एक अच्छी कविता

...चैन से नहीं बैठेगा वह
पी डालेगा दर्जन भर सिगरेटें और काली चाय
आपने समझ क्या रखा है उसे
बड़ी मुश्किल से किसी कविता को वह कहेगा 'अच्छा'
और अगर भूल से कहीं निकल गई 'वाह'
तो मरोड़ होने लगेगी उसके पेट में

वह टालेगा, समकालीनों पर
नहीं देगा अपनी राय
विदेशी कवियों के बारे में बतियाएगा
हर वक़्त..."[23]

कवियों का समाज ऐसे-ऐसे अनेक स्वयंभू सुकवियों से धन्य है। वे समझते हैं—एक दिन ज़रूर आएगा ऐसा, जब समझ का स्तर इतना ऊँचा हो जाएगा कि उसकी और उसकी कविताओं की महानता को समझ पाएगा। समकालीनों के बारे में अपनी राय देना

ख़तरनाक है। राय ग़लत-सलत हो, जो कि होगी ही, और समकालीन ताक़तवर हो तो गला भी पकड़ सकता है। राय को ठीक भी कर सकता है। विदेशी कवियों के बारे में बात करने पर ऐसा कोई ख़तरा नहीं। इसीलिए सुकवियों का मानस भूमंडलीकृत है। यह कविता सुकवि की मुश्किल तो बताती ही है, कवि का ऐंटी-ग्लैमराइज़ेशन भी करती है। उसे ज़मीन पर भी उतारती है। उसकी देवदूत जैसी छवि पर कीचड़ भी पोतती है। यह संकेत भी देती है कि कवि को अगर सचमुच कवि होना है तो मूलतः और अंततः आदमी होने के अलावा कोई चारा नहीं। साधारण होने के अलावा कोई उपाय नहीं। यह उपाय उतना ही महत्त्वपूर्ण है जितना कविता की जीवंतता के लिए बोलचाल की अपार संभावनाशील मुद्राओं का उपयोग।

आत्मग्रस्त सुकवि ऐसा नहीं कर सकते। वे कविता और भाषा के साथ वही दुर्व्यवहार कर सकते हैं, जिसके बारे में **धूमिल** ने कहा था–*भाषा उस तिकड़मी दरिंदे का कौर है/ जो सड़क पर और है/संसद में और है।*[24] तिकड़मी दरिंदे भाषा को खा सकते हैं। बरत नहीं सकते। अब ये दरिंदे केवल संसद तक सीमित नहीं रहे। मनुष्य-समाज में जगह-जगह दिखलाई देते हैं। अवसरवाद उनका नैतिक मूल्य है। **सुरेंद्र श्लेष** ने कहा *वो तना रहता तने-सा और अब/बात मतलब की चली बिस्तर हुआ।*[25] बिस्तर होने से पता लगा कि उसका तने रहना भी मतलब के लिए ही था। उसके लिए बिछने या तने रहने का कोई मतलब नहीं। मतलब है तो बस मतलब का।

मतलबीपन आत्मग्रस्तता का चेहरा है। अधिकांश चेहरों में उभरता घृणित चेहरा। इसके लिए सब कुछ अपना मतलब साधने की सामग्री है। संकट भी। **मनमोहन** ने इसीलिए लिखा–*संकट की विकटता का डंका बजता है/...कुछ जन इस तरह इसकी विकटता और निकटता बताते हैं/मानो वे इसी का दिया खाते हैं/सो इसी के गुन गाते हैं...।*[26] संकट भी ऐसों की पूँजी है। निवेश कर मुनाफ़ा कमाने का आधार। निवेश जितना ज़्यादा होगा, मुनाफ़ा भी उतना ही ज़्यादा होगा। जय संकट देव की!

ऐसे जयकारे लगाने वाले का अपना कोई चेहरा नहीं होता। **अकबर मासूम** के शब्दों में–*क्या किसी शक्ल में ढले जिसने/वक़्त के साथ-साथ ढलना हो!*[27] अवसरवाद किसी चेहरे को स्थायी नहीं रहने देता। एक पहचान का आधार नहीं बनने देता। इसीलिए न किसी की कोई पहचान बची है, न विश्वसनीयता। अपने समय और समाज के इस बेचेहरा चेहरे को भ्रम के जोहड़ से कविता निथार लाती है। उसके पास अंतर्प्रवेशी नज़र भी है और सच पर जमी काई पोंछने वाले हाथ भी।

सच यह है कि मनुष्य विकास की सड़क पर दौड़ते हुए पशुता की तरफ़ लौट रहा है। सवालों के हाथों से सच पर जमी काई **कुँवरनारायण** की *'अगर इंसान ही हूँ'* कविता ने इस तरह साफ़ की है–

"तो फिर आप ही बताइए
अगर मेंढक नहीं हूँ
तो कैसे रह रहा हूँ कुएँ में?

...अगर कुत्ते से बेहतर हूँ
तो यह दुम किसकी हिल रही?

...अगर दीमक नहीं हूँ
तो कौन चाट गया है ईमान की फ़ाइलें?

अगर मच्छर नहीं हूँ
तो कौन पी रहा है देश का ख़ून?

सच बताइए
अगर इंसान ही हूँ
तो इतनी अपमानित क्यों है
इतनी बड़ी सचाई?"[28]

अपना हित साधने के लिए जानवर बनना गौरव की बात है। संकीर्णता, चापलूसी, बेईमानी और देशद्रोह समकालीन मनुष्य के सच हैं। उसके जीवन से मनुष्यता क्षरित हो रही है। इस क्षरण से वह संतुष्ट ही नहीं, ख़ुश भी है। **शेरजंग गर्ग** ने इस ख़ुशी का बढ़ता चलन देखते हुए सुझाव दिया—*लोग तुम्हें मूरख समझेंगे/इंसानों-सी बात न करना!*[29] इंसानियत का मतलब मूर्खता हो गया है। समझदारी ज़्यादा से ज़्यादा तेज़ी से पशु बनने में है। सिद्धांतनिष्ठा का भी इस्तेमाल कर लेने में है। **घनश्याम अग्रवाल** के शब्दों में—

"गांधी जी के तीन बंदर
मेरे इष्टदेव हैं
इसलिए मैं
बुरा नहीं सुनता,
बुरा नहीं देखता,
बुरा नहीं बोलता।

लेकिन
बुरा करता हूँ
क्योंकि
चौथा बंदर नहीं है।"[30]

सुनना-देखना-बोलना करने से अलग और स्वायत्त है। चौथे बंदर का न होना गांधी जी के सिद्धांत का तोड़ है। समकालीन मनुष्य का सृजन। बुरा करना है इसलिए चौथे बंदर के न होने का, उसके अभाव का सृजन भी कर लिया जाता है। इस सृजन के अनुसार बुरा करने के लिए बुरा सुनना-देखना-बोलना भी पड़ सकता है। गांधी जी की पूजा के पीछे अपने सिद्धांत-द्रोह को छुपाया जा सकता है। कहा जा सकता है कि बुरा सुनना-देखना-बोलना मैं चाहता नहीं लेकिन बुरा करने के लिए ऐसा करना मज़बूरी है।

यों मेरी सिद्धांत-निष्ठा में कोई कमी नहीं। यह सैद्धांतिक अमानुषीकरण है। राजनीति के अमानुष व्यवहार को भी तर्क और औचित्य का आधार देता है। **सोमदत्त** ने लिखा था–

"...गुड़ है जहाँ मक्खियाँ पहुँची
तुम ना पहुँचो राज क्या करे?
ताड़ी जहाँ रसिक पहुँचे हैं
तुम ना पहुँचे राज क्या करे?
...टके सेर ईमान बिक रहा
तुम ना बेचो राज क्या करे?
टके सेर मिल रही अमीरी
तुम न ख़रीदो राज क्या करे?..."[31]

दमन की ज़िम्मेदारी दमितों की है। राजसत्ता ने तो रास्ता दिखा दिया अवसरवाद का। अब जनता का कर्त्तव्य है कि उसपर चले और गुड़-ताड़ी-टके हासिल करे। सुखी हो। राजसत्ता की नैतिकता यही है। वह निरपेक्ष विकास के आंकड़े पैदा करने के लिए है, जनकल्याण के लिए नहीं। इससे या तो अवसरवादी मनुष्य बन रहा है, या साधनहीन, पीड़ित और उपेक्षित। साधनहीन कोई नहीं रहना चाहता। ऐसे में एक ही रास्ता बचता है– अवसरवाद। तरह-तरह की शक्लों में प्रकट होता है यह। शोर की शक्ल में भी और चुप्पी की शक्ल में भी। **रघुवीर सहाय** ने कहा– *एक भयानक चुप्पी छाई है समाज पर/शोर बहुत है पर सच्चाई से कतराकर गुज़र रहा/एक भयानक एका बाँधे है समाज को/कुछ न बदलने के समझौते का है एका।*[32]

परिवर्तनहीनता एक बड़े समुदाय की इच्छा है। यह समुदाय बड़ा होता जा रहा है। हर वर्ग में। यथास्थिति से असंतुष्ट होने के कारण परिवर्तन की इच्छा निम्न वर्ग में सबसे ज़्यादा पैदा हो सकती है। वातावरण ऐसा है कि अब उसका ध्यान भी महँगाई का विरोध करने पर कम और ज़्यादा से ज़्यादा रुपये कमाने पर ज़्यादा है। उसे लगता है कि अगर रुपये ढेरों हों तो चीज़ों के सस्ते होने या न होने से कोई फ़र्क़ नहीं पड़ता। इसलिए कुछ न बदलने के अघोषित समझौते में वह भी शामिल हो जाता है। अपने आप। बिना यह जाने कि वह शामिल हो रहा है। शोर और सन्नाटा, दोनों सफल होते हैं परिवर्तनहीनता को जीने वाले समुदाय का विस्तार करने में। इसी समुदाय के बारे में **गोरख पांडे** ने *समझदारी का गीत* लिखा था–

"हवा का रुख़ कैसा है, हम समझते हैं
हम उसे पीठ क्यों दे देते हैं, हम समझते हैं
...हम इतना समझते हैं
कि समझने से डरते हैं और चुप रहते हैं

चुप्पी का मतलब भी हम समझते हैं
बोलते हैं तो सोच-समझकर बोलते हैं हम
हम बोलने की आज़ादी का मतलब समझते हैं

...हम ख़तरों से बाल-बाल बच जाते हैं
हम समझते हैं
हम क्यों बच जाते हैं, यह भी हम समझते हैं

...हम सारी दुनिया के दुःख से दुखी रहते हैं
हम समझते हैं
मगर हम कितना दुखी रहते हैं यह भी
हम समझते हैं
...करने को हम क्रांति भी कर सकते हैं
अगर सरकार कमज़ोर हो और जनता समझदार
लेकिन हम समझते हैं
हम कुछ नहीं कर सकते हैं
हम क्यों नहीं कुछ कर सकते हैं
यह भी हम समझते हैं!"[33]

भाषा की चुप्पी कर्म की चुप्पी तक जाती है। यह भाषा और कर्म की मृत्यु है। जीवितों का इसे सहर्ष स्वीकार कर लेना काइयाँपन है। उनका चुप रहना तो चुप रहना है ही, बोलना भी चुप रहना ही है। उनके द्वारा सारी दुनिया का दुःख न समझना तो न समझना है ही, समझना भी न समझना ही है। इसलिए कि उससे कोई फ़र्क़ नहीं पड़ता। कोई बदलाव नहीं होता। वे बदलाव तक का इस्तेमाल कर लेते हैं। *क्रांति* में भी कोई अर्थ बाक़ी नहीं रहने देते। आत्मपरिचय की भाषा में उनका अंतर्विरोध पूरी तरह सामने आता है। नाटकीयता और व्यंग्य को जन्म देता है। *हम समझते हैं,* इस व्यंग्य-गीत की टेक है। उत्तरोत्तर समझदारों की समझ और नीयत के कपड़े उतारती हुई। बताती हुई कि गीत अब केवल भावनाओं का सहज प्रवाह नहीं। उसका इस्तेमाल नकली समझ का पर्दाफ़ाश करने और सच्ची समझ की संभावना बुनने के लिए भी संभव है।

समझ भी कर्म को जन्म देती है लेकिन नीयत से जुड़कर ही। घोटाला समझ के क्षेत्र में उतना नहीं हुआ, जितना नीयत के क्षेत्र में। समझदारी तो है, पहले से बढ़ी ही है लेकिन नीयत डोल रही है। अवसरवाद को जीने में सादगी को जीने से ज़्यादा समझदारी की ज़रूरत पड़ती है। सवाल नीयत का है। सुविधालोलुपता ने बदलाव की नीयत को ख़रीद लिया है। मनुष्य द्वारा मनुष्य की तरह जीने की नीयत को नेपथ्य में धकेल दिया है। छल का असुर पसर गया है जीवन पर। समाज, व्यक्ति, देश और दुनिया, सभी के जीवन पर। नतीजा यह कि मनुष्य जो वस्तुतः है, वही नहीं होता। शायद होना चाहता भी नहीं। नैतिकता उसके लिए केवल चर्चा का विषय है। **भवानी प्रसाद मिश्र** की एक कविता है–*वस्तुतः*–

"मैं जो हूँ
मुझे वही रहना चाहिए

...मुझे अपना
होना
ठीक-ठीक सहना चाहिए
तपना चाहिए

अगर लोहा हूँ
तो हल बनने के लिए

बीज हूँ
तो गड़ना चाहिए
फल बनने के लिए...

...मगर मैं
कब से ऐसा नहीं
कर रहा हूँ

जो हूँ
वही होने से डर रहा हूँ!"[34]

गोरख पांडे के गीत में समझदार इतना समझते हैं कि समझने से डरते हैं। यहाँ आदमी, आदमी होने से डर रहा है। इस डर को समझने की कोशिश की जाए! यह प्राणों के संकट से उपजा डर नहीं है। किसी हिंसक पशु, पक्षी या मनुष्य के हमले की आशंका से नहीं उपजा है यह। किसी प्राकृतिक विपदा ने भी इसे पैदा नहीं किया। इसे पैदा किया है इस आशंका ने कि कहीं मानवीय न होना पड़ जाए। कहीं सुविधाओं से वंचित न होना पड़ जाए! कहीं संभावनाओं को साकार करने के लिए किसी चुनौती को स्वीकार न करना पड़ जाए! कहीं कोई संघर्ष न करना पड़ जाए! भोग-विलास को थोड़ी देर के लिए भी छोड़ना न पड़ जाए! अमानुषीकरण और पशुता के प्रेम में पड़े हुए मनुष्य का डर है यह। नीचता से मोह इस डर का जनक है। उन्नत मनुष्यता और नैतिकता के मूल्य जिस मनुष्य को डराने लगे हैं, वह किस हद तक मनुष्य है, यह देखा जा सकता है।

मनुष्यता अब जीने का कम और नाटक का विषय ज़्यादा है। सच के लिए कम और दिखावे के लिए ज़्यादा है। दुनिया की अर्थव्यवस्था में माल के उत्पादन पर कम और पैंकेजिंग-मार्केटिंग पर ख़र्च ज़्यादा किया जाता है। मनुष्य के जीवन में गुणवत्ता पर कम और दिखावे पर ज़्यादा ध्यान देना इसी का दूसरा पहलू है। इसी के तहत जीवन के नारकीय हो जाने की चर्चा भरपूर की जाती है और इसमें अपनी भूमिका का सवाल आते ही चुप्पी साध ली जाती है। **कुमार अम्बुज** ने लिखा–

"...दूसरों के लिए दुःख की परवाह करता हूँ
आँसू बहे चले जाते हैं हृदय पर जैसे गाज गिरती है

और उनके बारे में कुछ नहीं सोचता
जो मेरी वजह से दुखी हैं।"[35]

संवेदनशीलता भी है पर बनावटी। आँसुओं की क़मी नहीं है। दूसरों के दुःख की परवाह भी भरपूर है। नहीं है तो केवल अपनी भूमिका की परवाह। दुःख अपने कारण से निरपेक्ष है। स्वायत्त है। दिखावे के काम आता है। यह दुःख नहीं, दुःख-विलास है। किसी को हँसना अच्छा लगता है, किसी को रोना। हरियाणे की एक रोती बुढ़िया से किसी ने पूछा—ताई! क्यूँ रोवै है? वो बोल्ली—खाल्ली बैट्ठी थी, सोचा थोड़ा रो ए ल्यूँ! अगली के लिए रोना टाईम पास करने का तरीक़ा है। समकालीन मनुष्य का रोना दिखावे के लिए हो सकता है, टाईम पास करने के लिए हो सकता है, मन बहलाने के लिए हो सकता है पर अपनी वेदना व्यक्त करने के लिए नहीं हो सकता। नकली आँसुओं की बाढ़ ने असली आँसुओं को बहा दिया है। चलन से बाहर कर दिया है। उनपर से भरोसा उठा दिया है। **केदारनाथ सिंह** की कविता में *सुखी आदमी* देखिए—

"आज वह रोया
यह सोचते हुए कि रोना
कितना हास्यास्पद है
वह रोया

मौसम अच्छा था
धूप खिली हुई
सब ठीक-ठाक
सब दुरुस्त
बस खिड़की खोलते ही
सलाखों से दिख गया
ज़रा-सा आसमान
और वह रोया

फूटकर नहीं
जैसे जानवर रोता है माँद में
वह रोया।"[36]

चाहे तो यह आदमी माँद से निकल सकता है। न मांद से निकलना असंभव है और न ही खुले आसमान तले साँस लेना। मुश्किल यह है कि इसकी ज़रूरत नहीं पड़ती और बेज़रूरत वह कोई काम करे तो करे कैसे! गोश्त की मांद में कभी कमी नहीं पड़ती और भरपेट खाकर नींद आ जाती है। खाने-सोने के बाद इतना समय ही नहीं बचता कि मांद से बाहर आ सके वह! अतः थोड़ा-सा आसमान देखकर उसे रोना ही पड़ता है! हाय री मजबूरी! शिकार और जंगल के पुराने दिन उसे याद आ जाते हैं। उसी तरह जैसे पुरानी शराब मिल जाए। हसरत-भरी निगाहों से शराब पीता है और रोता है वह। रोता है और शराब पीता है। शराब पीकर रोना विलास है। सुखिया संसार को शोभा देता है।

आँसू जिसकी शोभा बढ़ाते हैं, वह मनुष्य बनावट और पाखंड के दो पाँवों पर खड़ा है। इन पाँवों से पुरानी धारणाएँ उसने रौंद डाली हैं। **बालस्वरूप राही** ने कहा–

"तन बदलती थी आत्मा पहले
आजकल तन उसे बदलता है।
...
उसका कुछ तो इलाज करवाओ
उसके व्यवहार में सरलता है!"[37]

शरीर के द्वारा आत्माएँ बदलते रहना जड़ द्वारा चेतना का इस्तेमाल कर लेना है। मृत्यु द्वारा जीवन का इस्तेमाल कर लेना है। मक़सद है–विलास। अवसरवाद की इंतिहा है कि आदमी अपने प्रति भी ईमानदार नहीं। बाहर की दुनिया जितनी तेज़ी से बदल रही है, भीतर की दुनिया उससे कम तेज़ी से नहीं बदल रही। एक पल पहले जो न्याय के पक्ष में है, अगले ही पल वही अन्याय के पक्ष में भी हो सकता है। जो खटास को बर्दाश्त नहीं कर सकता, वही अपने बॉस के साथ होने पर खटास का गुणगान भी कर सकता है। **इंद्रजीत सिंह तुलसी** की मशहूर गीत-पंक्ति है–*पानी रे पानी, तेरा रंग कैसा? जिसमें मिला दो, लगे उस जैसा!* [38]

पानी, पानी है पर मनुष्य, मनुष्य नहीं। पानी का जो समर्पण है, वही मनुष्य की अवसरवादी मक्कारी। मक्कारी का वर्चस्व बढ़ रहा है। इस हद तक कि सरलता अब दोष हो गई है मनुष्यता का। जो पहले स्वास्थ्य का लक्षण था, वह अब रोग है। मूर्खता है। पिछड़ापन है। बनावटी जीवन जीना अब एक कला है। इस कला का उपयोग नितांत निजी संबंधों में भी किया जाता है। **चंद्रकांत देवताले** ने कहा कि *भयभीत आदमी के/साहसी क़िस्सों का सबसे बड़ा ख़ज़ाना/उसकी बीवी के पास होता है।*[39] पाखंड डरे हुए को भी साहसी होने का भ्रम दे सकता है। इस भ्रम के पालन-पोषण के लिए बीवी को इस्तेमाल कर लेने की सुविधा दे सकता है। अपनी असलियत छुपाने वाला कौशल दे सकता है। **निदा फ़ाज़ली** का शे'र है–

"हर आदमी में होते हैं दस-बीस आदमी
जिसको भी देखना हो, कई बार देखना!"[40]

हालात ऐसे हैं कि कई बार देखने पर भी आदमी पूरा दिख जाए तो ग़नीमत! किसी को पहचानने के लिए कई बार देखना पड़ता है। कई बार देखना धैर्य से संभव होता है। कविता इस जल्दबाज़ी-भरे दौर में धैर्य की ज़रूरत बताती है। आँखों में अपनी रौशनी हो और दिल में सच्चा धीरज, तभी समकालीन मनुष्य को पहचानने की योग्यता मिलती है। *कई बार देखना* बातचीत करते हुए दी गई सलाह की भाषा है। शरीर शेर यानी छंद का है और आत्मा गद्य की। **शमशेर** के मुहावरे में इसी से बात *बोलने* लायक़ होती है। बात कहने वाला नहीं, बात बोलती है। **पुरुषोत्तम प्रतीक** के इन अश्आर में भी सलाह की भाषा में *बात बोली है*–

"देवता जैसे दिखो बेशक कसाई हो गुरु
इस बला की क़त्ल करने में सफ़ाई हो गुरु

लोग मरहम बेचने को ज़ख़्म देते हों जहाँ
क्या ज़रूरी है कि मरहम भी दवाई हो गुरु!"[41]

देवत्व केवल दिखने के लिए है। केवल पवित्रता का रौब गाँठने के लिए। क़त्ल सफ़ाई से किया जाए तो अपराध नहीं, कला है। साधना के द्वारा कला को सिद्ध किया जाता है। ऐसे साधक और ऐसे सिद्ध बहुत हो गए हैं। गुरु-शिष्य परंपरा का विकास हो रहा है! कलाकारी का विकास हो रहा है! यह कोई मामूली विकास नहीं है। बड़ा महत्त्वपूर्ण विकास है। इसके लिए भरोसे की क़ुर्बानी दी जा सकती है! दी जानी चाहिए! दी गई है। भरोसा न आदमी पर रहा, न उसके आचरण पर। अर्थव्यूह में फँसकर उपचार का अर्थ भी जाता रहा। मरहम हो सकता है कि दूसरा ज़ख़्म तैयार कर दे! इसलिए कि दूसरे ज़ख़्म की मरहम भी बिकनी है! पहले शे'र में उपहास और प्रहार का भाव प्रमुख है और दूसरे में तकलीफ़ का। कहा नहीं गया है पर सवाल साफ़ है कि जिनके ज़ख़्म हरे हैं, वे कहाँ जाएँ। फ़सल बाड़ से अपनी रक्षा कैसे करे? सहानुभूति, पक्षधरता और प्रहार को एक साथ शब्द देने वाला तेवर है व्यंग्य।

व्यंग्य के कई तरीक़े हैं। वह मामूली-सी बात कहने के अंदाज़ द्वारा भी हो सकता है। **वीरेन डंगवाल** की इन पंक्तियों में ऐसा ही व्यंग्य है–

"कम पानी में काम चलाना
हमने सीखा
गाड़ी में उलटा टंग जाना
हमने सीखा
झोले में तरबूज छिपाना
हमने सीखा
झूठ बात को सच्चे मन से सत्य मानना
अपने जीवन में अपनाना हमने सीखा।"[42]

झूठ बात को सत्य तो स्वार्थ के कारण पहले भी मान लिया जाता था लेकिन *सच्चे मन से* मानना हाल ही में हुआ है। झूठ का वर्चस्व अब जीवन के विविध क्षेत्रों में प्रसारित होते-होते मन तक पहुँच गया है। सच का रूप अब झूठ का ऐसा दिखावा बन गया है, जो सच से भी ज़्यादा सच दिखाई दे। सच और झूठ के बीच अंतर करने वाली पहचान निरंतर धुंधली होती जा रही है। यह पहचान करने वाली नज़र झूठ से ही बनी है। अतः झूठ को *सच्चे मन से* सच मान लेती है। निःसंकोच।

कविता का स्वर ऐसा है, जैसे बच्चे कोई समूहगान गा रहे हों–*हमने सीखा...हमने सीखा!* झूठ जिनके जीवन का आधार है, यह उनका सामूहिक स्वर है। इस स्वर में यह संकेत भी छुपा हुआ है कि सामूहिकता झूठ पर आधारित लोगों में पनप रही है। एक झूठा दूसरे झूठे को बल देता है। इससे झूठों के बीच एकता मज़बूत होती है। एकता और सामूहिकता शक्ति के जाने-पहचाने स्रोत हैं। ताक़तवर झूठे, और ताक़तवर होते जा रहे हैं। कमज़ोर सच्चा, और अकेला, और कमज़ोर पड़ता जा रहा है। हर जगह। हर वर्ग और हर भूमिका में। इसीलिए **शलभ श्रीराम सिंह** ने देखा–

"...बुद्धिजीवियों का प्रतिवाद ठीक-ठीक छपा है आज
आज कामगारों का बयान छपा है ठीक-ठीक
ठीक-ठीक छपा है आज बेरोज़गारों का प्रतिवेदन
आज संपादक की ख़ैर नहीं।"[43]

उसकी नौकरी ख़तरे में है। जा सकती है। नौकरी खोने का इंतज़ाम उसने अपने काम को ईमानदारी से अंजाम देते हुए कर ही लिया है। संपादक अगर सचमुच संपादन कर दे तो संपादक नहीं रहता। बनावट और पाखंड आदमी की ज़रूरत बना दिए गए हैं। इस ज़रूरत को वही पूरा कर सकता है, जो **सोमदत्त** के शब्दों में *पतलून पहनकर नंगों की लुल्लू पर दुखी होता रहे।* [44] दिखावटी और रस्मी चाहे दुःख हो या सत्यकथन, सम्मानित किया जाता है। **रामकुमार कृषक** ने कहा–

"वो जो आकाश में टहलते हैं
उनके पाँवों की बिवाई छल है।"[45]

आकाश में टहलते हुए तलुओं में बिवाई फटना असंभव है और असंभव को जो संभव कर दे, वह धोखा। चालाकी धोखे का अर्थ है और दिखावा उसका सारतत्व। ज़रूरत इसकी सच को छुपाने और झूठ को सच की तरह दिखाने के लिए पड़ती है। **हरीशचन्द्र पांडे** ने एक कविता लिखी–*बैठक का कमरा*–

"...अपने भीतर के कमरों की क़ीमत पर ही खिलता है कोई
बैठक का कमरा
साफ़-सुथरा संभ्रांत

जिसे रोना है भीतर जाके रोए
जिसे हँसने की तमीज़ नहीं वो भी जाए भीतर
जो आए बाहर आँसू पोंछ के आए
हँसी दबाके
अदब से

...अभी-अभी ये आया गेहूँ का बोरा भी सीधे जाएगा भीतर
स्कूल से लौटा ये लड़का भी भीतर ही जाकर आसमान
सिर पर उठाएगा

निष्प्राण मुस्कराहट लिये अपनी जगह बैठा रहेगा बाहर का
कमरा..."[46]

बाहर का कमरा जितना सजा-धजा है, उतना ही निष्प्राण। यह कमरा घरों में, आदमी में, जीवन में फैल रहा है। भीतर के कमरे सिकुड़ रहे हैं। जीवन के आधार-मूल्यों की हैसियत कमतर होती जा रही है। परजीविता बढ़ रही है। बनावट और दिखावा बढ़ रहा है। जीवन के द्वार पर दस्तक देते-देते मृत्यु जीवन के भीतर घुस आई है। सहजता और उल्लास दमित हो रहे हैं। मर रहे हैं। गेहूँ भले प्राणाधार हो, बाहर के कमरे में उसकी कोई जगह नहीं।

परिचय, आदेश और टिप्पणी के स्वरों में यह कविता रूप लेती है। जीवन में जीवन की संकोचग्रस्त जगह दिखाती हुई। संकेत करती हुई कि मनुष्य भी ऐसे मकान जैसा ही होता जा रहा है। होठों पर चिपकी संभ्रांत मुस्कान उसके शरीर की बैठक है। भीतरी कमरों में जो कुछ है, वह भले ही बैठक का अस्तित्वाधार हो पर उसे बैठक को देखकर नहीं जाना जा सकता। जिसकी बैठक जितनी व्यवस्थित होती है, वह उतना ही सुपात्र होता है तरक़्क़ी का। **मनमोहन** ने *उन्होंने कहा* कविता में कहा–

"उन्होंने कहा
अब तुम जाओ
तुम्हारी जगह ख़ाली हुई

यह तुम्हारी नक़ल
तुम्हारा हमशक्ल है
जो अब से नियुक्त किया जाता है

फिर मैं अज्ञात जगह रहने चला गया
त्यागपत्र देकर और लेकर अपने तमाम स्वत्वाधिकार
जिनकी अब उन्हें कोई ज़रूरत न थी

एक अरसा हुआ
और मैं ख़ुद ही भूल गया
कि मैं क्या था और कहाँ था

जब मैं पूरी तरह भूल गया
तो एक दिन मुझे फिर से आमंत्रित किया गया"[47]

नक़ल असल को अपदस्थ कर रही है। तब तक असल अपदस्थ रहता है, जब तक नक़ल की तरह व्यक्तित्वहीन नहीं हो जाता। ख़ुशी से इस्तेमाल होने लायक़ नहीं बन जाता। अपनी यादों से भी अपने होने को पूरी तरह खदेड़ नहीं देता। जैसे ही वह बैठक के कमरे की तरह *निष्प्राण मुस्कराहट* का धनी बन जाता है, उसका स्वागत करने लगते हैं नियोक्ता। स्वागत करने से पहले वे अच्छी तरह तय कर लेते हैं कि उसमें कोई मूल्यनिष्ठा बाक़ी नहीं रही। कैसे? यह **मनमोहन** की ही एक और कविता खोलती है। कविता का नाम है–*मेरी नक़ल*–

"मेरी नक़ल
अब मुझे सत्यापित करती है

यही फ़ैसला हुआ है जिसे मैंने मान लिया है

कोई कमी हो तो मुझे प्रशिक्षित भी वही करती है

और
अगर मैं उदास हो जाऊँ
तो यह मेरा सौभाग्य ही कहा जाए
कि मुझे तसल्ली भी वही देती है"[48]

नक़ल असल को नक़ली बनने का प्रशिक्षण देती है। उसकी जाँच करती है। उसे सही होने का सर्टिफ़िकेट देती है। बनावट को जीते हुए अपना सच याद आकर उदास कर जाए तो *तसल्ली भी वही देती है*। नक़ल ने चारों तरफ़ से घेर लिया है असल को। अब असल बच नहीं सकता। उसे घिर जाने को अपना सौभाग्य मानना ही होगा। जीते जी अपनी मृत्यु का स्वागत करना ही होगा। नक़ल के साँचे में ढलना ही होगा। कविता द्वारा दी गई यह संवेदनात्मक सूचना झकझोरती है। बदलते हालात में बदलते मनुष्य के बदलाव पर सवाल उठाती है। क्यों हो रहा है ऐसा और कब तक चलेगा? नक़ल के वर्चस्व का अपने ढंग से विरोध करने वाली **बद्रीनारायण** की एक महत्त्वपूर्ण कविता है—*नई दुनिया में लोक*—

"अपने गाँव के आकाश की मरी चिड़िया
पॉकेट पर टांगे जब वह शहर आया
तो लोगों ने फरमाया—वाह क्या लोक है!
उसके वजूद में भटकती चिड़िया की आत्मा की
आवाज़ जब फैली बाहर
तो लोगों ने बजाई ताली देखिए न यह कितना सांस्कृतिक है

जब मृत चिड़िया की अधूरी आकांक्षाएँ उस आदमी की
आँखों में फैलने लगी तो उसकी आँखें हुईं नीली
लोगों ने दाद दी—इसकी जड़ें बहुत गहरी हैं
और यह कर रहा है जड़ों की खोज

मरने के पहले जो चिड़िया ने ली थी कराह
वह कराह जब उसके हावभाव और अभिव्यक्तियों में दिखने लगी
तो लोगों ने कहा दीजिए ध्यान! इसकी अभिव्यक्ति
अत्यंत लयात्मक है

मारने वाले व्याध से बदले की इच्छा जब मृत
चिड़िया के शरीर में पैदा करने लगी कुछ साँसें
और अनेक कंपन्न
तो वे ही लोग कहने लगे
अब बहुत हो गया लोक लोक
अब हमें कुछ और बातें करनी चाहिएँ।"[49]

यह लोकप्रेमी बुद्धिजीवियों का हाल है। चिड़िया की लाश और उसका दिखावा उनके लिए महत्त्वपूर्ण है। उसकी आत्मा से मनुष्य का एकाकार होना उन्हें मुग्ध करता है। उसकी

इच्छाएँ आदमी की आँखों में बस जाएँ तो वे दाद देने लगते हैं। उसकी अंतिम कराह जब आदमी के हावभाव में दिखने लगती है तो वे उसकी लय पर फ़िदा होते हैं। चिड़िया को मारने वाले का कुछ बिगड़ने की संभावना जब उसमें आकार लेने लगती है तो वे ऊबने लगते हैं। कुछ निर्णायक जब होने लगे तो उनकी निर्णय-क्षमता को लक़वा मार जाता है। लोक उनके लिए गाँव के मेले में आया ऊँट है। सिर्फ़ देखने और दाद देने का पात्र है। मनोरंजन का *थोड़ा अलग* माध्यम है। जीवन की जीवंतता नहीं है। उस जीवंतता से प्रेम नहीं है। उसे बचाने की कोशिश नहीं है। न बचा पाने की छटपटाहट तक नहीं है। फिर प्रेम के लिए मर-मिटने वाले हौंसले का तो ज़िक्र ही क्या!

लोक साहित्य जनता की ज़बान पर ज़िंदा रहने वाला सामूहिक सृजन है। सबसे सहज। इसीलिए लोक की उपस्थिति की ज़रूरत कविता में भी महसूस की जाती रही है। कहा जाता रहा है कि जीवन की धड़कनों से स्पंदित हो कविता। जब सृजन के सबसे सहज और जीवन से सीधे-सीधे जुड़े रूप के साथ बौद्धिकों का ऐसा बरताव है तो अन्य रूपों के साथ कैसा होगा, यह अनुमान लगाया जा सकता है। यह भी देखा जा सकता है कि बनावट और पाखंड की शक्ति कितनी बढ़ती जा रही है। सर्वग्रासी होती जा रही है यह शक्ति। तरह-तरह के रूपों में जीवन को निगलते इस मृत्युदूत की उपस्थिति से शायद ही कोई क्षेत्र बचा हो! यह कविता द्वारा दी जाने वाली हमारे समय की ज़रूरी सूचना ही नहीं, चेतावनी भी है। बनावट का अघोषित विश्वविजय अभियान अगर इसी तरह चलता रहा तो एक दिन **विष्णु नागर** के शब्दों में कहना पड़ेगा–

"क्योंकि हमारा इतिहास नक़ली था
हमारी चिंताएँ नक़ली थीं

क्योंकि हमारी चिंताएँ नक़ली थीं
हमारी हँसी नक़ली थी

क्योंकि हमारी हँसी नक़ली थी
हमारी मौत असली थी।"[50]

नक़ली जीवन असली मौत का दूसरा नाम है। उस मौत का, जो जीवित रहते घटित होती है। ईमानदारी और सहजता जैसे जीवन के आधार-मूल्यों की हत्या इसमें शामिल है। ऐसे में परिदृश्य **अब्दुल अहद साज़** के शब्दों में यह बनता है–

"पसमंज़र में फ़ेड हुए जाते हैं इंसानी किरदार
फ़ोकस में रफ़्तः-रफ़्तः शैतान उभरता आता है।"[51]

मनुष्यता के उपेक्षित होने और अमानवीयता के उभरने की एक प्रक्रिया है। ज़िंदगी में रफ़्तार बहुत है पर मनुष्यता का समय ठहरा हुआ है। उसके बल पर जो जीना चाहते हैं, वे टुकड़ा-टुकड़ा जीने पर मज़बूर हैं। झूठ, अवसरवाद और बेशर्मी के लिए अभूतपूर्व सुख-सुविधाएँ हैं। सच, ईमानदारी और नैतिकता के लिए जीवित रहना भी मुश्किल होता जा रहा है। इस मुश्किल का सामना करते हुए जीवन यंत्रवत् बन जाता है। **अक़ील शादाब** ने कहा–

"...वक़्त इक दीवार से चिपका हुआ है
और बेरहमी से गर्दिश कर रहा है
रात का पिछला पहर है
मैं कई टुकड़ों में
बँटकर रह गया हूँ
...रोज़मर्रा की तरह फिर
सुब्ह सूरज
सारे कलपुर्ज़े
दोबारा जोड़ देगा
और मेरे नाम की तख़्ती लगाकर
मुझको मेरे
घर के बाहर छोड़ देगा।"[52]

मनुष्य का जीवन उसके नाम की तख़्ती की तरह औपचारिक है। रात को टूटकर बिखरना और सुबह फिर से बिखरने के लिए जुड़ना इसी औपचारिकता का निर्वाह है। ठंडे लम्हों से थोड़ी-बहुत गर्मी खींचने की कोशिश में आदमी टूटता है। उसे जीवित रहना है। इसलिए काम करना है। इसलिए ख़ुद को जोड़ना है। काम से उत्साह ग़ायब है और आराम से थकान। अगर कोई मनुष्य है, अगर किसी को यांत्रिकता ने हज़म नहीं कर लिया है तो वह ऐसे हालात में स्वयं से संतुष्ट नहीं रह सकता। **मुहम्मद अलवी** की एक कविता है–*कौन*–

"कभी दिल के अंधे कुएँ में
पड़ा चीख़ता है
कभी दौड़ते ख़ून में
तैरता, डूबता है
कभी हड्डियों की सुरंगों में बत्ती जलाकर
यूँ ही घूमता है
कभी कान में आके चुपके से कहता है
तू अब तलक जी रहा है
बड़ा बेहया है
मेरे जिस्म में कौन है ये
जो मुझसे ख़फ़ा है!"[53]

मनुष्य को व्यवहार में प्रकट होने, जीने का अवसर नहीं मिलता तो वह मनुष्य के भीतर चला जाता है। अंतर्जगत् में रहने लगता है। वहाँ रहने पर भी वह रहता है मनुष्य ही। चुप नहीं बैठता। यंत्रवत् जीवन में हस्तक्षेप करता है। टोकाटाकी करता है। कोशिश करता है कि उसका आवास किसी हाल में अमानवीय न बनने पाए। अमानवीय बना देने वाले हालात में आदमी को रहना पड़ता है। तब भी भीतर का मनुष्य उसे बेचैन रखता है। यह बेचैनी ही पूरा अमानवीय नहीं बनने देती।

हालात इस बेचैनी के ख़िलाफ़ ज़्यादा हैं। निस्सार मान्यताएँ या रूढ़ियाँ इन हालात को बल देती हैं। **विष्णु खरे** ने लिखा–

"...मर्दों के रोने में औरतों के आँसू मिले हुए हैं
औरतों के विलाप में मर्दों के हिस्से का शोक भी है
लेकिन जब से पौरुष का पर्यायवाची न रोने को बनाया गया है
नृशंसताएँ बढ़ती गई हैं...।"[54]

स्त्रीत्व का पर्यायवाची जब से रोने को बनाया गया है, तब से नृशंसताओं को सहने की आदत भी बढ़ती गई है। सच यह है कि न कोई पुरुष, शुद्ध पुरुष होता है और न कोई स्त्री, निरी स्त्री। ज़िंदगी को ख़ानों में बाँटने का गणित केवल आलोचना नहीं करती, समाज की सोच भी करती है। दोनों को इसी में सुविधा है। यांत्रिक सुविधावाद सच का गला घोंटता है। हर जगह। वह न मनुष्य में मनुष्यत्व बाक़ी रहने देता है, न कर्म में सार्थकता, न जीवन में जीवंतता। **क़ैफ़ी आज़मी** ने *खिलौने* कविता में कहा–

"...नहर जादू की। पुल दुआओं के।
झुनझुने चंद योजनाओं के।
सूत के चेले। मूँज के उस्ताद।...
आलिम आटे के और रवे के इमाम।
और, पानी के शाइराने-कराम।
ऊन के तीर। रुई की शम्शीर।
सद्र मिट्टी का, और रबर के वज़ीर।"[55]

नहरें, पुल, योजनाएँ, गुरु, शिष्य, विद्वान, धर्माधिकारी, कवि, शस्त्र, बातें...सब कुछ है और कुछ नहीं है। **अरुण कमल** ने एक कविता में लिखा–*सारी दुनिया खाल में भूसा भरे बछड़े की तरह/सारी दुनिया खाल में भूसा भरे बछड़े की तरह।*[56] क़ैफ़ी ने खिलौनों के बारे में जो कहा, वह खिलौनों से ज़्यादा समकालीन मनुष्य के बारे में सच है। अरुण ने जो स्थिति न्यूट्रॉन बम गिरने के बाद की दुनिया के बारे में लिखी, वह बम गिरने से पहले की दुनिया में भी घटित हो रही है। निस्सारता के चित्र हैं ये, जो दोनों कवियों ने ज़िंदगी की मिट्टी से उभारे हैं। खोखलेपन का प्रसार ज़िंदगी से लेकर मौत तक है। नश्वरता से अमरता तक है। बताते हैं **मनमोहन** के ये कविता-वाक्य–

"स्मृतियाँ मिट जाएँगी
लेकिन प्लास्टिक रहेगा
और वे स्मृतियाँ जो प्लास्टिक की बनी हैं

लोग चले जाएँगे
लेकिन प्लास्टिक रहेगा
और वे लोग जो प्लास्टिक के बने हैं...।"[57]

प्लास्टिक के रूप में बनावट ने अमरता प्राप्त की है। जो ज़िंदगी को जी नहीं पाते, वे मरते भी नहीं। न उनके जीने का कोई अर्थ होता है, न मरने का। न उनके जीने से कोई ख़ुश, न मरने से कोई दुखी। पैदा हुए, इसलिए कि पैदा होना था। मरे, इसलिए कि मरना था। जीवित रहे, इसलिए कि जीवित रहना था। संवेदनशून्यता या जड़ता मनुष्य से पहले भी थी, उसके बाद भी रहेगी। इसी अर्थ में वह अमर है। अमर होना है तो इंसान की तरह

जीना छोड़ दो! प्लास्टिक के बन जाओ! होने दो, जो होता है! **वहीद अख़्तर** ने सही कहा—*सुब्ह होती है मगर रात की ज़ंजीर कहाँ कटती है!*[58] यह नई तरह की ग़ुलामी है। प्लास्टिक के हाथ अँधेरे का बंधन नहीं काट सकते। जीवन के प्लास्टिकीकरण का एक कारण **फ़ज़ल ताबिश** ने बताया—*...और ये महफ़ूज़ जीने का तसव्वुर/धीरे-धीरे मुझको ज़िंदा मार देगा।*[59] हर हाल में सुरक्षित रहने की चाह आदमी को सुरक्षित तो नहीं बना पाती, अपना हत्यारा ज़रूर बना देती है। उसकी संवेदना का प्लास्टिकीकरण करते हुए।

प्लास्टिकी संवेदना सुरक्षा के भ्रम और सफलता की दृष्टिहीनता का ककहरा है। इसे सीखने का मतलब है हर क़ीमत पर आगे बढ़ना। नगरों के विश्वविद्यालयों में यह कला सीखी और सिखाई जाती है। इस हुनर का अभ्यास किया जाता है। इसीलिए **निदा फ़ाज़ली** को एक शे'र में बताना पड़ा—

"यहाँ किसी को कोई रास्ता नहीं देता
मुझे गिराके अगर तुम सँभल सको तो चलो!"[60]

यही किलर-इंस्टिंक्ट है। सफलता का नया मंत्र। इसका साधक अपने अलावा और किसी को देखता ही नहीं। इसलिए नहीं देखता कि देखने से किसी अस्पताल जाते सीरीयस मरीज़ को देखकर मनुष्यता जाग सकती है। उसके लिए रास्ता दिलवा सकती है। उसका आगे बढ़ना थोड़ी देर के लिए स्थगित करा सकती है। कुछ भी न देखने से बढ़ाव के रुकने का कोई अंदेशा नहीं रहता। इतना हुनर जब सध जाए तो आगे का हुनर सीखा जाता है। इसके तहत उन लोगों को धक्का दिया जाता है, जो साथ-साथ या आगे हैं। धक्का इस सफ़ाई के साथ, इस कलात्मकता के साथ दिया जाए कि धक्का देने वाला ख़ुद को उससे आगे निकलने के लिए सँभाल ले। इस हुनर को भी साध लेने पर आदमी सबसे आगे रहने की दौड़ में विजेता बनने लायक़ हो जाता है। अच्छी तरह समझ लेता है कि उसके लिए आदमी होना ज़रूरी नहीं। ज़रूरी है विजेता होना। आदमियत की क़ीमत पर विजयश्री का वरण सफल मनुष्य की विशेषता है। सफल संपादक कैसा होता है, यह **वीरेन डंगवाल** ने इस तरह दिखाया—

"...जितना ख़ून सोखता था
उतना ही भारी होता था
अख़बार।

अब सम्पादक
चूँकि था प्रकांड बुद्धिजीवी
लिहाज़ा अपरिहार्य था
ज़ाहिर करे वह भी अपनी राय।
एक हाथ दोशाले से छिपाता
झबरीली गर्दन के बाल
दूसरा
रक्त-भरी सफ़ेद चिलमची में
सधी हुई छप्प-छप।"[61]

संपादक की सफलता इसमें है कि अख़बार को भारी होने के लिए रक्त की कमी भी न पड़े और उसकी रक्तपायी पशुता भी छिपी रहे। उसके द्वारा ज़ाहिर की जाने वाली राय का दृश्य-रूपांतरण है यह। एक सच्चा और यादगार दृश्य। एक हाथ अपनी हिंसक अमानवीयता को छिपाता और दूसरा रक्त से खेलता। *सफ़ेद चिलमची* का मतलब अख़बार और *रक्त* का मतलब उसका मसाला। ऐसा संपादन पीने वालों की तो सचमुच बात ही और है!

ऐसी *छप्प-छप* तक पहुँचने के लिए साधना करनी पड़ती है। तभी *सधी हुई* बनती है वह। अवसरवाद का पर्दाफ़ाश तो पहले की कविताओं में भी मिल सकता है पर अवसरवाद के हुनर-विज्ञान को संभवतः बीसवीं सदी के अंतिम दशक की हिंदी कविता में ही ख़ास तौर से दिखाया गया है। संपादक के रूप में यह पशुता और मनुष्यता का सर्वाधिक फलदायी सम्मिश्रण है। रक्त के मामले में हिंस्र पशु जितना क्रूर और छिपाने के मामले में हुनरमंद मनुष्य जितना चतुर। शार्प।

मनुष्य के रूप में ऐसे जंतु बढ़ रहे हैं। हर वस्तुस्थिति का, हर मनुष्य का, हर वातावरण का अपने मतलब से इस्तेमाल करते हुए। परिणाम यह कि इस्तेमाल करने और इस्तेमाल होने की स्थितियाँ जीवन का केंद्र-बिंदु बनती जा रही हैं। स्मृति और परंपरा भी इस इस्तेमाल-चक्र से बाहर नहीं हैं। **वीरेन** के ही शब्दों में *परंपरा* का इस्तेमाल इस तरह होता है–

"पहले उसने हमारी स्मृति पर डंडे बरसाए
और कहा–'असल में यह तुम्हारी स्मृति है'
फिर उसने हमारे विवेक को सुन्न किया
और कहा–'अब जाकर हुए तुम विवेकवान'
फिर उसने हमारी आँखों पर पट्टी बाँधी
और कहा–'चलो अब उपनिषद पढ़ो'
फिर उसने अपनी सजी हुई डोंगी हमारे रक्त की
नदी में उतार दी
और कहा–'अब अपनी तो यही है परंपरा'।"[62]

सत्ता और सफलता की गर्वीली डोंगी मनुष्य और मनुष्यता के रक्त की नदी में बढ़ती है। ऐसी नदी पैदा की जाती है। स्मृति, विवेक और तर्कशक्ति को भोंथरा किए बिना मनुष्य को ग़ुलाम नहीं बनाया जा सकता। उसे अपना रक्त बहाने के लिए तैयार नहीं किया जा सकता। रक्त की नदी धरती पर नहीं बहाई जा सकती। मनुष्य के रक्त की नदी में मनुष्य की डोंगी! *सधी हुई छप्प-छप* की जगह बनाती! परंपरा के उपासकों की कलई खोलती! एक और नया दृश्य। समकालीन कविता की एक और देन।

ऐसी देन, जो बिना कोई दावा किए चुपचाप घटित होती है। ऐसे दृश्य असंभव नहीं लगते। अलग से नहीं चमकते। जीवन अपरिहार्य है इनके लिए। अतः साधारण हैं ये। कविता के दृश्यों का यह जीवन से अनिवार्य साधारणीकरण है। इस सच का सूचक कि समकालीन कविता में कुछ कविताएँ ऐसी भी हैं, जो कविता के लिए जीवन की नहीं, जीवन के लिए कविता की सैद्धांतिक ज़मीन पर खड़ी हैं। प्रक्रिया में भी और परिणाम में भी।

मनुष्य के रक्त की नदी में मनुष्य की डोंगी! समकालीन मनुष्य के पतन का यह प्रतिनिधि दृश्य है। कल्पना की आँखों से इसे साकार किया जाए तो घृणा होती है। मतली आती है। जी कच्चा-कच्चा होता है। कैसे कोई मनुष्य, मनुष्य के रक्त में अपनी डोंगी उतार और बढ़ा सकता है? ऐसा कर सकने वाला मनुष्य क्या सचमुच मनुष्य है? क्या वह संसार का सबसे भयंकर जंतु नहीं? यह डोंगी बढ़ाते-बढ़ाते आख़िर वह पहुँचेगा कहाँ?

वह पहुँचेगा अमानुषिकता के महासागर तक। उसकी डोंगी भी वहाँ तक पहुँचते-पहुँचते विराट जहाज़ बन चुकी होगी। सजा-धजा जहाज़। मनुष्य के रक्त के महासागर में मनुष्य का जहाज़! रक्त का महासागर! कल्पना से भी रोम-रोम सिहर उठता है। पोर-पोर उबकाई घुमड़ती है। क्या डोंगी चलाने वालों को थोड़ी-सी भी घृणा नहीं होती? वर्तमान का क्रूर सच यही है कि नहीं होती। होती तो वे रक्तपात के लिए दूसरों का शातिर इस्तेमाल नहीं करते। वे आदी होते हैं रक्त के। **विष्णु खरे** ने लिखा–

"...अंधी घाटी में इससे भी बड़े ख़तरे हैं
स्याह धुंधलके में मैंने नीले नाख़ून और बैंगनी मसूढ़े देखे हैं
और रेंगने की ध्वनि सुनी है
मेरे समीप से अभी कुछ सरका है
जिसकी बदबू-भरी साँस मेरे पेट के गढ़े तक पहुँची है
हमें अब उबकाई तक नहीं आती
अंधी घाटी में किसी भी बात के आदी होने में वक़्त नहीं लगता...।"[63]

बदबू साँसों के ज़रिये हृदय तक नहीं पहुँचती। पेट के गड्ढे तक पहुँचती है। मल के साथ बाहर निकल जाने के लिए। हाज़मा काफ़ी ताक़तवर हो गया है। नीले नाख़ूनों और बैंगनी मसूढ़ों की तीख़ी दुर्गंध तक हज़म करने लायक़। न किसी अनहोनी का कोई भय, न रक्त-मांस की दुर्गंध से पैदा होती उबकाई। आदमी है या पत्थर? इंसान है या क्रूरता का यंत्र? हर अमानवीयता सहज है उसके लिए। यह *विडंबना* भी, जो **राजेश चन्द्रा** ने दिखाई–

"हम पत्थरों में
भगवान देख लेते हैं
लेकिन इंसान में
इंसान भी नहीं देख पाते
...हम मूर्तियों को दूध पिला देते हैं
और बच्चों को
बिना पानी के भी मरने देते हैं
हम बड़े अजीब लोग हैं!"[64]

भगवान और उसकी मूर्तियों का भी इस्तेमाल करने में दक्ष हैं मनुष्य-जंतु। इसलिए कि उनसे इंसान में इंसान को न देख पाना और बच्चों को मरने देना छिप जाता है। संवेदनहीनता और क्रूरता की आड़ है भगवान और मूर्तियों की प्रतिष्ठा। ऐसे ही मनुष्य-जंतुओं की परंपरा है मनुष्य के रक्त में अपनी डोंगी उतारना। नीले नाख़ूनों और बैंगनी मसूढ़ों को देखकर भी निश्चिंत रहना। घृणाप्रूफ़ मानस के मालिक होना और इसपर गर्व

करना। दूसरों को अपनी डोंगी के लिए ज़रूरी रक्त की नदी बनाने वाली सामग्री मानना। सत्य कहने के अपराध में ईसा मसीह को जिस क्रूरता से क्रॉस पर टांग दिया गया था, आज के सत्तालोलुप मनुष्य की क्रूरता उससे भी ज़्यादा है। वह अनेक को पोस्टरों की तरह दीवार पर टांग देता है। **ओम् प्रकाश वाल्मीकि** ने *पोस्टर* में लिखा–

"बहुत गिड़गिड़ाने के बाद भी
उन्होंने मुझे मज़बूती से पकड़कर
मेरी पीठ पर पोत दी/ढेर सी लेई
और फिर चिपका दिया मुझे
सड़क के किनारे/ऊँची दीवार पर।

मेरे हाथों और पैरों में/छोटी-छोटी कीलें ठोंककर
लिख दिए इंद्रधनुषी नारे
मेरे मुँह पर/छाती और बाँहों पर
...

सड़क से गुज़रते लोगों ने
मुझ पर सरसरी नज़र डाली/और आगे बढ़ गए
दूसरे दिन, फिर कुछ लोग आए/झुंड बनाकर
और गर्म-गर्म बहसों में उलझ गए

मैं, हैरान था/कि वे मुझे पहचान क्यों नहीं रहे हैं
सिर्फ़ पढ़ रहे हैं/उस इबारत को
जो मेरे जिस्म पर लिख दी गई है।
...आपस में लड़ते-झगड़ते वे लोग
दोहरा रहे थे बार-बार/उन शब्दों को
जो मेरी छाती पर खोदे गए थे
तेज़ नुकीले चाकू से...।

कल जब कोई तेज़ अंधड़
बिखेर देगा मुझे ज़मीन पर/चिथड़े-चिथड़े करके
तब भीड़ में से/किसी एक को पकड़कर
फिर, चिपका दिया जाएगा/मेरी जगह
पोस्टर की शक्ल में।"[65]

पोस्टर की जगह आदमी का इस्तेमाल ज़्यादा फ़ायदेमंद है। वह सस्ता पड़ता है। थोड़ा अलग होने के कारण ज़्यादा ध्यान खींचता है। नारों पर ज़्यादा भरोसा जगाता है। लोकतंत्र में सरकार उस वोट से बनती है, जो कहने को हर आदमी के पास होता है। इस संदर्भ में जिस जनसाधारण को सबसे शक्तिशाली होना था, उसे पोस्टर बना दिया गया है। उसे

दीवार से ऐसे जड़ा जाता है जैसे जूते में छोटी-छोटी कीलें ठोंककर तल्ला जड़ा जा रहा हो। चाकू से उसके शरीर पर नारे लिखे जाते हैं। चाकू और कीलें उसके शरीर में रक्त-प्रवाह के लिए रास्ते बनाते हैं। उसी रक्त-प्रवाह के लिए, जिससे बनी नदी में ताक़तवर अपनी डोंगी उतार देते हैं। इसे नैतिक और उचित ही नहीं, ज़रूरी भी माना जाता है। क्रूरता अब एक गुण है। कला है। हुनर है। इस हुनर का जो शिकार होता है, उसकी चर्चा तक करने को पिछड़ापन माना जाता है। **राजेश जोशी** ने *परछाईं* के माध्यम से व्यक्त किया है—

"...दरवाज़े से दाखिल हुई परछाइयों में से
एक परछाईं जेब से चाकू निकाल रही है
दीवार पर पड़ती परछाईं के हाथ में
चाकू की परछाईं हिल रही है

दीवार पर एक घड़ी की परछाईं है
यह जो समय है
समय की परछाईं है
जो एक घड़ी की परछाईं से गुज़र रहा है

हत्या के इस दृश्य की परछाईं में
ख़ून की परछाईं गिर रही है

चीख़ की कोई परछाईं नहीं है!"[66]

जनसाधारण इस चीख़ में है बस। परछाइयाँ परजीवी होती हैं। जीवंत नहीं होतीं वे। पहचानी नहीं जातीं। दौर ऐसा है कि उनका होना ही होना है। घड़ी समय पर आधारित नहीं, समय घड़ी पर आधारित है। घोड़े के आगे गाड़ी जुती हुई है और इसे विकास माना जा रहा है। समय वास्तविक नहीं है। उचित कर्म को जगह नहीं देता। केवल परछाइयों को जगह देता है। परछाइयाँ ही हैं, जो हैं। परछाईं जेब से चाकू निकालते हत्यारे की भी है और चाकू की भी। हत्या की भी है और ख़ून की भी।

केवल चीख़ है, जिसकी कोई परछाईं नहीं है। जो मारा जा रहा है, वह एक चीख़-भर है। चीख़ सिर्फ़ गूँजकर रह जाती है। कोई छाप नहीं छोड़ती। परछाईंग्रस्त समय में परछाईं न होना वस्तुतः समय से बाहर होना है। न होना है। परछाईं इस कविता में न तो कोरी भाषा है, न सिर्फ़ कहने का तरीक़ा। इसका मतलब वह जीवन है, जो केवल हत्यारों के लिए सुरक्षित है, जो यांत्रिक है, जो असहाय का रक्तपात है, जो अमानुषिक है। परछाईं के होने और न होने में यह सब शामिल है।

हत्याओं की माँ क्रूरता, तानाशाह मानस की संतान है। तानाशाह चले गए होंगे पर तानाशाही नहीं गई। यह वैसा ही है जैसे अंग्रेज़ देश छोड़कर चले गए पर अंग्रेज़ियत नहीं। मनुष्यता और कविता की दृष्टि में तानाशाही रोग है। उससे ग्रस्त मानस बीमार है। **विपिन कुमार अग्रवाल** की *बादशाह* के शब्दों में—

"मैं जब बीमार पड़ता हूँ
सबको बहुत डाँटता हूँ

हर कोई मेरी डाँट
ख़ुशी-ख़ुशी सह लेता है

मेरे कहते ही हर काम
सब काम छोड़ कर देता है

फिर थककर जब सो जाता हूँ
और सोकर उठ जाता हूँ

तब लगता है इस दुनिया में
बादशाह बनने का विचार सबसे पहले
किसी बीमार को ही आया होगा।"[67]

तानाशाही का पुराना शरीर है—बादशाह। बादशाह बनना तानाशाही नामक बीमारी को परम स्वास्थ्य मानकर चुनना है। प्रकट करना है। साँस-साँस उपासना करना है उसकी। बीमारी यह इसलिए है कि इसके तहत अपने चारों तरफ़ मोहक भ्रम का एक व्यापक जाल बुना जाता है। सबके द्वारा डाँट का चुपचाप सह लेना और कहते ही हर काम सब कामों से पहले कर देना इस भ्रम को रचता है कि सब उसका सम्मान कर रहे हैं। उससे प्यार कर रहे हैं। पूजा कर रहे हैं उसकी। इससे अहंकार तुष्ट होता है।

अहंकार बीमारी है। उसके तुष्ट होने का मतलब बीमारी का बढ़ना है। वह आदमी कितना बीमार होगा, जो अपनी बीमारी को ही चुनता हो! पालता-पोसता हो! सर का ताज बनाकर पहनता हो! *सोकर उठना* जाग जाना है। बीमारी को देख और पहचान लेना है। समझ लेना है कि उसके इशारों पर दुनिया का नाचना वस्तुतः उसका सहानुभूति-पात्र बन जाना है। दया का याचक और *बेचारा बीमार* बन जाना है। जितना ताक़तवर, उतना ही बेचारा।

तानाशाही एक बीमारी इसलिए भी है कि इससे पीड़ित व्यक्ति दूसरों को कभी अपने जैसा नहीं समझता। अपने को सर्वश्रेष्ठ मानता है वह। सबसे अलग। विशेष। यही कारण है कि दूसरों के साथ वह वैसा व्यवहार कभी नहीं कर पाता, जैसा दूसरों से अपने प्रति चाहता है। स्वस्थ मनुष्यता का यह आधारभूत सच उसके जीवन का एक क्षण भी नहीं बना पाता। बीमार क्षणों का एक सिलसिला होता है उसका जीवन। अपने को उच्च समझने की नीच भावना से भरा हुआ। हर व्यक्ति को वह अपनी इच्छाओं के अनुसार हिलने-डुलने वाले उदाहरण के रूप में ही देख पाता है। अपनी उँगलियों पर नाचने वाली कठपुतली के रूप में ही देख पाता है। यह आँखों का ठीक-से काम न कर पाना है। तानाशाही से पीड़ित मानस कैसा होता है, इसका परिचय **ब्रेख़्त** की इस छोटी-सी कहानी से मिलता है—

महाशय 'क' से पूछा गया, "जब आप किसी आदमी को प्यार करते हैं, तब क्या करते हैं?"

महाशय 'क' ने जवाब दिया, "मैं उस आदमी का एक ख़ाका बनाता हूँ और फिर इस फ़िक्र में रहता हूँ कि वह हू-ब-हू उसी के जैसा बने।"

"कौन? वह ख़ाका?"

"नहीं", महाशय 'क' ने जवाब दिया– "वह आदमी।"[68]

इस कहानी के महाशय 'क' घोषित रूप से तानाशाह हों, न हों, इससे कोई फ़र्क़ नहीं पड़ता। महत्त्वपूर्ण यह है कि उनमें आदमी को आदमी के रूप में देखने की शक्ति नहीं। वे अपने बनाए ख़ाके में आदमी को फ़िट करके ही देख सकने के क़ाबिल रह गए हैं। ठोंक-पीटकर ख़ाके में लोगों को फ़िट करना ही उनके अनुसार जीवन की सबसे बड़ी कला है। वस्तुतः यह कला-विरोध है। इसलिए कि यह कला जीवन को बेहतर बनाने के लिए नहीं, निष्प्राण बनाने के लिए है। आदमी को अपने ख़ाके के अनुसार मृत सामग्री की तरह बरतने के लिए है। उसका व्यक्तित्व नष्ट करने के लिए है। इस कला-विरोधी कला का परिचय वे अक्सर देते रहते हैं और इसके लिए उन्हें किसी की सहमति की ज़रूरत भी नहीं पड़ती। **मंगलेश डबराल** के शब्दों में–

"...कुछ लोग अपने चेहरे इस तरह बनाए रहते हैं जैसे वे आईना देख रहे हों। वे किसी चेहरे को नहीं पहचानते। ऐसे लोग समाज में काफ़ी ताक़तवर माने जाते हैं। वे हर चेहरे को आईने की तरह निहारते हैं और अपनी सुंदरता पर धीमे-धीमे मुस्कराते रहते हैं।..."[69]

हर चेहरे को आईने की तरह निहारने के लिए उसकी सहमति या इजाज़त की कोई ज़रूरत नहीं होती। अतः चेहरे यह जान भी नहीं पाते कि उन्हें आईने की तरह निहारा जा रहा है। कोई तानाशाह अपनी सुंदरता के लिए उन्हें इस्तेमाल कर रहा है। कहावत है कि सावन के अंधे को हरा ही हरा सूझता है। तानाशाह अपनी इच्छा को ही सर्वोच्च मानता है। इस मान्यता का चश्मा हर वक़्त उसकी आँखों पर चढ़ा रहता है। उसे भी सब कुछ हरा ही हरा दिखता रहता है। ऊपर-ऊपर से सब कुछ लोकतांत्रिक है। भीतर-भीतर से सब कुछ तानाशाही-पीड़ित। इस दौर की तानाशाही ऐसी है कि आसानी से पकड़ में नहीं आती पर वह है। आज का सच है। चतुराई के हुनर से बना हुआ सच।

सोच-विचार की शक्ति को नष्ट करते हुए या अपने क़ाबू में करते हुए पहले आदमी को वस्तुवत् बनाओ और फिर उसका इस्तेमाल करो! यह तानाशाही का सिद्धांत तो है ही, वर्तमान उपभोक्तावाद का भी है। स्वतंत्रता की सुसज्जित वेशभूषा में यह नई तरह की ग़ुलामी है। इसमें शक्तिशाली स्वतंत्र है और निर्बल ग़ुलाम। कोई ग़ुलाम बने या स्वतंत्र, यह शक्ति पर निर्भर है। निर्णायक महत्त्व शक्ति का है। पशुबल का है। इसके लिए वे लोग भी ज़िम्मेदार हैं, जो पशुबलभोक्ताओं का विरोध करने की बजाय उनका गुणगान करने में लगे रहते हैं। यह सोचकर कि कल को वे भी पशुबलसंपन्न हो जाएँगे। इससे तानाशाही को और बल मिलता है। **संजय कुंदन** के शब्दों में–

"अब वह तानाशाह है तो है

...जब कुछ संपादकों ने उसकी पालकी उठा ही ली
तो क्यों न वह रोज़ अपनी तस्वीर
अख़बारों में देखना चाहे

जब भक्तगण
उसे अवतार घोषित करने पर
तुल ही गए
तो क्यों न वह इतिहास को पान की तरह चबाए

अब वह तानाशाह है तो है
उसे अच्छा लगता है
अपनी जय-जयकार सुनना
रेंगते हुए पत्रकारों और रिरियाते हुए विद्वानों
को देखना...।"[70]

तानाशाह व्यक्ति बनता भी है और उसे बनाया भी जाता है। पत्रकार का काम होता है सच बताना और विद्वान का सच समझाना। दोनों जब *रेंगते-रिरियाते* हैं तो पत्रकार-विद्वान तो दूर, मनुष्य भी नहीं रहते। छोटे-छोटे लाभों की लालसावश तानाशाह के तलुओं में लोटते ये जंतु तानाशाही की सेवा करते हैं। उसे ख़ुश करते हैं। तानाशाह को इसकी आदत पड़ जाती है। फिर वह लाभों की लालसा न रहने पर भी पत्रकारों-विद्वानों से वही उम्मीद करता है।

पत्रकार-विद्वान समाज की चेतना होते हैं। वे जब तानाशाही की सेवा में स्वयं को नियुक्त करते हैं तो समाज की चेतना को ग़ुलामी की तरफ़ धकेलते हैं। अपनी अंतरात्मा के साथ-साथ सामाजिक आत्मा के भी अपराधी होते हैं वे। केवल स्वार्थ उनकी नैतिकता का स्रोत बन जाता है। अपने स्वार्थ पूरे करने के लिए वे अपने ज्ञान का इस्तेमाल भी करते हैं। स्वयं को सर्वश्रेष्ठ साबित करना उनका भी स्वार्थ होता है। **चन्द्रकांत देवताले** ने इस प्रवृत्ति पर बड़ा सहज व्यंग्य किया है–

"...तुम्हारे पास याद्दाश्त इतनी फिर बेशुमार नाम
शहरों-व्यक्तियों -किताबों और दुनिया-भर के
और फिर इन सबके घटाटोप के बीच से
तितर-बितर करते इन्हें
तुम अपना चेहरा ऊपर निकाल लेते हो
एक तरह से इनके बुर्ज पर तोप की तरह जँचते हुए...।"[71]

किताबों, लोगों और जगहों के बेशुमार नाम समकालीन व्यक्ति को याद रहते हैं लेकिन ये सब उसके ज्ञान में वृद्धि नहीं करते। अपने को प्रतिष्ठित करने के लिए उसका कच्चा माल बनते हैं ये। प्रतिष्ठा भी कैसी? *बुर्ज पर तोप की तरह*। तोप केवल अंगारे

उगलना जानती है। मनुष्य जब तोप की तरह अपना चेहरा ऊपर निकाल लेता है तो वस्तुतः तानाशाही की आग उगलने के लिए तैयार हो जाता है। पहले ज्ञान अहंकार को विलीन किया करता था। व्यक्ति का समाज में साधारणीकरण किया करता था। अब वह अहंकार पुष्ट करने के काम आता है। वी. आई. पी. बनकर समाज से कटने का औचित्य पैदा करता है। इस ज्ञान का साथ समकालीन अनुभूति भी देती है। कवि भी पत्रकारों, विद्वानों से पीछे नहीं रहते। **बद्रीनारायण** ने लिखा–

"...संसद भवन के वी. आई. पी. द्वार से निकल रहे अधिपति को
पड़ सकती है ज़रूरत एक कवि की

कवि
जो उसके लिए नारे गढ़ सके
...जो शब्दों, भावों और विचारों को उसकी सेवा में नियुक्त कर दे
...जो कर सके उसकी दलाली सवैया छंद में
जो बरवै में उसकी नृशंसताओं की तारीफ़ कर सके
...जो उसकी ऐयाशियों पर कुंडलियाँ गढ़ सके
...जो उसकी डकार को अनहद नाद कह सके

जो उसकी संकीर्णताओं को जोड़ सके विश्वमानवता से
जो उसे भी कवि सिद्ध कर सके।"[72]

छंदों का निर्माण कवि का हुनर है। तानाशाह की चापलूसी करने को लपलपाता हुनर। लक्ष्मी की कृपा मिलती हो तो सरस्वती को वेश्या की तरह तानाशाह के दरबार में नचा सकता है कवि। *उसकी डकार को अनहद नाद* कहने में उसे कोई संकोच नहीं। यह नया अनहद नाद है। माया की उपासना से पैदा होने वाला अनहद नाद। अवसरवाद और नैतिक पतन के चक्र भेदने वाला अनहद नाद। शरीर से बाहर गूँजने वाला अनहद नाद। कोई भी सुन सकता है इसे। कोई भी ग़र्क़ हो सकता है इसमें। तानाशाह की पहुँच से बाहर पत्रकार, विद्वान और कवि भी नहीं हैं। सच और उस पर भरोसा उसकी गुंजलक की लपेट में हैं। उसने अवसरवाद और क्रूरता को सफल आदमी की पहचान बना दिया है। **आर. चेतनक्रांति** ने *आगे के बारे में एक ईर्ष्याप्रसूत कविता* में कहा–

"...एक बौना आदमी
आसमान के इस कोने से उस कोने तक तार बाँध देता
कि यहाँ मेरे कपड़े सूखेंगे
भीड़ के मस्तक को खोखला कर एक अहाता निकाल देता
कि यहाँ मेरा स्कूटर, मेरी कार खड़े होंगे
दुनिया के सारे आदमियों को
एक-के-ऊपर-एक चिपकाकर अंतरिक्ष तक पहुँचा देता
कि इस सीढ़ी से कभी-कभी मैं इंद्रलोक

जाया करूँगा—जस्ट फॉर ए चेंज
और इंद्रलोक पहुँचकर अक्सर वह फ़ोन करता,
पूछता, हैलो, अरे तुम कहाँ अटक गए?"[73]

तानाशाह मानस के लिए आसमान उसके अपने कपड़े सुखाने वाली जगह-भर है। पार्किंग स्पेस के लिए भीड़ के मस्तक को खोखला कर अहाता निकालना उसके लिए हुनर है। लोग उसके लिए सीढ़ी के पायदान हैं। चेंज पैदा कर उसके मनोरंजन को नयापन देने वाले उपकरण हैं। उपहास के पात्र हैं। अहंकार-तुष्टि के माध्यम हैं। वह आत्मग्रस्त है। क्रूर है। सुविधालोलुप है। अवसरवाद-निष्णात है। अमानुष है।

समकालीन मनुष्य के इस चेहरे की अंधविश्वास और नियतिवाद से भी मैत्री है। अक्सर कहा जाता है कि जब-जब जिस-जिसका समय होता है, तब-तब वही-वही होता है। इस अंधमान्यता के पीछे भी तानाशाह का हाथ होता है। यह **राम कुमार** ने *समय का होना* में इस तरह बताया—

"एक हाथ फेंकता पत्थर
फड़फड़ाकर उड़ती चिड़ियाँ
लो यह चिड़ियों के उड़ने का समय हो गया

एक हाथ साधता निशाना
तड़फ-तड़फ कर मरतीं चिड़ियाँ
लो यह चिड़ियों के मरने का समय हो गया

एक हाथ फेंकता बम
काँपती दिशाएँ
समय से पहले
अंडे से चूज़े
गर्भ से बच्चे निकल आते
लो यह जन्म का समय हो गया।"[74]

जन्म का समय, गतिविधियों का समय और मृत्यु का समय एक हाथ तय करता है। यह हाथ नए ज़माने का भगवान है। कभी धनशक्ति बनकर प्रकट होता है, कभी गुंडई बनकर। मृत्युदूत है वह, जो जीवन के लगभग हर क्षेत्र में उपस्थित है। मृत्यु को फैलाकर वह जन्म का रूप दे सकता है। आतंक को फैलाकर शांति की शक्ल में प्रचारित कर सकता है। हर मामले में अनैतिक होना ही उसके जीवन की केंद्रीय नैतिकता है। **हरीशचन्द्र पाण्डेय** ने *तानाशाह* में उसका परिचय इस तरह दिया है—

"...उसके हंटर की नोक जहाँ गिरती है नक़्शे में
वहाँ वनस्पतियों का उगना बंद हो जाया करता है
...उसकी 'हाँ' पर मत जाना कभी
जिस रात वह अपनी प्रेमिका को सल्तनत देने की
पेशकश करता है

उसकी प्रेमिका
दुनिया की सबसे भयभीत औरत होती है।"[75]

तानाशाह यह भी जानता है पर सल्तनत की पेशकश करने से कभी नहीं चूकता। इसलिए कि इससे उसे अपनी शक्ति, अपने वर्चस्व का एहसास होता है। जीवन चाहे वनस्पति के रूप में धरती पर हो या प्रेम के रूप में, उसका शत्रु है वह। अतः कविता का भी स्वाभाविक शत्रु है। इस शत्रु से कविता अपने तरीक़ों से जूझती है। उसकी नीयत का पर्दाफ़ाश करती है। उसकी असलियत बताकर उसके प्रति घृणा पैदा करती है। यह ज़रूरत पैदा करती है कि वह चाहे पृथ्वी पर हो या मानस में, उसे हर जगह से खदेड़ा जाए, बुहारा जाए और जीवन के लिए साफ़ जगह जीवन में बनाई जाए। समकालीन कविता ने यह काम बार-बार किया है।

बद्रीनारायण की एक कविता है—*न जाने क्या हुआ*। उसमें एक राजा सोते हुए चिल्लाने लगता है कि उसे लोकगाथाओं में जगह चाहिए। उसकी यह इच्छा पूरी करने के लिए एक बाजीगर को बुलवाया जाता है। सारी बात जानकर वह हँसता है। उसे बड़ा हास्यास्पद लगता है कि राजा को लोकगाथाओं में वहाँ जगह चाहिए, जहाँ *नायक बैठते* हैं। वह पूछता है कि इसके लिए कवियों-लेखकों से बात की। पता लगता है कि नहीं की। फिर पूछता है—

"गाँवों में जिनकी आँखों में डूबता है सूरज
उन बूढ़ी औरतों से बात की?
नहीं!
तो मूर्खो
राजा के लिए किस तरह और कैसे जगह बनाओगे
लोकगाथाओं में,
इसके लिए गलियों, पेड़ों, चिड़ियों से
बात करनी होगी
हवा को समझाना होगा
पानी को मनाना होगा
बीजों को कहीं ले जाकर धीमे से बुझाना होगा

कायाकल्प करना होगा
इतने पर भी नहीं होगा
सबसे बड़ी बात है
कि राजा को मरना होगा।"[76]

लोकगाथाएँ लोक के उद्‌गारों से बनती हैं। उन्हें कोई भी रच सकता है। कोई भी गा सकता है। कोई भी संशोधित कर सकता है। लोक के हृदय में राजा की कोई जगह नहीं होती। अतः लोकगाथाओं में भी राजा को जगह नहीं मिलती। जिन राजाओं को लोकगाथाओं में जगह मिली है, जिनके जीवन-चरित् को उनमें गाया गया है, वे केवल नाम के राजा होते हैं। काम उनके विलासी तानाशाहों जैसे नहीं होते। राजा होकर भी वे दुःख उठाते हैं।

संघर्ष करते हैं। लोकपीड़क के भार से धरती को मुक्त करते हैं। असहाय की सहायता करते हैं। बड़े से बड़ा बलिदान करते हैं। लोक के मनोभावों को अपनी गतिविधियों से आकार देते हैं। सपनों को सच करते हैं। राजा इनका नाम-भर होता है। अपने कार्यों से ये कभी राजा नहीं होते। लोक के बीच से उगे आदर्श नायक होते हैं। उनकी जगह कभी किसी राजा को नहीं मिल सकती।

अगर किसी राजा को वह जगह पानी है तो मरने के अलावा उसके पास और कोई रास्ता नहीं। हवा, पानी, गली, पेड़, चिड़ियों में रमना ही लोकगाथाओं और लोकस्मृतियों में किसी को जगह दिला सकता है। इसके लिए छद्म नहीं, सच्चा जीवन चाहिए। यह कविता तानाशाही के वर्चस्व-प्रसार से पीड़ित दौर में जनसाधारण का आत्मविश्वास बनकर गूँजती है। उसका परिचय देती है, जो भरपूर शक्तिशाली होने पर भी किसी तानाशाह को कभी नहीं मिल सकता। यह परिचय अपने समय में समकालीन कविता का हस्तक्षेप भी है और मनुष्य के भीतर-बाहर पलते तानाशाह को जनजीवन का सार्थक प्रत्युत्तर भी।

तानाशाह बढ़ रहे हैं। अतः ग़ुलाम भी बढ़ रहे हैं। समकालीन कविता की नज़र दोनों पर है। दोनों को एक साथ देखते-दिखाते हुए **चंद्रकांत देवताले** ने लिखा है कि *पंद्रह अगस्त के इस ख़ुशनुमा उत्सव में/विस्मृत महात्मा की क़ब्र खोद रहे हैं हत्यारे/और करोड़ों लोग आज़ादी में गिरफ़्तार/मौन खड़े हैं...।*[77] आज़ादी में गिरफ़्तार होना आधुनिक ग़ुलामी है। समकालीन कविता द्वारा दिया गया एक और नया पद। ज़्यादातर लोग या तो गिरफ़्तार करने वालों में शामिल हैं या होने वालों में। अपने-अपने ढंग से आज़ादी में गिरफ़्तार दोनों हैं। मनुष्यता से दोनों वंचित हैं। एक सुविधाओं से मर रहा है, दूसरा विपदाओं से। मर दोनों रहे हैं। आज़ादी को गिरफ़्तार करने वाली बना देने में दोनों शामिल हैं। एक ख़ुशी से, दूसरा विवशता से। ख़ुशी से शामिल होने वाले महात्मा की क़ब्र खोद रहे हैं। उनकी हड्डियों के चूरे से आज़ादी को चमकाने वाली पॉलिश बना रहे हैं।

आज भी आज़ादी करोड़ों के लिए बंधन है। विवशता है। क्रूर मज़ाक़ है। ग़रीबी और अज्ञान के बंधन तोड़ने के लिए करोड़ों ने आज़ादी चाही थी। उसके लिए ख़ून दिया था। अब आज़ादी ने ही गिरफ़्तार कर लिया। ख़ून का बड़ा हिस्सा सोख लिया। इसीलिए आज़ादी में गिरफ़्तार लोग *मौन खड़े हैं*। असहाय। निकम्मे कहलाने के लिए पूरी तरह तैयार। बिना किए अपराधों की सज़ा भोगने को पूरी तरह प्रस्तुत। यह सुनने के लिए पूरी तरह उपयुक्त कि अपनी ग़रीबी, अपने अज्ञान और अपनी दुर्दशा के लिए वे ख़ुद ही ज़िम्मेदार हैं। ज़िम्मेदार ख़ुद हैं तो अपनी लाचारी के दंश भी उन्हें ख़ुद ही भोगने होंगे। भोगने चाहिएँ। वे दंश उन्होंने ही अर्जित किए हैं। सारे ग़रीब अपराधी हैं। देश की सुंदरता पर कलंक हैं। उन्हें लाइन में खड़े करके गोली मार देनी चाहिए। यह सोच बढ़ रही है। आज़ादी की गिरफ़्तार करने वाली ताक़त बढ़ रही है। तानाशाही बढ़ रही है। ग़ुलामी भी बढ़ रही है।

आज़ादी गिरफ़्तार कर रही है। घर उजड़ रहे हैं। **बली सिंह** की कविता है—घर—

"घर ना हुआ
कोई कुआँ हो गया,
गड़प

गया
सारी क्षमता, प्रतिभा, सोच
और पूरे का पूरा मनुष्य,
भरा नहीं इसका खप्पर।"[78]

खप्पर में देवी ने राक्षसों का रक्त पिया था। बड़े उत्साह के साथ। उसी उत्साह के साथ घर अब मनुष्य की क्षमता-प्रतिभा-सोच को पी रहा है। देवी की शक्ल में नया राक्षस है वह। कुआँ प्यास बुझाता है। घर ऐसा कुआँ है, जो मनुष्य को सोख लेता है। आदमी ख़ुद को ज़िंदगी-भर घर का भोजन बनाने में ही जुटा रहता है। क्यों, यह सोचने की औक़ात उसकी नहीं होती। अपने और अपनों के लिए जीना हमेशा चुनाव नहीं होता, विवशता भी होती है। भिखारी दान करने के लिए स्वतंत्र नहीं होता। जीवित रह पाना ही जिनके लिए एक उपलब्धि से कम न हो, उनसे आदर्श जीवन-यापन की माँग अंधापन भी है और बर्बरता भी। अपने और अपनों के लिए जीना करोड़ों की विवशता है। घर इस विवशता का पुंजीभूत रूप है। एक ऐसा राक्षस, जो न क्षमता को छोड़ता है, न प्रतिभा को, न सोच को और न मनुष्य को। घर अब मनुष्यभोजी हैं। क्षमता-प्रतिभा-सोच का अर्थ मनुष्य द्वारा स्वयं को घर के लिए अधिक से अधिक स्वादिष्ट और पौष्टिक आहार बनाना-भर रह गया है।

घर का आहार कोई भ्रष्ट और अवसरवादी नहीं बनता। घर का आहार बनता है वह ईमानदार, जो संघर्ष कर रहा हो और जिसके संघर्ष की दिशा मानवीय हो। दिशा के अमानवीय होने पर घर मनुष्य को ताक़त देता है। राक्षसी ताक़त। उसकी क्षमता-प्रतिभा-सोच, और धारदार, और संहारक होती है। ख़तरा उस क्षमता-प्रतिभा-सोच को है, जो केवल शारीरिकता को मनुष्य का जीवन नहीं मानती। संवेदनशीलता, करुणा, सत्य, ईमानदारी आदि मानवीय मूल्यों में जिसकी निष्ठा एक हठ की तरह बनी रहती है। वातावरण इस हठ को तोड़ने के लिए इस पर बराबर प्रहार करता है। मनुष्य को मनुष्यता से वंचित करने के लिए वह किसी भी हद तक जा सकता है। न्याय के प्रहरी एक साधारण मनुष्य के साथ कैसा व्यवहार करते हैं, यह **सादिक़** ने *अजाबों का शह्र* में दिखाया है—

"...जब तुम सो रहे होगे
कोई तुम्हारी टाँगें चुराकर ले जाएगा
और जब तुम
पड़ोसी से टाँगें उधार लेकर
पुलिस थाने
रिपोर्ट लिखवाने के लिए पहुँचोगे
तो थानेदार रिश्वत में
तुम्हारी आँखों का मुतालबा (तक़ाज़ा) करेगा
जिनके देने से इन्कार करने पर तुम
धर लिए जाओगे
दिमाग़ की स्मगलिंग के जुर्म में

वकीलों को अपने दोनों बाज़ू
और मजिस्ट्रेट को नाक-कान दिए बग़ैर
तुम्हारी रिहाई मुमकिन नहीं
ये बिल्कुल अटल बात है

अदालत से बाइज़्ज़त रिहा होने के बाद
तुम्हें अपने खोए हुए
तमाम आज़ा (शरीर के अंग)
हासिल करने के लिए
सिर्फ़ अपना ज़मीर चुकाना पड़ेगा"[79]

बाइज़्ज़त रिहा होने वाले को भी इज़्ज़त नहीं मिलती। न्याय उसे ख़रीदना पड़ता है। अपने अस्तित्व के हिस्से देकर। ख़रीदे हुए न्याय को भी पाने तक वह इतने अन्याय का शिकार हो चुका होता है कि मिले हुए न्याय का कोई अर्थ नहीं रह जाता। ऐसा न्याय उसे यह आज़ादी देता है कि वह या तो अपने शरीर के सही-सलामत अंग चुन ले या अपना ज़मीर। ज़मीर की क़ीमत अपने शरीर के अंगों से चुकानी पड़ती है। मनुष्य रहना और जीवित रहना, दोनों साथ-साथ नहीं हो सकते।

यह तिल को ताड़ बनाना नहीं, उन तिलों के विकास की आशंका को रूप देना है, जो जीवन के हर खेत में टिड्डियाँ बनकर फैल रहे हैं। न्याय-प्रक्रिया न्याय पाने वाले को आश्वस्त नहीं करती। डराती है। इस हद तक कि वह न्याय-प्रक्रिया से न्याय की उम्मीद ही छोड़ बैठे। यह कविता भी बोलचाल के अंदाज़ अर्थात् विश्वसनीय स्वर में है। यह स्वर न्याय-प्रक्रिया व अपराध के गठजोड़ को भी सहजता से सामने लाता है और इन पाटों के बीच पिसते साधारण मनुष्य को भी।

साधारण मनुष्य की असहायता का आलम यह है कि वह लूट में भी दया-करुणा देखने लगा है। **अरुण कमल** ने संयोग कविता में लिखा–*...और अब तीसरी बार वह भगवान की लाख लाख कृपा पर चकित/था/कि लुटेरों ने उसकी संदूक तो छीन ली जिसमें कुल सात सौ तेईस/रुपये थे और एक जोड़ी कपड़ा पर लाख रुपये की जान बख़्श दी... /*[80] भगवान की कृपा से लुटेरा हत्यारा नहीं बना। साधारण मनुष्य को जीवित रहने देना भगवान की कृपा है। जीवित रहने देने के कारण वह भगवान का उसी तरह कृतज्ञ है, जैसे लुटेरे का। उसे बचाने के लिए जैसे भगवान ने लुटेरे के रूप में अवतार लिया हो! साधारण मनुष्य की असहायता साधारण भाषा में आकार लेकर भगवान पर असाधारण व्यंग्य बन जाती है। कविता द्वारा गद्य के इस्तेमाल की एक और शक्ति।

गद्य बोलचाल और वर्णन का रूप है। कविता द्वारा इसका इस्तेमाल करना कल्पना को तिलांजलि देकर वास्तविकता का हिस्सा होना है। वास्तविकता से उगी कविता का वास्तविक आकार में प्रकट होना है। वर्णन का स्वर **कुमार अम्बुज** के शब्दों में साधारण मनुष्य के बंधनों की बाबत इस तरह बताता है–

"*...ज़ंजीरों की प्रतिष्ठा ने लगभग अटूट कर दिया था ज़ंजीरों को*
वे आभूषणों की तरह हो गई थीं

...उनकी खन्-खन् की आवाज़ें एक समूह को भर देती थीं ख़ुशी से
और एक दूसरे समूह को भय से
और यह प्रक्रिया तब्दील हो चुकी थी सामाजिक विकास की प्रक्रिया में
वे लताओं की तरह उगती थीं और बरसों बाद
यकायक पता चलता था कि वे लताएँ नहीं, ज़ंजीरें हैं
मगर तब तक बहुत देर हो चुकी होती थी और अमूमन हम पड़ चुके होते थे उनके
प्रेम में... ।"[81]

ये आज़ादी में गिरफ़्तार करने वाली ज़ंजीरें हैं। एक समूह को बाँधती और दूसरे को मुक्त करती हुईं। प्रतिष्ठित हैं। वांछनीय हैं ये। इनकी खन्-खन् जिसे ख़ुश करती है, वह इन्हें विकास का सूचक मानता है। बनाए रखता है। इस तरह कि ये लताओं जितनी प्राकृतिक लगें। एकदम सहज। इनकी खन्-खन् जिसे भयभीत करती है, वह इनके लता-रूपी झांसे में आ जाता है। समय रहते पहचान नहीं पाता। इसलिए भी नहीं कि कभी ये रीति-रिवाजों के रूप में सामने आती हैं, कभी संस्कारों के रूप में और कभी यथास्थितिवादी ठंडेपन के रूप में। तरह-तरह की इनकी शक्लें इनकी पहचान में रुकावटें हैं। इसीलिए साधारण मनुष्य इन्हें देर से पहचान पाता है। जब पहचानता है, तब तक इनसे प्रेम करने लगता है। वही प्रेम, जो गाय को खूँटे से बंधे-बंधे हो जाता है। वही प्रेम, जिसमें कहते हैं कि सब कुछ जायज़ होता है। क़ैद भी। आज़ादी में गिरफ़्तारी कैसी होती है, यह **निदा फ़ाज़ली** के इस शे'र में भी बताया है—

"*ज़ंजीर की लंबाई तक आज़ाद है क़ैदी*
जंगल में फिरे या कोई घरबार बसा ले।"[82]

लताओं की तरह फैलने वाली ज़ंजीरें लंबी हैं। इतनी कि आज़ादी का भ्रम दे सकें। साधारण मनुष्य के लिए जंगल में फिरना या घर बसाना ग़ुलामी को ही जीना है। रूप के ही मामले में दोनों अलग हैं। आत्मा एक है—ग़ुलामी। अनेक शरीर धारण करती है यह। अतः न सीमित होती है, न स्पष्ट। मनुष्य को पता भी नहीं लगता और वह एक साँचे में ढलता चला जाता है। तेज़ी से। तेज़ी समकालीन जीवन की बड़ी विशेषता है। **ब्रेख़्त** ने कहा था—

"*मैं सड़क के किनारे बैठा हूँ*
ड्राइवर पहिया बदलता है।
जहाँ से मैं आया हूँ—वह जगह मुझे पसंद नहीं।
जहाँ मैं जा रहा हूँ—वह जगह मुझे अच्छी नहीं लगती।
क्यों इतने अधैर्य से
मैं उसे पहिया बदलते देखता हूँ?"[83]

अधीर होने का सीधे-सीधे कोई कारण नहीं है पर अधैर्य है कि है। पूरी तरह। जैसे आदत बन गया हो समकालीन मनुष्य की। कहीं पहुँचना हो या न हो, तेज़ी से जाना हर हाल में है। मानो तेज़ी के बिना जाना संभव ही न हो। यह तेज़ी, यह हड़बड़ी नई तरह की ज़ंजीर है। दीवार है। आदमी को हर उस वस्तुस्थिति की समझ तक पहुँचने से रोकती हुई, जो धैर्य की माँग करे। तेज़ी में क़ैद होता मनुष्य प्रकृति से कट रहा है। संबंधों की वास्तविक

ऊर्जा से वंचित हो रहा है। साहित्य की सच्चाई तक अपनी पहुँच खो रहा है। मनुष्यता की जड़ों से अलग होकर सूख रहा है। गति, गति के लिए है। पहुँचाने के लिए नहीं। अविराम गति में सीमित होकर रह गया मनुष्य जड़ता का नया रूप है। **नासिर काज़मी** ने इसीलिए सुझाव दिया–

"नह्र क्यूँ सो गई चलते-चलते
कोई पत्थर ही गिराकर देखो!"[84]

सोई हुई ज़िंदगी ठहरी हुई नहर है। गति जम गई है। आज़ादी गिरफ़्तार करती है। घर बसाते नहीं। गति फ़्रीज़ करती है। ये अंतर्विरोधी हालात समकालीन मनुष्य के सच हैं। आवाज़ों का जमघट है जगह-जगह। इतना कि कुछ कहना-सुनना मुश्किल है। सब लोग काम कर रहे हैं। पहले से ज़्यादा कर रहे हैं पर उपलब्धियाँ या तो ऊपरी हैं या साँस लेने-भर को ही पूरी पड़ती हैं। आदमी कोई मशीन नहीं है, यह सच भी भूलता जा रहा है। इसीलिए बढ़ती गति अलग ढंग से निष्क्रिय बनाती है। कोल्हू का बैल कम से कम तेल तो निकालता था! मनुष्यता के लिए यह स्थिति ख़तरनाक है। इसके ख़तरे कविता ने पहचाने हैं। **अवतार सिंह पाश** की मशहूर पंक्तियाँ हैं–

"सबसे ख़तरनाक होता है
मुर्दा शांति से भर जाना
न होना तड़प का सब सहन कर जाना
घर से निकलना काम पर
और काम से लौटकर घर जाना
सबसे ख़तरनाक होता है
हमारे सपनों का मर जाना...!"[85]

हमारे सपने मर रहे हैं। मेरे-तेरे सपने, हमारे सपनों को आँखों की दुनिया से खदेड़ रहे हैं। सपने एक जैसे होते हुए भी सांझे नहीं होते अब। सफलता का सपना सब आँखों में है, एक जैसा है पर पूरा होता है अलग-अलग। शत्रुता को छूती प्रतिद्वंद्विता अपना-अपना सपना पूरा करने के लिए अपरिहार्य है। कॅरियरिस्ट सपनों ने मनुष्य के साँझे सपनों को लील लिया है। सांझे सपने देखना, उन्हें पूरा करने के लिए समय निकालना और श्रम करना साधारण मनुष्य चाहे भी तो एफ़ोर्ड नहीं कर पाता। घर से काम पर जाने और काम से घर लौट आने के दुष्चक्र में फंसा है उसका जीवन। कर्त्तव्यनिष्ठ ईमानदार को अब कर्त्तव्यनिष्ठ ईमानदार तक नहीं कहा जाता। **पुरुषोत्तम प्रतीक** ने इस संघर्ष को शब्द देते हुए कहा–

"दिन-भर सबका बोझ उठाइयो सांझ घिरे पर घर जइयो
दुनिया कब शाबाशी देगी करते-करते मर जइयो!"[86]

दुनिया के पास न कर्त्तव्यनिष्ठ संघर्ष को देखने की फ़ुर्सत है, न उसका अनुमोदन करने की। ज़िम्मेदारियों का बोझ उठाना अब नितांत व्यक्तिगत कर्म है। उठाने पर कुछ नहीं मिलता। न उठाने पर भर्त्सना हर तरफ़ से मिलती है। भरपूर। इसलिए कि निंदा में रस है। प्रशंसा में क्या रस! उल्टे ख़तरा है कि कहीं स्वयं भी ज़िम्मेदारियों की तरफ़ न देखना पड़ जाए! इसलिए ज़िम्मेदारियों का निर्वाह करते रहने वाले का ज़िक्र भी करने से बचो तो अच्छा! सबका बोझ उठाते-उठाते उसे मर जाने दो!

संघर्ष भी अब एकरूप नहीं रहा। **मनमोहन** ने लिखा–

"पहले क़िल्लत की रोटी थी
अब ज़िल्लत की रोटी है..."[87]

क़िल्लत की रोटी पेट पूरा भरे न भरे, ज़ुबान को स्वाद से तर कर देती थी। ज़िल्लत की रोटी सिर्फ़ पेट भरती है। रोटी शब्द के अर्थ में पहले रोटी ही थी। अब रोटी के साथ-साथ बहुत सारी सुविधाएँ भी हैं। रोटी शब्द ने अपने अर्थ में बहुत-कुछ समेट लिया है। टी.वी. की उपस्थिति अब झुग्गी में भी है। अब वह विलासिता नहीं, ज़रूरत की मामूली-सी चीज़ है। बाज़ार ने सिर्फ़ संपन्नों का नहीं, विपन्नों का जीवन भी बदला है। नई रोटी तक पहुँचने के रास्ते ज़िल्लत से होकर गुज़रते हैं। गुनाह और अपमान अब शर्म के विषय नहीं रहे। अधिकार के विषय हैं। ज़िल्लत की रोटी ने क़िल्लत की रोटी की जगह ले ली है। संघर्ष अब गुनाह के रास्तों पर अधिकार का है। ज़्यादा से ज़्यादा तरीक़ों से बेशर्म होने में निपुणता हासिल करने का है। ईमान की रोटी से मनुष्य का संबंध कटता जा रहा है। बेशर्मी उत्पादक है और ईमान बोझ।

क़िल्लत और ज़िल्लत की तुक सिर्फ़ शाब्दिक ध्वनि के स्तर पर जितनी मिलती है, उससे ज़्यादा अर्थ और अनुभूति के स्तर पर मिलती है। पहले अभाव हमेशा अपमान-निर्धारक नहीं हुआ करता था। अब क़िल्लत अगर है तो ज़िल्लत उसके साथ छाया की तरह जुड़ी है। अभावग्रस्त का अपमान सबसे आसान है। विपन्न को बिना अपमान से गुज़रे क़िल्लत की रोटी भी मिल जाए तो ग़नीमत है। यह साधारण मनुष्य का स्थायी होता जाता दुख है। **मुसव्विर सब्ज़वारी** का शे'र है–

"भीगी रुतें भी उनको मुसव्विर न धो सकीं
कपड़ों में आँसुओं का था उसके कलफ़ बहुत।"[88]

आँसुओं का कलफ़ इतना था कि कपड़ों को बारिश भी न धो सकी। कपड़ों का तार-तार कलफ़ में जकड़ा था। लम्हा-लम्हा आँसुओं से भीगा था। बारिश कपड़ों को धो न सकी। सुख-सुविधाओं के सामान दुखों को मिटा न सके। आँसू कलफ़ की तरह कपड़ों का सौभाग्य बन गए। बारिश में अलग से पहचाने न जा सके। छिप गए बारिश की चमक-दमक में। बारिश होती रही। आँसू बहते रहे। ऐसे में साधारण मनुष्य का जो चेहरा बना, उसे समकालीन कविता ने **अनिल कुमार सिंह** के इन शब्दों में पहचाना–

"मेज़ पर रखी किताबों की तरह
धूल से अटी हैं उनकी आँखें
उनकी शोखी तो कब की खो चुकी

लगातार पुराने पड़ते जाने की
त्रासदी है स्थायित्व
जैसे कि झील की तरंगों पर
वलयित अपने ही चेहरे को
देखे कोई स्थिर होने तक

वहाँ झील की गहराई नहीं है
सूखे हुए होठों पर उगे हैं पपोटे
आँखें हैं अनिद्रा के शाप से
धँसी हुई अंदर को
दुःख है चेहरे को थामे
अपने दोनों हाथों पर..."[89]

आज़ादी में गिरफ़्तार अधिसंख्य चेहरों को दुःख ने *अपने दोनों हाथों पर* थाम रखा है। मतलब यह नहीं कि दुःख को रहना ही चाहिए। मतलब यह कि दुःख के अलावा कोई नहीं थामता ऐसे चेहरों को। आदमी के हाथ अब आदमी का चेहरा नहीं थामते। चेहरा थामना तो दूर, वे देखते तक नहीं। ऐसे में दुःख चेहरे को थामता है। चेहरे के जीवन में शामिल होता है। उसे तसल्ली देता है। उसकी पहचान बनता है।

चेहरा थामने वाले ये हाथ दुख के तो हैं ही, प्रकारांतर से कविता के भी हैं।

संदर्भ

1. दीवान-ए-ग़ालिब -संपादनः अली सरदार जाफ़री, पृष्ठ 31
2. सबूत -अरुण कमल, पृष्ठ 16
3. यह मुखौटा किसका है -विमल कुमार, पृष्ठ 87
4. अलावः अंक-4 -जून, 1992, पृष्ठ 42
5. ज़िल्लत की रोटी -मनमोहन, पृष्ठ 35
6. नया बस्ता -हेमंत कुकरेती, पृष्ठ 71-72
7. हम क्या समझते नहीं हैं -आशकरण अटल, पृष्ठ 130-131
8. संशयात्मा -ज्ञानेंद्रपति, पृष्ठ 196
9. हम क्या समझते नहीं हैं -आशकरण अटल, पृष्ठ 135-137
10. वसुधा-53 -समकालीन उर्दू साहित्य पर केंद्रित, अंकः जनवरी-मार्च, 2002, पृष्ठ 236-237
11. पहला उपदेश -अनिल कुमार सिंह, पृष्ठ 73
12. कहीं कुछ कम है -शहरयार, पृष्ठ 14
13. क्रूरता -कुमार अम्बुज, पृष्ठ 61
14. चुप्पी का शोर -संजय कुंदन, पृष्ठ 47-49
15. कभी नहीं सोचा था -सुरजीत पातर -चयन-संपादन-अनुवादः चमनलाल, पृष्ठ 63
16. क्रूरता -कुमार अम्बुज, पृष्ठ 71
17. वेदनाएँ -सुरेन्द्र श्लेष, पृष्ठ 83
18. उजाड़ में संग्रहालय -चन्द्रकांत देवताले, पृष्ठ 155
19. भय भी शक्ति देता है -लीलाधर जगूड़ी, पृष्ठ 117
20. कुछ पते कुछ चिट्ठियाँ -रघुवीर सहाय, पृष्ठ 45
21. घर का रास्ता -मंगलेश डबराल, पृष्ठ 49
22. जादू नहीं कविता -कात्यायनी, पृष्ठ 27-32
23. दो पंक्तियों के बीच -राजेश जोशी, पृष्ठ 100-101
24. संसद से सड़क तक -धूमिल, पृष्ठ 96
25. वेदनाएँ -सुरेन्द्र श्लेष, पृष्ठ 75
26. ज़िल्लत की रोटी -मनमोहन, पृष्ठ 69

27. वसुधा-53 -समकालीन उर्दू साहित्य पर केंद्रित, अंकः जनवरी-मार्च, 2002, पृष्ठ 359
28. इन दिनों -कुँवरनारायण, पृष्ठ 98
29. ग़ज़ल सप्तक -संपादकः गोपालकृष्ण कौल, पृष्ठ 97
30. आज़ादी की दुम -घनश्याम अग्रवाल, पृष्ठ 70
31. पुरखों के कोठार से -सोमदत्त, पृष्ठ 65
32. आलोचनाः अप्रैल-जून, 2003 में प्रफुल्ल कोलख्यान द्वारा उद्धृत, पृष्ठ 39
33. संकल्प कविता दशक -संपादकः केदारनाथ सिंह, पृष्ठ 167-168
34. मन एक मैली कमीज़ है -भवानी प्रसाद मिश्र, पृष्ठ 100-101
35. अनंतिम -कुमार अम्बुज, पृष्ठ 77
36. उत्तर कबीर और अन्य कविताएँ -केदारनाथ सिंह, पृष्ठ 114
37. ग़ज़ल सप्तक -संपादकः गोपालकृष्ण कौल, पृष्ठ 55
38. 'शोर' फ़िल्म का गीत
39. लकड़बग्घा हँस रहा है -चन्द्रकांत देवताले, पृष्ठ 97
40. खोया हुआ-सा कुछ -निदा फ़ाज़ली, पृष्ठ 43
41. पेड़ नहीं तो साया होता -पुरुषोत्तम प्रतीक, पृष्ठ 20
42. दुष्चक्र में स्रष्टा -वीरेन डंगवाल, पृष्ठ 65
43. उन हाथों से परिचित हूँ मैं -शलभ श्रीराम सिंह, पृष्ठ 126
44. पुरखों के कोठार से -सोमदत्त, पृष्ठ 25
45. कथन-46, अप्रैल-जून, 2005, पृष्ठ 37
46. आलोचनाः जुलाई-सितंबर, 2001, पृष्ठ 70
47. ज़िल्लत की रोटी -मनमोहन, पृष्ठ 87
48. वही, पृष्ठ 34
49. अन्यथाः 5 नवंबर, 2005, पृष्ठ 82
50. उद्‌भावनाः कवितांकः सदी के अंत में कविताः अक्तूबर, 97 से मार्च, 98, पृष्ठ 125
51. वसुधा-53 -समकालीन उर्दू साहित्य पर केंद्रित, अंकः जनवरी-मार्च, 2002, पृष्ठ 349
52. वही, पृष्ठ 190-191
53. वही, पृष्ठ 63
54. काल और अवधि के दरमियान -विष्णु खरे, पृष्ठ 94
55. आलोचनाः अप्रैल-जून, 2002 में शमशेर द्वारा उद्धृत, पृष्ठ 126-127
56. सबूत -अरुण कमल, पृष्ठ 85
57. ज़िल्लत की रोटी -मनमोहन, पृष्ठ 39
58. वसुधा-53 -समकालीन उर्दू साहित्य पर केंद्रित, अंकः जनवरी-मार्च, 2002, पृष्ठ 78
59. वही, पृष्ठ 155
60. सफ़र में धूप तो होगी -निदा फ़ाज़ली, पृष्ठ 76
61. दुष्चक्र में स्रष्टा -वीरेन डंगवाल, पृष्ठ 92
62. वही, पृष्ठ 94
63. पिछला बाक़ी -विष्णु खरे, पृष्ठ 92
64. हंसः अगस्त, 2004 -सत्ता विमर्श और दलित, पृष्ठ 192
65. बस्स! बहुत हो चुका -ओम् प्रकाश वाल्मीकि, पृष्ठ 68-69
66. दो पंक्तियों के बीच -राजेश जोशी, पृष्ठ 94
67. समकालीन हिंदी कविता -संपादकः परमानंद श्रीवास्तव, पृष्ठ 149
68. बर्तोल्त ब्रेख़्तः इकहत्तर कविताएँ और तीस छोटी कहानियाँ -मूल जर्मन से अनुवादः मोहन थपलियाल, पृष्ठ 128

69. हम जो देखते हैं -मंगलेश डबराल, पृष्ठ 44
70. चुप्पी का शोर -संजय कुंदन, पृष्ठ 89-90
71. उजाड़ में संग्रहालय -चन्द्रकांत देवताले, पृष्ठ 69
72. शब्दपदीयम् -बद्रीनारायण, पृष्ठ 94-95
73. शोकनाच -आर. चेतनक्रांति, पृष्ठ 25
74. वर्तमान साहित्यः कविता विशेषांकः अप्रैल-मई, 1992, पृष्ठ 291-292
75. अन्यथाः 4 अगस्त, 2005, पृष्ठ 47
76. शब्दपदीयम् -बद्रीनारायण, पृष्ठ 34-35
77. उजाड़ में संग्रहालय -चंद्रकांत देवताले, पृष्ठ 20
78. आँखों की हदों से -बली सिंह, पृष्ठ 41
79. वसुधा-53 -समकालीन उर्दू साहित्य पर केंद्रित, अंकः जनवरी-मार्च, 2002, पृष्ठ 162
80. नये इलाके में -अरुण कमल, पृष्ठ 59
81. अनंतिम -कुमार अम्बुज, पृष्ठ 17-19
82. सफ़र में धूप तो होगी -निदा फ़ाज़ली, पृष्ठ 57
83. ब्रेख़्त की कविताएँ -चयन, अनुवादः हरीश चंद्र अग्रवाल, पृष्ठ 84
84. वसुधा-53 -समकालीन उर्दू साहित्य पर केंद्रित, अंकः जनवरी-मार्च, 2002, पृष्ठ 283
85. बीच का रास्ता नहीं होता -पाश, पृष्ठ 188
86. पेड़ नहीं तो साया होता -पुरुषोत्तम प्रतीक, पृष्ठ 101
87. ज़िल्लत की रोटी -मनमोहन, पृष्ठ 79
88. नयी उर्दू ग़ज़ल -संपादकः निशात शाहिद, पृष्ठ 53
89. पहला उपदेश -अनिल कुमार सिंह, पृष्ठ 77-78

जीना बस मनुष्य की तरह

समकालीन कविता *जो है* और *जो होना चाहिए* के बीच संबंधों की कविता है। समझती है कि इन संबंधों की हुए बिना न समकालीन होना संभव है, न कविता होना। *जो है*, उससे असंतोष, *जो होना चाहिए*, उसके सृजन की भावभूमि बनता है। सबसे अलग दिखना और हो सके तो सबसे अलग होना आज का फ़ैशन है। हर नई पौध कुछ डिफ़रैंट होना चाहती है दूसरी नई पौध से। कोशिश करती है इसके लिए। अपनी विशिष्टता के प्रति सजगता बहुत है। ऐसे में **मोहन कुमार डहेरिया** ने लिखा–

"...इस तरह हो मेरा अलग होना
आतंक न पैदा करे मेरी महानता
धूर्तता की तरह न हो सौजन्य
खो जाऊँ गर कभी यातनाओं के तिलिस्म में
जुगनू-सा चमके
स्याह अँधेरे में भी हौसला..."[1]

समकालीन महानता आतंक पैदा करती है। सौजन्य धूर्तता का आवरण है। इस समकालीनता से असंतोष ही मानवीय उद्देश्यों को जन्म देता है। लालसाओं से बचते-बचाते हुए वे इच्छाओं की शक्ल में प्रकट होते हैं। नकारात्मक हालात इतने हैं कि जो है, उसका न होना ही, जो होना चाहिए, वह बन जाता है। आतंक पैदा करने वाली महानता और धूर्तता की तरह बरता जाने वाला सौजन्य अगर न हो तो सच्चा मनुष्य और जीवन अपने आप उभर आए। यातनाओं का अँधेरा चाहे जितना घना हो, चाहे जितना काला, चाहे जितना जादुई, चाहे जितना सशक्त, स्वीकार है बशर्ते जुगनू-सा चमकता हौसला भी रहे! वातावरण डटकर मनुष्यता के विपरीत है पर मनुष्य अब भी पूरा नहीं हारा। जुगनू जितना हौसला उसमें बचा है। इसकी ताक़त इतनी तो है ही कि स्याह से स्याह अँधेरे को चुनौती दी जा सके। **शहरयार** के शब्दों में कहा जा सके–

"देख हम फिर जला रहे हैं चिराग़
ऐ हवा हौसला निकाल अपना!"[2]

हवा के सामने चिराग़ों की क्या बिसात पर हवा के हौसले को चुनौती देता हौसला देखिए! इसकी ताक़त कौन-से आँधी-तूफ़ान से कम है! आँधी-तूफ़ान आते हैं, चले जाते हैं। चिराग़ बार-बार बुझते हैं पर रह-रहकर रौशन होना नहीं छोड़ते। यह रौशन होने की ज़िद है, जिससे हर हौसले को चुनौती देने वाला हौसला पैदा होता है–*ऐ हवा हौसला निकाल*

अपना! ग़ौरतलब यह भी कि यहाँ *मैं* चिराग़ नहीं जला रहा, *हम* जला रहे हैं। चिराग़ जलाते करोड़ों हाथों के सामने अकेली हवा!

कविता की दुनिया में सब कुछ पशुबल से तय नहीं होता। मानवीय ज़िद से भी तय होता है। धैर्य से भी तय होता है। सामूहिकता से भी तय होता है। रह-रहकर रौशन होने की परंपरा से भी तय होता है। भविष्य में अडिग विश्वास से भी तय होता है। ये उसी मनुष्यता की शक्तियाँ हैं, जिसकी संवेदन-लय है कविता। कविता अपनी शक्तियों को भूलती नहीं। इसीलिए चुनौती देने लायक़ रहती है—*ऐ हवा हौसला निकाल अपना!*

इस शे'र को कई तरह से पढ़ा जा सकता है। जगह-जगह ठहरते और अलग-अलग शब्दों पर, पदों पर ज़ोर देते हुए। पढ़कर देखें! एक अर्थ की अलग-अलग परतें खुलेंगीं! *देख* और *ऐ हवा* पर ज़ोर दें तो हवा का ध्यान खींचकर उसे दिया गया चुनौतीपूर्ण संबोधन प्रबल होगा। *फिर* पर ज़ोर दें तो हारने के बाद भी खड़े होने की निरंतरता और ज़िद उभरेगी। *जला रहे हैं* पर ज़ोर दें तो अडिग और अखंड सक्रियता ज़्यादा रौशन होगी। *चिराग़* पर ज़ोर दें तो साधारण में दीप्त होता असाधारण हौसला केंद्र में आएगा। *हौसला निकाल अपना* पर ज़ोर दें तो हवा की हैवानियत और उसका सामना करने वाली चिराग़ों की तैयारी एक साथ कौंधेगी। बताएगी कि चिराग़ अब हवाओं से नहीं डरते। हवा उन्हें बुझा ही सकती है। बुझते-बुझते वे पूरे ढीठ हो चुके हैं। कविता का पूरा अर्थ उसके वाचन-प्रयोगों से भी खुलता है। कविता के अभिप्राय का ध्वन्यात्मक आकार है वाचन।

हवा को चुनौती देने वाले चिराग़ और उन्हें रह-रहकर रौशन करते हाथ भी समकालीन कविता में हैं। **अरुण कमल** ने लिखा—

> *"...ऐसे समय मैंने क़लम में रौशनाई भरी*
> *जब कोई मेरे नाम पर पिस्तौल में गोलियाँ भर रहा था..."*[3]

हत्या के अंधकार को क़लम की रौशनाई चुनौती देती है। रौशनाई के सीने में उतरने वाली गोली संभवतः अभी तक नहीं बनी। क्रिया एक है—भरना। नीयत विपरीत है। अतः परिणाम भी विपरीत हैं। कोरी क्रिया निर्णायक नहीं होती। निर्णायक होती है—नीयत। हत्यारी क्रिया का सामना उसी क्रिया से भी संभव है। नीयत मानवीय हो तो नकारात्मक क्रियाओं को भी काव्यात्मक उद्देश्य से बरता जा सकता है। **अष्टभुजा शुक्ल** ने एक कविता में सुझाव दिया कि

> *"डूबना तो*
> *किसी खाली बर्तन की तरह*
> *धीरे-धीरे अपने में कुछ भरते हुए*
> *पत्थर की तरह मत डूबना*
>
> *उपराना तो*
> *किसी गोताखोर की तरह*
> *धीरे-धीरे हाथों में कुछ लेकर*
> *मैला की तरह मत उपराना..."*[4]

नीयत स्वस्थ हो तो डूबना भी जीवन को समृद्ध कर सकता है। न हो तो उपराना भी घृणित हो सकता है। निर्णय मनुष्य को लेना है। लेना ही है वरना निर्णय के द्वारा मनुष्य को ले लिया जाएगा। **वेद प्रकाश** के शब्दों में—

"...इतिहास की ट्रेन हमें काटती हुई गुज़रे
या हम उस पर सवार हों
ये तो हमें ही तय करना होगा
देर-सबेर।"[5]

निर्णय लेना ज़रूरी है। इसलिए कि परिस्थितियाँ मनुष्य को न खा जाएँ। मनुष्य इतिहास के लिए न हो, इतिहास मनुष्य के लिए हो। मनुष्यता की संवेदन-लय मनुष्य को सर्वोपरि रखती है। ऐसे मनुष्य को, जो हवा को चुनौती देकर चिराग़ जला सके। पिस्तौल में भरी जातीं गोलियों के साथ-साथ क़लम में रौशनाई भर सके। इतिहास की ट्रेन पर सवार हो सके। उसे चला सके। जीने का ही नहीं, जिसे मरने का सलीक़ा भी आता हो। **नरेश सक्सेना** ने बताया—

"...इससे पहले कि कोई संकट उन्हें चुने
वे ख़ुद चुन लेते हैं अपना
मनचाहा संकट
चुन लेते हैं अपने मरने की सही जगह और वक़्त
बार-बार नहीं मरते ज़िंदा लोग
ज़्यादा देर इंतज़ार नहीं करते।"[6]

मृत्यु निश्चित है। इसका तात्पर्य है—उससे न डरना। उसकी परवाह न करना। जो निश्चित है, उसकी क्या परवाह! उसे चिंतन-पटल से मिटाकर, अपनी सोच की दुनिया से खदेड़कर सोचना और निर्णय करना मरने के सलीक़े का मतलब है। क़लम में रौशनाई भरते हुए मरना अपने तरीक़े से मरना है। मौत के तरीक़े से नहीं। जीवन सर्वोच्च है। उसके लिए अपनी मौत का इस्तेमाल भी किया जा सकता है। किया जाना चाहिए।

जो चुनाव नहीं करता, निर्णय नहीं लेता और उस पर अडोल नहीं रहता, वह बार-बार मरता है। मृत्यु जैसे भय से बार-बार गुज़रता है। संत्रस्त होता है। कविता जीवंतता के पक्ष में है और जीवंतता को मृत्यु-भय से मुक्त होकर ही जीया जा सकता है। मृत्यु-भय बुढ़ापे से ज़्यादा और किस अवस्था में होता होगा! कविता बुढ़ापे से भी जीवंतता उभार लाती है। **अरुण कमल** ने बादशाह खान के प्रति एक कविता में कहा—

"...न विवशता न थकान न स्यापा
हो, तो ज़िंदगी की नोंक हो बुढ़ापा।"[7]

ज़िंदगी की नोंक यानी उम्र का वो हिस्सा, जहाँ जीवंतता सबसे ज़्यादा नुकीली, सबसे ज़्यादा धारदार हो। विवशता की जगह स्वावलंबन, थकान की जगह उत्साह और स्यापे की जगह संगीत से संपन्न हो। कविता चाहती है कि बुढ़ापा भी ऐसा ही हो। बचपन और युवावस्था के समन्वित संगीत को जीवन के हर क्षण में गाता-गुनगुनाता। आत्मग्रस्तता और एकांत में सड़ता मनुष्य जीवंत नहीं हो सकता। सामूहिकता और

आपसदारी के आनंद में भीगता मनुष्य ही जीवंत हो सकता है। ऐसा मनुष्य अपनी बेचैनी का उपयोग भी इस आनंद के लिए कर लेता है। इस आनंद का मतलब यह नहीं कि सामूहिकता और आपसदारी मनुष्य के लिए विलास हैं। मतलब यह कि ये ज़रूरत हैं उसकी। इसलिए कि सबकी ज़रूरत हैं। **हरजेन्द्र चौधरी** की कविता *उचटी हुई नींद* का एक हिस्सा है–

"निजी सपनों की उथली नदी के भुरभुरे तट पर
अचानक उचटी नींद के ढहे हुए कगार में धँसा हुआ
पसीने से भीगा
भयभीत
कातर
बेचैन
जानना चाहता हूँ–अभी और कितनी रात बाक़ी है...
...आतुर हूँ
उठकर चीख़कर झिंझोड़कर जगा दूँ पूरी बस्ती को
नगरी को
दुनिया को
शायद कोई बता सके मुझे सही समय
कि अभी सुबह होने में कितना समय बाक़ी है...

मुझे लगता है–
सब जाग गए तो सुबह तो हो ही जाएगी...।"[8]

सुबह सबकी ज़रूरत है। होगी तब, जब भय, कातरता और बेचैनी की रात बीतेगी। जब सपने निजी नहीं रहेंगे। निजी नहीं रहेंगे तो उनकी नदी भी उथली नहीं होगी, उसके तट भी भुरभुरे नहीं होंगे और परिणामस्वरूप नींद भी अचानक नहीं उचटेगी। मुश्किल यह है कि भय-कातरता-बेचैनी के पसीने से भीगे इस आदमी की तरह सब नहीं जागते। सब बेचैन भी नहीं होते। सबकी नींद भी नहीं उचटती। तानकर सोने वाला सुखिया संसार ज़्यादा है दुनिया में। यही कारण है कि कोई नहीं जानता *अभी और कितनी रात बाक़ी है*। यह सुबह निरी प्राकृतिक नहीं है। अतः अपने आप नहीं होने वाली।

यह जीवन को जीवंतता देने वाले हालात की सुबह है। सबके जागे बिना इसका होना संभव नहीं। नींद के उचट जाने पर भी ख़ुद को आश्वस्त करने के लिए आदमी सपना देखता है कि सभी जागेंगे और सुबह होगी। यह जागती आँखों का सपना है। विचार की दृष्टि से एकदम सही। वास्तविकता केवल विचारों से नहीं बनती। उन भावनाओं और संवेगों से भी बनती है, जो निजी सपनों की पैदाइश हैं। एक तरफ़ निजी सपने हैं, दूसरी तरफ़ सबके जागने का सपना।

दोनों में बड़ा अंतर है। रात बीतने और सुबह होने के लिए इस अंतर का मिटना भी ज़रूरी है। इस तरह कि निजी सपने सबके सपनों की तरफ़ बढ़ते चले जाएँ। निजता का सामूहिकता में रूपांतरण होने पर ही आदमी पूरी बस्ती को जगाने के लिए

केवल आतुर होकर नहीं रह जाएगा। सचमुच जगा देगा और *सब जाग गए तो सुबह तो हो ही जाएगी*। अगर सुबह हुई तो बेचैनी में उचटती इस नींद की भी महत्त्वपूर्ण भूमिका उसमें होगी।

सुबह के लिए जीने वाला मनुष्य बनावटी नहीं होता। आत्मग्रस्त नहीं होता। लोकप्रसारित हृदय से संपन्न होता है। सहज होता है। ऐसा ही एक मनुष्य **अष्टभुजा शुक्ल** के इन कविता-वाक्यों में है–

"...जिस घर में
एक पूँछ नहीं होती
और पूँछधारी नामधारी नहीं होता
वहाँ हम अपने बच्चों के लिए
बन जाते हैं हाथी, घोड़ा या ऊँट
और बैठा लेते हैं
अपनी-अपनी पीठों पर
घर में
किसी मनुष्येतर प्राणी का जिलाया जाना
घर को संसार का दर्जा देना है।"[9]

खेल-खेल में भी मनुष्य आत्मग्रस्तता और बनावट से बाहर आ जाए तो घर, संसार हो जाता है। सहजता, मनुष्य और घर, दोनों का आत्मप्रसार कर देती है। इससे घर, और ज़्यादा घर होता है तथा मनुष्य, और ज़्यादा मनुष्य। अतः ये छोटी-छोटी बातें कविता के लिए बड़ी हैं। बच्चों की ख़ुशी के लिए आदमी का ख़ुशी से पशु बनना घर में ख़ुशियों का संसार भर देना है। पशुता का सही इस्तेमाल करना है। सहज होना है। सहज आदमी छोटे से छोटा काम भी बड़प्पन के साथ, औचित्य के साथ, जीवंतता के साथ कर पाता है। **राजेश जोशी** ने लिखा–

"...झुकता हूँ लेकिन उस तरह नहीं
जैसे एक चापलूस की आत्मा झुकती है
किसी शक्तिशाली के सामने

...झुकता हूँ
जैसे घुटना हमेशा पेट की तरफ़ ही मुड़ता है... ।"[10]

घुटने का पेट की तरफ़ मुड़ना सहज है। ज़रूरी है। झुकना यह भी है पर चापलूसी की तरह बनावटी नहीं। चापलूस का झुकना आत्मसमर्पण है। आत्मा का पतन है। नैतिकता, ईमानदारी और अपने व्यक्तित्व के रूप में आंतरिक जीवन को नष्ट करना है। शक्ति के चरणों तले गलीचे की तरह बिछ जाना है। मनुष्य की आत्महत्या है ऐसा झुकना। सही है कि ऐसी आत्महत्या करने के अवसर पाने के लिए लोग मरे जा रहे हैं लेकिन यह भी सही है कि लोग इस तरह भी झुकते हैं, जैसे घुटना पेट की तरफ़ ही मुड़े। घुटने के पेट की तरफ़ ही मुड़ने का अभिप्राय है–जीवन का विलासिता की जगह ज़रूरत की तरफ़ ही झुकना। सोच का उसी तरफ़ उन्मुख होना, जहाँ उसकी सबसे ज़्यादा ज़रूरत हो। कर्म का

उसी रास्ते आगे बढ़ना, जो सबके लिए सुखद हो। पेट की तरफ़ ही मुड़ने वाले घुटने कभी ज़मीन पर नहीं टिकते।

ये घुटने इतने संवेदनशील होते हैं कि इन्हें दूसरों के अभाव अपने सुख से वंचित करते हैं। **विमल कुमार** ने बताया है कि उनके लिए *साथ का आदमी* भी आदमी होता है। अपना ही प्रतिरूप। उसके लिए कुछ न कर पाने पर उनको अपने लिए कुछ न कर पाने से ज़्यादा संताप होता है—

"...वह आदमी माँगेगा
कपड़ा लाओ कपड़ा
कपड़ा मैं कहाँ से लाऊँगा
अपने सर पर बोऊँगा कपास
अपनी त्वचा में से कातूँगा सूत
इससे पहले कि फटे कपड़ों में
उसकी सूखी और नग्न देह नज़र आएगी
मैं शर्म से गड़ जाऊँगा..."[11]

अपने सर पर कपास बोना और अपनी त्वचा से सूत कातना उस बेचैनी की कल्पनाएँ हैं, जो दूसरों के दुख जीने वाले की देह से जन्म लेती हैं। ऐसा आदमी जानता है कि ये कल्पनाएँ ही हैं। यह सच इनके साथ ग़रीबी से दुख की तरह एकमेक है कि ये सच नहीं होने वालीं। इसीलिए साथ के आदमी को फटे कपड़ों में देखना पड़ेगा। उनसे झाँकता-झपटता उसका भूखा-नंगापन सहना पड़ेगा। शर्म से गड़ जाएगा अपने ही होने में न होने की इच्छा करता आदमी। यह अपराध-बोध **मीर तक़ी मीर** की परंपरा में है—

"भरी आँखें किसू की पोंछते, गर आस्तीं रखते
हुई शर्मिन्दगी क्या-क्या हमें, इस दस्त-ए-खाली से।"[12]

दुख इसका नहीं कि हाथ खाली हैं। उन पर आस्तीन नहीं है। अफ़सोस यह है कि हाथों को किसी की भरी आँखें पोंछने का मौक़ा नसीब नहीं हुआ। उधार सही, अगर दूसरे की आँखें पोंछने को आस्तीन नसीब हो जाती और पोंछने के बाद वापस ले ली जाती तो कोई अफ़सोस न था। शर्मिंदगी का कारण है मनुष्य होते हुए भी मनुष्य की तरह न जी पाना। और शर्मिंदगी भी केवल शर्मिंदगी नहीं है। उसके साथ लगा हुआ है—*क्या-क्या!* यह *क्या-क्या* क्या-क्या नहीं कहता! शर्मिंदगी के कितने एहसासों की कितनी परतें बसी हैं इस *क्या-क्या* में, कौन कहे! शर्मिंदगी इतनी और ऐसी है कि भाषा थोड़ी पड़ गई। फिर भी भाषा से काम ले लिया गया। ऐसे कवि हों तो भाषा की चौहद्दियाँ फैलें!

आंकड़ों में होंगे मीर पुराने कवि। अस्ल में भरपूर समकालीन हैं। इसलिए कि आज इस शर्मिंदगी की ज़रूरत सबसे ज़्यादा है। विदर्भ के किसान जिस देशकाल में कर्ज़ और भूख से आत्महत्याएँ करते हैं, उसी देशकाल में व्यंजन, भरे पेटों का मुँह ताकते हैं। कूड़ेदानों में जूठन सड़ती है। अपने बच्चों को पेट भरने की तसल्ली दे सके, इसलिए एक माँ आत्महत्या नहीं कर पाती। भूखे बच्चों की आँखों में रात नींद की तरह नहीं, बेबस बेचैनी की तरह उतरती है। हाथ-पाँव उनके इतने सक्रिय कि दिन में भी भरे पेट वालों के न हो

सकें। भरपूर सक्रियता और करने को कुछ नहीं। ऐसे जीवन को देखते जाइए! महसूस होता जाएगा कि मीर को *क्या-क्या* शर्मिंदगी हुई होगी!

शर्मिंदगी के निशान मनुष्य के शरीर पर होते हैं। साफ़ दिखते और महसूस होते हैं। **शकेब जलाली** का शे'र है–

"हक़ बात आके रुक-सी गई थी कभी शकेब
छाले पड़े हुए हैं अभी तक ज़बान पर"[13]

सच्चे इंसान की ज़बान सच को रोक लेने की क़ीमत चुकाती है। केवल चटख़ारों में ख़र्च नहीं हो सकती वह। कविता की ज़बान भी ऐसी ही है। सच को रोकती नहीं। कभी रोक भी ले तो उस पर छाले पड़ जाते हैं। पानी भी पीये तो लगता है छालों पर। कुछ भी कहने की कोशिश हकलाने या तुतलाने में बदल जाती है। **विमल कुमार** ने एक कविता में लिखा है–*"...मेरी आँखों में कई ऐसे दृश्य थे/जिनसे मेरी आँखें सूज गई थीं...।"*[14] दृश्य चाहे जितने भयानक, चाहे जितने अमानवीय हों, आँखें सब नहीं सूजतीं। वही सूजती हैं, जो मनुष्यता से रौशन हों। यह रौशनी विरल सही, नेपथ्य में सही, पर है। कविता इसे नेपथ्य से मंच पर लाती है। मनुष्य का काम न इसके बिना चल सकता है, न कविता के बिना।

समकालीन कविता में ऐसा मनुष्य भी है, जो भोग की जगह संघर्ष के लिए ललक उठे। **रमेश आज़ाद** की ये पंक्तियाँ देखिए–

"...हाथ में डिब्बा उठाए
जेब में पाँच रुपल्ली और
एक क़लम लेकर जाते हो
शाम को निचुड़े हुए
नींबू की तरह आते हो
तुम मुझे कायर सिपाही की तरह फिर भी नहीं लगते

तुम मुझे तब और भी अच्छे लगते
अगर पनाह देने के बदले
अपनी थकान का हिस्सेदार बना लेते।"[15]

हिस्सा ज़मीन-जायदाद और सोने-चाँदी में ही नहीं होता। थकान में भी होता है। मुश्किलों में भी होता है। संघर्ष में भी होता है।

समकालीन जीवन में कविता ने इस हिस्से पर अपना अधिकार आज भी छोड़ा नहीं है।

संदर्भ

1. उनका बोलना -मोहन कुमार डहेरिया, पृष्ठ 89
2. कहीं कुछ कम है -शहरयार, पृष्ठ 21
3. नये इलाके में -अरुण कमल, पृष्ठ 74

4. दुःस्वप्न भी आते हैं -अष्टभुजा शुक्ल, पृष्ठ 19
5. अपेक्षा-12 -अम्बेडकरवादी युवा कविता विशेषांकः जुलाई-सितंबर, 2005, पृष्ठ 50
6. समुद्र पर हो रही है बारिश -नरेश सक्सेना, पृष्ठ 26
7. सबूत -अरुण कमल, पृष्ठ 32
8. फसलें अब भी हरी हैं -हरजेंद्र चौधरी, पृष्ठ 76-77
9. दुःस्वप्न भी आते हैं -अष्टभुजा शुक्ल, पृष्ठ 95-96
10. चाँद की वर्तनी -राजेश जोशी, पृष्ठ 11
11. सपने में एक औरत से बातचीत -विमल कुमार, पृष्ठ 58
12. दीवान-ए-मीर -अली सरदार जाफ़री, पृष्ठ 224
13. पानियों पे नामः शकेब जलाली की ग़ज़लें -चयन एवं लिप्यंतरः मंज़ूर एहतेशाम, लीलाधर मंडलोई, पृष्ठ 41
14. सपने में एक औरत से बातचीत -विमल कुमार, पृष्ठ 72
15. दोस्त हैं भीगना नहीं चाहते -रमेश आज़ाद, पृष्ठ 22

संबंध, जो सबके नाम हैं

संबंध ज़िंदगी के चेहरे हैं। उसकी पहचान। नसों में बहते ख़ून की तरह अनिवार्य। जीने की क्षमता अधिकांशतः संबंधों को जीने की क्षमता ही है। सबकी अपनी-अपनी। **सारा शगुफ़्ता** ने लिखा–

"...पेड़ों ने अपनी छाँव
सूरज के हवाले से नापी
हमने अपनी छाँव अपने दिल से नापी..."[1]

दिल, इंसान का अपना सूरज है। पेड़ों के होने का अर्थ है–छाँव देना। इंसान के होने का मतलब है–इंसानियत का उजाला फैलाना। पेड़ सारे हरे-भरे नहीं होते। सारे इंसान भी दूसरों को छाँव नहीं देते। सूरज अपनी स्थिति बदलता रहता है तो पेड़ों की छाँव भी बदलती रहती है। कम-ज़्यादा होती रहती है। दिल भी हमेशा एक जैसा नहीं रहता। उसके परिवर्तन का असर व्यवहार में प्रकट होता है। दिल में जगह हो तो कहीं जगह की कमी नहीं पड़ती। ज़्यादा जगह वाले दिल की रौशनी मनुष्य के व्यवहार पर पड़ रही हो तो संबंधों की घनी छाँव में रूपांतरित होती ही है। हर मनुष्य का जीवन धरती है और दिल उसका सूरज। दिल अर्थात् नीयत और क्षमता का संगठन। न सबकी नीयत एक जैसी होती है, न क्षमता। **कृष्ण बिहारी नूर** का शे'र है–

"हर एक पेड़ से साये की आरज़ू न करो
जो धूप में नहीं रहते वो छाँव क्या देंगे"[2]

दूसरों को छाँव देने के लिए ज़रूरी है कि धूप में रहना बुरा न लगे। छाँव पाने वालों का सुख सुखद हो। काम्य हो। दूसरों को सुख देने से मिलने वाले सुख का मूल्य महसूस करने की क्षमता जिसमें जितनी है, वह उतना मनुष्य है। अपना और अपनों का पेट तो पशु-पक्षी भी भर लेते हैं। कविता की प्राथमिकता ऐसा जीवन नहीं। तथाकथित मनुष्यों का ऐसा जीवन भी नहीं, जो निरी व्यक्तिगत सफलता में क़ैद कॅरियरिस्ट जीवन हो। ऐसा जीवन है, जो दूसरे की ख़ुशी से महक उठे। ऐसे जीवन को ही अपने जैसों की तलाश रहती है। अपने जैसा कोई मिल जाए तो वह कोई भी क़ीमत आसानी से चुका सकता है। न मिले तो कुछ भी छोड़ सकता है। **शकेब जलाली** के शब्दों में–

"हमजिंस अगर मिले न कोई आसमान पर
बेहतर है ख़ाक डालिए ऐसी उड़ान पर"[3]

हमजिंस अर्थात् अपनी तरह सोचने-समझने-बरतने-जीने वाला। एकदम अपने जैसा। ऊँचाई पर पहुँचने के बाद अगर ऐसा कोई न मिले तो वह ऊँचाई व्यर्थ है। महत्त्व ऊँचाई

पर पहुँचने का नहीं, हमजिंस के मिलने का है। वह जहाँ मिले, वहीं है सच्ची ऊँचाई। ऐसी ऊँचाई धरती पर ही है। दिखती है। जहाँ दिखती है, वहाँ अपरिचितों के बीच भी संबंध बनते हैं। मानवीय जीवन का उजाला बिखेरते संबंध। **विनोद कुमार शुक्ल** के ये कविता-वाक्य इस दृष्टि से उल्लेखनीय हैं–

"हताशा से एक व्यक्ति बैठ गया था
व्यक्ति को मैं नहीं जानता था
हताशा को जानता था
इसलिए मैं उस व्यक्ति के पास गया
मैंने हाथ बढ़ाया। मेरा हाथ पकड़कर वह खड़ा हुआ
मुझे वह नहीं जानता था
हाथ बढ़ाने को जानता था
हम दोनों साथ चले
दोनों एक-दूसरे को नहीं जानते थे
साथ चलने को जानते थे"[4]

अपरिचित, व्यक्ति हो सकता है, *हताशा, हाथ बढ़ाना* और *साथ चलना* नहीं। जीवन में ऐसी स्थितियाँ अनेक हैं, जो अपरिचितों के बीच एक हैं। उन्हें जोड़ती हुईं। व्यक्ति पूरी तरह नहीं जानता कि उसका जुड़ाव किन-किन से, कितना-कितना है। न जानने पर भी यह जुड़ाव रहता ही है। जीवन को चुपचाप प्रकाशित करता हुआ। साधारण संबंधों की असाधारण उपस्थिति से आलोकित जीवन चलता रहता है। **कुमार अम्बुज** ने इसे इस तरह नोटिस किया–

"...बीमार-सा देखकर अपनी बर्थ पर सुला लेता है एक सहयात्री
भूखा जानकर कोई खिला देता है अपने हिस्से का खाना
और कहता है वह खा चुका है
जब धमका रहा होता है एक चौराहे पर पुलिसवाला
एक न जाने कौन आदमी आता है कहता है इन्हें कुछ न कहें ये ठीक आदमी हैं
बहुत तेज़ी से आ रही कार से बचाते हुए
एक तरफ़ खींच लेता है कोई राहगीर
जिससे कभी बहुत नाराज़ हुआ था वह मित्र यकायक चला आता है घर
...इस जीवन में जीवन की ओर वापस लौटने के
इतने दृश्य हैं चमकदार
कि उनकी स्मृति भी देती है एक नया जीवन।"[5]

अपरिचितों के बीच जो संबंध होते हैं, उनके नाम नहीं होते। अक्सर सर्वनाम होते हैं वे। सभी के नाम। नामों से ज़्यादा व्यापक। सूरज की रौशनी जैसे दूर-दूर तक फैले हुए। सूरज की रौशनी को सब जानते हैं। उसे देख कोई हैरान नहीं होता। अपरिचितों के बीच संबंध-स्थितियों की रौशनी हो, जीवन की रौशनी हो, इसकी उम्मीद अक्सर कम रहती है। मज़े की बात यह कि जहाँ उम्मीद न के बराबर है, वहाँ आत्मीयता में सराबोर हवाएँ पसीना ज़्यादा सुखाने लगती हैं चुपचाप। आँखें भर जाती हैं सुखद विस्मय से।

बचाने वाला, अभय देने वाला, खाना और बर्थ देने वाला इस विस्मय का कितना सुख लेता होगा!

व्यक्तिगत सुखों से ग्रस्त समय में मनुष्यता का यह सुख फिर से क़ीमती है। समकालीन कविता का इससे गहरा संबंध है। इसके होने से, इसके रूपों से, इसके न होने से, इसके लिए तड़प से और इसकी तलाश से। मनुष्य का सहज सुख है यह। इतना सहज कि लगभग प्राकृतिक। **अरुण कमल** की एक कविता है–*नींद*–

"धीरे-धीरे भारी हो रहा है
तुम्हारा शरीर
मेरी बाँह पर माथा तुम्हारा
ढल रहा है

नींद का शरीर
शीरे की तरह गाढ़ा
शहद की तरह भारी
डूबता चला जाता है
जल में
तल तक

नींद मनुष्य पर मनुष्य का
विश्वास है।"[6]

व्यक्ति पर व्यक्ति का नहीं, मनुष्य पर मनुष्य का विश्वास है नींद। यह नींद का काव्यार्थ है। प्रचलित अर्थ से थोड़ा-सा, बहुत थोड़ा-सा अलग। अलग यह हुआ है नींद को देखने वाली दृष्टि के कारण। नींद को थकान उतारने वाली, आराम देने वाली, फिर से काम करने को तैयार करने वाली प्रक्रिया और शरीर की ज़रूरत के रूप में देखा जाता रहा है। वह मनुष्य पर मनुष्य का विश्वास भी है। एकदम सहज विश्वास, यह कविता देखती है। यह विश्वास मनुष्य की अंतःप्रकृति का अभिन्न अंग है। इसलिए प्राकृतिक है।

साधारण व्यवहार में इतना रमा हुआ है यह विश्वास कि सहसा इस पर ध्यान भी न जाए। नींद जिसको आ रही है और जिसकी बाँह पर माथा ढल रहा है, उन दोनों का परस्पर संबद्ध होना तो दूर, परिचित होना भी ज़रूरी नहीं। ज़रूरी है तो सिर्फ़ मनुष्य होना। दो मनुष्य हैं, इसका मतलब ही है कि दोनों में संबंध है। नींद की शक्ल में यह सामान्य संबंध दिखलाई देता है। नींद का अपना शरीर है। मनुष्य के शरीर में उतरता हुआ। उसे भारी करता हुआ। तल से जुड़ने लायक़ बनाता हुआ। इस जुड़ाव की प्रक्रिया से ही जन्म होता है काव्यार्थ का–*नींद मनुष्य पर मनुष्य का विश्वास* है। समकालीन अविश्वास पर कविता का भरपूर प्रहार है यह। आत्मग्रस्त गतिविधियों में ज़रूरी हस्तक्षेप। साधारण की अनिवार्य उपस्थिति। एक प्रबल चुनौती–है कोई, जो मनुष्य पर मनुष्य के इस विश्वास को ख़त्म कर सके!

ग़ौरतलब है कि यह चुनौती, चुनौती के स्वर में नहीं है। मामूली कथन के सीधे-सादे रूप में है। बताती हुई कि समकालीन कविता में साधारण अंतर्वस्तु के साधारण रूप से असाधारण काम लेने की क्षमता है। यह क्षमता आई है गद्यात्मकता के कविता में रम जाने, जज़्ब हो जाने से। इससे कविता में गद्य का व्यंजक इस्तेमाल भी संभव हुआ है, देखे हुए में कुछ नया, कुछ क़ीमती देख पाना भी और उसे बिना कोई दावा करने वाली मुद्रा अपनाए कह देना भी। देखकर भी अक्सर न देखे जाने वाले मनुष्य और मनुष्य के बीच सामान्य संबंध इस साकार संभावना के समर्थ रूप हैं। **रमेशचंद्र शाह** की *अतिथि* कविता है—

"हवा के झोंके-सा
आया वह
आने के साथ ही
रो गया अपना दुख

न मैंने कुछ पूछा
न उसने कुछ कहा।

जी-भर रो लेने के बाद
वह
चला गया।

धीरे-धीरे
मेरी समझ में आया

कि मैं, जो कभी नहीं
हो सका अकेला अपने साथ

उसका
एकांत
था।"[7]

आदमी जिसके पास आता है और रोकर चला जाता है, वह उससे कुछ नहीं पूछता। दुख से पिघलते आदमी के सामने वह एक निहायत ठंडा आदमी है। दूसरे के आँसुओं से उदासीन। अपने आप में बंद। दुखी आदमी का *हवा के झोंके* की तरह आना बताता है कि दरवाज़ा उसके लिए खोला नहीं गया। उसे धक्का देकर खोलते हुए वह भीतर आया। दुखी से दुख का कारण तक न पूछने वाला, उसके आँसू न पोंछने वाला और अपने साथ भी अकेलेपन का वरदान हासिल न कर पाने पर अफ़सोस करने वाला ठंडा आदमी भी किसी का एकांत हो सकता है। अपने न चाहने के बावजूद। यह स्थिति इसकी सूचना है कि कोई लाख चाहे पर मनुष्य और मनुष्य के बीच सामान्य संबंध कभी मर नहीं सकते। अपरिहार्य

हैं वे साँसों की तरह। उनके चलते कोई भी, कभी भी, किसी के लिए भी संदर्भवान् हो सकता है। **नागार्जुन** ने लिखा था–

"पूरी स्पीड में है ट्राम
खाती दचके पे दचका
सटता है बदन से बदन
पसीने से लथपथ।
छूती है निगाहों को
कत्थई दाँतों की मोटी मुस्कान
बेतरतीब मूँछों की थिरकन
सच सच बतलाओ
घिन तो नहीं आती है?
जी तो नहीं कुढ़ता है?"[8]

अपरिचय यहाँ भी है पर रवैया इतना अलग कि विपरीत। भले इसका श्रेय दूसरे को ही हो पर रमेशचंद्र शाह का व्यक्ति दूसरे के लिए अपनी उपयोगिता देख लेता है। उसकी नज़र अपने पर है। दूसरा माध्यम-भर है। नागार्जुन के व्यक्ति की नज़र दूसरे के जी में आ सकने वाली घिन पर है। हो सकने वाली कुढ़न पर है। एकांत बन जाने वाले व्यक्ति से वह ज़्यादा संवेदनशील है। उसके सवाल केवल पूछते नहीं। बहुत-कुछ कहते भी हैं। निकटता, विवशता भी होती है। वह एक को दूसरे के पास लाए, न लाए पर दूर न करे, आज के समय में यह भी कम नहीं है। घिन और कुढ़न मानसिक दूरी की शुरूआत हैं। कवि नहीं चाहता कि औपचारिक निकटता भी किसी तरह की दूरी शुरू करे। चाहता है कि अपने में बंद रहने वाले कथित अभिजन भी जन के निकट आएँ। देखें कि मूँछें बेतरतीब होकर भी कैसे थिरकती हैं! दाँत कत्थई होने पर भी कैसे खुलकर मुस्कराते हैं! कहीं टूथपेस्टों और उनके विज्ञापनों की जगर-मगर पर तो नहीं?

अपरिचितों के बीच बनते रिश्तों के नाम इसलिए नहीं होते कि अपरिभाषित होते हैं ये। जीवन की तरह संबंध इतने व्यापक और विविध हैं कि उनके सामने परिभाषाओं की हैसियत बच्चों द्वारा बाँहें फैलाकर दुनिया का विस्तार बताने से ज़्यादा नहीं है। मोहक पर अवास्तविक। परिभाषित रिश्तों को ही जीने के आदी मनुष्य को कविता ध्यान दिलाती है कि अनाम रिश्तों की भूमिका जीवन में कम नहीं होती। **प्रमोद तिवारी** ने एक गीत में ऐसे रिश्तों का ज़िक्र करते हुए कहा–

"राहों में भी रिश्ते बन जाते हैं
ये रिश्ते भी मंज़िल तक जाते हैं...

इक बूढ़ा रोज़ गली में आता था
जाने किस भाषा में वह गाता था
लेकिन उसका स्वर मेरे कानों में
'अब उठो लाल' कहकर खो जाता था

मैं निपट अकेला खाता सोता था
नौ बजे क्लास का टाइम होता था
इक रोज़ मिस नहीं मेरी क्लास हुई
मैं टॉप कर गया पूरी आस हुई।

वह बूढ़ा जाने किस नगरी में हो
उसके स्वर अब भी मुझे जगाते हैं...''[9]

यह दौर रिश्तों की उपयोगिता का है। परिणाम पर नज़र पहले होती है, रिश्ते बाद में बनते हैं। उनका बनना और बने रहना परिणाम का मोहताज है। परिणामधर्मी रिश्तों के इस दौर में कविता पूरा ज़ोर देकर कहती है कि देखो तो सही! मंज़िल तक, सड़कों पर बनने वाले *ये रिश्ते भी* जाते हैं! इसका एक उदाहरण वह बूढ़ा है, जो रोज़ क्लास का टाइम होने से पहले अनजाने में उठा दिया करता था। टॉप करने में उसका विशेष योगदान था। यह वाचक का प्रगाढ़ आलस्य है कि वह नौ बजे की क्लास अटैंड करने के लिए भी बूढ़े पर निर्भर रहा लेकिन बूढ़े के स्वर ठीक समय पर गूँजना कभी नहीं भूले। उन्नति करने में, मंज़िल तक पहुँचने में ऐसे जीवनवाही स्वरों की अपनी भूमिका होती है। स्मृति के आकाश का एक महत्त्वपूर्ण हिस्सा भरा होता है उनसे। इतना ही नहीं, ये परिभाषित रिश्तों का निर्वाह करने की ऊर्जा भी देते हैं। **प्रमोद** के ही शब्दों में–

''इन राहों वाले मीठे रिश्तों से
हम युगों-युगों से बँधे नहीं होते
तो जन्मों वाले रिश्तों के पर्वत
अपने कंधों पर सधे नहीं होते...''[10]

ख़ून के रिश्ते अपनी जगह, पर राहों के रिश्तों की जगह अपनी है। वे शामिल होकर रिश्तों की दुनिया को पूरा करते हैं। इतने ऊर्जस्वी हो सकते हैं कि आदमी को परिभाषित रिश्तों के पहाड़ उठाने के लिए भी तैयार कर सकें। पहाड़ साधने वाले कंधे ख़ून के रिश्तों से बनते हैं और कंधों पर पहाड़ का सधाव राहों के रिश्तों से संभव होता है। अपनी-अपनी जगह और अपनी-अपनी तरह से दोनों संबंध मनुष्यता को अपने पाँवों पर खड़ा करते हैं।

कविता मनुष्यता की संवेदन-लय है। मनुष्यता संबंधों में रूप लेती है। नष्ट व्यक्ति होता है, मनुष्य नहीं। संबंध भी अगर सचमुच संबंध हैं तो नष्ट नहीं होते। इस सच का एहसास समकालीन कविता को है। **एकांत श्रीवास्तव** के शब्दों में–

''प्रेम समुद्र है, आकाश है, नक्षत्र है
और हवा
अक्षयवट है प्रेम जो कभी नष्ट नहीं होता

वे हम हैं जो नष्ट होते हैं...''[11]

मनुष्यता प्रकृति की संस्कृति भी है और संस्कृति का प्राकृतिक रूप भी। समुद्र, नक्षत्र, आकाश, हवा और पेड़ की तरह हमेशा रहने वाला। मनुष्य द्वारा स्वयं से प्रेम की प्रक्रिया

है वह। प्रेम व्यक्ति का धन नहीं, उसके भीतर धड़कते मनुष्य का ऐश्वर्य है। संकीर्णता के असत्य से उबरने की क्षमता है। उस सच से जुड़ने की योग्यता है, जो सबमें होता है। सबका सच मरता नहीं। इसलिए कि वह किसी को मारता नहीं। कविता को इसी का भरोसा है। उसकी आँखों में रौशनी की तरह, बीनाई की तरह है यह भरोसा। इसके बूते उसके लिए ईंट-पत्थरों में भी संबंधों की लहलहाती जगह देख पाना संभव होता है। **नरेश सक्सेना** ने *कांक्रीट* का परिचय ऐसे दिया है–

"आपस में सटकर फूटी कलियाँ
एक-दूसरे के खिलने के लिए जगह छोड़ देती हैं

जगह छोड़ देती हैं गिट्टियाँ
आपस में चाहे जितना सटें
अपने बीच अपने बराबर जगह
खाली छोड़ देती हैं
जिसमें भरी जाती है रेत

और रेत के कण भी
एक-दूसरे को चाहे जितना भींचें
जितनी जगह ख़ुद घेरते हैं
उतनी ही अपने बीच खाली छोड़ देते हैं
इसमें भरी जाती है सीमेंट

सीमेंट
कितनी महीन
और आपस में कितनी सटी हुई
लेकिन उसमें भी होती हैं खाली जगहें
जिनमें समाता है पानी
और पानी में भी, ख़ैर छोड़िए

इस तरह कथा कांक्रीट की बताती है
रिश्तों की ताक़त में
अपने बीच
ख़ाली जगह छोड़ने की अहमियत के बारे में।"[12]

ख़ाली जगह दूसरे के लिए छोड़ी जाती है। दूसरे को जगह देना मनुष्य होना है। सलीक़ा है होने का। रहने और जीने का। यह सलीक़ा सर्वत्र है। कलियों से सीमेंट तक। सिर्फ़ चमड़े की आँखों से देखने की आदत के कारण ज़्यादातर इसे देख नहीं पाते। ज़रूरत से ज़्यादा खाए और अघाए भैंसे की तरह वे पसरना ही जानते हैं। पसर ही सकते हैं। भले चींटियों के बिल कुचले जाएँ। जैसे वे तो होते ही हैं कुचले जाने के लिए!

अपने बीच खाली जगह छोड़ना मूक निमंत्रण को जीना है। चुपचाप स्वागत करना है रिश्तों का। उनसे मुहब्बत करना है। अपने भीतर बसाना है उन्हें। जज़्ब करना है। इसी से जज़्बात पैदा होते हैं। मनुष्य दूसरों को अपने बाहर-भीतर जगह देने लायक़ होता है। उसके जीवन में जगह जितनी होती है, उतना ही भरता है वह। उतना ही संपन्न होता है। रिश्तों की शक्ल में ज़िंदगी उतनी ही ज़्यादा रहती है उसके भीतर। सीमेंट के कण गुँथकर जितनी जगह अपने बीच छोड़ते हैं, उसकी तो फिर भी एक सीमा होती है। मनुष्य अगर अपने भीतर-बाहर जगह छोड़ने लगे तो उसकी कोई सीमा नहीं। दुनिया-भर की ज़िंदगी समा सकती है उसमें।

दूसरों के लिए जगह छोड़ना प्राथमिक है। बुनियाद है रिश्तों की। आकाश अनंत जगह का नाम है। अनंत जीवन के साथ पृथ्वी उसी में उपस्थित है। आकाश पृथ्वी पर भी है। जीवन की विविध वस्तुस्थितियों को जगह देता हुआ। मनुष्य का हृदय आकाश की संभावना है। अनंत जीवन की जगह उसमें संभव है। जीवन, दूसरों से जुड़ते हुए अनंत होता है। दूसरा, वस्तु नहीं होता। वह अपनी इच्छा से, अपने तरीक़े से जुड़ता है। उसके लिए जगह छोड़ने का मतलब है उसे उसके व्यक्तित्व के साथ अपनाना। अपने मन को दुनिया की धुरी और जीवन का केंद्र न मानना। दूसरे के व्यक्तित्व में जो अप्रिय हो, उसका भी सम्मान करना। उसे भी रहने देना। यही रिश्तों का स्वाभाविक लोकतंत्र है। स्वभाव में शामिल लोकतंत्र। जगह छोड़ने का मतलब है इस लायक़ होना कि दूसरे को सहें भी और उसके लिए रहें भी। यही आपसदारी है। सम पर आधारित बंध है। संबंध का अभिप्राय है।

निदा फ़ाज़ली ने इसे मिलने-जुलने का *सलीक़ा* कहा है–

"देवता है कोई हममें
न फ़रिश्ता कोई
छूके मत देखना
हर रंग बिखर जाता है
मिलने-जुलने का सलीक़ा है ज़रूरी वरना
आदमी चंद मुलाक़ातों में मर जाता है।"[13]

दूसरे को अपनाने का मतलब है उसकी कमियों, उसके गुणों, उसकी संभावनाओं के साथ अपनाना। यह सलीक़ा संबंध को जीवित रखता है। ऊर्जस्वी बनाता है। एक-दूसरे को प्रकाशित करते हुए प्रकाशित होने की क्षमता से मनुष्य को संपन्न करता है। एक-दूसरे में अपने-आप को देखना और पाना सिखाता है। एक होने का अवसर देता है। **अतहर नफ़ीस** के शब्दों में *उसकी आवाज़ कोई दूसरी आवाज़ न हो/मेरी आवाज़ में अब मुझको पुकारे कोई।*[14]

आवाज़ दूसरे की ही रहे पर पूरी तरह अपनी लगे। लगे कि मैं भी पुकारता तो ऐसे ही पुकारता। यह आत्मीयता है। आत्मवत् हो जाना है दूसरे का। परस्पर जुड़ने से लेकर आत्मवत् हो जाने तक संबंधों के सफ़र में *मिलने-जुलने का सलीक़ा* साथ चलता है। सलीक़ा चूँकि मिलने-जुलने का है, इसलिए व्यक्ति तक सीमित नहीं रहता। इसकी रौशनी दूसरे के भीतर तक पहुँचती है। दोतरफ़ा होता है यह। **सुरेन्द्र श्लेष** ने इसीलिए कहा–

"दिल से दिल को राह, अगर ये सच है तो ये भी सच है
मैं भी उसकी ओर चला हूँ वो भी तो आता होगा"[15]

क्रिया होती है तो प्रतिक्रिया होती ही है। हर ध्वनि अपनी प्रतिध्वनि की संभावना है। दिल से दिल को राह होती है, यह कहावत कोरी भावुकता नहीं है। संबंध का वैज्ञानिक आधार है। मुँह से निकली एक गाली अनेक आवृत्तियों में अपने तक लौटती है। स्नेह-सिंचित् एक शब्द बार-बार अपने तक लौटता है। वाणी की गंगोत्री है मन। एक मन से निकलता रास्ता दूसरे मन तक पहुँचता है। इसी पर संबंध चलते हैं। अपने कर्म से दूसरे पर भरोसा जागता है—*मैं चला हूँ तो वो भी आता होगा!* एक-दूसरे के चलने के लिए दिशा बन जाना मिलने-जुलने के सलीक़े से संभव होता है। यह सलीक़ा क्या है, इसका सीधा-सीधा जवाब भी समकालीन कविता में मौजूद है। **शलभ श्रीराम सिंह** ने लिखा—

"बात
हर किसी से की जा सकती है
मिला नहीं जा सकता हर किसी से यहाँ
मिलना
हिस्सा हो जाना है किसी की ज़िंदगी का
हो जाना है उसका अपनी शक्ति-भर
होते जाना है जब-जब आए होने का अवसर..."[16]

मिलने-जुलने का सलीक़ा अर्थात् एक-दूसरे का हो पाने की, होते रहने की योग्यता। उसी तरह जैसे **दिनेश जुगरान** के शब्दों में *नदी के ज़ख़्मों को पोंछती है/तट की रेत/और रेत के दर्द को/बहा ले जाती है नदी।*[17] किनारे का रेत नदी को जगह देता है और नदी अपने प्रवाह से कंकड़-पत्थरों को रेत में बदलती है। रेत न हो तो नदी को किनारा न मिले और नदी न हो तो रेत को किनारे की पहचान। दोनों हैं तो दोनों हैं। यह प्रक्रिया मनुष्य की अंतःप्रकृति में भी घटित होती है और आपसदारी बन जाने वाले व्यवहार में भी। इसके बिना मनुष्य-जीवन की कल्पना, अपवादों को छोड़ दिया जाए तो, असंभव है। इसीलिए **परवीन शाकिर** ने कहा—

"हिसाब-ए-अदावत भी होता रहेगा
मुहब्बत ने जीने की मुहलत अगर दी"[18]

जीने की मुहलत मुहब्बत ही दे सकती है। देती है। लगाव ही न हो तो अलगाव कहाँ से होगा! एक-दूसरे को जगह देने का महत्त्व बुनियादी है। **तुलसी** ने बहुत पहले *निज दुख गिरि सम रज करि जाना। मित्रक दुख रज मेरु समाना।*[19] कहकर लगाव और संबंध के आदर्श को आकार दिया था। बताया था कि अपना दुख पहाड़ जैसा हो तो उसे धूल के कण जैसा समझना और मित्र का, दूसरे का दुख धूल के कण जैसा हो तो उसे सबसे बड़े पहाड़ जैसा मानना। एक-दूसरे को जगह देने का पूरा-पूरा मतलब यह है। समकालीन कविता ने इस मतलब को समझा है। जीया है। **कृष्ण बिहारी नूर** का यह शे'र देखिए—

"अज़ीज़ हूँ मैं तुझे किस क़दर कि हर इक ग़म
तेरी निगाह बचाकर मेरी तलाश में है"[20]

तेरी निगाह में आ जाए तो ग़म की मजाल नहीं कि मुझ तक पहुँच सके! इसे उलट दीजिए तो भी अर्थ में कोई अंतर नहीं आएगा–*अज़ीज़ है तू मुझे.../मेरी निगाह बचाकर तेरी...*। कवि इस तरह नहीं कहता तो यह उसकी शराफ़त ही है, और कुछ नहीं। अपने बारे में कोई अच्छी बात ख़ुद कैसे कहें! इतने आत्मनिर्भर कैसे और क्यों हो जाएँ! इसलिए *अज़ीज़ है तू* नहीं, *अज़ीज़ हूँ मैं तुझे*। उदारता तेरी है। ताक़त तेरी है। बड़प्पन तेरा है। यह है भाषा में भी दूसरे को जगह देना। इस प्रसंग में **नूर** का एक और शे'र ग़ौरतलब है–

"कम से कम इतना रहा है तेरे ग़म का एहतराम
मुस्कराहट ने लबों को फ़ासला रखकर छुआ"[21]

मुस्कराहट लबों से पैदा होती है। पैदा होना तो दूर, वह बाहर से आकर भी उनसे जुड़ न सकी। केवल छू सकी और वह भी एक दूरी रखकर। यह दूरी कितनी निकटता से पैदा हुई होगी! एक ऐसी भाषा में, जो विनम्रता की भी है और अपनी आलोचना की भी। *तेरे ग़म का एहतराम* मैं उतना कर नहीं सका, जितना करना चाहिए था। इसलिए *कम से कम इतना*। थोड़ा-सा संतोष भी कि *इतना* तो कर सका वरना जीना ही अकारथ चला जाता! यह है मिलने-जुलने का सलीक़ा।

यह सलीक़ा हो तो मिलने-जुलने में ही नहीं, अलग होने में भी दिखलाई देता है। **ओम प्रभाकर** ने कहा–

"वक़्ते-रुख़सत पलट के बरसी जो
है निगाहों में वो नज़र बाक़ी"[22]

निगाह और *नज़र* कोश में पर्यायवाची शब्द हैं। अंतर इतना-भर कि एक फ़ारसी से आया, दूसरा अरबी से। कविता में आए दो शब्द अक्सर पर्यायवाची नहीं होते। चाहे बाल-भर का हो, फ़र्क़ उनमें रहता है। यह फ़र्क़ कवि पैदा करता है। अंतर्वस्तु को एकदम ठीक-ठीक उजागर करने की कोशिश में। एक शब्द का अलग-अलग इस्तेमाल करते हुए। मनुष्य द्वारा अपनी सबसे सही, सबसे सुंदर अभिव्यक्ति की तलाश का नतीजा है यह। अलग होते हुए पलट के बरसना निगाह में रौशनी का सूचक है। यह संबंध-क्षमता की रौशनी है। *निगाह* अर्थात् आँखें। *नज़र* अर्थात् रौशनी। आँखें इससे रौशन हैं। *बाक़ी* बताता है कि यह रौशनी बची हुई है। समकालीन बौद्धिकता और यांत्रिकता के बावजूद। यह आँखों में आँखों का होना है। **परवीन शाकिर** का एक शेर है–

"मिरे सुकूत (मौन) से जिसको गिले रहे क्या-क्या
बिछड़ते वक़्त उन आँखों का बोलना देखे"[23]

पलटके बरसना आँखों का बोलना है। सारी चुप्पियाँ खुलती हैं इस बोलने से। एक ऐसे दौर में, जहाँ ढेरों शब्द हों और सार्थक कुछ न कह रहे हों, आँखों का बोलना एक विशेष घटना है। ज़बान की वाचालता कुछ नहीं कह रही और आँखों में चुप्पियाँ भी बोल रही हैं। अनुभूतियों ने आँखों को इतना सक्षम बना दिया कि वे ज़बान भी हो सकें। अनुभूतियों की लहरों से भरी होती है संबंधों की नदी। **बिहारी** ने कहा था कि जो इनमें डूब जाता है, वही वस्तुतः पार होता है।

संबंध-क्षमता मनुष्यता का धन है। व्यक्ति की समृद्धि है। व्यक्तित्व का स्रोत है। **अग्निवेष शुक्ल** ने लिखा–

"मैं वो काँटा हूँ जिसपे सर रखकर
जाने कितने गुलाब सोते हैं"[24]

काँटा, गुलाबों की नींद है। सुरक्षा है। उनका अभय है। बेफ़िक्री है उनकी। उन्हीं तलुओं को चुभता है, जो उसके ऊपर पड़ते हैं। पूरी कठोरता के साथ गड़ जाने वाला कांटा गुलाबों से ज़्यादा कोमल होता है। उसकी यह कोमलता उजागर तब होती है, जब वह गुलाब के पास हो। संबंध कठोरता के भीतर से भी कोमलता निथार लाते हैं। कांटे को भी व्यक्तित्व प्रदान करते हैं। स्नेह से रहित नहीं रहने देते उसे भी। समकालीन व्यक्ति ऐसे जीवनदायक संबंधों का भी इस्तेमाल करता है। माध्यम बनाता है उन्हें। कभी सफलता-संपदा हासिल करने का, कभी अपने अहंकार को तुष्ट-पुष्ट करने का। भले ही वह स्वयं उन्नत हो पर अपनों की उन्नति भी उसे बर्दाश्त नहीं होती। इससे उसके अहंकार को चुनौती मिलती है। दया और भला करते हुए अपने को ऊँचा साबित करने का अवसर हाथ से जाता रहता है। **परवीन शाकिर** ने इसीलिए लिखा–

"अँधेरे में थे जब तलक ज़माना साज़गार (अनुकूल) था
चिराग़ क्या जला दिया हवा ही और हो गई"[25]

दूसरे चिराग़ जलाते रहे तो सब कुछ ठीक था। इसलिए कि उसमें उनका एहसान बने रहने की गुंजाइश थी। एहसान बना रहे, इसके लिए अँधेरे में रहते चले जाना भी ज़रूरी है। दुःख ही न होगा तो दया कैसे जीएगी! अँधेरे में रहने वाले ख़ुद ही चिराग़ जलाने लगेंगे तो परोपकारियों की हसरत कैसे पूरी होगी! दया अब स्वभाव का हिस्सा कम, प्रतिफल का हिसाब लगाने के बाद अपनाई जाने वाली क्रिया ज़्यादा है। बाहर से दया और भीतर से अपने अहंकार का पोषण।

दुनिया बहुत छोटी हो गई है। किसी से भी कभी भी संपर्क किया जा सकता है। संपर्कों की अपनी दुनिया है। इसके भीतर झाँकने-भर से पता लग जाता है कि इस विशाल दुनिया में सबसे ज़्यादा जगह उनके लिए है, जो या तो कुछ ख़रीदना चाहते हैं और या कुछ बेचना। संपर्कों के नाम पर व्यापार की दुनिया है यह। व्यापार का असर संबंधों को परस्पर इस्तेमाल करने की होड़ में बदलता है। दूसरों को इस्तेमाल कर ले जाना और स्वयं को इस्तेमाल न होने देना ही सफलता है और यह सफलता ही संबंधों की नैतिकता। नतीजा यह कि कोई आदमी हो या कोई संबंध, जो दिखलाई देता है, वह होता नहीं और जो होता है, वह दिखलाई नहीं देता। बढ़ती हुई ऊपरी निकटताओं ने आंतरिक और वास्तविक दूरियाँ पैदा की हैं। दुनिया के साथ-साथ दिल भी छोटे होते गए हैं। संपर्कों के साथ-साथ संकीर्णताएँ भी बढ़ी हैं। संबंधों में बनावट भी बढ़ी है। दिखावा भी बढ़ा है। **आर. चेतनक्रांति** ने लिखा–

"...सबसे ऊपर रखो हार्दिक शुभकामनाएँ
दिल की शक्ल में कटी लाल काग़ज़ की झंडी

रुको, ज़रा फ़ोन कर लेते हैं

सुनिए, हम लोग यहाँ अष्टभुजा चौराहे पर खड़े

सेल से फ़ोन कर रहे हैं
हम आपके यहाँ दिखावा करने आ रहे थे
आपकी तैयारी हो गई है न

जी हाँ, जी हाँ बस ऐसे ही सोचा
कि चलो पहले सावधान कर दें!"[26]

दिखावा अब अपने को साफ़-साफ़ दिखाता है। जीवन में उस तरह आता है जैसे पहले डाकू घोषणा करके डाका डालने आया करते थे। रिश्ते जितने बढ़ गए हैं, उनमें आपसी लगाव उतना ही कम हो गया है। केवल शरीर छूते हैं एक-दूसरे को। मन शरीर के सुरक्षा-कवच में बंद रहता है। पुराने मित्र के मिलने पर नहीं, नई वस्तु के दिखने पर आँखें चमकती हैं। यह संवेदना का भी वस्तुकरण है और संबंधों का भी। **महेश अनघ** के शब्दों में–*क्या हिचकी कैसा संवेदन/कैसा सगुन विचार/तू पुर्ज़ा नंबर दो है/मैं पुर्ज़ा नंबर चार... ।*[27] मनुष्य की पहचान अब नंबर बनते हैं। सहयोग दे सकने की संभावना जिनमें है, उन हाथों के बारे में **विज्ञान व्रत** ने कहा–

"जिनको पकड़ा हाथ समझकर
वो केवल दस्ताने निकले।"[28]

दस्ताने हाथों जैसे दिखलाई देते हैं। इतने पारदर्शी और मुलायम, जैसे हों ही नहीं। विकास दस्तानों का हुआ है। हाथ, हाथों से दूर गए हैं। छल ने संबंधों में अलगाव बढ़ाया है। **दिनेश जुगरान** कहते हैं कि *"...अपने टूटे हुए दरवाज़ों की मैं/मरम्मत नहीं करवाऊँगा/जब तक मेरा उजाड़ पड़ोस/फिर से बस नहीं जाता।"*[29] पड़ोस में आदमी हों तो चौकसी की ज़रूरत पड़ती है। वे बेवकूफ़ थे, जो पड़ोस में अपने घर की चाबी देकर बेफ़िक्री से कहीं भी चले जाया करते थे! **बानी** का शे'र है–

"कहीं न आख़री झोंका हो मिटते रिश्तों का
ये दरमियाँ से निकलता हुआ-सा कुछ तो है"[30]

संपर्कों के बीच से रिश्ते निकल रहे हैं। जैसे मुट्ठी से रेत निकलता है। **मंगलेश डबराल** ने *अमीर खुसरो की एक फ़ारसी रचना का अर्थ* लिखा है–*तुम और मैं इस तरह एक हैं कि तुम्हारे और मेरे 'बीच' कोई 'बीच' नहीं है।*[31] आज ऐसी स्थिति कल्पना में भी लगभग असंभव है। दो व्यक्तियों के बीच आज *बीच* ही *बीच* हैं। इसकी सबसे बड़ी वजह जीवन में अतिरिक्त और ग़ैरज़रूरी का बढ़ता महत्त्व है। अतिरिक्त वस्तुएँ, अतिरिक्त विलास, अतिरिक्त बनावट, अतिरिक्त सुंदरता, अतिरिक्त धन। तरह-तरह से बढ़ता यह अतिरिक्त जीवन को कुरूप बना रहा है। रोगी बना रहा है। संबंधों से, जीवंतता से रहित कर रहा है। **रमेश आज़ाद** ने *और अब* कविता लिखी है–

"जब
मेरे पास सौ रुपये थे
और इतने ही उनके पास भी
तब
हम दोनों

एक-दूसरे के काम आए।

अब जबकि मेरे पास भी हज़ार रुपये हैं
और उनके पास भी
वक़्त बीच में
चट्टान की तरह खड़ा है।"[32]

रुपये दस गुने हो गए पर एक-दूसरे के काम आना उतना भी नहीं रहा, जितना था। दोनों के बीच आत्मग्रस्तता चट्टान की तरह खड़ी हो गई। ज़रूरतों का पेट फूल गया। इस क़दर कि ज़रूरत विलासिता की तरफ़ खिसकते-खिसकते ख़ुद विलासिता बन गई। व्यक्तित्वांतरण केवल ऊपर की तरफ़ होने लगा। इसे उचित और वांछनीय मानने वाली नई नैतिकता बना ली गई। अवसरवाद की सड़क पर सफलता की अनंत दौड़ ज़िंदगी बन गई। संबंध कुचले गए। मनुष्य का संदेह तथा अविश्वास अपने पर भी बढ़ा, दूसरों पर भी और संबंधों पर भी। बढ़ते अविश्वास का एक रूप **अग्निवेष शुक्ल** ने इस शे'र में प्रस्तुत किया—

"मेरी बीवी भी रोएगी, मेरे बच्चे भी रोएँगे,
कोई ख़ुदग़र्ज़ शातिर उनके आँसू पोंछता होगा।"[33]

संबंध बिसात हो गए। मनुष्य मोहरे हो गए एक-दूसरे की जीत के लिए। आँसू पोंछना सहानुभूति का परिणाम नहीं रहा। ख़ुदग़र्ज़ी का नतीजा बन गया। अपना काम निकालने वाली एक चाल, एक साजिश बन गई। उस आदमी का भय बन गया, जिसने निकट खड़ी मौत को जान लिया हो। आँसू पोंछने में हुआ यह अर्थ-परिवर्तन सहज मानवीय संबंधों के मरने की ऐसी ख़बर है, जो साहित्य ही देता है। शातिर संबंधों को अगर वर्तमान जीवन से निकाल दिया जाए तो शायद अकेलापन ही बचे। संबंधों को इन हालात तक पहुँचाया है हर क़ीमत पर अपना काम निकालने वाली प्रवृत्ति ने। सफलता के दीवाने जुनून ने। धनतंत्र की बहुरूपिणी माया ने। इस माया का एक रूप व्यक्ति के मन में पलती तानाशाही है और दूसरा अपना अर्थ खोती ईमानदारी। ईमानदारी जैसी हालत हो गई संबंधों की। **हेमंत कुकरेती** ने लिखा—*कई तरह की है ईमानदारी/सब ईमानदार हैं अपनी नज़र में/दूसरे बेईमान हैं/क्योंकि उनकी ईमानदारी में नहीं आते।*[34]

ईमानदारी सबकी अपनी-अपनी है। इस व्यक्तिगत और लचीली ईमानदारी ने *ईमानदारी* शब्द की जान निकाल दी। सब इसे अपने-अपने हिसाब से बरतने लगे। कभी यह कोई अर्थ देने लगा, कभी कोई। रंग बदलते लोगों की तरह इसके अर्थ भी बदलने लगे। वर्तमान लोकतंत्र ने जो स्वतंत्रता दी, उसने धनबल और पशुबल को सर्वाधिक बल दिया। सर्वाधिक स्वतंत्र किया। इस स्वतंत्रता का हश्र अराजकता में होने लगा। भाषा भी इसके असर से अछूती न रही। अपनी-अपनी सुविधा से शब्द बरते जाने लगे। विशिष्ट अर्थों ने सामान्य अर्थों को हाशिये पर धकेल दिया। शब्द अपने सच्चे अर्थ के मोहताज हो गए और संबंध अपनी संबंधात्मकता के।

धनबल और पशुबल को फूलने-फलने की स्वतंत्रता ने व्यक्ति के अंतःकरण में अपार लोभ और अनंत अहंकार भरा। संपन्न शहर और वर्ग के संबंध इनकी पूर्ति के माध्यम बन गए। उनकी प्रक्रिया से संबंधी के लिए कुछ करना, न कर पाने पर दुखी होना, कर पाने

पर ख़ुश होना ग़ायब हो गया। इसकी जगह संबंधी को अपने लिए कुछ करने को तैयार करना, न कर पाने पर दुखी होना, कर पाने पर ख़ुश होना क़ाबिज़ हो गया। जो संबंधी ऐसा न कर सके, उसके साथ **हेमंत** के ही शब्दों में ऐसा व्यवहार किया गया–

"वह चाय का कप नहीं
अपना रौब निकालकर रखता है
आपके सामने
कहिए! क्या काम है?"[35]

चाय नहीं, चाय का कप महत्त्वपूर्ण है। तरह-तरह के, एक से एक कप मिलते हैं बाज़ार में। कप की शक्ल में जिसे अपना रौब सामने रखना है, वह साधारण कप नहीं रखता। ऐसे कप रखता है, जो कुछ अलग हों। थोड़े डिफ़रैंट। रौब उनकी शक्ल में आकार लेता है। साधारण से साधारण क्रियाओं में भी दूसरे को छोटा दिखाना शामिल हो गया है। अपने को इस तरह बड़ा दिखाया जाता है। बड़ा होना नहीं, दिखना। यह आदमी और संबंधों के बड़प्पन की शिष्ट हत्या है। ऐसे में गाँव की, सचमुच बड़े संबंधों की याद आने का अर्थ अलग है। **चंद्रकांत देवताले** ने लिखा–

"...सबसे करुण होती विदा
...आजी, मौसी और बुआ मेरी नन्ही हथेली को पकड़कर खोलती
और उस पर प्यार से थूक देती
जिसके बारे में बताया जाता
इससे भूलते नहीं और ज़िंदगी-भर याद बनी रहती
...चक्की के मोड़ तक आए
विदा देते सभी चेहरे
मेरी आँखों में मंडरा रहे हैं
गाँव तो थूक नहीं सकता था मेरी हथेली पर
पर उसकी याद अमृत-बुझे कांटों की तरह
मेरी आत्मा में गड़ी है।"[36]

कहाँ चाय और कहाँ थूक! चाय ने निकटता को भी दूरी बना दिया और थूक ने दूरी को भी निकटता। कविता आज भी ऐसी चाय पर थूकती है। उन होठों से, जो ज़िंदगी से कविता में चले आए हैं। लगभग ज्यों के त्यों।

संदर्भ

1. शायरी झंकार नहीं -सारा शगुफ़्ता, पृष्ठ 69
2. समंदर मेरी तलाश में है -कृष्ण बिहारी नूर, पृष्ठ 146
3. पानियों पे नाम -शकेब जलाली की ग़ज़लें, पृष्ठ 40
4. वागर्थः अंक-144, जुलाई, 2007 के वातायन स्तंभ में एकांत श्रीवास्तव द्वारा उद्धृत, पृष्ठ 7
5. क्रूरता -कुमार अम्बुज, पृष्ठ 77-78
6. सबूत -अरुण कमल, पृष्ठ 47

7. समकालीन हिंदी कविता -संपादकः परमानन्द श्रीवास्तव, पृष्ठ 163-164
8. प्रतिनिधि कविताएँ -नागार्जुन, पृष्ठ 34
9. गणतंत्र दिवस कवि सम्मेलनः 20 जनवरी, सन् 2007
10. वही, सन् 2007
11. बीज से फूल तक -एकांत श्रीवास्तव, पृष्ठ 80
12. समुद्र पर हो रही है बारिश -नरेश सक्सेना, पृष्ठ 34
13. सफ़र में धूप तो होगी -निदा फ़ाज़ली, पृष्ठ 100
14. नयी उर्दू ग़ज़ल -संपादकः निशात शाहिद, पृष्ठ 74
15. वेदनाएँ -सुरेन्द्र श्लेष, पृष्ठ 107
16. उन हाथों से परिचित हूँ मैं -शलभ श्रीराम सिंह, पृष्ठ 60
17. मेरा उजाड़ पड़ोस -दिनेश जुगरान, पृष्ठ 35
18. रहमतों की बारिश -परवीन शाकिर, पृष्ठ 70
19. श्रीरामचरितमानस -गोस्वामी तुलसीदास, पृष्ठ 671
20. समंदर मेरी तलाश में है -कृष्ण बिहारी नूर, पृष्ठ 44
21. वही, पृष्ठ 17
22. समकालीन भारतीय साहित्य -मई-जून, 2005, पृष्ठ 87
23. रहमतों की बारिश -परवीन शाकिर, पृष्ठ 57
24. रात के पिछले पहर -अग्निवेष शुक्ल, पृष्ठ 174
25. रहमतों की बारिश -परवीन शाकिर, पृष्ठ 67
26. शोकनाच -आर. चेतनक्रांति, पृष्ठ 36
27. पुनर्नवा -संपादकः संजय गुप्ता, पृष्ठ 63
28. समकालीन भारतीय साहित्य -मार्च-अप्रैल, 2007, पृष्ठ 102
29. मेरा उजाड़ पड़ोस -दिनेश जुगरान, पृष्ठ 24
30. वसुधाः53, समकालीन उर्दू साहित्य पर केंद्रित, अंकः जनवरी-मार्च, 2002, पृष्ठ 311
31. आवाज़ भी एक जगह है -मंगलेश डबराल, पृष्ठ 26
32. दोस्त हैं भीगना नहीं चाहते -रमेश आज़ाद, पृष्ठ 86
33. रात के पिछले पहर -अग्निवेष शुक्ल, पृष्ठ 126
34. चाँद पर नाव -हेमंत कुकरेती, पृष्ठ 64
35. वही, पृष्ठ 113
36. उसके सपने -चयन-संपादनः विष्णु खरे, चंद्रकांत पाटील, पृष्ठ 215-217

माँ, पिता, भाई और मित्र

विश्वविजय करता धनतंत्र का रथ संबंधों की मानवीयता कुचल रहा है। जहाँ-जहाँ से गुज़रता है, वहाँ-वहाँ मनुष्यता को धराशायी कर संबंध खड़े हो जाते हैं। उपयोगिता इनकी आत्मा है। उसी तरह जैसे यंत्र-मनुष्य की होती है। रोबोट वर्तमान तकनीक का सफलता-शिखर तो है ही, मनुष्य के यंत्रीकरण का प्रतिनिधि भी है। मनुष्य की सफलता अधिक से अधिक कार्यकुशल होने में ही है। अगर कोई कार्यकुशल है तो घर और समाज में वह कैसा व्यवहार करता है, इसका कोई अर्थ नहीं। सारे संबंध और उनकी नैतिकताएँ इस कार्यकुशलता पर न्यौछावर हैं। कार्यकुशलता धन के लिए है, मानवीय सुख के लिए नहीं। धन मनुष्य के जीवन का भी प्रतिमान है। यंत्रीकरण से प्रभावित नई संबंध-व्यवस्था में जो निर्धन है, किसी काम का नहीं, उससे किसी भी संबंध का न होना बेहतर है।

काम के आदमी से किसी भी क़ीमत पर रिश्ता गाँठना इसी सच का दूसरा पहलू है। बहिन के घर राखी बंधवाने जाने का थोड़ा-सा समय भी जिस आदमी के पास नहीं होता, उसके पास काम के आदमी से रिश्ता गाँठने के लिए, उससे समय माँगने के लिए अनंत समय है। समय का होना या न होना वस्तुतः प्राथमिकताओं में होने वाले बदलाव का नतीजा है। सुविधा-मोह से ग्रस्त अवसरवाद की पहचान है। **ओम् प्रकाश आदित्य** ने एक छंद में कहा—

"पैसा पास हो तो बहू-बेटे प्यार से कहेंगे—
खाने में क्या-क्या खाएँगे पापा जी बताइए!
पैसा नहीं हो तो रूखी-सूखी सब्ज़ी-रोटी देके
बहू ग़ुस्से से कहेगी—खाना हो तो खाइए!
धनवान् ससुर की बहू पति से कहेगी—
थक गए होंगे, पाँव पापा के दबाइए!
धनहीन से कहेगी—टाँगें टूट जाएँगी क्या
बच्चों को स्कूल तक छोड़कर आइए!"[1]

धन संबंधों के केंद्र में है। धनहीन पिता की हालत गधे से भी बदतर है और धन हो तो गधा भी पिता से ज़्यादा है। अपने रक्त-संबंध कोई नहीं चुन सकता। अगर चुन सकता तो आज के युग में लगभग सारे निर्धन निःसंतान होते। ध्यान इस पर भी दिया जाना चाहिए कि इस छंद का जन्म बोलचाल की भाषा में हुआ है। पैसा होने और न होने की दो स्थितियों के साथ उनसे उगते बहू के कथन हैं। स्थितियाँ और कथन, गद्य के उपकरण ज़्यादा हैं। बोलचाल की मुद्राओं के रूप में वर्तमान पारिवारिकता का सच उभरता है। गद्य

के वाक्य छंद में इस तरह आए हैं कि छंद-निर्वाह के लिए उन्हें अपना सहज रूप नहीं छोड़ना पड़ा। अतः यहाँ तुकें तो हैं, तुक्कड़पन नहीं। सच यह है कि छंद के रूप में भी गद्य की शक्तियों का उपयोग असंभव नहीं। लय के पारम्परिक रूप में भी नए यथार्थ की सहज अभिव्यक्ति हो सकती है।

नए यथार्थ के दबाव और प्रभाव से कोई संबंध अछूता नहीं रहा। माँ धरती की तरह अपनी कोख में बीज को धारण करती है। प्रतिकूल हवाओं से उसे बचाती है। अपने रक्त से सींचती है। अतः संतान से उसका संबंध ख़ास भी होता है और बुनियादी भी। अकारण नहीं कि संतान से जिस राग को वह जीती है, उसके लिए भाषा में अलग से एक विशेष और प्रचलित शब्द है—ममता। स्त्रीत्व का कोमलतम रूप इसके अर्थ में संगठित है। **हुमैरा रहमान** का एक शे'र है—

"वो लम्हा जब मेरे बच्चे ने माँ कहा मुझको
मैं एक शाख़ से कितना घना दरख़्त हुई"[2]

माँ एक शब्द-मात्र नहीं, स्त्रीत्व को ऊर्जस्वी बनाने वाली प्रक्रिया है। स्त्री का आत्म-विस्तार है। वह स्त्रीत्व की विशिष्ट अभिव्यक्ति भी है और उपलब्धि भी। न होती तो **गगन गिल** यह *मर्सिया* न लिखतीं—

"...तुम कैसे खेलोगे, बेटे, पापा की ऐनक से?
तुम तो उस घर से बाहर हो
माँ या पापा की कोई किताब कैसे फाड़ोगे तुम?

इस घर में बेटे, वह कभी नहीं आएँगे
हर साल इस मौसम में माँ तुम्हें गर्म कपड़ों से ढँकेगी,
हर साल तुम उसकी नींद में मरोगे
...जीव-कोष अभी तुम्हारे
पिता के शरीर में ही हैं गुच्छा-गुच्छा
नींद में चलती माँ
पहुँचे तो कैसे तुम्हारे पास?
सारी दुनिया की किताबें जब पढ़ चुकेंगे तुम्हारे पापा
लौट ही आएँगे आख़िर

तब तक बेटे, तुम यहीं रहना, यूँ ही
बाँझ, कुँआरी माताओं की प्रेत-इच्छाओं में
जैसे रहते हैं बच्चे—
अच्छे बच्चों की तरह!"[3]

बच्चे, *कुँआरी माताओं की प्रेत-इच्छाओं में* भी रहते हैं। माताएँ, कुँआरी और निःसंतान भी होती हैं। इसलिए कि उनकी ललक और प्रतीक्षा की सूखी छातियों से दूध झरता है। निगाह कविता की हो तो इस दूध को भी देख लेती है। गर्भ में आने से पहले बच्चे स्त्री के सपनों में रहते हैं। बच्ची जब बड़ी होती है तो अक्सर बच्चों से उसका लगाव भी बड़ा

होता है। इसीलिए बच्चे को जन्म देने पर उसे लगता है कि वह एक शाख़ से घना दरख़्त हो गई है। कितना घना!

दरख़्त परिंदों का घर होता है। उनके शिशुओं की उड़ान के लिए रनवे का वो हिस्सा, जहाँ से वे टेक-ऑफ़ करते हैं। छाँव और फलों का स्रोत। बेघरों की नींद। माँ होने का मतलब है एक घना दरख़्त होना। बच्चे के लिए बिस्तर के गीले हिस्से पर ऐसे लेटे रहना जैसे दरख़्त छाँव के लिए धूप में खड़ा रहता है। थोड़ी देर के लिए भी बच्चा माँ से दूर हो जाए तो माँ को कैसा लगता है, यह **अनामिका** की *बच्चा* कविता में इस तरह आया—

"घर से बच्चा चला गया है,
छूट गई है एक जुराब
जागी आँखों में छूटा हो
जैसे एक खिलौना ख़्वाब!
...पन्नों की फटती छाती पर
छूट गए हैं उसके अक्षर
नन्हे पाँवों की अंजुरी भी
छूटी चादर की झुर्री पर।
...चाँद टँगा मन के बबूल पर
कटी हुई गुड्डी-सा आकर,
झंझट से जो पिया गया
दुद्धू बिखरा है आसमान पर।..."[4]

बच्चे की अनुपस्थिति माँ की साँसों में हवा की तरह उपस्थित रहती है। बच्चे से जुड़ी छोटी-छोटी वस्तुस्थितियाँ उसका जीवन हैं। चाँदनी को वह झंझट से पिये गए दुद्धू के रूप में देखती है। देखकर चाँदनी को एक अलग, एक नया अर्थ देती है। सृजन उसके अस्तित्व में है। उसका होना सृजन का होना है। पुत्र उसका सृजन है। पुत्र के न रहने पर भी सृजन रहता है। इसलिए कि माँ रहती है। यह सृजन **तेजी ग्रोवर** द्वारा *बेटू के लिए* लिखे गए *विदा में चार गद्य-दृश्यगीतों* के इन वाक्यों में देखें—

"...उनके बेटे की बात हर किसी ने उनसे ऐसे की जैसे मृत्यु ही न हुई हो। रातें उनकी आँखों में अब सोने नहीं आतीं और पत्नी उसी मिट्टी से फूलदान बनाने लगी है जिससे कहते हैं कि उनका बेटा बना हुआ था।
इक्कीस बरस उसमें बन चुके थे, जब वह गया, जैसे इक्कीस टेसू के फूल।
इक्कीस फूलों के रंग से बर्फ़ पर कोई खेलकर गया है।...
वह उसके ऊनी कपड़ों को छूकर देखती है, देह के अभाव में...
उनकी आँखें आँसुओं का घर हैं।
फिर भी वे इसी कक्ष में किसी बात पर खिलखिलाकर हँस पड़ी हैं।
उन्हें लोहे के संदूक में उसके ऊनी कपड़ों के साथ नीम के पत्ते रख उसे बंद करना है।
इस साल भी वे इसे ठीक वैसे ही करेंगी जैसे अब तक।

कुछ कपड़े वे मृत्यु को भी तहाने के लिए देंगीं, जो उनके घर आई है। जैसे किसी बच्ची को झूठमूठ का काम सौंप रही हों।...

...वे पृथ्वी का अब टूट चला धैर्य लिये नीम के पत्ते रख रही थीं जैसे वे अब सिर्फ़ उन कपड़ों की माँ हों।...''[5]

माँ उस मिट्टी की बनी है, जो बेटे का न रहना फूलदान बनाते हुए व्यक्त कर सके। उसके कपड़ों को ऐसे छूकर देख सके जैसे अपने शरीर से निकला उसका शरीर छू रही हो। उन कपड़ों को ऐसे सँभाल सके, जैसे कोई अपना गौरव-धन सँभाल रहा हो। इतनी उदार हो कि उसे मृत्यु के साथ भी बाँट सके। जिसका होना सृजन का होना है, उस माँ के सामने ही मृत्यु एक बच्ची के जैसी हो सकती है। उसका अभावग्रस्त होना पृथ्वी का सूख जाना है। धैर्य-धुरी से विचलित हो जाना है।

ये सब कविता के वाक्य हैं। रूप-भर गद्य का है। इसलिए हैं कविता के वाक्य कि स्थितियों से नहीं, अनुभूतियों से बने हैं आखर-आखर। अनुभूतियाँ इनके लिए इतनी प्रमुख हैं कि निर्णायक। एक लय है अनुभूतियों की, जो मन को छूती, नहीं, द्रवित करती है। गद्य-रूप इनकी ज़रूरत इसलिए है कि मन में अनुभूतियाँ जिस शक्ल में आईं, उन्हें उसी शक्ल में व्यक्त कर दिया गया। रचनाकार का हस्तक्षेप इसमें न के बराबर रहा। इससे हुआ यह कि पाठक सीधे-सीधे अनुभूतियों की सहजता तक पहुँचा।

सहजता को बनावट ने आज उसी तरह घेर लिया है जैसे अभिमन्यु को चक्रव्यूह में कौरव क्रूरों ने घेर लिया था। संबंधों का आसमान दिखावे की धूल से आच्छादित है। यह वस्तुतः सहजता के सरस बादलों की ज़रूरत है। इस ज़रूरत को पूरा करना एक ज़रूरी काम है, जो समकालीन कविता की निगाह से ओझल नहीं है। माँ पर बहुत सारी कविताओं का लिखा जाना यही बताता है। यह बात और है कि अधिकांश कविताएँ माँ को देवी बनाकर उसकी आरती उतारने तक सीमित होकर रह गई हैं। *माँ यह है... माँ वह है* के स्वर में वे माँ को इतना महिमामंडित करती हैं कि उनकी माँ किसी दूसरी दुनिया की माँ लगती है। लगता है कि माँ के प्रति भावोच्छ्वास व्यक्त करते रहना ही पुत्रों के कर्त्तव्य-निर्वाह के लिए काफ़ी है। अस्ल में उनकी नज़र माँ को कविता के द्वारा जीने पर नहीं, भुनाने पर रहती है। सबसे सहज संबंध के साथ यह सबसे ज़्यादा बनावटी व्यवहार है। माँ को बेचना है यह।

माँ कविता की सहज-सुलभ तकनीक नहीं हो सकती। आँसुओं के दिखावे का बहाना नहीं हो सकती। **चंद्रकांत देवताले** का कहना है–

''मैंने धरती पर कविता लिखी है
चंद्रमा को गिटार में बदला है
समुद्र को शेर की तरह आकाश में पिंजरे में खड़ा कर दिया
सूरज पर कभी भी कविता लिख दूँगा

माँ पर नहीं लिख सकता कविता।''[6]

धरती, चंद्रमा, समुद्र और सूरज दूर हैं। माँ को साफ़-साफ़ देखने के लिए जो दूरी चाहिए, वह आँखों को नहीं मिलती। आँखों के सबसे निकट माथा होता है और वे उसे नहीं

देख सकतीं। दर्पण में भी उसका प्रतिबिंब ही देख सकती हैं। उसे नहीं। जो दिखाई ही नहीं देता, उसके बारे में कविता लिखना संभव नहीं। अभिप्राय इसका यह नहीं कि माँ के बारे में कभी कोई कविता लिखी ही नहीं जा सकती। अभिप्राय यह है कि कविता अपने सारे साधनों, अपनी सारी शक्तियों का उपयोग करने के बाद भी माँ को पूरी तरह नहीं कह सकती। सच के सामने भाषा पूरी नहीं पड़ती। माँ वह सच है, जिसके सामने कविता थोड़ी पड़ती है। यों भी, जितने एहसास जीवन में रहते हैं, उन सभी को भाषा पूरी तरह कह सकती है क्या? जब भाषा ही नहीं कह सकती तो कविता की क्या बिसात! वह भाषा की एक कोशिश ही तो है!

माँ पर नहीं लिख सकता कविता, यह कविता में कहा गया। अपनी सीमाओं के एहसास से ज़्यादा मुश्किल अपनी शक्तियों की सीमाओं का एहसास होता है। यह एहसास कविता को है। शिशु को बोलना नहीं आता, खड़े होना नहीं आता, खाना-पीना नहीं आता, चलना नहीं आता। फिर भी बोलने की, खड़े होने और चलने की कोशिश किए बिना, खाए-पीए बिना वह रह सकता है क्या? नहीं रह सकता। यही माँ के बारे में लिखी गई कविताओं का भी सच है।

न कहना संभव है, न चुप रहना। जो कहा गया, वह एक बच्चे की ललक है। एक कोशिश। सृजन का सृजन करने की कोशिश में **सुरजीत पातर** ने कहा–"*माँ ने मुझे अपनी बाँहों में समेटा है/जिस तरह धरती ने पौधे की जड़ों को/अपने में समोया होता है...*"।[7] धरती के भीतर पौधा, और पौधे के भीतर धरती। दोनों, एक-दूसरे में हैं। एक-दूसरे को सब्ज़ करते। संबंधात्मकता का पूर्ण रूप है यह। **वरवर राव** ने *अम्माँ* कविता में लिखा–

"मेरे लिए अपने अनुभव सुना-सुनाकर
मेरी माँ की आवाज़ सुरीली हो गई है...।"[8]

माँ से अनुभव सुनने पर मातृभाषा की आँखों से सच को देखना आता है। यह संतान की पूँजी है। माँ अनुभव सुनाती है तो उसकी *आवाज़ सुरीली हो* जाती है। यह मातृत्व का माधुर्य है। मातृत्व का संगीत होता ही ऐसा है। देहरी पे रखे प्रदीप्त दीपक की तरह। भीतर-बाहर उजाला फैलाता। आत्मग्रस्तता का सर्जनात्मक विरोध है यह। केवल अपने लिए जीने का सकारात्मक प्रतिकार। माँ इस प्रतिकार का साकार रूप है।

मातृत्व को जीना आसान नहीं होता। संघर्ष इस जीने का हिस्सा है। इस संघर्ष की आग में अपना सब कुछ झोंक देती है स्त्री। **बली सिंह** के शब्दों में–*...फिर बड़ा होता गया मैं/और सूखती चली गई माँ/पानी के स्रोत-सी,/इतना कि/चारपाई पर लेटी हुई माँ/दिखलाई नहीं पड़ती।*[9] माँ इस क़दर सूख जाए कि दिखलाई न दे तो समझा जा सकता है कि मातृत्व का संघर्ष कितना दुस्सह रहा होगा। बच्चे का बड़ा होते जाना माँ का सूखते जाना है। **चंद्रभान** की *माँ* इमारत बनाने के लिए बाँधे गए पैड पर बार-बार चढ़ते-उतरते, ईंटें और सीमेंट ढोते हुए *पुरानी धोती के झूले में पड़े नन्हे* को दूध पिलाने से कभी नहीं चूकती। इसके लिए ठेकेदार की गालियाँ भी सहती है।[10] इस तरह मातृत्व को अपने सतत संघर्ष से, ख़ून-पसीने से अर्जित करती है। **ब्रेख़्त** ने लिखा था–

"...वह इतनी हल्की कि मुश्किल से
मिट्टी धँसी होगी उसके बोझ से

कितनी मुश्किल आई होगी,
उसे इतना अधिक हल्का बनाने में।"[11]

यह वही माँ है, जो चारपाई पर लेटी हुई *दिखलाई नहीं पड़ती*। वही जो ईंटें ढोती और दूध पिलाती है। वही मिट्टी, जो जड़ों के द्वारा पौधे तक अपना अधिकतम रस पहुँचाती है। वह जब मिट्टी में मिलती है तो मिट्टी उसके बोझ से मुश्किल से धँसती है। धरती को जगह बनानी नहीं पड़ती उसे अपने में समा लेने के लिए। उसी के जैसी है वह, इसलिए आसानी से समा जाती है उसमें। उससे एक होती हुई। अपना रस फिर से किसी पौधे के भीतर पहुँचाने के वास्ते।

ऐसी माँ के साये में रहना बड़े हो चुके बच्चों को अक्सर नागवार गुज़रता है। **बोधिसत्व** के शब्दों में–*वह उस चिड़िया की तरह है/जिसने दिए बहुत सारे अंडे-बच्चे/पर उसके पास कोई नहीं।*[12] सबने अपने-अपने पंख उगाए और उड़ गए दूर। एक तरफ़ वे बच्चे हैं, जो जीवित रहते हुए भी माँ के लिए मर जाते हैं। दूसरी तरफ़ माँ है, जो मरने के बाद भी बच्चों के लिए जीवित रहती है। **बलराम गुमाश्ता** ने इसे *सूचना* कविता में इस तरह देखा–

"माँ गाँव में मरी
जिसकी सूचना
भोपाल में, मुझे
तीन दिन बाद मिली
इस तरह, मरने के बाद भी
मेरे लिए
तीन दिन और
ज़िंदा रही माँ।"[13]

यह किसी और के बारे में नहीं कहा जा सकता था। इन पंक्तियों में एक सवाल भी पढ़ा जा सकता है–माँ अपने बेटे के लिए मरने के बाद भी ज़िंदा रही पर बेटा क्या अपनी माँ के लिए जीते जी भी ज़िंदा रह सका? इसका जवाब हमेशा *हाँ* में देना मुश्किल है। बेटे की तरक़्क़ी को माँ अपनी पहचान, अपना संतोष और अपनी उपलब्धि मान सकती है। बेटा, माँ के संतोष को, सुख को अपना सुख नहीं मान पाता। इसलिए कि तरक़्क़ी सुख के लिए नहीं, सुख तरक़्क़ी के लिए है। तरक़्क़ी की दौड़ का, एक-दूसरे को छकाते हुए आगे बढ़ने का अब कोई गोलपोस्ट नहीं। ऐसी दौड़ में शामिल होने पर किसी के पास इतना समय नहीं होता, जो माँ के लिए व्यर्थ किया जाए। अभूतपूर्व सूचना-समृद्धि के युग में माँ के मरने की ख़बर बेटे को तीन दिन के बाद मिलती है। माँ मरने के बाद भी उसके लिए *तीन दिन और ज़िंदा* रहती है पर *वह* माँ की चिता को लकड़ी तक नहीं दे पाता।

उसके पुत्र होने की पहचान इससे होती है कि वह तीन दिन देर से ख़बर मिलने को अपने लिए माँ के तीन दिन और ज़िंदा रहने के रूप में देखता है। इससे यह भी पता लगता है कि संबंध-विरोधी हालात के चंगुल से माँ के प्रति कृतज्ञता अभी बची हुई है। समकालीन कविता में यह कृतज्ञता केवल रस्मी नहीं, **पवन करण** की *प्यार में डूबी हुई माँ* इसका एक सशक्त उदाहरण है। इस कविता ने साबित किया है कि माँ केवल आरती उतारने या स्वयं

को मातृभक्त साबित करने के काम आने वाली चीज़ ही नहीं है। एक स्त्री भी है। उसे विधवा और माँ रहते भी किसी पुरुष से प्रेम करने का, हँसने-बोलने का, खुलने-खिलने का सहज अधिकार है। इस कविता का स्वर भी अधिकार की पैरवी या माँग करने वाला स्वर नहीं है। विस्तार (अनावश्यक भी, विष्णु खरे की अनेक कविताओं और उनके दुष्प्रभाव की तरह) चाहे जितना हो पर बड़बोलापन कतई नहीं है इसमें। माँ को प्रेम हो जाना और बेटी द्वारा माँ की यह ख़ुशी अपने भीतर महसूस करना, जीना, एक प्रसंग है, जो सब कुछ कहता है। कवि ने इस अनुभव-प्रसंग को सब कुछ कहने दिया है। यह रूप के स्तर पर अहंकार से बचाव है।

माँ के साथ-साथ पिता से जुड़े कुछ अनुभव-प्रसंग भी समकालीन कविता में हैं। प्रायः स्मृति-लोक से उगते हुए। स्मृति मनुष्य की संपदा है। नैतिकता और वर्तमान संबंधों की माँ। इससे जुड़े रहने का मतलब केवल खाने और हगने वाले यंत्र में बदलने से बचे रहना है। सिर्फ़ खाने-हगने वाला यंत्र-मनुष्य समकालीन भोगवाद को सूट करता है। मीडिया इस भोगवाद का सांस्कृतिक अग्रदूत है। मनुष्य को ज़्यादा से ज़्यादा शरीर समझने, मानने और बनाने में लगा हुआ। कविता द्वारा संबंधों और स्मृतियों की बात करना मनुष्यता की तरफ़ से इसका ज़रूरी प्रतिकार है। *अन्न हैं मेरे शब्द* नामक कविता-संकलन के समर्पण-रूप में **एकांत श्रीवास्तव** ने एक कविता लिखी है–

"मायावी सरोवर की तरह
अदृश्य हो गए पिता
रह गए हम
पानी की खोज में भटकते पक्षी

ओ मेरे आकाश पिता
टूट गए हम
तुम्हारी नीलिमा में टंके
झिलमिल तारे

ओ मेरे जंगल पिता
सूख गए हम
तुम्हारी हरियाली में बहते
कलकल झरने

ओ मेरे काल पिता
बीत गए तुम
रह गए हम
तुम्हारे कैलेण्डर की
उदास तारीख़ें

हम झेलेंगे दुःख
पोंछेंगे आँसू
और तुम्हारे रास्ते पर चलकर
बनेंगे सरोवर, आकाश, जंगल और काल
ताकि हरी हो घर की एक-एक डाल।"[14]

पितृत्व व्यक्ति का आत्म-विस्तार है। संतान को खिलने की जगह देना है। अतः संतान के लिए न रहने पर भी रहते हैं पिता। उसके भीतर पितृत्व रोपते। कुछ इस तरह कि संतान हमेशा जान भी नहीं पाती इस प्रक्रिया को। **चंद्रकांत देवताले** के शब्दों में...*ऐसे ही खाते वक़्त/जब ज़मीन पर बैठकर खाना होता है/पड़ा रहता है घुटने पर सीधा खुला मेरा बायाँ हाथ/और पिता की इस स्थायी मुद्रा में पा अपने को/चौंक जाता हूँ मैं/हर बार लगता है जैसे पिता मेरे साथ हैं...।*[15] इसका वैज्ञानिक कारण आनुवंशिकता है और काव्यात्मक कारण वह लगाव, जो कभी अलग नहीं होता। यह लगाव पितृत्व की ऊर्जा का परिणाम है। इसका परिचय देते हुए **मंगलेश डबराल** ने लिखा–...*दुबली सूखती तुम्हारी काया में दर्द का अंत नहीं था और उम्मीद अंत तक बची हुई थी।...खाली डिब्बों, फटी हुई किताबों और घुन-लगी चीज़ों में जो जीवन बचा हुआ था, उस पर तुम्हें विश्वास था। सारी लड़ाई तुम लड़ते थे, जीतता सिर्फ़ मैं था।*[16]

संतान की जीत पिता का विजयोल्लास होती है। इस उल्लास का एहसास संतान को हो तो पिता के न रहने का विश्वास उसे मुश्किल से होता है। इसलिए कि न रहकर भी पिता उसके पूरे जीवन में हैं, यह उसका स्पष्ट अहसास है। **निदा फ़ाज़ली** ने *वालिद की मौत पर* इस अहसास को भरपूर जीया है इन शब्दों में–

"तुम्हारी क़ब्र पर
मैं फ़ातिहा पढ़ने नहीं आया
मुझे मालूम था
तुम मर नहीं सकते
तुम्हारी मौत की सच्ची ख़बर जिसने उड़ाई थी
वो झूठा था
वो तुम कब थे
कोई सूखा हुआ पत्ता हवा से हिलके टूटा था
मेरी आँखें
तुम्हारे मंज़रों में क़ैद हैं अब तक
मैं जो भी देखता हूँ
सोचता हूँ
वो...वही है
जो तुम्हारी नेकनामी और बदनामी की दुनिया थी
कहीं कुछ भी नहीं बदला

तुम्हारे हाथ मेरी उँगलियों में साँस लेते हैं

मैं लिखने के लिए जब भी क़लम-काग़ज़
उठाता हूँ
तुम्हें बैठा हुआ मैं अपनी ही कुर्सी में पाता हूँ
बदन में मेरे जितना भी लहू है
वो तुम्हारी लग़्ज़िशों
नाकामियों के साथ बहता है
मेरी आवाज़ में छिपकर
तुम्हारा ज़ेह्न रहता है।

मेरी बीमारियों में तुम
मेरी लाचारियों में तुम
तुम्हारी क़ब्र पर जिसने तुम्हारा नाम लिक्खा है
वो झूठा है
तुम्हारी क़ब्र में मैं दफ़्न हूँ
तुम मुझमें ज़िंदा हो
कभी फ़ुर्सत मिले तो फ़ातिहा पढ़ने चले आना!"[17]

पत्ता धीरे-धीरे सूखता है। धूप से हरी रौशनी पाकर आँधियों को चुनौती देते हुए। उनसे लड़ते हुए। पत्ते के लिए धूप, तपने का अनुभव है। बहुत कड़ी हो जाए तो उसे सुखा भी देती है। पिता का न रहना सूखे पत्ते का टूट जाना है। यह टूटना अंत नहीं, कोंपल में रूपांतरित होना है। कोंपल के रूप में पत्ता रहता है। पुत्र के रूप में पिता। जीवन के हर कण, हर क्षण में पिता की मौजूदगी इस क़दर महसूस करता है पुत्र कि उसे पिता में और अपने में कोई फ़र्क़ नहीं लगता। पिता की मृत्यु उसकी अपनी मृत्यु है और उसका अपना जीवन पिता का जीवन। न पिता की मृत्यु पूरी तरह हुई है, न वह पूरी तरह जीवित है। पिता की मृत्यु पूरी तरह नहीं हुई, इसलिए वह फ़ातिहा नहीं पढ़ता। वह पूरी तरह जीवित नहीं, अतः पिता को फ़ातिहा पढ़ने चले आने को कहता है। अपने उस हिस्से के लिए, जो मर गया। आपसदारी का संभवतः सबसे अधिक पूर्ण रूप है यह। एक ऐसा एकालाप, जिसमें पुत्र, पिता की तरफ़ से भी बोल पाता है।

पुत्री के लिए पिता के होने का अर्थ थोड़ा अलग है। **ऋतु गोयल** की *पिता* कविता में पिता दुखों की बारिश होने पर *छतरी* की तरह तनते हैं। घर के दरवाज़े पर *नज़रबट्टू* बन टँगते हैं। बाहर की बलाओं को बाहर ही रोक लेने के संघर्ष में काला पड़ता नज़रबट्टू। पिता *दिन-भर की थकन के बावजूद/रात का पहरा बन जाते हैं*। पिता की रातों में रात नींद बनकर नहीं, पहरा बनकर उतरती है। सोते हुए सिर्फ़ दिखलाई देते हैं पिता। और फिर ऐसी पंक्तियाँ, जिन्हें लिखना एक पुत्री के लिए ही संभव हो सकता था—

"जवान बेटियाँ बदनाम होने से डरती हैं
हर ग़लती पर आँखों की मार पड़ती है
दरअस्ल

भय, हया, संस्कार का बोलबाला हैं पिता
मोहल्ले-भर की ज़बान का ताला हैं पिता... ।"[18]

यह ताला खुल जाए तो बेटी को कितना सहना पड़ता है, इसे एक बेटी से ज़्यादा और कौन महसूस कर सकता है! बेटियाँ जिस बदनामी से डरती हैं, उसी की रोकथाम हैं पिता। कटूक्तियों के बरसते तीरों के ठीक सामने अड़ी कठोर और विशाल ढाल। *मोहल्ले-भर की ज़बान का ताला।* ऐसा ताला है यह, जो बेटियों को क़ैद नहीं, स्वतंत्र करता है। मोहल्ले में उनके अभयपूर्वक आवागमन को सुनिश्चित करते हुए। आँखों की मार और विवेकसम्मत संस्कार के द्वारा यह तय करते हुए कि बेटी की स्वतंत्रता कभी अराजक न बनने पाए। किसी रोग का निमंत्रण अनजाने में भी न बनने पाए। दुःख का कारण न बनने पाए। समकालीन हिंदी कविता में ऐसी अभिव्यक्ति अनुपलब्ध नहीं तो दुर्लभ ज़रूर है। कहने की ज़रूरत नहीं कि ऐसी अभिव्यक्ति सर्वथा उन्मुक्त, कहना चाहिए, उच्छृंखल यौन संबंधों को, प्रकारांतर से बलात्कारों के कथित रस को, तरह-तरह से प्रसारित करते मीडिया के युग में ज़रूरी भी है। स्त्री-मुक्ति को मात्र यौन-मुक्ति में अवमूल्यित और सीमित कर दिए जाने से बचाने के कारण।

स्त्री-मुक्ति की जागरूकता के दबाव में पिता का चेहरा कुछ बदला है। यह बदलाव समकालीन कविता की नज़र में है। **ब्रजेश** द्वारा लिखी गईं *पिताः पाँच कविताएँ* में से चौथी कविता है–

"त्योहार,
बीमारी
या, मेहमानों के
चले जाने के बाद
गुल्लक तोड़ते हुए माँ
अतीत याद करती हुई
बहुत कुछ बुदबुदाती है
मसलन,
पिता की फ़िज़ूलख़र्ची
अपनी पिटाई
गालियाँ
तिरस्कार
क़ुर्बानी की बातें
कि जीवन-भर
इस आदमी ने
कभी सुख नहीं दिया,
तब, अपराधबोध में डूबे पिता
सज़ा को तैयार
अबोध बालक लगते हैं
जिसने तोड़ डाला हो

कोई क़ीमती सामान
अनजाने में।"[19]

पिता अगर पुराना पिता होता तो अपराधबोध में न डूबता। सज़ा को तैयार अबोध बालक न लगता। अपने सारे अत्याचार को न्यायसम्मत मानता और मनवाता। अपने अपराध को स्वीकार करने वाले पिता के चेहरे पर जो आत्मालोचना और पश्चाताप की रेखाएँ हैं, वे स्त्री-मुक्ति विषयक जागरूकता द्वारा निर्मित वातावरण ने भी खींची हैं। इस पिता को अगर फिर से पति बनने का अवसर मिले तो इसका रवैया, इसका व्यवहार और इसका जीवन पूरी तरह अलग हो। स्त्री-पराधीनता-पोषक वातावरण की शिकार स्त्री जितना होती है, उससे कम पुरुष नहीं होता। यह पिता इस सच की संवेदनात्मक सूचना भी है। यह समकालीनता का परिणाम है कि इस सूचना के माध्यम बनने पर भी पिता का व्यक्तित्व लुप्त नहीं होता। निखरता है। यह माध्यम बनना उद्‌दीपन बनने से अलग है।

पिता घर-भर के लिए जीवन का माध्यम है। **दीनू कश्यप** ने एक कविता लिखी है–*युद्ध से लौटा पिता*। युद्ध से लौटकर पिता अपने बच्चों के साथ और बच्चे अपने पिता के साथ खेल रहे हैं। खेल-खेल में

"...पिता गढ़ता है कथाएँ

जब मैं पहुँचा सीमा-पार के गाँव
सबसे पहले मिली
हलवाई की दुकान
वहाँ थी
गुलाबजामुनों भरी कड़ाही
बड़ा व मँझोला चुटकी लेते हैं
'अहा' छुटके के गुलाबजामुन
मँझला पूछता है
'आपने कितने खाए पापा'
-अरे, खाता क्या
मुझे छुटके की याद आई
मैंने पोचेज़ और पिट्‌ठू से
गोलियाँ फेंक दीं
उनमें भर लिए गुलाबजामुन
तभी दुश्मन ने गोलीबारी शुरू कर दी
पिट्‌ठू और पोचेज़ छलनी हो गए
गोलियों को ठंडा किया खांड की पाँत ने
गोलियों को रोका गुलाबजामुनों ने

मैं तो बच गया
लेकिन गुलाबजामुन मारे गए

कोई बात नहीं...कोई बात नहीं
तो छुटके के गुलाबजामुनों ने बचाया आपको
पिता हाँ भरता है
छुटका पिता की मूँछों में
फिराने लगा है
अपनी नन्हीं-नन्हीं उँगलियाँ।''[20]

यह पिता कथाकार नहीं, सैनिक है। सैनिक द्वारा गढ़ी गई कथा में गोलीबारी होगी ही। है। गुलाबजामुन बच्चों का मुँह देखकर कथा में आए हैं। उनके आते ही कथा सैनिक की कम, पिता की ज़्यादा बन जाती है। *गोलियों को ठंडा* करती *खांड की पांत* कवि की स्वप्न-सरसता है। कल्पना-मिठास है। गोलियाँ और गुलाबजामुन आमने-सामने हैं। गोलियाँ हारती हैं। बच्चे, पिता और गुलाबजामुन जीत जाते हैं। छुटके का पिता की मूँछों में नन्ही-नन्ही उँगलियाँ फिराना इस जीत का जश्न है। प्रकारांतर से यह विध्वंस पर सृजन की, कटुता पर मिठास की और शत्रुता पर स्नेह की जीत भी है। मनुष्यता और कविता की जीत भी है। जीत स्वप्न में होती है। स्वप्न सच न हो तो भी वर्तमान को हँसी-ख़ुशी से भरता है। संबंधों के ऐसे सहज, गतिशील, जीवंत और हृदयस्पर्शी चित्र अगर समकालीन कविता में हों तो वह जीवन से बाहर हो जाए, सवाल ही नहीं उठता। आख़िर जीवन, जीवन से बाहर कैसे हो सकता है!

भाई एक-दूसरे से दूर जाकर, अलग होकर भी भाई रहते हैं। समय ने भाई-भाई में दूरी और अलगाव तो पैदा किया है, *भाई* शब्द में गुंडों के सरग़ना का अर्थ भी भरा है पर भ्रातृत्व को वह लुप्त नहीं कर सका। स्मृतिलोक में इस संबंध की जड़ें भी गहरी हैं। समय के दबाव का नतीजा ही है कि समकालीन कविता में इसे स्मृति के रूप में ज़्यादा अंकित किया गया है। **उदय प्रकाश** की *परछाईं* शीर्षक कविता के कुछ हिस्से देखें—

"...मीलों लंबी तुम्हारे जीवन की सड़क पर
जब कोई न होगा अपना जो लगे
दूर-दूर

देखना हमें
हमीं होंगे गाछ बनकर खड़े
सड़क के अगल-बगल तुम्हारे स्वागत में थरथराते
धूल-भरे तुम्हारे सपनों को
अपनी हरियाली से भिंजाते

...हम होंगे हवा अपने शरीर में भरकर तुम्हारी साँस
किसी डाल को ज़ोर-ज़ोर से हिलाएँगे
कि मन बँटे तुम्हारा

घर में बटलोई में स्वाद होकर उबलेंगे हम

धुआँ बनकर चढ़ेंगे मुंडेरों पर
रास्ते में पोखर का ठंडा-मीठा पानी होकर
भेंटेंगे तुम्हारी प्यास

...हमीं तो हैं भइया
गाँव में अपने लोगों की आँखों में से झाँककर
तुम्हारा हालचाल पूछते
परछाई होकर हमीं रहे हैं तुम्हारी बिपदा में

...हम तुम्हारे दुख के आँसू हैं भइया
हम तुम्हारे ग़ुस्से की आँच हैं
तुम्हारे ख़ून की ताक़त हैं हमीं
हमीं हैं तुम्हारे दुर्दिनों में कहीं अंतरे-कोने से
निकलकर अचानक उमग पड़ती कोई हँसी।"[21]

साथ और पास न रहने पर भी भाई जीवन में शामिल रहते हैं। दुर्दिनों में सहज हँसी की ताक़त और हिम्मत बनकर। यह भ्रातृत्व में भरा स्नेह ही है, जो अकेले को अकेले में भी अकेला नहीं छोड़ता। एक-दूसरे की हँसी-ख़ुशी बनकर विस्तृत करता है मनुष्यता का ताप। जूझता है आत्मग्रस्त बनाते ठंडेपन से। इस तरह कि उसका जूझना, जूझना नहीं लगता। ख़ून में ताक़त की तरह रहता है वह। ग़ुस्से में आँच की तरह। इतना सहज कि सहजात।

परिवार के बिना भारतीयता पूरी नहीं होती और भ्रातृत्व के बिना पारिवारिकता। जीवन में पेड़, हवा, स्वाद, पानी, साथ और ख़ून की जो जगह है, वही भ्रातृत्व की भी है। ध्यान इस पर कम जाता है तो अत्यंत निकटता के कारण। दूर होकर भी यह निकटता बनी रहती है। अनुपस्थिति भी उपस्थित रहती है। भाई की मृत्यु पर **एकांत श्रीवास्तव** ने जो कई मर्मभेदी कविताएँ लिखी हैं, उनमें इसे देखा और महसूस किया जा सकता है। जो नहीं है, वह जगह-जगह है। बहुत है। *पाँचवें की याद में* **एकांत** ने लिखा–

"जब चार जन
एक जगह एक साथ होते हैं
तब पाँचवें की बहुत याद आती है
...वह खेलता था क्रिकेट और कभी-कभी
गाता था समारोह में
वह संजीदा था बहुत और बहुत ग़ाफ़िल एक साथ
गुस्सैल था और भावुक
वह इस तरह घिरा रहता था ज़िंदगी के सवालों से
कि परीक्षा के सवालों को अक्सर
अधूरे छोड़ आता था
...घर में स्मृतियों की जो प्रदीर्घ परंपरा है

उसमें हर जगह मौजूद है पाँचवाँ
माँ आज भी रसोई में काम करती हुई
साड़ी के पल्लू से पोंछती रहती है आँखें
बहनें बातें करती हुईं सहसा हो जाती हैं चुप
भाई आज भी ग़लती से पुकार लेते हैं उसका नाम..."[22]

ये आँसू, चुप्पियाँ और पुकारें न रहे भाई के चेहरे हैं। उस भाई के, जो सफल नहीं था। भौतिक रूप से किसी को कुछ दे सकने में समर्थ नहीं था। वह पैदा न होता तो शायद किसी का कुछ घट नहीं जाता पर वह था। अपने खेल, अपने गायन, अपनी गंभीरता, अपनी लापरवाही, अपने ग़ुस्से, अपनी भावुकता के साथ वह था। जीवन के समय और स्थान का अटूट हिस्सा। टूटकर वह अलग हो गया तो उसका न रहना तरह-तरह से रहता रहा। दुर्दिनों में अचानक उमग आती हँसी और कंठ से अनायास फूट पड़ती उसके नाम की पुकार ने बताया कि मनुष्य स्मृति से कटकर नहीं रह सकता। स्मृति से कटना अपने-आप से अलग हो जाना है। भविष्य के तमाम सुनहरे रास्तों के बावजूद असंभव है।

भाई, मिला हुआ मित्र है और मित्र, चुना हुआ भाई। न मित्र से भाई को पूरी तरह अलग किया जा सकता है, न भाई से मित्र को। भाई या मित्र को याद करना रस्मी नहीं। वास्तविक है। **ज्ञानेंद्रपति** के शब्दों में "*...एक मित्रता के निधन पर/दो मिनट का मौन नहीं गहते सिर झुकाए/सिर उठाए जीवन-भर का मौन सहते हैं हम।*"[23] मित्रता का निधन *जीवन-भर का मौन* है। इसलिए कि मनुष्य मित्रों के मुँह से बोलता है। इस बोलने को मृत्यु तो छीनती ही आई है, वर्तमान जीवन भी छीनने लगा है। **बद्रीनारायण** ने इसका शिकवा इस तरह किया—

"*दोस्त! कट्टिस*
कड़की के दिनों में दस-पाँच रुपये उधार न देने के लिए
कट्टिस
एतवार को चुपके, अकेले होटल में खा आने के लिए
कट्टिस
पटने में चाय न पूछने
दिल्ली में ठीक से न बतियाने के लिए
कट्टिस
पिता के श्राद्ध में
बहन के विवाह में न पूछने के लिए
कट्टिस
चिट्ठी देने को कह
चिट्ठी न देने के लिए कट्टिस

दोस्त! इस पूरे ज़माने-भर तुमसे कट्टिस।"[24]

पिता के श्राद्ध और *बहन के विवाह में न पूछने* पर हुआ शिकवा गाँव में होता है। *चाय न पूछने* का शिकवा *पटने* तक रहता है। *दिल्ली* जाकर वही *ठीक से न बतियाने* पर हुआ

शिकवा बन जाता है। अमरीका जाने पर हो सकता है कि वही पहचान-भरी नज़र से न देखने पर हुआ शिकवा बन जाए। दोस्ती पर यह वर्तमा़न विकास का क्रमशः पड़ता और बढ़ता हुआ असर है। जितना ज़्यादा विकास, उतनी क्षीण होती संबंध-क्षमता। **मनमोहन** ने इसे *शर्मनाक समय* कहा है–

"कैसा शर्मनाक समय है
जीवित मित्र मिलता है
तो उससे ज़्यादा उसकी स्मृति
उपस्थित रहती है

और उस स्मृति के प्रति
बची खुची कृतज्ञता

या कभी कोई मिलता है
अपने साथ ख़ुद से लंबी
अपनी आगामी छाया लिये।"[25]

मित्र जीवित है पर न जीवित की तरह मिलता है, न मित्र की तरह। जीवित की तरह इसलिए नहीं कि जीवन का लक्षण है मानवीय सक्रियता, जो केवल वर्तमान में संभव होती है। वर्तमान को या तो अतीत की स्मृतियाँ घेरे रहती हैं, या भविष्य की योजनाओं के रूप में पसरता अहंकारी स्वार्थ। मानवीय सक्रियता के लिए उसमें जगह नहीं बचती। मित्र की तरह इसलिए नहीं मिलता मित्र कि उसकी दिलचस्पी मित्र में नहीं, अपनी स्मृतियों और अपनी योजनाओं में होती है। यही *ख़ुद से लंबी/अपनी आगामी छाया लिये* मिलना है। इस तरह मिलने पर आँखें मित्र को कम और ख़ुद को ज़्यादा देखती हैं। जैसे बाहर जो कुछ भी हो, वह केवल अपने लिए हो। यह अपने से अलग भी केवल अपने को देखना है। अपने से अलग भी अपने को देखना हृदय को आत्मग्रस्त करता है।

इस हद तक कि दूसरों से मिलना या जुड़ना भी अकेलेपन को ही विस्तार दे।

संदर्भ

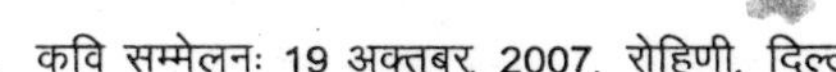

1. कवि सम्मेलनः 19 अक्तूबर, 2007, रोहिणी, दिल्ली
2. परवीन शाकिर के संग्रह *रहमतों की बारिश* की भूमिका में डॉ. बशीर बद्र द्वारा उद्धृत, पृष्ठ 7
3. संकल्पः कविता-दशक (नवें दशक की प्रतिनिधि कविताएँ) -संपादकः केदारनाथ सिंह, पृष्ठ 178-180
4. अष्टाक्षर -संपादकः चारुमित्र, पृष्ठ 27
5. अंत की कुछ और कविताएँ -तेजी ग्रोवर, पृष्ठ 37-40
6. उसके सपने -चयन-संपादनः विष्णु खरे, चंद्रकांत पाटील, पृष्ठ 134-135
7. कभी नहीं सोचा था -सुरजीत पातर, पृष्ठ 89
8. साहस गाथा -वरवर राव, संपादन एवं अनुवादः शशि नारायण, पृष्ठ 53
9. आँखों की हदों से -बली सिंह, पृष्ठ 17

10. इरादे तभी करवट लेते हैं -चंद्रभान, पृष्ठ 73
11. बर्तोल्त ब्रेख़्तः इकहत्तर कविताएँ और तीस छोटी कहानियाँ -अनुवादः मोहन थपलियाल, पृष्ठ 34
12. हम जो नदियों का संगम हैं -बोधिसत्व, पृष्ठ 69
13. साहित्य का वर्तमान -डॉ. अजय तिवारी द्वारा उद्धृत, पृष्ठ 23
14. अन्न हैं मेरे शब्द -एकांत श्रीवास्तव, पृष्ठ 5
15. उसके सपने -चंद्रकांत देवताले, -चयन-संपादनः विष्णु खरे, चंद्रकांत पाटील, पृष्ठ 206
16. हम जो देखते हैं -मंगलेश डबराल, पृष्ठ 58
17. मोरनाच -निदा फ़ाज़ली, पृष्ठ 39-40
18. कवि सम्मेलनः 19 अक्तूबर, 2007, रोहिणी, दिल्ली
19. उत्तरार्द्धः अंकः 41, मई, 1996, पृष्ठ 55
20. पल प्रतिपलः कविता पर केंद्रित अंकः जुलाई-दिसंबर, 1990, पृष्ठ 38-39
21. रात में हारमोनियम -उदय प्रकाश, पृष्ठ 133-135
22. बीज से फूल तक -एकांत श्रीवास्तव, पृष्ठ 115-116
23. संशयात्मा -ज्ञानेंद्रपति, पृष्ठ 214
24. सच सुने कई दिन हुए -बद्रीनारायण, पृष्ठ 68
25. ज़िल्लत की रोटी -मनमोहन, पृष्ठ 20

चलना अकेलेपन के रेगिस्तान में

अकेलापन मनुष्य का स्वभाव नहीं। **दिनेश जुगरान** ने लिखा–...*जलते हुए रेगिस्तान में/ एक अकेला पेड़/देख रहा है स्वप्न/किसी जंगल का।*[1] अकेले पेड़ की आँखें जंगल के सपने से भरी हैं। जंगल पेड़ों का साथ है। पेड़ को यह साथ चाहिए। जो चाहिए, वह नहीं है। इससे पेड़ रेगिस्तान के बीच जल रहा है। कविताओं में अकेलापन जब आता है तो अक्सर रेगिस्तान या उजाड़ के रूप में। **शहरयार** का मशहूर शे'र है–

"तन्हाई की यह कौन-सी मंज़िल है रफ़ीक़ो
ताहद्देनज़र एक बयाबान सा क्यूँ है"[2]

अकेलापन हमेशा एक जैसा नहीं होता। अलग-अलग कारणों से पैदा होता है। अलग-अलग परिणाम उसमें रहते हैं। नज़र जहाँ तक जा सकती है, वहीं तक एक उजाड़ पसरा हुआ देखना पड़ता है। उजाड़ राहत देने वाला होता तो स्थिति-वर्णन के रूप में होता। बेचैनी पैदा करने वाला है तो सवाल के रूप में है। सवाल भी रफ़ीक़ों या सहचरों से किया गया है। इसलिए कि सहचरों की तरफ़ से कुछ प्रतिक्रिया हो, कोई जवाब आए। अकेलेपन और उजाड़ को जीवन से कुछ दूर धकेले। कुछ आश्वस्त करे कि साथ और उसकी बस्ती में रहने का मौक़ा भी मिलेगा कभी।

अकेलापन वस्तुतः साथ का बेचैन करता अभाव है। बेचैनी, इस अभाव के दूर होने की संभावना है। हर अकेलेपन में यह संभावना नहीं होती। **लीलाधर जगूड़ी** ने लिखा–*अकेले अब कहीं भी जैसे अकेले नहीं रह गए हैं/असंख्य अकेले घिर आए हैं एक ही छोर पर।*[3] यह छोर अकेलापन देता है, एकांत नहीं। अकेले अगर कहीं एकांत पा सकें, सचमुच अकेले हो सकें तो अकेलापन पूरा हो। असंख्य अकेलों की भीड़ किसी अकेले को अकेला नहीं होने देती। यह एक स्थिति है। अकेलेपन की एक और स्थिति **विनोद कुमार शुक्ल** की इन पंक्तियों में है–

"...पत्नी ने कातर होकर पकड़ा मेरा हाथ
जैसे मैं अक़ेला छूट रहा हूँ
उसे अकेला छोड़।
बच्चे मुझसे आकर लिपटे
मैंने अपनी पूरी ताक़त से उनको लिपटाया
और ज़ोर से।

पत्नी बच्चों ने मुझे नहीं अकेला छोड़ा

फिर भी सड़क पर गुज़रते जाते,
मैं हर किसी आदमी से अकेला छूट रहा हूँ अब
एक चिड़िया भी
घर के सामने से
उड़कर जाती है
मैं अकेला छूट जाता हूँ।"[4]

पारिवारिकता अकेला नहीं छोड़ती, व्यक्ति अकेला छूटता है। अकेला छूटना लगभग अपरिहार्य है। एक रुटीन की तरह। समाज और प्रकृति के बीच है परिवार, पर उससे स्वायत्त। व्यक्ति का जो संबंध समाज और प्रकृति से भी हो सकता था, वह परिवार तक सीमित होकर रह गया है। परिवार का अर्थ अपनों का साथ है। यह साथ ऊर्जस्वी है। अकेला नहीं छूटने देता। फिर भी व्यक्ति को समाज और प्रकृति से जुड़ने योग्य नहीं बना पाता। मानो यह जुड़ाव परिवार से जुड़ने में बाधक हो। अकेले छूटने का एहसास है व्यक्ति को। आँखों के आगे *सड़क पर गुज़रता आदमी* और *घर के सामने से* उड़ती चिड़िया इसके ज़िम्मेदार नहीं हैं। अकेले छूटने और पारिवारिकता की ऊर्जा को सोखकर निष्फल कर देने का ज़िम्मेदार व्यक्ति ख़ुद है। **मुहम्मद अलवी** ने *हवा की दस्तक* इन शब्दों में सुनी है—

"हवा खिड़की पे दस्तक दे रही है
लरज़ती काँपती आवाज़ में कहती है—
"खिड़की खोल दो, कमरे में आने दो
कि बाहर बर्फ़ की बारिश ने मुझको मार डाला है
कहीं ऐसा न हो
मैं बर्फ़ में तब्दील हो जाऊँ!
मुझे कमरे में आने दो, तो मुझमें जान आए
मैं तुम्हारी साँस में तहलील हो (घुल) जाऊँ"
हवा खिड़की पे दस्तक दे रही है!
खिड़की के शीशों पर
हवा की उँगलियाँ और हाथ और चेहरा
बर्फ़ में तब्दील होते जा रहे हैं!!"[5]

हवा की दस्तक बेकार जा रही है। इसलिए कि जिस खिड़की को उसी के लिए बनाया गया, वह खुलती नहीं। ठंडा और ठोस अकेलापन हवा को साँसें बनने तक की मोहलत नहीं देता। उसे भी अपनी तरह ठंडी और ठोस बना लेता है। विनोद कुमार शुक्ल की कविता में चिड़िया घर के सामने से उड़कर जाती है और व्यक्ति अकेला छूट जाता है। मुहम्मद अलवी की कविता में हवा दस्तक देते-देते बर्फ़ बन जाती है और व्यक्ति का संबंध हवा से टूट जाता है। इसे एक और प्रमाण की तरह देखा जाना चाहिए कि हिंदी और उर्दू कविता की लिपि-भर अलग है। मानस एक है। अकेला छूटा हुआ और खिड़की न खोलने वाला, दोनों व्यक्ति इस अर्थ में एक हैं कि प्रकृति से दोनों अलग हैं। ठंडापन दोनों में है। दोनों का होना सवाल उठाता है कि जो जीवन वे जी रहे हैं, वह जीवन है या जीवन

का खोल। इस ठंडेपन का असर सामाजिक संबंधों पर भी होता है। **हेमंत कुकरेती** ने लिखा–

"...नाम की जगह
मकानों के नंबर हैं
हम इसी से पहचान में आते हैं
और ऐसे ही बताते हैं किसी को अपना पता

कोई खाली करता है मकान तो
पता चलता है वह हमारे पड़ोस में था

उसके जाने के बाद
हम एक और अपरिचय के लिए
तैयार हो जाते हैं...।"[6]

आसपास रहना भी अकेले रहना है। *पड़ोस* में अर्थ नहीं बचा। पड़ोसी आते-जाते रहते हैं, अपरिचय कहीं नहीं आता-जाता। हमेशा बना रहता है। यह संबंधहीनता शहरों की विशेषता है। पढ़े-लिखे बाबुओं की ख़ासियत है। व्यक्तिगत सफलता का अगर जीवन में सर्वोच्च स्थान हो तो विकास भी अकेला करता है और पढ़ना-लिखना भी। ऐसे में **दिनेश जुगरान** के अनुसार...*बहुत सारे लोग/अपने-अपने दरवाज़े/साथ लेकर चलते हैं...।*[7] ताकि जब चाहें, अकेलेपन में क़ैद हो सकें। व्यक्तिगत स्तर पर जो अकेलापन अधिक से अधिक अराजक होने की बेरोकटोक सुविधा है, सामूहिक स्तर पर वही विकास या शहरीकरण। दोनों स्तरों पर फलते-फूलते *अपरिचय* के बारे में **रमेश आज़ाद** ने कहा–

"मैं एक ऐसी जगह पर
रहता था
जिसे कोई नहीं जानता है
पर वहाँ
सब मुझे जानते हैं

आज
मैं एक ऐसी जगह पर हूँ
जिसे सब जानते हैं
पर मैं लापता हूँ...।"[8]

गाँव में जो पहचान थी, उसे शहर निगल गया। पहले मनुष्य, जगह से ज़्यादा महत्त्वपूर्ण था। अब जगह, मनुष्य से ज़्यादा महत्त्व पा गई। जगह को सब जानते हैं, आदमी को कोई नहीं। जगह, आदमी के लिए नहीं, आदमी, जगह के लिए है। जीवन के केंद्र में है–जगह। आदमी के हाशिये पर हुए बिना, उसका व्यक्तित्व नष्ट हुए बिना, उसकी पहचान समाप्त हुए बिना यह संभव नहीं था। अतः जगह ने आदमी की जगह छीन ली। आदमी देखता रह गया। उपेक्षित और अकेला। इसलिए भी कि वह जीवंत आदमी की तरह

कम और विकास के शिकार की तरह ज़्यादा जीया। वस्तुओं को अपने जीवन, अपने मानस पर छा जाने की उसने सक्रिय या निष्क्रिय सहमति दी। इस तरह वस्तुओं को शक्ति और वस्तुकरण को गति मिली। इसे **निर्मला गर्ग** ने इन शब्दों में स्पष्ट किया–

"...क्या करते हैं हम
रिश्तों की जगह चीज़ों को रखते हैं
चीज़ें पहले तो घेर लेती हैं
फिर मौक़ा पाकर अकेला कर देती हैं।"[9]

चीज़ों को रिश्तों की जगह रख भले दिया जाए पर वे रिश्तों की जगह ले नहीं सकतीं। हाँ, रिश्तों के आधार-रूप में उपयोगिता या इस्तेमाल को स्थापित करते हुए आदमी को उनसे काट ज़रूर सकती हैं। अकेला ज़रूर कर सकती हैं। संबंधों के प्रति व्यक्ति के व्यवहार को बदल ज़रूर सकती हैं। जो वे कर सकती थीं, वह उन्होंने किया। **लीलाधर जगूड़ी** के शब्दों में नतीजा यह हुआ कि *"...सारे संबंधों को भुना लिया है हमने/मरने से पहले हम इतने अकेले हो गए हैं।"*[10]

संबंधों के आम उपभोग का नतीजा अकेलापन ही हो सकता है। उनको भी प्रभावित करता हुआ, जो इस उपभोग में शामिल नहीं होते। **रमण कुमार सिंह** ने *ओल्डहोम में वृद्ध* की स्थिति ऐसे बताई–*"...गड्ड-मड्ड हो रही हैं सारी स्मृतियाँ/और वह हर वक़्त करता है/अपनी ही संतान के तीर से घायल/भीष्म की तरह आजकल/मौत की प्रतीक्षा/लेकिन मौत भी है अभी/उससे दूर/...बहुत दूर/अपने परिजनों की तरह!"*[11] यह मृत्युकामी अकेलापन विवशता के समुद्र का तल है। ऐसे में अपने शरीर के हिस्से भी अपने नहीं लगते। अकेलेपन का विष पूरे जीवन, पूरे शरीर में पसर जाता है। **सारा शगुफ़्ता** ने लिखा–

"...वो आँखों और हाथों की तन्हाई को बड़ी तन्हाई से देखने लगी...।"[12]

आँखों और हाथों का अकेलापन विशेष है। सभी ज्ञानेन्द्रियों में आँखें सबसे ज़्यादा काम करती हैं। उस वक़्त भी, जब आदमी कोई काम नहीं करता। हाथों की सक्रियता ने मनुष्य को सभ्यता और संस्कृति दी है। अकेलेपन की इंतिहा है यह कि जाने-अनजाने सब कुछ देखने वाली, देखते हुए सबके साथ रहने वाली आँखें भी और मनुष्य को पशुता से अलग करने वाले, उसे दोपाया बनने का अर्थ बताने वाले और उसे मनुष्यता से जोड़ने वाले हाथ भी अकेले पड़ गए हैं। उनके अकेलेपन को अकेलेपन से देखने का मतलब है–उन्हें पूरा-पूरा देखना। उनके अभाव को पूरे भाव से महसूस करना। सब कुछ होने पर भी कुछ न होने की स्थिति को जीना। ओल्डहोम में वृद्ध अकेला है। इसलिए कि परिजनों ने जो व्यवहार उसके साथ किया, उसने उसके लिए परिजनों और मौत में कोई फ़र्क़ नहीं रहने दिया। परिजनों ने औरत को भी इस्तेमाल किया है। इस हद तक कि उसके शरीर के हिस्से भी उसके नहीं रहे। उससे दूर चले गए। अकेले हो गए। वह अभिशप्त हो गई उनकी तन्हाई को तन्हाई से देखने के लिए। **शकेब जलाली** ने शे'र कहा–

"रोते हैं दिल के ज़ख़्म तो हँसता नहीं कोई
इतना तो फ़ायदा मुझे तन्हाइयों से है।"[13]

इस *फ़ायदे* से कौंधता व्यंग्य देखिए! दूसरे के ज़ख़्मों पर हँसना एक रिवाज बनता जा रहा है। ऐसे में अकेलापन उसी तरह अपना लगने लगता है, जिस तरह गाय को ग़ुलाम बनाने वाला खूँटा। संबंधों में बढ़ती क्रूरता के चलते अकेलापन शरण देता है। शरण लेने वाले को शरणदाता के गुणगान का अवसर मिलता है। अकेलेपन में शरण लेने वाले को अकेलेपन का *फ़ायदा* देखने, सहने और बताने का अवसर मिलता है। विकास के उपभोक्ताओं को विकास के एक से एक फ़ायदे हैं। विकास के शिकारों को उसका यह एक फ़ायदा तो है ही कि ज़ख़्म अकेले में चुपचाप रो सकें। उन पर हँसकर कोई उनकी पीड़ा और न बढ़ाए, यह सुविधा भी कोई कम नहीं! धन्यवाद विकास!

संबंधों ने अब इतना विकास कर लिया है कि उनके होने से उनका न होना बेहतर लगने लगे। अकेलापन वरदान दिखाई देने लगे। उसकी तलाश करने लगे आदमी। अकेलापन समकालीन संबंध व्यवस्था से असहमत आदमी का भी होता है। संबंधों को सफलता के गणितीय फ़ार्मूलों की बिसात जो नहीं मानता, वह उनमें शामिल भी नहीं हो पाता। उसका अकेलापन ऐतिहासिक होता है। इसलिए कि उसके कारण वास्तविक भी होते हैं और नैतिक भी।

ऐसे अकेलेपन का नतीजा आत्महत्या नहीं होता। एक नैतिक ज़िद होती है। अकेले चलते रहने का संकल्प होता है। आत्मनिर्भर होने की चुनौती होती है। मुश्किलों का सामना करने की हिम्मत होती है। **प्रमोद तिवारी** के शब्दों में यह एहसास होता है कि *मैं सफ़र में नहीं अकेला हूँ/लड़खड़ाते हुए क़दम भी हैं।*[14] चलने वाले पाँव ही क़दम होते हैं। भले ही लड़खड़ाएँ पर हर उस अकेले का साथ दिया करते हैं, जो सफ़र में रहे। इसी ऊर्जस्वी अकेलेपन के बारे में **मलयज** ने कहा था–*एक तिनके की चीख़/पूरे जंगल के सन्नाटे से भारी है।*[15] जंगल को समाज की संज्ञा हासिल है पर वह सन्नाटे से भरा होने के कारण सामाजिक नहीं है। तिनका अकेला है पर चीख़ने के कारण उससे ज़्यादा सामाजिक कोई नहीं। यह वास्तविक और वांछनीय, अतः काव्यात्मक अकेलापन है।

यह अकेलापन अपनी प्रकृति में सामूहिक है। **बद्रीनारायण** *आत्मखोज* करते हुए इसी अकेलेपन तक पहुँचे हैं–

"एक दिन मैंने सोचा कि चलो,
अपने आपको खोजें
जब मैं खोजने लगा अपने आपको
तो उसमें मिलने लगे दूसरे
...मेरे भीतर अपना कुछ नहीं था
मैं दूसरों से भरा था पूरी तरह।"[16]

अपने आपकी खोज का नतीजा है–अपने में मौजूद दूसरों को पाना। महसूस करना कि मूलतः और वस्तुतः अकेला कोई नहीं हो सकता। अकेलापन ज़्यादा से ज़्यादा एक बाह्य स्थिति ही हो सकती है। अंतस्तल में जो अपना आप मिलता है, वह दूसरों का सम्मिलित रूप है। ऐसा न होता तो अकेले तिनके की चीख़ पूरे जंगल के सन्नाटे से भारी नहीं हो सकती थी। उस चीख़ में पूरे जंगल की वेदना नहीं गूँज सकती थी। कविता के लिए यह अकेलापन मूल्यवान् है।

कृष्ण बिहारी नूर के शब्दों में वह समझती है कि

"दरिया में यूँ तो होते हैं क़तरे ही क़तरे सब
क़तरा वही है जिसमें कि दरिया दिखाई दे।"[17]

संदर्भ

1. मेरा उजाड़ पड़ोस -दिनेश जुगरान, पृष्ठ 18
2. कहीं कुछ कम है -शहरयार, पृष्ठ 109
3. ईश्वर की अध्यक्षता में -लीलाधर जगूड़ी, पृष्ठ 34
4. समकालीन हिंदी कविता -संपादकः परमानंद श्रीवास्तव, पृष्ठ 200
5. वसुधाः53, समकालीन उर्दू साहित्य पर केंद्रित, अंकः जनवरी-मार्च, 2002, पृष्ठ 59
6. अनभै साँचाः प्रवेशांकः जनवरी-मार्च, 2006, पृष्ठ 54-55
7. मेरा उजाड़ पड़ोस -दिनेश जुगरान, पृष्ठ 48
8. अपराधी ग़ैरहाज़िर -रमेश आज़ाद, पृष्ठ 77
9. कबाड़ी का तराजू -निर्मला गर्ग, पृष्ठ 14
10. भय भी शक्ति देता है -लीलाधर जगूड़ी, पृष्ठ 26
11. समकालीन भारतीय साहित्य-128, नवंबर-दिसंबर, 2006, पृष्ठ 32-33
12. शायरी झंकार नहीं -सारा शगुफ़्ता -संपादकः डॉ. शाहीना तबस्सुम, पृष्ठ 65
13. पानियों पे नाम -शकेब जलाली की ग़ज़लें -चयन एवं लिप्यंतरः मंज़ूर एहतेशाम, लीलाधर मंडलोई, पृष्ठ 58
14. सलाखों में ख़्वाब -प्रमोद तिवारी, पृष्ठ 14
15. अपने होने को अप्रकाशित करता हुआ -मलयज, पृष्ठ 15
16. शब्दपदीयम् -बद्रीनारायण, पृष्ठ 22
17. समंदर मेरी तलाश में है -कृष्ण बिहारी नूर, पृष्ठ 47

इश्क़ बिन, ये अदब नहीं आता

ज़िंदगी को नफ़े-नुक्सान का हिसाब-किताब समझने वाले न इश्क़ को समझ सकते हैं, न उससे पैदा होते अदब को। मज़े की बात यह कि जो जितना कम समझता है, वो ख़ुद को उतना ज़्यादा समझदार समझता है। आज ऐसे समझदारों का बोलबाला है। यही वजह है कि **अनामिका** की *क्या मैं अंदर आ सकती हूँ (द्वितीयाः पक्ष दो)* शीर्षक कविता में देर रात एक पुरुष के घर आ जाने वाली स्त्री से पुरुष कहता है–*"घर वाले पूछें तो बोलूँ मैं क्या?/आदमी-औरत का/बिना काम का रिश्ता/किसी के गले नहीं उतरता।"*[1]

ऐसा रिश्ता, अपना काम निकालने को ही ज़िंदगी समझने वाले दौर में गले उतर भी नहीं सकता। एक स्त्री और पुरुष को मिलने के लिए बहाने के तौर पर सही, कोई न कोई काम चाहिए। इसका एक अर्थ है–सभी संबंधों का लक्ष्य व सार इस्तेमाल को ही मानने वाली सोच का अधिनायकत्व और दूसरा अर्थ है–स्त्री-जीवन के पुरुष-निर्मित प्रतिमान। दोनों ही इश्क़ के ख़िलाफ़ हैं। उस इश्क़ के, जिसकी शुरुआत ही अहंकार और सफलता-लालसा की तिलांजलि से होती है। **कुलदीप सलिल** के शब्दों में–

"न तू आया, न याद आई तेरी एक लंबे अरसे से
हज़ारों काम होने पर भी हम बेकार बैठे हैं।"[2]

यह आशिक़ और कवि की निगाह है। यह दौर, जो काम बनाने को संबंधों का मक़सद मानता है, वही काम आशिक़ और कवि के लिए इंसान को बेकार बना देने वाले हैं। मूलतः हर आशिक़ कवि होता है और हर कवि आशिक़। उसके लिए प्रिय सर्वस्व है। ज़िंदगी वही, जो प्रिय से संचालित हो। वह ख़ुद भी अपने लिए नहीं रह जाता। **शमशेर बहादुर सिंह** ने प्रेयसी के बारे में प्रेयसी से कहा–

"...यह मीठी हँसी
जो मेरे अंदर घुलती जा रही है
तुम हो।"[3]
और प्रेमी के बारे में कहा–
"...मैं तुम्हारे व्यक्तित्व के मुख में
आनंद का स्थायी ग्रास...हूँ
मूक।"[4]

प्रेयसी *हँसी* बनकर प्रेमी में घुल गई और प्रेमी *आनंद का स्थायी ग्रास* बनकर प्रेयसी के मुख में समा गया। दोनों के लिए इससे बढ़कर ज़िंदगी का हासिल और कुछ नहीं। न

कोई काम, न सफलता। ज़िंदगी का यह सबसे बड़ा हासिल ख़ुदी को दांव पर लगाए बिना नहीं होता। इसीलिए **अनीस नागी** को कहने की ज़रूरत पड़ी–

"आज मुझे तुम रात से बाहर आकर मिलना,
...मुझको अपनी ख़्वाहिश से बाहर आकर मिलना..."[5]

कविता की भाषा में प्रेम की योग्यता-अयोग्यता की विवेचना है यह। आत्मग्रस्त, कभी अपनी इच्छा की क़ैद से नहीं निकल सकता। कविता की नज़र में केवल *अपनी ख़्वाहिश* रात है। अँधेरा है। प्रिय से मिलना उजाले से मिलना है। अँधेरे से निकले बिना यह संभव नहीं। **शमशेर** की यशस्वी प्रेम कविता *टूटी हुई बिखरी हुई* में प्रेम करने वाले का अपना, प्रिय के सुख को छोड़कर, कुछ भी नहीं। प्रिय के सुख के लिए समूचा काम आ जाने में ही उसका सुख है–

"तुमने मुझे जिस रंग में लपेटा, मैं लिपटता गया,
और जब लपेट न खुले–तुमने मुझे जला दिया।
मुझे, जलते हुए को भी तुम देखते रहेः और वह
मुझे अच्छा लगता रहा।"[6]

इश्क़ की आग में यह ख़ुशी से जल जाना है। आग का यह दरिया इसी तरह पार होता है। **गगन गिल** के शब्दों में–

"...प्रेम जब आता है तुम्हारी चौखट तक, तो जल्दी चले जाने के लिए नहीं। उसे जाना होता है किसी पर्वत या घाटी की तरफ़। समुद्र या नदी की तरफ़। वह बिना किसी पूर्व-योजना के आ निकलता है तुम्हारे घर की तरफ़, और जानना चाहता है, तुम उसके साथ डूबने चल रहे हो या नहीं।
प्रेम तुम्हें भली भाँति मरने की पूरी मोहलत देता है।"[7]

भली भाँति मरने का अभिप्राय है–प्रेम की हवाओं में पूरी तरह साँस लेना। खुलकर जीना। भले ही इस तरह जीने के लिए मरना पड़े। प्रिय जीवित रहे, ख़ुश रहे और प्रेम बना रहे, गतिशील रहे तो आशिक़ मरकर भी नहीं मरता। कारण यह कि उसके लिए अपने जीने का मतलब और सार यही है। इसके बिना जीवित रहना भी उसके लिए मरने से कम नहीं। यही कारण है कि इसके लिए वह जितनी ख़ुशी से जी सकता है, उतने ही उल्लास से मर भी सकता है। प्रेम का जादू उसके लिए मृत्यु को भी जीवन से भर देता है। आशिक़ सिर्फ़ अपने लिए कभी नहीं जीता। जीता है तो आशिक़ नहीं रहता। अस्ल में दूसरे, केवल दूसरे के लिए जीने की भावना का शिखर है इश्क़। इस हद तक कि दूसरा, दूसरा न रहे। **राजुला शाह** ने इसीलिए कहा–

"आते देखा
तुम्हें
न
जाते ही देखा
बस
अचानक
ख़ुद को ख़ुद से

बतियाते
ही
देखा।"[8]

प्रिय से *बतियाना* ख़ुद का ख़ुद से खुल जाना है। पाना है दूसरे में अपने-आप को। **शहरयार** ने इसी स्थिति का ज़िक्र इस तरह किया–

"तूने देखा नहीं ख़ुद को कब से
मैं तेरे सामने अब हूँ, तू देख"[9]

मेरा होना तेरा स्वत्व है। तेरा स्वत्व है तो मैं हूँ। **स्वरांगी साने** ने *मन* कविता में कहा कि प्रेम की ऊँचाई पर *"...तुम मुझे बैठाते वहाँ/जहाँ से सारे पहाड़ छोटे दिखते/मैं एक चिड़िया-सी/पूरे आकाश में उड़ान भरती/तुम्हें भेदती/निकलती तुम्हीं में से/तुम्हारी रौशनी की तरह..."।*[10] इश्क़ में व्यक्तित्व रूपांतरित होता है। प्रेमी प्रेयसी के लिए उसका चिड़िया होना संभव करता है। चिड़िया पहले उड़ान होती है और फिर प्रेमी के भीतर से निकलती उसकी रौशनी। उसकी जीवंतता। यह जीवंतता वास्तव में दोनों की है। दोनों की ऊर्जा का समन्वित/एकमेक रूप है यह। **राजगोपाल सिंह** ने इस एकरूपता को अंकित करते हुए चुनौती दी–

"उसकी आँखें मेरी आँखें हो गईं
अब वो मेरी आँख से ओझल तो हो!"[11]

इस चुनौती के पीछे जो आत्मविश्वास है, वह प्रिय की आशंकित दूरी से उपजे भय का नतीजा है। इस भय को मिटाने की कोशिश है। प्रिय को यह जता देना है कि दूर जाना अब उसके बस की बात नहीं। चूँकि उसके दूर जाने से भी अब कुछ नहीं होने वाला, कोई फ़र्क़ नहीं पड़ने वाला, इसलिए वह दूर न जाए! यह प्रेमी की इच्छा भी है और चुनौती के अंदाज़ में सामने आने वाला अनुरोध भी। *उसकी आँखों* का *मेरी आँखें* हो जाना सब कुछ उसी की नज़र से देखने की योग्यता पा लेना है। अपनी सत्रह दिन की बिटिया *आरुणी के लिए* **बली सिंह** ने लिखा–

"आरुणी, तुम छाया हो
हमारे मधुर संबंध की
इस भीड़-भड़क्के में
पाया गया प्यार हो तुम

तुम वो साँस हो आरुणी
जिसे हम दोनों ने मिलकर लिया है...!"[12]

दो व्यक्तित्व, एक साँस लें और वह एक बच्ची के रूप में जीवंत हो उठे! जीता-जागता सच्चा इश्क़ है यह। ऐसी पंक्ति आ ही सकती है, इसे कोई कवि लिख नहीं सकता। उर्दू में इसी को आमद की शायरी कहा जाता है। समकालीन कविता को केवल बनावटी वाक्यों का ढूह समझने वाले ऐसी पंक्तियों को देखें तो उनकी आँखें खुलें! संभवतः वे जानें कि कविता में गद्य न आया होता तो इतने सच्चे अनुभव का इतनी खरी शक्ल पाना असंभव था।

क्या इस अनुभव को कविता का असर पैदा करने के लिए किसी तुक या किसी छंद या किसी शाब्दिक साज-सज्जा की सचमुच कोई ज़रूरत है? क्या यह सब होता तो इस अनुभव के स्वरूप और इसकी पहुँच को नष्ट नहीं कर डालता? क्या इससे यह तय नहीं होता कि कविता के लिए कला-कसरत की उतनी ज़रूरत नहीं होती, जितनी सच्चे और जीये गए एहसास की? अगर अंतर्वस्तु सच्ची हो तो सचमुच क्या वह अपना रूप ख़ुद नहीं ले आती? क्या अपना रूप ख़ुद लाकर ही सबसे सहज नहीं होती?

सहजता प्रेम की योग्यता है। समकालीन जीवन में सहजता दुर्लभ है। इस बनावट के बारे में **चंद्रकांत देवताले** ने कहा–*...मुझे लगता है मैं प्रेम नहीं कर रहा/फ़रमाइशों के ताशमहल में भटक रहा हूँ...।*[13] तरह-तरह के उपहारों, तरह-तरह की माँगों पर आधारित प्रेम बनावटी ही हो सकता है। विडंबना यह कि जो सबसे सहज होने के लिए था, सबसे सहज हो सकता था, उसी को बनावट और दिखावा बना डाला गया। **संजय चतुर्वेदी** ने सही नोटिस किया कि *ज़रूरी काम कर लिए जाने की हड़बड़ी में/प्रणय-संकेत और आर्त्तनाद में अंतर नहीं रह जाता...।*[14] कहाँ *प्रणय-संकेत* और कहाँ *आर्त्तनाद* ! प्रणय-संकेत ऊपरी हैं। ओढ़े हुए। ढँके हुए आर्त्तनाद को। कविता आवरण भेदकर सच तक पहुँचती है। प्रणय-संकेत उसे लुभा नहीं पाते। रोक नहीं पाते। उनमें छिपा आर्त्तनाद उसे सुनाई दे जाता है।

इसका कारण अपना काम निकालने के लिए प्रिय का इस्तेमाल करना भी है। इस्तेमाल का शिकार कमज़ोर होता है। प्यार की दुनिया में अक्सर स्त्री कमज़ोर ठहरती है। इसीलिए **तेजी ग्रोवर** को लिखना पड़ा–*...बकरियाँ पानी की ओर उड़ती हैं जो नाम का पानी है/प्रेयसियाँ सच में ढह रही हैं प्रेयसियों के स्वांग में...।*[15] प्रेम स्वांग है। झूठ है। स्वांग करने वाले को सचमुच ढहाता हुआ। कमज़ोर का सहजता से शिकार करता हुआ। **सारा शगुफ़्ता** के शब्दों में–*पानियों के मुक़द्दर में भँवर होता है/औरत के मुक़द्दर में एक के बाद दूसरी चादर...।*[16] ऐसी चादर, जो उघाड़ दे ज़ख़्मों को। ठिठुरा दे ओढ़ने वाली को। बसा-बसाकर उजाड़ डाले जो। यह बस नाम की चादर है। इसे ओढ़कर व्यक्तित्व एकजुट नहीं होता, बिखरता है। उल्लास नहीं, नीरसता पाता है। **परवीन शाकिर** ने कहा–

"वो तो ख़ुशबू है हवाओं में बिखर जाएगा
मसअला फूल का है फूल किधर जाएगा

आख़िरश वो भी कहीं रेत पे बैठी होगी
तेरा ये प्यार भी दरिया है उतर जाएगा"[17]

ख़ुशबू भले फूल से पैदा हुई हो पर अंततः मुरझाना फूल को ही है। हताश अकेलेपन का दंश अपने शरीर, अपने जीवन में स्त्री ज़्यादा झेलती है। अपने प्रेम को छुपाने की ज़रूरत उसे ज़्यादा महसूस होती है। यह छुपाना स्त्री के लिए नैतिकता है, कला है। **अरुण देव** के शब्दों में–*स्त्रियाँ पीढ़ियों से सीख रही हैं यह कला/कला और यातना में कितना कम फ़र्क़ है/कितना अंतर है प्यार करने और प्यार पाने में।*[18] कमज़ोर के लिए प्रेम वो यातना है, जिसे सहना कला कहा जाता है। इसके कारण भौतिक हैं। **एकांत श्रीवास्तव** ने *एक बेरोज़गार प्रेमी का आत्मालाप* शीर्षक कविता में लिखा–*...जब मैं झुकता हूँ/प्रेमिका*

के चेहरे पर/चुंबन नहीं, नौकरी माँगते हैं उसके होंठ...।[19] होंठ एक-दूसरे के निकट हैं पर चुंबन में तब्दील नहीं होते। बीच में नियुक्ति-पत्र का अभाव आ जाता है। परिस्थितियाँ अनुभूतियों को ऐसे नियंत्रित करती हैं।

आज की बाहरी-भीतरी स्थितियाँ तरह-तरह से प्रेम के विरुद्ध हैं। एक प्रचलित तरह है–अवसरवाद। इसके कारण प्रेम का हृदयहीन इस्तेमाल करते हुए तथाकथित प्रेमी थोड़ी देर को भी नहीं ठिठकता। **बली सिंह** ने समकालीन प्रेम पर यह कविता लिखी–

"मैंने तुम्हें देखा
तुम्हें नहीं
तुम्हारे मकान को देखा
मुझे एक मकान की
सख़्त ज़रूरत थी।

मैंने तुम्हें पहचाना
तुम्हें नहीं
तुम्हारे बाप को पहचाना
मुझे एक पहचान की
सख़्त ज़रूरत थी।

मैंने तुम्हें जाना
तुम्हें नहीं
तुम्हारे जिस्म को जाना
मुझे एक जिस्म की...।"[20]

मकान, बाप और जिस्म हासिल करना जिसका मक़सद हो, वह लूट ही हो सकती है, मोहब्बत नहीं। गिद्ध-दृष्टि के लिए यह जानने की कोई ज़रूरत नहीं कि मांस किसका है, कैसा है, किसके घोंसले में है, ज़िंदा है या मुर्दा। मांस होना चाहिए बस! समकालीन प्रेमी एक ऐसा ही गिद्ध है। उस पत्नी की तरह, जो अपनी सहेली के साथ अपने खोये पति की रपट लिखाने थाने गई तो उसका हुलिया बताते हुए कहने लगी–छह फ़ुट का क़द, छरहरा, गोरा, जेब में तीन-साढ़े तीन लाख रुपये, तीन-चार क्रेडिट कार्ड, लंबी मर्सडीज़...वह बता ही रही थी कि सहेली ने कोहनी मारते हुए कहा–ये तू किसका हुलिया बता रही है! वह बोली–जो गया, सो गया, कम से कम आए तो ढंग का!

नई समझदारी की दुनिया में हर प्रेमिका को *ढंग* का प्रेमी और हर प्रेमी को *ढंग* की प्रेमिका चाहिए। **ब्रेख़्त** के शब्दों में यह *बुरे वक़्त का प्रेमगीत* है,*...एक-दूसरे के लिए नहीं थी हममें/दोस्ताना भावनाएँ/रात में जब हम एक-दूसरे की बाँहों में लेटे थे।*[21] एक-दूसरे की बाँहों में लेटना प्रेम का नतीजा नहीं, अपना काम निकालने का बहाना है। माध्यम है। अहसास नहीं, अहसास का नाटक है। इंसान की सबसे सहज संपदा है अहसास और वही बनावट के शिकंजे में है। **बद्रीनारायण** को लगता है–*बारिश आएगी तो/प्रेमपत्र ही गलाएगी/आग आएगी तो जलाएगी प्रेमपत्र/...कोई रोम बचाएगा/कोई मदीना/कोई चाँदी*

बचाएगा, कोई सोना/मैं निपट अकेला/कैसे बचाऊंगा तुम्हारा प्रेमपत्र![22] प्रेम-विरोधी वातावरण में प्रेम को जीने का मतलब उसे बचाने का संघर्ष है। निपट अकेले। सोना-चाँदी बचाने वाले अकेले नहीं हैं। अकेला वह है, जिसे प्रेम को बचाना है।

यह अकेलापन चुनाव नहीं, विवशता है। हालात के पेट से पैदा हुई विवशता। इसी विवशता को महसूस करते हुए **परवीन शाकिर** ने कहा–*फूलों का बिखरना तो मुक़द्दर ही था लेकिन/कुछ इसमें हवाओं की सियासत भी बहुत थी।*[23] हवाओं की सियासत यानी हालात की साजिश। दुनिया अब भूमंडल-ग्राम है। संचार की आगे बढ़ती तकनीक ने दूरियों को लगभग मिटा दिया है पर क्या सचमुच? क्या सचमुच सब एक-दूसरे के क़रीब आ गए हैं? **ऋतु गोयल** ने इसकी पड़ताल की और जो पाया, उसे एक कविता की इन पंक्तियों में लिखा–

"...जब भी मैं खेलना चाहती हूँ बारिश की बूँदों से
तब उसी वक़्त उनका एस. एम. एस.
अपनी तरक़्क़ी में व्यस्त होने की ख़बरें सुनाता है
...जिस दिन मेरी आँखें भीग रही होती हैं
किसी गहरे दुःख से
तब आँसू पोंछने वे नहीं, उनका कोई
चुटकीला-सा मैसेज आता है

...इस तरह
हम एक-दूसरे तक पहुँचकर भी पहुँच
नहीं पाते हैं
क्योंकि अब हम एस. एम. एस. और ई-मेल
के माध्यम से ही क़रीब आते हैं

...बेजान यंत्र...प्रेम की भाषा नहीं जान सकते
हाँ...मौसम जान सकता है क्योंकि
उसमें भी एक मन होता है
पर ये कम्प्यूटर और मोबाईल क्या समझेंगे
इनमें तो डिलिट का बटन होता है!"[24]

दूरियाँ ख़त्म करने का दावा करने वाली तकनीक ने दूरियाँ और बढ़ा दीं। तकनीक ताक़तवर होती जा रही है। दूरियाँ बढ़ती जा रही हैं। इसलिए कि तकनीक जितनी ताक़तवर हुई, उसका इस्तेमाल करने वाला इंसान का विवेक उतना ही कमज़ोर। धन, सामान और भोग के आगे घुटने टेकता हुआ। बंदरों के हाथों में स्वचालित उस्तरे आ गए। मोबाइलों और ई-मेलों के संदेशों ने प्रिय की जगह लेने का मोहक भ्रम रचा और उसमें प्रेमी को अकेला छोड़ दिया। तकनीक ने यांत्रिक जीवन को सुविधा दी। यांत्रिक प्रेम को जगह दी। सच्चा प्रेम और सच्चा जीवन बड़ी शराफ़त से लूट लिया। लूटकर **मंगलेश डबराल** के शब्दों में तथाकथित प्रेम को इस तरह संभव बनाया–

"...हैमबरगरों से ऊब जाइए
प्राणहीन मुस्कानों से ऊबिए
बिना प्यार के चुंबन लेकर ऊबिए
ऊब मिटाने की ख़ातिर फिर से चुंबन लीजिए!"[25]

चुंबन जैसी रोम-रोम में सघन सिहरन का प्रसार करने वाली क्रिया भी नीरस! निष्प्राण! व्यर्थ! वही चुंबन, जिसका अभिप्राय **बाक़र मेहंदी** ने बताते हुए कहा—*"इक तवील (सुदीर्घ) बोसे (चुंबन) में/कैसी प्यास पिनहाँ (चुपचाप रची-बसी) है/तिश्नगी (प्यास) की सारी रेत/उँगलियों से गिरती है/मेरे-तेरे पैरों के/एक लम्स (छुअन) से/कैसे—इक नदी-सी/बहती है!"*[26] यही वह छुअन है, जो गहरे तक छू जाती है। **परवीन शाकिर** के शब्दों में—*बदन उसने छुआ था मेरा लेकिन/गया है रूह को आबाद करके।*[27] छुअन वह, जो रूह तक उतरे और उसे अहसासों से भरी-पूरी कर दे! अस्ल में यही प्रेम की छुअन है। बाक़ी सब छूना-भर है। छुअन सच्ची हो तो उसका इंतज़ार भी चाहता है कि

"फूल की तरह मिरे जिस्म का हर लब खुल जाए
पंखुड़ी-पंखुड़ी उन होठों का साया देखूँ!"[28]

यह संबंध के एक-एक कंपन को पीना है। पीने को मिल जाए तो लगता है—वह सपना सच हो गया, जिसके लिए जी और मर रहे थे—*उसके वस्ल की साअत हमपे आई तो जाना/किस घड़ी को कहते हैं ख़्वाब में बसर होना।*[29] ऐसी घड़ी अपने-आप में एक पूरा स्वप्नलोक है। ऐंसा लोक, जिसमें पहुँच जाने पर कहीं भी पहुँचना बाक़ी नहीं रहता। इसी के बारे में **शमशेर** ने कहा था—*उसकी अधखुली अंगड़ाइयाँ हैं/कमल के लिपटे हुए दल/कसे भीनी गंध में बेहोश भौंरे को।*[30] ऐसी बेहोशी मिले तो कौन भौंरा होश में आना चाहेगा! होशियार लोग इस बेहोशी की न ज़रूरत समझ सकते हैं, न क़ीमत। जो समझ सकते हैं, उनका परिचय **सुंदर चंद ठाकुर** की इन पंक्तियों में है—

"...वे अबोध प्रेमी थे अक़्ल और उम्र में कच्चे अभी
समझ से बाहर था उनकी इस दुनिया का कारोबार
धन और धर्म से मीठी थी रक्त की हरारत
प्राणों से कहीं क़ीमती क़समें उनकी..."[31]

यह मासूमियत और सच्चाई जिनके मन में कहीं बची है, वे प्रेम का अर्थ छू सकते हैं। देख सकते हैं कि प्रेम, एक-दूसरे को समृद्ध करती प्रकाश-प्रक्रिया है। **परवीन शाकिर** के शब्दों में यह इस तरह घटित होती है कि *चिड़िया पत्तों में सिमटकर सोए/पेड़ यूँ फैले कि जंगल हो जाए।*[32] प्रेम, चिड़िया का घर है और पेड़ का विस्तार। दोनों के बग़ैर दोनों ज़िंदा तो रह सकते हैं पर जी नहीं सकते। ज़िंदा रह लेने को भरपूर जीना बनाता है प्रेम। इसके असर की बाबत **शहज़ाद अहमद** ने कहा—

"वो कौन है उसे सूरज कहूँ कि रंग कहूँ
करूँगा ज़िक्र तो ख़ुशबू ज़बाँ से आएगी

जुदाई क्या है, मिरा इम्तिहाँ तो तब होगा
सदा तिरी, मुझे सारे जहाँ से आएगी"[33]

प्रिय का ज़िक्र ज़बान की ख़ुशबू है। ऐसी ख़ुशबू, जो दिलो-दिमाग़ में हमेशा के लिए उतरकर रह जाए। ऐसी ख़ुशबू, जिसे छूकर भाषा महक उठे। यही ख़ुशबू थी, जिसने बिहारी के एक दोहे में क्रियाओं, सिर्फ़ क्रियाओं से एक पूरे वाक्य को संभव किया था– *कहत, नटत, रीझत...*। यही ख़ुशबू थी, जिसने **शमशेर** के यहाँ गंध को देखना भी संभव किया था–*एक ख़ुशबू जो मेरी पलकों में इशारों की तरह/बस गई है, जैसे तुम्हारे नाम की नन्ही-सी/स्पेलिंग हो, छोटी-सी, प्यारी-सी, तिरछी स्पेलिंग*[34] इस ख़ुशबू से भरे जादुई अहसासों की भरी-पूरी दुनिया है प्रेम। ऐसी दुनिया, जिसमें असंभव-सी लगने वाली गतिविधियाँ खेल-खेल में संभव होती हैं। अनुभूति का विस्तार होता है। **चंद्रकांत देवताले** ने लिखा–"*...दो जलपाखी गोता लगाते गहरे/और प्रेम की हथेली पर/मोती के एक नन्हे बच्चे-सा/चमकने लगता समुद्र।*"[35]

मोती समुद्र का फल है। सार है उसका। सारा समुद्र एक मोती में सिमटकर जगमगाए, यह प्रेम में संभव है। प्रेम निगाह की वह क्षमता है, जो प्रिय में सारी दुनिया भी देख सकती है और सारी दुनिया में प्रिय भी। इसीलिए प्रेमी के वास्ते उसका प्रिय न रहकर भी रहता है। उस मुश्किल में, जिसके बारे में **एकांत श्रीवास्तव** ने बताया–"*...जिस तरह/रंग और ख़ुशबू को जुदा करके/हम फूल को नहीं कह सकते फूल/मैं कैसे कह सकूँगा तुम्हारे बिना/इस सड़क को सड़क/नदी को नदी/और पुल को पुल/इस शहर को शहर/अब मैं कैसे कह सकूँगा।*"[36] प्रेमी की दुनिया प्रिय है। दुनिया में प्रिय न हो तो दुनिया, दुनिया नहीं रह जाती। प्रिय की अनुपस्थिति उसमें सर्वत्र उपस्थित रहती है। इस अनुपस्थिति की उपस्थिति को **ज्ञानेंद्रपति** ने *ट्राम में एक याद* कविता में क़तरा-क़तरा जीया था। उसी सहजता के साथ, जिस सहजता से प्रिय की भरी-पूरी याद प्रेमी को आती है। याद आते ही उसका हालचाल जानने की बेचैनी उमड़ती है। कविता में आए सवाल मीठी बेचैनी पैदा करती जिज्ञासा के नैन-नक़्श हैं–

"चेतना पारीक, कैसी हो?
पहले जैसी हो?
कुछ-कुछ ख़ुश
कुछ-कुछ उदास
कभी देखती तारे
कभी देखती घास
चेतना पारीक, कैसी दिखती हो?
अब भी कविता लिखती हो?

...चेतना पारीक, कैसी हो?
पहले जैसी हो?
आँखों में उतरती है किताब की आग?
नाटक में अब भी लेती हो भाग?
छूटे नहीं हैं लाइब्रेरी के चक्कर?
मुझसे घुमंतू कवि से होती है कभी टक्कर?

अब भी गाती हो गीत, बनाती हो चित्र?
अब भी हैं तुम्हारे बहुत-बहुत मित्र?
अब भी बच्चों को ट्यूशन पढ़ाती हो?
अब भी जिससे करती हो प्रेम उसे दाढ़ी रखाती हो?
चेतना पारीक, अब भी तुम नन्ही गेंद-सी उल्लास से भरी हो?
उतनी ही हरी हो?

चेतना पारीक अब कलकत्ते में दिखाई नहीं देती। इसलिए तमाम सवालों के जवाब भी नहीं मिलते। अनुमान की सुलभ तरकीब से जवाबों की ख़ाली जगह भरने की कोशिश भी नहीं करता वाचक। भरे-भरे शहर में याद ने जो ख़ाली जगह बनाई है, उसे देखता है बस–

उतना ही शोर है इस शहर में वैसा ही ट्रैफ़िक जाम है
...इस महावन में फिर भी एक गौरैये की जगह ख़ाली है
एक छोटी चिड़िया से एक नन्ही पत्ती से सूनी डाली है
महानगर के महाट्टहास में एक हँसी कम है
...देखता हूँ अबके शहर में भीड़ दूनी है
देखता हूँ तुम्हारे आकार के बराबर जगह सूनी है

चेतना पारीक, कहाँ हो कैसी हो?
बोलो, बोलो, पहले जैसी हो!"[37]

चेतना पारीक वाचक की प्रेमिका है या नहीं, महत्त्वपूर्ण यह नहीं है। यह है कि उसकी अनुपस्थिति से शहर में जो सूनापन पैदा होता है, उसे वह महसूस करता है। बार-बार। जगह-जगह। *महानगर के महाट्टहास में एक हँसी कम* होने से उपजा खालीपन वह देख पाता है। यह संवेदनशीलता प्रेम की आधारभूत योग्यता है। प्रकारांतर से विपरीत हालात में प्रेम की योग्यता को बचाने की कोशिश है। स्मृति के द्वारा उसे बचाने का संघर्ष है। चेतना पारीक जीवंत है। उसका पूरा व्यक्तित्व प्रेम की योग्यता से लबालब है। एक ऐसे वातावरण में, जहाँ प्रेम महज़ भोग में सीमित होता जा रहा हो, ऐसे व्यक्तित्व को याद करना ज़रूरी भी है और सहज भी।

सहजता से विश्वसनीयता जन्म लेती है। वस्तुओं और मनुष्यों की तरह भाषा का भी जमकर इस्तेमाल हो रहा है। मीडिया इस इस्तेमाल में अग्रणी है। विज्ञापनों ने भाषा को बहुत मोहक बनाया है। भाषा के मोहक बनने की इस प्रक्रिया में उसकी सहजता का भी क्षरण हुआ है और विश्वसनीयता का भी। कविता की भाषा का संघर्ष इस सहजता और विश्वसनीयता को बचाने का संघर्ष है। अगर सहजता और विश्वसनीयता बची रहती है तो कविता भी बची रहेगी, इसमें संदेह नहीं।

चेतना पारीक को याद करने की कोई व्यावसायिक वजह नहीं हो सकती। उसे याद करना कोई अभूतपूर्व या असाधारण काम भी नहीं है। इस याद का मामूलीपन इसके भरोसेमंद होने का आधार है। समकालीन कविता मामूलीपन की कविता है। भाषा की बनावट से भरे जंगल में घास की तरह जगह-जगह उग आती हुई। तरह-तरह के पेड़ काग़ज़ या प्लास्टिक के हो सकते हैं पर घास नहीं। वही है, जो मनुष्यता की धरती का

हरा कवच हो सकती है। प्रेम, संबंधों की हरियाली है। स्मृति में भी ऑक्सीज़न देती हुई। जीवन का उत्सव है प्रेम। ऐसा उत्सव, जो ख़त्म होने पर भी बना रहे, चले जाने पर भी न जाए। इस उत्सवधर्मिता को **ज़ीशान साहिल** *सुर्ख़ हेयरबैंड वाली लड़की* के बारे में यह कहकर ज़बान देते हैं कि

"...परिंदे उसके फ़्लैट पर से
हमेशा की तरह चहचहाते हुए
गुज़रते हैं..."। [38]

ये परिंदे उस फ़्लैट के विशेष आसमान को देखने वाले के भाव हैं। यह देख पाने वाले का आशिक़ होना सहज है। आशिक़ सब कुछ हो सकता है, सौदागर नहीं। उसके आशिक़ होने का मतलब ही है कि अपने मुनाफ़े के लिए इश्क़ का इस्तेमाल वह नहीं कर सकता। अपनी काम-वासना को पूरा करना इश्क़ के इस्तेमाल का मुनाफ़ा है। इस मुनाफ़े की लालसा बढ़ रही है। **आर. चेतनक्रांति** के शब्दों में–*"प्रेम प्रीतिभोज में कड़ाहों की तरह जगह-जगह चढ़ा हुआ"* है। *खौल रहा, पक रहा* है। [39] यह प्रेम नहीं, प्रेम का भोग है। प्रेम को चबा जाना, हज़्म कर जाना है। मल बना डालना है प्रेम को। यह वह प्यार नहीं है, जिसके बारे में **शलभ श्रीराम सिंह** ने कहा–

"नहीं किया जिसने प्यार
युद्ध नहीं कर सकता है वह
युद्ध में जाती है जान
जान देने की तमीज़ सिखाता है प्यार..."। [40]

आज का प्यार जान देने की तमीज़ कम, लेने की बदतमीज़ी ज़्यादा सिखाता है। प्रेमी की मुस्कान को हत्यारे की मुस्कान बनते देर नहीं लगती। जो शरीर उसे भोगने के लिए नहीं मिलता, उसे नष्ट कर डालना उसे कर्त्तव्य लगता है अपना। लोग अब क़त्ल के ढाई आखर पढ़कर प्रेम के पंडित बन बैठते हैं। वे जिस फ़िल्म के हीरो होते हैं, वह भरपूर व्यापार करती है। सेंसर बोर्ड का मतलब अश्लील दृश्यों को काटने वाली कैंची है, अश्लील संस्कृति को नहीं। सांस्कृतिक बहेलिये प्रेम के परिंदों का रक्त निचोड़ रहे हैं। हत्यारे हालात की यह चुनौती प्रेम के सामने भी है, कविता के सामने भी। समकालीन कविता इसका सामना प्रेम को जीते हुए करती है। **राजेश जोशी** की *पीठ की खुजली* इसका एक उदाहरण है। घर से दूर कामधाम निपटाकर जब आदमी होटल के कमरे में लौटता है तो उसकी पीठ में खुजली होने लगती है और उसे प्रिय की याद आने लगती है। जनेऊ और बैलगाड़ी का पहिया याद आते हैं, जिनसे कभी पीठ की खुजली मिटाई। वे साधन अब नहीं हैं। ऐसे में

"जहाँ तक जा सकता है ले जाता हूँ
खींचकर पीठ पर अपना हाथ
लेकिन यह नामुराद खुजली हर बार
और आगे खिसक जाती है मेरे हाथ की पहुँच से
मेरे हाथ की हद के आगे से शुरू होती है
तुम्हारी हथेली की याद

याद ने भी क्या कारण खोजा है आने के लिए
घर से इतनी दूर इस गुलाबी शहर में!"[41]

प्रेम का यह लम्हा जितना मामूली है, उतना ही ज़रूरी और उतना ही समकालीन। खुजली होना और करना या न कर पाना जीवन की एक साधारण स्थिति है। इस स्थिति में प्रिय की अनुपस्थिति के उपस्थित होने से खुजली नहीं होने वाली। फिर भी यह अनुपस्थिति उपस्थित होती है। जीवन में वह भी है, जो काम न निकाल सके। किसी भी क़ीमत पर अपना काम निकालने वाली प्रवृत्ति को ताक़त देते दौर में इसे लक्षित करने का ज़रूरी काम कविता करती है। इसकी सहजता इसे बनावटी दौर की ज़रूरत बनाती है और विश्वसनीयता समकालीन। **फणीश्वरनाथ रेणु** की *तीसरी क़सम* में हीरामन की पीठ में रह-रहकर जो खुजली होती थी, यहाँ आकर वह ज़्यादा ऐंद्रिक हुई है।

प्रेम ज़रूरत का नहीं, लोभ और विलासिता का प्रतिकार है। ऐसा बंधन है वह, जो व्यक्तिगत स्वार्थ की संकीर्णता से मुक्त करता है। इस मुक्ति का अभिप्राय खोलते हैं **शमशेर**, जब कहते हैं–

"हाँ, तुम मुझसे प्रेम करो जैसे मछलियाँ लहरों से करती हैं
...जिनमें वे फँसने नहीं आतीं,
जैसे हवाएँ मेरे सीने से करती हैं
जिसको वे गहराई तक दबा नहीं पातीं,
तुम मुझसे ऐसे प्रेम करो जैसे मैं तुमसे करता हूँ।"[42]

लहरें, मछलियों का जीवन हैं और मछलियाँ, लहरों का उल्लास। जीवन, उल्लास के लिए है और उल्लास, जीवन के लिए। दोनों, दोनों की ज़रूरत हैं। फिर भी दोनों अपने को दूसरे पर लादते नहीं। **परवीन शाकिर** के शब्दों में–

"मैं उसकी दस्तरस (पहुँच) में हूँ मगर वो
मुझे मेरी रज़ा (स्वीकृति) से माँगता है।"[43]

यह इश्क़ की दुनिया का लोकतंत्र है। एक-दूसरे को भरपूर जगह देना स्वभाव है इसका। अपनी पहुँच में होने पर भी प्रिय को उसकी इच्छा से माँगना उसके लिए स्वतंत्रता को संभव करना है। प्रिय को माँगना तो बड़ी बात है, प्रेमी उसके लिए यह स्वतंत्रता भी संभव करता है कि वह उसे किस नज़र से देखे। **सुरेन्द्र श्लेष** का यह शे'र देखिए–

"देखा उसे सदा से महबूब की नज़र से
वो किस नज़र से देखे, ये उसका फ़ैसला है"।[44]

प्रिय प्रेमी को प्रेम की ही नज़र से देखे, यह प्रेमी का सौभाग्य है। उसका संगीत है। उसका जीवन है। प्रिय की नज़र से उसका जीवन बनता-बिगड़ता है। ऐसे में भी प्रिय की नज़र को किसी तरह प्रभावित करने की कोशिश तक न करना प्रेम का मुक्तिधर्म है। सार है। स्वभाव है। प्रिय को चाहने का मतलब उसके व्यक्तित्व, उसकी चाहों को चाहना है। यही है प्रिय को पूरी तरह चाहना। उसे पूरी तरह प्रेम करना। प्रेमी अपना गीत कभी नहीं लिखता। **राजेन्द्र राजन** ने लिखा–

"केवल दो गीत लिखे मैंने
इक गीत तुम्हारे मिलने का
इक गीत तुम्हारे खोने का।

...केवल दो स्वप्न बुने मैंने
इक स्वप्न तुम्हारे जगने का
इक स्वप्न तुम्हारे सोने का।

मरुस्थल-मरुस्थल जीवन-जीवन
पतझर-पतझर सावन-सावन
केवल दो रंग चुने मैंने
इक रंग तुम्हारे हँसने का
इक रंग तुम्हारे रोने का।"[45]

प्रिय का व्यक्तित्व ही प्रेमी का जीवन-गीत है। उसकी पलकों का उठना-गिरना है। उसके जीवन का उत्सव प्रिय से शुरू और प्रिय पर ख़त्म होता है। प्रिय अगर चाहता है कि प्रेमी उसे न देखे तो प्रेमी उसे नहीं देखेगा। इसके बावजूद कि प्रिय को देखना ही उसके लिए ज़िंदगी को देखना है। सर्वोपरि प्रिय की चाह है। उसके लिए अपने को पूरा-पूरा दे देना प्रेम है। बिना किसी प्रतिफल की आकांक्षा के। **सारा शगुफ़्ता** के शब्दों में प्रेम की सच्ची इबारत यही है कि जीवन-घर के

"...मेरे आँगन में जितनी धूप थी
उससे मैंने तुम्हारे कपड़े सुखा दिए..."! [46]

प्रेम यह धूप है। वही धूप, जो संबंधों से उसी तरह ग़ायब हो रही है, जैसे घरों से आँगन। समकालीनता-संपन्न कविता अपनी धूप से मनुष्यता के कपड़े सुखा रही है। चुपचाप।

संदर्भ

1. कविता में औरत -अनामिका, पृष्ठ 108-09
2. अनभै साँचाः प्रवेशांकः जनवरी-मार्च, 2006, पृष्ठ 64
3. काल तुझसे होड़ है मेरी -शमशेर बहादुर सिंह, पृष्ठ 100
4. वही, पृष्ठ 103
5. वसुधा:53, समकालीन उर्दू साहित्य पर केंद्रित, अंकः जनवरी-मार्च, 2002, पृष्ठ 91
6. समकालीन हिंदी कविता -संपादकः परमानंद श्रीवास्तव, पृष्ठ 33
7. उद्भावनाः कवितांकः सदी के अंत में कविताः अक्तूबर, 97 से मार्च, 98, पृष्ठ 161
8. परछाईं की खिड़की से -राजुला शाह, पृष्ठ 55
9. कहीं कुछ कम है -शहरयार, पृष्ठ 66
10. अलावः अंक-8, मार्च, 2000, पृष्ठ 179-80
11. चौमास -राजगोपाल सिंह, पृष्ठ 27
12. आँखों की हदों से -बली सिंह, पृष्ठ 39

13. उजाड़ में संग्रहालय -चंद्रकांत देवताले, पृष्ठ 41
14. उर्वर प्रदेश -संयोजकः बिंदु अग्रवाल, पृष्ठ 93
15. वही, पृष्ठ 82
16. शायरी झंकार नहीं -सारा शगुफ़्ता -संपादकः डॉ. शाहीना तबस्सुम, पृष्ठ 72
17. प्रतिनिधि कविताएँ -परवीन शाकिर, पृष्ठ 30
18. क्या तो समय -अरुण देव, पृष्ठ 31-32
19. अन्न हैं मेरे शब्द -एकांत श्रीवास्तव, पृष्ठ 68
20. आँखों की हदों से -बली सिंह, पृष्ठ 56
21. बर्तोल्त ब्रेख़्तः इकहत्तर कविताएँ और तीस छोटी कहानियाँ -अनुवादः मोहन थपलियाल, पृष्ठ 57
22. सच सुने कई दिन हुए -बद्रीनारायण, पृष्ठ 17
23. प्रतिनिधि कविताएँ -परवीन शाकिर, पृष्ठ 64
24. कवि सम्मेलनः 19 अक्तूबर, 2007, रोहिणी, दिल्ली
25. हम जो देखते हैं -मंगलेश डबराल, पृष्ठ 76
26. वसुधा-53, समकालीन उर्दू साहित्य पर केंद्रित अंकः जनवरी-मार्च, 2002, पृष्ठ 49
27. ख़ुशबू -परवीन शाकिर, -लिप्यंतरणः डॉ. असग़र वजाहत, पृष्ठ 11
28. वही, पृष्ठ 126
29. वही, पृष्ठ 35
30. कथनः 50, अंकः अप्रैल-जून, 2006, पृष्ठ 2
31. आलोचना, अक्तूबर-दिसंबर, 2003, पृष्ठ 8
32. प्रतिनिधि कविताएँ -परवीन शाकिर, पृष्ठ 40
33. वसुधा-53, समकालीन उर्दू साहित्य पर केंद्रित, अंकः जनवरी-मार्च, 2002, पृष्ठ 293
34. समकालीन हिंदी कविता -संपादकः परमानंद श्रीवास्तव, पृष्ठ 33
35. उसके सपने -चंद्रकांत देवताले -चयन-संपादनः विष्णु खरे, चंद्रकांत पाटील, पृष्ठ 201
36. अन्न हैं मेरे शब्द -एकांत श्रीवास्तव, पृष्ठ 59
37. शब्द लिखने के लिए ही यह काग़ज़ बना है -ज्ञानेन्द्र पति, पृष्ठ 27-28
38. वसुधा-53, समकालीन उर्दू साहित्य पर केंद्रित, अंकः जनवरी-मार्च, 2002, पृष्ठ 189
39. शोकनाच -आर. चेतनक्रांति, पृष्ठ 55
40. उन हाथों से परिचित हूँ मैं -शलभ श्रीराम सिंह, पृष्ठ 77
41. दो पंक्तियों के बीच -राजेश जोशी, पृष्ठ 42
42. समकालीन हिंदी कविता -संपादकः परमानंद श्रीवास्तव, पृष्ठ 32
43. रहमतों की बारिश -परवीन शाकिर -संपादनः डॉ. बशीर बद्र, पृष्ठ 88
44. वेदनाएँ -सुरेन्द्र श्लेष, पृष्ठ 123
45. केवल दो गीत लिखे मैंने -राजेन्द्र राजन, पृष्ठ 25-26
46. शायरी झंकार नहीं -सारा शगुफ़्ता -संपादकः डॉ. शाहीना तबस्सुम, पृष्ठ 62

सवाल कविता की पहुँच का

बाज़ार धनतंत्र का प्रकट रूप है। इतना सशक्त कि सामाजिकता, संवेदनशीलता, सम्मान की योग्यता आदि का भी निर्धारण अपने हाथ में ले सके। उसके इस लगभग सर्वग्रासी वर्चस्व के चलते जीवन में कविता की भूमिका पहले से जटिल हुई है। शेर की मांद में रहते हुए उसे शेर की क्रूरता को क्रूरता कहना है। उसके अन्याय को अन्याय बताना है। मनुष्य को इसका सर्जनात्मक विरोध करते हुए इस अन्याय से बचने लायक़ बनाना है। कविता की वर्तमान अर्थवत्ता यह है।

बाज़ार की ही चलेगी तो वह ऐसी गतिविधि को जीवित क्यों रहने देगा? यही कारण है कि इतने सारे चैनलों में कविता को पाँव धरने की जगह भी नहीं। व्यावसायिक पत्र-पत्रिकाओं में भी यह जगह सिकुड़ती/ख़त्म होती जा रही है। कविता और मनुष्यता-विरोधी यह परिवर्तन ऊपरी है। ठीक सामने नज़र आता है। बुनियादी परिवर्तन पर **डॉ. अजय तिवारी** ने यह कहते हुए उँगली रखी है—"मनुष्य के भाव चीज़ों की अर्थवत्ता निर्धारित नहीं करते, चीज़ें भावों का निर्धारण करती हैं।"[1]

चीज़ें भावों को अपने अनुकूल निर्धारित करती हैं। मनुष्य की विचार व भाव-शक्ति को इस हद तक पालतू बनाती हैं कि वह कभी उनके प्रभाव-क्षेत्र से बाहर झाँकने न पाए। यह मनुष्य के अंतर्जगत् पर बाज़ार का मोहक आक्रमण है। चीज़ों की तरह मनुष्य-संबंधों का भी उपयोग और उपभोग होता है। मनुष्य और जीवन का वस्तुकरण है यह। ऐसे में कविता की ज़िम्मेदारी है कि वह जहाँ भी, जितना भी इस प्रक्रिया को रोक सके, रोके। जैसे भी इसके विरुद्ध सर उठा सके, उठाए।

इस ज़िम्मेदारी का निर्वाह आसान नहीं है। कोई एक कवि, कोई एक कवि-समूह, चाहे जितना सक्षम हो, अकेले यह बोझ नहीं उठा सकता। समकालीन कविता का स्वरूप कुछ ऐसा है कि एक कवि की पंक्तियों का अर्थ दूसरे कवि की पंक्तियों से जुड़कर खुलता है, सशक्त होता है। एक कविता की अनुभूति दूसरी कविता की अनुभूति से मिलकर अपने समय की एक समर्थ काव्यानुभूति का निर्माण करती है। बहुत सारी कविताएँ एक साथ पढ़ी जाएँ तो अधिकांश एक-दूसरे को पूरा करती नज़र आती हैं।

लगता है—जैसे अनेक काव्य-स्थितियाँ एक-दूसरे के हाथ थामकर जीवन की धरती पर फैल रही हों, आगे बढ़ रही हों, सारे शोर के बीचोंबीच मनुष्यता की संवेदन-लय को बचाए चल रही हों। लय का एक हिस्सा एक कविता उठाती है, दूसरा हिस्सा दूसरी, तीसरा हिस्सा तीसरी...और चौथे को सबकी सब...इस तरह समकालीन कविता एक समूहगान बनती है और दिशाओं में गूँजती चली जाती है। यह आपसदारी, सामूहिकता और सक्रियता समकालीन कविता की बड़ी उपलब्धि है। बहुत बड़ी। संभवतः अभूतपूर्व।

इस उपलब्धि की ख़ासियत है कि यह किसी कवि या कवि-समूह-विशेष की नहीं। कविता की है। उपलब्धि के मामले में संभवतः पहली बार ऐसा हुआ है कि कविता अपने सर्जक से आगे निकल गई है। कोई कवि बड़ा कवि नहीं है और उनकी कविताएँ मिलकर एक ऐसे कवि का निर्माण कर रही हैं, जिसका क़द बाज़ार की उपलब्धियों के पुंजीभूत पर्वत से ऊँचा निकल रहा है। अदृश्य होने पर भी यह कवि वास्तविक है। विश्वसनीय है।

इस कवि का कोई नाम नहीं पर काम अद्भुत है। अच्छा ही है कि नाम नहीं है। नाम नहीं है तो नाम का ग्लैमर भी नहीं है। उसके उछलने या गिरने की आशंका भी नहीं है। बिकने या मारे जाने का भय भी नहीं है। मामूली दिखने वाली कविताओं का यह ग़ैरमामूली काम है। मामूली को मामूली से मामूलीपन ने ही जोड़ा है, किसी प्रायोजक या अभियान ने नहीं। कविता का इतना और ऐसा साधारणीकरण पहले शायद ही कभी हुआ हो।

कविता की दुनिया में आपसदारी और सामूहिकता कवियों की दुनिया से ज़्यादा है। पढ़ी जाने वाली और सुनी जाने वाली कविताओं के बीच जो निरंतर चौड़ी होती गहरी खाई है, उसका कारण कविताएँ उतनी नहीं हैं, जितनी कवियों की जड़ीभूत धारणाएँ। अपने और अपने जैसों के अलावा और किसी के पास भी क़लम हो सकती है, इसकी स्वीकृति की गुंजाइश बहुत कम बाक़ी है। अलग-अलग कवि-समूहों की अलग-अलग दुनियाएँ हैं। लगभग स्वायत्त।

तरीक़े अलग-अलग हो सकते हैं पर प्रायः सब अपने-अपने समूहों की, और थोड़ा गहरे जाने पर केवल अपनी, वाहवाही में मगन हैं। अधिकांश के लिए कविता अपने कॅरियर का ग्राफ़ ऊपर ले जाने वाली रेखा है। समकालीन हालात में मनुष्यता की संवेदन-लय के लिए जगह बनाने-बढ़ाने की सामूहिक कोशिश नहीं। यही कारण है कि कवियों की स्वायत्त दुनियाओं में परस्पर स्वस्थ संवाद की भी कोई ज़रूरत नहीं समझी जाती। यह उनके द्वारा एक-दूसरे का अघोषित बहिष्कार है।

बहिष्कार की मनोवृत्ति किसी के कवि-कर्म को उसकी अपनी दुनिया में प्रतिष्ठा दिला सकती है। दूसरी दुनियाओं के गंद से सुरक्षित शुद्धि के सिंहासन पर आसीन कर सकती है। पूरी तरह साफ़-सुथरी प्रतिबद्धता के विशेषण से विभूषित कर सकती है, पुरस्कृत-सम्मानित कर सकती है, पाठ्यक्रम का अंग बनवा सकती है लेकिन वर्तमान में कविता की बढ़ती और नुकीली होती चुनौतियों का सामना नहीं कर सकती।

यह वैसा ही है जैसे कोई साफ़ जगह को ही साफ़ करने की ज़िम्मेदारी निभाता रहे और उसकी सफ़ाई पर गर्व करता रहे। केवल सजग पाठकों तक अपनी कविता की पहुँच बनाए रखे और इसी को उपलब्धि मान संतुष्ट रहे। **कुँवरनारायण** का मानना है कि हाशिया भी कविता के लिए बुरी जगह नहीं है। उन्होंने कहा है कि "एक समाज अगर अपने को अपनी ही संस्कृति से दूर रखता है तो यह समाज के लिए ख़तरे की बात है, कविता और कलाओं के लिए नहीं...।"[2]

क्या कविता और कलाएँ अपने समाज से अलग अंतरिक्ष में संभव होती हैं? क्या केवल समाज को कविता की ज़रूरत होती है? कविता को समाज की नहीं? अगर नहीं तो मान लेना चाहिए कि कविता निरे व्यक्तिगत बुद्धि-विलास के अलावा और कुछ नहीं।

अगर हाँ तो समाज से कविता का सरोकार बुनियादी है। समाज में जो कुछ भी होता है, उससे कटकर कविता पैदा नहीं हो सकती। बच्चे, माँ की कोख से ही जन्म लिया करते हैं। दीवारें फोड़कर नहीं निकला करते।

समाज, मनुष्यों का समूह है और कविता, मनुष्यता की संवेदन-लय। यह कैसे हो सकता है कि समाज पर ख़तरे मंडराते रहें और कविता सुरक्षित शुद्धि के महल में चैन की बांसुरी बजाती रहे? कविता समकालीन हालात में मनुष्यता की तरफ़ से हस्तक्षेप न कर सके, यह अलग बात है और ऐसा वह करना ही न चाहे, यह बिल्कुल अलग। ग़नीमत है कि बहुत-से कवि कविता से संबंधहीनता के कारण समाज को हो रहे नुक़सान से बेफ़िक्र अपने कवि-कर्म में लिप्त नहीं हैं।

बद्रीनारायण को लगता है—"अगर आज रची जा रही कविता का अपने पाठकों के बीच उचित संचरण हो सके तो यह कविता अत्यंत प्रभावी होकर उभरेगी। किंतु इसके लिए सत्ता, शक्ति एवं बाज़ार में संचार माध्यमों से भिन्न हमें नए वैकल्पिक जन संचार माध्यम विकसित करने होंगे। भाषा के स्तर पर हमें जन स्मृतियों को जगाने के प्रतीक चिह्न एवं भाषा सृजित करनी होगी, जो हमें पाठकों से जोड़ सके।"[3] **स्वप्निल श्रीवास्तव** का कहना है कि "हमें लोकरूपों की खोज करनी होगी और कविता के भीतर 'लिरिकल' तत्व को पुनर्जीवित करना होगा।"[4] **संजय चतुर्वेदी** का विचार है कि "भाषा और बोलियों के माध्यम से किस तरह सांस्कृतिक चेतना और विकल्प तैयार किए जा सकते हैं, यह पाठ हमें गीताप्रेस और हनुमानप्रसाद पोद्दार से सीखना था। हमने कृतघ्नता का रास्ता पकड़ा।"[5]

कवियों में मूलतः समाज और प्रकारांतर से कविता के संकट के प्रति छटपटाहट है। इसीलिए उन्हें कवि-कर्म के इस एजेंडे पर विचार की ज़रूरत महसूस होती है। रास्ता संकट की उपेक्षा करने से या उसके प्रति तटस्थ रहने या उसका बहिष्कार कर देने से नहीं निकलने वाला। साफ़-सुथरा शुद्ध कवि बने रहने से नहीं निकलने वाला। संकट की आँखों में आँखें डालने से निकलने वाला है। उसे परखने और उसके चलते अपनी सक्रिय भूमिका का निर्वाह करने से निकलने वाला है।

मुक्तिबोध ने जनता के साहित्य की एकमात्र कसौटी जनता की समझ में आने वाले साहित्य को मानने से इन्कार किया था। कहा था कि जनता को सीधे-सीधे समझ में न आने वाली कृतियाँ भी जनता का साहित्य हैं। मार्क्स, लेनिन, तॉलस्तॉय, गोर्की आदि की रचनाएँ इसके उदाहरण हैं।[6] बात सही थी लेकिन इसे सही रूप में लिया नहीं गया। जनता की समझ में न आने को ही कविता की उत्कृष्टता का प्रतिमान बना डालना यही बताता है।

दुरूहता मुक्तिबोध के लिए वांछनीय कभी नहीं रही लेकिन जिन्हें कविताओं में मनमानी प्रतिक्रियाओं की निष्प्राण अभिव्यक्ति को उचित ठहराने के लिए मुक्तिबोध के तर्क का आड़ की तरह इस्तेमाल करना था, उन्हें इससे कोई मतलब न था। इसीलिए उन्होंने स्वयं को मार्क्स और अपनी कविताओं को दास कैपिटल से कम नहीं समझा। कविताओं के नाम पर दुरूह शब्द-संयोजनों के ढेर पर ढेर लगा दिए। क़ीमत इसकी कविता ने चुकाई और आज भी चुका रही है।

दुरूहता सच्चे कवि की विवशता ही हो सकती है, चुनाव नहीं। समकालीन कविता को दुरूह कहने वालों से **डॉ. अरविंद त्रिपाठी** पूछना चाहते हैं "कि क्या जीवन जीना आसान रह गया है? आज के ज़माने में, जब एक रोटी कमाना दिन-ब-दिन कठिन होता जा रहा है तो फिर कविता, जो जीवन की व्याख्या है, उसे तुरत-फुरत समझना आसान क्यों हो?"[7] कहते हैं कठिनाई से कमाई गई रोटी का स्वाद ही अलग होता है। पसीने से कमाई गई रोटी बड़े चाव से खाई जाती है।

रोटी कमाने की कठिनाई को रोटी खाने की कठिनाई बना डालना या तो तार्किक दीवालियापन है और या फिर दुरूहता का तर्क गढ़ने की साजिश। रोटी कमाने की कठिनाई का संबंध कविता लिखने की कठिनाई से है। उसे समझने और उससे जुड़ने की कठिनाई से नहीं। सरल लिखना कठिन लिखने से ज़्यादा कठिन होता है। आसानी बड़ी मुश्किल से नसीब होती है। **डॉ. अजय तिवारी** मानते हैं कि "बाज़ारू संस्कृति का विरोध करने के लिए कवि की भी यह ज़िम्मेदारी बनती है कि वह पाठक को अपने अनुकूल ढालने का यत्न करे।...जो कविता तकनीक पर आश्रित होकर अत्यंत प्रशिक्षित पाठक की माँग करती है, वह जनसाधारण को व्यवसाय के आगे निर्विकल्प छोड़ देती है। वह अपना मानवतावादी कर्त्तव्य भी पूरा नहीं करती।"[8] यह जनसाधारण के कविता पर हक़ का सवाल है। सवाल है कि इस सवाल का कवियों के लिए कोई मतलब और महत्त्व है या नहीं।

अगर नहीं है तो कविता जिस जीवन से पैदा होती है, उसी से स्वायत्त है। यह औलाद के द्वारा चलना सीखते ही माँ-बाप को घर बैठा देना है। अपने से, अपनी गतिविधियों से, अपनी आमदनी से काट देना है। अपने विलास को हर टोकाटाकी से सुरक्षित बनाना है। स्वतंत्रता का अराजक हो जाना इसी को कहते हैं। कोई कवि अगर कविता के निर्णय करते हुए अपने देशकाल को संदर्भ-रूप में सामने नहीं रखता और निरपेक्षतः कविता का तथाकथित विकास करता चला जाता है तो कवि-रूप में अपने कॅरियर के प्रति ही अपनी निष्ठा का परिचय देता है। जनहित के प्रति नहीं। जनहित से उसका जुड़ाव केवल बौद्धिक ही हो सकता है। शुद्ध काव्यात्मक। कविता को अगर जीवन में किसी भूमिका का निर्वाह करना है तो पहुँच के सवाल से न वह बच सकती है, न उसका कवि। उसके लिए दुरूहता केवल तब ज़रूरी हो सकती है, जब उसकी अंतर्वस्तु का मिज़ाज वस्तुतः जटिल हो। तब भी वह ज़रूरी ही हो सकती है, वांछनीय नहीं।

समकालीन कविता का बहुत सारा हिस्सा आज भी ऐसा है, जो साधारण पाठक तो दूर, कविता-विशेषज्ञों को भी ख़ुद से नहीं जोड़ता। ऐसी तथाकथित कविताएँ न केवल लिखी जाती हैं, प्रकाशित और प्रशंसित भी होती हैं। प्रशंसा भी स्वायत्त है। उसकी हालत यह है कि तू मेरी कर, मैं तेरी। प्रशंसा का आधार किसी कविता के गुण नहीं, आदान-प्रदान का हिसाब-किताब है। यह कवियों द्वारा प्रशंसा के मामले में आत्मनिर्भर होने का एक लोकतांत्रिक तरीक़ा है। जनता का क्या भरोसा!

एक तरफ़ कवियों द्वारा कविता का यह अक्सर किया जाता बलात्कार है और दूसरी तरफ़ **राजेश जोशी** के शब्दों में "उपभोक्ता संस्कृति के कानफोड़ शोर ने सार्थक और समर्थ शब्द को पाले से बाहर कर दिया है। कविता को अनदेखा और अनसुना किया जा

रहा है।"[9] ऐसे में कविता के सामने पहले से ज़्यादा चुनौतियाँ हैं। उसे न केवल पाले में वापस आना और रहना है, जीतने के लिए खेलना भी है। इस प्रक्रिया को स्वयं **राजेश जोशी** ने आठवें दशक की कविता पर विचार करते हुए स्पष्ट किया है, जो आज की कविता पर भी लागू होती है। लिखा है कि "आठवें दशक की कविता...लोकप्रिय कविता की तरफ़ जाना नहीं चाहती और नई कविता की तरह सीमित सुधीजन तक ही बने रहने की आधुनिकतावादी समझ का अतिक्रमण भी करना चाहती है। वह अधिसंख्य तक पहुँचना चाहती है और कविता की शर्त पर पहुँचना चाहती है, समाज की वर्तमान जटिलताओं और अंतर्विरोधों को उजागर करते हुए।"[10]

अधिसंख्य तक पहुँचना और कविता की शर्त पर पहुँचना। समकालीन कविता के सामने जो चुनौतियाँ हैं, यह उनका केंद्र है। इसका मतलब है—लोकप्रियता के लिए कोई समझौता न करते हुए लोकप्रिय होना। यह संभव है। संतों के अलावा निराला, केदारनाथ अग्रवाल, भवानीप्रसाद मिश्र, नागार्जुन, त्रिलोचन आदि के कवि-कर्म ने यह साबित किया है। इनकी कविताएँ अधिसंख्य तक पहुँची हैं और कविता की शर्त पर पहुँची हैं। इस पहुँच का कारण किसी प्रकार का कोई समझौता नहीं रहा।

अधिसंख्य तक पहुँचने के लिए ज़रूरी है कि अधिसंख्य पर, उसकी समझ और पकड़ पर भरोसा किया जाए। यह भरोसा जिनको नहीं होता, वे अपनी कविताओं में तरह-तरह से व्याख्याएँ करते नज़र आते हैं। कविता की बजाय अपनी तरफ़ से सब कुछ कह देने की कोशिश करते हैं। ऐसे बहुत-से शब्द कविता में रखते हैं, जिन्हें निकाल दिया जाए तो कविता के अभिप्राय पर कोई असर न पड़े। कविता सुनाते हुए भी बहुत-सी टिप्पणियाँ किए बिना उनका काम नहीं चलता।

यह अधिसंख्य की पकड़ पर संदेह तो है ही, काव्यात्मकता से विचलन भी है। गद्यात्मक होना कविता का विकसित रूप ज़रूर है लेकिन गद्यात्मकता में इस विचलन की गुंजाइश भी कम नहीं है। इससे सचेत रहने की ज़रूरत भी कम नहीं है। सच तो यह है कि निरंतर सजगता की ज़रूरत कविता में गद्य का उपयोग करने के लिए पद्य की अपेक्षा कहीं ज़्यादा है। कविता के गद्यात्मक होने का अर्थ यह नहीं है कि वह भर्ती के शब्दों-वाक्यों का बोझ सहने लायक़ हो गई। उसमें अतिरिक्त वर्णन ठूँस दिए जाएँ।

प्रेम रंजन अनिमेष ने सही कहा है कि गद्यात्मक कविता "अपनी वेशभूषा से नहीं, अपने कविता होने से ही कविता हो सकती है। जैसे सचमुच सुंदर लड़की सादे पोशाक में भी सुंदर होती है। इसीलिए मुक्तछंद या छंदमुक्त कविता का कविता होना और ज़रूरी है...क्योंकि उसके पास और कोई चारा नहीं है। उसका भीतर से कविता होना ज़रूरी है—अपने गुण-शील-स्वभाव में। उसके पास छंद का काव्याभास या परिचय पत्र नहीं, उसे सीधी सहज और सुलभ स्वीकृति दिलाने के लिए। लेकिन कहने की, बोलचाल की लयों की अपार संभावनाएँ हैं...जैसे बहुत कुछ छंद से आज़ाद बेहतर हो सकता है, वैसे ही कुछ ऐसा भी हो सकता है, जिसे कोई छंद ही बेहतर व्यक्त कर सके।...समस्या कविता का कंठस्थ होना नहीं—उसका हृदयस्थ न होना है। और इससे निजात के लिए ज़रूरी है कि अच्छी कविता को अच्छी तरह पढ़ा भी जाए। वह पढ़ने में भी अच्छी लगे और सुनने में भी।"[11]

कबीर-सूर-मीरां-रहीम-मीर-ग़ालिब की कविताओं के सामने यह समस्या कभी नहीं आई कि वे पढ़ने में भी अच्छी लगेंगी या नहीं। हालाँकि उनका सृजन पढ़े जाने के लिए नहीं हुआ था। समकालीन कविता का एक बड़ा हिस्सा आज सुने जाने के लिए सृजित नहीं होता। उसके सामने यह समस्या है कि सुनने पर वह कैसी लगेगी। कारण यह है कि आज़ादी के आसपास जब हिंदी कविता छंदों के बंधन से आज़ाद हुई तो कविता की भाषा में भी बँटवारा हो गया।

हालाँकि यह घोषित नहीं हुआ पर उसमें भी हिंदुस्तान-पाकिस्तान बन गए। सुनी जाने वाली कविता एक तरफ़ और पढ़ी जाने वाली दूसरी तरफ़। दोनों के बीच जो पतली-सी सीमा-रेखा थी, वह समय गुज़रने के साथ-साथ और गहरी, और चौड़ी, और कँटीली होती गई। आज हालत यह है कि दोनों तरफ़ के कवियों की अपनी-अपनी नागरिकताएँ हैं और एक तरफ़ का कवि दूसरी तरफ़ या तो परदेसी है, या घुसपैठिया।

कवि भले मानते हों पर कविता इस सरहद को नहीं मानती। लुगदी साहित्य के साथ वह निःसंकोच सटी हुई पटरी पर रखी नज़र आ सकती है और इसके लिए पत्र-पत्रिकाएँ बेचने-ख़रीदने वालों को न देशद्रोही माना जा सकता है, न कविताद्रोही। पाठक की चयन-स्वतंत्रता के दायरे में गंभीरतम कविता भी एक अवसर की तरह शामिल है। कवियों की चले तो वे पाठक से यह स्वतंत्रता तत्काल छीन लें। उसके लिए निर्देश जारी कर दें कि वह अपना पक्ष तय कर ले। या तो लुगदी साहित्य ही पढ़ता रहे और या फिर गंभीर साहित्यिक कविताओं का ही पाठक बनकर रहे। वह जिस पक्ष में भी हो, पूरी तरह हो। पूरी शुद्धि के साथ हो। शत-प्रतिशत प्रतिबद्ध।

प्रतिबद्धता की इस सपाट समझ ने भी कविता की पहुँच को सीमित किया है। कविता अगर सचमुच कविता है तो वह बौद्धिकों की संगोष्ठियों में भी कविता रहेगी और पटरी पर भी कविता ही रहेगी। कविता-संग्रह में भी कविता रहेगी और कवि सम्मेलन में भी कविता ही रहेगी। हर जगह, हर रूप में वह कविता की शर्त पर ही पहुँचने की गुंजाइश पैदा करेगी। अपनी जगह बनाने की संभावना पैदा करेगी। ज़रूरी है कविता का वस्तुतः कविता होना। अनुभव की आँच से प्रदीप्त होना। उस अनुभव की आँच से, जो व्यक्तिगत होकर भी अधिसंख्य के अनुभव से मेल खाता हो, जुड़ता हो और उसका रूप भी अधिसंख्य की समझ से बाहर न हो तो क्या कहने! कविता के गद्यात्मक रूप में अगर *कहने की, बोलचाल की लयों की अपार संभावनाएँ हैं,* जो कि हैं, तो उसे पढ़ने से ज़्यादा सुनने में प्रभावक होना चाहिए। आख़िर *कहने की, बोलचाल की* लयें जीवन में कही-सुनी ही जाती हैं न!

गद्यात्मकता का उपयोग करने वाले प्रमुख कवि **रघुवीर सहाय** कविता के वाचन को बड़ा महत्त्व देते रहे। उनका कहना था कि *वाक् के अंदर संपूर्ण संभावनाएँ हैं।*[12] निश्चित ही संभावनाएँ हैं, अगर वाचन कविता के लिए हो, कविता वाचन के लिए न गढ़ी जाए। अगर वाचन की तात्कालिक प्रतिक्रियाओं के मामले में सजग रहा जाए। वाहवाही और तालियों को किसी कविता के अच्छे-बुरे होने का प्रतिमान न माना जाए। कवि-कर्म का लक्ष्य न माना जाए। सुनने वालों की अन्य प्रतिक्रियाओं पर भी ध्यान दिया जाए जैसे उकता जाना, उबासी लेना, चेहरे पर उत्सुकता, निराशा, क्रोध, घृणा आदि भावों का

आना-जाना, सकते में आ जाना, सन्न रह जाना वगैरह। रघुवीर सहाय की तरह कवि यह भी चाह सके कि *सन्नाटा छा जाए, जब मैं कविता सुनाकर उठूँ।* सन्नाटे का छा जाना भी श्रोताओं की अपने आप में भरपूर प्रतिक्रिया है। प्रतिक्रिया के सभी रूपों पर ध्यान देकर, उन्हें महत्त्व देकर इसे संपूर्णता में समझा जा सकता है और इसके अपेक्षाकृत अधिक प्रचलित रूपों के अधिनायकत्व से मुक्त रहा जा सकता है।

समकालीन कविता की पहुँच तरह-तरह की मुश्किलों में फँसी है। एक तरफ़ उसकी हालत **संजय चतुर्वेदी** के शब्दों में यह है कि "...वह कविता, जो निहत्थे नागरिक को सच्चा मताधिकार देकर लोकतंत्र को दुरुस्त करती थी, आज अफ़सरों, प्रकाशकों और साहित्यिक भड़ुओं के बीच की ललित कला बन चुकी है"[13] तो दूसरी तरफ़ **किशन पटनायक** के अनुसार "...नई आर्थिक व्यवस्था विचारों के विकृतीकरण के लिए माहिर और नामी लेखकों को उतना पैसा दे सकती है, जितना सुंदर औरतों को अंगों के अश्लील प्रदर्शन के लिए देती है।"[14] चुनौती यह है कि कवित्व को बिकने भी नहीं देना है और पुस्तकालयों में क़ैद भी नहीं रहने देना है। इसका हल बाज़ार और पुस्तकालयों में कविता की अनुपस्थिति से नहीं, बल्कि सजग उपस्थिति से होने वाला है। सजग उपस्थिति का मतलब है—बाज़ार में होना और बाज़ार के मूल्यों से संचालित या प्रभावित न होना।

अपने मूल्यों के प्रति गहरी निष्ठा का कवच शरीर पर हो तो काजल की कोठरी में जाना और कालिख से बचना असंभव नहीं है। बाज़ार तो चाहेगा ही कि उसके वर्चस्व में हस्तक्षेप करने वाली कविता न रहे। ऐसे में बाज़ार का पूर्ण बहिष्कार क्या बाज़ार की इस इच्छा को ही पूरा करना नहीं है? क्या बाज़ार का पूर्ण बहिष्कार वक्तव्यों की तरह वास्तव में भी संभव है? क्या ऐसे किसी कवि का होना संभव है, जो किसी प्रकार का कोई पारिश्रमिक किसी रूप में कभी न ले? संभव हो भी तो क्या यह उचित है?

राजेश जोशी को लगता है कि "कविता की भाषा जब बोलचाल की भाषा के सबसे क़रीब है, कविता में बोलने-चालने की भंगिमाएँ कम हो रही हैं या ख़त्म हो रही हैं।"[15] गद्यात्मकता को अनुभवों और अनुभूतियों का सबसे स्वाभाविक रूप मान तो लिया गया है पर अक्सर उसे बरता जा रहा है निरे कला-कौशल की तरह। प्रैक्टिस मेक्स अ मैन परफ़ैक्ट। ज़ोर प्रैक्टिस पर है। इसलिए कवि अब अड्डेबाज़ी भी कम करते हैं और आवारागर्दी भी। दोस्तों में कविताएँ सुनना-सुनाना कम हो गया है। उनकी राय पर ध्यान देना और भी कम। बस, सुविधाजनक एकांत में कविताएँ लिखो और छपाने का जुगाड़ बैठाओ! यही कवि-कर्म बनता जा रहा है। छपने की जगहें कम होने से भी इसे कोई फ़र्क़ नहीं पड़ता।

कविता सीधे जीवन से बहुत कम आ रही है। उसमें आने वाले जीवन का स्रोत जीवन कम है, टी.वी. और अख़बार वगैरह ज़्यादा। उनमें आने वाला जीवन भी निर्देशकों-संपादकों के कौशल पर ज़्यादा निर्भर होता है। बनावटी जीवन जिस कविता का आधार होगा, वह साफ़-सुथरी ही हो सकती है। साहित्य में स्थापित प्रतिमानों का आज्ञाकारी पालन ही हो सकती है। सफल ही हो सकती है। ऐसी कविताई ही **डॉ. सुधीश पचौरी** के ध्यान में रही होगी, जब उन्होंने लिखा—"इतनी प्रगतिशीलता और इतना मौन, चैन और इतनी इम्यूनिटी!...यह हिंदी कविता की होशियार *पॉलिटिकली करैक्ट* होने की कुशलता है।...पॉलिटिकली

करैक्ट होने की होशियार हिंदी कविता का भीतरी ख़तरा है, जो बाहर से मेल रखता है। ख़तरा यह है कि कोई सचमुच का ख़तरा नहीं है हिंदी कविता में। वह अंततः एक विलास है।"[16] विलास का जीवन की वास्तविक उलझनों से, दुःख-तक़लीफ़ों से, हँसी-मज़ाक़ से, बोलचाल से क्या वास्ता!

इसी कारण **विनोद दास** को "इधर की कविताएँ प्लास्टिक-बोध की कविताएँ लगती हैं।"[17] चमचमाती हुईं बनावटी कविताएँ। सही, सुंदर और निष्प्राण। ऐसी कविताओं के बारे में **भगवत रावत** ने एक कविता में लिखा–*"आजकल शब्दों में/ऐसे दुःख का चलन बहुत है/जिसे देखकर लगे/हाय/यह/हमें क्यों नहीं हुआ।"*[18] दुःख भी इतना बन-ठनकर आता है कि आदमी उससे बेचैन होने की जगह उसपर फ़िदा हो जाए।

यह कविता द्वारा दुःख का सफलता के लिए इस्तेमाल है। कविता की तकनीक पर अतिरिक्त निर्भरता है। उत्पाद को परफ़ैक्ट बनाने वाला प्रोफ़ैशनलिज़्म है। सूचक है कि बाज़ार का सिद्धांततः विरोध करने वाला कवि-कर्म भी उसके असर की गिरफ़्त में है। इसीलिए बहुत सारी कविताएँ एक जैसी लगती हैं। सिर्फ़ अच्छी-अच्छी बातें बनाती हैं। ऊब पैदा करती हैं। परिणाम उनकी बनक पर हावी हैं। रचना की प्रक्रिया में सीधे-सीधे दखल दे रहे हैं। बाज़ारग्रस्त समय ऐसी कविताओं को आसानी से बेचकर खा-पचा सकता है। उपेक्षित कर सकता है। अनुकूलित कर सकता है।

इस बनावटीपन से निजात ज़रूरी है। इसलिए कि कविता की बाज़ार और संचार-साधनों के वर्तमान में जितनी भी जगह है, वह उसकी कुशलता के नहीं, विश्वसनीयता के कारण है। कविता भी बिंबों की रचना करती है और मीडिया भी। दोनों में अंतर है। **राजेश जोशी** के शब्दों में "मीडिया द्वारा रचा जा रहा बिंब अक्सर बहुत वाचाल बिंब होता है। उसे कम समय में ज़्यादा बोलने और जल्दी आकर्षित करके अपना काम निकालना होता है। वह सोचने का स्पेस देने की अय्याशी नहीं कर सकता।...कविता का बिंब अपनी प्रवृत्ति में इससे बिल्कुल उलटा होता है। वह एक अवकाश रचता है।"[19]

दोनों के मक़सद उलट हैं। एक का सोच को सम्मोहित करते हुए सुलाना और दूसरे का सोच को उद्वेलित करते हुए जगाना। कविता का मक़सद जीवन से गहरे जुड़े हुए बिंब जीवन की ही गति से आते हुए पूरा कर सकते हैं। भावों को *सोचने का स्पेस* देते हुए पूरा कर सकते हैं। कविता का रास्ता हर स्तर पर जीवन से गहरे जुड़ाव का रास्ता ही हो सकता है। वर्तमान में उसके ज़िंदा रहने और पहुँचते रहने का और कोई रास्ता नहीं। कोई उपाय नहीं।

कविता को जीवन तक पहुँचना है। उसमें वास्तविक हस्तक्षेप करना है तो उसे वास्तविक जीवन से ही शुरू भी होना पड़ेगा और गुज़रना भी। वास्तविक जीवन सपाट निष्कर्षों से ही नहीं बना। उसमें सब कुछ अच्छा ही अच्छा या सब कुछ बुरा ही बुरा नहीं है। वह एक प्रक्रिया है। विविध शक्तियों के विविध संबंधों से बनती-बिगड़ती प्रक्रिया। इससे गहरा जुड़ाव बहिष्कार और शुद्धि की मनोवृत्ति के चलते नहीं हो सकता। प्रतिबद्धता की सपाट समझ के रहते नहीं हो सकता। थोड़ी आवारागर्दी और अड्डेबाज़ी चाहिए। हर तरह के लोगों का साथ चाहिए। कविता को कहीं भी छपवाने और सुनाने का खुलापन चाहिए। चिंतन में हर तरह की कविता की जगह चाहिए। हर जगह और हर तरह अपने मक़सद को

पूरा करने की निरंतर तड़प चाहिए। बँधने और स्वतंत्र होने की द्वंद्वात्मकता समझने-बरतने वाला विवेक चाहिए।

यह हो तो बढ़ती पशुता के हाथों इस्तेमाल होने से बचना और उसे इस्तेमाल करना असंभव नहीं।

संदर्भ

1. समकालीन कविता और कुलीनतावाद -अजय तिवारी, पृष्ठ 155
2. अन्यथाः भारतीय-अमरीकी मित्रों का साहित्यिक प्रयासः अंक, 6 मार्च, 2006, पृष्ठ 88
3. वही, अंक, 4 अगस्त, 2005, पृष्ठ 30
4. वही, 2005, पृष्ठ 31
5. वही, 2005, पृष्ठ 28
6. मुक्तिबोध रचनावलीः 5, पृष्ठ 75
7. पुनर्नवाः 2006, पृष्ठ 81
8. समकालीन कविता और कुलीनतावाद -अजय तिवारी, पृष्ठ 157
9. वर्तमान साहित्य, वर्ष-9, अंकः 7-8, अप्रैल-मई संयुक्तांक, 1992, कविता विशेषांक, पृष्ठ 6-7
10. एक कवि की नोटबुक -राजेश जोशी, पृष्ठ 166
11. अन्यथाः भारतीय-अमरीकी मित्रों का साहित्यिक प्रयासः अंक, 6 मार्च, 2006, पृष्ठ 109, 110
12. वर्तमान साहित्य, वर्षः 9, अंकः 7-8, अप्रैल-मई संयुक्तांक, 1992 -कविता विशेषांक, पृष्ठ 132
13. वर्तमान साहित्यः शताब्दी कविता विशेषांकः मई-जून, 2000, पृष्ठ 644
14. विकल्पहीन नहीं है दुनिया -किशन पटनायक, पृष्ठ 176
15. एक कवि की नोटबुक -राजेश जोशी, पृष्ठ 124
16. वर्तमान साहित्यः शताब्दी कविता विशेषांकः मई-जून, 2000, पृष्ठ 405
17. आलोचनाः जनवरी-मार्च, 2001, पृष्ठ 71
18. कविता का उत्तर जीवन -परमानंद श्रीवास्तव द्वारा उद्धृत, पृष्ठ 134
19. आलोचनाः जनवरी-मार्च, 2003, पृष्ठ 34

जिस तरह हम बोलते हैं, उस तरह तू लिख

कविता जीवन को फिर से रचते हुए उसे सबके लिए सुंदर बनाने की कोशिश है। यह कोशिश किसी चुनौती से कम नहीं। इसलिए कि इसे चुनने का मतलब खाना और सोना उतना नहीं है, जितना जागना और रोना। जागने और रोने में कारण-कार्य संबंध है। जागने वाले को ज़्यादा दिखता है। ज़्यादा दिखने का मतलब ही है आँखों का अनुभव की रौशनी से दीप्त होना। सुखद के साथ-साथ दुखद को भी देख पाना। दुखद को देख तरल होना। इस तरलता से दीप्त आँखें कवि की होती हैं।

इन्हीं आँखों से कवि कविता के साधनों को देखता है। चुनता है। बरतता है। जीवन, कविता के साधनों से भरपूर है। सब साधनों का साधन है—बोलचाल। कविता के लिए इसका महत्त्व वही है, जो मनुष्य के लिए भाषा का। भाषा अपने को प्रकट करने की कला भी है और ज्ञान की दुनिया में खुलता दरवाज़ा भी। इसी तरह बोलचाल कविता को दूसरों तक पहुँचाने का माध्यम भी है और जीवन-अनुभवों से उसे जोड़ने वाला परिचय भी। कविता ने यह महसूस किया। अतः अनुभव और अभिव्यक्ति के शास्त्रीय साँचों को तोड़ा।

यह तोड़ना बोलचाल से अधिकाधिक जुड़ने के लिए था। सर्जनात्मक था। जीवन की तरह बोलचाल के रूपों की भी कोई सीमा नहीं। गप्पें मारना, बतियाना, सवाल-जवाब करना, कोसना, बताना, उलाहने, हुक्म, धमकी, उपदेश, सुझाव, सूचना आदि तरह-तरह के रूप हैं बोलचाल के। चूँकि माध्यम होने के साथ-साथ बोलचाल कविता का स्रोत भी है, इसलिए उसके रूप भी तरह-तरह के हैं। विविधरूपा होना कविता की जीवनधर्मिता है। यह जीवनधर्मिता ही किसी कविता को उसके समय से जोड़ती है। समकालीन बनाती है। समकालीन कविता में बोलचाल के अनेक सुर हैं। उनमें से कुछ की चर्चा यहाँ उचित और संभव है।

सवाल जिज्ञासा की संतान हैं। समकालीन जिज्ञासा का स्वरूप केवल पूछने, बताने और जान लेने जैसा सीधा-सादा नहीं। सच को ताड़ना/भाँपना भी उसमें शामिल है। **मुक्तिबोध** ने इस जिज्ञासा द्वारा अपनी क्षमता की बेचैन तलाश को रूप दिया था—*"...आँखें ये तथ्य को सूँघती-सी लगतीं... !"*[1] तथ्यों को जान लेने-भर से समकालीन जिज्ञासा का काम नहीं चलता। तथ्यों को *सूँघना* पड़ता है। इसलिए कि तथ्य अब हमेशा बताते नहीं, छिपाते भी हैं। ऐसे में सवाल सिर्फ़ पूछते नहीं। संदेह भी करते हैं। अपनी बात भी कहते हैं। **नरेश सक्सेना** ने पूछा—

"जैसे चिड़ियों की उड़ान में शामिल होते हैं पेड़
क्या कविताएँ होंगी मुसीबत में हमारे साथ?

जैसे युद्ध में काम आए
सैनिक की वर्दी और शस्त्रों के साथ
ख़ून में डूबी मिलती है उसके बच्चे की तस्वीर
क्या कोई पंक्ति डूबेगी ख़ून में?..."[2]

ये सवाल शुद्ध और सीधी-सादी जिज्ञासा के फल नहीं हैं। उस जिज्ञासा के नतीजे हैं, जिसमें संदेह बद्धमूल है। संदेह यह कि कविताएँ मुसीबत में साथ देंगी या नहीं। कविताएँ मनुष्यता की उड़ान हैं। इस उड़ान को ईमानदार सच का पेड़ चाहिए। वैसा ही ईमानदार सच, जो *काम आए सैनिक* के पास *ख़ून में डूबी उसके बच्चे की तस्वीर* के रूप में है। ऐसी चर्चित-प्रशंसित कविताएँ बहुतायत में हैं, जिनमें ख़ून का ज़िक्र तबीयत से मिलता है पर उनकी एक पंक्ति तो क्या, एक अक्षर तक ख़ून में नहीं डूबता। कविताओं की शक्ल में ये कविताओं के नाटक हैं। छद्‌म हैं। जो कविताएँ अपने स्रोत में सच्ची नहीं, वे अपने असर में सच्ची कैसे होंगी! मुसीबत में क्या साथ देंगीं! क्या शामिल होंगी मनुष्यता की उड़ान में! वे न कवि के प्रति सच्ची होंगीं, न पाठक-श्रोता के प्रति और न ही उस जीवन के प्रति, जिसे उनका आधार होना चाहिए।

कविता के सवाल अमानवीयता के लंबे सिलसिले पर विराम की ज़रूरत बनकर भी आते हैं। **कुँवरनारायण** की कविता के ऐसे ही सवाल हैं–*कांधे धरी यह पालकी/है किस कन्हैयालाल की?/इस गाँव से उस गाँव तक/नंगे बदन, फेंटा कसे,/बारात किसकी ढो रहे/किसकी कहारी में फँसे?/यह कर्ज़ पुश्तैनी अभी क़िस्तें हज़ारों साल की/कांधे धरी यह पालकी है किस कन्हैयालाल की?*[3] ये सवाल कहारों पर लदे कन्हैयालाल की पहचान को आतुर दिखते हैं।

वास्तव में कहते हैं कि वह कन्हैयालाल चाहे जो हो, धिक्कार है उसके होने पर। सवाल यहाँ जिज्ञासा के रूप नहीं, अपनी बात कहने के तरीक़े हैं। ऐसे ही तरीक़े से काम लेते हुए **निर्मला पुतुल** ने लिखा–*...गैस सिलिंडर का कार्ड रखने वाला आदमी/लाल कार्ड कैसे प्राप्त कर लिया?/और उस आदमी को/कैसे मिल गया इंदिरा आवास/जिसके पाँव के जूते/मेरे पूरे बदन के कपड़े से/चार गुणा ज़्यादा क़ीमती हैं?*[4] इस *कैसे* का जवाब इन सवालों में ही है।

भ्रष्टता कष्ट है मनुष्यता का। इसे औपचारिक नहीं, वास्तविक मान्यता और प्रतिष्ठा प्राप्त है। कला का दर्जा हासिल है। कला निपुणता की माँग करती है। निपुण सभी नहीं हो पाते। **अरुण जैमिनी** ने *न्याय* का एक दृश्य दिखाया–

"*...मजिस्ट्रेट ने अपराधी को*
ऊपर से नीचे तक ताड़ा
फिर सिपाही को लताड़ा
तुम अपना दिमाग़
कहाँ छोड़ आते हो
आदमी जो सिर्फ़ लँगोटी में है
उसी की जेब में चाकू दिखाते हो?"[5]

गोया सिपाही अगर आदमी को कपड़े पहनाकर उसकी जेब में चाकू दिखाने जितना भ्रष्टता-निपुण होता तो सब कुछ ठीक था! सच जिनके पीछे छिपा रहता है, समकालीन कविता के सवाल वो कपड़े उतारते हैं। **ज्ञान प्रकाश विवेक** ने पूछा–

"हाथ फैलाने के अंदाज़ सिखाता क्यूँ है
राहतें देके मुझे इतना झुकाता क्यूँ है

तितलियाँ लगती हैं अच्छी, जो उड़ें गुलशन में
तू उन्हें मारके एलबम में सजाता क्यूँ है"?[6]

भीख और राहत देना भलमनसाहत जितनी दिखती है, उतनी है नहीं। उसका मक़सद दान-पुण्य करना बताया भले जाता हो, है–*हाथ फैलाने के अंदाज़ सिखाना* और *झुकाना*। सामने वाला झुके तो अहंकार को तनने का अवसर मिलता है। **रहीम** ने एक दोहे में कहा था–देते हुए मेरी आँखें इसलिए नीची रहती हैं कि देता तो कोई और है, लोग दाता मुझे समझते हैं। ज्ञानप्रकाश के शेरों में आए सवालों तक आते-आते देने की स्थिति एकदम उलट गई।

देने का मतलब पाने वाले को झुकाना बन गया। विनम्रता का प्रकाश अहंकार के अँधेरे में डूब गया। उड़ती तितलियों को मारके एलबम में सजाने वाला ज़िंदा है। *क्यूँ* का मतलब यह कि अगर वह सचमुच ज़िंदा है तो उसे ज़िंदगी के पक्ष में होना चाहिए। मौत की सुंदरता और सुंदरता की मौत के पक्ष में नहीं। पूछने की शक्ल में अपनी बात कही जाती है। व्यंग्य किया जाता है। मार्मिक हालात को सामने लाया जाता है। **मंसूरा अहमद** के सवाल देखिए–

"रैन बसेरा लेने वाली
शोर मचाती नन्ही चिड़ियो
यह तो बताओ
अपने आँगन में लौट आना
अपने घर में रैन बिताना
आख़िर कैसा होता है?

...क्या दुनिया के हर आँगन में
सपने देखने वाली लड़की
जलते चाँद को देख रही है?

...अपने घर लौट आने वाली नन्ही चिड़ियो!
कुछ तो बताओ!"[7]

कविता की दुनिया ऐसी है कि उसमें चिड़िया से भी पूछा जा सकता है। इसकी भाषा संवेदनों से बनती है। इसलिए पशु-पक्षियों तक भी पहुँच सकती है। चिड़ियों से पूछने का मतलब है–उनके जवाब पर मनुष्यों के जवाब से ज़्यादा भरोसा। *सपने देखने वाली लड़की* नन्हीं चिड़िया जैसी है। उड़ान से लबालब। स्वयं को न जी पाने पर वह

अपने जैसी चिड़ियों से पूछती है। इस पूछने से दमित मासूमियत मुखर होती है। उसकी जिज्ञासा को सवाल की शक्ल मिलती है। चाँद को जलते देखने का दुःख कुछ कम होता है।

पूछने की प्रतिक्रिया है—बताना। बताने का अंदाज़ समकालीन कविता का ख़ासा बड़ा हिस्सा है। *यह होता है...यह होता है...यह भी होता है...और यह भी होता है* की शैली में भरपूर लिखा गया है। अक्सर दार्शनिक ठंडापन लिये हुए। पढ़ते हुए लगता ही नहीं कि कवि जो बात कह रहा है, उससे प्रेम या घृणा तो दूर, कोई लगाव भी है उसका। जैसे जीवन के बारे में वर्णन करने का होमवर्क लदा हो किसी बच्चे की छाती पर। ऐसी कविताएँ जीवन का वर्णन नहीं करतीं, उसे निपटाती हैं। समकालीन कविता में सिर्फ़ ऐसी कविताएँ होतीं तो वह भी कब की निपट चुकी होती।

वर्णन बोलचाल और गद्य की पुरानी ताक़त है। भाषा की कोई ताक़त जितनी पुरानी होती है, अपने बरताव के लिए उतनी ज़्यादा सजगता की माँग करती है। इसलिए कि लापरवाही की जो गुंजाइश उसमें स्वभावतः रहती है, वह न रह जाए। वर्णन कहीं निरा व्यक्तिगत बनकर न रह जाए। कहीं अतिरिक्त न हो जाए। उबाने न लगे। उलझाने न लगे। बताने की ताक़त को **राजेश जोशी** ने *अतिरिक्त चीज़ों की माया* में इस तरह बरता—

"बाज़ार से लेने जाता हूँ ज़रूरत की कोई चीज़
तो साथ थमा दी जाती है एक और चीज़ मुफ़्त
उस चीज़ की कोई ज़रूरत नहीं मुझे
पर लेने से इन्कार नहीं कर पाता उसे
और बस इसी एक पल में पकड़ लिया जाता हूँ
उस अतिरिक्त के लिए ज़रूरत की चीज़ों के बीच
थोड़ी जगह बनाता हूँ
तो ज़रूरी चीज़ों की जगह थोड़ी सिकुड़ जाती है
अतिरिक्त हमारे मन की कमज़ोरी को पहचानता है
लालच धीरे-धीरे पाँव पसारता है
एक अतिरिक्त दूसरे अतिरिक्त को बुलाता है
और दूसरा अतिरिक्त तीसरे अतिरिक्त के लिए
जगह बनाता है

एक दिन सारी जगह
अतिरिक्तों से भर जाती है।"[8]

ज़रूरत स्वास्थ्य है और अतिरिक्त रोग। यह रोग बाज़ार का दमकता उल्लास है। मुफ़्त की चीज़ से बचना जितना मुश्किल है, उतना ही ज़रूरी। *बस इसी एक पल में पकड़ लिया जाता हूँ* कारण है और *सारी जगह अतिरिक्तों से भर जाती है* परिणाम। वर्णन सुसंगत है। विश्वसनीय। इसलिए भी कि अधिकांश का है। इसलिए भी कि ज़रूरतों की जगह अतिरिक्तों का क़ाबिज़ होना एक प्रक्रिया है, जिसे सहजता से सामने ले आता है।

ज़रूरी शब्दों में। व्यक्ति और हालात के द्वंद्वात्मक रिश्तों को कहते हुए। **शकेब जलाली** ने कहा–

"हक़ (सच) बात आके रुक-सी गई थी कभी शकेब
छाले पड़े हुए हैं अभी तक ज़बान पर"।[9]

हालात ऐसे भी होते हैं कि अपने सच को कहना मुश्किल कर दें। इनके चलते कवि अगर सच को रोक ले तो उसकी ज़बान पर छाले पड़ जाते हैं। *अभी तक* इसलिए कि एक अरसे तक ठीक होने में नहीं आते। बात का रुकना कारण है और छाले पड़ना परिणाम। वर्णन की संगति यहाँ भी है। गहरी संवेदनशीलता का प्रतिमान स्थापित होता है इस वर्णन से। इसकी समकालीन ज़रूरत को **अरुण कमल** ने *एक साथ* कविता में वर्णित किया–

"जब वह गुंडा प्राचार्य मान बहादुर सिंह को
उनके कक्ष से खींच घसीटे जा रहा था
तब हज़ारों विद्यार्थी जमा थे चारों तरफ़
और वह गुंडा अकेला था और मान बहादुर अकेले

कामरेड सुधीर ने घटना बताते हुए कहा था
अगर सब लोग केवल थूक देते एक साथ तो गुंडा वहीं डूब जाता

यही तो कहते रहे कवि मान बहादुर जीवन भर
पर कितना कम अब थूक है इस देश के कंठ में!"[10]

पहले घटना का वर्णन। फिर वह, जो होना चाहिए था, हो सकता था और नहीं हुआ। फिर अपने प्राण देकर सच की क़ीमत चुकाने वाले कवि के जीवन-सार का ज़िक्र और अंत में हक़ीक़त बयान करती एक टिप्पणी। *कंठ* अर्थात् मानस। *थूक* अर्थात् नफ़रत। ग़लत के प्रति नफ़रत कम हो गई। मानस सूख गया। थूक की ज़रूरत है देश को। समाज को। आदमी को। अतिरिक्त पर थूकना ज़रूरी है। सच को रोकते हालात पर थूकना ज़रूरी है।

दिनदहाड़े हत्या देखती चुप्पी पर थूकना ज़रूरी है। हत्यारे पर थूकना ज़रूरी है। *पर कितना कम अब थूक है इस देश के कंठ में!* वर्णन रुक-रुककर आगे बढ़ता हुआ। जैसे थूक के सूख जाने से पैदा हुई तक़लीफ़ रह-रहकर हो रही हो! हालात और उनके प्रति सही रवैया कविता की भाषा में ऐसे उतरता है। वर्णन जैसी साधारण युक्ति से असाधारण ऊर्जा खींचता हुआ। थूक इस देश के कंठ में कम कैसे हो गया? इसके एक प्रमुख कारण को **बली सिंह** ने कहा–

"आज अपराधी को लाया गया
कचहरी।
वह मुस्कराता हुआ सीढ़ियाँ चढ़ा,
हँसता हुआ गलियारे में चला,
सीना फुलाए कमरे में घुसा,
कटघरे में और तन गया,

बाहर निकला तो
पहले से अधिक आश्वस्त था।"[11]

न्याय-प्रक्रिया के गलियारों में अपराधी जैसे-जैसे आगे बढ़ता है, वह और प्रसन्न, और निश्चिंत, और सुरक्षित होता जाता है। उसे न्याय का कोई ख़ौफ़ नहीं। न्याय अगर सचमुच न्याय करता तो उसका ख़ौफ़ भी होता! औपचारिक नहीं, वास्तविक स्तर पर न्याय अक्सर अपराधी के पक्ष होता है, इस बात को वह अच्छी तरह जानता है। अदालत उसका सब कुछ बिगाड़ सकती है पर कुछ नहीं बिगाड़ पाती। अपराध पर थूक न्याय-व्यवस्था के कंठ में भी कम हो गया। फिर आम आदमी की क्या बिसात!

अनुचित पर न थूकने के पाप का परिमार्जन अक्सर भजन-कीर्तन से कर लिया जाता है। **कुँवरनारायण** ने मुहल्ले के एक प्रसंग का वर्णन *लाउडस्पीकर* में किया–

"मुहल्ले के कुछ लोग लाउडस्पीकर पर
रात भर
कीर्तन भजन करते रहे
मुहल्ले के कुत्ते लड़ते-झगड़ते
रात भर
शांति-भंजन करते रहे।
मुझे ख़ुशी थी कि लोग भूँक नहीं रहे थे।
(कीर्तन तो अच्छी चीज़ है!)
और कुत्तों के सामने लाउडस्पीकर नहीं थे।
(गो कि भूँकना भी अच्छी चीज़ है!)"[12]

वर्णन व्यंग्यात्मक भी होता है। यह बात और है कि वह सुपात्र शिकार पर न हो। मिसफ़ायर बनकर रह जाए। भजन-कीर्तन करते लोग उतने ही निरीह हैं, जितने मुहल्ले के कुत्ते। निरीहता उपहास और व्यंग्य से ज़्यादा करुणा की पात्र होती है। वर्तमान में व्यंग्य के पात्र वस्तुतः कौन हैं, यह **आशकरण अटल** के इस घटना-वर्णन में है–

"...इधर प्रधानमंत्री के बेटे ने
छिलके पर क़दम रखा
उधर केले के छिलके ने
राजनीति में क़दम रखा

अगले दिन प्रधानमंत्री का लड़का
अस्पताल में पड़ा था
और केले का छिलका
अख़बारों की सुर्ख़ियों में चढ़ा था

सत्तारूढ़ पार्टी द्वारा जगह-जगह
केला-विरोधी नारे लगाए गए
व जुलूस निकाले गए

...जहाँ एक ओर
पार्टी के वरिष्ठ मंत्रियों ने
प्रधानमंत्री-पुत्र को
साहसपूर्वक गिरने के लिए
बधाई का संदेश दिया
वहाँ पार्टी के कनिष्ठ मंत्रियों ने
केले के छिलकों पर से फिसलकर
प्रधानमंत्री में अपना विश्वास व्यक्त किया

कुछ अति उत्साही मुख्यमंत्रियों ने
अपने प्रदेशों को
केला-वर्जित क्षेत्र घोषित कर दिया...।"[13]

प्रधानमंत्री का लड़का होना देवदूत होना है। किसी ग़लती की मजाल नहीं कि उससे हो सके। सत्ता की राजनीति में चापलूसी का बोलबाला यहाँ जिस प्रसंग की शक्ल में आया है, वह वर्णन के ज़रिये कहा गया है। व्यंग्य के निशाने पर राजनीति के मैदान में सत्ता की क्रूर फुटबॉल खेलने वाले तो हैं ही, मीडिया के वे धुरंधर भी हैं, जो केले के छिलके को सुर्ख़ियों में चढ़ा देते हैं। सेलिब्रिटीज़ का नाक सिनकना उनके लिए बड़ी ख़बर है। इसलिए चारों तरफ़ फैली ख़बरों में कोई देश की सच्ची ख़बर पाना चाहे तो उसे कोशिश करनी पड़ती है।

सत्ता द्वारा संकटग्रस्तों को दी गई राहत का हाल **घनश्याम अग्रवाल** ने बताया—

"बाढ़ आने पर
सरकार ने सर्वेक्षण कराया
सर्वेक्षण की रपट आई
रपट थी
एक बाढ़ आई
सैंकड़ों जानें गईं
हज़ारों घर बहे
लाखों बेघर हुए
करोड़ों का नुक़सान हुआ
अरबों की मदद चाहिए

नतीजा
अरबों की मदद मिली
करोड़ों जमा हुए
लाखों बाँटे गए
हज़ारों बँटे

सैंकड़ों हिस्से आए
एक पल्ले पड़ा है

बाढ़ का प्रश्न
वैसा ही खड़ा है।"[14]

वर्णन में भी शब्दों का कैसा संयत और सर्जनात्मक इस्तेमाल हो सकता है, यह कविता इसकी मिसाल है। जनता का पैसा सरकार तक जाता है अरबों में और जनता तक लौटता है एक बनकर। जाता है दूध और लौटता है छाछ का पानी। सरकारी तंत्र हंस है। सार-सार चुन लेता है। धन और सत्ता के रूप में शक्ति जिन हाथों में है, उन्हें तलुए चाटने और चटवाने से फ़ुर्सत नहीं। जो उसका जनहित में उपयोग कर सकते हैं, वे केले के छिलके को सिर्फ़ केले का छिलका ही समझते हैं। राहत के पैसे को राहत के लिए ही मानते हैं। उसका सत्ता और शक्तिदायक उपयोग करना न उन्हें आता है, न गवारा होता है। सरकारी तंत्र में अगर कहीं इक्का-दुक्का वे हों भी तो हाशिए पर रहते हैं। जनता बदस्तूर रामभरोसे जीती रहती है। नतीजा **शहरयार** ने रात का वर्णन करते हुए बताया–

"पहले नहाई ओस में, फिर आँसुओं में रात
यूँ बूँद बूँद उतरी हमारे घरों में रात

आँखों को सबकी नींद भी दी, ख़्वाब भी दिए
हमको शुमार करती रही दुश्मनों में रात"।[15]

हम अर्थात् जनसाधारण। वही, जो कहने को जनतंत्र का आधार भी है, लक्ष्य भी। इस स्थिति का दर्द समकालीन कविता ने बातचीत की मुद्राओं का सर्जनात्मक उपयोग करते हुए कहा है। **प्रमोद तिवारी** के शे'र हैं–

"घर के भीतर जी-भर रो लो, दोस्त यही आज़ादी है,
पर दरवाज़े हँसकर खोलो, दोस्त यही आज़ादी है!

लिखा मिलेगा कुएँ कुएँ पर–हर प्यासे का स्वागत है,
लेकिन लोटा-डोर न खोलो, दोस्त यही आज़ादी है!"[16]

हँसी का कारण उल्लास नहीं, दिखावा है। कुएँ सुंदर हैं। बस, प्यास नहीं बुझाते। आज़ादी भी बहुत सुंदर है। बस, सबको भूख से, भय से, अमानवीयता से आज़ाद नहीं करती। दोस्त शब्द उस बातचीत का है, जो पहले अजनबियों के बीच महानगरों में भी खुलकर हो जाया करती थी और अब क़स्बों में भी होते हुए झिझकती है। इसलिए कि वे भी महानगर बनने के पथ पर अग्रसर हैं। गाँवों में बातचीत की हालत कमोबेश उस प्रेम जैसी है, जिसकी बाबत ओड़िया कवयित्री **सुचेता मिश्र** ने कहा–

"प्रेम की तुलना
तुम किसके साथ करोगे
उस स्टेशन से

जहाँ ट्रेन कभी नहीं आती
और जहाँ धीमा धुंधला जलता है
एक बल्ब!"[17]

तरक़्क़ी की तेज़-रफ़्तार ट्रेन ऐसे स्टेशनों पर कभी दुर्घटनावश रुक जाए तो रुक जाए! *प्रेम की तुलना तुम किसके साथ करोगे* कहना भाषा में दूसरे की उपस्थिति और उसका महत्त्व स्वीकार करना है। वह स्पेस छोड़ना है, जिसका इस्तेमाल सुनने वाला चाहे तो प्रेम की तुलना किसी और के साथ भी कर सकता है। कविता एक तुलना को यहाँ प्रस्तुत नहीं, प्रस्तावित करती है। बातचीत भाषा का लोकतंत्र है। सबको अपनी बात कहने का हक़ सचमुच इसमें है। **आशकरण अटल** ने एक पिता-पुत्र की बातचीत लिखी–

"*...बच्चे ने पूछा होमवर्क करते-करते*
'आदमी शादी क्यों करता है?'
बाप ने सवाल के वज़न को तोला
फिर टालने के लिए बोला-
'आदमी शर्ट में बटन नहीं टाँक सकता था ना
इसलिए शादी करता है।'
बच्चे ने फ़ौरन दूसरा सवाल किया-
'फिर दर्ज़ी क्यों शादी करता है?
आपके सारे बहाने बेकार हैं
मेरा होमवर्क करके दीजिए
इस होमवर्क के लिए
आप ज़िम्मेदार हैं...!"[18]

बातचीत से सीधे कविता में आ जाएँ तो ऐसे हिस्से अपने आप जीवंत हो उठते हैं। **अष्टभुजा शुक्ल** के शब्दों में यह भरोसा भी बातचीत के ज़रिये व्यक्त होता है–

"*हाथ काटे जा सकते हैं*
पहाड़ों के
अँगुलियाँ काटी जा सकती हैं
नह काटे जा सकते हैं
पहाड़ों के

लेकिन
पहाड़ों के
सिर नहीं काटे जा सकते
जिस अंग को भी काटोगे
वही पहाड़ों का सिर बन जाएगा!"[19]

ज़िंदगी बार-बार कुचली जाती है, फिर भी *पहाड़ों के सिर* की तरह रहती है। विचार बार-बार मारे जाते हैं पर ज़िंदा रहते हैं। बातचीत के इस अंदाज़ में पहाड़ काटने वालों को

चुनौती भी है। संबोधन प्रत्यक्ष नहीं, ध्वनित है। संबोधन का प्रत्यक्ष इस्तेमाल भी समकालीन कविता में कम नहीं। सांप्रदायिकता-विरोधी कविताओं में ईश्वर-अल्लाह को और दमित-चेतना की कविताओं में मनु व ब्राह्मणवादियों को अच्छी तरह संबोधित किया गया है। **देवीप्रसाद मिश्र** ने देवी-देवताओं को संबोधित किया—

"इन्द्र, आप यहाँ से जाएँ
तो पानी बरसे

मरुत, आप यहाँ से कूच करें
तो हवा चले

बृहस्पति, आप यहाँ से हटें
तो बुद्धि कुछ काम करना शुरू करे

अदिति, आप यहाँ से चलें तो
कुछ ढंग की संततियाँ जन्म लें

रुद्र, आप यहाँ से दफ़ा हों तो
कुछ क्रोध आना शुरू हो

देवियो, देवताओ, हम आपसे
जो कुछ कह रहे हैं
प्रार्थना के शिल्प में नहीं!"[20]

संसार और मनुष्य की शक्तियों को देवी-देवताओं ने क़ैद कर रखा है। शायद इसलिए कि उनका जो उपयोग लौकिक उद्‌देश्यों को साधने में हो सकता था, हो सकता है, वह देवी-देवताओं की भेंट चढ़ जाता है। पानी बरसे, इसके लिए आज भी पेड़ उतने नहीं लगाए जाते, जितनी इंद्र की पूजा की जाती है। यह पूजा पर नहीं, मनुष्य द्वारा अपनी क्षमताओं पर भरोसे की कविता है। इसी के बूते प्रार्थना के शिल्प से अपने स्वर को वह मुक्त कर पाता है। देवी-देवताओं को संबोधित कर पाता है।

संबोधन, कविता में अक्सर दो टूक बात कहने की भूमिका है। **अवतार सिंह पाश** की कविता में एक साधारण स्त्री धर्मगुरु को संबोधित कर दो टूक कहती है—

"मेरा एक ही बेटा है धर्मगुरु!
आदमी बेचारा सिर पर रहा नहीं
तेरे इस तरह गरजने के बाद
आदमी तो दूर-दूर तक नहीं बचे
अब सिर्फ़ औरतें हैं या शाकाहारी दोपाये
जो उनके लिए अन्न कमाते हैं...

मैं परिवार को ही धर्म मानने का कुफ़्र करती रही हूँ
मैं पगली सुन-सुनाकर, पति को ही ईश्वर कहती रही हूँ
मेरे जाने तो घर के लोगों की मुस्कराहट और त्यौरी ही
स्वर्ग-नरक रहे–
मैं शायद कलियुग की बीट थी धर्मगुरु!..."[21]

धर्मगुरु यहाँ संबोधन तो है ही पर निरा संबोधन नहीं है। उस आतंक को व्यक्त करने वाला शब्द भी है, जिसके कारण *आदमी दूर-दूर तक नहीं बचे*। औरत अपने को *कलियुग की बीट* कहते हुए इस आतंक के प्रति घृणा उगलती है। धर्मगुरु उसे यही समझता है। करे तो यही या ऐसा ही कुछ कहकर संबोधित करे। यह एक संबोधन के उपयोग से दूसरे संबोधन की अमानवीयता सामने लाना है। संबोधन का एक और इस्तेमाल **केदारनाथ सिंह** की *दो मिनट का मौन* में देखिए–

"*भाइयो और बहनो*
यह दिन डूब रहा है
इस डूबते हुए दिन पर
दो मिनट का मौन

जाते हुए पक्षी पर
रुके हुए जल पर
घिरती हुई रात पर
दो मिनट का मौन

जो है उस पर
जो नहीं है उस पर
जो हो सकता था उस पर
दो मिनट का मौन

गिरे हुए छिलके पर
टूटी हुई घास पर
हर योजना पर
हर विकास पर
दो मिनट का मौन

इस महान शताब्दी पर
महान शताब्दी के
महान इरादों पर
महान शब्दों

और महान वादों पर
दो मिनट का मौन

भाइयो और बहनो
इस महान विशेषण पर
दो मिनट का मौन।"[22]

संबोधन रस्मी है। *भाइयो और बहनो* में कोई अर्थ नहीं। सब कुछ एक रिवाज बनता जा रहा है। एक आदत, जिसके होने का न कोई तर्क है, न आधार। वह इसलिए है कि है। इस आदत की चमकदार सड़ांध है—नागरिक सक्रियता। इसे सामने लाने में रस्मी संबोधन सक्षम है। यह खोखलेपन को खोखले संबोधन द्वारा कहना है। अंत में *महान विशेषण पर* भी *दो मिनट का मौन* महान खोखलेपन के विरुद्ध साधारण जीवंतता के प्रति कविता की पक्षधरता है।

यह पक्षधरता तरह-तरह से सामने आती है। **माणिक वर्मा** ने *माँगीलाल और मैं* शीर्षक कविता में एक चुनाव हार गए नेता को जनता को संबोधित करते दिखाया है। हारे हुए नेता को लगता है कि उसकी हार के लिए सिर्फ़ जनता ज़िम्मेदार है। चुनाव के दौरान जनसमूह के सामने हाथ जोड़ने वाला, उसे महान बताने वाला, तरह-तरह से ख़ुश करने वाला नेता हार जाने के बाद उसी को "*लोकतंत्र के लुच्चो,/दगाबाज़ टुच्चो!/...गुलमटो!/...पशु मेले के पोस्टरो...!/अँधेरे की अवैध संतानो!.../गीदड़ के आख़िरी अवतारो!...*"[23] आदि के द्वारा संबोधित करता है। देश की आज़ादी और तरक़्क़ी में अपना योगदान गिनवाकर जनता को शर्मिंदा करने की उसकी कोशिश हास्यास्पद तो बनती ही है, स्वयं उसकी आत्मग्रस्तता, अवसरवादिता, कायरता, बेशर्मी और देश का ख़ून चूसने वाली प्रवृत्ति को भी सामने लाती है। उसके द्वारा प्रयोग की गई भाषा उसी के कपड़े उतारती है।

प्रत्यक्षतः जनसमूह के लिए उसके द्वारा इस्तेमाल किए गए संबोधन वस्तुतः उसी पर व्यंग्य-प्रहार करते हैं। यह उसके द्वारा चलाई गई गोलियों का पलटकर उसी को लगना है। उसी को क्षत-विक्षत करना है। कविता-भाषा की शक्ति का सक्षम परिचय देना है। संबोधनों के प्रयोग द्वारा व्यंग्य पैदा करना है। इस प्रयोग की शक्ति कितनी सर्जनात्मक हो सकती है, यह बताना है। संबोधनों का यह प्रयोग केवल प्रयोग करने के लिए नहीं है। घृणित के प्रति घृणा पैदा करने के लिए है। जीवन के लिए है।

आज की कविता, कविता के लिए नहीं, जीवंतता के लिए है। उसमें उनको भी संबोधित करना संभव है, जिन्हें संबोधित करने का चलन कम है। **फ़हमीदा रियाज़** ने नींद को बड़े प्यार से न्यौता दिया—*...नींद, ऐ महबूब नींद/कब से तू मुझसे ख़फ़ा है और मैं तुझसे ख़फ़ा हूँ/... सब गिले-शिकवे भुलाकर आज आती है/तो आ जा...!* [24] नींद जैसे मित्र हो! पेड़ों से मनुष्य की मित्रता पुरानी रही है। **राजगोपाल सिंह** ने पीपल को संबोधित करते हुए कहा—*इन चिराग़ों के उजाले पे न जाना, पीपल/ये भी अब सीख गए आग लगाना, पीपल!* [25] पीपल की पूजा करते हुए दीपक जलाना कोरा कर्म-कांड भी है। पाखंड भी है। पीपल इसे निरा निर्मल उजाला न समझे!

बद्रीनारायण ने *धरणीधर* को संबोधित कर अपनी घनीभूत घृणा व्यक्त की–*...कॉलगर्लों की सेना लेकर/जय कर/लाल किले पर जय कर/हत्या, लूट, दंगा लेकर/आगे बढ़/हे धरणीधर.../...सरस्वती में लक्ष्मी फेंट/हिंस्र रक्तवर्णी तिलक में शीतल चंदन रचा/...विकसित कर/सभ्यता के पैमाने विकसित कर/हे धरणीधर!...*[26] संबोधन के बिना इस घृणा और व्यंग्य का इतने कम शब्दों में इतनी तीव्रता के साथ व्यक्त होना मुश्किल था। धरणीधर का मतलब–नये दौर का बर्बर प्रभु। धनतंत्र। इसका रवैया उजागर करने के लिए **अरुण कमल** ने इसकी क़ीमत चुकाने वालों को संबोधित किया–*...माफ़ करना प्यास से तड़पते लोगो/ आज मैं दो बार नहाया!*[27] व्यक्ति की जीवन-शैली समकालीन सच से प्रभावित हो तो आत्मालोचना का यह स्वर जन्म लेता है। नैतिकता की मिट्टी में आत्मालोचना का बिरवा उगता है। मन-वाणी-कर्म से एक होना मनुष्य की नैतिकता है। वर्तमान में दुर्लभ है यह। **निर्मला गर्ग** ने *दिल्ली* में लिखा–

"धुआँ है शोर है हिंसा लालच तनाव है
फिर भी दिल्ली मुझे अच्छी लगती है
इसकी सड़कें इमारतें पुल पार्क
सब जैसे मेरी रूह से निकले हैं

हालाँकि जब कोई हिक़ारत से कहता है
दिल्ली भी कोई रहने की जगह है
तो मैं न सिर्फ़ हाँ में हाँ मिलाती हूँ
वरन् आगे बढ़कर कहती हूँ
आदमी कहीं रह ले बस दिल्ली न रहे।"[28]

सोचना कुछ, करना कुछ, और कहना कुछ। समकालीन मनुष्य की अविश्वसनीयता का यह कारण है। दूसरों की तो बात दूर, उसे स्वयं भी अपने पर भरोसा नहीं होता। अपने बारे में बताते हुए अपना परिचय देने वाला स्वर भी कविता में है। बहुत पहले से रहा है। इसी स्वर में **भवानी प्रसाद मिश्र** ने कहा था–*"जी हाँ, हुज़ूर, मैं गीत बेचता हूँ!"*[29] पहले गीत को बेचने पर शर्म आती थी। अब न बेच पाने पर आती है। अवसरवाद सब कुछ है। नैतिकता कुछ नहीं। सफलता के इस सिद्धांत की *जीवन कथा* **विमल कुमार** ने इस तरह लिखी–

"मैंने एक बड़े आदमी की ख़ुशामद की
जल्दी ही मिल गई मुझे नौकरी

मुझे एक लड़की से लाखों फ़ायदे थे
मैंने झटपट कर डाली–शादी

मैं चाहता था बनना
एक अफ़सर का बाप
तीन-चार बच्चे हो गए

शौक़ था मुझे सैर-सपाटों का
ख़रीद डाला मैंने एक स्कूटर

मौक़ा मिला और मैंने एक लंबा हाथ मारा
फिर क्या एक बंगला बना न्यारा!"[30]

सफलता का यह सुविधाजनक रास्ता है। बढ़ती सुविधालोलुपता के चलते लोकप्रिय भी हो रहा है। आशय यह कि अवसरवाद और बेशर्मी लोकप्रिय हो रही है। आत्म-वक्तव्य के ज़रिये इसे बताकर कविता इसका प्रतिरोध करती है। इसका मज़ाक़ उड़ाती है। उसका रास्ता आज भी जीवन और उसके गीत बेचने को स्वाभाविक न मानने वाला रास्ता है। नैतिकता के स्वाभिमान का रास्ता है। इस पर चलने की मुश्किलें चुनने वाले साहस का रास्ता है। **अग्निवेष शुक्ल** का शे'र है–

"झोली फैलाकर दरिया से शायद भीख भी लेते माँग,
अगर प्यास की नगरी के हम राजकुमार न होते तो!"[31]

प्यास की नगरी का राजकुमार है कवि। बेवकूफ़ कहलाना, पिछड़ा हुआ कहलाना, ज़िद्दी कहलाना गवारा कर सकता है पर सुविधाओं की भीख नहीं माँग सकता। **आर. चेतनक्रांति** के शब्दों में वह बताता है–

"...फल अगर मैं होता मीठा
तो खा न लेते मुझे सामंत,
मेरी कड़वाहट बचा लाई मुझे...!"[32]

नैतिकता, मनुष्यता और कविता के रास्ते पर चलते हुए जो कड़वाहट मिली, उसका भी मूल्य और महत्त्व कवि को दिख जाता है। निर्णायक महत्त्व उसके लिए रास्ते का है, चलने वाले की मिठास या कड़वाहट का नहीं। रास्ते पर चलने का मतलब रास्ते को बनाए रखना भी है। चलना वर्तमान में संभव है। वर्तमान युग को सूचना-युग कहा जाता है। तरह-तरह के रास्तों से सूचनाएँ विश्वव्यापी हो रही हैं। ऐसे में कविता ने वे सूचनाएँ भी दी हैं, जो आधुनिक सूचना-तंत्र अक्सर नहीं देता। **हरिओम राजोरिया** ने बेकारी के शिकार लड़के के बारे में सूचना दी–

"...उखड़े हुए नाख़ून की तरह
दुखों से भरी होती है
बेकार लड़के की रात।"[33]

दिनेश जुगरान ने बताया–

"...रास्ते की छाँव
कुछ लोगों ने
अपनी-अपनी जेबों में
बंद कर ली है...।"[34]

पाकिस्तान से लौटने के बाद **निदा फ़ाज़ली** ने ध्यान दिलाया–

"इंसान में हैवान यहाँ भी है, वहाँ भी
अल्लाह निगहबान यहाँ भी है, वहाँ भी

हिंदू भी मज़े में हैं, मुसलमाँ भी मज़े में
इंसान परेशान यहाँ भी है, वहाँ भी"।[35]

कविता जिस इंसान की सूचना देती है, उसकी इंसानियत की कोई सरहद नहीं। यह कविता का अपना भूमंडलीकरण है। देशों की सरहदें भी नेस्तनाबूद करना चाहता है और मनों की भी। संकीर्णता राजनीति में हो या मन में, सर्वत्र प्रतिकार ही पाती है उससे। **कुमार अम्बुज** के शब्दों में वह देखता और दिखाता है कि

"...राजनीति के पुरोधा का भाषण
और शराबी की कै का रंग
एक जैसा है...।"[36]

हरे प्रकाश उपाध्याय की पंक्तियों में बताता है कि

"...ख़बरें कितनी का-ला-त्म-क हैं
कि हमारे मरने को जीने की तरह दिखा रही हैं
रोने को हँसने की तरह
...खाये। अघाये शब्द
हम भूखों नंगों के बारे में
ख़बरों में छप रहे हैं...।"[37]

यह सूचना-युग का छल है। इसकी सूचना भी कविता में है। सूचना के अलावा बोलचाल में सुझाव भी दिए जाते रहे। **श्रीकांत वर्मा** ने सुझावों के स्वर में कहा था– *...दुर्नीति पर चलें/नीति पर बहस/बनाए रखें/दुराचरण करें/सदाचार की/चर्चा चलाए रखें/असत्य कहें,/असत्य करें/असत्य जिएँ-/सत्य के लिए/मर मिटने की आन नहीं छोड़ें...!* [38] नीति, सदाचार और सत्य चतुरों के दिखावटी चेहरे हैं। सुझाव इस दिखावट पर व्यंग्य करते हैं। कथनी-करनी के अंतर से व्यंग्य पैदा करते हैं। **संजय कुंदन** की *व्यावहारिक बुद्धि* में सुझाव और ज़्यादा ठोस हैं–

"किसी शक्तिशाली की मूर्खता पर मत हँसो
हो सके तो प्रशंसा करो उसकी मूर्खता की
वह किसी भी समय आ सकता है काम

...जो सफल है
वह सफल है
चाहे वह जैसे भी सफल है
उसकी सफलता का सम्मान करो
हो सके तो रोज़ उसे फ़ोन करो !"[39]

ये सुझाव श्रीकांत वर्मा की कविता में आए सुझावों की तरह केवल सैद्धांतिक नहीं हैं। अतः तथ्य-कथन की तरह नहीं, व्यावहारिक प्रक्रियाओं की तरह सामने आते हैं। नीति पर बहस बनाए रखते हुए दुर्नीति पर चलने का दोगलापन यहाँ मूर्त है–*मूर्खता की प्रशंसा करने* और *सफल को रोज़ फ़ोन करने* के रूप में। **शकेब जलाली** का सुझाव भी मूर्त है–

"काग़ज़ की कतरनों को भी कहते हैं लोग फूल
रंगों का ऐतबार ही क्या सूँघ के भी देख!"[40]

फूलों की सच्चाई तक पहुँचने के लिए देखना-भर काफ़ी नहीं। अपनी शक्तियों का अधिक से अधिक उपयोग चाहिए। सूँघने का पूरा मतलब संभवतः यही है। आँखों के होने का सबसे सही मतलब कविता के अनुसार **शहरयार** के शब्दों में यह है–

"रातों को जागने के सिवा और क्या किया
आँखें अगर मिली थीं कोई ख़्वाब देखते!"[41]

नेत्र-ज्योति अगर मनुष्य की हो तो दूर तक जाती है। वह भी देख लेती है, जो नहीं है और जिसे होना चाहिए। यही ख़्वाब है।

बोलचाल की भाषा सच को उसकी प्रक्रिया के साथ सामने लाकर सार्थक होती है। इसके लिए उचित शब्द का इस्तेमाल ज़रूरी है। समकालीन कविता शब्द-सजग है। **बद्रीनारायण** ने कहा–*...सृष्टि का आदि शब्द 'ओम्' नहीं 'रुलाई' है/जो स्वरों और व्यंजनों में फैलता रहता है...।*[42] शब्द-सजग न होती तो उसे सृष्टि के आदि शब्द पर विचार करने की कोई ज़रूरत न थी। यह उसकी ख़ासियत है कि वर्णन करते हुए भी शब्द-सजगता के मामले में वह कोई छूट अक्सर नहीं लेती। **केदारनाथ सिंह** ने *पर्वस्नान* में लिखा–

"...ऊपर कौए मंडरा रहे थे
और नीचे–
काँपते हुए जल में
अमरता की छपाछप होड़ मची थी...।"[43]

अमरता की होड़ *छपाछप* के बिना इतनी साफ़ नहीं हो सकती थी। यही बात सब कुछ चुपचाप देखते रह जाने वालों को *चुप्पा लोग* कहने के बारे में भी कही जा सकती है–*...जो बोलता है/झींगुर या आदमी/जो भी बोलता है/उसे शक की निगाह से/देखते हैं चुप्पा लोग/उनका ख़याल है/अगर किसी दिन शहर पर/गिर पड़ा बम/तो वे सब जोकि बोलते हैं/नष्ट हो जाएँगे/बस बचे रह जाएँगे/चुप्पा लोग।*[44] ठंडापन जीने की आदत जिन्हें पड़ गई है, उनके लिए *चुप्पा* सही शब्द है।

पहाड़ों पर सामान ढोने वाले बच्चों को **एकांत श्रीवास्तव** ने*...हँफर-हँफर हाँफते...पिट्ठू..."*[45] कहा है। **अष्टभुजा शुक्ल** ने देखा और दिखाया है कि *"...भहर भहर जल रहा है घर...।*[46] **गगन गिल** ने लिखा–

"...उसे एक कंधा दे
उसे दूसरा भी दे
रोई थी देर तक नींद में
अब सो लेन दे टिक कर..."[47]

सो *लेने* दे नहीं, सो *लेन* दे। यह सो *लेन* देना, घर का *भहर-भहर* जलना और पिट्ठुओं का *हँफर-हँफर* हाँफना सच को उसकी प्रक्रिया के साथ पकड़ना है। कविता में ख़ास शब्द लाकर ख़ास दिखने/होने की कोशिश का नहीं, जीवन को उसके होते हुए रूप में सामने लाने की कोशिश का नतीजा है यह। शायद इसीलिए इन शब्दों का अलग से

कोई मतलब नहीं। अपना मतलब ये वाक्य में आकर ही साधते हैं। प्रक्रिया वाक्य की आत्मा है। **पुरुषोत्तम प्रतीक** ने पूरे संघर्षरत जीवन को, चार दिखाई देने वाले इस, एक वाक्य में कहा–

"दिन-भर सबका बोझ उठइयो, सांझ घिरे पर घर जइयो
दुनिया कब शाबाशी देगी, करते-करते मर जइयो!"[48]

यह *जइयो* कविता की वाक्यधर्मी शब्द-सजगता है। ठीक बोलचाल की तरह। **राजेश जोशी** को लगता है कि "कविता में हमने वाचिक की अधिकांश भंगिमाओं को खो दिया है। जान-बूझकर या अनजाने। पर हम उनसे दूर होते गए। होने की कोशिश करते रहे हैं। कभी-कभी एक विरोधाभास भी लगता है। कविता की भाषा जब बोलचाल की भाषा के सबसे क़रीब है, कविता में बोलने-चालने की भंगिमाएँ कम हो रही हैं या ख़त्म हो रही हैं।"[49]

आशय यह कि इनकी ज़रूरत बढ़ रही है। क्या इस ज़रूरत से समकालीन कविता बेख़बर है? *धमकाना* बोलचाल की एक भंगिमा है। **मनमोहन** ने इसके स्वर में कहा–

"भूखा मार देंगे
या खिला-खिलाकर मार देंगे
हम तुम्हें मार देंगे...!"[50]

उदय प्रकाश ने भिन्न संदर्भ में पर इसी भंगिमा का उपयोग किया–*"पानी अगर सिर पर से गुज़रा, आलोचको/तो मैं किसी दिन आजिज़ आकर अपने शरीर को/परात में गूँथकर मैदे की लोई बना डालूँगा/और पिछले तमाम वर्षों की रचनाओं को मसाले में लपेट कर/बनाऊँगा दो दर्जन समोसे/और सारे समोसे आपकी थाली में परोस दूँगा/तृप्त हो जाएँगे आप और निश्चिंत/कि आपके अखाड़े से चला गया/एक अवांछित कवि-कथाकार/ नमस्कार!"*[51]

उपदेश की भंगिमा का इस्तेमाल **कात्यायनी** की *कहना* में है–

"शांति से दिन बिताओ!
शांति से सो जाओ!
शांति से बात करो!
शांति से पढ़ो-लिखो!
कुछ बनने की कोशिश करो!
शांति से लड़ो!
शांति से भागो चुपचाप!
शांति से जियो!
शांति से मरो!
बाबा रे बाबा!
एक अशांत दुनिया में
एक अशांत आत्मा से
शांति की इतनी उम्मीदें?
शांतम पापम्! शांतम पापम्!"[52]

आदेश की भंगिमा **कात्यायनी** की ही *नये रामराज्य का फ़रमान* में है–*संदेह करने वाले को उम्रक़ैद/तर्क करने वाले को फांसी/अल्पमत पर बहुमत का धर्मराज/नास्तिकों को सूली/-इन सबको/दैहिक-दैविक-भौतिक ताप से/पूर्ण मुक्ति।*[53] *व्यंग्य* की भंगिमा **पुरुषोत्तम प्रतीक** के इस शे'र में देखें–

"पुण्य में हर पाप को बदला करे गंगा नदी
ये बहाना ख़ूब है नंगा नहाने के लिए!"[54]

प्रार्थना की मुद्रा में **निदा फ़ाज़ली** ने कहा–*दो और दो का जोड़ हमेशा/चार कहाँ होता है/सोच-समझ वालों को थोड़ी/नादानी दे मौला!*[55] गिड़गिड़ाहट की सीमा छूने वाले *अनुरोध* के स्वर में **बोधिसत्व** के यहाँ स्त्री कहती है–

"मैं पानी हूँ, तुम्हारी प्यास के लिए
मैं आग हूँ, केवल तुम्हारी रौशनी के लिए
रोटियों के लिए, चिता के लिए
मैं स्त्री हूँ तुम्हारे सुख के लिए

मुझे अशरण न करो
...मैं किसी जगह का कोई रास्ता नहीं जानती।
...मेरे बग़ैर नहीं चलेगा
तुम्हारा काम
नहीं चलेगा
तुम्हारा वंशनाम-गाम।"[56]

अनुमान लगाना भी बोलचाल की एक भंगिमा है। **संजय कुंदन** ने इसका इस्तेमाल किया *कहावतें* कविता में–

"...ज़रा कहावतों के जन्म के बारे में सोचो

किसने कहा होगा पहली बार
कि अधजल गगरी छलकत जाए
आए थे हरि भजन को
ओटन लगे कपास

...ज़रा सोचो
उस दिन क्या हुआ होगा
जब उन्हीं में से किसी ने
एक ढोंगी की ओर उँगली उठाकर
कहा होगा–मुँह में राम बग़ल में छुरी

उन अनाम पूर्वजों ने
डरना तो शायद
सीखा ही नहीं होगा...!"[57]

बोलचाल की भंगिमाएँ समकालीन कविता में हैं। संभवतः इस कारण भी वह बोलचाल के सबसे क़रीब है। ये भंगिमाएँ इसलिए भी कम होती लग सकती हैं कि समकालीन कविता का हमारे मन में एक ख़ास रूप है। समकालीन कवि की भी एक ख़ास छवि है। उससे बाहर पड़ने वाली कविताओं को कविताएँ और कवियों को कवि मानना आसान नहीं। अतः संभव भी नहीं। सच तो यह है कि बोलचाल की भंगिमाओं के बिना खरी कविताई लगभग असंभव है।

भवानी प्रसाद मिश्र ने इसीलिए कहा था–

"...जिस तरह हम बोलते हैं, उस तरह तू लिख,
और इसके बाद भी हमसे बड़ा तू दिख!"[58]

संदर्भ

1. प्रतिनिधि कविताएँ -गजानन मा. मुक्तिबोध, पृष्ठ 114
2. समुद्र पर हो रही है बारिश -नरेश सक्सेना, पृष्ठ 39
3. कोई दूसरा नहीं -कुँवरनारायण, पृष्ठ 14
4. अपने घर की तलाश में -निर्मला पुतुल, संथाली से अनुवादः अशोक सिंह, पृष्ठ 99
5. फ़िलहाल इतना ही -अरुण जैमिनी, पृष्ठ 113
6. अन्यथाः अंक, 4 अगस्त, 2005, पृष्ठ 61
7. हम गुनहगार औरतें (पाकिस्तान की मुमताज़ शायर औरतों की शायरी) -संपादन एवं लिप्यंतरणः भूपेन्द्र परिहार, पृष्ठ 87
8. वागर्थः अंक-144, जुलाई, 2007, पृष्ठ 18
9. वसुधा-53 (समकालीन उर्दू साहित्य पर केंद्रित अंक), जनवरी-मार्च, 2002, पृष्ठ 293
10. कथादेशः 10 वर्ष एक चयन, फरवरी, 2007, पृष्ठ 130
11. आँखों की हदों से -बली सिंह, पृष्ठ 57
12. अपने सामने -कुँवरनारायण, पृष्ठ 65
13. हम क्या समझते नहीं हैं -आशकरण अटल, पृष्ठ 34-35
14. कवि सम्मेलनः 27 मई, 2006, हरिद्वार, उत्तरांचल
15. कहीं कुछ कम है -शहरयार, पृष्ठ 32
16. सलाखों में ख़्वाब -प्रमोद तिवारी, पृष्ठ 32
17. समकालीन भारतीय साहित्यः सितंबर-अक्तूबर, 2005, पृष्ठ 50
18. हम क्या समझते नहीं हैं -आशकरण अटल, पृष्ठ 138-144
19. दुःस्वप्न भी आते हैं -अष्टभुजा शुक्ल, पृष्ठ 46-47
20. उर्वर प्रदेश -संयोजकः बिंदु अग्रवाल, पृष्ठ 66
21. बीच का रास्ता नहीं होता -पाश, पृष्ठ 184-185
22. यहाँ से देखो -केदारनाथ सिंह, पृष्ठ 15-16
23. झुनझुनाः वर्ष-3, अंक-1, जून-अगस्त 2007, पृष्ठ 5-6
24. क़तरा क़तरा -फ़हमीदा रियाज़, पृष्ठ 31
25. चौमास -राजगोपाल सिंह, पृष्ठ 23
26. शब्दपदीयम् -बद्रीनारायण, पृष्ठ 15-16
27. पुतली में संसार -अरुण कमल, पृष्ठ 58
28. कबाड़ी का तराजू -निर्मला गर्ग, पृष्ठ 27

29. मन एक मैली कमीज़ है -भवानीप्रसाद मिश्र, पृष्ठ 14-15
30. यह मुखौटा किसका है -विमल कुमार, पृष्ठ 96
31. रात के पिछले पहर -अग्निवेष शुक्ल, पृष्ठ 26
32. शोकनाच -आर. चेतनक्रांति, पृष्ठ 115
33. पल प्रतिपलः अंक, 12, फरवरी, 2004, पृष्ठ 132
34. मेरा उजाड़ पड़ोस -दिनेश जुगरान, पृष्ठ 71
35. खोया हुआ सा कुछ -निदा फ़ाज़ली, पृष्ठ 21
36. क्रूरता -कुमार अम्बुज, पृष्ठ 69
37. तद्भवः अंक-12, फरवरी, 2004, पृष्ठ 123-124
38. संकल्पः कविता-दशक (नवें दशक की प्रतिनिधि कविताएँ) -संपादकः केदारनाथ सिंह, पृष्ठ 63
39. चुप्पी का शोर -संजय कुंदन, पृष्ठ 76
40. वसुधा-53 (समकालीन उर्दू साहित्य पर केंद्रित अंक), जनवरी-मार्च, 2002, पृष्ठ 289
41. नई उर्दू ग़ज़ल -संपादकः निशात शाहिद, पृष्ठ 23
42. शब्दपदीयम् -बद्रीनारायण, पृष्ठ 12
43. अकाल में सारस -केदारनाथ सिंह, पृष्ठ 41
44. उत्तर कबीर और अन्य कविताएँ -केदारनाथ सिंह, पृष्ठ 119-120
45. बीज से फूल तक -एकांत श्रीवास्तव, पृष्ठ 31
46. दुःस्वप्न भी आते हैं -अष्टभुजा शुक्ल, पृष्ठ 23
47. थपक थपक दिल थपक थपक -गगन गिल, पृष्ठ 50
48. पेड़ नहीं तो साया होता -पुरुषोत्तम प्रतीक, पृष्ठ 101
49. एक कवि की नोटबुक -राजेश जोशी, पृष्ठ 124
50. दस बरसः हिंदी कविता अयोध्या के बादः दूसरी जिल्द -संपादकः असद ज़ैदी, पृष्ठ 61
51. रात में हारमोनियम -उदय प्रकाश, पृष्ठ 143
52. इस पौरुषपूर्ण समय में -कात्यायनी, पृष्ठ 86
53. वही, पृष्ठ 114
54. पेड़ नहीं तो साया होता -पुरुषोत्तम प्रतीक, पृष्ठ 104
55. सफ़र में धूप तो होगी -निदा फ़ाज़ली, पृष्ठ 15
56. दुःखतंत्र -बोधिसत्व, पृष्ठ 53
57. उर्वर प्रदेश -संयोजकः बिंदु अग्रवाल, पृष्ठ 132-134
58. मन एक मैली कमीज़ है -भवानीप्रसाद मिश्र, पृष्ठ 11

कविता पुस्तकें

अग्निवेष शुक्ल–रात के पिछले पहर, प्रकाशक शिल्पायन, 10295, लेन नं. 1, वैस्ट गोरख पार्क, शाहदरा, दिल्ली-110032, पृ. 234, मूल्य 300.00, संस्करण, 2004, फ़ोन : 011-22821174

अनामिका–कविता में औरत, इतिहास बोध प्रकाशन, बी-239, चन्द्रशेखर आज़ाद नगर, इलाहाबाद-211004, पृ. 128, मूल्य 45.00, पहला संस्करण, जनवरी, 2004

अनिल कुमार सिंह–पहला उपदेश, राधाकृष्ण प्रकाशन प्राइवेट लिमिटेड, 7/31, अंसारी रोड, दरियागंज, नई दिल्ली-110002, पृ. 88, मूल्य 125.00, पहला संस्करण, 2001

अरुण कमल–अपनी केवल धार, वाणी प्रकाशन, 21-ए, दरियागंज, नई दिल्ली-110002, पृ. 79, मूल्य 20.00, प्रथम संस्करण, 1980

अरुण कमल–सबूत, वाणी प्रकाशन, 21-ए, दरियागंज, नई दिल्ली-110002, पृ. 88, मूल्य 35.00, प्रथम संस्करण, 1989

अरुण कमल–नये इलाके में, वाणी प्रकाशन, 21-ए, दरियागंज, नई दिल्ली-110002, पृ. 96, मूल्य 70.00, प्रथम संस्करण, 1996, द्वितीय संस्करण, 1999

अरुण कमल–पुतली में संसार, वाणी प्रकाशन, 21-ए, दरियागंज, नई दिल्ली-110002, पृ. 104, मूल्य 125.00, प्रथम संस्करण, 2004

अरुण जैमिनी–फ़िलहाल इतना ही, रचना प्रकाशन, ए-57, सरस्वती विहार, दिल्ली-110034, पृ. 159, मूल्य 150.00, प्रथम संस्करण, जनवरी, 2000, दूसरा संस्करण, मई, 2002

अरुण देव–क्या तो समय, प्रकाशक भारतीय ज्ञानपीठ, 18, इंस्टीट्यूशनल एरिया, लोदी रोड, नई दिल्ली-110003, पृ. 96, मूल्य 40.00, प्रथम संस्करण, 2004

अशोक वाजपेयी–घास में दुबका आकाश, वाणी प्रकाशन, 21-ए, दरियागंज, नई दिल्ली-110002, पृ. 199, मूल्य 160.00, प्रथम संस्करण, 1994, द्वितीय संस्करण, 1996

अष्टभुजा शुक्ल–दुःस्वप्न भी आते हैं, राजकमल प्रकाशन प्राइवेट लिमिटेड, 1-बी, नेताजी सुभाष मार्ग, नई दिल्ली-110002, पृ. 116, मूल्य 125.00, प्रथम संस्करण, 2004

असद ज़ैदी : संपादक—दस बरस : हिंदी कविता अयोध्या के बाद, पहली और दूसरी जिल्द, प्रकाशक सफ़दर हाशमी मैमोरियल ट्रस्ट, 8, विट्ठलभाई पटेल हाऊस, रफ़ी मार्ग, नई दिल्ली-110001, पृ., पहली जिल्दः 208, दूसरी जिल्द : 227, मूल्य 240.00, प्रथम संस्करण, 2002

आर. चेतनक्रांति—शोकनाच, राजकमल प्रकाशन प्राइवेट लिमिटेड, 1-बी, नेताजी सुभाष मार्ग, नई दिल्ली-110002, पृ. 128, मूल्य 100.00, प्रथम संस्करण, 2004

आशकरण अटल—हम क्या समझते नहीं हैं, प्रकाशक हिंद पॉकेट बुक्स प्राइवेट लिमिटेड, 18-19, दिलशाद गार्डन, जी. टी. रोड, दिल्ली-110095, पृ. 152, मूल्य 100.00, प्रथम संस्करण, 2000

इब्बार रब्बी—घोषणापत्र, अक्षय प्रकाशन, 7/7, दरियागंज, नई दिल्ली-110002, पृ. 88, मूल्य 20.00, तृतीय संस्करण, 1991

इब्बार रब्बी—लोगबाग, राधाकृष्ण प्रकाशन प्राइवेट लिमिटेड, 7/31, अंसारी रोड, दरियागंज, नई दिल्ली-110002, पृ. 111, मूल्य 22.50, प्रथम संस्करण, 1985

उदय प्रकाश—रात में हारमोनियम, वाणी प्रकाशन, 21-ए, दरियागंज, नई दिल्ली-110002, पृ. 144, मूल्य 100.00, प्रथम संस्करण, 1998

एकांत श्रीवास्तव—अन्न हैं मेरे शब्द, आधार प्रकाशन, 372, सैक्टर-17, पंचकूला-134109, हरियाणा, पृ. 104, मूल्य 40.00, प्रथम संस्करण, 1994

एकांत श्रीवास्तव—बीज से फूल तक, राजकमल प्रकाशन प्राइवेट लिमिटेड, 1-बी, नेताजी सुभाष मार्ग, नई दिल्ली-110002, पृ. 136, मूल्य 125.00, प्रथम संस्करण, 2003

ओम् प्रकाश आदित्य—अस्पताल की टाँग, पूजा प्रकाशन, बी-33, फ़्लैटेड फ़ैक्ट्री कॉम्प्लैक्स, झंडेवालान, नई दिल्ली-110055, पृ. 156, मूल्य 100.00, प्रथम संस्करण, 2003

ओम् प्रकाश वाल्मीकि—बस्स! बहुत हो चुका, वाणी प्रकाशन, 21-ए, दरियागंज, नई दिल्ली-110002, पृ. 103, मूल्य 95.00, प्रथम संस्करण, 1997

कात्यायनी—इस पौरुषपूर्ण समय में, वाणी प्रकाशन, 21-ए, दरियागंज, नई दिल्ली-110002, पृ. 139, मूल्य 100.00, प्रथम संस्करण, 1999

कात्यायनी—जादू नहीं कविता, वाणी प्रकाशन, 21-ए, दरियागंज, नई दिल्ली-110002, पृ. 191, मूल्य 180.00, प्रथम संस्करण, 2002

कुँवरनारायण—अपने सामने, राजकमल प्रकाशन प्राइवेट लिमिटेड, 1-बी, नेताजी सुभाष मार्ग, नई दिल्ली-110002, पृ. 109, मूल्य 125.00, प्रथम संस्करण, 1979, चौथा संस्करण, 1989, पहली आवृत्ति, 2003

कुँवरनारायण—कोई दूसरा नहीं, राजकमल प्रकाशन प्राइवेट लिमिटेड, 1-बी, नेताजी सुभाष मार्ग, नई दिल्ली-110002, पृ. 160, मूल्य 125.00, प्रथम संस्करण, 1993, दूसरी आवृत्ति, 2000

कुँवरनारायण–इन दिनों, राजकमल प्रकाशन प्राइवेट लिमिटेड, 1-बी, नेताजी सुभाष मार्ग, नई दिल्ली-110002, पृ. 136, मूल्य 150.00, प्रथम संस्करण, 2002

कुमार अम्बुज–क्रूरता (जुलाई, 1990 से जुलाई, 1995 तक की कविताएँ), राधाकृष्ण प्रकाशन प्राइवेट लिमिटेड, 7/31, अंसारी रोड, दरियागंज, नई दिल्ली-110002, पृ. 108, मूल्य 115.00, प्रथम संस्करण, 1996

कुमार अम्बुज–अनंतिम, राधाकृष्ण प्रकाशन प्राइवेट लिमिटेड, 7/31, अंसारी रोड, दरियागंज, नई दिल्ली-110002, पृ. 95, मूल्य 65.00, प्रथम संस्करण, 1998

कुमार विकल–निरुपमा दत्त मैं बहुत उदास हूँ, आधार प्रकाशन, 372, सैक्टर-17, पंचकूला-134109, हरियाणा, पृ. 84, मूल्य 40.00, प्रथम संस्करण, 1993

केदारनाथ सिंह : संपादक–संकल्प : कविता दशक (नवें दशक की प्रतिनिधि कविताएँ), प्रकाशक हिंदी अकादमी, दिल्ली, ए-26, 27, इंश्योरैंस बिल्डिंग, आसफ़ अली रोड, नई दिल्ली-110002, पृ. 194, मूल्य 75.00, प्रथम संस्करण, 1992

केदारनाथ सिंह–यहाँ से देखो, राधाकृष्ण प्रकाशन प्राइवेट लिमिटेड, 7/31, अंसारी रोड, दरियागंज, नई दिल्ली-110002, पृ. 88, मूल्य 18.00, पहला संस्करण, 1983, दूसरी आवृत्ति, 1984

केदारनाथ सिंह–अकाल में सारस, राजकमल प्रकाशन प्राइवेट लिमिटेड, 1-बी, नेताजी सुभाष मार्ग, नई दिल्ली-110002, पृ. 110, मूल्य 35.00, प्रथम संस्करण, 1988

केदारनाथ सिंह–उत्तर कबीर और अन्य कविताएँ, राजकमल प्रकाशन प्राइवेट लिमिटेड, 1-बी, नेताजी सुभाष मार्ग, नई दिल्ली-110002, पृ. 141, मूल्य 125.00, प्रथम संस्करण, 1995, दूसरा संस्करण, 1999

केदारनाथ सिंह–तालस्ताय और साइकिल, राजकमल प्रकाशन प्राइवेट लिमिटेड, 1-बी, नेताजी सुभाष मार्ग, नई दिल्ली-110002, पृ. 139, मूल्य 125.00, प्रथम संस्करण, 2005

कैलाश वाजपेयी–प्रतिनिधि कविताएँ, राजकमल पेपरबैक्स, राजकमल प्रकाशन प्राइवेट लिमिटेड, 1-बी, नेताजी सुभाष मार्ग, नई दिल्ली-110002, पृ. 116, मूल्य 10.00, प्रथम संस्करण, 1988

कृष्ण बिहारी नूर–समंदर मेरी तलाश में है, पद्मा प्रकाशन, 2/71, विजय खण्ड, गोमती नगर, लखनऊ, उत्तर प्रदेश, पृ. 175, मूल्य 120.00, प्रथम संस्करण, 1994 ई.

गगन गिल–थपक थपक दिल थपक थपक, राजकमल प्रकाशन प्राइवेट लिमिटेड, 1-बी, नेताजी सुभाष मार्ग, नई दिल्ली-110002, पृ. 107, मूल्य 60.00, प्रथम संस्करण, 2003

गजानन मा. मुक्तिबोध–प्रतिनिधि कविताएँ, संपादन : अशोक वाजपेयी, राजकमल पेपरबैक्स, राजकमल प्रकाशन प्राइवेट लिमिटेड, 1-बी, नेताजी सुभाष मार्ग, नई दिल्ली-110002, पृ. 162, मूल्य 10.00, प्रथम संस्करण, 1984

ग़ालिब–दीवान-ए-ग़ालिब, संपादन–अली सरदार जाफ़री, राजकमल पेपरबैक्स, राजकमल प्रकाशन प्राइवेट लिमिटेड, 1-बी, नेताजी सुभाष मार्ग, नई दिल्ली-110002, पृ. 284, मूल्य 65.00, पहला पुस्तकालय संस्करण, हिंदुस्तानी बुक ट्रस्ट, मुम्बई से 1958 में प्रकाशित, राजकमल पेपरबैक्स में पहला संस्करण, 1988, चौथा संस्करण, 1990, सातवीं आवृत्ति, 2004

गोपाल कृष्ण कौल : संपादक–ग़ज़ल सप्तक, सामयिक प्रकाशन, 3543, जटवाड़ा, दरियागंज, नई दिल्ली-110002, पृ. 120, मूल्य 60.00, प्रथम संस्करण, 1991

घनश्याम अग्रवाल–आज़ादी की दुम, शुभम् प्रकाशन, एन-10, उल्धनपुर, नवीन शाहदरा, दिल्ली-110032, पृ. 112, मूल्य 60.00, द्वितीय संस्करण, 1998

चंद्रकांत देवताले–लकड़बग्घा हँस रहा है, संभावना प्रकाशन, रेवती कुंज, हापुड़-245101, पृ. 102, मूल्य 20.00, प्रथम संस्करण, 1980

चंद्रकांत देवताले–उसके सपने, चयन-संपादनः विष्णु खरे, चंद्रकांत पाटील, वाणी प्रकाशन, 21-ए, दरियागंज, नई दिल्ली-110002, पृ. 229, मूल्य 175.00, प्रथम संस्करण, 1997

चंद्रकांत देवताले–उजाड़ में संग्रहालय, राजकमल प्रकाशन प्राइवेट लिमिटेड, 1-बी, नेताजी सुभाष मार्ग, नई दिल्ली-110002, पृ. 155, मूल्य 150.00, पहला संस्करण, 2003

चंद्रभान–इरादे तभी करवट लेते हैं, पांडुलिपि प्रकाशन, 77/1, ईस्ट आज़ाद नगर, दिल्ली-110051, पृ. 80, मूल्य 100.00, पहला संस्करण, 2002

ज्ञानेंद्र पति–शब्द लिखने के लिए ही यह काग़ज़ बना है, संभावना प्रकाशन, रेवती कुंज, हापुड़-245101, पृ. 87, मूल्य 20.00, प्रथम संस्करण, 1981

ज्ञानेंद्र पति–संशयात्मा, राधाकृष्ण प्रकाशन प्राइवेट लिमिटेड, 7/31, अंसारी रोड, दरियागंज, नई दिल्ली-110002, पृ. 264, मूल्य 295.00, पहला संस्करण, 2004

(गोस्वामी) **तुलसीदास**–श्रीरामचरितमानस, गोविंदभवन कार्यालय, गीताप्रेस, गोरखपुर, पृ. 1031, मूल्य पचास, पचासीवाँ संस्करण, संवत् 2048

तेजी ग्रोवर–अंत की कुछ और कविताएँ, वाणी प्रकाशन, 21-ए, दरियागंज, नई दिल्ली-110002, पृ. 80, मूल्य 100.00, प्रथम संस्करण, 2000

दिनेश जुगरान–मेरा उजाड़ पड़ोस, राजकमल प्रकाशन प्राइवेट लिमिटेड, 1-बी, नेताजी सुभाष मार्ग, नई दिल्ली-110002, पृ. 108, मूल्य 125.00, पहला संस्करण, 2003

द्वारिका प्रसाद चारुमित्रः संपादक–अष्टाक्षर, जनप्रिय प्रकाशन, 29/60 ए, गली नं. 11, विश्वास नगर, दिल्ली-110032, पृ. 143, मूल्य 80.00, संस्करण, 1991

धूमिल–संसद से सड़क तक, राजकमल प्रकाशन प्राइवेट लिमिटेड, 1-बी, नेताजी सुभाष मार्ग, नई दिल्ली-110002, पृ. 128, मूल्य 50.00, पहला संस्करण, 1972, छठा संस्करण, 1990

नरेश सक्सेना—समुद्र पर हो रही है बारिश, राजकमल प्रकाशन प्राइवेट लिमिटेड, 1-बी, नेताजी सुभाष मार्ग, नई दिल्ली-110002, पृ. 94, मूल्य 95.00, पहला संस्करण, 2001

नागार्जुन—प्रतिनिधि कविताएँ, राजकमल पेपरबैक्स, राजकमल प्रकाशन प्राइवेट लिमिटेड, 1-बी, नेताजी सुभाष मार्ग, नई दिल्ली-110002, पृ. 132, मूल्य 10.00, पहला संस्करण, 1984

निदा फ़ाज़ली—मोरनाच, प्रकाशक नेशनल पब्लिशिंग हाऊस, 23, दरियागंज, नई दिल्ली-110002, पृ. 113, मूल्य 50.00, प्रथम संस्करण, 1989

निदा फ़ाज़ली—खोया हुआ सा कुछ, वाणी प्रकाशन, 21-ए, दरियागंज, नई दिल्ली-110002, पृ. 112, मूल्य 20.00, प्रथम संस्करण, 1998

निदा फ़ाज़ली—सफ़र में धूप तो होगी, वाग्देवी प्रकाशन, सुगन निवास, चंदन सागर, बीकानेर-334001, पृ. 160, मूल्य 30.00, प्रथम संस्करण, 2000

निर्मला गर्ग—कबाड़ी का तराजू, राधाकृष्ण प्रकाशन प्राइवेट लिमिटेड, 7/31, अंसारी रोड, दरियागंज, नई दिल्ली-110002, पृ. 96, मूल्य 125.00, पहला संस्करण, 2000

निर्मला पुतुल—संथाली से अनुवाद : अशोक सिंह, अपने घर की तलाश में, प्रकाशक रमणिका फ़ाऊंडेशन, ए-221, ग्राऊंड फ़्लोर, डिफ़ेंस कॉलोनी, दिल्ली-110024 पृ. 112—सहयोग : 50.00, संस्करण, 2004

निलय उपाध्याय—कटौती, राधाकृष्ण प्रकाशन प्राइवेट लिमिटेड, 7/31, अंसारी रोड, दरियागंज, नई दिल्ली-110002, पृ. 99, मूल्य 125.00, पहला संस्करण, 2000

निशात शाहिद : संपादक—नई उर्दू ग़ज़ल, वाणी प्रकाशन, 21-ए, दरियागंज, नई दिल्ली-110002, पृ. 101, मूल्य 100.00, प्रथम संस्करण, 2004

नूरजहाँ सर्वत—बेनाम शजर, वाणी प्रकाशन, 21-ए, दरियागंज, नई दिल्ली-110002, पृ. 117, मूल्य 35.00, प्रथम संस्करण, 2000

परमानंद श्रीवास्तव : संपादक—समकालीन हिंदी कविता, प्रकाशक साहित्य अकादमी, रवीन्द्र भवन, 35, फ़ीरोज़शाह मार्ग, नई दिल्ली-110001, पृ. 267, मूल्य 80.00, प्रथम संस्करण, 1990

परवीन शाकिर—प्रतिनिधि कविताएँ, राजकमल प्रकाशन प्राइवेट लिमिटेड, 1-बी, नेताजी सुभाष मार्ग, नई दिल्ली-110002, पृ. 142, मूल्य 40.00, राजकमल पेपरबैक्स में पहला संस्करण, 1994, प्रस्तुत संस्करण, 2003

परवीन शाकिर—रहमतों की बारिश, संपादन : डॉ. बशीर बद्र, संपादन सहयोग व लिप्यंतरण : शाहिद अनवर, वाणी प्रकाशन, 21-ए, दरियागंज, नई दिल्ली-110002, पृ. 88, मूल्य 45.00, प्रथम संस्करण, 2000, द्वितीय संस्करण, 2007

परवीन शाकिर—ख़ुशबू, लिप्यंतरण : डॉ. असग़र वजाहत, वाणी प्रकाशन, 21-ए, दरियागंज, नई दिल्ली-110002, पृ. 128, मूल्य 40.00, प्रथम संस्करण, 2002

पवन करण–स्त्री मेरे भीतर, राजकमल प्रकाशन प्राइवेट लिमिटेड, 1-बी, नेताजी सुभाष मार्ग, नई दिल्ली-110002, पृ. 103, मूल्य 125.00, पहला संस्करण, 2004

पाश–बीच का रास्ता नहीं होता, राजकमल प्रकाशन प्राइवेट लिमिटेड, 1-बी, नेताजी सुभाष मार्ग, नई दिल्ली-110002, पृ. 189, मूल्य 60.00, पहला संस्करण, 1989

पुरुषोत्तम प्रतीक–घर तलाश कर, प्रकाशक गरिमा प्रकाशन, 294/24, त्रि नगर, दिल्ली-110035, पृ. 64, मूल्य सजिल्द : 15.00, पेपरबैक : 10.00, पहला संस्करण, जनवरी, 1983

पुरुषोत्तम प्रतीक–पेड़ नहीं तो साया होता, राधाकृष्ण प्रकाशन प्राइवेट लिमिटेड, 7/31, अंसारी रोड,, पृ. 128, मूल्य 65.00, पहला संस्करण, 1991

प्रकाश मनु–छूटता हुआ घर, मगध प्रकाशन, 4649/123-ए, न्यू मॉडर्न शाहदरा, मंडोली रोड, दिल्ली-110032, पृ. 112, मूल्य 70.00, संस्करण, 1992

प्रमोद तिवारी–सलाखों में ख़्वाब, सचिन प्रकाशन, 7/34, दरियागंज, नई दिल्ली-110002, पृ. 75, मूल्य 80.00, पहला संस्करण, 1997

प्रेमरंजन अनिमेष–कोई नया समाचार, प्रकाशक भारतीय ज्ञानपीठ, 18, इंस्टीट्यूशनल एरिया, लोदी रोड, नई दिल्ली-110003, पृ. 96, मूल्य 40.00, प्रथम संस्करण, 2004

प्रेम सिंह–पीली धूपः पीले फूल, प्रकाशक साहित्य सहकार, ई-10/4, कृष्णा नगर, दिल्ली-110051, पृ. 80, मूल्य 50.00, प्रथम संस्करण, 1992

फ़हमीदा रियाज़–क़तरा क़तरा, अनुवादक : प्रदीप साहिल, वाणी प्रकाशन, 21-ए, दरियागंज, नई दिल्ली-110002, पृ. 77, मूल्य 35.00, प्रथम संस्करण, 2000

बद्रीनारायण–सच सुने कई दिन हुए, राधाकृष्ण प्रकाशन प्राइवेट लिमिटेड, 7/31, अंसारी रोड, दरियागंज, नई दिल्ली-110002, पृ. 78, मूल्य 50.00, पहला संस्करण, 1993

बद्रीनारायण–शब्दपदीयम्, वाणी प्रकाशन, 21-ए, दरियागंज, नई दिल्ली-110002 पृ. 115, मूल्य 150.00, प्रथम संस्करण, 2004

बर्तोल्त ब्रेख़्त–इकहत्तर कविताएँ और तीस छोटी कहानियाँ, मूल जर्मन से अनुवाद : मोहन थपलियाल, परिकल्पना प्रकाशन, 3/274, विश्वास खण्ड, गोमती नगर, लखनऊ-226010, पृ. 145, मूल्य 60.00, प्रथम संस्करण, 10 फरवरी, 1998

बली सिंह–आँखों की हदों से, शंकर पब्लिकेशंस, सी-294/1, गली नं. 12, भजनपुरा, दिल्ली-110053, पृ. 72, मूल्य 80.00, प्रथम संस्करण, 1999

बिंदु अग्रवाल : संयोजक–उर्वर प्रदेश (भारतभूषण अग्रवाल पुरस्कार प्राप्त कवियों की कविताएँ), वाणी प्रकाशन, 21-ए, दरियागंज, नई दिल्ली-110002, पृ. 144, मूल्य 150.00, प्रथम संस्करण, 1999

बोधिसत्व–हम जो नदियों का संगम हैं, राधाकृष्ण प्रकाशन प्राइवेट लिमिटेड, 7/31, अंसारी रोड, दरियागंज, नई दिल्ली-110002, पृ. 88, मूल्य 125.00, पहला संस्करण, 2000

बोधिसत्व–दुःखतंत्र, प्रकाशक भारतीय ज्ञानपीठ, 18, इंस्टीट्यूशनल एरिया, लोदी रोड, नई दिल्ली-110003, पृ. 96, मूल्य 40.00, प्रथम संस्करण, 2004

ब्रजमोहन–दुख जोड़ेंगे हमें, कामगार प्रकाशन, 546, भाई परमानंद कॉलोनी, दिल्ली-110009, पृ. 68, सहयोग : 7.00, प्रथम संस्करण, 1986

ब्रजमोहन–किसने चाहा था, प्रकाशक निशांत नाट्य मंच, ए-2/15, मॉडल टाऊन-1, दिल्ली-110009, पृ. 22, मूल्य 3.00, प्रथम संस्करण, 1998

ब्रेख़्त की कविताएँ–चयन, अनुवाद : हरीश चंद्र अग्रवाल, मुहिम प्रकाशन, 109, रिछपालपुरी, ग़ाज़ियाबाद, उत्तर प्रदेश, पृ. 96, मूल्य 12.00, प्रथम संस्करण 1989

भवानी प्रसाद मिश्र–मन एक मैली कमीज़ है, संपादक : नंदकिशोर आचार्य, वाग्देवी प्रकाशन, सुगन निवास, चंदनसागर, बीकानेर-334001, पृ. 160, मूल्य 25.00, प्रथम संस्करण, 1998

भूपेन्द्र परिहारः संपादन एवं लिप्यंतरण–हम गुनहगार औरतें (पाकिस्तान की मुमताज़ औरतों की शायरी), वाणी प्रकाशन, 21-ए, दरियागंज, नई दिल्ली-110002, पृ. 91, मूल्य 35.00, प्रथम संस्करण, 2000

मंगलेश डबराल–घर का रास्ता, राधाकृष्ण प्रकाशन प्राइवेट लिमिटेड, 7/31, अंसारी रोड, दरियागंज, नई दिल्ली-110002, पृ. 79, मूल्य 15.00, पहला संस्करण, 1988

मंगलेश डबराल–हम जो देखते हैं, राधाकृष्ण प्रकाशन प्राइवेट लिमिटेड, 7/31, अंसारी रोड, दरियागंज, नई दिल्ली-110002, पृ. 93, मूल्य 75.00, पहला संस्करण, 1995, पहली आवृत्ति, 1997

मंगलेश डबराल–आवाज़ भी एक जगह है, वाणी प्रकाशन, 21-ए, दरियागंज, नई दिल्ली-110002, पृ. 91, मूल्य 90.00, प्रथम संस्करण, 2000

मधु बी. जोशी–अकेली औरतों के घर, राजकमल प्रकाशन प्राइवेट लिमिटेड, 1-बी, नेताजी सुभाष मार्ग, नई दिल्ली-110002, पृ. 96, मूल्य 125.00, पहला संस्करण, 2005

मनमोहन–ज़िल्लत की रोटी, राजकमल प्रकाशन प्राइवेट लिमिटेड, 1-बी, नेताजी सुभाष मार्ग, नई दिल्ली-110002, पृ. 136, मूल्य 150.00, पहला संस्करण, 2006

मलयज–अपने होने को अप्रकाशित करता हुआ, संभावना प्रकाशन, रेवती कुंज, हापुड़-245401, पृ. 63, मूल्य 9.00, पहला संस्करण, 1980

महेन्द्र अजनबी–हँसा हँसा के मारूँगा, पूजा प्रकाशन, बी-33, फ़्लैटेड फ़ैक्ट्री कॉम्प्लैक्स, झण्डेवालान, नई दिल्ली-110055, पृ. 158, मूल्य 100.00, प्रथम संस्करण, मई, 2003

मीर तक़ी मीर–दीवान-ए-मीर, संपादकः अली सरदार जाफ़री, राजकमल प्रकाशन प्राइवेट लिमिटेड, 1-बी, नेताजी सुभाष मार्ग, नई दिल्ली-110002, पृ. 282, मूल्य 15.00, पहला पुस्तकालय संस्करण, हिंदुस्तानी बुक ट्रस्ट, बम्बई से 1960 में प्रकाशित, राजकमल पेपरबैक्स में पहला संस्करण, 1987

मुकेश मानस–पतंग और चरखड़ी, अतिश प्रकाशन, 1 बी. पॉकेट-एफ़ 1, जी-8 एरिया, हरिनगर, दिल्ली-110064, पृ. 112, मूल्य 125.00, पहला संस्करण, मार्च, 2001

मोहन कुमार डहेरिया–उनका बोलना, प्रकाशक भारतीय ज्ञानपीठ, 18, इंस्टीट्यूशनल एरिया, लोदी रोड, नई दिल्ली-110003, पृ. 104, मूल्य 80.00, प्रथम संस्करण, 2004

रघुवीर सहाय–आत्महत्या के विरुद्ध, राजकमल प्रकाशन प्राइवेट लिमिटेड, 1-बी, नेताजी सुभाष मार्ग, नई दिल्ली-110002, पृ. 91, मूल्य 30.00, पहला संस्करण, 1967, दूसरा संस्करण, 1976, तीसरा संस्करण, 1985

रघुवीर सहाय–हँसो हँसो जल्दी हँसो, नेशनल पेपरबैक्स, ए-95, सैक्टर-5, नौएडा-201301, पृ. 80, मूल्य 10.00–द्वितीय पेपरबैक संस्करण, फरवरी, 1987

रघुवीर सहाय–कुछ पते कुछ चिट्ठियाँ, राजकमल प्रकाशन प्राइवेट लिमिटेड, 1-बी, नेताजी सुभाष मार्ग, नई दिल्ली-110002, पृ. 88, मूल्य 50.00, पहला संस्करण, 1989

रघुवीर सहाय–एक समय था, संकलन और संपादन : सुरेश शर्मा, राजकमल प्रकाशन प्राइवेट लिमिटेड, 1-बी, नेताजी सुभाष मार्ग, नई दिल्ली-110002, पृ. 152, मूल्य 150.00, पहला संस्करण, 1995, पहली आवृत्ति, 2003

रमेश आज़ाद–दोस्त हैं भीगना नहीं चाहते, मानक पब्लिकेशंस प्रा. लि., 211, 3-ए, वीर सावरकर ब्लॉक, मधुबन रोड, शकरपुर, दिल्ली-110092, पृ. 120, मूल्य 80.00, पहला संस्करण, 1991

रमेश आज़ाद–अपराधी ग़ैरहाज़िर, मनु प्रकाशन, 1/6678, गली नं. 3, पूर्वी रोहतास नगर, दिल्ली-110032, पृ. 120, मूल्य 100.00, पहला संस्करण, 2002

रहीम–रहीम ग्रंथावली, संपादक : विद्यानिवास मिश्र–संयुक्त संपादक : गोविन्द रजनीश, वाणी प्रकाशन, 21-ए, दरियागंज, नई दिल्ली-110002, पृ. 183, मूल्य 35.00, संस्करण, 2001

राजगोपाल सिंह–चौमास, अमृत प्रकाशन, 1/5170, लेन नं. 8, बलबीर नगर, शाहदरा, दिल्ली-110032, पृ. 84, मूल्य 100.00, प्रथम संस्करण, 2005, फ़ोन 22573468

राजुला शाह–परछाईं की खिड़की से, प्रकाशक भारतीय ज्ञानपीठ, 18, इंस्टीट्यूशनल एरिया, लोदी रोड, नई दिल्ली-110003, पृ. 104, मूल्य 75.00, प्रथम संस्करण, 2005

राजेंद्र धोड़पकर–दो बारिशों के बीच, वाणी प्रकाशन, 21-ए, दरियागंज, नई दिल्ली-110002, पृ. 76, मूल्य 50.00, संस्करण, 1996

राजेन्द्र राजन–केवल दो गीत लिखे मैंने, मनु प्रकाशन, 897, न्यू आवास विकास, सहारनपुर-247001, उत्तर प्रदेश, पृ. 120, मूल्य 100.00, प्रथम संस्करण, 2003

राजेश जोशी–एक दिन बोलेंगे पेड़, संभावना प्रकाशन, रेवती कुंज, हापुड़-245101, पृ. 96, मूल्य 20.00, प्रथम संस्करण, 1980

राजेश जोशी–नेपथ्य में हँसी, राजकमल प्रकाशन प्राइवेट लिमिटेड, 1-बी, नेताजी सुभाष मार्ग, नई दिल्ली-110002, पृ. 70, मूल्य 60.00, पहला संस्करण, 1994

राजेश जोशी–दो पंक्तियों के बीच, राजकमल प्रकाशन प्राइवेट लिमिटेड, 1-बी, नेताजी सुभाष मार्ग, नई दिल्ली-110002, पृ. 111, मूल्य 125.00, पहला संस्करण, 2000

राजेश जोशी–चाँद की वर्तनी, राजकमल प्रकाशन प्राइवेट लिमिटेड, 1-बी, नेताजी सुभाष मार्ग, नई दिल्ली-110002, पृ. 108, मूल्य 125.00, पहला संस्करण, 2006

लीलाधर जगूड़ी–इस यात्रा में, राजकमल प्रकाशन प्राइवेट लिमिटेड, 8, नेताजी सुभाष मार्ग, नई दिल्ली-110002, पृ. 79, मूल्य 20.00, राजकमल से पहला संस्करण, 1983

लीलाधर जगूड़ी–भय भी शक्ति देता है, राजकमल प्रकाशन प्राइवेट लिमिटेड, 1-बी, नेताजी सुभाष मार्ग, नई दिल्ली-110002, पृ. 143, मूल्य 75.00, पहला संस्करण, 1991, पुनर्मुद्रित : 1994

लीलाधर जगूड़ी–अनुभव के आकाश में चाँद, राजकमल प्रकाशन प्राइवेट लिमिटेड, 1-बी, नेताजी सुभाष मार्ग, नई दिल्ली-110002, पृ. 79, मूल्य 60.00, पहला संस्करण, 1994, पहली आवृत्ति, 1998

लीलाधर जगूड़ी–ईश्वर की अध्यक्षता में, राजकमल प्रकाशन प्राइवेट लिमिटेड, 1-बी, नेताजी सुभाष मार्ग, नई दिल्ली-110002, पृ. 128, मूल्य 125.00, पहला संस्करण, 1999

वरवर राव–साहस गाथा, संपादन एवं अनुवाद : शशि नारायण स्वाधीन, नुसरत मोहियोद्दीय, वाणी प्रकाशन, 21-ए, दरियागंज, नई दिल्ली-110002, पृ. 148, मूल्य 95.00, प्रथम संस्करण, 2005

विमल कुमार–सपने में एक औरत से बातचीत, आधार प्रकाशन, 372, सैक्टर-17, पंचकूला-134109, पृ. 127, मूल्य 40.00, प्रथम संस्करण, जुलाई, 1991

विमल कुमार–यह मुखौटा किसका है–परिकल्पना प्रकाशन, 69, बाबा का पुरवा, पेपरमिल रोड, निशात गंज, लखनऊ-226006, पृ. 118, मूल्य 35.00, प्रथम संस्करण, जनवरी, 2002

विष्णु खरे–सबकी आवाज़ के पर्दे में, राधाकृष्ण प्रकाशन प्राइवेट लिमिटेड, 7/31, अंसारी रोड, दरियागंज, नई दिल्ली-110002, पृ. 119, मूल्य 120.00, पहला संस्करण, 1994, दूसरा संस्करण, 2000

विष्णु खरे–पिछला बाक़ी, राधाकृष्ण प्रकाशन प्राइवेट लिमिटेड, 7/31, अंसारी रोड, दरियागंज, नई दिल्ली-110002, पृ. 101, मूल्य 100.00, पहला संस्करण, 1998

विष्णु खरे–काल और अवधि के दरमियान, वाणी प्रकाशन, 21-ए, दरियागंज, नई दिल्ली-110002, पृ. 121, मूल्य 150.00, प्रथम संस्करण, 2003

वीरेन डंगवाल—दुष्चक्र में स्रष्टा, राजकमल प्रकाशन प्राइवेट लिमिटेड, 1-बी, नेताजी सुभाष मार्ग, नई दिल्ली-110002, पृ. 116, मूल्य 125.00, पहला संस्करण, 2002

वेद प्रकाश—हँस लिया फँस लिया, पूजा प्रकाशन, बी-33, फ़्लैटेड फ़ैक्ट्री कॉम्प्लैक्स, झण्डेवालान, नई दिल्ली-110055, पृ. 160, मूल्य 100.00, प्रथम संस्करण, जून, 2003

शकेब जलाली—पानियों पे नाम, चयन एवं लिप्यंतर : मंज़ूर एहतेशाम, लीलाधर मंडलोई, प्रकाशक शिल्पायन, 10295, लेन नं. 1, वैस्ट गोरख पार्क, शाहदरा, दिल्ली-110032, पृ. 71, मूल्य 75.00, संस्करण, 2006, फ़ोन 011-22821174

शंकर प्रलामी—मुझे कुलहीन रहने दो, राधाकृष्ण प्रकाशन प्राइवेट लिमिटेड, 7/31, अंसारी रोड, दरियागंज, नई दिल्ली-110002, पृ. 116, मूल्य 125.00, पहला संस्करण, 2002

शमशेर बहादुर सिंह—काल तुझ से होड़ है मेरी, वाणी प्रकाशन, 21-ए, दरियागंज, नई दिल्ली-110002, पृ. 107, मूल्य 22.50, प्रथम संस्करण, 1988

शमशेर बहादुर सिंह—सुकून की तलाश, संपादक : रंजना अरगड़े, वाणी प्रकाशन, 21-ए, दरियागंज, नई दिल्ली-110002, पृ. 112, मूल्य 30.00, प्रथम संस्करण, 1998

शलभ श्रीराम सिंह—उन हाथों से परिचित हूँ मैं, रामकृष्ण प्रकाशन, सावित्री सदन, तिलक चौक, विदिशा, मध्य प्रदेश-464001, पृ. 128, मूल्य 30.00, प्रथम संस्करण, फरवरी, 1993

शहरयार—कहीं कुछ कम है, उर्दू से लिप्यंतरण : डॉ. परमानंद पाँचाल, डॉ. जानकी प्रसाद शर्मा, वाणी प्रकाशन, 21-ए, दरियागंज, नई दिल्ली-110002, पृ. 131, मूल्य 50.00, प्रथम संस्करण, 1999, द्वितीय संस्करण, 2004

संजय कुंदन—चुप्पी का शोर, प्रकाशक भारतीय ज्ञानपीठ, 18, इंस्टीट्यूशनल एरिया, लोदी रोड, नई दिल्ली-110003, पृ. 96, मूल्य 40.00, प्रथम संस्करण, 2004

संजय चतुर्वेदी—प्रकाशवर्ष, आधार प्रकाशन, 372, सैक्टर-17, पंचकूला-134109, पृ. 80, मूल्य 40.00, प्रथम संस्करण, 1993

सर्वेश्वर दयाल सक्सेना—खूँटियों पर टँगे लोग, राजकमल प्रकाशन प्राइवेट लिमिटेड, 1-बी, नेताजी सुभाष मार्ग, नई दिल्ली-110002, पृ. 136, मूल्य 60.00, पहला संस्करण, 1982, तीसरा संस्करण, 1991

सर्वेश्वर दयाल सक्सेना—क्या कहकर पुकारूँ, नेशनल पेपरबैक्स, ए-95, सैक्टर-5, नौएडा-201301, पृ. 127, मूल्य 18.00, प्रथम पेपरबैक संस्करण, फरवरी, 1986

सारा शगुफ़्ता—शायरी झंकार नहीं, संपादक : डॉ. शाहीना तबस्सुम, वाणी प्रकाशन, 21-ए, दरियागंज, नई दिल्ली-110002, पृ. 83, मूल्य 60.00, प्रथम संस्करण, 2006

सुरजीत पातर—कभी नहीं सोचा था, चयन-संपादन-अनुवाद : चमनलाल, सारांश प्रकाशन प्राइवेट लिमिटेड, 142-ई, पॉकेट-4, मयूर विहार, फ़ेज़-1, दिल्ली-110091, पृ. 170, मूल्य 60.00, पहला पेपरबैक संस्करण, 1999

सुरेन्द्र श्लेष–वेदनाएँ, शब्दालोक प्रकाशन, सी-3/59, नागार्जुन नगर, सादतपुर विस्तार, करावल नगर रोड, दिल्ली-110094, पृ. 167, मूल्य 200.00, पहला संस्करण, 2002

सोमदत्त–पुरखों के कोठार से, संभावना प्रकाशन, रेवती कुंज, हापुड़-245101, पृ. 88, मूल्य 25.00, पहला संस्करण, 1986

हरजेन्द्र चौधरी–फ़सलें अब भी हरी हैं, वाणी प्रकाशन, 21-ए, दरियागंज, नई दिल्ली-110002, पृ. 132, मूल्य 150.00, प्रथम संस्करण, 2002

हरजेन्द्र चौधरी–जैसे चाँद पर से दिखती धरती, राधाकृष्ण प्रकाशन प्राइवेट लिमिटेड, 7/31, अंसारी रोड, दरियागंज, नई दिल्ली-110002, पृ. 115, मूल्य 125.00, पहला संस्करण, 2002

हेमंत कुकरेती–चलने से पहले, वाणी प्रकाशन, 21-ए, दरियागंज, नई दिल्ली-110002, पृ. 128, मूल्य 95.00, प्रथम संस्करण, 1996

हेमंत कुकरेती–नया बस्ता, वाणी प्रकाशन, 21-ए, दरियागंज, नई दिल्ली-110002, पृ. 117, मूल्य 125.00, प्रथम संस्करण, 2002

हेमंत कुकरेती–चाँद पर नाव, प्रकाशक भारतीय ज्ञानपीठ, 18, इंस्टीट्यूशनल एरिया, लोदी रोड, नई दिल्ली-110003, पृ. 124, मूल्य 85.00, पहला संस्करण, 2003

गद्य पुस्तकें

(डॉक्टर) **अजय तिवारी**–समकालीन कविता और कुलीनतावाद, राधाकृष्ण प्रकाशन प्राइवेट लिमिटेड, 7/31, अंसारी रोड, दरियागंज, नई दिल्ली-110002, पृ. 300, मूल्य 175.00, पहला संस्करण, 1994

(डॉक्टर) **अजय तिवारी**–साहित्य का वर्तमान, स्वराज प्रकाशन, 146-डी, सेक्टर-7, रोहिणी, दिल्ली-110085, पृ. 205, मूल्य 295.00, पहला संस्करण, 2002, फ़ोन 27051931

अजमल अजमली द्वारा भाषांतरीकृत महाकवि **मीर** की आत्मकथा–ज़िक्रे-मीर, संपादक : श्रीकृष्ण दास, प्रकाशक हिंदी अकादमी, दिल्ली, ए-26/27, सनलाइट इंश्योरैंस बिल्डिंग, आसफ़ अली रोड, नई दिल्ली-110002, पृ. 128, मूल्य 40.00, पहला संस्करण, 1992

अभय कुमार दुबे–संपादक : आधुनिकता के आइने में दलित, वाणी प्रकाशन, 4697/5, 21-ए, दरियागंज, नई दिल्ली-110002, पृ. 422, मूल्य 165.00, पहला संस्करण, 2002, दूसरा संस्करण, 2004

अभयकुमार दुबे–संपादकः भारत का भूमंडलीकरण, वाणी प्रकाशन, 4697/5, 21-ए, दरियागंज, नई दिल्ली-110002, पृ. 455, मूल्य 200.00, पहला संस्करण, 2003

(प्रोफ़ेसर) **अरुण कुमार**–भारतीय अर्थव्यवस्था का वैश्वीकरण, प्रकाशक बुक्स फॉर चेंज, सी-75, साउथ एक्सटेंशन-2, नई दिल्ली-110049, पृ. 48, मूल्य 20.00, पहला संस्करण, जनवरी, 2004

(प्रोफ़ेसर) **अरुण कुमार**–भूमंडलीकरण और हम, भारतीय अर्थव्यवस्था का वैश्वीकरण, प्रकाशक बुक्स फॉर चेंज, सी-75, साउथ एक्सटेंशन-2, नई दिल्ली-110049, पृ. 24, मूल्य 15.00, पहला संस्करण, जनवरी, 2004

असग़र अली इंजीनियर–भारत में सांप्रदायिकताः इतिहास और अनुभव, इतिहास बोध प्रकाशन, बी-239, चंद्रशेखर आज़ाद नगर, इलाहाबाद-211004, पृ. 252, मूल्य 75.00, पहला संस्करण, मई, 2003, दूसरा संस्करण, जनवरी, 2004

ए. अरविंदाक्षन–समकालीन हिंदी कविता, राधाकृष्ण प्रकाशन प्राइवेट लिमिटेड, 7/31, अंसारी रोड, दरियागंज, नई दिल्ली-110002, पृ. 133, मूल्य 125.00, पहला संस्करण, 1998, पहली आवृत्ति, 2001

एक अज्ञात हिंदू औरत : संपादक—डॉ. धर्मवीर, सीमंतनी उपदेश, वाणी प्रकाशन, 21-ए, दरियागंज, नई दिल्ली-110002, पृ. 113, मूल्य 95.00, संस्करण, 2004

एँगेल्स—परिवार, निजी संपत्ति और राज्य की उत्पत्ति, प्रगति प्रकाशन, मास्को, सोवियत संघ, पृ. 253, मूल्य 7.75, पहला संस्करण, 1974, दूसरा संस्करण, 1986

ओम् प्रकाश वाल्मीकि—दलित साहित्य का सौंदर्यशास्त्र, राधाकृष्ण प्रकाशन प्राइवेट लिमिटेड, 7/31, अंसारी रोड, दरियागंज, नई दिल्ली-110002, पृ. 120, मूल्य 175.00, पहला संस्करण, 2001, पहली आवृत्ति, 2005

कंवल भारती—दलित विमर्श की भूमिका, इतिहास बोध प्रकाशन, बी-239, चंद्रशेखर आज़ाद नगर, इलाहाबाद-211004, पृ. 143, मूल्य 45.00, पहला संस्करण, फ़रवरी, 2002, दूसरा संस्करण, सितंबर, 2002, तीसरा संस्करण, जनवरी, 2004

किरनचंद्र शर्मा, अंगद तिवारी : संपादक—बाणभट्ट का मन, विचार प्रकाशन, डी-766, जनकल्याण मार्ग, भजनपुरा, दिल्ली-110053, पृ. 325, मूल्य 250.00, पहला संस्करण, 2003, फ़ोन 22199853

किशन पटनायक—विकल्पहीन नहीं है दुनिया, राजकमल प्रकाशन प्राइवेट लिमिटेड, 1-बी, नेताजी सुभाष मार्ग, नई दिल्ली-110002, पृ. 284, मूल्य 80.00, पहला संस्करण, 2000, पहली आवृत्ति, 2001

देवीशंकर अवस्थी : संपादक—साहित्य विधाओं की प्रकृति, राधाकृष्ण प्रकाशन प्राइवेट लिमिटेड, 7/31, अंसारी रोड, दरियागंज, नई दिल्ली-110002, पृ. 200, मूल्य 95.00, पहला संस्करण, 1981, प्रथम (राधाकृष्ण) संस्करण, 1993

(डॉक्टर) **नित्यानंद तिवारी**—आधुनिक साहित्य और इतिहास बोध, वाणी प्रकाशन, 21-ए, दरियागंज, नई दिल्ली-110002, पृ. 155, मूल्य 125.00, संस्करण, 1994

नेमिचंद्र जैन : संपादक—मुक्तिबोध रचनावली : 5, राजकमल प्रकाशन प्राइवेट लिमिटेड, 1-बी, नेताजी सुभाष मार्ग, नई दिल्ली-110002, पृ. 479, मूल्य 100.00, प्रथम संस्करण, 1980, द्वितीय परिवर्द्धित संस्करण, 1986, पहली आवृत्ति, 1998

परमानंद श्रीवास्तव—कविता का उत्तर जीवन, राजकमल प्रकाशन प्राइवेट लिमिटेड, 1-बी, नेताजी सुभाष मार्ग, नई दिल्ली-110002, पृ. 219, मूल्य 250.00, पहला संस्करण, 2004

बी. टी. रणदिवे—जाति और वर्ग, प्रकाशक नेशनल बुक सेंटर, ए. के. जी. भवन, 27-29, भाई वीर सिंह मार्ग, नई दिल्ली-110001, पृ. 80, मूल्य 15.00, पहला संस्करण, 1981, दूसरा संस्करण, 1993

ब्रह्मदेव शर्मा—ग़रीबी का मकड़जाल, अनुवाद : सुभाष विद्यालंकार, प्रकाशन संस्थान, 4715/21, दयानंद मार्ग, दरियागंज, नई दिल्ली-110002, पृ. 299, मूल्य 95.00, पहला हिंदी संस्करण, 2000

मधुकर पिपलायन—भारतीय समाज में वर्ण-भेद, प्रकाशक भारतीय बौद्ध महासभा, दिल्ली प्रदेश, बुद्ध विहार, अम्बेडकर भवन, नई दिल्ली-110055, पृ. 80, मूल्य 25.00, पहला संस्करण, 2001

Marx–Economic and Philosophic Manuscripts of 1844, Progress Publishers, 21, Zubovsky Boulevard, Moscow, USSR, Pg. 227, Rs. 3.00, First published, 1959, Second printing, 1961, Third printing, 1967, Fourth revised edition, 1974, Fifth revised edition, 1977

राजकिशोर : संपादक–विनाश को निमंत्रण, वाणी प्रकाशन, 21-ए, दरियागंज, नई दिल्ली-110002, पृ. 116, मूल्य 50.00, प्रथम संस्करण, 1994, द्वितीय संस्करण, 1994, तृतीय संस्करण, 2000

राजेश जोशी–एक कवि की नोटबुक, राजकमल प्रकाशन प्राइवेट लिमिटेड, 1-बी, नेताजी सुभाष मार्ग, नई दिल्ली-110002, पृ. 223, मूल्य 250.00, पहला संस्करण, 2004

(आचार्य) **रामचंद्र शुक्ल**–चिन्तामणि : पहला भाग, प्रकाशक बी. पी. श्रीवास्तव इंडियन प्रेस (पब्लिकेशंस) प्राइवेट लिमिटेड, इलाहाबाद, पृ. 218, मूल्य 15.00, संस्करण, संवत् 1977

(डॉक्टर) **रामविलास शर्मा**–आस्था और सौंदर्य, राजकमल प्रकाशन प्राइवेट लिमिटेड, 1-बी, नेताजी सुभाष मार्ग, नई दिल्ली-110002, पृ. 257, मूल्य 120.00, दूसरा संस्करण, 1990

शमशुल इस्लाम–मनु के भारत में शूद्र, प्रकाशक बुक्स फॉर चेंज, (एक्शन एँड कर्नाटक प्रोजेक्ट) सी-75, साऊथ एक्सटेंशन-2, नई दिल्ली-110049, पृ. 71, मूल्य 30.00, संस्करण, 2004

सच्चिदानंद सिन्हा–भूमंडलीकरण की चुनौतियाँ, वाणी प्रकाशन, 21-ए, दरियागंज, नई दिल्ली-110002, पृ. 207, मूल्य 95.00, संस्करण, 2003, संस्करण, 2005

सीमोन द बोउवार–प्रस्तुति : डॉ. प्रभा खेतान, स्त्री : उपेक्षिता, प्रकाशक हिंद पॉकेट बुक्स प्राइवेट लिमिटेड, जे-40, जोरबाग लेन, नई दिल्ली-110003, पृ. 392, मूल्य 125.00, नवीन संस्करण, 2002, पहला रिप्रिंट, मार्च, 2004

सुभाष चन्द्र : संपादन–जाति क्यों नहीं जाती, उद्भावना प्रकाशन, ए-21, झिलमिल इंडस्ट्रियल एरिया, जी. टी. रोड, शाहदरा, दिल्ली-110095, पृ. 127, मूल्य 40.00, प्रथम संस्करण, मई, 2005, फ़ोन 22582847, 22119770

(आचार्य) **हजारी प्रसाद द्विवेदी**–साहित्य सहचर, लोकभारती प्रकाशन, 15-ए, महात्मा गांधी मार्ग, इलाहाबाद-1, पृ. 162, मूल्य 17.50, संस्करण, 1988

पत्र पत्रिकाएँ

अनभै साँचा (साहित्य और संस्कृति की त्रैमासिक पत्रिका)–संपादक : **द्वारिका प्रसाद चारुमित्र**–प्रवेशांक : जनवरी-मार्च, 2006, संपर्क : 148, कादंबरी, सैक्टर-9, रोहिणी, दिल्ली-110085, फ़ोन : 011-27864302, 09811535148

अन्यथा (भारतीय-अमरीकी मित्रों का साहित्यिक प्रयास)–संपादक : **कृष्ण किशोर**–अंक 1 जून, 2004, अंक 4 अगस्त, 2005, अंक 5 नवंबर, 2005, अंक 6 मार्च, 2006, अंक 7 जुलाई, 2006, संपर्क : अन्यथा साहित्य संवाद परिसर, 200, 11 एवेन्यू, एन. डब्ल्यू., रु 303, आस्टिन, एम. एन. 55912, यू. एस. ए. और 1371, सैक्टर-40 बी, चण्डीगढ़-160036, भारत

अपेक्षा–संपादक : **तेजसिंह**–अंक अक्तूबर-दिसंबर, 2004, वर्ष 3, अंक 9, जनकवि बिहारी लाल हरित पर केंद्रित, अंक जुलाई-सितंबर, 2005, वर्ष 3, अंक 12, अम्बेडकरवादी युवा कविता विशेषांक, संपर्क : 27, घौंडली, कृष्णा नगर, दिल्ली-110051, फ़ोन : 011-557345923, 09891044736

अलाव–संपादक : **रामकुमार कृषक**–कवितांक : 4, जून, 1992, अंक 8, मार्च, 2000, संपर्क : सी-3/59, नागार्जुन नगर, सादतपुर विस्तार, दिल्ली-110094

आलेख संवाद (मासिक)–संपादक : **उमेशचंद्र अग्रवाल**–वर्ष 4, अंक-2, जनवरी, 2006, संपर्क : वी-8, नवीन शाहदरा, दिल्ली-110032, फ़ोन : 011-22321582, 09312242122

आलोचना (त्रैमासिक)–प्रधान संपादक : **नामवर सिंह**–अंक अप्रैल-जून, 2000, अंक अक्तूबर-दिसंबर, 2000, अंक जनवरी-मार्च, 2001, अंक जुलाई-सितंबर, 2001, अंक अप्रैल-जून, 2002, अंक जनवरी-मार्च, 2003, अंक अप्रैल-जून, 2003, अंक जुलाई-सितंबर, 2003, अंक अक्तूबर-दिसंबर, 2003, अंक जनवरी-मार्च, 2004, अंक अक्तूबर-दिसंबर, 2004, अंक जनवरी-मार्च, 2005, अंक अप्रैल-जून, 2005, संपर्क : राजकमल प्रकाशन प्राइवेट लिमिटेड, 1-बी, नेताजी सुभाष मार्ग, नई दिल्ली-110002

इंद्रप्रस्थ भारती (त्रैमासिक)–संपादक : **नानक चंद**–अंक अप्रैल-जून 2004, अंक अक्तूबर-दिसंबर, 2005, संपर्क : हिंदी अकादमी, दिल्ली, समुदाय भवन, पंद्म नगर, दिल्ली-110007

उत्तरार्द्ध–संपादक : **सव्यसाची**–अंक 41, मई 1996, संपर्क : 388, राधिका विहार, मथुरा-281004

उद्भावना–संपादक : **अजेय कुमार** अतिथि संपादक : **विजय कुमार**–कवितांक : सदी के अंत में कविता : वर्ष-14, अंक-47-48, अक्तूबर, 1997 से मार्च, 1998, संपादकीय पता : एच-55, सैक्टर-23, राजनगर, पोस्ट : कविनगर, ग़ाज़ियाबाद, उत्तर प्रदेश-प्रबंधकीय पता : ए-21, झिलमिल इंडस्ट्रियल एरिया, जी. टी. रोड, शाहदरा, दिल्ली-110095

कथन (साहित्य और संस्कृति की त्रैमासिक पत्रिका)–संपादक : **रमेश उपाध्याय, संज्ञा उपाध्याय**–अंक 46 अप्रैल-जून, 2005, अंक 47 जुलाई-सितंबर, 2005, अंक 48 अक्तूबर-दिसंबर, 2005, अंक 50 अप्रैल-जून, 2006, संपर्क : 107, साक्षरा अपार्टमेंट्स, ए-3, पश्चिम विहार, नई दिल्ली-110063, फ़ोन : 011-25268341

कथादेश–संपादक : **हरिनारायण**–अंक दस वर्ष एक चयन, फरवरी, 2007, संपादकीय कार्यालय : सहयात्रा प्रकाशन प्राइवेट लिमिटेड, सी-52/जेड-3, दिलशाद गार्डन, दिल्ली-110095, फ़ोन : 011-22570252

कविता आजकल (आजकल पत्रिका में विगत दस वर्षों में प्रकाशित रचनाएँ–1994-2004), परिकल्पना एवं संपादन : **प्रो. उमाकांत मिश्र, बलदेव सिंह मदान, योगेन्द्र दत्त शर्मा**, प्रकाशक निदेशक, सूचना और प्रसारण मंत्रालय, भारत सरकार, पटियाला हाऊस, नई दिल्ली-110001, प्रकाशन वर्ष : 2004

कृति संस्कृति संधान–संपादक : **सुभाष गाताडे**–अंक 2, संयुक्तांक, अप्रैल-दिसंबर, 2003, संपर्क : बी-2/51, सैक्टर-16, रोहिणी, दिल्ली-110085

झुनझुना–संपादक : **नीरू अरोड़ा**–वर्ष 3, अंक 1, जून-अगस्त 2007, संपर्क : जे-1, आशियाना कॉलोनी, कानपुर रोड, लखनऊ-226012

तद्भव–संपादक : **अखिलेश**–अंक-12, फरवरी, 2004, संपर्क : 18/271, इंदिरा नगर, लखनऊ-226016, उत्तर प्रदेश

दलित साहित्य (वार्षिकी)–संपादक : **जयप्रकाश कर्दम**–वर्षः 6, अंक 6, 2004, संपर्क : बी-634, डी. डी. ए. फ़्लैट्स, ईस्ट ऑफ़ लोनी रोड, दिल्ली-110093

दैनिक हिंदुस्तान–संपादक : **मृणाल पांडे**–अंक 1 दिसंबर, 2006, अंक 21 मई, 2007, एच टी मीडिया लिमिटेड, 18-20, कस्तूरबा गांधी मार्ग, नई दिल्ली-110001

पल प्रतिपल–संपादक : **देश निर्मोही**–अंक जुलाई-दिसंबर, 1980, कविता पर केंद्रित : जुलाई-दिसंबर, 1990, अंक अक्तूबर-दिसंबर, 1992, अंक फरवरी, 2004, संपर्क : 372, सैक्टर-17, पंचकूला, हरियाणा

पहल–संपादक : **ज्ञानरंजन, कमला प्रसाद**–अंक 46 सितंबर-अक्तूबर-नवंबर, 1992, अंक 47 नवंबर, दिसंबर, जनवरी से जून, जुलाई, अगस्त 1992-93, संपर्क : 101, रामनगर, आधारताल, जबलपुर-482004

पुनर्नवा–संपादक : **संजय गुप्ता**–अंक 2006, संपर्क : जागरण प्रकाशन लिमिटेड के लिए 501, आई. एन. एस. बिल्डिंग, रफ़ी मार्ग, नई दिल्ली से प्रकाशित

राष्ट्रीय सहारा (हिंदी दैनिक)–मुख्य कार्यकारी संपादक : सुशांतो राय–अंक 12 नवंबर, 2006, रविवार, सहारा इंडिया मास कम्युनिकेशन प्रेस, सी-2,3,4, सैक्टर-11, नौएडा, उत्तर प्रदेश से मुद्रित और द्वितीय तल, गोपाल दास भवन, 28, बाराखंभा रोड, नई दिल्ली-110001 से प्रकाशित

वर्तमान साहित्य–संपादक : **से. रा. यात्री, विभूति नारायण राय**–अंक 7-8, अप्रैल-मई संयुक्तांक, 1992, कविता विशेषांक, अतिथि संपादक : **राजेश जोशी**–संपर्क : 109, रिछपालपुरी, पोस्ट बॉक्स नं. 13, ग़ाज़ियाबाद-201001

अंक शताब्दी कविता विशेषांक : वर्ष 17, अंक 5-6 संयुक्तांक : मई-जून, 2000, संयोजक-संपादक : **लीलाधर मंडलोई**–संपर्क : यतेन्द्र सागर, प्रथम तल, 1-2, मुकुंद नगर, हापुड़ रोड़, ग़ाज़ियाबाद-201001

वसुधा–संपादक : **कमला प्रसाद**–अंक 53 (समकालीन उर्दू साहित्य पर केंद्रित) जनवरी-मार्च, 2002, अंक 59-60 (स्त्री मुक्ति का सपना) अक्तूबर 2003 से मार्च 2004, संपर्क : एम-31, निराला नगर, दुष्यंत कुमार मार्ग, भदभदा रोड, भोपाल-462003

वागर्थ (मासिक)–संपादक : **एकांत श्रीवास्तव, कुसुम खेमानी**–अंक 144, जुलाई, 2007, संपर्क : वागर्थ, भारतीय भाषा परिषद, 36 ए, शेक्सपीयर सरणी, कोलकाता-700017, फ़ोन : 22879962, फ़ैक्स : 22817476

समकालीन भारतीय साहित्य (साहित्य अकादमी की द्विमासिक पत्रिका)–संपादक : **अरुण प्रकाश**–अंक मई-जून, 2005, अंक सितंबर-अक्तूबर, 2005, अंक जनवरी-फरवरी, 2006, अंक मार्च-अप्रैल, 2006, अंक नवंबर-दिसंबर, 2006, अंक मार्च-अप्रैल, 2007, संपादकीय कार्यालय, रवीन्द्र भवन 35, फ़ीरोज शाह मार्ग, नई दिल्ली-110001, फ़ोन : 011-23073312

सर्वनाम–संपादक : **विष्णुचंद्र शर्मा**–वर्ष-9, अंक 42 अप्रैल-मई-जून 1996, संपर्क : ई-11, सादतपुर, दिल्ली-11009

हंस–संपादक : **राजेन्द्र यादव**–वर्ष-19, अंक 1 अगस्त, 2004 (सत्ता विमर्श और दलित), संपर्क : अक्षर प्रकाशन प्राइवेट लिमिटेड, 2/36, अंसारी रोड, दरियागंज, नई दिल्ली-110002

हरिजन गाथा–फ़ोल्डर, **नागार्जुन**–दिल्ली प्रदेश प्रगतिशील लेखक संघ द्वारा प्रचारित

कवि सम्मेलन

कवि सम्मेलनः 21 अगस्त, 2005, -स्थानः पटेल नगर, दिल्ली

गणतंत्र दिवस कवि सम्मेलनः 22 जनवरी, सन् 2006 -स्थानः तालकटोरा स्टेडियम, नई दिल्ली

कवि सम्मेलनः 23 अप्रैल, सन् 2006 -स्थानः अशोक विहार, दिल्ली

कवि सम्मेलनः 27 मई, 2006, -स्थानः हरिद्वार, उत्तरांचल

गणतंत्र दिवस कवि सम्मेलनः 20 जनवरी, सन् 2007 -स्थानः तालकटोरा स्टेडियम, नई दिल्ली

कवि सम्मेलनः 19 अक्तूबर, 2007, -स्थानः रोहिणी, दिल्ली

नामानुक्रमणिका

❂❂❂